भारतीय अर्थतन्त्र,
इतिहास और संस्कृति

भारतीय अर्थतन्त्र, इतिहास और संस्कृति

नोबेल पुरस्कार से सम्मानित डॉ. अमर्त्य सेन की चर्चित पुस्तक
The Argumentative Indian का हिन्दी अनुवाद

डॉ. अमर्त्य सेन

राजपाल

अनुवाद

भवानीशंकर बागला

स्थापित 1912
100 वर्षों की
श्रेष्ठ प्रकाशन परम्परा
राजपाल

₹ 650

ISBN : 9788170288404

BHARTEEYA ARTHTANTRA, ITIHAS AUR SANSKRITI

by Amartya Sen

(Hindi edition of *The Argumentative Indian*

First Published in United Kingdom by Penguin Books Ltd., 2005)

मुद्रक : जी.एस. ऑफसेट, दिल्ली

राजपाल एण्ड सन्ज़

1590, मदरसा रोड, कश्मीरी गेट, दिल्ली–110006

फोन : 011–23869812, 23865483, 23867791

website : www.rajpalpublishing.com

e-mail : sales@rajpalpublishing.com

www.facebook.com/rajpalandsons

प्राक्कथन

ये लेख पिछले दशक में लिखे गए थे—आधे तो पिछले दो एक वर्षों में ही लिखे गए हैं। पहले चार लेख जो इस संकलन का प्रथम भाग भी हैं, इस पुस्तक की मुख्यधारा का परिचय दे रहे हैं और इसकी व्याख्या भी कर रहे हैं। इनका सम्बन्ध भारत की सुदीर्घ वाद-संवाद परम्परा से है।

भारत एक बहुत ही विविधता सम्पन्न देश है, इसमें अनेक अध्यावसायों का अनुसरण होता है, बहुत ही अलग-अलग मान्यताएँ हैं, लोगों के रिवाज और दृष्टिकोणों का तो बहुत ही रंग-बिरंगा चित्र यहाँ सजा है। देश की सभ्यता, संस्कृति, इतिहास और समकालीन राजनीति के विषय में चर्चा करते हुए किसी भी व्यक्ति को अपने विषयों का चयन तो करना ही पड़ेगा। सभी आयामों-पक्षों पर विचार कर पाना इतना सहज नहीं होगा। अतः यह तो बताने की आवश्यकता नहीं होनी चाहिए कि भारत की वाद-संवाद परम्परा पर ध्यान केन्द्रण इसी चयन प्रक्रिया का परिणाम है। ऐसा कोई आग्रह नहीं है कि भारत के इतिहास, संस्कृति या राजनीति पर विचार का यही एक सर्वोपयुक्त साधन है। मैं बहुत अच्छी तरह से जानता हूँ कि और अनेक तरीकों से यह व्याख्या हो सकती है।

मेरा यह केन्द्रण चयन तीन कारणों से प्रभावित रहा है—भारत के वाद-संवाद की परम्परा का लम्बा इतिहास, इसकी समकालिक प्रासांगिकता और इस समय संस्कृति विषयक परिचर्चाओं में इसकी सापेक्ष अनदेखी। यह भी कहा जा सकता है कि भारत में इतने अधिक विचार दृष्टिकोण केवल इसी कारण फल-फूल पाए हैं कि यहाँ वैचारिक विविधता और वाद-संवाद को प्रायः सर्व सहमति प्राप्त रही है। भारत की इस विविधता का प्रसार और गहनता अपने आप में बहुत विलक्षण है।

आज के भारत को समझने के लिए अतीत में झाँकने की बात आज एक उत्तेजक राजनीतिक स्वरूप धारण कर गई है। अतीत के प्रति यह उत्साह आज की हिन्दुत्ववादी राजनीति अधिक दिखा रही है, ये भारतीय सभ्यता को संकीर्ण दृष्टिकोण से देखते हुए उसे मुस्लिम पूर्व एवं पश्चात् की दो अवधियों में विभाजित करने के

अभ्यस्त हो चले हैं। पहली अवधि ईसापूर्व तीसरी सहस्राब्दी से लेकर द्वितीय ईसवी सहस्राब्दी के आरम्भ तक चली है। किन्तु भारतीय संस्कृति को एकात्मकतावादी दृष्टिकोण से देखनेवालों को यह प्राचीन युग पर आग्रह बड़ा सन्देह भरा दिखता है। ये हिन्दुत्ववादी भारत की वास्तविक धरोहर द्वितीय सहस्राब्दी (ई.पू) में रचे गए 'पवित्र ग्रन्थ' वेदों को मानते हैं। ये हिन्दू विचारों की कसौटी के रूप में महाकाव्य रामायण को भी उद्धृत करते हैं—और उसके आधार पर किसी पुरानी मस्जिद को ध्वस्त करना उचित ठहरा लेते हैं कि राम का जन्म उसी स्थान पर हुआ था। किन्तु एकात्मकतावादियों को वर्तमान धर्मनिरपेक्ष जीवन में वेदों और रामायण का यह अतिक्रमण रास नहीं आता।

एकात्मकतावादियों को भारत के लम्बे इतहास में से केवल कुछ एक हिन्दू शास्त्रों के चयन में पक्षपात की गन्ध आती है। आज के भारत के धर्मनिरपेक्ष और बहुधर्मी जीवन में इस प्रकार के पक्षपाती रवैय्ये के हानिकारक प्रभावों की ओर भी ये एकात्मकतावादी संकेत कर रहे हैं। भले ही भारत की 40 प्रतिशत से अधिक जनसंख्या हिन्दू हो पर, यहाँ मुसलमानों की संख्या भी विश्व में तीसरे क्रम पर और ब्रिटेन तथा फ्रांस की सारी जनसंख्याओं के योग फल से भी अधिक है। फिर ईसाई, सिख, पारसी, यहूदी आदि धर्मों के अनुयायी भी बहुत बड़ी संख्या में यहाँ रहते हैं।

एकात्मकता तथा बहुसांस्कृतिक परिप्रेक्ष्य की आवश्यकता को स्वीकार करते हुए भी हम इस बात से इनकार नहीं कर पाएँगे कि इन पुरातन ग्रन्थों और कथानकों का भारत की साहित्यिक तथा विचार परम्पराओं पर बहुत गहरा प्रभाव रहा है। इन्होंने एक ओर साहित्यिक और दार्शनिक रचनाओं को प्रभावित किया है तो दूसरी ओर कथा वाचन की लोकशैलियों और आलोचनात्मक द्वन्द्वात्मकता पर भी इनके प्रभाव रहे हैं। बंगाल के मुस्लिम पठान शासकों ने संस्कृत ग्रन्थों के अच्छे बंगाली अनुवाद भी कराए थे। उनका प्राचीन भारतीय महाकाव्यों के प्रति यह लगाव संस्कृति प्रेम था, हिन्दू धर्म में परिवर्तित होने की इच्छा नहीं। भारतीय संस्कृति में उनके महत्त्व को नकारने का संकीर्ण धर्मनिरपेक्षतावादी आधार भी हिन्दू धार्मिकता के संकीर्ण चश्मों से कम घातक नहीं होगा।

वेदों में मन्त्र और धार्मिक कृत्य तो हैं, पर कथाएँ भी हैं, विश्व की रचना के बारे में अनुमान भी हैं और पूर्व चर्चित वाद संवाद परम्परा के अनुसार कुछ मुश्किल प्रश्न भी उठाए गए हैं। एक मौलिक शंका तो विश्व के निर्माण को लेकर ही उठाई गई है—क्या किसी ने इसे रचा था—या यह स्वमेव ही अनायास पैदा हो गया? क्या कोई ऐसा ईश्वर है जो ये जानता हो कि क्या हुआ था? ऋग्वेद तो इन शंकाओं के बारे कुछ बहुत बड़े प्रश्न उठाता है—इस बात को कौन जानता है? कौन इसकी उद्घोषणा करेगा? ये कब रचा गया था? इसकी रचना कैसे हुई थी?...सम्भवतः यह स्वमेव ही बन गया हो...या नहीं भी...जो ऊँचे स्वर्ग में बैठा सब कुछ देख रहा है

वही जानता होगा...सम्भवतः उसे भी नहीं पता हो। भारत की वादी संवादी इतिहास परम्परा की व्याख्या में ये चार हजार वर्ष पुराने प्रश्न बार-बार उठेंगे, इनके साथ ही मीमांसा व नीतिशास्त्र के अनेक प्रश्नों पर हम चर्चा करेंगे। ये सभी विचार गहन धार्मिक आस्था, अति सम्मानपूर्ण विश्वास और श्रद्धा के साथ-साथ वेदों में समाए रहे हैं।

भले ही अन्य धर्मस्थानों का विध्वंस करने को उत्साहित हिन्दू राजनीतिवादी राम को ईश्वर का अवतार मान रहे हों पर प्राय सारे ही रामायण महाकाव्य में तो राम को कथा का नायक ही माना गया है–ऐसा नायक जिसमें अनेक सद्गुण हैं तो कुछ कमजोरियाँ भी हैं। उसे अपनी ही पत्नी पर सन्देह भी बना रहता है। रामायण में जाबालि नामक ब्राह्मण को काफी स्थान सम्मान मिला है। वह भी राम को भगवान नहीं मानता और उनके कुछ कामों को किसी भी समझदार व्यक्ति के लिए मूर्खतापूर्ण कृत्य कह डालता है। अन्ततः जाबालि को अपना आरोप वापस लेने को सहमत कर लिया जाता है पर रामायणकार उसे अपने विचारों की विस्तार से व्याख्या का भी पूरा अवसर देते हैं। जाबालि का कहना था–कोई उहलोक नहीं है, उसे पाने का कोई धार्मिक विधान भी नहीं है, शास्त्रों में देव पूजन, बलि कर्म, दान, व्रतअनुष्ठान आदि की बातें तो कुछ चतुर व्यक्तियों ने अन्यों पर अपना वर्चस्व बनाए रखने के लिए भर दी हैं। रामायण का किसी संकीर्ण धार्मिक सन्देश के प्रचार के लिए प्रयोग तो इसके किन्हीं विशेष अंशों को अपनाने और शेष को छिपा जाने के चातुर्य से ही सम्भव हो पा रहा है। अन्यथा, रविन्द्रनाथ टैगोर के शब्दों में यह तो एक अद्भुत कथानक है और भारतीय सांस्कृतिक धरोहर का बहुत ही रोचक अंश है।

भारत में संशयवादी परम्परा भी बहुत पुरानी है और इसका परित्याग कर भारत की संस्कृति के इतिहास को समझ पाना सम्भव नहीं रहेगा। भले ही युद्धों संघर्षों में व्यापक हिंसा भी होती रही है पर भारत के समूचे इतिहास में द्वन्द्ववादी परम्परा की गहरी पैठ सदा बना रही है। भारत में तो शस्त्र संग्रामों के साथ-साथ ही शास्त्रीय संग्राम भी चलते रहे हैं। केवल शस्त्र संग्राम पर ही ध्यान देने से तो ऐसा बहुत कुछ लुप्त हो जाएगा जिसका हमारे समाज और संस्कृति की रचनाओं में बहुत महत्त्व रहा है।

भारत की वैचारिक विविधता की सर्वस्वीकृत परम्परा को अवश्य समझा जाना चाहिए। हिन्दुत्ववादी सारे ही प्राचीन भारत पर अपना एकछत्र अधिकार स्थापित करने की कोशिश में जुटे हैं और इसे ही 'भारतीय संस्कृति के पलने' का नाम दे रहे हैं। केवल यह कहना पर्याप्त नहीं होगा कि भारत में अनेक संस्कृतियाँ फलती फूलती रही हैं। यह बताना भी जरूरी है कि प्रारम्भ से ही व्यापक वैचारिक अन्तर भी यहाँ विद्यमान रहे हैं। जिसे अब हिन्दू धार्मिकता का नाम दिया जा रहा है उसी के साथ साथ बौद्ध, जैन, अनास्था और अनैश्वरवादी मत भी यहाँ फलते-फूलते रहे

हैं। यही नहीं एक हजार साल तक तो यहाँ बौद्धमत ही सबसे प्रबल रहा है। प्रथम सहस्राब्दी के चीनी तो भारत को 'बौद्धराज्य' ही कहते थे। प्राचीन भारत को ऐसे किसी तंग डिब्बे में बन्द नहीं किया जा सकता जिसमें रखने का प्रयास संकीर्ण हिन्दुत्ववादी कर रहे हैं।

भारत के बौद्ध सम्राट अशोक ने ई.पू. तीसरी शती में सहिष्णुता और समृद्ध वैचारिक बहुलता की आवश्यकता पर बल दिया था और विश्व की सबसे पुरानी संवाद द्वारा विवाद निपटाने की आचार संहिता की भी रचना की थी। उसके अनुसार विरोधी का भी सदैव पूर्ण सम्मान होना चाहिए। यही राजनीतिक सिद्धान्त बाद में भी भारत में हुई चर्चाओं में बार बार दिखाई दिया है। पर सहिष्णुता और सभी धर्मों से राजनीति का समान अन्तर बनाए रखने की बात को सबसे स्पष्ट रूप से भारत के मुगल सम्राट अकबर ने ही उठाया था। 1590 में जहाँ भारत में धार्मिक सहिष्णुता के सिद्धान्त रचे जा रहे थे वहीं यूरोप तो उन दिनों धर्म-अभियोग चला 'अपराधियों' को जिन्दा जलाने के जुनून का शिकार था।

आज के युग में उस वाद संवाद तथा बहुलता की स्वीकारोक्ति की परम्परा का बहुत ही महत्त्व है। लोकतन्त्र और जन संवाद में चर्चा और तर्कों का निर्णायक महत्त्व होता है। ये धर्मनिरपेक्षता तथा सभी धर्मों के अनुयायियों के प्रति सम्यक व्यवहार का आधार हैं। इन संरचनात्मक वरीयताओं से आगे निकल कर यह बहुलतावादी परम्परा, यदि ठीक से उसका उपयोग हो तो, सामाजिक विषमताओं के विरोध, तथा गरीबी और अभावों के निर्मूलन में भी सहायक हो सकती है। सामाजिक न्याय के लिए प्रयास में आवाज उठाने का अपना निर्णायक महत्त्व होता है!

कई बार कहा जाता है कि द्वन्द्वात्मकता का प्रयोग तो केवल अमीरों और अधिक शिक्षितों तक सीमित रहता है और सामान्य जनता के लिए इसका कोई उपयोग नहीं है। इस विचार में भरा कुलीनतावाद न केवल विचित्र है वरन् ये जिस प्रकार की राजनीतिक निष्क्रियता को बढ़ाता है उस दृष्टि से तो बहुत ही धिक्कार योग्य भी होता है। आलोचनात्मक स्वर कभी से दुखी का सहारा रहे हैं तथा वाद-संवाद में भागीदारी एक सामान्य अवसर है और इसके लिए किसी विशेष कौशल की आवश्यकता नहीं होती।

मुझे 2004 के वसन्त काल की एक घटना याद आ रही है। मैं बंगाल में अपने घर से कुछ ही दूर एक गाँव में लोगों से बात कर रहा था—वहाँ एक निरक्षर प्राय और अत्यन्त गरीब व्यक्ति ने कहा था—हमारी आवाज को दबाना अधिक कठिन नहीं है पर इसका कारण यह नहीं है कि हमें बोलना नहीं आता। यह सत्य है कि प्रायः अमीर और शिक्षित लोगों की बातों को ही कलमबद्ध कर रखा जाता है पर समाज के अभावग्रस्त वर्गों, सदस्यों के तर्क भी कम प्रभावशाली नहीं होते।

कई बार भारत की वाद-संवाद परम्परा की प्रकृति और शक्ति को केवल इस

प्रकार के तर्कों द्वारा छिपाने का प्रयास होता है कि भारत तो एक धर्मप्रधान देश है, यहाँ धार्मिक आस्थाओं पर प्रश्न नहीं उठाए जाते! अनेक सांस्कृतिक सिद्धान्त कार इस मत के प्रति बहुत ही सद्भावना से ग्रस्त हैं और वे भारत व समूची प्राच्य संस्कृति के धर्माधारित तर्कविहीन किन्तु सशक्त स्वरूप का चित्रांकन करने लगे हैं–इसके विपरीत पश्चिम की विज्ञान और तर्कशीलता को खोखला बताते हैं। यह विचार भले ही सहानुभूति भरा हो, पर भारत की बौद्धिक धरोहर के बहुत बड़े अंशों को छिपा देता है। ऐसे पूर्व निर्धारित पूर्व-पश्चिम के अन्तर निरूपण तो एक ओर अरस्तु तथा युक्लिड तथा दूसरी ओर आत्म सन्तुष्ट भारतीय किसानों के संवाद प्रतीत होते हैं। यह प्रयास निरर्थक भी नहीं है पर इसका दूसरा स्वरूप कौटिल्य और आर्यभट्ट का किन्हीं विजिगोयों से संवाद भी हो सकता था। इस पुस्तक का मुख्य ध्येय तो भारत के सामाजिक राजनीतिक आयामों को समझना है–पर साथ ही साथ इसकी विश्व संस्कृतियों के बीच खींची जा रही स्थाई विभाजन रेखाओं की दृष्टि से भी कुछ प्रासांगिकता अवश्य है–क्योंकि वे विभाजन रेखाएँ भी–अतीत और वर्तमान की अनेक वास्तविकताओं को नज़रअन्दाज कर रही हैं।

भूमिका

प्रथम भाग के चार लेख भारत की वाद-संवाद परम्परा की प्रकृति, दूरगामिता तथा प्रासांगिकता की रूपरेखा प्रस्तुत कर रहे हैं। इसी में बहुलता तथा संवाद परम्परा के लोकतन्त्र, धर्मनिरपेक्षता, गणित, विज्ञान तथा वर्ग, जाति, वर्ण, लिंग आदि की बाधाओं को लाँघ सामाजिक न्याय की प्राप्ति में सम्भावित योगदान की चर्चा भी की गई है (अध्याय 1, 2)। अध्याय–3 में विशाल एवं बहुलतापूर्ण भारत को बृहत्तर स्तर पर समझने की उपादेयता की कतिपय धर्म उन्मादियों द्वारा रचित हिन्दुत्व के संकीर्ण चित्रांकन से तुलना की गई है। चौथे लेख में इन चर्चाओं की प्रासांगिकता की बात को उठाया गया है क्योंकि, भारतीयता की पहचान की विधि तो भारत ही नहीं सारे विश्व में फैले भारतवंशी समाज (20 मिलियन) के लिए भी बहुत महत्त्वपूर्ण हो गई है।

भाग दो के लेख संस्कृतियों के विकास और व्याख्या में संवाद सम्प्रेषण के महत्त्व की चर्चा कर रहे हैं। लेख 5 तथा 6 में इस सन्दर्भ में महान युगदृष्टा कवि साहित्यकार रविन्द्रनाथ टेगोर तथा महान फिल्मकार सत्यजित राय की रचनाओं के सहारे इसी विषय को लेकर एक अन्तर्दृष्टि को विकसित करने का प्रयास किया गया है। लेखन में पश्चिम में भारत विषयक कल्पनाचित्रों के अन्तरों पर चर्चा की गई है—साथ ही इन भ्रामक चित्रों के उपनिवेशी-युग में भारतीय आत्मछवि पर पड़े दुष्प्रभावों की भी व्याख्या की गई है। आठवाँ लेख भारत और चीन के बीच पहली सहस्राब्दी में चले व्यापक व निकट बौद्धिक सम्बन्धों की व्याख्या है। ये सम्बन्ध विज्ञान, गणित, यान्त्रिकी, साहित्य, संगीत, जन-स्वास्थ्य और प्रशासन आदि क्षेत्रों में रहे हैं। इनके साथ-साथ धार्मिक और व्यापारिक सम्बन्धों का तो अपना ही महत्त्व था। इन्हीं से आज के भारत और चीन के लिए शिक्षाओं की बात उठाई गई है।

भाग तीन के लेख गरीबी, वर्ग, वर्ण-विभाजन और लिंग-विषमता द्वारा सृजित अभावों की राजनीति पर हैं इसीमें परमाणु बमों के निर्माण स्वरूप उपमहाद्वीप के जनजीवन को उत्पन्न हो गए भीषण संकट की भी चर्चा की गई है। लेख 9-12 में

क्या हो चुका है, क्या हो रहा है और किन विषयों की आलोचनात्मक समीक्षा की आवश्यकता है आदि पर विचार किया गया है।

पुस्तक के अन्तिम भाग का सम्बन्ध भारतीयों की पहचान में तर्कशीलनता के महत्त्व से है। इस भाग का आरम्भ भी तर्क की दूरगामिता से किया गया है और इस विचार का खण्डन किया गया है कि तर्कवाद तो मूलत पाश्चात्य विचार है। हम जिस संकटासन्न विश्व में रह रहे हैं वहाँ तर्काधारित मूल्यांकनों की सम्भावित भूमिका पर भी विचार किया गया है। लेख–14 में धर्मनिरपेक्षता पर बहस की समीक्षा है और इसमें बहुसांस्कृतिक धार्मिक परिवेश में भारतीयों की आत्मछवि पर विचार व्यक्त किए गए हैं। भारत की बहुसांस्कृतिक विरासत का एक प्रमाण यहाँ प्रचलित पंचांगों सम्वतों की सुदीर्घ ऐतिहासिक परम्परा में मिलता है। इसी पर हमारा लेख–15 आधारित है। यहाँ इस बात पर भी चर्चा है कि इन पंचांगों द्वारा पाँचवी शती में निर्धारित मुख्य देशान्तर (उज्जैन) आज भी भारतीय मानक समय का निर्धारण बिन्दु बना हुआ है। यह ग्रीनविच औसत समय से साढे पाँच घण्टे पूर्व है–पर उससे सदियों पहले निर्धारित हो गया था। अन्तिम लेख मेरे 2001 के दोरबजी टाटा स्मारक आख्यान पर आधारित है। इसकी विषयवस्तु ही भारतीयता की पहचान है।

मैं अपनी इस लेखमाला की रचना में अनेक सहयोगियों, विद्वानों और मित्रों के सुझावों तथा टिप्पणियों से लाभान्वित हुआ हूँ। एक बार फिर उन सबका आभार व्यक्त करना मेरा कर्त्तव्य है...इस संकलन को तैयार करने में मुझे प्रकाशक के सम्पादक स्टुअर्ट-प्रोफिट्ट का मार्गदर्शन और सहयोग भी बहुत उपयोगी रहा है। इन लेखों के लिए मेरी शोध लागतों का बोझ फोर्ड, रॉक फैलर तथा मेलोन प्रतिष्ठानों ने उठाया है–मैं उनका भी ऋणी हूँ।

इस संकलन में 16 लेख हैं, आठ नए हैं और आठ पूर्व प्रकाशित। उनमें दिए गए उदाहरणों, जानकारियों में बहुत बार दोहराव आ गया है। यथासम्भव इस पुनरोक्ति को हटाने का प्रयास मैंने किया है, पर इनको पूरी तरह से हटाने पर उन लेखों के विचार प्रवाह के खण्डित होने की आशंका थी। इसी कारण अनेक स्थानों पर पहले की गई बात दुबारा दिखाई पड़ जाएगी।...

एक अन्तिम बात। वैसे तो पुस्तक का लक्ष्य तो एक निस्पृह अवलोकनकर्ता के अध्ययन के रूप में रचित होने का था पर लेखक अपनी इस विषयवस्तु में स्वयं भी फंस गया है। मैं भी एक भारतीय हूँ, भारत की संस्कृति, इतिहास, राजनीति और सामान्य जनजीवन के प्रति उदासीन रह पाना मेरे लिए सम्भव नहीं हुआ। मैं भारतवासियों के लिए अंग्रेजी भाषा की परम्परानुसार 'उन' उक्ति का प्रयोग नहीं कर पाया, मैंने तो 'हम' शब्द का प्रयोग किया है। मेरा नाता तो उपमहाद्वीप भर से है।

मेरा परिवार उस क्षेत्र का वासी था जिसे अब बंगला देश कहा जाता है। अतः कहीं-कहीं व्यक्तिगत स्तर पर सम्बन्ध की परिधि भारत की वर्तमान सीमाओं से अधिक विस्तृत हो गई है। मैं इस अतिक्रमण के लिए क्षमा नहीं माँगूगा —पर मेरा विश्वास है कि पाठक मेरी शास्त्रीय अव्यक्तिवाचकता के उल्लंघन की विवशता को समझ सकते हैं।

अमर्त्य सेन

15 अगस्त, 2004

अनुक्रम

खंड-1

विचार-स्वातन्त्र्य और संवाद

1

तर्कशील भारतीय

हम भारतीय शब्दों के जाल बुनने की कला में पारंगत रहे हैं। हम हर बात को अच्छे-खासे विस्तार से कहने के अभ्यस्त हैं। अभी भी संयुक्त राष्ट्र महासभा में भारतीय दल के नेता कृष्ण मेनन द्वारा नौ घंटे धाराप्रवाह भाषण के कीर्तिमान की समानता कोई नहीं कर पाया है। अर्द्धशताब्दी पूर्व स्थापित यह कीर्तिमान अक्षुण्ण है। अन्य अनेक भारतीयों ने कितने ही वाक्शिखरों का अवमर्दन किया है। हमें बोलना अच्छा लगता है।

यह कोई नई आदत नहीं है। संस्कृत के प्राचीन महाकाव्यों, रामायण और महाभारत की ही बात लें। कई बार उनकी तुलना 'इलियड' और 'ऑडिसी' से भी कर दी जाती है, किन्तु बेचारे होमर के प्रयासों के समक्ष तो ये संस्कृतग्रन्थ अति विराटकाय प्रतीत होते हैं। रामायण और महाभारत निश्चय ही महान काव्य है। मुझे आज भी याद है कि बौद्धिक सम्प्रेरणा और विशुद्ध मनोरंजन की तलाश में व्यग्र युवक के रूप में जब पहली बार इन ग्रन्थों को मैंने पढ़ा तो जीवन कितनी बड़ी उपलब्धि की भावना से भर गया था। ये दोनों ही अपने मुख्य कथानकों से जुड़े उपाख्यानों और दृष्टान्तों के माध्यम से अपना स्वरूप सजाते और सँवारते दिखाई देते हैं। इनमें समाहित उपाख्यान बहुत ही रोचक संवादों, द्विविधाओं और वैकल्पिक परिप्रेक्षकों से भरे हैं। हमें इनमें निरन्तर पक्ष-विपक्ष के तर्क, मत और मतान्तर भेदों की अभिव्यक्ति दिखाई पड़ती है।

संवाद और उनका महत्व

इन संवादों में निहित तर्क प्रायः अति सारगर्भित हैं। महाभारत के एक लघु किन्तु

प्रसिद्ध अंश, भगवद्गीता को ही लें। इसमें दो परस्पर विरोधी नैतिक पक्षों का टकराव स्पष्ट दिखाई देता है। एक ओर कृष्ण अपने कर्तव्य के निर्वाह पर आग्रह कर रहे हैं तो दूसरी ओर अर्जुन का विचार दुष्परिणामों से बचने (और सद्परिणामों को रचने) से बंधा है। इनका यह संवाद महाभारत की केन्द्रीय घटना, महायुद्ध की पूर्व संध्या पर ही हुआ था। दोनों सेनाओं को युद्ध के लिए तैयार होते देखकर अर्जुन के मन में, जो कुछ वे करने जा रहे थे, को लेकर गहन शंकाओं का उदय हो गया था। ये अर्जुन न्याय के पक्ष से जुड़े शाही परिवार (पांडव वंश) के अद्वितीय और अपराजेय योद्धा थे और शीघ्र ही सत्ता को अन्यायपूर्वक हस्तगत किए बैठे कौरवों से युद्ध करने जा रहे थे। अर्जुन का प्रश्न था कि क्या किसी उचित कर्तव्य का निर्वाह करते समय भी व्यक्ति को नरमेध जन्य दुर्दशाओं को अनदेखा कर देना चाहिए? क्या उस समय भी जब युद्ध अपने ही कुटम्बीजनों के वध का कारण बनने जा रहा हो? कृष्ण (जिन्हें भगवान का अवतार माना गया है और उस युद्ध में वही अर्जुन के सारथि भी थे) अर्जुन की इन शंकाओं के निवारण के लिए उनके विपरीत तर्क दे रहे हैं। उसी सन्दर्भ में वह व्यक्ति के कर्तव्य की प्राथमिकता को कसौटी बनाकर कर्मशीलता के सिद्धान्तों का प्रतिपादन करते हैं। भारतीय दर्शन में तो बारंबार इन सिद्धान्तों की प्रतिध्वनि सुनाई देती है। कृष्ण अर्जुन से युद्ध के परिणामों की चिन्ता किए बिना अपना 'कर्म' करने का आग्रह करते हैं। वह न्यायपूर्ण पक्ष के ऐसे योद्धा हैं जिन पर उनका सारा पक्ष आशा लगाए बैठा है। ऐसे सेनापति अपने दायित्व के निर्वाह में डगमगा नहीं सकता—चाहे उसके परिणाम कुछ भी हों।

अन्ततः धार्मिक परिप्रेक्ष्य में तो कृष्ण का कर्तव्य निर्वाह पक्ष ही विजयी रहा। वास्तव में यही कृष्णार्जुन संवाद (भगवद्गीता) भारतीय दर्शन में धर्मशास्त्रीय दृष्टि से अत्यन्त ही महत्वपूर्ण निबन्ध बन गया है। यह अर्जुन की शंकाओं के निवारण पर ही केन्द्रित रहा है। विश्व के अनेक दार्शनिकों और साहित्यकारों ने कृष्ण की नैतिक स्थापनाओं का बहुत ही मुखर रूप से अनुमोदन किया है। इनमें क्रिस्टोफर आयशरवुड और टी.एस. इलियट भी शामिल हैं। आयशरवुड ने तो भगवद्गीता का अंग्रेजी अनुवाद भी किया है। गीता और कृष्ण के तर्कों के प्रति प्रशस्ति-भाव की यूरोपीय संस्कृति के कुछ अंशों पर अमिट छाप रही है। इसी की प्रशंसा में उन्नीसवीं शताब्दी में विलियम वॉन हंबोल्ट ने कहा था—"यह विश्व की किसी भी भाषा में विद्यमान सबसे सुन्दर और सही अर्थों में दार्शनिक गीत है।" 'फोर क्वार्टेट्स' की एक कविता में इलियट ने कृष्ण के विचार को एक झिड़की के रूप में निबद्ध किया है। "कर्म के फल की न सोचो, बढ़े चलो।" इसी की व्याख्या करते हुए वे कहते हैं, मुसाफिरों, भले ही तुम स्वस्थ न हो, बढ़े चलो।

पर फिर भी एक ऐसा विवाद जिसमें दोनों पक्षों में ही औचित्य प्रतीत हो की दृष्टि से महाभारत ने उभय पक्षों के सभी तर्कों को बहुत ध्यान और संवेदनशीलता

सहित प्रस्तुत किया है। वास्तव में युद्ध के उपरान्त ध्वस्तप्रायः सिंधु-गंगा क्षेत्र की भीषण दुर्दशा का निरूपण किसी न किसी रूप में अर्जुन द्वारा व्यक्त की गई गहन आशंकाओं का 'पुष्टिकरण' ही प्रतीत होता है। भगवद्गीता का सन्देश कुछ भी रहा हो, अर्जुन के युद्ध विषयक तर्कों को पूरी तरह से पराजित नहीं माना जा सकता। केवल अग्रगामी होने की तुलना में 'सकुशल बने रहने' का पक्ष आज भी दुर्बल नहीं हुआ है।

विश्व के 'सर्वोत्कृष्ट' व्यापक विनाशकारी अस्त्र को विकसित करनेवाले दल के प्रमुख जे. रॉबर्ट ऑपेनहैमर ने 16 जुलाई 1945 के दिन पहले आण्विक विस्फोट की भयावह शक्ति के दर्शन करने के बाद कृष्ण के शब्दों को ही प्रतिध्वनित करते हुए कहा था, "मैं काल बन गया हूँ—सर्व संहारक काल।" जैसे उचित ध्येय के लिए संघर्षरत् योद्धा अर्जुन को सलाह दी गई थी, उसी प्रकार भौतिकशास्त्री ऑपेन हैमर भी 'न्याय पक्ष' के लिए कार्य करते हुए अपनी तकनीकी प्रतिबद्धता का प्रयोग कर उस बम का निर्माण उचित ठहरा सकते थे। बाद में अपने ही कार्यों की पुनः समीक्षा कर, वस्तुतः आत्मालोचना करते हुए उन्होंने कहा है, "जब कुछ तकनीकी दृष्टि से अच्छा लगता है तो आप उसे कर डालते हैं, तकनीकी सफलता के बाद ही उसके उपयोग को लेकर कुछ सोचते हैं।" यद्यपि 'बढ़े चलने' की विवशता थी, किन्तु अर्जुन की 'संवेदनाओं' पर विचार करने के भी पर्याप्त कारण थे कि इतने विशाल जनसमुदाय के वध से भला क्या भलाई हो सकती है? और फिर, मैं अपने ही पक्ष के लिए विजय, राज्य या फिर खुशियों की कामना क्यों करूँ?

ये तर्क आज भी उतने ही प्रासंगिक बने हुए हैं। जिसे हम अपना कर्तव्य मानते हैं, उस कार्य को करने के पक्ष में चाहे जितने भी सशक्त कारण हो, पर हम अपने उस कर्तव्य निर्वाह के परिणामों की अनदेखी किस प्रकार कर सकते हैं? आधुनिक विश्व की सर्वदृश्य समस्याओं (आतंकवाद, युद्ध, हिंसा, महामारियों, असुरक्षाओं और दुःसह निर्धनता) या भारत की विशेष आवश्यकताओं (आर्थिक विकास, परमाणु टकराव, क्षेत्रीय शान्ति) आदि पर विचार करें तो कृष्ण के कर्म-सम्पादन के साथ-साथ अर्जुन के कर्म-प्रभाव विश्लेषण पर भी हमें अवश्य ध्यान देना चाहिए। गीता के स्पष्ट सन्देश का महाभारत के विशद् एवं व्यापक तर्क-ज्ञान द्वारा सम्पोषण भी आवश्यक है।

अपने प्रस्तुत तथा अन्य लेखों में हम भारतीय तर्क और शास्त्रार्थ परम्परा में उठे कई महत्वपूर्ण विवादों के प्रसार और महत्व पर विचार करेंगे। हम उन विवादों में 'विजयी' रहे पक्षों तक सीमित नहीं रहेंगे, बल्कि अन्य प्रतिपादित, अंकित और स्मृत पक्षों पर भी ध्यान आकर्षित करेंगे। वे निरस्त तर्क, जो मिट नहीं पाते, अवश्य ही जीवन्त बने रहते हैं।

लिंग, जाति और मताभिव्यक्ति

इसी सन्दर्भ से जुड़ा एक अन्य महत्वपूर्ण प्रश्न भी है : क्या प्रश्न उठाने और तर्क वितर्क का अधिकार भारतीय समाज के किसी अभिजात्य वर्ग विशेष के पुरुषों तक ही सीमित रहा है? वैसे यह मान लेना कठिन होगा कि वाद-विवाद या शास्त्रार्थ में भागीदारी समाज के सभी वर्गों-घटकों को सामान्य सुलभ रही होगी। फिर, भारत में तो लिंग, जाति-समुदायगत विषमताएँ भी बहुत गहरी रही हैं। यदि समाज के मंदभागिताग्रस्त वर्गों को वाद-विवाद की परम्परा में भागीदारी से वंचित रखा गया हो तो फिर इस संवाद प्रक्रिया की सामाजिक उपादेयता पर भी प्रश्न चिन्ह लग जाएँगे। किन्तु यहाँ आकर तो हमारी कहानी इतनी जटिल हो जाती है कि हम किसी साँझे सामान्यीकरण द्वारा इसे निबद्ध नहीं कर पाएँगे।

आइए लिंगभेद या स्त्री-पुरुष भेदभाव से आरम्भ करें। निस्सन्देह, 'शास्त्रार्थीय महासंग्रामों' में तो प्रायः पुरुषों का ही बोलबाला रहा है। फिर भी राजनीतिक नेतृत्व और बौद्धिक अनुष्ठानों में नारी की भागीदारी इतनी नगण्य भी नहीं रही है। आज के भारत में भी कई महत्वपूर्ण राजनीतिक संगठनों का नेतृत्व महिलाएँ कर रही हैं या कर चुकी हैं। यही नहीं, कांग्रेसदल के तत्वावधान में चले राष्ट्रीय स्वतन्त्रता आन्दोलन में जितनी महिलाएँ महत्त्वपूर्ण पदों पर कार्य कर रहीं थी उतनी तो चीन और रूस के क्रान्तिकारी आन्दोलनों में (मिलाकर) भी नहीं देखी गईं। भारत में कांग्रेस दल के अध्यक्ष पद पर सरोजिनी नायडू का निर्वाचन 1925 में हुआ था। जबकि ब्रिटेन में किसी प्रमुख राजनीतिक दल के नेता के रूप में मार्गरिट थैचर पूरे पचास वर्ष बाद (1975 में) ही निर्वाचित हो पाई थीं। भारतीय राष्ट्रीय कांग्रेस की दूसरी महिला अध्यक्ष नेल्लि सेनगुप्ता का निर्वाचन भी 1935 में हो गया था।

लेकिन ये घटनाएँ बहुत पुरानी नहीं हैं। पुरातन परिदृश्य क्या था? विश्व के अन्य देशों की भाँति ही भारत में भी वादविवादों में महिलाओं की भागीदारी परम्परागत रूप से कम ही रही है। किन्तु भारत के अतीत के घटनाक्रम से यह बात तो स्पष्ट हो ही जाती है कि महिलाएँ मुखर नेतृत्व से अनभिज्ञ भी नहीं थी। यदि सुदूर अतीत के अति प्रसिद्ध संवादों और शास्त्रार्थों पर विचार करें तो उनमें नारी की भागीदारी स्पष्ट दिखाई पड़ जाती है। यही नहीं; अक्सर इन संवादों में अधिकांश तीखे चर्चित प्रश्न भी महिलाओं ने ही उठाए थे। यह तथ्य भारतीय दर्शन परम्परा का आधार माने जानेवाले उपनिषदों से भी स्पष्ट हो जाता है। इन द्वंद्वात्मक (खंड़न-मंडन आधारित) ग्रन्थों का रचनाकाल 8वीं शताब्दी ईसा पूर्व के आसपास माना जा सकता है।

बृहदारण्यक उपनिषद् में उस काल के उत्कृष्ट विद्वान और शिक्षक याज्ञवल्क्य और एक नारी शिक्षार्थी गार्गी के बीच विद्वानों की सभा में हुए तीखे शास्त्रार्थ की चर्चा आई है। गार्गी ने उस विद्वत् परिषद् में बड़े ही नाटकीय रूप से अवतरण किया

था। उन्होंने कहा था : मान्यवर ब्राह्मणों! मैं इन सज्जन से केवल दो प्रश्न करूँगी। यदि ये उनके उत्तर दे पाए तो आपमें से कोई भी इन्हें ईश्वर की व्याख्या करने में कभी पराजित नहीं कर पाएगा।

यद्यपि गार्गी आधुनिक काल की महारानी झाँसी तो नहीं थीं (जिन्होंने 1857 के संग्राम में अंग्रेजी सेनाओं का सामना किया था और जिन्हें एंटोनिया फ्रेजर ने 'महान यौद्धरानियों' की श्रेणी में रखा है) पर उनकी भाषा निश्चित रूप से सेनानेत्री जैसी ही है। उनके कथन पर गौर करें : याज्ञवल्क्य! मेरे पास तुम्हारे लिए दो प्रश्न हैं। जैसे विदेह या काशीराज अपने धनुष की प्रत्यंचा चढ़ाकर दो तीखे बाणों का संधान कर अपने शत्रुओं के सामने आगे बढ़ते हैं उसी प्रकार मैं तुम्हारे समक्ष दो प्रश्न लाई हूँ। तुम्हें इनके उत्तर देने हैं।'' याज्ञवल्क्य अपने उत्तर से गार्गी को सन्तुष्ट करने में सफल रहते हैं। (मैं धर्मशास्त्रों से जुड़ी उनकी बातचीत पर टिप्पणी कर पाने की 'क्षमता' स्वयं में नहीं पाता। इसी कारण उन प्रश्नों और उनके उत्तरों पर यहाँ बात नहीं कर पाऊँगा)। गार्गी ने याज्ञवल्क्य की सफलता पर उन्हें खुलकर साधुवाद दिया तथा वहाँ बैठे ब्राह्मणों को सम्बोधित कर कहा : 'मान्यवर ब्राह्मणों, यदि आप इन्हें प्रणाम कर यहाँ से खिसक जाएँ तो यह भी आप लोगों के लिए 'उपलब्धि' होगी। निश्चय ही ईश्वर की प्रकृति के प्रतिपादन में आप कभी इन्हें नीचा नहीं दिखा पाएँगे।''

याज्ञवल्क्य की पत्नी मैत्रेयी ने भी एक अत्यन्त ही प्रेरणास्पद प्रश्न उठाया था। दोनों पति-पत्नी मानवीय जीवन की समस्याओं और विकट परिस्थितियों के सन्दर्भ में धन-सम्पत्ति की उपादेयता के विषय में चर्चा कर रहे थे, विशेषकर बात यहाँ आकर रुकी थी कि सम्पत्ति हमारे लिए क्या कर सकती है और क्या नहीं। मैत्रेयी का प्रश्न था कि यदि सारी भूमि धन-सम्पत्ति से ओतप्रोत होकर उसके एकछत्र स्वामित्व में आ जाए तो क्या वे इस सम्पत्ति के माध्यम से 'अमरत्व' की प्राप्ति कर पाएँगी। याज्ञवल्क्य का सीधा सपाट उत्तर था : ''नहीं। तुम्हारा जीवन भी अन्य धनिकों जैसा ही होगा किन्तु धन द्वारा अमरत्व की प्राप्ति सर्वथा असम्भव है।'' इस पर मैत्रेयी का कहना था कि जिस के द्वारा अमरत्व की प्राप्ति सम्भव ही नहीं है उस सम्पदा को लेकर क्या करना है।

भारतीय दर्शन में मानवीय जीवन की विकट परिस्थितियों और भौतिक विश्व की सीमितताओं के सन्दर्भ में मैत्रेयी के इस प्रश्न को बार-बार उद्धृत किया गया है। इस संवाद का एक अन्य पक्ष भी है और हम उसी की ओर ध्यान खींच रहे हैं। यह पक्ष आय और उपलब्धता के बीच सम्बन्ध और अन्तर से जुड़ा है। यह पक्ष है हमारी वस्तुएँ खरीदने और वास्तविक आनन्द उठा पाने की क्षमताओं का पक्ष! ये हमारी आर्थिक सम्पदा और मनोवांछित शैली से जीवनयापन के बीच सम्बन्ध का प्रश्न है। अमीरी और अपनी मूल्यवान मानी गई वस्तुओं की प्राप्ति के बीच

कुछ सम्पर्क सूत्र तो हैं—किन्तु यह सूत्र सदैव ही निकट सम्बन्ध का रूप नहीं ले पाते। भारतीय धर्मशास्त्रियों का सदियों से आग्रह रहा है कि मैत्रेयी की जिज्ञासाओं का एक अनुभवातीत गूढ़ महत्व था, पर साथ ही उनका इहलौकिक पक्ष भी था। यदि हम दीर्घ एवं मंगलमयजीवन की कामना करते हैं तो निश्चय ही हमारा ध्यान जीवन और मरण पर केन्द्रित हो जाएगा, वह केवल सम्पदा और आर्थिक सम्पन्नता तक सीमित नहीं रहेगा। महाकाव्यों, चिरप्रतिष्ठित कथानकों या फिर इतिहास गाथाओं में नारियों द्वारा उठाए गए प्रश्न उनकी कोमल एवं शान्तिप्रियता की सामान्य छवि के अनुरूप नहीं लगते। महाभारत के धर्मराज युधिष्ठिर युद्ध की हिंसा से बचना चाहते हैं तो उन्हें अपने सिंहासन को हस्तगत किए बैठे लोगों से मुक्त कराने के लिए आवश्यक क्रोध धारण करने को उकसानेवालों में सबसे मुखर स्वर उनकी अपनी पत्नी द्रौपदी का ही रहा है।

छठीं शताब्दी में भारवि द्वारा रचित ग्रन्थ 'किरातार्जुनीय' में इस संवाद का स्वरूप कुछ इस प्रकार हो गया है :

आप जैसे आर्यपुत्रों को
किसी स्त्री द्वारा परामर्श देना अपमानतुल्य ही है,
तब भी मेरा संताप बाध्य कर रहा है मुझे
नारी के व्यवहार की सीमा का अतिक्रमण करने को।

इन्द्र-सदृश धीर-वीर सम्राट
तुम्हारी वंश-बेलि के
युग-युगों से शासन करते आए हैं
अक्षुण्ण रूप से—इस धराधाम पर,
किन्तु अब तुम अपने ही हाथों
त्याग रहे हो इसे,
जैसे कोई मदमस्त हाथी
अपने ही गले में पड़ी माला
सूँड से उतार फेंके...

वीर-भाव के परित्याग का ही
निर्णय लेना है तुम्हें यदि,
युद्ध-विरत रहने में ही
देखते हो सुखद भविष्य का मार्ग,
तब फिर यह धनुष,
यह वीरवेश भी उतार फेंको,

सिर बढ़ा लो जटाएँ, और
यज्ञाग्नि में हविष्याहुतियाँ डालते रहो!

इन वचनों से यह तो स्पष्ट ही है कि कृष्ण-अर्जुन संवाद में द्रौपदी किस पक्ष में होगी। यह संवाद तो उस घटनाक्रम में बहुत आगे चलकर हुआ था, जबकि युधिष्ठिर भी युद्ध का वरण कर द्रौपदी द्वारा स्पष्ट उपहासास्पद ढंग से संन्यासी जीवन व्यतीत करने के उपालम्भ से मुक्त हो चुके थे।

भारत की संवाद-विवाद परम्परा को केवल पुरुष वर्ग का एकाधिकार मान लेना तो कदापि उचित नहीं होगा। साथ ही यह जान लेना भी आवश्यक है कि यह अधिकार वर्ण और जाति की बाधाओं और बंधनों से भी मुक्त रहा है। अक्सर धार्मिक रूढ़ियों को समाज के अभावग्रस्त वर्गों ने ही चुनौती दी है। वैसे इस 'अभावग्रस्तता' के अनेक स्तर हो सकते हैं। प्राचीन भारत में ब्राह्मणों की रूढ़िवादिता के विरुद्ध समाज के व्यापारी और शिल्पकारों ने चुनौती दी थी। यह सच है कि ये चुनौती देनेवाले अपने-अपने वर्णों के सम्पन्न सदस्य ही थे, किन्तु सम्पन्नता के बाद भी वे ब्राह्मणवादी समाज में स्पष्ट रूप से पिछड़े हुए ही माने जाते थे। भारत में बुद्धमत के तीव्र प्रसार के वर्गाधार का विश्लेषण भी इसी रूढ़िवादी समाज में सापेक्ष पिछड़ेपन को स्पष्ट करता है। जैनमत और बौद्धमत दोनों ही पुरोहितों को तिरोहित करनेवाले धार्मिक विद्रोह के आन्दोलन कहे जा सकते हैं।

इन्होंने न केवल मानवमात्र की समानता के सन्देश का प्रसार किया, बल्कि उच्च पदों पर आसीन लोगों द्वारा अपनी श्रेष्ठता के लिए प्रयुक्त तर्कों का भी करारा उत्तर दिया। प्रारम्भिक जैन और बौद्ध साहित्य इसी प्रतिवाद और विरोध की अभिव्यक्ति से ओतप्रोत हैं।

समय-समय पर जातिवाद विरोधी आन्दोलनों ने भी निरन्तर तर्कों का सहारा लेकर ही रूढ़विचारों को चुनौतियाँ दी हैं–भले ही उन्हें सदैव एक जैसी सफलता नहीं मिल पाई हो। महाकाव्यों में भी इन तर्कों को अंकित किया गया है। अतः स्पष्ट है कि जातिवादी व्यवस्था के प्रारम्भिक काल में भी सामाजिक क्रमबद्धता के विचार को चुनौती अवश्य दी जा रही थी। यह तो हम नहीं कह सकते कि जिन रचनाकारों को इन सन्देहों का जनक माना जाता है वे ही इनके वास्तविक सूत्रधार थे या कि वे समाज में पहले से ही चल रही प्रश्न-परम्परा को अभिव्यक्ति दे रहे थे, किन्तु चिर प्रतिष्ठित ग्रन्थों और महाकाव्यों में विषमता-विरोध को मिली प्रमुखता से यह तो स्पष्ट हो ही जाता है कि देश में वाद-विवाद संवाद की व्यापक परम्परा थी और किसी एकमात्र 'कथन' को निर्विवादित रूप से 'हिन्दू दृष्टिकोण' की संज्ञा दे पाना इतना सहज नहीं है।

महाभारत से ही एक दृष्टान्त पर विचार करें। भृगु ने भरद्वाज ऋषि से चर्चा करते हुए शारीरिक लक्षणों, विशेषकर व्यक्ति के रंग के आधार पर वर्ण-विभाजन

की बात उठाई, तो भरद्वाज ने तुरन्त प्रत्येक वर्ण के लोगों के रंगों में विविधता की ओर उनका ध्यान दिलाया और कहा, "यदि रंग के आधार पर ही वर्ण-विभाजन होगा तो प्रत्येक वर्ण मिश्रित वर्ण ही होगा।" यही नहीं, उन्होंने एक और अधिक गूढ़ प्रश्न भी किया : "यदि हम सभी कामना, क्रोध, भय, दुःख, चिन्ता, भूख और श्रम (थकान) अनुभव करते हैं तो फिर हमारे वर्ण अलग-अलग कैसे हो गए?" भविष्यपुराण में भी जननशास्त्रीय वर्ण-विभाजन पर प्रश्न उठाते हुए कहा गया है कि चारों वर्णों के सदस्य उसी ईश्वर की सन्तान हैं। इस नाते से उनका वर्ण भी एक होना चाहिए। सभी मानव एक ही पिता की सन्तान हैं और एक ही पिता की सन्तानों के वर्ण पृथक्-पृथक् नहीं हो सकते।" यह सत्य है कि इस प्रकार व्यक्त प्रश्न किसी विवाद का अन्त तो नहीं कर पाए, किन्तु विभिन्न धारणाओं के संवाद में उनका अपना अस्तित्व भी समाप्त नहीं हो पाया।

बहुत आगे चलकर मध्ययुगीन रहस्यवादी काव्यधारा (पन्द्रहवीं शताब्दी) की परम्परा पर गौर करें! इसमें हिन्दू सन्त और मुस्लिम सूफी, दोनों ही सम्मिलित थे। इस भक्तिधारा ने भी बहुत स्पष्ट रूप से वर्ण और वर्ग के आधार पर समाज का विभाजन करनेवाले सभी तर्कों का जमकर खंडन किया है। इनमें से कई कवि तो समाज के बहुत ही दरिद्र एवं दलित वर्गों से थे। उनके द्वारा सभी धर्मों में सामाजिक विभाजन और बाधाओं पर प्रहार इन कृत्रिम बाधाओं की अप्रासांगिकता को उजागर करना ही था। यह भी जान लेना महत्वपूर्ण है कि इस प्रकार के 'विपरीत मत' के प्रणेताओं में कितने ही प्रमुख नाम स्वयं शिल्पकार वर्ग के सदस्य थे। उन सभी भक्तिधारा के कवियों में प्रमुख कबीर जुलाहे थे, दादू रुई धुननेवाले, रविदास चर्मकार तो सैन एक नाई थे। यह सूची इन्हीं पर समाप्त नहीं हो जाती। इस परम्परा से जुड़े कितने ही प्रमुख नाम महिलाओं के हैं। चार सौ वर्ष बाद आज भी मीराबाई के भजन गाए सुने जाते हैं। अंडाल, दयाबाई, सहजोबाई, क्षेमा और न जाने कितनी ही महिलाओं ने इस आन्दोलन में योगदान दिया है।

समकालीन विषमता पर हम विस्तार से बात तो अगले अध्याय में करेंगे, पर उसके बारे में भी यह तो समझने की कोशिश अवश्य की जानी चाहिए कि आज के भारतीय समाज की सामाजिक विषमताओं के निवारण में यह पुरातन संवाद परम्परा कितनी प्रासंगिक होगी और क्या योगदान दे सकती है? यह कहना बहुत गलत होगा कि अनुशासित एवं पूर्व निर्दिष्ट तर्कशास्त्र पर आधारित संवाद परम्परा तो केवल सम्भ्रान्त और सुशिक्षित वर्गों का ही पक्ष लेगी, अभावग्रस्त और पिछड़े वर्गों का नहीं। भारत की बौद्धिक परम्परा द्वारा विकसित कितने ही सशक्त तर्क इन्हीं पिछड़े हुए समुदायों के जीवन से जुड़े हैं, इन्हीं के दावों में उनकी सारी क्षमता का आधार रहा है—न कि किसी सुप्रशिक्षित तर्कशास्त्रीय उत्कृष्टता में।

लोकतन्त्र : एक सार्वजनिक संवाद

क्या समृद्ध संवाद परम्परा का आज भी भारतीय उपमहाद्वीप के जन-जीवन पर कोई प्रभाव दिखाई दे रहा है? हमारा कहना है कि हाँ, यह अनेक प्रकार से जीवन को प्रभावित कर रही है। यही हमारी सामाजिक सृष्टि की रचना कर रही है और हमारी संस्कृति के स्वरूप का निर्धारण भी इसी से हो रहा है। विभिन्न विचारों का प्रचलन भारत की 'स्वभाविक प्रकृति' बन चुका है। इसके अनेक सुखकर परिणाम रहे हैं। निरन्तर विभिन्न मुद्दों पर वाद-विवाद-संवाद हमारे सार्वजनिक जीवन का एक महत्वपूर्ण अंग है। इसका राजनीति पर भी बहुत गहरा प्रभाव रहा है। और इसी कारण से लोकतन्त्र के विकास और समाज की धर्मनिरपेक्षता के प्रति रुझान में इसकी प्रासांगिकता और अधिक हो जाती है।

भारत में लोकतन्त्र का श्रेय सौ वर्षीय ब्रिटिश शासन के संसर्ग को देने के प्रयास किए जाते हैं। उसके प्रभाव स्वरूप तो उस साम्राज्य के, जिसमें कभी सूर्यास्त नहीं होता था, सभी पूर्व-गुलाम देशों में समृद्ध लोकतान्त्रिक व्यवस्थाएँ स्थापित हो जानी चाहिए थीं। अतः भारत में लोकतन्त्र के ऐतिहासिक मूलसूत्रों की खोज में सार्वजनिक संवाद परम्परा के सम्भावित योगदान पर भी विचार होना चाहिए। यह बात केवल भारत तक ही सीमित नहीं रहती, विश्व-भर में हर जगह सार्वजनिक संवाद परम्परा और लोकतन्त्र के बीच गहन सम्बन्ध रहा है। भारत तो विशेष रूप से सुदीर्घ काल से बौद्धिक सहिष्णुता और जनसंवाद की परम्परा का धनी रहा है। इसी कारण यहाँ ये सम्बन्ध-सूत्र अधिक प्रभावी और महत्वपूर्ण हो जाते हैं। आधी शती पूर्व जब भारत ने एक लोकतान्त्रिक शासन पद्धति का चयन किया तो इसने केवल यूरोप और अमरीका के संस्थागत अनुभवों को ही नहीं बल्कि अपनी सार्वजनिक संवाद एवं विविध विचार-अभिव्यक्ति की परम्परा को भी आधार बनाया था। उसी समय स्वतन्त्र हुआ भारत विश्व का एकमात्र गैर-पाश्चात्य देश था, जिसने लोकतन्त्र को चुना था।

गैर-पाश्चात्य लोकतन्त्र के रूप में भारत न केवल एक लोकतान्त्रिक शासन व्यवस्था की रचना कर पाने में सफल रहा है, बल्कि, जहाँ अन्य देशों में लोकशाही आती-जाती रहती है, वहीं भारत में यह जनसामान्य की सहज स्वीकृति पाकर सुदृढ़ भी हो चुकी है। अन्य अफ्रीकी-एशियाई देशों के विपरीत यहाँ सभी सशस्त्र बलों, राजनीतिक दलों (चाहे वे दक्षिणपन्थी हिन्दुत्ववादी हों या वामपन्थी साम्यवादी) आदि ने यह बात स्वीकार कर ली है कि अपनी सभी त्रुटियों के बावजूद नागरिक शासन व्यवस्था को ही प्राथमिकता मिलनी चाहिए। लोकतन्त्र को उखाड़ फेंकने की लालसा से सभी परे रहना चाहते हैं।

इस सम्बन्ध में भारत के कुछ निर्णायक अनुभव भी रहे हैं। जब 1970 के

दशक के मध्य में यहाँ लोकतान्त्रिक 'गारंटी' को शिथिल करने का प्रयास हुआ और देश के समक्ष गम्भीर संकट का नाम लेकर उस प्रयास पर जन सामान्य की स्वीकृति की मुहर लगवाने की कोशिश की गई, तो भारत के मतदाताओं ने ऐसे दुष्प्रयास को बहुत ही स्पष्ट रूप से नकार दिया था। यह कार्य जनता ने 1977 में हुए महानिर्वाचन में सम्पन्न किया था। भारत के लोकतन्त्र में कुछ त्रुटियाँ हैं, कई अर्थों में यह अभी परिपक्व नहीं हो पाया है, किन्तु इन समस्याओं के निदान तो यहाँ की समृद्ध संवाद परम्परा का अनुसरण करते हुए खोजे जा सकते हैं।

दो बहुत बड़ी भूलों से तो हमें बचना ही चाहिए : 1. प्रथम तो यह सोचना ही गलत है कि भारत ने आजादी के समय अंग्रेजों द्वारा उपहार में दी गई लोकतान्त्रिक व्यवस्था को ही अपना लिया, और 2. भारत की ऐतिहासिक परिस्थितियाँ ऐसी रही हैं कि यहाँ लोकतन्त्र पनप सका। मुख्य बात तो यह है कि लोकतन्त्र का जनसंवाद और परस्पर तर्क-वितर्क से गहरा नाता होता है। जनसंवाद की परम्परा केवल पाश्चात्य विश्व की बपौती नहीं है—यह विश्व के अन्य भागों में भी व्याप्त रही है। जहाँ भी इस परम्परा का आश्रय लेना सहज सम्भव हो जाए वहाँ लोकतन्त्र की स्थापना और फिर उसकी संरक्षणा भी सहज हो जाती है।

बार-बार यह आग्रह किया जाता है कि लोकतन्त्र तो मूलरूप से एक पाश्चात्य विचार और स्थापना है किन्तु यह धारणा जनसंवाद और लोकतन्त्र के घनिष्ठ अन्तर्सम्बन्धों को दृष्टिगत कर जाती है। आज विश्व के अनेक विचारक और दार्शनिक इन अन्तर्सम्बन्धों का अध्ययन कर रहे हैं। इनमें जॉन रॉल्स का नाम अग्रणी है। सार्वजनिक बहस या जनसंवाद से नागरिकों को राजनीतिक मुद्दों पर बातचीत में भागीदार बनाकर सामाजिक चयन प्रक्रिया को प्रभावित करने का अवसर मिलता है। स्वतन्त्र, निर्भय मतदान तो जनसंवाद को प्रभावी बनाने का एक माध्यम ही है। मतदान का विस्तार और उसकी प्रभावोत्पादकता तो खुले सार्वजनिक संवाद के अवसरों की सुलभता पर ही निर्भर होगी।

चुनाव और मतदान की स्वतन्त्रता से भी कहीं आगे बढ़कर लोकतन्त्र की अधिक व्यापक व्याख्या के प्रयास समकालीन दर्शनशास्त्र के साथ-साथ आर्थिक तर्कों और राजनीतिक विचारों पर आधारित 'सामाजिक चयन सिद्धान्तों' और 'सार्वजनिक चयन सिद्धान्तों' में भी दिखाई दे रहे हैं। खुली सार्वजनिक चर्चा समाज के विषय में और हमारी वरीयताओं के विषय में हमें अधिक जानकारी उपलब्ध कराकर उन वरीयताओं में संशोधन/परिमार्जन का अवसर भी प्रदान करती है। जेम्स बकनन का तो आग्रह है : "लोकतन्त्र को 'संवाद द्वारा शासन' के रूप में परिभाषित करने का निहित अर्थ यह भी है कि निर्णय प्रक्रिया के दौरान व्यक्ति के अपने जीवन मूल्यों में परिवर्तन सम्भव है—बहुधा परिवर्तन हो भी जाते हैं।" भारत में जनसंवाद की परम्परा का महत्व केवल अपने जीवन मूल्यों की सार्वजनिक अभिव्यक्ति तक सीमित

नहीं रहता—इन मूल्यों का पारस्परिक विचार मन्थन द्वारा निर्धारण भी इसकी परिधि में आ जाता है। इसका एक उदाहरण तो धर्मनिरपेक्षता के प्रति भारतीय दृष्टिकोण का विकास ही है (हम इस विषय में इसी लेख में आगे चर्चा करेंगे)।

जनसंवाद की समृद्ध एवं सुदीर्घ परम्पराएँ विश्व के अनेक भागों में पाई जाती हैं। रोमन और ग्रीक परम्पराओं पर तो बहुत कुछ लिखा गया है, पर भारत में भी सार्वजनिक विचार-विमर्श को दिए गए महत्व का एक लम्बा इतिहास रहा है। यहाँ तक कि चौथी शताब्दी ईसा पूर्व में उत्तर पश्चिमी भारत में विश्व-विजय अभियान पर निकले सिकन्दर को भी यहाँ राजनीति पर शिक्षाप्रद भाषण सुनने को मिल गया था। जब उसने कुछ जैन साधुओं से पूछा कि वे उस जैसे महान विजेता को भी (उपयुक्त) महत्व क्यों नहीं दे रहे, तो उसे कुछ इस प्रकार का, कदाचित्, साम्राज्यवाद विरोधी उत्तर मिला था :

"राजा सिकन्दर! प्रत्येक व्यक्ति का पृथ्वी के उतने ही भाग पर अधिकार दिखाई देता है जिस पर उसके दो पाँव रखे हों। आप भी हमारी ही तरह मनुष्य हैं। हाँ, आप सदा व्यस्त रहते हैं, अपने घर से इतनी दूर निकल आए हैं और अपने तथा अन्य लोगों के लिए कुछ न कुछ गड़बड़ ही कर रहे हैं—शीघ्र ही आपकी भी मृत्यु होगी—फिर आपका अधिकार भी मात्र उतनी ही जमीन पर रह जाएगा जिसके नीचे आप दफन होंगे।"

भारत में जनसंवाद के विकास का अच्छा खासा श्रेय प्रारम्भिक बौद्धों को दिया जाना चाहिए। उनकी सामाजिक प्रगति के माध्यम के रूप में विचारों के आदान-प्रदान के प्रति गहरी निष्ठा थी। इसी निष्ठा ने विश्व में सम्भवतः पहली खुली जनसभाओं को भी जन्म दिया था। 'बौद्धिक महासम्मेलनों' में विभिन्न स्थानों से अन्यान्य विचारधाराओं के अनुगामी विद्वान एकत्र होकर पृथक्-पृथक् दृष्टिकोणों में निहित अन्तरों और टकरावों को दूर करने का प्रयास करते थे। ऐसे चार महासम्मेलनों में से प्रथम का आयोजन तो गौतम बुद्ध की मृत्यु के तुरन्त पश्चात् राजगृह में हुआ था। दूसरा सम्मेलन लगभग 100 वर्ष बाद वैशाली में और अन्तिम सम्मेलन दूसरी शताब्दी में कश्मीर में हुआ था। किन्तु तीसरा सम्मेलन ही सबसे अधिक विख्यात है। इसका आयोजन सम्राट अशोक के संरक्षण में तीसरी शताब्दी ईसा पूर्व में उस समय की भारत की राजधानी पाटलीपुत्र (आज का पटना) में हुआ था। इन महासम्मेलनों का मुख्य ध्येय तो धार्मिक विचारों और व्यवहार से जुड़े प्रश्नों पर विचार करना था, किन्तु इनमें सामाजिक और नागरिक कर्तव्यों के तकाजों पर भी व्यापक चर्चाएँ होती थीं। इस प्रकार ये विवादास्पद मामलों पर खुली और खुले मन से चर्चा की परम्परा को और समृद्ध बनाने में भी सहायक रहे हैं।

तीसरे महासम्मेलन के साथ प्रायः समूचे उपमहाद्वीप के साथ-साथ अफगानिस्तान तक के विशाल भूखंड के शासक, सम्राट अशोक का सम्बन्ध विशेष ध्यान का पात्र

है। अशोक इस बात के प्रति बहुत प्रतिबद्ध थे कि सार्वजनिक चर्चा बिना किसी वैमनस्य और हिंसा के चलनी और सम्पन्न होनी चाहिए। उन्होंने सार्वजनिक चर्चा के लिए प्रथम नियमों की रचना कर उन्हें सूत्रबद्ध भी किया था। इसके तुल्य प्रयास पश्चिम में तो दो हजार वर्ष बाद 'राबर्ट के व्यवस्था के नियमों' में दिखाई पड़ता है। अशोक का आग्रह था कि सभी वक्ता अपनी भाषा पर नियन्त्रण रखेंगे, कोई अपने मत को श्रेष्ठ और दूसरों को हीन बताने की गलत अवसरों पर चेष्टा नहीं करेगा, और उपयुक्त अवसरों पर भी वे नरम या उदारवादी भाषा का ही प्रयोग करेंगे। तीखी बहस के समय भी, सभी अवसरों पर, अन्य मतों एवं उनके अनुयायियों के प्रति सद्भाव और सम्मान की भावना का प्रदर्शन भी अनिवार्य था।

सम्राट अशोक द्वारा जनसंवाद को प्रोत्साहन दिए जाने की एक प्रतिध्वनि लगभग दो हजार वर्ष बाद मुगल बादशाह अकबर द्वारा विभिन्न धर्मानुयायियों के बीच संवाद के आयोजन और प्रश्रय में सुनाई दी थी। अकबर का आग्रह था कि सामाजिक सद्भाव की समस्याओं का समाधान 'परम्परा के अनुकरण' द्वारा नहीं, बल्कि 'तर्क के अनुसरण' द्वारा सम्भव हो सकता है। इस समाधान की खोज में तर्कशील संवाद का ही बोलबाला होना चाहिए। सार्वजनिक संवाद के लिए शाही आयोजन और संरक्षण की इतनी आवश्यकता नहीं होती, किन्तु ये दो उदाहरण भारत में जनसंवाद के इतिहास की पहुँच के नए आयामों पर भी हमारा ध्यान बरबस खींच लेते हैं। लोकतन्त्र के वैचारिक पक्ष में राजकीय संरक्षण सहित और उससे रहित दोनों ही प्रकार के खुले विचार-विमर्श का महत्व रहता है। लोकतन्त्र के और अनेक तकाजे तो होते ही हैं, पर भागीदारी पूर्ण शासन व्यवस्था में केन्द्रस्थ रूप से विद्यमान सार्वजनिक चर्चा भी व्यापक परिदृश्य का एक महत्वपूर्ण घटक होगी। इस विषय में आगे चलकर हम कुछ और बातचीत भी करेंगे।

धर्मनिरपेक्षता का अवबोधन

वैचारिक बहुलता की लम्बी परम्परा ने न केवल भारत में लोकतन्त्र की स्थापना और उसके बने रहने में योगदान किया है, बल्कि धर्मनिरपेक्षता के उदय और इसके पश्चिमी देशों से विलक्षण स्वरूप की रचना को भी प्रभावित किया है। धार्मिक सहिष्णुता तो भारत के इतिहास में, यहाँ अनेक धर्मों के फलने फूलने से ही स्पष्ट हो जाती है। यहाँ हिन्दू, बौद्ध, जैन, यहूदी, ईसाई, इस्लम, पारसी, सिक्ख और बहाई आदि अनेक धर्मों के अनुयायी सदियों से रह रहे हैं। वेद, जिन्हें कम से कम ईसा से दो सहस्राब्दी पूर्व की रचना माना जाता है, ही अब जिसे हिन्दू धर्म कहते हैं उसका आधार हैं। हिन्दू शब्द को फ़ारसी और अरबों की देन माना जाता है—उन्होंने सिन्धु नदी के नाम पर यहाँ बसे लोगों का और उनके नाम का निर्धारण कर लिया था। बौद्ध और जैन मत का उदय 6वीं शताब्दी ईसा पूर्व में हुआ। यद्यपि अब भारत

में इसके अनुयायी बहुत कम हैं—पर लगभग एक हजार वर्ष तक यहाँ बौद्ध धर्म का वर्चस्व रहा है। जैनमत, जो बौद्धमत के साथ-साथ ही उदित हुआ था, पिछले ढाई हजार वर्ष से एक सशक्त एवं जीवन्त धर्म के रूप में फल-फूल रहा है।

यहूदी तो येरूशेलम के पतन के तुरन्त बाद ही भारत आ गए थे। वैसे उनके विषय में यह भी कहा जाता है कि 8वीं शताब्दी ई.पू. में 'बेन' नामक इजरायली कबीले के लोग भारत आ गए थे। कुछ लोगों का यह भी कहना है कि वे 175 ई.पू. में ही भारत पहुँचे थे। बाद में भी यहूदियों का आगमन समय-समय पर होता रहा, 5वीं और छठी शताब्दियों में दक्षिण अरब, फारस से, तो फिर बगदाद और सीरिया से 18वीं-19वीं शताब्दियों में भी यहूदी भारत में आकर बसे हैं। ये मुख्यतः कोलकाता और मुम्बई के आसपास ही केन्द्रित रहे हैं। ईसाई भी बहुत जल्दी ही भारत आ गए थे। चौथी शताब्दी तक आज के केरल प्रान्त में ईसाइयों की अच्छी-खासी बस्तियाँ बस चुकी थीं। 7वीं शताब्दी के अन्त में ईरान में धार्मिक उत्पीड़न से त्रस्त पारसी समुदाय ने भी भारत की ओर रुख किया। भारत में शरणार्थी बना अन्तिम समुदाय बहाई है। ये 19वीं शताब्दी में ही यहाँ आए हैं। इस लम्बे इतिहास काल में और अनेक धाराओं में यहाँ आकर लोग बसे हैं। 8वीं शताब्दी में पश्चिमी तट पर अरब व्यापारियों ने बसना शुरू कर दिया था। यह उत्तर पश्चिम से आक्रमणकारी इस्लाम के आगमन से कहीं पहले की बात रही है। साथ ही स्थानीय लोगों का धर्मान्तरण विशेषकर इस्लाम में भी हुआ है। भारत के बहुधार्मिक परिदृश्य में प्रत्येक धर्म का अनुयायी समुदाय अपना विशिष्ट स्वरूप बनाए रह सका है।

विविधता और बहुलता की समृद्ध परम्परा ने सदा अन्यों से सम्मानपूर्ण आदान-प्रदान और संवाद के आधार पर सहिष्णुता को ही उचित ठहराया है। पिछले पाठ्यांश में हमने जनसंवाद में दो महान भारतीय सम्राटों, अशोक और अकबर के योगदान की चर्चा की है। आज भारत की धर्मनिरपेक्षता के सत्व और प्रसार में उनके विचार कितने प्रासंगिक हैं?

जैसा कि हमने पहले भी कहा है, अशोक संवाद की संयत भाषा पर एक सामान्य और व्यापक सहमति चाहते थे। संवाद में अपने धर्म या मत की निरर्थक स्तुति और किसी अन्य के धर्म या मत की भर्त्सना नहीं होनी चाहिए। आलोचना या भर्त्सना केवल किसी कारण विशेष के आधार पर ही हो, क्योंकि सभी सम्प्रदाय किसी न किसी कारण से सम्मान के अधिकारी भी होते हैं। अशोक ने इस सामान्य नैतिक एवं राजनीतिक सिद्धान्त का एक प्रबुद्ध आत्महित पर आधारित तर्कशास्त्रीय आधार भी गढ़ा था : जो व्यक्ति अपने सम्प्रदाय के प्रति लगाव के कारण अन्य लोगों के मतों का अपमान करता है, वह अपने इस व्यवहार द्वारा अन्ततः अपने ही सम्प्रदाय का अहित करेगा।

अकबर ने न केवल सहिष्णुता की प्राथमिकता पर आग्रह किया, बल्कि साथ

ही उसने एक धर्मनिरपेक्ष कानून व्यवस्था और राज्य की धार्मिक निष्पक्षता की नींव भी रखी। उसका आग्रह था, राज्य का कर्तव्य होगा कि किसी व्यक्ति के धार्मिक मामलों में हस्तक्षेप न करे और प्रत्येक व्यक्ति उस धर्म का अनुयायी बनने को स्वतन्त्र रहे जो उसे पसंद हो। यद्यपि अकबर की अन्य धर्मों में भी रुचि थी और उसने अन्य धर्मों की अच्छी बातों को मिलाकर 'दीन-ए-इलाही' नामक नया धर्म भी शुरू करने का प्रयास किया था—पर वह स्वयं एक 'अच्छा मुसलमान' ही बना रहा। उसकी मृत्यु के समय वर्ष 1605 में इस्लामी धर्म-शास्त्री अब्दुल हक़ (जो अकबर के इस्लामी कट्टरपन्थ से भटकाव के विरोधी रहे थे) ने सन्तोष व्यक्त किया था कि सबकुछ होते हुए भी अकबर एक सही मुसलमान था।

सोलहवीं शताब्दी के अन्त में अकबर द्वारा आयोजित जनसंवाद में हिन्दू, मुस्लिम, ईसाई, पारसी, जैन, यहूदी यहाँ तक कि नास्तिकों को भी भागीदारी के लिए बुलाया गया था। भारत में धर्मनिरपेक्ष चिन्तन के ऐतिहासिक मूलसूत्र तो बहुत पहले से ही अस्तित्व में आ चुके थे, किन्तु अकबर द्वारा बहुलतावादी आदर्शों का पक्ष लेने से धर्मनिरपेक्षता की राजनीति को बहुत संबल मिला। (उसका आग्रह था कि राज्य को विभिन्न धर्मों के बीच पूरी तरह निष्पक्ष रहना चाहिए)। अकबर की बहुलता के प्रति प्रतिबद्धता उसके दरबार में गैर-मुस्लिम बुद्धिजीवियों, कलाकारों (तानसेन जैसे संगीतकार) को भी मुसलमानों के साथ-साथ सम्मानपूर्ण स्थान दिए जाने से पुष्ट होती है। यही नहीं, उसने पहले पराजित किए हिन्दू राजा मानसिंह को ही अपनी सेनाओं का सर्वोच्च सेनानायक भी बना लिया था।

जीवन के विभिन्न क्षेत्रों में सहिष्णुता के स्वर राजसी समर्थन से दूर भी सुनाई पड़ते रहे हैं। शूद्रक के संस्कृत नाटक 'मृच्छकटिक' और 'मुद्राराक्षसम्' में तो संकीर्ण मनोवृत्तिजन्य उत्पीड़न की आलोचना और भर्त्सना की अनुगूँज बहुत ही स्पष्ट सुनाई देती है। संस्कृत काव्य भी विविधता का उत्सव मनाता दिखाई पड़ता है। इसका सर्वश्रेष्ठ उदाहरण तो कालिदास का 'मेघदूत' ही है, जो अपने काल्पनिक मेघ रूपी दूत (जो सुदूर बसी प्रिया के लिए सन्देश ले जा रहा है) की आँखों के माध्यम से विविधतापूर्ण मानवीय रस्मों और रिवाजों के नैसर्गिक सौन्दर्य का अभिनन्दनगान प्रतीत होता है। यह काल्पनिक दूत-यात्रा पाँचवीं शताब्दी में भारत के दक्षिण से उत्तर की ओर सम्पन्न हुई थी। इसी प्रकार की विविधता को स्वीकार कर उसका सम्मान करने की प्रतिबद्धता चौदहवीं शताब्दी के मुस्लिम विद्वान कवि अमीर खुसरो की रचनाओं में भी साफ दिखाई देती है। उसी समय के आसपास के समृद्ध एवं पन्थेतर भक्ति काव्य चाहे उनके रचयिता हिन्दू सन्त रहे हों या मुस्लिम सूफी फकीर, भी इसी समभाव की भावना से ओतप्रोत रहे हैं। वास्तव में कबीर, दादू, रविदास, सैन आदि की कविताएँ विभिन्न धर्मों के बीच सहिष्णुता की ही सीख देती हैं। इस काव्यधारा में ही सोलहवीं शताब्दी की मीराबाई जैसी उत्कृष्ट महिला कवयित्रियाँ भी सम्मिलित रही हैं।

समकालीन भारतीय धर्मनिरपेक्षता की अवधारणा निश्चित रूप से बौद्धिक बहुलतावादी भारतीय इतिहास परम्परा से प्रभावित रही है। इसे स्वतन्त्र भारत में संवैधानिक स्वरूप और अनुमोदन भी मिला है। भारत की धर्मनिरपेक्षता पश्चिम की अवधारणा से बहुत ही भिन्न और अधिक उदार तथा विशाल हृदयतापूर्ण है। पश्चिम की धर्मनिरपेक्षता इसकी तुलना में कहीं बौनी सिद्ध होती है। फ्रांस की धर्मनिरपेक्षता की व्याख्या तो कार्य, स्थान और सरकारी संस्थानादि में धर्म या आस्था चिन्हों के धारण करने पर प्रतिबन्ध लगाने के निर्देश तक दे डालती हैं। धर्मनिरपेक्षता के प्रति दो प्रमुख दृष्टिकोण हो सकते हैं : 1. विभिन्न धर्मों के बीच निष्पक्षता और 2. सरकारी कामकाज में धार्मिक क्रियाकलापों पर पाबन्दी। भारतीय धर्मनिरपेक्षता ने आम या व्यापक पाबन्दी की अपेक्षा निष्पक्षता के आयाम पर विशेष आग्रह किया है।

फ्रांस में कुछ ही समय पहले मुस्लिम लड़कियों द्वारा पाठशालाओं में सिर पर कपड़ा बाँधकर आने पर लगाई गई रोक इसी 'प्रतिबन्धात्मक धर्मनिरपेक्षता' का परिणाम है—क्योंकि इस प्रकार कपड़ा बाँधने की परम्परा इस्लाम द्वारा निर्दिष्ट मानी जाती है। किन्तु भारत की निष्पक्षतावादी धर्मनिरपेक्षता तो इस मनाही को उचित नहीं ठहरा पाएगी, यह तो इसे अनावश्यक हस्तक्षेप मानेगी। यहाँ तो धर्मनिरपेक्षता का तकाजा यही होगा कि सरकार सभी धर्मों के अनुयायियों से एक समान बर्ताव करे, किसी के भी पहनावे आदि पर धर्म के आधार पर कोई रोकटोक न लगाए।

यहाँ हमारी चर्चा का विषय फ्रांस की नीति को सही या गलत ठहराना नहीं है। इसे धर्मनिरपेक्षता के उल्लंघन के अतिरिक्त अन्य आधारों पर उचित भी ठहराया जा सकता है। कहा जा सकता है कि ये सिर पर बँधे कपड़े लिंगाधारित विषमता के परिचायक हैं। ये नारी के लिए अपमानसूचक हैं और इनसे युवतियों के अपनी पोशाक चुनने के अधिकार का हनन होता है या पहनावे को लेकर उनपर पुरुषप्रधान परिवारों की इच्छा थोपी जा रही है। ये सब मुद्दे भी महत्वपूर्ण हैं। हम यहाँ पर इनके औचित्य या उपादेयता के विषय में चर्चा नहीं कर रहे हैं, किन्तु ये सभी मुद्दे धर्मनिरपेक्षता के तकाजे से बहुत अलग हैं।

मुख्य बात तो यही है कि सरकार की पंथ-निष्पक्षता के आधार पर किसी व्यक्ति की परिधान-चयन की स्वतन्त्रता पर प्रतिबन्ध नहीं लगाया जा सकता। सभी धर्मों से एक समान दूरी का अर्थ यह तो हो सकता है कि अन्यों की अपेक्षा किसी एक धर्म या पन्थ को वरीयता नहीं दी जाए पर इसकी सही व्याख्या यह नहीं होगी कि सरकारी स्कूलों में अन्य धर्मानुयायियों पर रोक लगाकर केवल एक धर्म के चिन्हों का प्रदर्शन होने दिया जाए। किन्तु इसका अर्थ व्यक्तियों की परिधान-चयन की स्वतन्त्रता का हनन नहीं होगा। अन्य सभी को इस स्वतन्त्रता पर आधारित निर्णयों का सम्मान करना चाहिए। जैसे कि ई.पू. तीसरी शताब्दी में सम्राट अशोक ने कहा था : "सुसंगति निश्चय ही श्लाघ्य है, विशेषकर अन्य लोगों द्वारा मान्य धर्मनिष्ठा

के नियमों को ध्यान से और स्वेच्छापूर्वक ध्यान से सुनना तो अवश्य ही स्तुत्य है। भारत में धर्मनिरपेक्षता की व्याख्या और इसके अर्थ यहाँ की वैचारिक बहुलता के सम्मान की ऐतिहासिक परम्परा से ही उदित हुए हैं।

संशयवादी, अनीश्वरवादी और नास्तिक

वाद-संवाद की सुदीर्घ परम्परा भारत के अतीत और वर्तमान को समझने में बहुत ही सहायक हो सकती है। भारत के इतिहास काल में संकटों और तूफानों से भी अक्षुण्ण बची रही बौद्धिक प्रक्रियाएँ और बारंबार संवीक्षित श्रद्धा तथा विचारों के प्रवाहों को समझ पाने में वैचारिक बहुलतावाद के इतिहास की स्वीकृति नितान्त उपयोगी होगी। उस बहुलतावाद के महत्व का न्यूनांकन (जो इस समय बहुत ही सामान्य बात बन गया है) भारतीय परम्पराओं को भलीभाँति समझ पाने में बाधक हो सकता है। हम इस बात को स्पष्ट करने के लिए भारत में 'धर्म' के स्थान पर उसकी प्रासंगिकता का उदाहरण ले रहे हैं। इस सन्दर्भ में धार्मिक संशयवाद की दीर्घ परम्परा को समझने की विशेष आवश्यकता है।

भारतीय परम्परा को सामान्य रूप से जिस प्रकार धर्मानुगामी और धर्मभीरुता से भरी माना जाता है, उसकी दृष्टि से तो धर्म संशय की सशक्त परम्परा निश्चित रूप से 'विप्रयासी' ही प्रतीत होगी। यहाँ 'धर्म' से जुड़े तार अवश्य हैं। यह सत्य है कि भारत में धार्मिक साहित्य बहुत ही विशाल है—शायद इतना अधिक साहित्य विश्व के किसी अन्य देश में नहीं होगा। सम्भवतः इसी कारण से जनव्यवहार ही नहीं बौद्धिक प्रयास के स्तर पर भी भारतीय सभ्यता को धार्मिकता से जोड़ दिया जाता है। धर्मशास्त्रों के एक परिनिष्ठित विद्वान, माननीय ए.सी. बुके ने कहा है, "भारत ने अपनी सीमाओं की परिधि में रहते हुए धार्मिक समस्याओं के सभी सम्भव समाधानों के प्रयासों के उदाहरण प्रस्तुत किए हैं।"

वास्तव में ऐसा ही है। किन्तु धार्मिक विश्वास के इन सभी अनुसन्धानों के साथ ही यहाँ संशयवादी तर्कशास्त्र भी पनपता रहा है। इसके प्रमाण कितनी ही बार तो धर्मग्रन्थों में ही मिल जाते हैं। यह संशयवादी सूत्र ई.पू. दूसरी सहस्राब्दी तक तो अवश्य जाते दिखाई पड़ते हैं। वेदों के अति प्रतिष्ठित 'सृष्टिसूक्त' का समापन भी कुछ इस प्रकार की सन्देहाभिव्यक्ति के साथ हुआ है :

"वास्तव में इसे कौन जानता है? कौन इसकी उद्घोषणा करेगा? यह कब पैदा हुआ? यह कबकी सृष्टि है? देवता तो इस विश्व की सृष्टि के बाद आए हैं। तो फिर ये कौन जानता है कि इस विश्व का उदय कहाँ से हुआ है...

"ये कहाँ से उदित हुआ है—सम्भवतः यह स्वयंभू है (स्वयं ही बन गया है), या शायद नहीं भी—(सत्य क्या है) यह तो सर्वोच्च स्वर्ग से इसे निहारनेवाला ही जानता है—सम्भव है, वह भी नहीं जानता हो।"

भारत के समीक्षाकारी वाद-विवादों में ये 3500 वर्ष पुराने संशय या प्रश्न बार-बार उठते रहे हैं। संस्कृत में किसी भी अन्य पुरातन भाषा की तुलना में अधिक विशाल धार्मिक साहित्य रचा गया है, पर इसी भाषा में अन्यों की अपेक्षा और भी अधिक विशाल अनीश्वरवादी या नास्तिकतावादी साहित्य की रचना भी हुई है। इन्हीं में अनेक विवादों और भाँति-भाँति की संरचनाओं में भारत की संवाद परम्परा की मुखरता स्पष्ट होती है।

भारतीय ग्रन्थों में विस्तृत धार्मिक व्याख्याएँ भी भरी हैं और उनका सुदीर्घ मण्डन भी। इनमें विभिन्न धर्मधाराओं के बीच चली लम्बी और विस्तृत वार्ताएँ भी निहित हैं। साथ ही साथ धार्मिकता के पक्षधरों और संशयवादियों के बीच के टकरावों का भी विस्तृत विवरण भरा हुआ है। ये संशय कभी अनीश्वरवाद का रूप धारण कर लेते हैं तो कभी नास्तिकता का। या फिर गौतमबुद्ध की भाँति, ईश्वर के अस्तित्व के प्रति सैद्धान्तिक आधार पर सन्देह के साथ-साथ धार्मिकता को व्यवहारिक धरातल पर चुनौती देते हुए सद्व्यवहार को वास्तविक-काल्पनिक सभी प्रकार के ईश्वरों के 'अस्तित्व' से 'मुक्त' रखने के प्रयास का रूप भी मिल जाता है। आज ही की तरह भारत का सम्पूर्ण इतिहास अन्यान्य प्रकार के 'ईश्वरहीनता' के विचारों से भी भरा रहा है।

संशयवादी और भौतिकवादी लोकायत दर्शनधारा तो ढाई हजार वर्ष पूर्व से बुद्ध के अपने समय तक भी प्रचलित थी। प्रारम्भिक बौद्ध रचनाओं में इसके अनेक उद्धरण मिलते हैं। इसके प्रभाव के कुछ साक्ष्य तो उपनिषदों में भी मिल जाते हैं। सदियों से नास्तिकता और भौतिकवाद को अनेक अनुयायी मिलते रहे हैं। वे सब चार्वाक की उग्र बौद्धिकतापूर्ण अभिव्यक्तियों के साथ जुड़ते चले गए। डी.एन. झा के मतानुसार भारतीय दर्शन की यही अन्तर्धारा आगे चलकर 18वीं शताब्दी में जयर्षि की रचना 'तत्तोपलव सिंह' में व्यक्त हुई है। चौदहवीं शताब्दी के वेदान्ती हिन्दू माधवाचार्य ने अपनी रचना 'सर्वदर्शन संग्रह' लिखी थी। पहले ही अध्याय में उन्होंने 'चार्वाक की व्यवस्था' के पक्ष में अच्छे तर्क भी प्रस्तुत किए हैं। और नास्तिकता तथा भौतिकवाद का मंडन किया है। प्रथम अध्याय में इस प्रकार समर्थन-मंडन के बाद आगे के अध्यायों में नास्तिकतावादी स्थापनाओं की आलोचनात्मक समीक्षाकारी प्रतिस्थापनाओं की कसौटी पर परीक्षा भी की गई है। सारी ही पुस्तक में पहले किसी मत की प्रस्तुति कर अगले अध्यायों में उसकी समीक्षा करने की द्वंद्वात्मक युक्ति का अनुसरण किया गया है।

चार्वाकीय व्यवस्था का प्रतिपादन तो माधवाचार्य ने इस सशक्त टिप्पणी के साथ प्रारम्भ किया है : हम किसी दैवी शक्ति को सभी कुछ देने का श्रेय कैसे दे सकते हैं, जबकि नास्तिक विचारधारा के मुकुटमणि चार्वाक ऐसी (दैवी शक्ति की) अवधारणा को ही पूर्णतः ध्वस्त कर चुके हैं। यहाँ केवल ईश्वर के अस्तित्व को ही

नहीं नकारा गया, वरन् 'आत्मा' के विचार को भी अस्वीकार कर मानस के भौतिक आधार की ही 'स्थापना' की गई है। यथाः "इन भौतिक तत्वों से जब 'शरीर' की रचना हो जाती है तो ज्ञान या बुद्धि का उसी प्रकार से उदय हो जाता है जैसे कुछ घटकों के संयोग से उन्मादकारी शक्ति का उदय होता है। जब ये तत्व नष्ट होते हैं तो उनसे सृजित हुई बुद्धि भी समाप्त हो जाती है। जीवन और मानस के प्रति इन क्रान्तिकारी विचारों के साथ-साथ मूल्यमानों का एक नया दर्शन भी प्रतिपादित हुआ है जिसमें प्रत्यक्ष अनुभूत हो सकनेवाले 'सुख' को ही प्रधान माना गया है (भविष्य के किसी लोक में मिलनेवाले सुख को नहीं)। 'जीवन कैसे जिएँ' इस विषय में भी बार-बार यही परामर्श दिया गया है कि "जब तक जीवन है उसका भरपूर आनन्द उठाओ। जनता में पाले गए धार्मिक भ्रमजाल के बने रहने की व्याख्या तो और भी तीखी है : न कोई स्वर्ग है और न ही किसी प्रकार का मोक्ष होता है, न किसी अन्य दूसरे विश्व या लोक में आत्मा का संचरण होता है—ये तो ब्राह्मणों ने अपनी रोजी-रोटी कमाने के माध्यम के रूप में मृतकों के नाम पर तरह-तरह के 'संस्कार' गढ लिए हैं—कहीं किसी तरह का कोई फल प्राप्त नहीं होता।"

मुस्लिम शासन काल में भी नास्तिकता और भौतिकवादी विचारधारा जीवन्त बनी रही है। अकबर के परामर्शदाता अबू फ़ज़ल ने यह बात विशेष रूप से लिखी है कि 16वीं शताब्दी के अन्त में आगरा में आयोजित सर्वधर्म महासम्मेलन में भी चार्वाक की विचारधारा का समुचित प्रतिनिधित्व हुआ था। भारत के इतिहास में दार्शनिक आख्यानों और विचार मन्थन में बार-बार नास्तिकों और संशयवादियों के भी दर्शन हो ही जाते हैं। अधिकांश अवसरों पर उनके दृष्टिकोण को अस्वीकार भले ही कर दिया गया हो, पर उन्हें अपना पक्ष प्रस्तुत करने के अवसरों से कभी वंचित नहीं किया गया।

भारतीय वैचारिक बहुलतावाद के समाहनकारी स्वरूप को भली प्रकार से समझ लेना भारत की बौद्धिक पृष्ठभूमि और विविधतापूर्ण इतिहास की बहुलता के प्रसार और प्रसरण को जानने के लिए बहुत ही उपयोगी होगा। इसका महत्व एक विशेष सन्दर्भ में और भी बढ़ जाता है। पिछले कुछ समय से केवल भारत की प्रभावशाली धार्मिकता पर आग्रह करनेवालों ने भारत की विरासत के तर्कशील पक्ष को विस्मृति की ओर धकेल दिया है। इस प्रकार केवल एक ही पक्ष पर ध्यान केन्द्रण से भारतीय विचार-परम्परा की व्याख्या में एक बड़ा पूर्वाग्रह घर कर गया है। यही पूर्वाग्रह समकालीन भारत की बौद्धिक विरासत के अवबोधन पर भी छा गया है।

धार्मिकता पर अतिशय केन्द्रण के कारण भारत में जनसंवाद की पहुँच और इसके प्रसार की विविधता का भी अधोमूल्यन हुआ है। राजार्थनीति और राजनीति पर चौथी शताब्दी ई.पू. में रचित कौटिल्य का लब्ध प्रतिष्ठित ग्रन्थ 'अर्थशास्त्र' मूलतः एक धर्मनिरपेक्ष रचना है—यह बात और है कि उसमें कहीं-कहीं धार्मिक और सामाजिक

परम्पराओं के प्रति सम्मान भी व्यक्त कर दिया गया है।

इस अनदेखी के कारण ही भारतीय विज्ञान और गणितशास्त्र की दीर्घ तर्काधारित मूल्यांकन परम्पराओं का भी अधोमूल्यन हुआ है। यह सम्बन्ध बहुत ही विचारणीय है। अगले पाठ्यांश में हम उस पर चर्चा करेंगे।

विज्ञान, ज्ञानमीमांसा और बहुलतावाद

यह समझ पाना तो कठिन नहीं होगा कि वैज्ञानिक प्रगति भी बहुलता को स्वीकार कर पाने से जुड़ी रहती है। इसका कारण यही है कि प्रत्येक नवीन विचार और खोज प्रारम्भ में तो किसी न किसी वर्तमान या रूढ़ विचार से भिन्न (और टकरावपूर्ण भी) ही होती है। विश्व-भर में वैज्ञानिक योगदान का इतिहास ऐसे उदाहरणों से भरा पड़ा है—फिर वह चाहे कोपेरनिकस या गैलीलियो के अनुभव हों या फिर न्यूटन अथवा डार्विन के। सभी में पुरातन विचारों की पुनः समीक्षा और कितनी ही बार उन्हें नकार पाने की शक्ति या दृढ़ता की भूमिका अवश्य स्पष्ट होती है। हम कह सकते हैं कि गुप्तकालीन भारत में प्रचलित बहुलतावादी सहिष्णुता और प्रश्न कर समाधान खोजने की परम्परा का पाँचवीं सदी में आर्यभट्ट, छठी में वराहमिहिर और सातवीं में ब्रह्मगुप्त के नेतृत्व में चली वैज्ञानिक प्रगति की लहरों पर अवश्य बहुत सकारात्मक प्रभाव रहा होगा। इस काल में ज्ञानमीमांसा तथा विश्व में व्याप्त प्रक्रियाओं के अन्वेषण आदि की विधियों में भी अनेक क्रियात्मक परिवर्तन आए थे।

रामायण के संशयवादी पंडित जाबालि तो कथानक के नायक राम को व्यवहार की पद्धति पर भाषण देते हुए भी अपने धार्मिक संशय की अभिव्यक्ति करते हैं और कहते हैं कि हमें जो दिखाई दे रहा और अनुभव हो रहा हो उसी पर विश्वास करना चाहिए। उन्होंने शास्त्रों में निहित धार्मिक रीतियों की कड़ी भर्त्सना करते हुए कहा कि देवपूजा, बलिकर्म, उपहार समर्पण और व्रत आदि का विधान तो चतुर चालाक व्यक्तियों ने अन्य लोगों पर शासन चलाने के लिए किया है। धार्मिक विश्वासों की उनकी आलोचना भी बहुत तीखी है : कोई परलोक नहीं है और न ही उसकी प्राप्ति का कोई धार्मिक विधान है। अतः उसीका अनुसरण करो जो अनुभव कर रहे हो और जो कुछ मानवीय अनुभूति से परे है उसको लेकर कष्ट मत उठाओ।

अनुभूति पर यह आग्रह निश्चय ही लोकायत और चार्वाक की व्यवस्थाओं के अनुरूप हैं। चार्वाक ने तो इससे कहीं आगे बढ़कर अनुभव से प्रत्यक्ष और परोक्ष रूप से प्राप्त ज्ञान की विधिवत् समीक्षा की आवश्यकता भी सुझाई है। उनका कहना है कि अनुभूति दो प्रकार की होती है : बाह्य और आन्तरिक। आन्तरिक अनुभूति या धारणा तो स्वभाविक रूप से संशयपूर्ण रहती है, क्योंकि "आप यह तो नहीं सिद्ध कर पाएँगे कि मस्तिष्क या मानस किसी बाह्य वस्तु के प्रति स्वतन्त्र रूप से व्यवहार करने की क्षमता धारण करता है—यह क्षमता तो बाह्य इन्द्रियों पर ही निर्भर है।"

किन्तु किन्हीं और कारणों से केवल बाह्य अनुभूति पर निर्भर रहने में भी पर्याप्त सतर्कता की आवश्यकता है, क्योंकि यह इस बात पर भी निर्भर है कि हम उस अनुभूति का प्रयोग किस प्रकार करते हैं। यह तो सच है कि इन्द्रियों का किसी पदार्थ विशेष से सम्पर्क उस पदार्थ के विषय में कुछ ज्ञान प्रदान करता है, किन्तु हमें कुछ अवधारणाओं/मान्यताओं का प्रयोग कर उन पदार्थों का, जिन्हें हम देख पा रहे हैं तथा जो दिख नहीं रहे, आपसी सम्बन्ध भी स्थापित करना होगा (उदाहरण : अदृश्य आग की उपस्थिति को धुआँ देखकर ही स्वीकार करना)। वास्तव में अतीत या भविष्य के किसी पदार्थ से, जिसके बारे में हम जानना चाहते हैं, कोई प्रत्यक्ष साक्षात्कार तो नहीं कर सकता। इस स्थिति में हमें सम्भावित सम्बन्धसूत्रों को समयानुसार खोजने और जोड़ने का कार्य करना पड़ेगा।

किन्तु इस प्रकार से प्रत्यक्ष अनुभूति से आगे की व्युत्पत्ति में समस्याएँ तो आती ही हैं। ऐसे सम्बन्धसूत्रों पर भरोसा करने को हम लालायित तो रहते हैं, पर क्या वास्तव में यह धुआँ आग की उपस्थिति के कारण ही दिखाई दे रहा है? ऐसे प्रश्न तो उठ ही सकते हैं। निष्कर्ष शास्त्र के प्रयोग को और अधिक कड़ा बनाना कठिन होगा, क्योंकि निष्कर्ष को भी उचित ठहराने की आवश्यकता पड़ सकती है। यह हमें और आगे तथा पीछे की ओर भी जाने को बाध्य कर देती है। यह निष्कर्ष किसी सर्वव्यापी सिद्धान्त के अभिज्ञान का माध्यम भी नहीं हो सकता, क्योंकि इस निष्कर्ष की स्थापना के लिए हमें किसी अन्य निष्कर्ष का सहारा लेना पड़ सकता है। यह क्रम इसी प्रकार चलता रहा तो फिर तो 'यावदनन्त प्रतीयगमन' की भाँति की स्थिति उत्पन्न हो जाएगी।

यदि इस दृष्टि से लोकायत की विश्लेषण विधि निरन्तर कार्य-पद्धति पर ही सन्देह जतानेवाली और विवादात्मक मान ली जाए, तो अनुचित नहीं होगा। वास्तव में ऐसा ही 5वीं शताब्दी के बौद्ध दार्शनिक बुद्धघोष का विचार भी था। उनका कहना है : "यद्यपि लोकायत का सीधा अर्थ तो ज्ञान को भौतिक विश्व पर आधारित मानने की ज्ञानपद्धति है किन्तु इसे तर्क और विवाद का शास्त्र कहना अधिक सटीक होगा। इस दृष्टि से लोकायत की औचित्य विधि 1605 में फ्रैंसिस बेकन द्वारा अपने ग्रन्थ 'द एडवान्समेंट ऑफ लर्निंग' में स्पष्ट रूप से समझाई गई विश्लेषण विधि से बहुत मिलती-जुलती दिखाई देती है। बेकन का कहना था कि सन्देह का उठना और उसकी अभिव्यक्ति होने के दोहरे प्रयोग होते हैं। एक प्रयोग तो सीधा सपाट ही है : यह हमें गल्तियों से बचाता है। दूसरे सन्देह हमें अन्वेषण कार्य को और आगे संवर्धित करने की प्रेरणा देता है—उससे हमारी गवेषणा और समृद्ध तथा प्रखर होती है। बेकन का कहना है कि सन्देह के हस्तक्षेप के कारण ही कितनी ही बातें और प्रक्रियाएँ जिन्हें सामान्यतः सरसरी तौर पर देखकर हम आगे चल देते हैं, उनकी अधिक ध्यानपूर्वक समीक्षा हो पाती है।

यदि रुढ़ियों मीमांसागत बदलावों ने अनुभवजन्य विज्ञान के प्रसार-विकास में कार्य विधिगत सहायता दी तो सहिष्णुतावादी रवैये ने भारतीय गणितज्ञों और वैज्ञानिकों को बेबीलोनिया, ग्रीस और रोम में हो रहे इन क्षेत्रों के विकास अनुसन्धान को अपनाने और अपने शोध कार्य में आत्मसात् करने की अनुमति भी प्रदान की।

उन वैदेशिक स्थापनाओं का भारतीय ज्योतिर्विज्ञान (विशेषतः 'सिद्धान्तों') में बहुत विस्तृत प्रयोग हुआ है। पाँचवीं शताब्दी में भारत में गणित और विज्ञान के व्यापक विकास से कहीं पूर्व यह वैचारिक आदान सम्पन्न हो चुके थे। आजकल चल रहे हिन्दुत्ववादी राष्ट्रवाद में अन्तर्राष्ट्रीय वैचारिक आदान-प्रदान को नकार आन्तरिक (स्वयंनिर्भर) पर्याप्तता का आग्रह किया जा रहा है। किन्तु यह विज्ञान की प्रगतियात्रा को लेकर भ्रान्तियों का ही परिणाम है। ज्ञानविज्ञान की सीमाएँ कभी भौगोलिक सीमा रेखाओं का अनुसरण नहीं कर पातीं। प्रथम सहस्राब्दी के आरम्भिक काल में भारत में गणित और विज्ञान के क्षेत्रों में अनेक महान नवप्रवर्तन हुए, जिन्होंने विश्व-भर में ज्ञान के स्तर को बदल डाला। भारतीय कार्यों के खुलेपन में लेन-देन दोनों ही हुए हैं। इस सन्दर्भ में भारतीय त्रिकोणमिति और ज्योतिर्विज्ञान विशेष रूप से उल्लेखनीय हैं। इन्होंने तो अन्य सभ्यताओं, विशेषकर अरब और चीन के साथ भारत के सम्बन्धों पर गहरी छाप छोड़ी है।

अरब और अरबी भाषा में ईरानियों द्वारा किए गए शोध और विकास कार्यों पर भारतीय गणित और ज्योतिर्विज्ञान के गहन प्रभावों की उन अध्येताओं ने खुले मन से आभारोक्ति भी की है। गणित के क्षेत्र में भारत द्वारा किए गए आधारभूत आवर्तन-विशेषकर दशमलव प्रणाली का विकास और त्रिकोणमिति की प्रतिस्थापनाएँ और ज्योतिर्विज्ञान में नए विचारों तथा मापनविधियों आदि के विकास—इस दृष्टि से बहुत ही उल्लेखनीय रहे हैं। ई. 499 में पूर्ण हुई आर्यभट्ट की महान कृति पर केवल भारत में वराहमिहिर, ब्रह्मगुप्त और भास्कर आदि ने ही आगे विचार-विस्तार नहीं किया—बल्कि अरब अनुवादों में भी उस पर बहुत चिन्तन मनन हुआ है।

आर्यभट्ट के गणितीय संवर्धनों के अतिरिक्त ज्योतिर्विज्ञान के क्षेत्र में (अन्य योगदानों के साथ-साथ) ये क्रान्तिकारी नवप्रवर्तन रहे हैं :

1. चन्द्र और सूर्यग्रहण की इन पर पृथ्वी की छाया के रूप में व्याख्या और इन ग्रहणों के समय तथा अवधि के पूर्वाकलन की विधियाँ;
2. उस समय प्रचलित धारणा कि सूर्य पृथ्वी के गिर्द घूमता है, को नकार कर इसके विपीरित पृथ्वी द्वारा सूर्य की परिक्रमा के विचार की स्थापना;
3. गुरुत्वात्कर्षण की शक्ति की पहचानकर यह समझाना कि घूर्णन के कारण पृथ्वी पर मौजूद चीजें आकाश में क्यों नहीं उछल जातीं; तथा
4. भूमंडल पर व्यक्ति की अपनी स्थिति के अनुसार 'ऊपर' और 'नीचे' की व्याख्या का विचार। यह विचार उच्चस्थ स्वर्ग की कल्पना को कमजोर

बना देता है—पर जाबालि की दार्शनिक स्थापना (जिसे उन्होंने मानवीय अनुभूति क्षेत्रक की संज्ञा दी थी) के अधिक निकट है।

इन ज्योतिर्विज्ञान सम्बन्धी विकास-संवर्धनों ने वैज्ञानिक सूझ में योगदान देने के साथ ही धार्मिक रुढ़ियों से एक तीखे विवर्तन का काम भी किया। आर्यभट्ट का इस क्षेत्र में कार्य करने और अपने कार्य का प्रचार-प्रसार करने का निर्णय निश्चय ही बहुत साहसपूर्ण कदम रहा होगा।

ग्यारहवीं शताब्दी के ईरानी ज्योतिर्शास्त्री अलबेरुनी ने लिखा है कि आर्यभट्ट के वैज्ञानिक मार्ग और गणनाशास्त्र का प्रयोग करनेवाले उसके सभी शिष्यों में अपने गुरु की भाँति साहस नहीं था। ब्रह्मगुप्त, जिन्हें अलबेरुनी ने उस समय का सर्वोत्कृष्ट गणितज्ञ माना है, निश्चय ही आर्यभट्ट जैसी जीवटता और ईमानदारी से सम्पन्न नहीं थे। (वैसे ब्रह्मगुप्त के ग्रन्थ 'ब्रह्मसिद्धान्त' का अलबेरुनी ने अरबी में अनुवाद भी किया था, क्योंकि पहले हुए अनुवाद में उन्हें कई त्रुटियाँ नजर आईं थीं)। ब्रह्मगुप्त यद्यपि स्वयं अपने कार्य में आर्यभट्ट की वैज्ञानिक पद्धति का ही प्रयोग करते रहे, लेकिन साथ ही आर्यभट्ट द्वारा धार्मिक ज्योतिषशास्त्र के खंडन को भी धर्मविरोधी कार्य कहते रहे।

ग्यारहवीं शताब्दी में अलबेरुनी ने ब्रह्मगुप्त के कार्य और व्यवहार में इस विद्रूपता की कड़ी भर्त्सना की थी कि एक ओर तो वे ग्रहण की गणना आर्यभट्ट की वैज्ञानिक विधि से करते हैं, पर उन्हें धर्मोन्मादियों के डर से बुरा-भला भी कहते हैं। अलबेरुनी ने कहा :

"हम ब्रह्मगुप्त से बहस तो नहीं करेंगे, पर उनके कानों में यह बात अवश्य फुसफुसाना चाहेंगे कि इतने कड़े शब्दों का आर्यभट्ट और उनके अनुयायियों के विरुद्ध प्रयोग कर सूर्यग्रहण की व्याख्या के लिए चन्द्रमा के व्यास और पृथ्वी की छाया के व्यास की गणना द्वारा चन्द्रग्रहण की व्याख्या क्यों करते हो? इन धर्म विद्रोहियों के विचारों के अनुसार ग्रहणों की गणना क्यों करते हो? उन्हीं के विचारों का अनुसरण क्यों नहीं करते जिनसे सहमत हो?"

गणित और ज्योतिर्विज्ञान की दृष्टि से ब्रह्मगुप्त नवप्रवर्तनकारी आर्यभट्ट का एक महान अनुयायी था—वह आर्यभट्ट जितना ही, सम्भवतः उनसे भी अधिक उत्कृष्ट गणितज्ञ था, किन्तु अलबेरुनी को सन्देह है कि क्या वह आर्यभट्ट जितनी दृढ़ता से अपनी बात कह पाने का साहस भी जुटा पाता? सार्वजनिक विचार-विमर्श और राजनीतिक लोकशाही के आधार की रचना की भाँति ही विज्ञान के विकास और संवर्धन में भी मानवीय साहस और विपरीत विचार प्रस्तुति की बहुत ही सकारात्मक भूमिका रही है।

तर्कों का महत्व

इस लेख के समापन से पूर्व हम यह स्पष्ट करना चाहते हैं कि यहाँ हम किसी बात का दावा नहीं कर रहे हैं। भारत के अतीत और वर्तमान की एक कारक आधारित व्याख्या का यहाँ कोई विचार नहीं है। भारत की निरन्तर विकासशील परम्पराओं की पूरी व्याख्या उसे प्रभावित कर रहे अनेक कारणों में से किसी एक पर ही सारा ध्यान केन्द्रित करके समाप्त कर देने का हमारा कोई मन्तव्य नहीं है। एक तर्क-वितर्क की थाती और बहुलतावादी इतिहास परम्परा के महत्व की ओर ध्यानाकर्षण से अन्य कारकों के प्रभावों तथा अन्यान्य प्रभाव सूत्रों के अध्ययन का महत्व कम नहीं होता।

चिरन्तन भारत की किसी भी विशेषता या सामाजिक अभिलक्षण को हम उसका चिरस्थायी लक्षण मानने का प्रयास भी नहीं कर रहे। अपने लम्बे इतिहास काल में भारत ने अनेक क्रान्तिकारी बदलावों का अनुभव किया है। अनेक कारकों, परिस्थितियों और उनके कारण स्वरूप सम्बन्ध सूत्रों पर विचार किए बिना उनकी व्याख्या सम्भव नहीं हो पाएगी। बहुलता और मुखरता पर यह ध्यानकेन्द्रण भारत के विकास में परम्परा के महत्व की प्रतिष्ठापना करने के ध्येय से नहीं किया गया। हमारा ध्येय तो उन भारतीय परम्पराओं के ठीक से समझने का आग्रह करना है, जिन्होंने अन्य कारकों से पारस्परिक सम्बन्ध सूत्रों के माध्यम से भारतीय समाज और सभ्यता को सदैव जीवन्तता प्रदान की है।

लोकतन्त्र के विकास के लिए व्यवहार में आ रही परम्पराओं के महत्व पर ही विचार करें। अपनी आत्मकथा 'लॉंगवाक टु फ्रीडम' में नेल्सन मंडेला ने लिखा है कि एक युवक के रूप में ही लोकतन्त्र के महत्व के विषय मूखेकेज़्बेनी के प्रतिशासक के घर पर स्थानीय अफ्रीकियों की बैठकों में होते व्यवहार से उन्होंने (बहुत कुछ) सीख लिया था :

"प्रत्येक व्यक्ति, जो कुछ कहना चाहता था, उसे कहने का अवसर मिला। यह लोकतन्त्र का प्रखरतम रूप था। विभिन्न वक्ताओं का कोई महत्वानुसार क्रम विभाजन अवश्य रहा होगा, किन्तु प्रत्येक व्यक्ति की बात सुनी अवश्य गई—चाहे वह मुखिया रहा हो या फिर सामान्य प्रजाजन, योद्धा रहा हो या ओझा, व्यापारी, किसान, भूस्वामी या फिर सामान्य मजदूर। स्वशासन का आधार यही है कि सभी को अपनी बात कहने की स्वतन्त्रता हो और एक नागरिक के रूप में सभी का एक समान महत्व जाना जाए।"

यहाँ मंडेला का यह कहना कि उनकी 'स्वतन्त्रता की ओर लम्बी पदयात्रा' घर से ही आरम्भ हुई थी इस बात को बिल्कुल अस्वीकार नहीं करता कि उन्हें 'लोकतन्त्र की लड़ाई लड़ने में किसी और बात ने भी प्रभावित किया होगा, या यदि सामाजिक पृष्ठभूमि में अन्तर होता तो लोकतन्त्र अफ्रीका के लिए उपयुक्त नहीं रहता। मुख्य

बात तो यह है कि घर पर मंडेला ने जिन परम्पराओं का साक्षात्कार किया, वे बहुत ही महत्वपूर्ण थीं—फिर उनका उन अन्य महत्वपूर्ण कारकों से भी अन्तर्सम्बन्ध बना जिन्होंने उन्हें तथा अन्य अनेक दक्षिण अफ्रीकावासियों को प्रभावित किया था। औपनिवेशिक इतिहास और राजनीतिक चर्चा में अफ्रीका में पहले से ही रूढ़ लोकतान्त्रिक धाराओं की प्रायः अनदेखी हुई है। इसी कारण से मंडेला द्वारा अफ्रीका की ऐतिहासिक परम्पराओं की भूमिका की ओर ध्यान दिलाना महत्वपूर्ण बन जाता है।

इसी प्रकार के व्यापक सन्दर्भ में भारत के बौद्धिक एवं सामाजिक इतिहास में इसकी संवादप्रियता के योगदान का आंकलन होना चाहिए। उसी से यह भी स्पष्ट होगा कि आज भी उसका क्या महत्व है। सामाजिक परिवर्तन की प्रक्रिया जटिल होती है, पर परम्पराओं की अपनी पारस्परिक प्रभावशीलता होती है। उन्हें, जैसा कि प्रायः राजनीतिक और बौद्धिक चर्चाओं में बार-बार होता रहता है, किन्हीं अविचारित और मीमांसा रहित संरचनाओं का बन्दी नहीं बना देना चाहिए। भारत की परम्पराओं को केवल धार्मिक या फिर गहन रूप से विज्ञानविरोधी या केवल क्रमानुगामी या फिर मूलरूप से असंशयवादी मान लेना भारत के अतीत और वर्तमान के अति सरलीकरण का दुष्प्रयास ही होगा। परम्पराएँ महत्वपूर्ण तो हैं, पर उनका गलत निरूपण समकालीन भारत और इसके जटिल इतिहास के विश्लेषण को दिग्भ्रमित कर सकता है। इसी व्यापक सन्दर्भ में हमारे इस लेख में जिन बातों पर ध्यान केन्द्रित रखा गया है उनका मूल्यांकन होना चाहिए। हमारा आग्रह यही है कि यह ध्यानकेन्द्रण उपयोगी और शिक्षाप्रद है—यह नहीं कि यही एकमात्र ज्ञान-प्रकाश-पुंज है।

इसी व्यापक परिप्रेक्ष्य में इस बात का महत्व भी और अधिक हो जाता है कि बहुलतावाद का भारत के इतिहास में अनेक रूपों में परिपालन-पोषण हुआ है और इसकी संवाद परम्परा आज भी जीवन्त है। आधुनिक भारत के अनेक नेताओं ने इस परम्परा को समझा और समर्थन किया है। इनमें मोहनदास गाँधी जैसे राजनेता ही नहीं, रवीन्द्रनाथ टैगोर जैसे विचारक भी सम्मिलित रहे हैं। टैगोर को तो इस बात का बड़ा गर्व था कि उनके परिवार की पृष्ठभूमि में हिन्दू, मुस्लिम और ब्रिटिश संस्कृतियों की त्रिवेणी बहती है। वे कहते थे कि इस खुले मस्तिष्कवाली परम्परा की रक्षा में हमें चौकस रहना होगा और आगे फलने-फूलने में इसकी सहायता भी करनी होगी।

जैसे अकबर ने 'राहे अक़्ल' की वकालत की थी, वैसे ही टैगोर भी विचार-विमर्श और तर्कशीलता की भूमिका को एक अच्छे समाज का आधार मानते थे :

जहाँ मस्तिष्क भय से मुक्त हो और सिर उन्नत हो,
जहाँ ज्ञान स्वतन्त्र हो;
जहाँ विश्व का संकीर्ण गृह-प्राचीरों ने विभाजन न किया हो;
जहाँ तर्क का निर्मलप्रवाह रूढ़ आदतों की

सूखी रेगिस्तानी रेत में खो न गया हो,

हे मेरे पिता, उस स्वतन्त्रता के स्वर्ग में ही मेरे देश को जगा।

हमारा कहना है कि यह कार्य बहुत ही महती है, पर अपने देश की संवाद-परम्परा के लम्बे इतिहास ने इसे इतनी आत्मनिहित शक्ति प्रदान की है कि वह इसे सरल बना देगी। इसी कारण हमें उस परम्परा की रक्षा करनी चाहिए, उसे उत्सव की भाँति मनाना चाहिए।

अन्त में (परिहासस्वरूप ही सही) इसी सन्दर्भ में राजाराम मोहनराय की एक बांग्ला कविता को दोहराते हुए हम इस लेख का समापन कर रहे हैं। राय इस कविता में यह बता रहे हैं कि मृत्यु में वास्तव में भयावह क्या है :

आपके जीवन के अन्तिम दिन की सबसे बड़ी विभीषिका क्या होगी?

अन्य सब लोग बातें कर रहे होंगे, आप कुछ बोल भी न पाएँगे।

अर्थात् मृत्यु का सबसे कष्टप्रद पक्ष यही है कि सदैव मुखरतावादी संस्कृति के अनुयायी की भी बोलती बन्द हो जाती है। इस विचित्र स्थापना में भी एक जीवन दृष्टि निहित है।

2

असमानता, अस्थिरता और अभिव्यक्ति

भारत की संवादप्रियता और वैचारिक बहुलता का यहाँ लोकतन्त्र और धर्मनिरपेक्षता पर बहुत सकारात्मक प्रभाव रहा है। इन्हीं ने भारतीय दर्शन, गणित और विज्ञान को भी फलने-फूलने में सहायता दी होगी। किन्तु कुछ और मुद्दे भी हैं, जिनको लेकर विचार आवश्यक प्रतीत होता है। क्या ये परम्पराएँ विषमता एवं सामाजिक क्रमबद्धता का विरोध भी करती हैं, या फिर क्या इनके कारण क्षेत्रीय शान्ति के ध्येय की प्राप्ति का प्रयास सहज हो जाता है।

अभिज्ञान और विषमता

हम विषमता से इस चर्चा को आरम्भ कर रहे हैं। भारत में विषमता की समस्या सदा से गम्भीर रही है—जातिवाद तो उसका एक प्रतिबिम्ब मात्र है। यद्यपि हम 'सहज समताशील पश्चिम' तथा 'सत्वर रूप से क्रमबद्धतागत भारत' के बीच की खाई के सामान्यीकरण को स्वीकार करने से बचना चाहते हैं, पर भारत में विद्यमान विषमताओं के अभिज्ञान से मुँह नहीं चुराना चाहेंगे। दीर्घकाल से रूढ़ विषमताओं की उपस्थिति की स्वीकृति का अर्थ यह नहीं है कि हम भारतीय संस्कृति को लेकर अति सामान्यीकरण या ऐसी धारणा का भी अनुमोदन कर देंगे कि भारत में तो विषमता के प्रति रुझान एक जन्मजात प्रवृत्ति है।

भारतीय जनजीवन के इस पक्ष से संवाद एवं वैचारिक बहुलता की परम्परा का क्या 'सम्पर्क' रहा है? पहले हम बहुलता और समाहन पर बातचीत करेंगे; संवाद के विषय पर बाद में लौटेंगे। भारत की समाहनवादी और बहुलता के प्रति सहिष्णुता की परम्परा ने विभिन्न प्रकार के व्यक्तियों को समाज का 'स्वाभाविक' या मौलिक

सदस्य स्वीकार किया है–ये सभी सदस्य अपने-अपने विश्वास और रिवाजों (अन्य सदस्यों से भिन्न) का अनुसरण करते रह सकते हैं। समकालीन सामाजिक-सांस्कृतिक सिद्धान्त चर्चाओं में तो हेगेल की परम्परा के कुछ अस्पष्ट से 'अभिज्ञान के अधिकार' पर ही अधिक विचार हुआ है। किन्तु 'अभिज्ञान' की अनेक व्याख्याएँ हो सकती हैं, यहाँ तक कि इसका अर्थ 'सभी समुदायों की स्तर और प्रतिष्ठा की दृष्टि से समानता' भी माना जा सकता है। पर, जिसे हम 'अभिज्ञान की समता' का नाम दे रहे हैं वह विचार इतना दूरगामी नहीं है।

वास्तव में हमारा आग्रह तो संस्कृत के 'स्वीकृति' (स्वीकार कर लेना) शब्द पर रहेगा, न कि 'अभिज्ञान' पर। यदि भारत की समाहनवादी परम्परा के कारण अन्य देशों के उत्पीड़ित ईसाई, पारसी, यहूदी समुदायों के लिए यहाँ आकर बस जाना सहज हो गया तो यहाँ 'सहिष्णुता की समता' का अर्थ स्वीकृति होगा। इस सन्दर्भ में समानता के किसी अन्य अधिक व्यापक अर्थ का प्रयोग उचित नहीं होगा। यह मुद्दा आज फिर महत्वपूर्ण हो गया है–क्योंकि कट्टर हिन्दुत्वादी राजनीतिक धारा प्रत्यक्ष या परोक्ष रूप से गैर-हिन्दुओं–विशेषकर मुसलमानों की भारतीय समाज में सहज स्वीकृति को ही चुनौती दे रही है।

आज स्वीकृति अपने आपमें एक महत्वपूर्ण मुद्दा बन गई है। किन्तु अन्य उद्देश्यों और प्राथमिकताओं से पृथक होकर यह स्वीकृति सामाजिक समता या वितरण-आबंटन में न्यायशीलता को सुनिश्चित करने या बढ़ावा देने में सहायक नहीं हो पाती। इस दोनों ही मामलों में भारत के अभी तक के 'कीर्तिमान' बहुत ही शोचनीय रहे हैं। यह स्थिति आधी शताब्दी की स्वतन्त्रता और लोकतन्त्र आधारित राजनीति के बाद है! इससे स्पष्ट हो जाता है कि वर्ग, जाति या लिंगाधारित विषमताओं की 'ओजस्विता', 'अभिज्ञान' या 'स्वीकृति' के कारण कभी फीकी नई पड़ती। आज के सामाजिक सन्दर्भ में 'स्वीकृति और 'भागीदारी' लोकतन्त्र की व्यापक संरचना के अन्तर्गत राजनीतिक समता की स्थापना भले ही कर दे, पर राजनीतिक सामंजस्य अपने आप ही सामाजिक और आर्थिक समतासंवर्धक नहीं बन पाता।

भारत के लोकतान्त्रिक संविधान का मसौदा तैयार करनेवाली समिति के अध्यक्ष डॉ. भीमराव अंबेडकर ने इस सशक्त सन्देश के साथ अपने वक्तव्य का समापन किया था : "भारतीय जनतन्त्र के स्थापना दिवस, 26 जनवरी, 1950 से हम एक विचित्र विरोधाभासपूर्ण जीवन का आरम्भ करने जा रहे हैं। राजनीतिक स्तर पर तो हम पूर्ण समानता की रचना कर लेंगे, किन्तु, सामाजिक और आर्थिक जीवन की विषमताएँ विद्यमान रहेंगी।" किन्तु इन दोनों कथनों में एक अन्तर्निहित सम्बन्धसूत्र भी हैं : लोकतान्त्रिक राजनीति, आर्थिक विषमताओं की विरोधी भी होती है। यह कोई यान्त्रिक निश्चिति नहीं है (भारत में सामाजिक-आर्थिक विषमता के उन्मूलन की धीमी प्रगति ऐसा ही आभास देती है), किन्तु इसे प्रतिबद्धतापूर्ण सामाजिक कार्यक्रम

तथा भागीदारी संवर्धन द्वारा निश्चय ही अधिक प्रभावपूर्ण बनाया जा सकता है।

लोकतान्त्रिक राजनीति में सर्वांगीण भागीदारी को हम तर्कों और आन्दोलनों के माध्यम से, जीवन के विभिन्न क्षेत्रों में समता के सामाजिक और राजनीतिक ध्येय की प्राप्ति के लिए एक मुखर आधार का स्वरूप दे सकते हैं। भारत का लोकतान्त्रिक व्यवहार इन कुछ मामलों में उतना सक्रिय नहीं रहा—ये भारत के समकालीन लोकतन्त्र की त्रुटि रही है। वर्ग, वर्ण और लिंग आदि पर आधारित सामाजिक क्रमबद्धता का भविष्य निश्चित रूप से इसी बात पर निर्भर करेगा कि हम इनके विषय में भागीदारीपूर्ण सामाजिक कार्यक्रमों और राजनीतिक व्यवहार का किस प्रकार परिपोषण करते हैं। सामाजिक विषमता उन्मूलन की धीमी प्रगति से खिन्न अनेक लोगों की निराशात्मक अभिव्यक्तियों के बाद भी हम यही कहेंगे कि देश में लोकतन्त्र का और अधिक प्रखर स्वरूप में परिपालन करने की आवश्यकता है इसे तिलांजलि देने की नहीं।

भारत का संविधान भी इन मुद्दों को 'लोकतान्त्रिक स्वातन्त्र्य' के मुद्दों के रूप में निरूपित करने के महत्व पर बल देता है। संविधान ने न केवल अभिव्यक्ति और संगठन तथा कानून के समक्ष समता के मौलिक अधिकारों का अभिज्ञान किया है, बल्कि, नीति निर्देशक सिद्धान्तों के अन्तर्गत अनेक सामाजिक और आर्थिक अधिकारिताओं का भी प्रावधान किया है। इनमें आजीविका के पर्याप्त स्रोत का अधिकार, सभी बच्चों के लिए निःशुल्क एवं अनिवार्य शिक्षा का अधिकार तथा काम का अधिकार सम्मिलित हैं। इन्हीं अधिकारों के आधार पर पिछले कुछ वर्षों से व्यापक जनआन्दोलन तो चले ही हैं, सर्वोच्च न्यायालय ने भी कई महत्वपूर्ण निर्णय सुनाए हैं। स्कूलों में मध्यावकाश भोजन तथा रोजगार गारंटी योजना आदि की व्यवस्थाएँ इन्हीं के परिणामस्वरूप रची गई हैं। एक प्रकार से जनवाणी अपनी प्रभावोत्पादकता सिद्ध करने लगी है।

संवाद परम्परा निश्चय ही समाज के पिछड़े वर्गों की एक सशक्त सहयोगी बन सकती है। हमने प्रथम निबन्ध में ही बताया था कि सामाजिक और दार्शनिक विरोध के स्वर अक्सर जाति, वर्ग और जन्म की सीमाओं का अतिक्रमण कर उठते रहे हैं, और ये स्वर पूरी तरह प्रभावहीन नहीं रहे हैं। किन्तु व्यवहारिक स्तर पर लोकतान्त्रिक राजनीति इन स्वरों को विशेष प्रभावोत्पादकता की शक्ति से सम्पन्न कर सकती है। भारतीय राष्ट्रीय राजनीति में महिला नेताओं की प्रचुरता का उदाहरण लें। इसने स्वतन्त्रतापूर्व एवं तत्पश्चात् महिलाओं की अपनी वाणी का प्रयोग कर पाने की क्षमता और सार्वजनिक राजनीति के वास्तविक अवसरों की उपलब्धता के संयोग को बहुत ही स्पष्ट रूप से उजागर किया है।

समकालीन भारत में पिछड़े वर्गों और जातियों के नेताओं की राजनीति में सक्रिय भागीदारी पर भी यही बात न्यूनाधिक रूप से लागू होती है। पुराने विरोधशील तर्कों में जाति व्यवस्था के विरोध में बौद्धिक प्रयासों की शक्ति झलकती रही है—जैसा

हमने प्रथम निबन्ध में बताया भी था, भारत के प्रतिष्ठित ग्रन्थों में इस प्रकार की संशयवादी उक्तियाँ भरी पड़ी हैं : हम सभी कामना, क्रोधमय, दुख, चिन्ता, भूख और श्रम को अनुभव करते हैं, तो फिर हमारी जाति अलग-अलग कैसे हो सकती है? या फिर इस दूसरे तर्क पर गौर करें : 'चतुर्वर्णों के सभी सदस्य ईश्वर की सन्तान हैं, तो फिर उन सभी की जाति भी एक ही होनी चाहिए। सभी मनुष्यों का पिता एक है, एक ही पिता की सन्तानों की जातियाँ अलग-अलग नहीं हो सकती।'' किन्तु इस प्रकार के विरोध के तर्कों का सामाजिक व्यवहार पर प्रभाव तब तक नगण्य बना रहता है, जब तक इन तर्कों को राजनीतिक स्तर पर प्रभावपूर्ण जनवाणी और रचनात्मक सार्वजनिक संवाद का स्वरूप नहीं मिलता। (अतः) समकालीन भारतीय समाज के लिए पुरातन संवाद परम्परा को निरर्थक मानना उतना ही अनुचित होगा जितना यह मान लेना कि राजनीतिक, विशेषकर लोकतान्त्रिक राजनीतिक व्यवस्थाओं की रचना कुछ भी हो, यह परम्परा (अपने आपमें ही) सदा सशक्त और प्रभावोत्पादक रहती है।

भारत में विभाजनकारी राजनीति को थोपने के प्रयासों के साथ-साथ पनप रही धार्मिक और साम्प्रदायिक पहचान पर आग्रह के दण्डस्वरूप समाज की समताकारी प्रतिबद्धता क्षीण हुई हैं। समता का आधार तो सभी अभावग्रस्त लोगों के हितों और स्वतन्त्रताओं पर एक समन्वित दृष्टि केन्द्रण में निहित रहता है। सभी 'निम्न' जातियों को एकजुट करनेवाली राजनीतिक संस्थाएँ पिछड़ों की कुछ सहायता तो कर सकती हैं, पर पिछड़े वर्गों में जातीय आधार पर पारस्परिक विरोध और स्पर्धा की राजनीति उन्हें और विभाजित कर डालती हैं—वे समाज में उच्चस्तरासीनों से मुकाबला करने के स्थान पर परस्पर ही उलझे रहते हैं। ऐसा ही कुछ धार्मिक सम्प्रदायवाद में भी होता है। (उदाहरण के लिए उच्च और निम्न वर्णीय हिन्दुओं को एकजुटकर गैर-हिन्दुओं को बाहर धकियाने के लिए रचे गए संगठन आदि)। नवरचित साम्प्रदायिक सीमाएँ न केवल अपने आपमें विभाजनकारी हैं, वरन् ये समाज में सदियों से रूढ़ विषमताओं के उन्मूलन के मार्ग की राजनीतिक और सामाजिक बाधाओं को भी और बल प्रदान करती हैं।

भारत में न्याय का तकाजा है कि समता के ध्येय के निमित्त जनवाणी का और प्रखर एवं मुखर प्रयोग हो। संवाद-परम्परा एक महत्वपूर्ण परिसम्पदा है, पर इसकी प्रभावोत्पादकता का प्रमाण तो इसके प्रयोग पर ही निर्भर करेगा। बहुत कुछ इस बात पर निर्भर रहेगा कि सामाजिक विषमताओं और विद्रूपताओं के विरोध में इस संवाद स्वर का कहाँ तक राजनीतिक प्रयोग हो पाता है। साथ ही राजनीतिक पारस्परिकता और अभिव्यक्ति के अवसरों के वास्तविक प्रयोग का भी महत्व होगा। चुप्पी तो सामाजिक न्याय की एक बहुत 'सशक्त' शत्रु होती है।

भारत की एकता

अब हम भारत की एकता की ओर उन्मुख होंगे। अकबर द्वारा 16वीं सदी के अन्त में आगरा में आयोजित विभिन्न समुदायों के महासम्मेलन की दो विशिष्टताओं में भेद समझना बहुत उपयोगी रहेगा। पहली विशिष्टता थी, 'बहुलता की स्वीकारोक्ति' –विभिन्न विचारों और विश्वासों की विद्यमानता को स्वीकार करना। दूसरी विशिष्टता थी, विभिन्न विचार-विश्वास वालों के बीच वाद-संवाद के लिए प्रतिबद्धता–इसी में अकबर की दूरदृष्टिता के दर्शन होते हैं। ये दोनों विशिष्टताएँ एक विविधतापूर्ण समाज के समेकित एवं समृद्ध दृष्टिबोध के दो परस्पर सम्बन्धित अवयव हैं।

आइए, पहले हम अकबर की सामाजिक दृष्टि के अपेक्षाकृत सरल लक्षण भारत की विविधता की पहचान और स्वीकारोक्ति पर विचार करें। इस विविधता ने अनेक विद्वानों को भ्रमित किया है। ऐसी ही बात, सदियों बाद, विंस्टन चर्चिल के इस कथन में झलकती है : "भारत वास्तव में उतना ही एक देश है, जितनी वास्तविकता भूमध्य रेखा की कल्पना में छिपी है।" स्पष्ट है कि उनकी 'बौद्धिकता' यह समझ पाने में पूर्णतः विफल रही थी कि इतनी विविधताएँ किसी एक राष्ट्र की अवधारणा में किस प्रकार समाहित हो सकती हैं। औपनिवेशिक काल में प्रचलित अंग्रेजी धारणा (जो अभी भी समाप्त नहीं हो पाई है) कि अंग्रेजी राज ने किसी तरह से भारत नामक देश की रचना कर ली थी, उनकी अपनी 'सृजनशीलता में अभिमान' के साथ इतनी व्यापक विविधताओं और बहुलताओं को समाहित करनेवाले किसी राष्ट्र के अस्तित्व में हो पाने की वास्तविकता को समझ पाने उनकी विफलता की भी परिचायक रही है।

फिर भी जैसा हम अपनी इस पुस्तक के 7वें, 8वें और 15वें अध्यायों में बताने जा रहे हैं, सारे इतिहासकाल में बार-बार भारत और भारतीयों के विषय में सामान्यीकरण से भरे वक्तव्य दिए जाते रहे हैं। सिकन्दर के पुरातन काल से, मैगस्थनीज (इंडिका के लेखक, ई.पू. तीसरी सदी) या पहली सदी ई.पू. के भारतविद्, टायना के अपोलोनियस या फिर मध्ययुग के अरब और ईरानी यात्रियों (अलबेरुनी, जिसने भारत और यहाँ के निवासियों के बारे में बहुत विस्तार से लिखा है) से लेकर ज्ञानोदय और ज्ञानोदय के बाद के यूरोपीय विचारक (इनमें से हर्डर, शीलिंग, श्लेगल और शॉपेनहॉवर आदि ने तो भारत के विषय में बहुत ही विद्रूप-से सामान्यीकरण किए हैं) सभी यहाँ की विविधताओं से अभिभूत रहे हैं। सातवीं शताब्दी ईसवी में भारत में दस वर्ष बिताकर लौटे चीनी विद्वान इ-जिंग (प्रचलित उच्चारण : इत्सिंग) ने एक प्रश्न पूछा है : क्या भारत के पाँचों भागों में कोई ऐसा व्यक्ति होगा जो चीन का प्रशंसक नहीं हो? इस अति आशावादी प्रश्न में पाँच भागों में विभाजित होने के बाद भी देशवासियों के विचारों और दृष्टिकोणों में एकता के सूत्र की तलाश झलकती है।

अकबर अपने पूर्ववर्ती सम्राटों (यथा, चन्द्रगुप्त मौर्य, अशोक और बाद में गुप्त वंश के चन्द्रगुप्त, अलाउद्दीन ख़िलजी आदि) की भाँति ही एक महत्वाकांक्षी और ऊर्जस्वी शासक था। इन सभी की धारणा थी कि जब तक भारत कहा जानेवाला अधिकांश क्षेत्र उनके शासन के अन्तर्गत एकत्र नहीं होता, तब तक उनका राजपाट ही 'सम्पूर्णता' को प्राप्त नहीं हो पाएगा। भारत की यही सम्पूर्णता (अखंडता) निरन्तर अभिज्ञान और प्रतिक्रियाएँ आकर्षित करती रही हैं। अंग्रेज विजेता भी इससे अछूते नहीं रहे—वे 18वीं सदी में भी भारतीय राष्ट्र के उस विचार से कहीं अधिक सारपूर्ण धारणा को पहचान गए थे, जिसकी झलक चर्चिल द्वारा भूमध्य रेखा के विचार से तुलना में मिलती है।

सन्दर्भानुसार भारत की एकता की विशेषताओं में काफी बदलाव या अन्तर आ जाते हैं। वे सभी किसी न किसी रूप में प्रासंगिक रहे हैं, पर उनमें से कुछ एक को अधिक आसानी से याद रखा जा सकता है। ईसवी युग की आरम्भिक शताब्दियों में उज्जैन नगर के भारतीय पंचांग के मुख्य रेखांश के रूप की बात लें! यह एक ऐसी घटना रही है, जिस पर बहुत अधिक चर्चा नहीं की गई। इस रेखांश को भारतीय ज्योतिर्विद् (खगोलशास्त्री) उसी प्रकार का सम्मान देते थे जैसे आजकल अन्तर्राष्ट्रीय समय रेखा के रूप में ग्रीनविच लाइन को प्राप्त है। हम अपने पन्द्रहवें लेख में फिर यह चर्चा करेंगे कि यद्यपि यह रेखांश ग्रीनविच से लगभग साढ़े पाँच घंटे पूर्व अवस्थित है, फिर भी दो हजार वर्षों से निरन्तर भारतीय ज्योतिर्विद इसी को 'भारतीयमानक समय' का आधार मानते आ रहे हैं। यह तकनीकी विकास निश्चय ही उस काल में शाही शक्ति और वैज्ञानिक शोध कार्यों के केन्द्र के रूप में उज्जैन के महत्व से भी प्रभावित रहा होगा। उस समय इस नगर का नाम उज्जयिनी था। यह प्राचीन भारतीय नगर बाद में अवन्ति जनपद की (मालवा) की राजधानी रहा, बाद में सातवीं सदी ईसवी में शकवंश और आगे चलकर गुप्तवंश का भी यही आधार बना था—जिसके समय में भारतीय गणित और विज्ञान ने उत्कर्ष के नए कीर्तिमान स्थापित किए थे।

उज्जैन भारत के अनेक साहित्यिक और सांस्कृतिक दिग्गजों का निवास स्थान भी रहा है—इनमें पाँचवीं शताब्दी के महाकवि कालिदास का नाम विशेष रूप से उल्लेखनीय है। वास्तव में 1914 में भारत के एक प्रमुख अध्येता ई. एम. फॉर्स्टर कालिदास की नगरी की खोज में ही वहाँ पहुँचे थे (किसी वैज्ञानिक उत्कंठा से प्रेरित होकर नहीं)। उन्हें उस पुरातन नगर के इतिहास में रुचि का अभाव बहुत अखरा था और उन्होंने लिखा है : "पुराने भवन भवन हैं और भग्नावशेष मात्र खंडहर।" कालिदास ने अपने 'मेघदूत' नामक काव्य में निर्वासित पति द्वारा अपनी प्रिया के लिए सन्देशवाहक बने मेघरूपी दूत से भारत की समृद्ध विविधता का दर्शन करते हुए जाने के साथ-साथ उज्जैन के वैभव का विशेष रूप से दर्शन करने का आग्रह

कराया है। कालिदास शृंगार रस से ओतप्रोत अपनी अन्य रचनाओं की भाँति यहाँ भी नगर के नारी सुलभ सौन्दर्य की व्याख्या से नहीं बच पाए हैं। आधुनिक उज्जैन का भ्रमण करते हुए फॉर्स्टर उज्जयिनी की नारियों के कालिदास वर्णित सौन्दर्य को सहज ही याद करते हैं कि किस प्रकार पाँचवीं सदी की अभिसारिका नायिकाएँ उस अन्धकार के बीच, जिसे सुई की नोंक भी चीर सकती हो, अपने प्रियतम की ओर जाते हुए उस नगर की संध्याओं को जीवन्त बना देती होंगी। उस मेघरूपी दूत से बड़े स्पष्ट शब्दों में कहा गया है :

यद्यपि इससे तुम्हारे उत्तरायण-पथ में विघ्न पड़ेगा
(किन्तु) उज्जयिनी के गचकारी युक्त प्रासादों की
छतों को अवश्य देखना,
यदि अपनी बिजली की कड़क से
उस नगरी की रमणियों की भयप्रकम्पित आँखों से
अभिभूत न हो जाओ
तो निश्चय ही तुम छले गए हो।

भारत के एक छोर से दूसरे छोर तक विविधतापूर्ण सौन्दर्य के अपने वोध की कालिदास ने समस्त भारतभू के दर्शन कराने के अपने निश्चय के साथ युति की है और अपने दूत मेघ के मार्ग की रचना की है।

अकबर ने भी भारत की विविधताओं को देख-समझकर कुछ 'मानकीकरण' के प्रयास किए थे। उसके दोनों असफल प्रयास भारत के लिए एक साँझे पंचांग 'तारीख़े-इलाही' की रचना और सभी धर्मों के तत्वों के सम्मिश्रण द्वारा 'दीन-ए-इलाही' का गठन—भारत की अन्तर्निहित एकता को खोजने के रचनात्मक प्रयास थे। इनमें भारत की बहुलता और विविधता की स्पष्ट (और निर्विवाद) स्वीकारोक्ति भी निहित थी। इन अनेक साहित्यिक, वैज्ञानिक और राजनीतिक प्रयासों से स्पष्ट हो रही भारत की एकता की भावना के अभिज्ञान के साथ ही यहाँ की बहुलता-विविधता का अभिज्ञान भी जुड़ा है। बहुलतामय भारत की अवधारणा के स्थान पर 'सर्वांगसमतामय एकात्मवादी भारत' या फिर 'बिखरे हुए टुकड़ों के समूह' के रूप में भारत की कल्पना का आरोपण, दोनों ही नितान्त अनुचित होंगे। बहुलतामय भारत का विचार तो क्लाइव द्वारा अंग्रेजी राज की नींव रखे जाने से बहुत पहले ही यहाँ भली प्रकार रूढ़ हो चुका था।

सामाजिकता और उपमहाद्वीप

पिछली शताब्दी में 1947 में, देश के विभाजन से भारत के पुरातन विचार को निश्चय ही ठेस पहुँची है। फिर भी भारतीय उपमहाद्वीप की विरासत में अनेक साँझे सूत्र अभी भी विद्यमान हैं। ये सभी इस भूक्षेत्र के बहुसांस्कृतिक इतिहास से जुड़े हैं। इन्हीं तत्वों का अन्ततः एक सुरक्षित और समृद्ध दक्षिण एशिया के निर्माण में महती

योगदान होने वाला है। भारत और पाकिस्तान में परमाणु बमों और घातक प्रक्षेपास्त्रों के निर्माण, कश्मीर के चल रहे विवाद आदि के कारण तनाव और वास्तविक संकट की सम्भावनाओं के निराकरण में वार्तालाप और संवाद को पुनः प्रारम्भ कराने का महत्व इसी दृष्टि से और अधिक हो जाता है।

संवाद की दिशा में अभी हाल ही में बहुत आशाप्रद प्रयास प्रारम्भ हुए हैं। सरकारी स्तर पर नई पहल हुई है और हम आशा करते हैं कि ये पहल पुराने प्रयासों की तुलना में अधिक सार्थक और चिरंजीवी सिद्ध होंगी। संवाद प्रक्रिया को और सबल बनाने के लिए सरकार के साथ-साथ इसमें सभ्य समाज के स्तर पर भी भागीदारी होनी चाहिए। नागरिकों द्वारा आयोजित संगोष्ठियों, शान्ति और मानवाधिकारों से जुड़ी परिचर्चाओं ने दक्षिण एशिया में अनेक रचनात्मक कदमों का मार्ग प्रशस्त किया है। इस दिशा में क्षेत्रीय गैर-सरकारी संगठनों का काफी योगदान रहा है। हमारी आशावादिंता का एक कारण यह सच्चाई भी है कि अत्यन्त ही विद्रूप परिस्थितियों में आयोजित ऐसे संवाद में भी बहुत व्यापक स्तर पर भागीदारी होने लगी है। उदाहरणस्वरूप नवम्बर 2000 में अस्मा जहाँगीर और इन्द्रकुमार गुजराल द्वारा आयोजित 'मानवाधिकारों के लिए दक्षिण एशियाई सम्मेलन' में उपमहाद्वीप के विभिन्न क्षेत्रों से 700 से अधिक नागरिक एकत्र हुए थे (लेखक भी उनमें से एक था)। यह वही समय था जब भारत और पाक के बीच व्यापक सशस्त्र संघर्ष अवश्यंभावी प्रतीत हो रहा था। संचार माध्यम भी इस संवाद प्रक्रिया को आगे बढ़ाने में एक निर्णायक और सकारात्मक योगदान दे सकते हैं।

उपमहाद्वीप के अन्तर्देशीय मामलों से जुड़े और अनेक महत्वपूर्ण मुद्‌दों पर भी चर्चा की आवश्यकता है। भारत श्रीलंका में तमिल अलगाववाद की समस्या को सुलझाने में क्या योगदान दे? इस प्रश्न को लेकर भी दोनों देशों के बीच काफी तनाव और गलतफहमियाँ पैदा हुई हैं। भारत-बांग्ला देश के सम्बन्धों में तो सोच में सुलझाव का होना और भी अधिक आवश्यक है, क्योंकि बांग्ला भाषा और संस्कृति सीमारेखा के दोनों ओर फल-फूल रही है। भारत की जनसंख्या में मुस्लिमों का अनुपात उतना ही है जितना बंगलादेश में हिन्दुओं का। बंगलादेश से भारत में कानूनी, गैर-कानूनी घुसपैठ/आगमन भी चल रहा है। दोनों ही देशों में काफी हद तक साम्प्रदायिकता की राजनीति का प्रभाव भी स्पष्ट दिखाई देता है। आर्थिक सहयोग की विशाल सम्भावनाएँ भी अप्रयुक्त-प्राय पड़ी हैं। अनेक समस्याएँ बेहतर पारस्परिक समझ और सूझबूझपूर्ण सहयोग की बाट जोह रही हैं। लम्बी साँझी विरासत और इतिहास का भारत और बांग्ला देश, दोनों ही लाभ उठा सकते हैं।

क्षेत्रीय सहयोग और संगठन तथा राष्ट्रीय एकता और सामाजिक न्याय इन सभी के लिए लम्बे बहुसांस्कृतिक इतिहास से जुड़ी संवाद प्रतिबद्धता निश्चय ही अत्यन्त आवश्यक है। यद्यपि इस पुस्तक में हमारा ध्यान केवल भारत की समस्याओं पर

केन्द्रित रहेगा, किन्तु भारत और भारत क्षेत्र की साँझी संवाद परम्परा की विरासत पर आग्रह करना अप्रासंगिक भी नहीं होगा। यह हमारा सौभाग्य ही है कि उपमहाद्वीप में तो यह संवाद परम्परा पहले ही जनमानस में रची-बसी है। इस क्षेत्र के एक विशिष्ट स्पेनी अध्येता ओक्तावियो पाज ने अपनी पुस्तक 'द लाइट ऑफ इंडिया' में भविष्य के प्रति आशावादिता कुछ इन शब्दों में व्यक्त की है :

''भविष्य के घटनाक्रम को आज स्पष्ट कर पाना तो असम्भव ही है। राजनीति और इतिहास में और प्रायः सभी बातों में, उस अज्ञात शक्ति, जिसे पुरानी पीढ़ियाँ 'भाग्य' कहती थीं, कुछ न कुछ कारगुजारी अवश्य दिखा जाती है। इस बात को ध्यान में रखते हुए भी मैं आग्रह करूँगा कि राजनीति और निजी जीवन में किसी भी तनाव और टकराव को सुलझाने का सबसे कारगर उपाय तो संवाद ही है (यह चाहे जितना भी 'धीमा' उपाय हो पर कारगर है)।''

वाद-संवाद के मार्ग की उपादेयता है। हम भाग्य की 'अनजानी' और मूकशक्ति से वाक्‌युद्ध में जीतने का प्रयास तो कर ही सकते हैं।

3

वृहत् और लघु भारत

कुछ व्यक्तिगत स्मृतियाँ

भारत से जुड़ी सामान्य पुस्तक को तो 'निर्वैयक्तिक' स्तर पर ही लिखा जाना चाहिए, फिर भी मैं कुछ व्यक्तिगत स्मृतियों को दोहराने के लोभ का संवरण नहीं कर पा रहा। मेरे बचपन के बहुत से वर्ष शान्तिनिकेतन में मेरे ननिहाल में बीते थे। मैं रवीन्द्रनाथ टैगोर द्वारा स्थापित स्कूल का छात्र था और मेरे नाना क्षितिमोहन सेन वहाँ पढ़ाते थे। वह यूँ तो अनेक कार्यों में संलग्न रहते थे, किन्तु संस्कृतविद् के रूप में उनकी विशेष ख्याति थी। यहाँ तक कि अधिकारिक रूप से उन्हें 'पंडित' माना जाता था–उन्होंने बनारस के परम्परागत अध्ययन केन्द्रों में ही संस्कृत शिक्षा पाई थी। वे हिन्दू धर्म के भी एक प्रमुख विशेषज्ञ माने जाते थे। उनकी परम्परागत एवं सुप्रतिष्ठित धारा तथा मध्ययुगीन सन्त साहित्य (कबीर, दादू, बाडल (बांग्ला)) में समान रूप से गहरी पैठ थी। यद्यपि मेरे नाना-नानी की धर्मनिष्ठा तो बहुत दृढ़ थी, किन्तु घर में कोई विशेष कर्मकांडी वातावरण नहीं था। उनकी निष्ठा हिन्दू धर्म के चिन्तन-मननवादी स्वरूप से जुड़ी थी, कर्मकांडों से नहीं। शान्तिनिकेतन, कोलकाता और अनेक अन्य स्थानों पर क्षितिमोहन सेन को बहुलवादी धार्मिक संगोष्ठियों में बोलने के लिए भी आमन्त्रित किया जाता था।

मेरा बाल्यकालीन विचार तन्त्र मुझे धर्म की ओर जरा भी आकर्षित नहीं कर पाता था। इसीलिए मैंने एक बार नानाजी से पूछा कि क्या धर्म में मेरी यह अरुचि चिन्ता का विषय है? उन्होंने स्पष्ट किया। "जब तक तुम स्वयं गम्भीरतापूर्वक सोच-समझ नहीं पाते, धार्मिक निष्ठाओं का जागृत होना आवश्यक नहीं है–वह तो समय व्यतीत होने पर स्वयं ही जागतृ होंगी।" किन्तु उम्र के साथ-साथ मेरा संशयवाद

और निखरता गया, मेरी धर्मनिष्ठा जागृत नहीं हो पाई, तो मैंने एक बार फिर नानाजी से कहा कि मेरे विषय में उनका कथन तो सत्य नहीं हो पाया। उन्होंने उत्तर दिया : "नहीं, वह सत्य ही हुआ है। तुमने धार्मिक प्रश्नों पर चिन्तन अवश्य किया है और उसे हिन्दू धर्म के वृहत् परिदृश्य की नास्तिक या अनास्थावादी—लोकायत परम्परा में ढाल लिया है।"

कई वर्ष बाद नानाजी की बांग्ला भाषा में लिखी पुस्तक का पेंग्विन प्रकाशन के आग्रह पर अंग्रेजी अनुवाद तैयार करने में उनका सहयोग करते समय मुझे फिर से उस वृहत् परिदृश्य पर मनन करने का सुयोग मिला। वर्ष 1961 में प्रकाशित वह पुस्तक व्यापक चर्चा का विषय रही। अटलांटिक महासागर के दोनों ओर उस पर काफी चिन्तन हुआ—विश्व की अनेक भाषाओं (फ्रेंच, डच, स्पेनिश यहाँ तक कि फ़ारसी तथा जापानी भी) में उसका अनुवाद भी हुआ। क्षितिमोहन की इस पुस्तक की उपलब्धियाँ तो अनेक थीं, पर इनमें प्रमुख रहीं हिन्दू धर्म में वैचारिक बहुलता की सहज स्वीकारिता का स्पष्ट प्रतिपादन। इस कार्य को उन्होंने अनेक प्रकार की धर्मसंगत और सुविकसित युक्तियों-तर्कों द्वारा सम्पादित किया था। उन्होंने हिन्दू कार्यविधि में अति उदारतावादी विशिष्ट गुण को उजागर किया और हिन्दू परम्परा के अभिन्न अंग के रूप में उसकी व्याख्या की। उनके मतानुसार विश्व-चिन्तन में यह हिन्दू धर्म का एक मौलिक-बौद्धिक योगदान रहा है। उन्हीं के शब्दों में; "हिन्दू धर्म यह भी स्पष्ट करता है कि अध्यात्मिक चिन्तन स्तर के अन्तर सामान्य व्यवहार की साँझी आचार संहिता के विकास में बाधक नहीं होते। व्यक्ति के विषय में उसका 'धर्म' (व्यवहार का वैयक्तिक आधार) महत्वपूर्ण होता है, मत या सम्प्रदाय नहीं।" उदारता और सहिष्णुता में गर्व की यह अनुभूति आज राजनीतिकरण द्वारा हिन्दू धर्म की संकीर्ण व्याख्याओं को ही प्रधानता दे रही 'उग्रता' से बहुत ही भिन्न थी।

यहाँ मैं भारत में संवाद-संस्कृति और बहुलता के प्रति सहिष्णुता को बनाए रखने में हिन्दू परम्पराओं के योगदान के जटिल प्रश्न पर चर्चा में नहीं उलझ रहा। भारत में सहिष्णुता और पारस्परिक सम्मान के कुछ मुख्य पक्षधर हिन्दू थे ही नहीं—जैसे अशोक बौद्ध थे, तो अकबर मुसलमान किन्तु वे दोनों भी उसी वृहत् सांस्कृतिक धारा के अंग थे, जिसमें हिन्दू बहुलतावाद बहुत प्रखर रूप से विद्यमान था। पहले अध्याय में भी यह बात आई है कि हिन्दू धर्म में संशयों और असहमतियों को सहन करने की एक लम्बी परम्परा रही है। यह परम्परा वेदों के समान ही प्राचीन है। साढ़े तीन हजार वर्ष पूर्व भी गहन संशयवाद की झलक इनमें स्पष्ट दिखाई दे रही थी, "वास्तव में (इसे) कौन जानता है? कौन यहाँ इसकी उद्घोषणा करेगा? ये कब पैदा हुआ था?—यह (सृष्टि) कहाँ से उदित हुई है—सम्भवतः यह स्वयं ही सृजित हो गई है, शायद नहीं भी?"

पहले अध्याय में ही यह भी बताया गया है कि राम और जाबालि (रामायण)

तथा कृष्ण और अर्जुन (महाभारत) के मतभेदों वाले वार्तालापों को लेखनीबद्ध करने वालों ने राम तथा कृष्ण के रूढ़ विचारों के विरुद्ध दिए गए जटिल तर्कों को भी विस्तार सहित मुख्य ग्रन्थों में ही स्थान दिया है। भले ही अन्त में उन्होंने रूढ़ विचारों की विजय दिखाई है, किन्तु संवाद के विस्तृत वृत्तान्त में 'पराजित' संशयवाद भी पूरी तरह जीवित रहा है। रामायण के रचनाकार के अनुसार जाबालि उस महाकाव्य के नायक राम (जिन्हें बड़े आग्रह के साथ आज का उग्र हिन्दुत्व 'दिव्य' शक्तियों से परिपूर्ण मानता है) के निर्णयों को किसी भी समझदार गुणवान व्यक्ति की तुलना में 'मूर्खतापूर्ण' मानते हैं। जाबालि को (उस महाकाव्य में) अपना यह नकारात्मक प्रतिपादन प्रस्तुत करने का पूरा-पूरा अवसर दिया गया है। वे कहते हैं : "मैं तो वास्तव में उन लोगों के लिए चिन्तित हूँ, जो सभी दृश्य (स्थूल) कर्तव्यों तथा कार्यों, जोकि सहज अनुभूत हो सकते हैं, को भुलाकर किन्हीं 'पारलौकिक पुण्यों' के संग्रह में जुटे हुए हैं। वे इस पृथ्वी पर अनेक कष्ट भोगते हुए अन्ततः काल के गाल में समा जाते हैं।" वैकल्पिक पक्षों की विस्तारपूर्ण अभिव्यक्ति विचारों, अनुभूतियों और तर्कों की बहुलता की ओर ध्यान आकर्षित करती है। बहुलता के प्रति सहिष्णुता को हिन्दू धर्म के प्रतिष्ठित ग्रन्थों में भरपूर समर्थन भी मिला है (देखिए, चौदहवीं शताब्दी का अध्ययन 'सर्वदर्शन संग्रह') इस ग्रन्थ में 16 परस्पर विरोधी और वैकल्पिक विचारों को इतने ही (16) अध्यायों में क्रमिक रूप से प्रस्तुत किया गया है।

इस वृहत् दृष्टिकोण के विपरीत आज अनेक हिन्दुत्ववादी राजनीतिक कार्यकर्ता तो इस बात पर उतारू हो रहे हैं कि हिन्दू परम्परा की वृहत् और सहिष्णु धाराओं को तिलांजलि देकर उनके द्वारा की गई अटपटी व्याख्या को ही सब पर थोप दिया जाए। ये 'पवित्र' हिन्दू राजनीतिक सेनाएँ हमें अन्य विचारों को गहन चिन्तन-मनन विचार-विमर्श के बाद अपनाने, आत्मसात करने की उस परम्परा से दूर ले जाना चाहती हैं, जिस पर वे स्वयं भी बड़ी-बड़ी बातें (अपने आख्यानों में) बनाती रहती हैं। इसके लिए उनके तर्क कुछ इस प्रकार हैं : "रामायण के नायक राम तो ईश्वर का ही अवतार थे और उनका जन्म नौ लाख वर्ष पूर्व एक 'स्थान विशेष' पर ही हुआ था। ऐसा मत हमें रामायण को, टैगोर की भाँति एक 'उत्कृष्ट दृष्टान्त' मानने के स्थान पर ऐसा 'ऐतिहासिक दस्तावेज' मानने का आग्रह कर रहा है जिसके किसी कथन पर प्रश्न नहीं उठाया जा सकता। इसी को इतनी वैधानिक शक्तियों से सम्पन्न मान लिया गया है कि विध्वंसकारी हिन्दू राजनीतिज्ञों को किसी अन्य के पूजा स्थान को ध्वस्त करने का अधिकार भी मिल गया ताकि वे उस स्थान पर राम को समर्पित मन्दिर बना सकें (क्योंकि उनका जन्म तो बस उसी स्थान विशेष पर हुआ था।)

यह भी दावा किया गया है कि दिसम्बर 1992 में ध्वस्त बाबरी मस्जिद उसी स्थान पर खड़ी थी, जहाँ पहले एक हिन्दू मन्दिर विद्यमान था। उसे गिराकर मस्जिद बनाई गई थी। यह ऐतिहासिक दावा (सच्चा या झूठा, जैसा भी हो, इसकी छानबीन

तो आज भारत का सर्वोच्च न्यायालय कर रहा है) उस दावे से निश्चय ही भिन्न है कि इतिहासकाल से पूर्व राम का दिव्य अवतार इसी स्थान पर हुआ था।

एक प्रश्न तो उठता ही है कि ये मन्तव्य, ऐतिहासिक या धार्मिक, यदि स्वीकार भी कर लिए जाएँ तो इनसे धर्मोन्मादी या साम्प्रदायिक तोड़फोड़ की अनुज्ञा (लायसेंस) कैसे मिल जाती है? यहाँ तो हिन्दू धर्म की रूढ़ परम्परा भी इस प्रकार के संकुचित दृष्टिकोण को स्वीकार नहीं करती कि किसी सम्प्रदाय विशेष के धार्मिक दावों को 'अकाट्य सत्य' के रूप में स्वीकार किया जाए। हिन्दू धर्म के कितने ही विचार प्रवाहों में तो राम की चर्चा तक नहीं है और जहाँ यह चर्चा है भी, वहाँ राम को उस प्रकार की दिव्य भव्यता से सम्पन्न तो नहीं ही माना गया जैसी आजकल हिन्दुत्ववादी कार्यकर्ता उन पर आरोपित कर रहे हैं। रामायण तो स्वयं राम के विचारों से पूरी तरह असहमत लोगों को भी अपना पक्ष और अपने सन्देह पूरी तरह अभिव्यक्त करने का अवसर देती है।

हिन्दू राजनीतिक कार्यकर्ता संकीर्ण धार्मिक निश्चयात्मकता का पक्ष लेते हुए विभिन्न धर्मों के बीच टकरावों पर अधिक ध्यान दे रहे हैं—वे विभिन्न धर्मों के साथ शान्तिपूर्ण सहअस्तित्व की परम्परा को अनदेखा कर रहे हैं। हिन्दू और अन्य सभी भारतीयों को तो इस बात पर गर्व होना चाहिए कि विश्व के अनेक देशों से उत्पीड़ित अल्पमत समुदाय (यहूदी, ईसाई, पारसी) सदियों से भारत में ही आश्रय की खोज करते आए हैं। यहीं उन्हें उत्पीड़न मुक्त नया जीवन प्रारम्भ करने का अवसर सुलभ हो पाया है। गाँधी और टैगोर जैसे आधुनिक राजनीतिक-साहित्यिक चिन्तकों की रचनाओं में भी उसी सहिष्णु और सर्वग्राही परम्परा की झलक मिलती है। विवेकानन्द जैसे अनाक्रमक हिन्दू नेताओं के व्याख्यानों और धार्मिक रचनाओं में भी इसी परम्परा के दर्शन होते हैं।

इस बारे में बहस का कोई विशेष लाभ नहीं होगा कि हिन्दुत्व की उदार, सहिष्णु तथा सर्वग्राही परम्परा उसकी अधिक सटीक व्याख्या करती है अथवा आज की हिन्दू-राजनीति द्वारा साग्रह प्रतिपादित संकीर्ण संघर्षवादी व्याख्या। यही कहना पर्याप्त रहेगा कि आजकल की राजनीति द्वारा प्रस्तुत संकीर्ण और संघर्षवादी दृष्टिकोण से बहुत ही पृथक् व्यापक एवं उदारमना हिन्दू धर्म की धारा भी है और वह धारा बहुत ही पुरातन तथा मान्य रही है।

हिन्दुत्व का प्रादुर्भाव

हिन्दुत्व आन्दोलन कितना पुराना है? यह भारतीय राजनीति में नई-नई विकसित रचना है—किन्तु अब एक बहुत 'प्रबल शक्ति' का रूप धारण कर गई है। मई 2004 में चुनावी पराजय से पूर्व एक संयुक्त सरकार के मुख्य घटक के रूप में छः वर्षों (1998-2004) तक हिन्दुत्व आन्दोलन का संसद में प्रतिनिधि राजनीतिक दल, भारतीय

जनता पार्टी, देश पर शासन भी कर चुका है।

हिन्दू धर्म तो अति पुरातन है, किन्तु हिन्दुत्व एक बहुत ही नवीन राजनीतिक आन्दोलन है। स्वाधीनतापूर्व भी 'हिन्दू महासभा' नामक एक दल था और उसके उत्तराधिकारी 'जनसंघ' के प्रति भी कुछ हिन्दू निष्ठावान रहे हैं, किन्तु इनमें से कोई भी दल उतनी बड़ी राजनीतिक शक्ति नहीं बन पाया था जितना कि आज भारतीय जनता पार्टी और उसके सहयोगी बन गए हैं। इसके अधिकांश सहयोगी (महाराष्ट्र तक सीमित एक उग्र हिन्दुत्ववादी शिव सेना को छोड़कर) तो प्रायः धर्मनिरपेक्ष क्षेत्रीय दल हैं। भारतीय जनता पार्टी ने 1998 में केन्द्र में सरकार गठित की और कुछ लोगों के दल-परिवर्तन के बाद नवनिर्मित गठजोड़ के सहारे वह 1999 में पुनः चुनाव जीतने में सफल रही है।

भारतीय जनता पार्टी की 'प्रगति' आश्चर्यजनक रही है। वर्ष 1984 में, भारत की संसद के सशक्त अंग, लोकसभा में भाजपा के मात्र दो सदस्य थे। 1989 में इसने 85 स्थान जीते। दो वर्ष बाद 1991 में यह 119 स्थानों पर विजयी रही और 1998 में 182 पर। अगले वर्ष (1999) में भी इसे 182 स्थान ही मिले। यद्यपि यह संख्या 543 सदस्यों के सदन का अल्पमत ही है, पर सबसे बड़े दल के रूप में यह 'राष्ट्रीय लोकतान्त्रिक मोर्चे' के प्रमुख घटक के नाते सरकार बनाकर 2004 तक सत्तासीन रही। वर्ष 2004 के चुनावों में इसकी सदस्य संख्या 138 रह गई और भारतीय राष्ट्रीय कांग्रेस की इससे 7 अधिक यानी 145 हो गई। कांग्रेस अपने सहयोगियों सहित 218 स्थानों पर विजयी रही थी और इसने (अपने पुराने 'विरोधी') वाम दलों के 60 सदस्यों के समर्थन के सहारे सरकार का गठन किया।

भाजपा को चुनावों में भारी क्षति उठानी पड़ी। इसके एक-चौथाई स्थान कम हो गए, किन्तु इसके सहयोगी 'धर्मनिरपेक्ष' दलों को तो प्रायः 'निर्मूलन' की स्थिति का सामना करना पड़ा। तमिलनाडु की आलइंडिया अन्ना द्रमुक का पूरी तरह सफाया हो गया, तो पश्चिम बंगाल की तृणमूल कांग्रेस भी केवल एक स्थान बचा पाई। आन्ध्र में आर्थिक प्रगतिशीलता का पर्याय बनी तेलुगु देशम पार्टी भी 29 में से केवल 5 स्थान ही जीत पाई। देश के मतदाताओं ने भाजपा के सहयोगी 'धर्मनिरपेक्ष' दलों को विशेष रूप से दण्डित किया है।

यद्यपि आज भाजपा कुछ वर्ष पूर्व जितनी प्रबल नहीं लग रही, किन्तु यह निश्चित ही एक बड़ी राजनीतिक शक्ति बन चुकी है और शीघ्र ही पुनः सत्ता में आने के लिए भरसक प्रयास कर रही है। भारत के महानिर्वाचनों में यह अभी तक अधिकतम एक-चौथाई मत प्राप्त कर पाई है। इसने 1998 में 26 प्रतिशत तो 1999 में 24 प्रतिशत मत पाए थे। वर्ष 2004 में यह प्रतिशत घटकर 22 रह गया, जबकि कांग्रेस ने 27 प्रतिशत मत पा लिए थे। किन्तु भाजपा को एक निश्चित मतदाता समूह का सुदृढ़ समर्थन प्राप्त है और यह वर्तमान राजनीतिक परिदृश्य का एक महत्वपूर्ण घटक

है। यह सत्ता में आने के लिए अपने सहयोगियों पर निर्भर रहती है और इसी कारण इसकी प्रभावी शक्ति तो अपने 'जनाधार' से आगे के लोगों के समर्थन को आकर्षित कर पाने पर निर्भर रह जाती है।

भारतीय राजनीति की मुख्यधारा में भाजपा की सशक्त भूमिका और हिन्दुत्व आन्दोलन की शक्ति आज की नई राजनीतिक वास्तविकता के अंग हैं। स्वतन्त्रता के तुरन्त पश्चात तो स्वाधीनता आन्दोलन के दौरान विकसित व्यापक और सर्वसमाहनकारी भारतीयता का ही सारे देश पर वर्चस्व रहा था। उपमहाद्वीप के विभाजन से आहत जनमानस ने उसी व्यापक पहचान को बनाए रखने में बड़ी ही दृढ़ता का परिचय दिया था। इस बात को लेकर भी हम राष्ट्रीय गर्व अनुभव करते रहे हैं कि राजनीतिक स्तर पर जनसंख्या की अदलाबदली के दबावों के बाद भी भारत में बचे अधिकांश मुसलमानों ने यहीं बसे रहने (पाकिस्तान जाने का नहीं) का फैसला किया था। यह समाहनकारी राष्ट्रीय पहचान आन्तरिक बहुलता का सम्मान करती थी, यहाँ की विविधता में निहित समृद्धि से गौरवान्वित होती थी और इसमें किसी धर्मानुयायी समुदाय को अन्य की अपेक्षा वरीयता प्रदान करने की सख्त मनाही भी सम्मिलित थी।

पिछले कुछ दशकों के दौरान भारतीयता की इस विस्तृत और सभी को आत्मसात् करनेवाली अवधारणा को गम्भीर चुनौतियाँ मिली हैं। किंचित् अतिसरलीकरण के साथ यह भी कहा जा सकता है कि नया 'आन्दोलन' हिन्दू होने के गुणों को ही भारतीय होने का 'प्रमाण' मानने लगा है। यद्यपि स्वतन्त्रता आन्दोलन के समय तो 'हिन्दुत्व' के विचार को अधिक समर्थन नहीं मिल पाया, किन्तु यह विचार उससे दो दशक पूर्व ही 'प्रकाश' में आ गया था। वास्तव में 1923 में ही विनायक दामोदर सावरकर ने जिन्हें प्रायः 'वीर सावरकर' भी कहा जाता है, अपनी पुस्तक 'हिन्दुत्व' में इस विचार का बहुत विस्तृत प्रतिपादन किया था। सावरकर एक ऊर्जस्वी अन्धराष्ट्रवादी हिन्दू नेता था। यद्यपि यह माना जाता है कि विभाजनपूर्व भारत में हिन्दुओं और मुसलमानों को 'दो पृथक् राष्ट्र' (एक राष्ट्र के दो अंग नहीं) मानने का विचार मुहम्मद अली जिन्ना की सूझ थी, किन्तु जिन्ना द्वारा इस बात को उठाने से पन्द्रह वर्ष पूर्व सावरकर इसका भलीभाँति प्रतिपादन कर चुके थे। हिन्दू राजनीति की माँगों को समर्थन दे पाने में विफलता के 'दोषी' गाँधी की हत्या करनेवाला नाथूराम गोड्से सावरकर का ही शिष्य था।

भाजपा को भारतीय समाज के एक सामान्य अल्पमत का राजनीतिक समर्थन मिल रहा है। मुख्य बात तो यह कि इसे हिन्दू समाज में भी सीमित समर्थन ही मिल पाया। जैसा कि पहले भी चर्चा हुई है, अभी तक यह अधिकतम 26 प्रतिशत मत प्राप्त कर पाई है और अब घटकर 22 प्रतिशत पर आ टिकी है। यह उस देश में हो रहा है जहाँ अस्सी प्रतिशत मतदाता हिन्दू समाज के ही हैं। यह निश्चय ही

अधिकांश हिन्दुओं की चुनिन्दा पार्टी नहीं है। भारत में राजनीतिक मत-विभाजन में क्षेत्रीय आधार पर भी अन्तर विद्यमान हैं। ऐसे अनेक प्रदेश हैं जहाँ से भाजपा कभी एक स्थान भी नहीं जीत पाई है।

हिन्दुत्व की राजनीति को जिन हिन्दू संगठनों का 'परिवार' चला रहा है, भाजपा उसका एक सदस्य मात्र है। 'संघ परिवार' नामक इस परिवार का अधिनायक तो राष्ट्रीय स्वयं सेवक संघ (संघ) है। संघ ही इस परिवार का 'आधार' है। संघ हिन्दुत्व-संवर्धन के निमित्त सैद्धान्तिक पक्ष की रचना करता है और उसके लिए आवश्यक व्यावहारिक गतिविधियों का संचालन भी करता है। 'संघ परिवार' में 'विश्व हिन्दू परिषद्' भी है, जो अपने नाम के अनुरूप धार्मिक न रहकर साम्प्रदायिक राजनीति के माध्यम से 'हिन्दू धर्म' की अपनी संकल्पना का संवर्धन करने में जुटी है। इस परिवार का एक अंग 'सेवा भारती' हिन्दुत्व आन्दोलन से जुड़े जनकल्याणकारी कार्यक्रमों में लगी है। बजरंग दल को तो विश्व हिन्दू परिषद् का ही 'उग्र' युवा गिरोह माना जा सकता है–इसे विश्व मानवाधिकार तथा भारतीय मानवाधिकार संगठनों ने 2002 के दंगों में मुसलमानों के संहार का दोषी माना है। भाजपा संघ परिवार का अधिकारिक राजनीतिक अंग है और इसके अधिकांश प्रमुख नेता लम्बे समय तक राष्ट्रीय स्वयं सेवक संघ के सदस्य रह चुके हैं।

हिन्दुत्व आन्दोलन का भारत के वर्तमान राजनीतिक घटनाक्रम पर सशक्त प्रभाव रहा है और इसमें सम्प्रदायवादी राजनीति को भी बढ़ावा दिया है। अतः इसके बौद्धिक दावों और उनके पक्ष में दिए जा रहे तर्कों की समीक्षा आवश्यक है। हिन्दुत्व आन्दोलन में हिंसात्मक घटनाएँ भी जुड़ी रही हैं (मुम्बई 1992-3 तथा गुजरात 2002)। इसी कारण इसकी सार्वजनिक उद्घोषणाओं और इसके तथाकथित बौद्धिक विश्वास आदि को लेकर वितृष्णा भी होने लगी है। किन्तु वितृष्णा किसी समस्या से जूझने का उपयोगी साधन नहीं हो सकती, भले ही उसके साथ हिंसा का भी समावेश रहा हो। हिन्दुत्व आन्दोलन के विभिन्न घटकों में विद्यमान विविधता के कारण भी यह आवश्यक हो जाता है कि इसके अधिक उग्रपन्थी सदस्य कुछ भी कर रहे हों, पर इसके बौद्धिक पक्ष पर ध्यान दिया ही जाना चाहिए।

वास्तव में हिन्दुत्व के कट्टर पक्षधरों का समूह बहुत बड़ा नहीं है, किन्तु उसके इर्दगिर्द कहीं विशाल समुदाय जमा हो गया है–इसे मैं आद्य-हिन्दुत्व आग्रही कहूँगा। ये कट्टरपक्षधरों जितने उग्र नहीं हैं, सामान्यतः इन्हें हिंसा से भी नफरत ही होती है। किन्तु इन्हें भारत में मौजूद अन्य धर्मों के दावों और भारत में हिन्दुओं की प्रधानता के बीच विसंगति अखरती रहती है। अतः वे अन्य धर्मानुयायियों की तुलना में भारत में हिन्दुओं को प्रधानता दिए जाने के हिन्दुत्ववादी विचार से सहमत रहते हैं।

उपर्युक्त विसंगति के तर्क प्रायः इन बातों का आश्रय लेते हैं :

1. संख्या बल : हिन्दू भारत में प्रबल बहुमत है। कोई अन्य समुदाय इसके

आसपास भी नहीं आ पाता; तथा

2. यह ऐतिहासिक-सांस्कृतिक सत्य कि भारत में हिन्दू परम्परा वैदिककाल तक फैली हुई है—कम से कम तीन हजार वर्ष पुरानी है—और भारतीय संस्कृति के प्रत्येक अंग पर हिन्दू विचार-व्यवहार की ऐतिहासिक छाप है।

ये दोनों निश्चय ही बहुत 'वजनदार' विचार हैं और इनपर गम्भीर मनन तथा मीमांसा की आवश्यकता है।

संख्या बल और वर्गीकरण

सांख्यिकीय तर्क एक सही मान्यता से आरम्भ होता है कि भारत के 80 प्रतिशत से अधिक नागरिक मानक वर्गीकरण के अनुसार हिन्दू हैं—उनकी निष्ठा आदि में बहुत भारी विविधता अवश्य पाई जाती है। वस्तुतः सरकारी वर्गीकरण में तो हिन्दू पृष्ठभूमि के अनीश्वरवादी और नास्तिकों को भी 'हिन्दू' वर्ग में ही रखा जाता है। हिन्दुत्ववादी ही नहीं, अन्य कितने ही लोग इसी सांख्यिकीय जानकारी को आधार बनाकर भारत को मुख्यतः हिन्दू देश मानते हैं। कितने ही विदेशी पत्रकारों को भी यह संक्षिप्त अपचयवाद (Summary reductionism) बहुत लुभाता है। यूरोप और अमरीका के प्रायः सभी मुख्य समाचार पत्र भारत को 'मुख्यतः हिन्दू देश' ही बताते हैं। इससे समाचारपत्रों के कालमों में स्थान बचता है और यह प्रस्तुति किसी न किसी रूप में ठीक भी है।

यही व्याख्या बौद्धिक सरलीकरणवादी विद्वानों को भी आकर्षित करती है। अपनी प्रसिद्ध पुस्तक 'द क्लैश ऑफ सिविलाइजेशन्स' एवं 'द रिमेकिंग ऑफ वर्ल्ड ऑर्डर' में सेमुअल हंटिंग्टन ने भारत को पक्के तौर पर 'हिन्दू सभ्यता' के वर्ग में रखा है। इस प्रकार के अपचयवादी दृष्टिकोण के कारण हंटिंग्टन यह भी दृष्टिगत कर पाते हैं कि भारत में मुलसमानों की संख्या (14 करोड़) ब्रिटेन और फ्रांस की समग्र जनसंख्याओं के योगफल से भी अधिक है। यही नहीं, यह संख्या इंडोनेशिया (तथा किसी सीमा तक पाकिस्तान) को छोड़कर विश्व के किसी भी 'मुस्लिम सभ्यता' वर्ग में (हंटिंग्टन द्वारा) रखे गए देश से भी अधिक है। संख्याबल पर आधारित तर्क यहाँ कुछ उलट-पुलट हो जाता है, किन्तु वास्तविक समस्याएँ तो सांख्यिकीय तर्क की अपनी रचना में ही निहित हैं।

पहली कठिनाई तो यही है कि एक धर्मनिरपेक्ष लोकतन्त्र को जहाँ मत-मतान्तर के भेद से ऊपर उठकर देश के सभी नागरिकों को समानता प्रदान की गई हो, बहुमत के धर्म के अनुसार परिभाषित करना ही गलत होगा। सांवैधानिक रूप से धर्मनिरपेक्ष हिन्दू बहुल राष्ट्र और हिन्दूधर्म को अपना राजकीय धर्म माननेवाले देश में निश्चय ही अन्तर होगा (नेपाल राजकीय धर्मवाला 'हिन्दू राष्ट्र' कहा जा सकता है)। किसी भी समुदाय की सामूहिक स्थिति या अवस्था कुछ भी हो, किन्तु किसी व्यक्ति के

सामाजिक स्तर को उसके समुदाय की लघुता के आधार पर न्यूनांकित नहीं किया जा सकता।

आइए, एक तुलना करने का प्रयास करें : 1776 में स्वतन्त्रता की घोषणा करते समय संयुक्त राज्य अमरीका में विभिन्न धार्मिक समुदायों के आकारों में बहुत विविधता थी, नई राज्य-व्यवस्था को 'मुख्यतः ईसाई' देश भी घोषित किया जा सकता था (जैसे कि भारत को कह दिया जाता है)। किन्तु इसके आधार पर विभिन्न समुदायों के विश्वास आदि के बीच संयुक्त राज्य के संविधान को निरपेक्ष रखने की प्रक्रिया पर कोई आँच नहीं आई। विभिन्न धर्मावलम्बी समुदायों के आकार के आधार पर उनके किन्हीं भी अधिकारों (विशेषकर राष्ट्र के अंग होने के अधिकार) पर आँच नहीं आनी चाहिए। ये अधिकार सभी नागरिकों को सहजभाव से सर्वसुलभ रहने ही चाहिए।

दूसरी कठिनाई अवधारणागत जटिलता से भरी है। अक्सर 'प्रदर्शित बहुमत' वर्गीकरण के सिद्धान्त पर ही पूरी तरह निर्भर रहता है। भारतवासियों का अनेक कसौटियों के आधार पर वर्गीकरण हो सकता है, धर्म भी उनमें से एक है। भारतवासियों को हम वर्ग, भाषा, साहित्य, राजनीतिक निष्ठा आदि की अनेक कसौटियों के अनुसार विभिन्न समूहों में बाँट सकते हैं। भारतीय बहुमत की रचना तो फिर निश्चय ही वर्गीकरण की कसौटियों पर आधारित हो जाएगी। जनसामान्य के वर्गीकरण का कोई एकमात्र सर्वमान्य आधार नहीं होगा।

उदाहरणस्वरूप हम भारत में अनेक समुदायों को बहुमत की संज्ञा दे सकते हैं, जैसे कि :

1. न्यून एवं मध्यम आय वर्ग—यह जनसंख्या का लगभग 60 प्रतिशत है;
2. अच्छी खासी पूँजी के स्वामित्व से हीन वर्ग,
3. ग्रामीण भारतीय वर्ग;
4. ऐसे व्यक्तियों का वर्ग जो संगठित क्षेत्र में काम नहीं कर रहे; तथा
5. धार्मिक उत्पीड़न विरोधी भारतीय।

अपनी-अपनी वर्गीकरण विद्या के अनुसार ये पाँचों वर्ग भारत की जनता के बहुमत को व्यक्त करते हैं—उनके साँझे अभिलक्षणों को सन्दर्भानुसार महत्वपूर्ण माना जा सकता है। 'भारत में हिन्दुओं का बहुमत है' इस कथन को निर्णायक महत्व देने से पूर्व हमें यह निश्चित करना होगा कि धर्मआधारित वर्गीकरण अन्य वर्गीकरण विधाओं की तुलना में 'सर्वोपरि' किस प्रकार हो गया?

यह भी कहा जा सकता कि यह बात तो सम्बद्ध व्यक्ति पर छोड़ देनी चाहिए कि वह किस वर्ग का अंग बनना चाहता है—किसी अन्य व्यक्ति द्वारा और अनेक कसौटियों को दृष्टिगत कर गढ़ी गई किसी विधा के अनुसार वर्ग में सम्मिलित होने को किसी को भी बाध्य नहीं किया जाना चाहिए। भारत के हिन्दू समाज के एक-तिहाई

से भी कम सदस्य हिन्दुत्व परिवार के दलों के पक्ष में मतदान करते रहे हैं। यही तथ्य इस बात का प्रमाण है कि भारत के अधिकांश हिन्दुओं की दृष्टि में 'हिन्दुत्व' का कोई मूलभूत राजनीतिक महत्व नहीं है।

बहुसंख्यक हिन्दुओं के हिन्दुत्व से इस प्रकार के अलगाव में कुछ भी विचित्र नहीं है। जब पूर्वी पाकिस्तान की जनता ने अलग होकर बांग्ला देश के रूप में स्वतन्त्रता पाई, तो वे अपनी धार्मिक आस्थाओं के पश्चिमी पाकिस्तानवासियों से अलग होने का आग्रह नहीं कर रहे थे। दोनों क्षेत्रों में अधिकांश जनता का धर्म एक ही था। पूर्ववासी अपनी पृथक् भाषा और साहित्यिक थाती (बांग्ला) तथा किसी सीमा तक धर्मनिरपेक्ष राजनीतिक कारणों से पाकिस्तान से अलग होना चाहते थे। भारत में हिन्दू बहुमत के आँकड़े अपने आपमें सत्य हैं, किन्तु इस सांख्यिकीय साक्ष्यों का प्रयोग भारत को मुख्यतः हिन्दू राष्ट्र घोषित करने के लिए करने का प्रयास अवधारणागत विभ्रम का ही परिणाम है। धर्म हमारे अस्तित्व बोध का एकमात्र निर्धारक नहीं है, और इस निर्धारक को हम सर्वाधिक महत्व भी नहीं देते।

इतिहास और भारतीय संस्कृति

क्या भारत को मुख्यतः हिन्दू राष्ट्र मानने के इतिहासमूलक तर्क सांख्यिकीय साक्ष्यों की अपेक्षा अधिक स्वीकार्य और कम समस्यापूर्ण हैं? हिन्दू परम्परा की पुरातनता पर निश्चय ही प्रश्न नहीं उठ सकता, किन्तु अन्य धर्म भी यहाँ बहुत पुराने समय से विद्यमान रहे हैं और इसी नाते से पुरातन काल से भारत बहुधर्मी देश रहा है। यहाँ अनेक मतों और सम्प्रदायों के लिए सदैव ही स्थान बना रहा है। भारत में 'इस्लाम, जो आठवीं शताब्दी में अरब व्यापारियों के साथ आ गया था, यहाँ एक सहस्राब्दी से मुसलमानों की महत्वपूर्ण उपस्थिति का प्रमाण है। उनके आने से पूर्व भी भारत 'हिन्दू राष्ट्र' तो नहीं था। यहाँ लगभग एक हजार वर्षों तक बुद्धमत का वर्चस्व रहा है। चीनी यात्री तो भारत को एक 'बौद्ध राज्य' ही बताते रहे हैं।

वास्तव में हिन्दू और बौद्ध, दोनों ही परम्पराओं ने वेद और उपनिषदों को ही अपना आधार माना है। इस नाते ये दोनों ही भारत की पुरातन परम्पराओं के उत्तराधिकारी कहे जा सकते हैं। चीन, जापान, कोरिया, थाईलैंड आदि (जहाँ भी बौद्धमत का प्रसार हुआ) के विद्वानों को तो बौद्ध साहित्य के अध्ययन से ही उपनिषदों का ज्ञान मिला है। जैनमत का भी ऐसा ही लम्बा इतिहास रहा है–यह आज भी भारत में जीवन्त रूप से विद्यमान है।

इसी प्रकार भारत में नास्तिक और अनीश्वरवादी परम्पराएँ भी बहुत समय से और बड़ी महत्वपूर्ण रही हैं। यह परम्पराएँ भी ई.पू. की प्रथम सहस्राब्दी में ही बहुत विकसित-प्रतिष्ठित हो चुकी थी। इसी के साथ हम प्रथम सहस्राब्दी ईस्वी से ही ईसाई, यहूदी और पारसियों की उपस्थिति को भी जोड़ सकते हैं। सिक्ख धर्म

का उदय यद्यपि काफी बाद में हुआ है—पर यह भी बहुत सक्रिय रहा है और इसकी सर्वग्राही मान्यताएँ तो हिन्दू धर्म और इस्लाम की परम्पराओं को सम्मिश्रित कर एक नवीन धार्मिक आस्था और श्रद्धा की रचना कर रही हैं। इतिहास का धरातल भी संकीर्ण हिन्दूवाद को अधिक रास नहीं आ पाता। इसी कारण से राजनीतिक उन्मादी भारतीय इतिहास के पुनर्लेखन के सक्रिय प्रयासों में जुटे दिखाई देते हैं। इस प्रयास से उत्पन्न नाटकीय और कदाचित हास्यास्पद स्थितियों की चर्चा मैं कुछ ठहर कर करूँगा।

भारत की कलाओं, साहित्य, संगीत, शिल्प, सिनेमा-नाटक, यहाँ तक कि खानपान पर भी 'अलग' बताए जा रहे धार्मिक समुदायों के रचनात्मक योगदान की गहरी छाप है। उसके बिना इन गतिविधियों की प्रकृति, स्वरूप और प्रसार का सही आंकलन सम्भव नहीं हो पाएगा। वास्तव में दैनिक जीवन या सांस्कृतिक गतिविधियों में साम्प्रदायिक आधार पर अलगाव सम्भव ही नहीं होता। उदाहरण के लिए प्रख्यात सितारवादक रविशंकर और सरोदवादक अली अकबर ख़ाँ की तुलना भारतीय संगीत की अलग-अलग धाराओं पर उनके अधिकार के आधार पर तो हो सकती है, किन्तु एक हिन्दू और मुस्लिम कलाकार के रूप में नहीं। यही बात सांस्कृतिक सृजनशीलता के अन्य क्षेत्रों पर भी लागू होती है। भारत की जनसंस्कृति के महान घटक 'बंबइया सिनेमा' को तो इस साँझी संस्कृति का सबसे जीवन्त उदाहरण कहा जा सकता है। भारत के सांस्कृतिक जीवन पर अतीत की छाप निश्चित रूप से दिखाई देती है, पर उस छाप में इसका परस्पर आदान-प्रदान युक्त बहुधर्मी इतिहास भी स्पष्ट रूप से, प्रतिबिम्बित होता है।

इतिहास के झरोखे में हिन्दू और मुसलमान

भले ही हिन्दुत्ववादियों के लिए इतिहास के पटल पर अपने दावों को सिद्ध करने की अधिक सम्भावनाएँ नहीं हों, पर उनके प्रचारतन्त्र और आन्दोलन भारत को पददलित करनेवाले मुस्लिम आक्रान्ताओं के अपराधों से भरे रहते हैं। भारतीय धर्मनिरपेक्षता पर देश के सामाजिक, सांस्कृतिक और बौद्धिक इतिहास की वृहत् धारा के माध्यम से प्रहार नहीं हो पाए हैं। ये प्रहार तो मुसलमानों द्वारा हिन्दुओं के प्रति दुर्व्यवहार की चुनी हुई घटनाओं के सहारे किए गए हैं। इनका ध्येय मुख्यतः मुस्लिम विरोधी और धर्मनिरपेक्षता विरोधी भावनाओं को भड़काना ही रहा है।

इनके वर्णनों में इतिहास तो है, किन्तु जानबूझकर चुनी गई घटनाओं, मनमाने ढंग से किन्हीं पक्षों पर आग्रह, यहाँ तक कि अतिरंजना का आश्रय भी स्पष्ट दिखाई दे जाता है। यह तो निश्चित ही सच है कि ग्यारहवीं शताब्दी से आ रहे मुस्लिम आक्रान्ताओं ने भीषण विनाश और खून-खराबा मचाने के साथ-साथ कितने ही मन्दिरों का भी विनाश किया था। उदाहरण के रूप में, अफगानिस्तान से आए गजनी के

सुलतान महमूद ने उत्तर और पश्चिमी भारत में अनेक नगरों में लूटपाट के साथ-साथ मथुरा और कन्नौज के विख्यात मन्दिरों सहित जाने कितने ही मन्दिरों का विनाश कर डाला था। काठियावाड़ के भव्य सोमनाथ मन्दिर की ख्याति तो उसके विशाल कोष को लेकर भी दूर-दूर तक फैली थी। वह महमूद की विनाशलीला से कैसे बच सकता था। अरबी-फ़ारसी यात्री और प्रख्यात गणितज्ञ, अलबेरुनी (जिन्होंने संस्कृत सीखी और भारत के बारे में एक महान ग्रन्थ की रचना भी की थी), महमूद के बर्बरतापूर्ण एवं क्रूर व्यवहार के गवाह रहे हैं।

मुसलमान आक्रान्ताओं की मुख्य संस्कृति तो 'गला काटने, आग लगाने' की ही थी, पर धीरे-धीरे भारत में आकर बस जाने की लालसा ने अन्ततः मुसलमान शासकों को भी 'भारतीय' बना दिया। आक्रान्ताओं की बर्बरता पर पर्दा डालने का प्रयास मूर्खतापूर्ण होगा, किन्तु भारत में मुसलमानों की मौजूदगी के मुख्य लक्षण के रूप में इसी बर्बरता की स्थापना का प्रयास भी मूर्खता का ही परिचायक होगा। महमूद ग़ज़नवी और अन्य आक्रान्ताओं द्वारा किए गए भीषण विनाश के ही किस्से बखानने तथा धार्मिक सहिष्णुता के लम्बे इतिहास की अनदेखी करने के प्रयास उचित नहीं होंगे। वास्तविकता यही है कि भारत में आते समय आक्रान्ताओं ने चाहे जितनी क्रूरता और बर्बरता का प्रदर्शन किया हो, किन्तु यहाँ बस जाने के बाद तो, कुछ एक अपवादों को छोड़कर उन्होंने भी सहनशीलता ही अपना ली थी।

भारत के मुसलमान शासकों में मुगलों को तो विध्वंसक नहीं निर्माणकर्ता कहना अधिक उपयुक्त लगता है। हिन्दुत्ववादियों द्वारा जिस प्रकार मुस्लिम शासकों का वर्णन किया जाता है वह उसी प्रकार का लगता है जिसे कभी रवीन्द्रनाथ टैगोर ने उपहास में 'विदेशियों द्वारा लिखा इतिहास' कहा था। सन् 1902 के अपने एक लेख में उन्होंने लिखा है :

"हम भारत के स्कूलों में जिस इतिहास को पढ़ते और परीक्षाएँ पास करने के लिए कंठस्थ करते हैं, वह तो एक बहुत ही दुःखद दुःस्वप्न जैसा लगता है, एक ऐसा दुःखद घटनाक्रम जिसे भारत भोग चुका है। इसमें न जाने कहाँ से आए अनजान लोगों द्वारा मचाई गई मारकाट, सिंहासन के लिए बाप द्वारा बेटों, भाई द्वारा भाइयों की हत्या के ही किस्से दिखाई पड़ते हैं। एक आतताई गया तो उसका स्थान लेने दूसरा चला आया, पठान, मुगल, पुर्तगाली, फ्रेंच और अंग्रेज ये सभी इस दुःस्वप्न में भ्रमशील चित्र के अंग लगते हैं।"

भारत के इतिहास में अनेक दुःस्वप्नों वाले तत्व रहे हैं, पर यहाँ संवाद और परिचर्चाएँ भी हुईं हैं, साहित्य, संगीत, चित्रकला, शिल्प, न्यायशास्त्र आदि सहित कितनी ही सृजनात्मक गतिविधियों में सहयोग और सहभागिता भी हुई है। इन्हीं से पृथक् मान्यताओं और आस्थाओं वाले लोगों के (एक-दूसरे के सफाये की घात में रहने के स्थान पर) मिलजुल कर रहने के मार्ग प्रशस्त हुए हैं।

कुछ मुस्लिम शासक तो विविधताओं का सम्मान करने और सभी समुदायों के अपने-अपने धर्म के अनुसरण के अधिकारों की रक्षा करने को भी उत्सुक रहे हैं। हमने पहले भी सम्राट अकबर (1556-1603) के काल की चर्चा की है। उनकी ईसाई और पारसी परम्पराओं के साथ-साथ हिन्दू दर्शन और संस्कृति में गहरी रुचि थी। उन्होंने सभी धर्मों के तत्वों पर आधारित 'दीन-ए-इलाही' नामक धर्म को चलाने का (असफल) प्रयास भी किया था।

उनके दरबार में मुसलमानों के साथ-साथ हिन्दू कलाकार, संगीतकार, चित्रकार, विद्वान और लेखक भी थे। उनकी सहिष्णुता सम्बन्धी उद्घोषणाएँ बहुत ही भव्य थीं और आज भी बहुत विलक्षण बनी हुई हैं। निश्चय ही सहिष्णुता के पक्ष में अकबर एक प्रमुख सिद्धान्तस्रष्टा थे। वे विश्व के विभिन्न धार्मिक विद्वानों के बीच संवाद की व्यवस्था करनेवालों में भी अग्रणी कहे जा सकते हैं।

इस पुस्तक में आगे भी हम सांस्कृतिक, वैज्ञानिक और अन्य सृजनात्मक क्षेत्रों में हिन्दुओं और मुसलमानों के बीच पारस्परिक सम्बन्धों पर चर्चा करेंगे। लेकिन हम महाभारत और रामायण जैसे महाकाव्यों की चर्चा पहले भी कर चुके हैं, अतः यह बात जानना भी बहुत ही महत्वपूर्ण रहेगा कि इन दोनों ग्रन्थों के बहुत ही लोकप्रिय बांग्ला अनुवादों की रचना में बंगाल के पठान मुसलमान राजाओं का बहुत बड़ा योगदान रहा है। बांग्ला साहित्य के इतिहास में इस घटनाक्रम पर दिनेशचन्द्र सेन की अधिकारिक टिप्पणी कुछ इस प्रकार है :

"पठानों ने तेरहवीं सदी के आरम्भ में ही बंगाल पर अधिकार कर लिया था। पठान राजाओं ने बांग्ला सीख ली थी और वे बहुसंख्यक हिन्दू प्रजाजनों के साथ निकट सम्पर्क बनाए रखते थे।...इन राजाओं ने रामायण और महाभारत के संस्कृत ग्रन्थों की ख्याति के विषय में सुना और यह भी जाना कि किस प्रकार ये ग्रन्थ हिन्दुओं के पारिवारिक और धार्मिक जीवन का दिग्दर्शन भी करते हैं। उनके मन में भी इन महाकाव्यों की कथावस्तु को जानने की उत्सुकता हुई...उन्होंने कुछ विद्वानों को इन ग्रन्थों का बांग्ला में अनुवाद करने को नियुक्त किया। इस भाषा को वे स्वयं अब अच्छी तरह समझ और बोल लेते थे। महाभारत का पहला बांग्ला अनुवाद 1325 ई. तक 40 वर्ष बंगाल में गौड़ क्षेत्र के शासक रहे नसीर शाह के आदेश पर किया गया था।...रामायण का बांग्ला अनुवाद करने के लिए कृतिवास को नियुक्त करनेवाले गौड़ राजा के नाम को लेकर अधिक विश्वास से नहीं कहा जा सकता—वह राजा कांसनारायण भी हो सकते हैं या कोई मुस्लिम नवाब भी पर वह हिन्दू राजा रहे हों, तो भी उसके दरबार में मुस्लिम प्रभावों की छाप अवश्य थी।"

आमतौर पर हिन्दुत्ववादी 1658 से 1707 तक शासक रहे मुगल बादशाह औरंगज़ेब की असहिष्णुता की बार-बार चर्चा करते हैं। कुछ तो उसी के आधार पर मुसलमानों के विरुद्ध कार्यों को ऐतिहासिक न्याय भी ठहरा देते हैं। यदि औरंगज़ेब

भारत का इकलौता मुसलमान शासक रहा होता (वैसे वह बहुतों में से एक था) तो भी उसकी मूर्खता का परिमार्जन वैसी ही मूर्खताओं से किस प्रकार सम्भव हो पाएगा? किन्हीं ऐसे लोगों को उन अपराधों की सजा कैसे दे सकते हैं जो उन्होंने किए ही नहीं? हाँ, यह ठीक है कि औरंगज़ेब सभी मुगल बादशाहों में से सबसे कम सहिष्णु था।

पर यह भी सच्चाई है कि औरंगज़ेब से पूर्व और पश्चात् इसी मुगल खानदान के अनेक बादशाहों का धार्मिक सहिष्णुता के प्रति कुछ और ही रवैया रहा है। वह स्वयं ऐसे अनेक लोगों से घिरा रहा, जो उसकी असहिष्णुता से सहमत नहीं थे। उसका अपना अकबर नाम का बेटा तो 1681 में विद्रोह कर राजपूत राजाओं से जा मिला था। जब औरंगज़ेब की सेनाओं ने उन राजपूतों को दबा दिया, तो वह (अकबर) शिवाजी के पुत्र शम्भाजी के साथ जा मिला, जो मुगलों के विरुद्ध लड़ रहे थे। शिवाजी का तो आज के हिन्दुत्ववादी असीम सम्मान करते हैं—एक ऐसे ही उग्र संगठन ने उन्हीं के सम्मानस्वरूप अपना नाम शिव सेना रख छोड़ा है।

वैसे, ताजमहल के निर्माता शाहजहाँ के सही उत्तराधिकारी तो दारा शिकोह होते, पर गद्दी हथियाने के लिए औरंगज़ेब ने अपने इस बड़े भाई की हत्या कर डाली थी। दारा ने संस्कृत भाषा और हिन्दू दर्शन का गहन अध्ययन किया था। यही नहीं, मुगल तख्त के इस सही उत्तराधिकारी ने उपनिषदों के महत्वपूर्ण अंशों का फ़ारसी में अनुवाद भी किया था। उसकी टीकाओं में उपनिषदों की क़ुरान के साथ बहुत सम्मानपूर्ण तुलनाएँ भी की गईं हैं। वास्तव में पंडितों के सहयोग से दारा शिकोह द्वारा किए गए इसी अनुवाद ने पश्चिम एशिया और यूरोप के लोगों को भारतीय दर्शन की प्रथम झाँकी दिखाई थी। अतः केवल औरंगज़ेब को ही मुस्लिम शासकों का प्रमाणभूत प्रतिनिधि बनाकर प्रस्तुत करना इतिहासबोध की विकृति ही होगा। उसकी असहिष्णुता के अनुरूप आज के भारतीय मुसलमानों के साथ असमान व्यवहार का न्यायशास्त्र भी उतना ही विद्रूप होगा।

अतीत का आविष्कार

हिन्दुत्ववादी आन्दोलन ने इतिहास को अपने बौद्धिक प्रयासों का अखाड़ा बना लिया है—वे सक्रिय रूप से इतिहास के पुनर्लेखन में जुटे हैं। इसमें हैरानी की तो कोई बात ही नहीं है—पर हिन्दुत्ववादी तत्वों की विशेषताओं को देखते हुए यह जानने का प्रयास करने की सहज ही उत्सुकता होती है कि इस मामले में ये इतनी गहरी दिलचस्पी क्यों ले रहे हैं। इसका समकालीन भारतीय राजनीति के लिए क्या महत्व है, और हिन्दुत्व की राजनीति अतीत की पुनर्व्याख्या करने को इतनी उत्सुक क्यों है? मेरा तर्क है कि इन प्रश्नों के उत्तर समकालीन हिन्दू राजनीति की दो विशेषताओं में निहित हैं।

पहली विशेषता तो हिन्दुत्व आन्दोलन की अपने विविध घटकों को एकजुट बनाए रखने और सम्भावित नए अनुयायियों को भर्ती कर उनकी प्रतिबद्धता जागृत करने की अनुभूत आवश्यकता है। संघ परिवार की विभिन्न संस्थाओं की कार्यविधि आदि में व्यापक विविधताओं के कारण हिन्दुत्व आन्दोलन को कई प्रकार के युक्तिगत लाभ प्राप्त हो जाते हैं। बहुदलीय लोकतन्त्र में एक दल के रूप में कार्य करते हुए भाजपा संसदीय शासन व्यवस्थाओं के लिए प्रतिबद्ध है और अन्य दलों/पक्षों के विचारों को सुनती-समझती भी है। किन्तु साथ ही साथ यह संघ परिवार के अनेक कट्टरवादी घटकों का समर्थन भी पा लेती है। ये संगठन भाजपा के 'सभ्य नागरिक' परिवेश से परे हटकर कहीं 'उग्र शक्ति' का स्वरूप धारण किए रहते हैं। यद्यपि 'द्विराष्ट्र' सिद्धान्त भाजपा के विचारतन्त्र का अंग नहीं है, किन्तु परिवार के अनेक घटक बहुत ही विचित्र ढंग से इसके प्रतिपादन में जुटे रहते हैं।

भारतीय इतिहास को मुख्यतः हिन्दू सभ्यता का इतिहास मानना ही संघ परिवार के विभिन्न घटकों की एकजुटता का मुख्य आधार है (सेमुअल हंटिंग्टन जैसे सांस्कृतिक समाजशास्त्री द्वारा भी भारत को मुख्यतः हिन्दू सभ्यता का नाम देना तो संघ परिवार के लिए और भी सहायक हो गया है)। इतिहास को हिन्दुत्व के सन्देश को समाहित करते हुए दुबारा लिखना संघ परिवार में सामंजस्य बनाए रखने के लिए भी आवश्यक हो गया है। ये घटक राजनीतिक साधनों और युक्तियों में तो शालीनतापूर्ण तर्कों से लेकर उग्र हिंसा तक का अपने-अपने ढंग से प्रयोग करते रहते हैं—पर उनमें भारत के एक 'भव्य हिन्दू' स्वरूप को लेकर पूर्ण एकमत है।

भारत के अतीत पर ध्यान केन्द्रण का दूसरा कारण हिन्दुत्व आन्दोलन को भारतमूलक समाज के विदेशों में, (विशेषकर उत्तरी अमरीका और यूरोप में) बसे सदस्यों का समर्थन प्राप्त है। उन लोगों के लिए अन्य किसी भी प्रतिबद्धता को स्वीकार करने के बावजूद भारतीय राष्ट्रवाद के साथ अपना लगाव बनाए रखना बहुत महत्वपूर्ण है। इन दोनों प्रतिबद्धताओं को भारतीय इतिहास के हिन्दुत्ववादी दृष्टिकोण के साथ सहज ही जोड़ा जा सकता है, क्योंकि यह दृष्टिकोण 'हिन्दू' को ही 'भारतीय' के समतुल्य सिद्ध करने के प्रयास में जुटा है।

भारतीय इतिहास के पुनर्लेखन से संघ परिवार के घटकों के विविधतापूर्ण सदस्यों में सामंजस्य बनाए रखने के साथ-साथ हिन्दू राजनीति में नए लोगों को (विशेषकर प्रवासी समुदाय को) सक्रिय करने का काम भी आसान हो जाता है। इसीलिए आज की हिन्दुत्ववादी राजनीति इसे इतनी अधिक वरीयता दे रही है। 1995 और 1999 में भाजपा के नेतृत्ववाले गठबन्धनों के चुनावों में विजयी होते ही भारत सरकार के विभिन्न विभागों के 'उपयुक्त' लेखकों की दृष्टिकोण के अनुसार इतिहास-पुनर्लेखन के कार्य में जुटा दिया गया। यद्यपि 2004 में भाजपा की पराजय के बाद यह उद्यम अब आधिकारिक तो नहीं रह गया है, फिर भी इसकी चर्चा इस बात को अवश्य

उजागर कर देती है कि राजशक्ति का दुरुपयोग किस तरह होता है और हिन्दुत्व आन्दोलन की बौद्धिक प्रेरणाएँ क्या हैं।

भाजपा के सत्ता में आते ही राष्ट्रीय शैक्षणिक अनुसन्धान और प्रशिक्षण परिषद् (एन.सी.ई.आर.टी) स्कूली छात्रों के लिए नई पाठ्यपुस्तकों की तैयारी में जुट गई—यहाँ तक कि इसने अपनी पूर्व-प्रकाशित और प्रख्यात इतिहासकारों द्वारा रचित पुस्तकों के अनेक अंशों को उड़ा देने से भी परहेज नहीं किया। 'एन.सी.ई.आर.टी.' के पुनर्गठन के साथ-साथ भारतीय ऐतिहासिक अनुसंधान परिषद् (आई.सी.एच.आर) में भी व्यापक फेरबदल किए गए थे। दोनों में नए अधिकारी नियुक्त कर उन्हें हिन्दुत्व आन्दोलन की प्राथमिकताओं के अनुरूप नई कार्यसूची सौंप दी गई।

पाठ्यपुस्तकों के पुनर्लेखन का काम इतनी तेजी से चलाया गया कि नवगठित 'एन.सी.ई.आर.टी' को ऐसे इतिहासकार ही नहीं मिल पाए जो किसी सीमा तक 'प्रख्यात' कहे जा सकते और पर्याप्त रूप से आज्ञाकारी भी होते। परिणामस्वरूप नई-नई गढ़ी गई पाठ्य-पुस्तकों में हिन्दुत्व राजनीति के पूर्वाग्रहों की झलक के साथ-साथ अनेक तत्यात्मक गलतियाँ भी थीं। बच्चों को पढ़ाया गया कि मेडागास्कर अरबसागर में एक द्वीप है और लंकाशायर एक तेजी से विकसित हो रहा औद्योगिक नगर। भारत सरकार के इस नए इतिहास लेखक पर संचार माध्यमों में तीखी प्रतिक्रियाएँ आईं और इस पर हुई चर्चाओं में प्रायः भर्त्सना के स्वर ही सुनने को मिले। 'हिन्दुस्तान टाइम्स' का एक समाचार शीर्षक ही था : "एन.सी.ई.आर.टी. की पुस्तकें; भयंकर भूलों की भरमार।"

भाजपा प्रेरित एन.सी.ई.आर.टी. ने कुछ तथ्यात्मक त्रुटियों को स्वीकार किया और मेडागास्कर को हिन्द महासागर को लौटाने का वायदा भी किया। किन्तु चुन-चुनकर किन्हीं तथ्यों की अनदेखी और किन्हीं पर आग्रह द्वारा पाठ्यपुस्तकों में भारत के हिन्दूवादी दृष्टिकोण का जो राजनीतिक रुझान भर दिया गया या उसे सुधारने का कोई वायदा नहीं हुआ। यही रुझान तो इतिहास-पुनर्लेखन की मूलप्रेरणा थी। एक प्रमुख समाचार पत्र 'दि हिन्दू' ने सारी समस्या को सही परिप्रेक्ष्य में रखते हुए लिखा : "अधपकी विद्वत्ता और विकृत विचारधारा तो स्कूली शिक्षा को ही बरबाद कर देगी।"

अनेक भारतीयों को लगने लगा था कि हिन्दुत्ववाद का ये उफान तो स्कूलों और पाठ्यपुस्तकों को माध्यम बनाकर भारत को अपने ही अतीत से अलग कर देगा। इतिहास और भारत की अपनी सर्वसमाहनकारी परम्परा पर गर्व का तकाजा था कि उस खतरे के प्रति सचेत रहा जाए। आज भी यह आवश्यकता कम नहीं हुई है। भारत में अनेक उत्कृष्ट इतिहासकार हैं और यहाँ उन्हें निरन्तर सचेत रहकर इतिहास परम्परा की रक्षा करनी है। यह और भी उपयुक्त होगा कि यह रक्षा हिन्दुत्व के राजनीति आधारित विरोध पर नहीं, बल्कि इतिहास-परम्परा से वास्तविक प्रतिबद्धता

पर आधारित हो। भारत के अनेक प्रतिष्ठित इतिहासकारों ने अपने तर्कों के माध्यम से हिन्दुत्व के विचार प्रणेताओं के दावों की सत्यता और उपयुक्तता को लेकर प्रश्न भी उठाए हैं।

उस समय फैले विभ्रम के बाद भी यह समझ नहीं आता कि हिन्दुत्ववादी किस प्रकार से नई दिल्ली में बैठकर शिक्षा नीति पर नियन्त्रण द्वारा भारत को एक पुनः अविष्कृत अतीत स्वीकार करने को सहमत कर लेते? हिन्दुत्व के चश्मे से भारत के इतिहास का पुनः चित्रांकन गहन व्यवहारिक और वैचारिक समस्याओं तथा तनावों का कारण हो सकता है। भारत के अतीत को बदलने के प्रयास में भाजपा के सामने आई समस्याओं का एक उदाहरण कुछ इस प्रकार है :

हिन्दुत्ववादी वरीयता क्रम के अनुसार इतिहास दुबारा लिखने का अर्थ होगा कि हिन्दुओं की पुरातन उपलब्धियों को (हिन्दुस्तान के) अतीत के गैर-हिन्दू तत्वों से पूरी तरह मुक्त कर दिया जाए। यही नहीं, भारत के विकास को शेष विश्व में हुए बौद्धिक सांस्कृतिक परिवर्तनों से भी पृथक करना आवश्यक हो जाएगा। किन्तु यह पृथक्करणवादी कार्यक्रम तो चल सकनेवाला नहीं है, क्योंकि सारे इतिहासकाल में आन्तरिक और बाह्य दोनों ही पटलों पर व्यापक लेनेदेन का महत्व निर्विवाद रूप से रहा है। अतः इस अलगाववादी दृष्टिकोण का भारत के सर्वमान्य इतिहास के अनेक पक्षों आयामों से टकराव ही होगा।

समस्या तो भारत के इतिहास के वर्णन के आरम्भ से ही शुरू हो जाती है। ईसापूर्व तीसरी सहस्राब्दी में फूली-फली सिन्धु घाटी की सभ्यता का काल निश्चय ही सबसे पुरातन हिन्दू ग्रन्थों से पूर्ववर्ती रहा है। वे तो दूसरी सहस्राब्दी के मध्य में रचित माने जाते हैं। सिन्धु या हडप्पा की सभ्यता अविभाजित उपमहाद्वीप के अधिकांश उत्तर-पश्चिमी क्षेत्र में फैली थी, जिसमें आज के पंजाब, हरियाणा, सिंध, बलूचिस्तान, पश्चिमी उत्तर प्रदेश, राजस्थान और गुजरात सम्मिलित हैं। यह क्षेत्र मिस्र और मेसोपोटामिया से कहीं अधिक विशाल हैं (उन क्षेत्रों में भी उसी समय एक सभ्यता फल-फूल रही थी)। इस हडप्पा सभ्यता की अनेक विशिष्ट उपलब्धियाँ थीं। इनमें से नगर आयोजन, संगठित रूप से अन्न-भण्डारण और अवजल-निकासी की व्यवस्थाएँ बहुत ही उल्लेखनीय हैं। यह अवजल-निकासी व्यवस्था तो सम्भवतः बाद के चार हजार वर्षों में कभी भी दिखाई नहीं दी।

निश्चय ही इन सभी बातों पर भारतीय गर्व कर सकते हैं। किन्तु यहाँ हिन्दुत्ववादी एक झंझट में फँस जाते हैं—यह प्राचीन सभ्यता तो संस्कृत और हिन्दू सभ्यता से भी पुरातन है, अतः निश्चय ही भारत के इतिहास को केवल हिन्दुत्ववादी चश्मे से देख पाने की सम्भावना बहुत क्षीण पड़ जाएगी।

अतीत से जुड़ा एक पक्ष और भी है। इसका सम्बन्ध दूसरी सहस्राब्दी ई.पू. में, जब वैदिक संस्कृत कहीं जानेवाली भाषा बोलनेवाले 'भारतीय युरोपीय' मूल के

लोग (आर्य) भारत में आए। ये घोड़ों की सवारी करते थे और घोड़े सिन्धु सभ्यता में कहीं दिखाई नहीं पड़ते थे। किन्तु इससे तो वेदों से भारतीय सभ्यता का उद्गम खोजने वाला इतिहासबोध एक दोहरे संकट में फँस जाता है। पहला यह कि इन्हें मानना पड़ेगा कि हिन्दू सभ्यता का आधार तो कहीं विदेशों से ही भारत आया था, और दूसरा यह कि हिन्दू धर्म को भारतीय सांस्कृतिक इतिहास के आरम्भ और उसकी नगरीय थाती से जोड़ पाना भी सम्भव नहीं रहेगा।

उत्साही हिन्दुत्ववादियों को उस वैदिक गणित और विज्ञान पर बहुत गर्व है जिसे वे भारत में, शेष विश्व से अप्रभावित रहते हुए विकसित हुआ मानते हैं। किन्तु वस्तुस्थिति यह है कि वेदों में और चाहे जितना ज्ञान भण्डार हो, पर न तो उसमें परिष्कृत गणित कहीं मिल पाता है और न ही पूर्णतः विकसित विज्ञान। हाँ, प्रथम सहस्राब्दी ईसवी के भारत में इन दोनों का ही बहुत विकास दिखाई देता है। विज्ञान और गणित में ये योगदान निश्चय ही 'अतिप्राचीन' कहे जा सकते हैं और इस नाते उनका सम्मान भी होना ही चाहिए। किन्तु भाजपा-सृजित इतिहास की पुस्तकें तो इन उपलब्धियों का मूल भी, कहीं अधिक पुराने, वैदिक काल में आरोपित करने का प्रयास कर रही थीं।

एक प्रकार से हिन्दुत्व सिद्धान्तशास्त्र में बहुत कुछ इसी बात पर निर्भर करता है कि वेदों का उदय कब हुआ और उनकी रचना किन लोगों ने की। हिन्दुत्ववादियों के लिए सबसे अच्छा यही होगा कि वे रचयिता हजारों वर्षों से भारत में बसे या मूल रूप से भारतीय रहे हों—बाहर से आए हुए नहीं। एक प्रश्न और भी है : क्या वेदों की रचना सिन्धु सभ्यता के अवसान के बाद हुई? मान्य ज्ञान कुछ भी हो, हिन्दुत्ववादी तो उन्हें और पुरातन ही कहना चाहेंगे। फिर, क्या वैदिक गणित और विज्ञान को किसी तरह ग्रीस और बेबीलोनिया से 'अधिक पुराना' नहीं बनाया जा सकता? इन्हीं प्रश्नों से उद्वेलित हिन्दुत्ववादियों ने संस्कृतभाषी वेद रचयिता समाज को ही सिन्धु घाटी की सभ्यता का रचयिता बनाकर इतिहास की पुनर्रचना का प्रयास किया है।

अतः सिन्धुघाटी सभ्यता को वेदों में उल्लिखित अदृश्य नदी से जोड़कर 'सिन्धु-सरस्वती सभ्यता' का नाम दे दिया गया। इस प्रकार हिन्दू दर्शन और गढ़े गए वैदिक गणित तथा विज्ञान को ई.पू. की तीसरी सहस्राब्दी पर पक्की तरह से चिपका दिया गया। फिर भारत के स्कूली छात्रों को अत्यन्त ही 'सैद्धान्तिक' 'सिन्धु सरस्वती सभ्यता' का पाठ पढ़ाया गया और हिन्दू सभ्यता, हिन्दू विज्ञान को अधिक पुरातन, अधिक नागरीय, अधिक मौलिक और भारत की सभ्यता के इतिहास में सर्वव्यापक प्रदर्शित कर दिया गया।

इस प्रकार के निरूपण की सबसे बड़ी समस्या तो इसमें भरी झूठ ही है, क्योंकि इसके किसी दावे की पुरातत्व और साहित्य के आधार पर पुष्टि नहीं हो पाती। इस

समस्या का 'समाधान' खोजने का भी प्रयास हुआ : नए पुरातत्व के साक्ष्य गढ़े गए। वर्ष 2000 में एक पुस्तक का बहुत प्रचार किया गया। यह थी नटवर झा और एन. एस. राजाराम की 'द डिसाइफर्ड इंडस स्क्रिप्ट'। लेखकों का दावा है कि उन्होंने चौथी सहस्राब्दी ई.पू. की सिन्धु घाटी की लिपि की गुत्थी को सुलझा लिया है। (इस दावे में ही उन्होंने इतिहास को एक हजार वर्ष और पुराना बना डाला)। उनका यह भी दावा है कि वहाँ से मिले लिपि-फलकों में ऋग्वेद की सरस्वती नदी का उल्लेख है (अप्रत्यक्ष रूप में, यथा : इला ने इस पुण्यभूमि को घेरा हुआ है)! यही नहीं, वे एक मिट्टी की बनी ठप्पी का चित्र भी दिखा रहे हैं—जिस पर घोड़ा अंकित है और इस प्रकार वे वैदिक और आर्य व्यक्तियों को सिन्धु सभ्यता से समीकृत करना चाहते हैं। वैसे अभी तक सभी यह मानते हैं कि वेदों में अश्व और सिन्धु सभ्यता में बैलों की भरमार थी।

इन नई खोजों और गुत्थी सुलझाने के दावों को लेकर बहुत उग्र और तीखी बहस चली है और अन्ततः निष्कर्ष यह रहा कि गुत्थी ज्यों की त्यों है—सुलझाई नहीं गई है, और घोड़ेवाली ठप्पी भी वस्तुतः एक सींगवाले बैल की टूटी हुई पूर्व विदित ठप्पी का कम्प्यूटर द्वारा परिवर्तित रूप है। यह अश्व ठप्पी तो हिन्दुत्ववादियों द्वारा बीसवीं शताब्दी के अन्तिम वर्षों में रची गई सिद्ध हुई है। इस धोखाधड़ी का पर्दाफाश किया हार्वर्ड विश्वविद्यालय के संस्कृत के आचार्य मिशेल विजेल ने (देखिए : उनका स्टीव फार्मर के साथ मिलकर लिखा लेख)। किन्तु इस भंडाफोड़ के बाद भी भाजपा की सरकार के अन्तर्गत एन.सी.ई.आर.टी. की पाठ्यपुस्तकों में सिन्धु-सरस्वती सभ्यता की 'अश्व अंकित ठप्पियों' की चर्चा पर कोई प्रभाव नहीं पड़ा।

यह समझना बहुत कठिन है कि भारत के हिन्दू जीवनमूल्यों में स्वाभिमान से प्रारम्भ आन्दोलन ऐसे कार्यकर्ताओं का सृजन कैसे कर गया जो झूठ-फरेब का ही सहारा लेते हैं (हिन्दू सभ्यता में तो सत्य के अनुशीलन का बहुत ही महत्व रहा है!) यद्यपि तेरहवीं शताब्दी में समुद्र के रास्ते आया मार्को पोलो दक्षिण भारत की तुलना में चीन से अधिक प्रभावित रहा था, किन्तु उसने भी बड़े स्पष्ट और सम्मानपूर्ण शब्दों में भारतीयों की सत्यनिष्ठा का बखान किया है। वह जिनसे मिला उनके बारे में उसने लिखा है : "वे दुनिया की किसी चीज के लालच में झूठ नहीं बोलेंगे और ऐसा कोई शब्द नहीं कहेंगे जो सच न हो।" यदि मार्को पोलो ने सब ठीक-ठीक लिखा था तो निश्चय ही आज की परिस्थितियों में एक क्रान्तिकारी बदलाव आ चुका है—अब तो राजनीतिक प्रेरणाएँ अधिक ऊर्जस्वी योगदान देने लगी हैं।

छान्दोग्य उपनिषद् (रचनाकाल ई.पू. प्रथम सहस्राब्दी) का एक पद्यांश बहुत ही रोचक है : "बालक श्वेतकेतु के पिता उसे सभी वस्तुओं—जीवों में ईश्वर के रूप के समाए होने की बात बता रहे हैं। वे कहते हैं : यही सत्य! यही आत्म है, यही तू है, हे श्वेतकेतु यही तुझमें भी है।" इस संवाद की उपनिषदोंपरान्त हिन्दू

दर्शन में बहुत चर्चा हुई है। किन्तु वह दिन कितना दुखदायी होगा जब इसके साथ एक चिप्पी और जोड़ दी जाएगी कि 'यदि तुम ये सब नहीं' भी हो तो घबराना नहीं, हम अपनी कलाकारी द्वारा सच्चाई की भी पुनर्रचना कर देंगे। हिन्दुत्ववादी पूर्वाग्रहों को पूरा करने के फेर में यह इतिहास का पुनरान्वेषण करने का आन्दोलन कुछ उलटे रास्ते ही चला गया है। यह अन्वेषण बहुत कठिन है, क्योंकि भारत के लम्बे इतिहास के विषय में बहुत कुछ पूर्व विदित है। पर 'सजावटहीन' सत्य हिन्दुत्व को सुहाता नहीं और 'सजावटी झूठ' समीक्षा-मीमांसा में कहीं ठहर नहीं पाता।

भारत का लाघवीकरण

भारत में विद्यमान धार्मिक साहित्य और विविध धार्मिक क्रियाकलापों की 'भरमार' का सन्तुलन (किसी न किसी प्रकार) भारतीय इतिहास में सक्रिय रही संशयवादी विचारधारा से हो जाता है। पहले अध्याय में ही मैंने भारत की बौद्धिक परम्परा के अंग के रूप में और गणित-विज्ञान के विकास पर प्रभावों के सन्दर्भ में इस संशयवादी विचारधारा के महत्व का वर्णन किया था।

किन्तु धर्म के विषय में संशयवाद सदैव ही उग्ररूप से धर्मविरोधी स्वरूप धारण नहीं करता। यह विविध श्रद्धाओं की सामाजिक प्रासांगिकता और राजनीतिक महत्व को लेकर उठाए गए प्रश्नों का रूप भी धारण कर लेता है। उन प्रश्नों में ही इन विषयों से सन्दर्भित गहन संशय अभिव्यक्त होता है।

भले ही भारत में धार्मिक गतिविधियों की बाढ़-सी आई रहती है, पर एक देशव्यापी अन्तर्धारा यह भी सशक्त आग्रह करती है कि धार्मिक मान्यताएँ व्यक्तिगत रूप से चाहे जितनी महत्वशाली हों, उसका सामाजिक महत्व इतना नहीं होता और राजनीतिक दृष्टि से तो ये पूर्णतः महत्वशून्य ही रहनी चाहिए। इस अन्तर्धारा के महत्व और प्रसार को न्यूनांकित करने के परिणामस्वरूप भारत की 'धार्मिकता' व्यवस्थित रूप से विराटस्वरूप धारण करने लगती है।

किन्तु इस प्रकार के दावों में भी विश्वास जागृत नहीं हो पाता। देश का इतिहास तो धार्मिक टकरावों से भरा रहा है, कुछ टकराव तो बहुत पुराने भी नहीं कहे जा सकते। इनमें से अनेक का समकालीन राजनीति पर भी प्रभाव दिखाई देता है। फिर भी हमें इन कुछेक बातों में तो अन्तर करना ही चाहिए : 1. विभिन्न धर्मानुयायियों के वंशजों के बीच तीखी नोकझोंक से उत्पन्न सामाजिक तनाव, और 2. धार्मिक टकराव; जहाँ आस्थाओं का टकराव ही महत्वपूर्ण हो। भारत में जहाँ भी धर्म की राजनीति करनेवाले धार्मिक भेदभावों को उभारने में सफल रहे हैं, वे वास्तव में जनता के बीच धर्म के नाम पर फूट डालकर किसी समुदाय विशेष के साथ गुंडागर्दी करने में ही सफल रहे हैं। (उल्लेख्य है : गुजरात, 2002)। इस प्रकार के टकराव से धार्मिक आस्थाओं के सूक्ष्म भेदों का कुछ लेनादेना नहीं रहा। धर्मों (आस्थाओं) के टकराव

और धर्मानुसार जनसंख्या वर्गीकरण का प्रयोग कर राजनीतिक टकराव के बीच तो अन्तर होना ही चाहिए।

यह सम्भावना भी नजर आ रही है कि आज के भारत में जनसंख्या के धर्मानुसार वर्गीकरण के दुरुपयोग पर आधारित हिंसा के प्रति व्यापक विरोध आरम्भ हो गया है। दिसम्बर 2002 में दंगों से पीड़ित गुजरात में उग्र हिन्दुत्व निश्चय ही सफल रहा था, क्योंकि उस समय वहाँ सामूहिक उन्माद की वैसी ही परिस्थितियाँ थीं जैसी देश के विभाजन से पूर्व, 1940 के दशक में थीं, जब हिन्दू, मुस्लिम और सिक्खों को साम्प्रदायिकता अपने पाश में जकड़े हुए थी। किन्तु जैसे ही उन्माद उतरा, वह उग्र हिन्दुत्व फरवरी 2003 में राज्यों में हुए चुनावों में कुछ भी नहीं कर पाया। एक के बाद एक चार राज्यों में पराजय और हिमाचल में सत्ता खो देने के बाद भाजपा ने अपनी राजनीति में बदलाव किया तथा नवम्बर 2003 में चार में से तीन राज्यों में अभूतपूर्व सफलता प्राप्त की। किन्तु यह सब तो सारे चुनाव अभियान को विकास के प्रश्नों (बिजली, सड़क, पानी) से जोड़ ले जाने की सफलता थी। जनसंख्या के धर्म आधारित वर्गीकरण की राजनीति की विजय नहीं थी।

फिर भी अलगाववादी मुद्दे समाप्त नहीं हो गए थे। उन्होंने मई 2004 के महानिर्वाचन में एक बार फिर सिर उठाया। इस बात के काफी प्रमाण हैं कि भाजपा के धार्मिक और आर्थिक विभाजनवाद ने देशव्यापी स्तर पर इसके समर्थन-आधार को काफी संकुचित कर दिया। भाजपा के प्रचार मन्त्र 'इंडिया शाइनिंग' की मार उलटी पड़ने के बारे में तो बहुत कुछ लिखा जा चुका है—पर इस चुनाव में भाजपा ने देश में चल रही आर्थिक संवृद्धि के श्रेय का अपहरण करने का प्रयास भी किया था। किन्तु उस वृद्धिमान संवृद्धि का लाभ तो केवल शहरी क्षेत्रों में अमीरों तक सीमित था, ग्रामीण गरीब उससे पूरी तरह वंचित ही थे। इस आर्थिक खाई के साथ साथ कांग्रेस और उसके भाजपाविरोधी साथी भाजपा द्वारा साम्प्रदायिक तत्वों को दिए गए प्रश्रय से उत्पन्न बेचैनी की भावना को भी चुनावी बाजार में भुनाने में सफल रहे। वे भाजपा को देश में विभाजनकारी तत्वों की श्रेणी में रख पाने में कामयाब हो गए।

भारत जैसे देश में किसी भी चुनाव-परिणाम पर अनेक कारकों का प्रभाव अवश्य रहता है—किसी एक कारक के आधार पर चुनाव परिणामों की व्याख्या नहीं हो सकती। किन्तु भाजपा की चुनावी हार और उसके साथ तालमेल करनेवाले 'धर्मनिरपेक्ष' दलों के सफाये के कारण इन सब द्वारा धर्मनिरपेक्षता के तकाजों की अनदेखी के प्रति आक्रोश की भावना को नजरअन्दाज करना भी कठिन हो जाता है। मतदाता न केवल भाजपा को कुछ सबक सिखाना चाहते थे, वे उसके धर्मनिरपेक्ष सहयोगियों को भी बताना चाहते थे कि हिन्दुत्व आन्दोलन के उग्रवाद, हिंसात्मक व्यवहार आदि भारत के मूल स्वरूप को आघात पहुँचा रहे हैं और इस उग्रवाद का

विरोध करने में भाजपा सहयोगियों की विफलता (मतदाताओं को) स्वीकार्य नहीं थी।

गुजरात में मुस्लिम विरोधी हिंसा का भाजपा की छवि पर गहरा प्रभाव पड़ा—इसने पूरे देश का ध्यान अपनी ओर खींच लिया था। पराजित भाजपा के नेता और प्रधानमन्त्री अटल बिहारी वाजपेयी की यह स्वीकारोक्ति कि गुजरात की हिंसा का भाजपा की पराजय पर गहरा प्रभाव रहा है तो सभी को ज्ञात है, किन्तु हिन्दुत्व आन्दोलन के कम उदार तत्वों को यह टिप्पणी भी सहन नहीं हो पाई। उनकी प्रतिक्रिया इतनी विषभरी रही कि वाजपेयी को अपने अधिकांश शब्द वापस लेने पड़े।

भारत में अनेक मत-मतान्तरों के अस्तित्व के बाद भी यहाँ विद्यमान संशयवादी परम्परा के प्रभाव को समझना भी महत्वपूर्ण है। अक्सर जनबल के दुरुपयोग पर आधारित हिन्दुत्व की राजनीति का सामना करनेवाले धर्मनिरपेक्ष दल भी यही मान लेते हैं कि भारत की जनता किसी न किसी प्रकार की धर्म की राजनीति ही चाहती है। इसी कारण ये धर्मनिरपेक्षतावादी, 'उग्र हिन्दुत्व' का सामना करने के लिए, 'नम्र हिन्दुत्व' का प्रयोग करने के राजनीतिक लोभ का संवरण नहीं कर पाते। किन्तु इस प्रकार की युक्तियों से अभी तक इन भाजपा विरोधियों को कोई लाभ नहीं मिल पाया है—(यह धारणा मूलरूप से तो गलत है ही)। यह विशिष्टता भारत की संशयवादी परम्परा की शक्तियों को फोकस में लेती है। यह परम्परा धर्म तक फैली हुई है और राजनीति में धर्म की उपादेयता को लेकर संशय तो और भी अधिक सशक्त रहे हैं। निश्चय ही भारत में बहुलतावाद और धार्मिक आस्थाओं में अन्तरों के प्रति सहिष्णुता की जड़ें बहुत गहरी हैं।

रवीन्द्रनाथ टैगोर मानते थे कि 'भारत का विचार ही अपने-पराये की भावना का विरोधी है।' अलगाववाद को बढ़ावा देने और उससे लाभ उठाने के फेर में हिन्दुत्व आन्दोलन भारत की अवधारणा से ही टकराने लगा है। यह निश्चय ही विविधतापूर्ण अतीत और बहुलतापूर्ण वर्तमान पर गर्व करनेवाले वृहत् भारत को संकीर्ण हिन्दुत्व की छवि में समेटकर बौना बनाने का सतत् प्रयास लगता है। इस वृहदता और लघुता के द्वन्द्व में वृहदता निश्चय ही विजयी हो सकती है। किन्तु इस द्वन्द्व में विजय के लिए वृहत् भारत के पक्षधरों को यह समझना होगा कि वे किसलिए संघर्ष कर रहे हैं। भारत की विविधता और बहुलता की परम्पराओं तथा संशयवाद को अच्छी तरह जान-समझ लेना बहुत ही जरूरी है। भारत के अतीत का ज्ञान ही वृहत् भारत के व्यापक विचार के स्वरूप का सही ज्ञान कराएगा।

4

प्रवासी भारतीय और विश्व

भारत की पहचान का स्वरूप भारत में रहनेवालों के लिए तो महत्वपूर्ण है ही, यह प्रवासी भारतीयों के 2 करोड़ से कहीं अधिक उस समुदाय के लिए भी बहुत महत्वपूर्ण है जो विश्व के कोने-कोने में फैला हुआ है। वे जिस देश में बसे हैं, जहाँ के राजनीतिक-सामाजिक परिवेश में घुलमिल गए हैं (ब्रिटेन, अमरीका, मलेशिया, कीनिया कहीं भी) वहाँ के निष्ठावान नागरिक होने तथा भारत और भारतीयों से अपने नाते-रिश्ते बनाए रखने में उन्हें कुछ भी विरोधाभास प्रतीत नहीं होता। जैसा प्रवासी समुदायों में प्रायः देखा गया है, भारतवंशियों को भी अपनी मूल जन्मभूमि की सभ्यता और परम्पराओं में आत्म-सम्मान और गर्व की अनुभूति होती है। अक्सर यह गर्वानुभूति भारतवंशी होने के राष्ट्रीय एवं सभ्यतावादी गर्व का स्वरूप भी धारण कर लेती है। किन्तु इस अनुभूति के आधार के प्रति प्रायः वे लोग इतने स्पष्ट नहीं होते—अर्थात् वे भारतवंशी यह नहीं जानते कि उन्हें किस बात को लेकर गौरव अनुभव करना चाहिए।

भारतीय सभ्यता के विस्तृत वितान को देखते हुए तो इस प्रश्न का उत्तर कठिन नहीं होना चाहिए। किन्तु कुछ समय से यह विषय भी विवादों से घिर गया है। वास्तव में हिन्दुत्व द्वारा प्रचारित अपवर्जनकारी चिन्तन अब प्रवासी भारतीयों के सोच-विचार में भी घर कर गया है। अनिवासी 'हिन्दू' भारतवंशियों को बड़े व्यवस्थित ढंग से भारतवंशी नहीं हिन्दू या हिन्दू भारतीय की 'पहचान' को प्रमुखता प्रदान करने को उकसाया गया है। यह प्रचार भारतवंशी समुदाय में काफी प्रभावशाली ढंग से फैला भी है और अब संघ परिवार को (इसके अधिक उग्र घटकों सहित) प्रवासी भारतीयों से अच्छीखासी रकमें चन्दे के रूप में मिलने लगी हैं।

विभिन्न सम्प्रदायों के अलगाव और रुढ़िवादी विचारों को अक्सर प्रवासी समाज का अधिक उत्साहपूर्ण समर्थन मिलता है। वे उन परम्पराओं को, जिन्हें वे 'अपना' मानते हों अधिक उत्साहपूर्वक प्रसारित करने लगते हैं, क्योंकि वैसे तो वे स्वयं को विदेशी सभ्यता के महासागर में घिरा हुआ ही पाते हैं। इसी प्रवृत्ति ने उत्तरी अमरीका और यूरोप में (1980 के दशक में अधिक सक्रिय रही) सिक्ख राजनीतिक उग्रता को बढ़ावा दिया था। आज विश्व के अनेक भागों में इस्लामी उग्रवाद का संबल भी यही प्रवृत्ति है। हिन्दुत्व आन्दोलन भी इसी के सहारे दुनिया-भर से अपनी विदेशी सेना का संग्रथन कर रहा है।

फिर भी अनेक प्रवासी भारतीय, उनके धर्म कोई भी हों, इस प्रकार की विभाजनकारी धारणाओं से समझौता नहीं कर पाते। उन्हें गुजरात 2002 जैसी हिंसक घटनाओं की क्रूरतापूर्ण कार्यवाहियों से भी क्षोभ हुआ है। उन्होंने प्रवासी भारतीय सम्मेलन, 2003 (भारत सरकार द्वारा बड़े उत्साह से आयोजित) में भी अपने क्षोभ को व्यक्त किया था। वैसे दो हजार से अधिक भारतवंशियों का यह सम्मेलन बहुत ही व्यवस्थित ढंग से संचालित हुआ था, किन्तु अनेक प्रवासी भारतीयों को संगठित रूप से गुजरात में चली साम्प्रदायिक हिंसा पर बहुत शर्म की अनुभूति हुई थी। राष्ट्रीय और सांस्कृतिक गर्व की आवश्यकता तो है, पर यह निश्चित नहीं है कि गर्व किस बात को लेकर करें।

परम्परा और गर्व

इस सन्दर्भ में भारतीय परम्पराओं को सम्पूर्ण विस्तार सहित देखना ही उचित होगा, उनके किसी कृत्रिम रूप से संकीर्ण बना दिए गए प्रतिबिम्ब को नहीं। हिन्दू परम्परा में तो स्वयं ही अन्य धर्मों-आस्थाओं से वैर-विरोध रहित और खुले मस्तिष्क से अपने (हिन्दू) परिप्रेक्ष्यों पर चर्चा करने की उदारमना धाराओं पर गर्व करने के अनेक कारण विद्यमान रहे हैं। आज के हिन्दुत्ववाद समर्थित अति संकुचित हिन्दू धर्म की तुलना में वह हमारा पूर्व चर्चित (देखें : अध्याय-3) परिप्रेक्ष्य तो बहुत व्यापक और विशाल है।

यद्यपि प्रवासियों को संकुचित या बौने भारत को ही अपनी 'पहचान' बनाने की ओर खींचने का कार्यक्रम बड़े उत्साह से चलाया जा रहा है, किन्तु प्रवासी और आवासी, सभी भारतीयों को वृहत् भारत की धारा भी सुलभ है। संकुचित धारा में तो बुद्ध, अशोक, अकबर या कबीर के लिए कोई स्थान ही नहीं है। यह समझ लेना भी आवश्यक है कि भारत की समीक्षा-मीमांसा, सार्वजनिक संवाद और विश्लेषणात्मक परीक्षण, विज्ञान और गणित, शिल्प, चिकित्सा, चित्रकला, संगीत आदि की सभी ऐतिहासिक उपलब्धियाँ समूचे भारतीय समाज की उपलब्धियाँ हैं। इनमें हिन्दू-अहिन्दू, धार्मिक और संशयवादी, सभी का योगदान रहा है। उदाहरण के लिए सभी वर्गों

के भारतीयों को नागार्जुन के गहन दार्शनिक तर्कों, हर्ष के परोपकारी नेतृत्व, मैत्रेयी और गार्गी के गहन अर्थ-भरे प्रश्नों, चार्वाक के तर्कमय संशयवाद, आर्यभट्ट की ज्योतिर्विज्ञान और गणितीय संरचनाओं, कालिदास की हत्प्रभ करनेवाली काव्य सर्जना, शूद्रक के रुढ़ियों को चुनौती देनेवाले नाटकों अबुल फ़ज़ल की विद्वता, शाहजहाँ की सौन्दर्य दृष्टि, रामानुजम के गणित या रविशंकर और अली अकबर ख़ान के संगीत पर, उनके 'धर्म' की बात उठाए बिना ही गर्व करने और उनसे सांस्कृतिक ऐतिहासिक निकटता की अनुभूति का प्रचार करने के पर्याप्त कारण उपलब्ध हैं।

इस वृहत् परम्परा में बहुत कुछ अभिमान करने योग्य है—कई एक विचार तो ऐसे भी हैं जिनका भारत को उतना श्रेय अभी नहीं मिल पाया है जितना मिलना चाहिए। सार्वजनिक रूप से विचार मन्थन की परम्परा का ही उदाहरण लें। वैसे तो विश्व के अनेक देशों में वाद-संवाद पर आग्रह किया गया है, किन्तु आज हिंसा और आतंकवादी छायाओं के अन्धकार से घिर रहे जिस विश्व में हम निर्वाह कर रहे हैं, उसके सन्दर्भ में तो भारतीय उपमहाद्वीप में रची-बसी सशक्त संवाद परम्परा से प्रतिबद्धता पर ध्यान देना और भी आवश्यक हो गया है। यह याद करना बड़ा सुखद लगता है कि विभिन्न दृष्टिकोणों पर खुले विचार विमर्श का विश्व का कदाचित् प्रथम आयोजन भी ई.पू. तीसरी शताब्दी में अशोक के सान्निध्य में भारत में ही हुआ था। अभी केवल चार सौ वर्ष पूर्व ही अकबर भी जनसंवाद के पक्षधर थे और उन्होंने अपनी धारणा को व्यवहारिक रूप देते हुए विभिन्न धर्मों के अनुयायियों का संवाद भी आयोजित किया था। इन प्रयासों की याद ताजा करने का महत्व पूर्व इतिहास की किसी घटना के गुणगान तक सीमित नहीं है। यह महत्व तो सिद्धान्त और व्यवहार के इन विशेष प्रयासों की समकालिक प्रासांगिकता को समझने में ही निहित होगा।

आज भी पश्चिमी राजनीतिक चर्चाओं में यही माना जा रहा है कि सहिष्णुता और तर्क का प्रयोग तो उन्हीं के जीवनमूल्यों की विशिष्टता है और सम्भवतः यह विशेषता कहीं और नहीं पाई जाती। उदाहरण के लिए सेमुअल हंटिंगूटन का कहना है कि आधुनिक होने से पहले भी पश्चिम पश्चिम ही था और व्यक्तिवाद, वैयक्तिक अधिकारों, तथा स्वातन्त्र्यों की जो परम्परा पश्चिम में पाई जाती है वह सभी सभ्य समाजों से विलक्षण है। पश्चिम की इस गर्वोक्ति को देखते हुए तो यह ध्यान देना और भी जरूरी हो जाता है कि अन्य सभ्यताओं में भी वैयक्तिक अधिकारों और स्वातन्त्र्यों पर चर्चाएँ हुई हैं। यह चर्चा व्यक्ति द्वारा अपने धर्म के चुनाव तक सीमित नहीं रही।

इतिहास गवाह है कि भारत और यूरोप, दोनों ही स्थानों पर, कभी इन अधिकारों के पक्ष तो कभी विपक्ष का माहौल बनता रहा है और इसी कारण यह मानना और भी कठिन हो जाता है कि इनके प्रति पश्चिमी देशों का समर्थन सभ्य समाजों में विलक्षण रहा है। उदाहरण के लिए जब अकबर का शाही फरमान जारी हुआ कि

धर्म के आधार पर किसी व्यक्ति से कोई भेदभाव नहीं किया जाए और प्रत्येक व्यक्ति को अपने मनचाहे धर्म का अनुसरण करने की छूट हो; जब वे हिन्दू, मुस्लिम, ईसाई, जैन, पारसी, यहूदी और नास्तिकों तक के बीच संवाद की व्यवस्था कर रहे थे, उसी समय रोम के सार्वजनिक स्थान केम्पो डाई फाओरी में गिरनादो ब्रूनों को धर्म भ्रंश के नाम पर जिन्दा जलाया जा रहा था।

अकबर द्वारा सहिष्णु और बहुलवादी समाज के पक्षपोषण का सबसे प्रभावशाली पक्ष तो इस कार्य के लिए तर्कशास्त्र का आश्रय लेना था। उनका कहना था कि अपना धर्म चुनने में भी इन्सान को अन्धश्रद्धा नहीं बल्कि विवेक (राहे-अक़्ल) का सहारा लेना चाहिए। तर्क-विवेक का ही स्थान सर्वोपरि होना चाहिए—इस बात को चुनौती देते समय भी तर्क को ही आधार बनाना होगा। इसी पुस्तक के पहले दो निबन्धों में मैंने भारत में तर्क और संवाद की सुदीर्घ परम्परा की चर्चा की है। साथ ही इस संवाद और विज्ञान, गणित, ज्ञानमीमांसा, सार्वजनिक नीतिशास्त्र, भागीदारी की राजनीति और धर्मनिरपेक्षता के क्षेत्रों में हुई उपलब्धियों के बीच सम्बन्धों की भी व्याख्या करने का प्रयास किया है।

मेरा यह भी आग्रह है कि इसी संवाद परम्परा पर आज भी भारतीय आवासी और प्रवासी समाज को व्यवस्थित विचार करना चाहिए—समाज के नेता चाहे हिन्दू हों, या मुस्लिम, बौद्ध, ईसाई, सिक्ख या पारसी अथवा जैन हों। वास्तव में यही भारत की इस परम्परा पर ध्यान देने का एक उपयुक्त अवसर भी है। यह केवल वृहत् भारत को समझने के लिए ही आवश्यक नहीं है, यह उन विविधताओं और स्वतन्त्रताओं के महत्व को समझने के लिए भी आवश्यक है, जिन्हें वृहत् भारतीयता स्वीकार करती है—जिनके उत्सव मनाती रहती है।

उपनिवेशवादी प्रभुत्व और आत्मसम्मान

भारत के अतीत की बौद्धिक उपलब्धियों के स्पष्ट निरूपण का एक ध्येय तो औपनिवेशिक काल की व्यवस्था के कारण आत्मानुभूतियों में आई विकृतियाँ भी हैं। यहाँ औपनिवेशिक सम्बन्धों के उन सभी पक्षों पर तो विचार करना सम्भव नहीं होगा। जिनका भारत में दृष्टिकोण और अनुभूतियों पर प्रभाव रहा है, क्योंकि मेरा ध्यान तो किसी विशेष पक्ष पर टिका है और उसी के बारे में मैं अन्वेषण का क्षुद्र-सा प्रयास कर रहा हूँ।

औपनिवेशी अनुभव ने न केवल भारतीयों के बौद्धिक आत्मविश्वास को पंगु कर दिया था, इससे उनकी वैज्ञानिक और तर्क-संवाद की परम्पराओं को भी उचित सम्मान दे सकने की क्षमता कुंठित होकर रह गई। मैकाले द्वारा 19वीं सदी में की गई गर्वोक्ति "यूरोप के किसी भी पुस्तकालय के एक खाने में रखी रचनाएँ भारत और अरब देशों के समस्त साहित्य जितनी मूल्यवान हैं" को भारत के विश्लेषणात्मक

कार्यों पर विशेष रूप से लागू मान लिया गया (इस बारे में सातवें अध्याय में विस्तार से चर्चा होगी)।

यद्यपि अठारहवीं शताब्दी के वारेन हेस्टिंग्स जैसे औपनिवेशिक प्रशंसकों ने तो भारत के बौद्धिक अतीत को समझने में भी रुचि दिखाई थी, किन्तु जैसे ही यहाँ पाँव जमाने में सफलता मिली, साम्राज्यवादी मस्तिष्क संकीर्ण होता चला गया। दमन और दबाव पर आधारित उस निरंकुश व्यवस्था को (जिसे विश्व के सर्वप्रमुख लोकतन्त्र ने भारत पर थोप दिया था) बनाए रखने के लिए शासक और शासित के बीच 'अन्तर' बनाना बहुत आवश्यक था। भारत के धार्मिक और रहस्यवादी या अध्यात्मिक विचार तो साम्राज्यवादियों की इस रणनीति में बाधा खड़ी नहीं करते थे, इसीलिए धर्मग्रन्थों का अनुवाद करनेवालों को प्रोत्साहन देने में भी उन्हें कष्ट नहीं हुआ। याद रहे कि मैक्सम्यूलर को ईस्ट इण्डिया कंपनी ने 1847 में इस कार्य के लिए नियुक्त किया था। उसने 50 खंडों में संस्कृत के आर्ष ग्रन्थों की अनुवाद-शृंखला तैयार की थी। उसमें विशुद्ध सैद्धान्तिक और व्यवहारिक स्तर पर पश्चिम और भारत के बीच बौद्धिक खाई को पुरातन इतिहास तक खींचकर व्यापक बनाने की बहुत तीव्र लालसा विद्यमान थी।

आइए, मैं एक उदाहरण देता हूँ। 499 ईस्वी में आर्य भट्ट द्वारा पृथ्वी के सूर्य की परिक्रमा करने तथा गुरुत्वाकर्ष की शक्ति (जिसके कारण भौतिक पदार्थ पृथ्वी से उछलकर अन्तरिक्ष में नहीं जा पाते) के विचारों को प्रतिपादित करनेवाले ग्रन्थ की रचना हो चुकी थी। पर ब्रिटिश भारत के सर्वाधिक प्रभावशाली इतिहासकार ने उस विचार की मौलिकता को झुठलाने के प्रयास में उसे एक धोखाधड़ी ही कह डाला। मिल का कहना था कि भारतीय पंडितों को कहीं से (खगोलशास्त्र सम्बन्धी) पश्चिमी दार्शनिकों के विचार पता चल गए और उन्होंने उन विचारों के अपनी पुस्तकों में विद्यमान होने के दावे करने शुरू कर दिए। मिल के इसी भारत के इतिहास को मैकाले ने ''गिबन के बाद हमारी भाषा (अंग्रेजी) में रचित सर्वोत्कृष्ट इतिहास'' की संज्ञा दे डाली। यह रचना अंग्रेजी राज के 'बौद्धिक विश्व' में बहुत ही प्रभावपूर्ण रही है।

किन्तु वास्तविकता यह थी कि ये वैज्ञानिक विचार केवल भारतीय ग्रन्थों तक सीमित नहीं थे, बल्कि विदेशों से भारत आए अनेक विद्वान भी अपनी रचनाओं में उन्हें उद्धृत कर चुके थे। ज्योतिर्विज्ञान और गणित के अनेक अन्य सिद्धान्तों के साथ-साथ इन दो सिद्धान्तों को भी अरबी और फ़ारसी गणितज्ञों ने पूर्ण सम्मान के साथ उद्धृत किया है। उन्होंने अनेक संस्कृत ग्रन्थों के उपयुक्त अंशों के अनुवाद किए और मूल रचनाकारों के प्रति पूरा-पूरा आभार भी जताया। उदाहरण के लिए फ़ारसी गणितज्ञ अलबेरुनी ने ग्यारहवीं शताब्दी के आरम्भ में ही अरबी भाषा में अपनी पुस्तक 'तारीख़-उल-हिन्द' में आर्य भट्ट के उस शोध कार्य का उल्लेख किया

है, जिसे मिल ने उन्नीसवीं शताब्दी में की गई धोखाधड़ी का नाम दिया। अलबेरुनी ने लिखा है : ''ब्रह्मगुप्त ने इसी पुस्तक पर अन्यत्र लिखा है कि आर्यभट्ट के अनुयायी मानते हैं कि पृथ्वी घूम रही है और नभमंडल स्थिर है। इनके मत का खंडन करनेवालों ने प्रश्न उठाया है कि फिर तो पत्थर, वृक्ष आदि पृथ्वी से गिर जाने चाहिए थे। पर ब्रह्मगुप्त उनसे सहमत नहीं है, उसका कहना है कि उनके सिद्धान्त का यह प्रभाव नहीं हो पाएगा क्योंकि सभी भारी पदार्थ तो पृथ्वी के केन्द्र की ओर आकर्षित होते हैं।''

मिल द्वारा भारतीय बौद्धिक मौलिकता को पूरी तरह नकारने का आधार उसकी यह धारणा रही है कि भारतीयों ने तो सभ्यता की ओर बस कुछ कदम ही उठाए होंगे। उसकी यह मान्यता भी कि ''भारतीय विद्वान बौद्धिक धोखाधड़ी कर रहे हैं'' उसके एक अन्य 'विश्वास' पर आधारित थी कि, ''हमारे पूर्वज उजड्ड तो थे, पर निश्छल भी थे जबकि हिन्दुओं की वाह्यप्रभा के पीछे धोखाधड़ी और विश्वासघाती मानसिकता छिपी है। भारतीय गणित और विज्ञान की अन्य सभी उपलब्धियों के दावे को भी मिल ने इसी प्रकार नकार दिया था। उसने तो यह भी कह डाला कि दशमलव प्रणाली के विकास और प्रयोग के पीछे गणित नहीं, बल्कि बिन्दु लगाकर संख्याओं को अलंकृत करने अर्थात् सजाने का भाव-भर छिपा था।

मेरे लिए यह उचित ही होगा कि भारत आए बिना और यहाँ की किसी भी भाषा को जाने बिना भारत का इतिहास लिखने के निर्णय की परिस्थितियाँ भी बता दूँ। उनका खुलासा मिल ने स्वयं अपनी पुस्तक के प्राक्कथन में कर दिया है कि वह ''जिनके बारे में लिख रहा है उनके निकट जाकर किसी पूर्वाग्रह का शिकार नहीं होना चाहता।'' भारत में वर्षों घूमकर और संस्कृत सीखकर भारत का इतिहास लिखनेवाले अलबेरुनी को उन्नीसवीं शताब्दी के इस 'विद्वान' की शोध विधि पर अवश्य आश्चर्य होता। किन्तु मिल के इसी 'महान' कार्य ने अंग्रेजी शासन की भारतीय नीतियों के निर्धारण के आधार का कार्य किया था। मैकाले बार-बार मिल की रचना का उद्धरण देता था और वही प्रमुख नीति-निर्धारक भी रहा। यहाँ अंग्रेजों द्वारा आरम्भ की गई शिक्षानीति भी इन्हीं महाशय का योगदान रही है।

औपनिवेशिक शासकों द्वारा इस प्रकार आत्मविश्वास खंडित किए जाने के बाद अनेक भारतीयों ने सम्मान और गर्व के उन स्रोतों की खोज आरम्भ कर दी, जिनमें इतने सशक्त विरोध की आकांक्षा नहीं थी, साथ ही साम्राज्यवादी पश्चिम से स्पर्धा का भाव भी नहीं था। ये स्रोत थे भारत की तथाकथित अध्यात्मिक उत्कृष्टता और इसके धार्मिक क्रियाकलापों (कर्मकांडों) का अतिशय महत्व। इस प्रकार अपनी सम्प्रभुता के एक नए प्रसारक्षेत्र की रचना कर अन्य साम्राज्यवादग्रस्त समुदायों की भाँति भारतीय भी अपने विलक्षण और विशेष कार्यों में ही आत्मसम्मान की खोज में जुट गए। इसी को पश्चिम का 'सफलता क्षेत्र' मान लिए गए बौद्धिक प्रयासों,

तर्कशास्त्र, गणित, विज्ञान आदि में भारत का योगदान नहीं होने के साथ जोड़ दिया जाता है। यहाँ पुनःअन्वेषण कर भूलसुधार करने की बहुत आवश्यकता है।

इतिहास और सार्वजनिक तर्क-विचार

इसी प्रकार भारत की सार्वजनिक संवाद और सहिष्णु सम्प्रेषण की परम्पराओं और उन अन्तर्धाराओं पर भी पुनः ध्यान देने की आवश्यकता है जिन्हें लोकतन्त्र का पहरुआ कहा जा सकता है। ब्रिटेन के विंस्टन चर्चिल जैसे साम्राज्यवादी नेताओं को भारतीयों की स्वयं शासन करने की क्षमता पर विश्वास ही नहीं था। उन्हें तो भारत में नागरिक प्रशासन, भागीदारीपूर्ण शासन व्यवस्था या सार्वजनिक संवाद जैसे विचारों के इतिहास पर नजर डालना भी व्यर्थ लगता था। इसके एकदम विपरीत स्वतन्त्र भारत ने बीसवीं शताब्दी में विश्व के सबसे बड़े लोकतन्त्र का रूप धारण करने से पूर्व न केवल पश्चिम के लोकतान्त्रिक अनुभवों पर खुलकर विचार-विमर्श किया, बल्कि अपनी भागीदारितापूर्ण परम्पराओं को भी फिर से याद करके अपने निर्णय लिए थे।

भारत के प्रथम प्रधानमन्त्री जवाहरलाल नेहरू ने तो भारतीय इतिहास में विविधता और बहुलता के प्रति सहिष्णुता की ओर बहुत ही आग्रहपूर्वक ध्यान आकर्षित किया था। भारतीय संविधान का प्रारूप रचनेवाली समिति के अध्यक्ष, डॉ. भीमराव अम्बेडकर थे। ये अति प्रतिष्ठित विद्वान और राजनीतिक नेता, समाज के उस दलित वर्ग में पैदा हुए थे, जिसे कभी अछूत माना जाता था। इन्होंने भी भारत की स्थानीय लोकतान्त्रिक शासन परम्परा के इतिहास की खोजबीन कर यह जानने का प्रयास किया था कि उस परम्परा को आधुनिक भारतीय लोकतन्त्र का आधार किस सीमा तक बनाया जा सकता है। किन्तु अम्बेडकर को उन स्थानीय संरचनाओं से बहुत कुछ सीख पाना सहज नहीं लगा। उनका निष्कर्ष था कि स्थानीयता संकीर्णता और साम्प्रदायिकता को जन्म देती है। उनका तो यहाँ तक आग्रह रहा कि इन्हीं 'ग्राम्य-गणराज्यों' ने भारत को तबाह किया था। किन्तु उन्होंने भी भारत में सार्वजनिक संवाद के इतिहास की उपादेयता को स्वीकार किया और विविधतापूर्ण विचाराभिव्यक्ति के पक्ष पर बल दिया।

स्वतन्त्र भारत के उषाकाल के उस विचार-विमर्श के बावजूद राष्ट्रीय राजनीति की बौद्धिक कार्यसूची अब इसके विपरीत दिशा में मुड़ चुकी है। इसमें हिन्दुत्व आन्दोलन की संकीर्णता तथा वैश्वीकरण प्रेरित आधुनिकताओं की सांस्कृतिक अनभिज्ञता का भी (अन्य अनेक कारकों के साथ-साथ) योगदान रहा है। फिर भी, भारत की गणित और विज्ञान की थाती के साथ आज उसके लोकतन्त्र और धर्मनिरपेक्षता की परम्पराओं को भी पुनः उजागर करने की बहुत आवश्यकता उत्पन्न हो गई है। चुनाव और मतदान के साथ-साथ सार्वजनिक चर्चा भी लोकतान्त्रिक व्यवस्था

का एक आधार स्तम्भ है। जिस प्रकार ई.पू. छठी शताब्दी के एथेन्स में प्रारम्भ हुई मतदान की परम्परा की लोकतन्त्र पर गहन छाप है, उसी प्रकार लोकतन्त्र की जड़ों को मजबूत बनाए रखने के लिए सार्वजनिक संवाद का भी महत्व स्वीकार किया जाना चाहिए। अकबर सम्भवतः अपने समय से बहुत आगे निकल गए थे–उन्होंने राजकीय स्तर पर विश्व का शायद सबसे पहला सर्वधर्म महासम्मेलन आयोजित कराया था। अशोक ने भी ई.पू. तीसरी शताब्दी में विभिन्न आस्थाओंवाले समुदायों के बीच वार्तालाप और तर्क-वितर्क के लिए आचार संहिता की रचना करने में बहुत ही शानदार योगदान दिया था। उस योगदान का महत्व भी कम नहीं आँका जाना चाहिए।

इस सम्बन्धसूत्र का महत्व विश्वव्यापी हो सकता है। इन्हीं अशोक ने बौद्धमत और उसके सामाजिक जीवनमूल्यों को भारत से बाहर शेष विश्व में प्रचारित-प्रसारित करने में निर्णायक योगदान दिया था। यह भी ध्यान देने योग्य है कि जहाँ भी बौद्धमत के सिद्धान्त पहुँचे, वहीं वार्तालाप और संवाद के विशेष महत्व की भी प्रतिष्ठापना होती चली गई। सातवीं शताब्दी के प्रारम्भ में जापान के प्रभावशाली बौद्ध राजकुमार शोतोकु ने एक सत्रह-सूत्री 'उदार' संविधान लागू किया था। राजकुमार शोतोकु अपनी माँ की ओर से नियुक्त राज्याधिकारी थे। 604 ईसवी के इस संविधान में 6 सौ वर्ष बाद हस्ताक्षरित 'मैग्नाकार्टा' की 'आत्मा' की पूर्व झलक अवश्य दिखाई देती है। जरा ध्यान दीजिए : ''महत्वपूर्ण विषयों पर निर्णय एक ही व्यक्ति द्वारा नहीं लिए जाएँ। उन पर बहुतों के साथ चर्चा होनी चाहिए।'' शोतोकु का यह भी तर्क था : ''जब कोई हमसे सहमत नहीं हो तो हमें बुरा नहीं लगना चाहिए। प्रत्येक व्यक्ति का अपना हृदय होता है और प्रत्येक हृदय का अपना-अपना लगाव होता है। उनके लिए जो बात सही है, हमारे लिए गलत हो सकती है–इसी प्रकार हम जिसे सही समझते हैं उन्हें गलत लग सकती है।'' अनेक समीक्षाकारों ने सातवीं शताब्दी के इस बौद्ध परम्परा प्रेरित संविधान को जापान का लोकतान्त्रिक विकास के पथ पर पहला कदम भी माना है।

सार्वजनिक सम्प्रेषण से ही जुड़ी एक और बात भी बहुत दिलचस्प है। पुरातन विश्व में मुद्रण के सभी प्रारम्भिक प्रयास बौद्ध तकनीकी विशेषज्ञों द्वारा किए गए थे। चीन, जापान और कोरिया में हुए ये प्रयास उन बौद्धों द्वारा सार्वजनिक संवाद को बढ़ावा देने के ध्येय से किए गए थे। पहली मुद्रित पुस्तक (जिस पर निस्सन्देह तिथि अंकित है) भारत के संस्कृत ग्रन्थ 'वज्रच्छेदिक प्रज्ञापारमिता' का चीनी भाषा में अनुवाद थी। इसी को 'डायमंड-सूत्र' भी कहते हैं। इसे अर्द्ध-भारतीय, अर्द्ध-तुर्की बौद्ध विद्वान कुमार जीव ने वर्ष 402 ईसवी में लिखा था और इसका मुद्रण 868 ईसवी में हो पाया था। इस पुस्तक के साथ छपी एक परिचयात्मक टिप्पणी में यह भी स्पष्ट उल्लेख है कि पुस्तक सर्वसाधारण में निःशुल्क वितरण के लिए छापी गई है।

मैं एक और बात पर ध्यान दिलाना चाहता हूँ। बौद्धमतावलम्बियों की उपलब्धियों में अभी तक सार्वजनिक संवाद और मुद्रण की ही चर्चा हुई है। किन्तु उनकी उपलब्धियों के क्षेत्र में गणित, ज्योतिर्विज्ञान, साहित्य, चित्रकला, वास्तुकला और जन-स्वास्थ्य व्यवस्था जैसे अन्य विषय भी सम्मिलित थे। जन-स्वास्थ्य व्यवस्था में तो बौद्ध विशेष रूप से कार्य कर रहे थे। पाँचवीं शताब्दी में आए चीनी यात्री फाहियान और सातवीं सदी में आए चीजिंग भी इससे बहुत प्रभावित हुए थे। ई.पू. तीसरी शताब्दी के बौद्ध सम्राट अशोक ने तो उस समय ही सार्वजनिक चिकित्सालय खुलवाए थे। उनके एक शिलालेख में तो हेलेनिस्टिक राज्यों में भी अस्पताल खुलवाने की बात अंकित है। यह एक बहुत ऊँचा दावा लग सकता है, किन्तु उपलब्ध साक्ष्यों के आधार पर इस दावे को थॉमस मेक्वली ने उचित ही माना है।

संकीर्ण हिन्दुत्व-दृष्टिकोण की एक दुःखद विशेषता यही है कि भारत गैर-हिन्दुओं की भी जिन उपलब्धियों पर गर्व करने का अधिकारी है वे सब केवल हिन्दू विचार-व्यवहार पर ही ध्यानकेन्द्रण के कारण गौण हो जाती हैं। साथ ही हिन्दू परम्परा की भी अति संकुचित और संकीर्ण व्याख्या भारत के इतिहास के अनेक गौरवमय अध्यायों को नकारने का प्रयास बन जाती है।

वैश्विक सम्बन्ध-सूत्र

भारत में 1980 के दशक से ही अर्थव्यवस्था को शेष विश्व से और बेहतर जोड़ने के प्रयास प्रारम्भ हो गए थे। उन प्रयासों को आज के प्रधानमन्त्री और उस समय नरसिम्हाराव की कांग्रेस सरकार के वित्तमन्त्री मनमोहन सिंह ने विशेष बल प्रदान किया था। उस सरकार का स्थान भले ही किसी अन्य ने लिया हो, पर उस समय से नियन्त्रणवादी अन्तर्मुखी नीतियों को कम करने की प्रक्रिया चलती रही है। महत्वपूर्ण बात तो यह है कि 1998 में बनी और 1999 में सुदृढ़ हुई भाजपा सरकार ने भी भारत के विश्वव्यापी आर्थिक सम्बन्धों के विषय में बहुत व्यापक और खुला दृष्टिकोण अपनाया था। भले ही किन्हीं विशेष उद्योगों पर अधिक ध्यान दिया गया हो, पर विश्व व्यापार में रुचि निरन्तर दृढ़ बनी रही। सांस्कृतिक क्षेत्रों में भाजपा सरकार की संकीर्णतावादी नीतियों की छाया अन्तर्राष्ट्रीय व्यापार पर नहीं पड़ने दी गई। उन वर्षों में भारत की आर्थिक संवृद्धि दर भी अच्छे-खासे उच्च स्तर पर ही रही।

भले ही भाजपा के सांस्कृतिक पूर्वाग्रहों को बहिर्मुखी आर्थिक कार्यक्रम पर हावी नहीं होने दिया गया, किन्तु साम्प्रदायिक राजनीति के इन पूर्वाग्रहों के कारण सरकार की प्राथमिकताएँ भी पक्षपातपूर्ण हो गईं। अध्याय 3 में भी मैं चर्चा कर चुका हूँ कि इतिहास-पुनर्लेखन के प्रयासों में भारत की सभी उपलब्धियों को घर में,

शेष विश्व से कटे रहकर, किए गए सृजनात्मक कार्य की सांस्कृतिक उपलब्धियों का रूप देने का प्रयास किया गया था।

इस प्रकार का अलगावंवादी दृष्टिकोण तो समूचे इतिहासकाल में निरन्तर देश की सीमाओं से दूर तक अन्तर्सम्बन्धों की सच्चाई के विपरीत ही होगा। ऐसा भी नहीं है कि परम्परागत भारतीय चिन्तन में विदेशियों का कभी तिरस्कार नहीं हुआ हो, किन्तु, अलबेरुनी ने तो एक हजार वर्ष पूर्व बहुत सटीक शब्दों में लिखा था कि ''विदेशियों को नीचा दिखाने की प्रवृत्ति हमीं (ईरानियों) या भारतीयों में ही नहीं पाई जाती, यह तो विश्व के सभी देशों में पाई जाती है।'' भले ही विदेशियों के प्रति दृष्टिकोण शंकापूर्ण रहा हो, किन्तु फिर भी उनसे पारस्परिक सम्बन्ध तो सारे इतिहासकाल में रहे हैं।

विज्ञान, प्रौद्योगिकी (सूचना प्रौद्योगिकी सहित), साहित्य और विश्व-व्यापार में भारत की हाल ही की सभी उपलब्धियों में विश्वस्तरीय पारस्परिकता का बड़ा योगदान रहा है। महत्वपूर्ण बात तो यह है कि इस प्रकार के पारस्परिक सम्बन्ध भारत के इतिहास की दृष्टि से कोई अभूतपूर्व घटना नहीं है। पारस्परिक सम्बन्ध तो अतीत काल से ही भारतीय सभ्यता के अभिन्न अंग रहे हैं। संस्कृत भाषा की ही बात लें। इस शानदार भाषा का साहित्य भी बहुत समृद्ध है और यह भारतीय सभ्यता का सुदृढ़ आधार स्तम्भ भी रही है। इसकी भारतीयता की पहचान के बावजूद यह भी समझा जाता है कि इस भाषा का एक प्रारम्भिक स्वरूप सम्भवतः ई.पू. दूसरी सहस्राब्दी में भारत में प्रविष्ट हुआ था। यह प्रवेश भारत में यूरोपीय मूलक लोगों के आगमन के साथ हुआ, किन्तु भारत में आकर यह भाषा बहुत विकसित हुई और फूली-फली। यह भी ध्यान देने की बात है कि संस्कृत ही नहीं, किसी भी भाषा के अबतक के महानतम् व्याकरणकार पाणिनि, जिन्होंने चौथी शताब्दी ईसवी में संस्कृत व्याकरण को सूत्रबद्ध किया और इसे ध्वनि या उच्चारण संगत बनाया था, वस्तुतः अफगान मूल के थे। उन्होंने स्वयं काबुल नदी के किनारे बसे अपने गाँव का वर्णन किया है। किन्तु इन विदेशी सम्बन्ध-सूत्रों के कारण पुरातन में अभिमान करनेवाले भारतीयों का इस महान् भाषा पर गर्व कम नहीं होता। यही बात संस्कृत भाषा में मुखरित हुए साहित्य, संस्कृति और विज्ञान पर भी लागू होती है।

पारस्परिक सम्बन्ध ही संस्कृत को सदियों से भारत की सीमाओं से बहुत दूर तक ले जाते रहे हैं। सातवीं शताब्दी के चीनी यात्री इ-जिंग तो भारत आते हुए श्रीविजय के नगर जावा से संस्कृत सीख कर आए थे। इन सम्बन्धों के प्रभाव आज भी सारे एशिया की भाषाओं और उसके शब्दकोषों में स्पष्ट हैं—यह थाइलैंड, मलेशिया-हिन्द-चीन, इंडोनेशिया, फिलीपाइन्स, कोरिया और जापान तक फैले हैं। चीन भी इनसे अछूता नहीं रहा है। वहाँ तो प्रथम सहस्राब्दी तक (अन्य क्षेत्रों से आए प्रभावों सहित) संस्कृत में अध्ययन की समृद्ध परम्परा विद्यमान रही है। बहुत कम

लोग जानते हैं कि चीनी संस्कृति में एक केन्द्रभूत अवधारणा के रूप में प्रतिष्ठित शब्द 'मंडारिन' भी संस्कृत शब्द 'मन्त्री' का ही परिवर्तित रूप है। यह भाषा चीन में मलाया के रास्ते पहुँची थी।

आज भले ही बौद्धिक वैश्वीकरण पर प्रहार करने में परम्परागत पृथकतावादियों के साथ आधुनिक अलगाववादी भी सुर मिला रहे हों, पर हमें यह स्वीकार करना होगा कि हमारी विश्व संस्कृति समूचे विश्व की साँझी धरोहर है—यह अनेक अलग-थलग पड़ी स्थानीय संस्कृतियों का समूह मात्र नहीं है। इसीलिए समुदायवादी आन्दोलनों द्वारा हमें विघटित पृथकतावाद की ओर धकेलने के प्रयासों में एक गम्भीर मीमांसागत त्रुटि भी है। यह त्रुटि उन कठिनाइयों के अतिरिक्त है, जो कहीं अधिक व्यापक और नीतियुक्त विश्वबन्धुत्व के आदर्शों से टकराव द्वारा उत्पन्न होती हैं।

उपनिवेशवादी प्रबलता का सामना करने की आवश्यकता अवश्य है, किन्तु इसे दब्बूपन से भरी आज्ञाकारिता के विरुद्ध संघर्ष का रूप मिलना चाहिए—अलगाव और स्थानीयता का बहाना नहीं बनाना चाहिए। यह उपनिवेशोपरान्त मीमांसा तभी अधिक सार्थक होगी जब यह सशक्त रूप से अन्यों से संवादशील हो, बन्धनों से बँधी और सबसे अलग-थलग नहीं रहे। हम इस प्रकार के पृथकतावाद के विरुद्ध एक चेतावनी तो उस कूपमंडूक (कुएँ के मेंढक) की दन्तकथा में भी खोज सकते हैं जो 'गणपाठ', 'हितोपदेश', 'प्रसन्नराजक', 'भट्टीकाव्य' आदि अनेक प्राचीन संस्कृत ग्रन्थों में बार-बार आयी है। यह कूपमंडूक एक ऐसा मेंढक है, जो सारा जीवन एक कुएँ में ही रहा है, उसे बाहर की दुनिया का कुछ भी ज्ञान नहीं है और उसे बाहर की हर चीज पर सन्देह रहता है। वह किसी से बात नहीं करता, किसी से किसी बात पर विवाद भी नहीं करता। इसे तो बाहरी विश्व को लेकर बहुत गहन सन्देह ही घेरे रहते हैं। यदि हम सभी कुएँ के मेंढक की तरह रहे होते तो निश्चय ही आज विश्व का वैज्ञानिक, सांस्कृतिक और आर्थिक इतिहास कुछ और ही रहा होता।

भारतीय सभ्यता पर गर्व विश्वपटल पर भारत के सक्रिय योगदान के साथ-साथ चल सकता है। विशाल भारतवंशी समुदाय की उपस्थिति भी भारत की पारस्परिकतापूर्णता का एक अंग है। हजारों वर्षों से भारत की सीमाओं के आर-पार विचारों और व्यक्तियों का आवागमन होता रहा है। इससे भारत और शेष विश्व, दोनों ही और समृद्ध हुए हैं। सी.एफ. एंड्रयुज को लिखे एक पत्र में रवीन्द्रनाथ टैगोर ने इसकी व्याख्या भी की है : ''जब हम किसी मानवीय कृति को समझकर उससे आनन्दित होने लगते हैं तो उसका उद्गम भले ही कहीं भी हुआ हो, वह कृति हमारी अपनी हो जाती है।''

प्रवासियों सहित सभी भारतीयों को बाह्य अलगाव और आन्तरिक 'बौनेपन'

का प्रतिरोध करना चाहिए। वास्तव में खुले संवाद की परम्परा स्वयं ही आन्तरिक बहिष्कारवाद और कूपमंडूक अज्ञान की विरोधी है। हमें अतिसंकुचित भारत में निर्वासित होकर रहने की नियति स्वीकार करने की कोई आवश्यकता नहीं है। क्षुद्रतावादी राजनीतिज्ञ इस दिशा में हमें धकेलने का चाहे जितना प्रयास करते रहें, यहाँ हमें अपना चयन गम्भीरतापूर्वक करना है।

खंड-2

संस्कृति और सम्प्रेषण

5

टैगोर और उनका भारत

रवीन्द्रनाथ टैगोर का 80 वर्ष की आयु में 1941 में देहावसान हुआ। वे बांग्ला साहित्य के 1000 वर्षीय इतिहास के बड़े कीर्तिस्तम्भ रहे हैं। इस विशद् और समृद्ध साहित्य-परम्परा से परिचित प्रत्येक व्यक्ति, चाहे वह बंगलादेशी हो या भारतीय, टैगोर की सशक्त सृजनात्मकता से अवश्य प्रभावित होता है। उनके काव्य, उपन्यास, लघुकथाएँ और निबन्ध सभी को बड़े व्यापक स्तर पर पढ़ा गया है। उनके गीत तो अद्यावधि पूर्वी भारत और बंगलादेश में निरन्तर गूँजते रहते हैं।

इसके विपरीत यूरोप और अमरीका में टैगोर की रचनाओं ने जो लहर 20वीं शताब्दी के आरम्भ में उठाई थी, वह अब शान्त हो चुकी है। कभी वहाँ उनकी रचनाओं का बड़ी गर्मजोशी के साथ स्वागत हुआ करता था। उनकी 'गीतांजलि', जिस पर उन्हें नोबेल पुरस्कार भी मिला था, का अंग्रेजी अनुवाद मार्च 1913 में लन्दन में प्रकाशित हुआ था और नवम्बर में पुरस्कार की घोषणा होने तक उसके दस संस्करण छप चुके थे। किन्तु अब पश्चिम में उनको कोई नहीं पढ़ता। वास्तव में 1937 में ही ग्राह्म ग्रीन कह चुके थे कि जहाँ तक टैगोर का प्रश्न है, उनकी कविताओं को तो केवल येट्स (डब्ल्यू.बी. येट्स) साहब ही गम्भीरता से पढ़ सकते हैं।

बांग्ला साहित्य और संस्कृति में टैगोर के शीर्षस्थ स्थान और मान तथा पश्चिम में उनकी विस्मृति के बीच भारी अन्तर से कहीं अधिक महत्वपूर्ण भारत और बंगलादेश में एक बहुमुखी प्रतिभा के धनी, आधुनिक विचारक के रूप में आज भी मान्य उनकी छवि और पश्चिम में बार-बार अपनी बात को दोहरानेवाले दूरस्थ अध्यात्मवादी के रूप में उनकी छवि के बीच का अन्तर है। ग्राह्म ग्रीन ने कहा भी था कि वह टैगोर को (कुछ-कुछ) चेस्टर्टन की तर्ज पर 'चमकीली (पर) पथरीली आँखोंवाले 'थियोफिस्टों'

की श्रेणी में ही रखते हैं। निश्चय ही आरम्भ में येट्स, पाउंड आदि द्वारा पश्चिम में टैगोर की रचनाओं को लोकप्रिय बनाने में उनकी रहस्यवादी छवि का भी प्रयोग हुआ था। कुछ बाद की टैगोर की प्रशंसिका (रूसी कवयित्री अन्ना अख्मातोआ जिन्होंने टैगोर की कविताओं का 1960 के दशक में रूसी अनुवाद भी किया था) ने भी उनकी रचनाओं की प्रशंसा में कुछ इस प्रकार अपने उद्गार व्यक्त किए हैं : ''हिन्दू धर्म और गंगा से ऊर्जा ग्रहण करनेवाला यह काव्य प्रवाह ही रवीन्द्रनाथ टैगोर हैं।''

रवीन्द्रनाथ का जन्म एक ऐसे हिन्दू परिवार में हुआ था जिसकी भू-सम्पदा उस क्षेत्र में थी जो आज बंगलादेश के रूप में जाना जाता है। अख्मातोआ ने चाहे जिस विवेक का आश्रय लेकर टैगोर को हिन्दू धर्म और गंगा से जोड़ दिया हो, पर यह मुस्लिम बंगलादेशी जन-समुदाय को टैगोर और उनके विचारों से दूर नहीं कर पाया। इस कारण से नवोदित राष्ट्र बंगला देश को टैगोर की ही एक रचना 'आमार सोनार बांग्ला' को अपना राष्ट्रगान चुनने में भी कोई बाधा नहीं आई। इस बात को लेकर 'सभ्यताओं के टकराव' के सिद्धान्तकार तो निश्चय ही भ्रमित हो रहे होंगे, क्योंकि वे तो विश्व को 'हिन्दू सभ्यता', 'मुस्लिम सभ्यता' और 'पश्चिमी सभ्यता' के उन वर्गों में बाँट बैठे हैं जो परस्पर कड़े संघर्ष में उलझी हुई हैं।''

उन्हें तो टैगोर द्वारा अपने परिवार को हिन्दू, मुस्लिम और ब्रिटिश सभ्यताओं की त्रिवेणी कहने से भी बहुत भ्रम हुआ होगा। रवीन्द्रनाथ के दादा द्वारकानाथ अरबी और फ़ारसी भाषाओं के प्रख्यात विद्वान थे। रवीन्द्रनाथ का जन्म ऐसे पारिवारिक परिवेश में हुआ था जहाँ संस्कृत और हिन्दूग्रन्थों के गहन अध्ययन और इस्लाम की परम्पराओं तथा फ़ारसी साहित्य का अनूठा संगम विद्यमान था। ऐसी कोई बात नहीं है कि रवीन्द्रनाथ ने विभिन्न धर्मों के किसी कृत्रिम 'संश्लेषण' का प्रयास किया हो (जैसा अकबर के 'दीन-ए-इलाही में देखा जा सकता है), किन्तु टैगोर का अपना जीवन दर्शन और दृष्टिकोण पूरी तरह से गैर-साम्प्रदायिक रहा। उनकी दो सौ के लगभग पुस्तकों में भारतीय सभ्यता के विभिन्न पक्षों और शेष विश्व के प्रभाव भी साफ झलकते हैं। उनकी अधिकांश रचनाएँ 'शान्तिनिकेतन' में ही लिखी गईं। वह वही छोटा-सा कस्बा है, जो टैगोर द्वारा 1901 में स्थापित स्कूल के आसपास बस गया है। उन्होंने न केवल शिक्षा की एक अभिनव पद्धति विकसित की, बल्कि छात्रों और शिक्षकों पर अपने प्रभाव और अपनी रचनाओं के माध्यम से भारत के सामाजिक, राजनीतिक और सांस्कृतिक आन्दोलनों में भी सक्रिय भाग लिया था।

बांग्ला भाषा के पाठकों के बीच उनकी मौलिक रचनाकार कवि की छवि किसी प्रशंसित और विस्मृत गुरु जैसी नहीं है (जैसी लन्दन में है)। टैगोर केवल बहुगुणी कवि नहीं थे, वे एक सिद्धहस्त और महान गल्पकार भी थे। साथ ही वे उपन्यासकार, नाटककार, निबन्धकार, गीतकार होने के साथ-साथ चित्रकार भी थे, उनके द्वारा बनाए गए चित्रों में प्रतिबिम्बवाद और कल्पनावाद का अनूठा सम्मिश्रण था। उनके चित्रकार

की ओर तो अब जाकर कलाजगत ने वह सम्मान प्रदर्शित करना आरम्भ किया है जिसके वे सदा से अधिकारी रहे हैं।

उनके निबन्धों का वितान भी बहुत विस्तृत है। उन्होंने साहित्य, राजनीति, संस्कृति, सामाजिक परिवर्तन, धार्मिक आस्थाओं, दार्शनिक विश्लेषण, अन्तर्राष्ट्रीय सम्बन्ध और कितने ही विषयों पर सारगर्भित लेख लिखे हैं। भारत की स्वतन्त्रता की पचासवीं वर्षगाँठ और उसी अवसर पर केम्ब्रिज यूनिवर्सिटी प्रेस द्वारा टैगोर के पत्रों के एक संग्रह का प्रकाशन उनके विचारों और चिन्तन के स्वरूप पर चर्चा करने का सुअवसर बन रहा है। साथ ही 20वीं शताब्दी के पूर्वार्द्ध में चिन्तन और सूझबूझ के क्षेत्रों में उन्होंने जिस प्रकार से उपमहाद्वीप का मार्गदर्शन किया था, उस पर भी विचार मन्थन का सुयोग बन गया है।

गाँधी और टैगोर

रवीन्द्रनाथ टैगोर और मोहनदास गाँधी बीसवीं सदी के दो प्रमुख भारतीय विचारक हुए हैं। अनेक विश्लेषकों ने उनके विचारों की तुलना करने के प्रयास किए हैं। रवीन्द्रनाथ के निधन का समाचार सुनकर ब्रिटिश कारागार में बन्द जवाहरलाल नेहरू ने अपनी डायरी में 7 अगस्त, 1941 को लिखा था : "गाँधी और टैगोर। दो व्यक्तित्व जो एक-दूसरे से पूरी तरह अलग—पर दोनों ही भारतीय व्यक्तित्व के प्रतिरूप, दोनों ही भारत के महापुरुषों की लम्बी परम्परा की कड़ियाँ। इनके किसी गुण-विशेष नहीं, बल्कि इनके समग्र व्यक्तित्व के आधार पर ही मैं आज यह कह सकता हूँ कि गाँधी और टैगोर आज के विश्व के महान पुरुषों में मानव के रूप में सबसे महान हैं। मेरा सौभाग्य ही है कि मैं इन दोनों का निकट सान्निध्य पा सका हूँ।"

रोमां रोलां भी उन दोनों के वैषम्य से बहुत ही हत्प्रभ थे। गाँधी पर अपनी पुस्तक का समापन करते हुए मार्च 1923 में उन्होंने एक भारतीय विद्वान को लिखा था : "मैंने अपनी पुस्तक 'गाँधी' का समापन कर लिया है। इसमें मैंने आज भारत में प्रवाहित सरिता-स्वरूप दो महान आत्माओं को अपने श्रद्धासुमन अर्पित किए हैं। ये दोनों ही दिव्य आध्यात्मिकता से ओतप्रोत हैं। ये हैं गाँधी और टैगोर।" अगले ही महीने उन्होंने गाँधी और टैगोर के बीच कुछ वैषम्यों को भी दर्ज किया। यह उन्होंने सी.एफ. एंड्रूज द्वारा उपलब्ध कराई गई लिखित जानकारी के आधार पर किया है। एंड्रूज वही अंग्रेज पादरी थे, जो गाँधी और टैगोर दोनों के ही मित्र थे और जिनका गाँधी के जीवन पर दक्षिण अफ्रीका व भारत में बहुत गहरा प्रभाव रहा है। एंड्रूज ने रोमां रोलां को गाँधी और टैगोर के बीच के फर्क पर उनकी पारस्परिक चर्चा का ब्योरा दिया है (उस चर्चा में एंड्रूज वहाँ उपस्थित थे) :

"पहला मुद्दा मूर्तिपूजा का था। गाँधी इसके पक्ष में थे। उनका कहना था कि सामान्यजन सहज ही किसी गूढ़ अमूर्त विचार तक नहीं पहुँच पाता। (किन्तु)

टैगोर को इंसान से सदैव बच्चों की तरह व्यवहार करना नहीं सुहाता। गाँधी ने यूरोप की उन महान उपलब्धियों के उदाहरण दिए, जो 'ध्वज' को ही मूर्तिस्वरूप मानने से सम्भव हो पायीं थीं। टैगोर को इस पर सहज ही आपत्ति थी, किन्तु गाँधी अपनी बात पर जमे रहे। उन्होंने यूरोप के चील के चिन्हवाले झंडों की अपने झंडे से तुलना भी की (जिस पर उन्होंने चर्खे का चिन्ह अंकित किया था)। उनकी बहस का दूसरा विषय राष्ट्रवाद था। गाँधी इसके पक्षधर थे, उनका कहना था कि "अन्तर्राष्ट्रवाद का मार्ग राष्ट्रवाद की गलियों से ही होकर गुजरता है, (कुछ-कुछ) वैसे ही जैसे शान्ति तक पहुँचने के लिए युद्ध से गुजरना पड़ता है।"

टैगोर गाँधी की बहुत प्रशंसा करते थे, किन्तु अनेक विषयों पर उनसे असहमत भी थे। ये विषय थे : राष्ट्रवाद, देशभक्ति, सांस्कृतिक आदान-प्रदान का महत्व, तर्कवाद और विज्ञान की भूमिका तथा सामाजिक, आर्थिक विकास का स्वरूप। मेरा मानना है कि अन्तर स्थायी रूप से बने रहे, टैगोर निरन्तर कम परम्परावादी और अधिक तर्क आधारित दृष्टिकोण का पक्ष लेते रहे, उनका समूचे विश्व के मामलों में अधिक रुचि पर भी आग्रह बना रहा। कुल मिलाकर वे विज्ञान और वस्तुनिष्ठता के प्रति अधिक सम्मान के पक्षधर थे।

रवीन्द्रनाथ यह भी जानते थे कि वे गाँधी की भाँति देश को राजनीतिक नेतृत्व प्रदान नहीं कर पाते, और गाँधी ने देश के लिए जो कुछ किया, उसकी प्रशंसा करने में उन्होंने कभी कंजूसी नहीं की। वास्तव में गाँधी को 'महात्मा' कहना भी टैगोर ने ही प्रारम्भ किया था। किन्तु दोनों ही एक-दूसरे की अनेक मान्यताओं के गहन विरोधी भी थे। टैगोर की तुलना में देश और विश्व में गाँधी पर बहुत ही अधिक ध्यान दिया गया है, चिन्तन-मनन हुआ है। इस नाते भी गाँधी टैगोर संवाद में टैगोर के पक्ष को जानना महत्वपूर्ण हो जाता है।

अपनी जेल डायरी में नेहरू ने लिखा है : "शायद अच्छा ही हुआ कि टैगोर नहीं रहे, वे विश्व और भारत पर छाई आसन्न भीषण आपदाओं को देखने से बच गए। उन्होंने बहुत कुछ देखा था और (उनको लेकर) उन्हें बहुत गहन दुःख था।" वास्तव में अपने जीवन के अन्तकाल में टैगोर भारत की अवस्था को लेकर बहुत हतोत्साहित हो चले थे। इसका कारण था भूख और गरीबी जैसी सामान्य समस्याओं की चिन्ता और साथ में राजनीतिक स्तर पर हिन्दुओं और मुसलमानों के बीच संगठित ढंग से भड़काया जा रहा साम्प्रदायिक वैमनस्य। इसी वैमनस्य के कारण 6 वर्ष बाद देश के विभाजन के समय भीषण नरसंहार भी हुआ लेकिन टैगोर के जीवन के अन्तिम दिनों में भी काफी रक्तपात दिखाई पड़ रहा था। दिसम्बर 1939 में उन्होंने अपने मित्र लियोनार्ड एम्हर्स्ट को सदय अंग्रेज समाजसुधारक, जो उनके साथ भारत में ग्रामीण पुनर्निमाण के कार्यों में भी जुड़े रहे थे, और जिन्होंने इंग्लैंड में डार्टिंग्टन हाल ट्रस्ट की स्थापना की थी और टैगोर के शिक्षाविषयक आदर्शों को बढ़ावा देने के लिए

डार्टिंगटन में एक प्रगतिशील स्कूल भी स्थापित किया था। एक पत्र में लिखा था :

"उन लाखों-करोड़ों के भविष्य के प्रति चिन्ता करने के लिए किसी व्यक्ति का पराजित मनोवृत्ति से ग्रस्त होना आवश्यक नहीं है, जो अपनी अन्तर्भूत संस्कृति और शान्तिपूर्ण परम्पराओं को जानते हुए भी भूख, बीमारी, विदेशी और आन्तरिक शोषण तथा साम्प्रदायिकता की उमड़ती विभीषिकाएँ भुगतने को बाध्य हो रहे हैं।"

स्वतन्त्रता की 50वीं वर्षगांठ पर यह प्रश्न तो उठाया ही जा सकता है कि आज के भारत को देखकर टैगोर क्या सोचते? उन्हें प्रगति दिखाई देती या निष्फल सुयोग? सम्भवतः उन्हें सम्भावनाओं और श्रद्धाओं के प्रति विश्वासघात भी दिखाई देता। और कहीं अधिक व्यापक स्तर पर, आज के विश्व में फैल रहे सांस्कृतिक अलगाववाद पर उनकी प्रतिक्रिया क्या होती?

पूर्व और पश्चिम

टैगोर की विस्तृत और बहुमुखी सृजनात्मक उपलब्धियों के बाद भी पश्चिम में उनकी छवि संकीर्णतापूर्ण ही है। उन्हें 'पूर्व का एक महान रहस्यवादी' ही माना जाता है। एक ऐसा व्यक्ति जो अपने साथ कोई ऐसा पूर्वी सन्देश लाया है, जिससे कुछ सहमत हो सकते हैं, कुछ को वह बुरा लगेगा तो अन्य लोगों को उसमें कोई रुचि ही नहीं होगी। किन्तु यह टैगोर तो पश्चिम की अपनी रचना है, उसकी पूर्व से कुछ सन्देश पाने की परम्परा की रचना है, उस भारत से कुछ सीखने की गूढ़ लालसा का परिणाम है, जो हेगेल के शब्दों में, "सहस्राब्दियों से यूरोपी जनमानस के कल्पनालोक में बसा रहा है।" फ्रीडरिख श्लेगल, शीसिंग, हर्डर और शॉपेनहावर तो इस प्रकार सोचनेवाले चिन्तकों में से कुछ ही एक नाम हैं। पहले उन्होंने यह सिद्धान्त गढ़ा कि भारत बेहतर ज्ञान का स्रोत है। शॉपेनहावर ने तो एक बार यहाँ तक तर्क किया था कि 'न्यू टेस्टामेंट' भारतीय मूल की रचना होनी चाहिए। इसका प्रमाण इसमें निहित नीतिशास्त्र का पूर्णतः भारतीय स्वरूप है, जो आचार-विचार को संन्यासवृत्ति की दिशा में ले जाता है, और जिसमें निराशावाद तथा ईसा के रूप में 'अवतार' का विचार भी सन्निहित है। किन्तु फिर उन्होंने स्वयं ही अपनी अवधारणाओं को बड़ी बेदर्दी से ध्वस्त भी कर दिया और कभी-कभी तो भारत को ही इस वैचारिक विध्वंस का दोषी भी ठहरा डाला, क्योंकि भारत उनकी आधारहीन अपेक्षाओं की कसौटियों पर खरा नहीं उतर पाया था।

हम कल्पना कर सकते हैं कि गैर-पाश्चात्य परिधान में सजे, सुदर्शन और दढ़ियल रवीन्द्रनाथ के व्यक्तित्व से उन्हें लगा होगा कि यह व्यक्ति अवश्य किसी विलक्षण ज्ञान का 'वाहक' है। जापान के पहले नोबेल पुरस्कार विजेता साहित्यकार यासुनारी कावावाता ने अपने माध्यमिक स्कूली जीवन की स्मृतियों में 'इस साधू जैसे कवि' की यह छवि सँजो रखी है :

''उनके श्वेतकेश उनके माथे के दोनों ओर लहरा रहे थे, दोनों कनपटियों से नीचे उतरते केशगुच्छ भी दो दाढ़ियों का आभास देते थे और चेहरे के अन्य केशों के साथ मिलकर अन्ततः दाढ़ी में ही परिणित हो जाते थे। कुल मिलाकर उस समय मेरे बाल मन पर यही प्रभाव पड़ा था कि यह अवश्य ही पूरब से आया प्राचीन काल का कोई चमत्कारी पुरुष है।''

टैगोर के इसी बाहरी व्यक्तित्व का प्रभाव लेकर उन्हें पश्चिम में एक सर्वोत्कृष्ट रहस्यवादी कवि के रूप में भुनाया गया और इसी के कारण उन्हें एक 'संकीर्ण' छवि का बन्दी भी बना डाला गया। उनके इसी बाह्य रूप पर टिप्पणी करते हुए फ्रांसिस कॉर्नफोर्ड ने विलियम रॉदेन्स्टीन से कहा था : ''अब मैं सहज ही एक सशक्त और सौम्य ईसामसीह की कल्पना कर सकता हूँ, जो पहले कभी नहीं कर पाया था।'' बीट्रिस वेब को टैगोर बेहद नापसन्द थे और उसे लगता था कि जो कुछ भी उसे अच्छा लगता था, टैगोर उसके विरोधी थे। (टैगोर ने कभी इस पक्ष पर गौर किया अथवा नहीं, इसका कोई साक्ष्य उपलब्ध नहीं है।) किन्तु उसका भी कहना था : ''टैगोर देखने में सुन्दर लगते हैं और उनके सम्भाषण में ओज तथा धीमे-धीमे उच्चारण का उतार-चढ़ाव किसी नाटकीय सन्त सरीखा है।''

एजरा पाउंड और डब्ल्यू. बी. येट्स ने सबसे पहले पश्चिम में टैगोर के प्रशस्ति गीत गाए और शीघ्र ही वे उन्हें नजरअन्दाज करने लगे। कभी-कभी तो उग्र आलोचना भी कर बैठे। येट्स द्वारा टैगोर की प्रशंसा की एक झलक इस कथन (1912) में देखी जा सकती है : ''ये गीत अपने विचार लोक में एक ऐसे विश्व की छवि दिखा रहे हैं जिसका मैं जीवन-भर स्वप्न देखता रहा हूँ,...ये तो एक सर्वोत्कृष्ट सभ्यता की सर्जना है।'' किन्तु जब बहुमुखी प्रतिभा के धनी टैगोर को वे किसी एक तंग खाने में बांध पाने में असमर्थ हो गए, तो फिर उन्हीं टैगोर को 'तुच्छ टैगोर' कहने से भी बाज नहीं आए। टैगोर ने बहुत कुछ लिखा और अनवरत प्रकाशित कराया था। उनकी रचनाएँ अंग्रेजी में भी आईं कभी-कभी अटपटे अंग्रेजी अनुवाद में भी पर येट्स की कठिनाई यह थी कि वह टैगोर की बाद की रचनाओं को उस छवि में 'फिट' नहीं कर पा रहे थे, जो उन्होंने पश्चिम में प्रचारित कर रखी थी। उनके अनुसार : ''टैगोर उस समग्र देश, समग्र सभ्यता की उत्पत्ति हैं जिससे हम पूर्णत अनभिज्ञ हैं—किन्तु, जिसमें हमें अपनी ही छवि के दर्शन होते हैं—लगता है जैसे हम किसी स्वप्न में अपनी ही वाणी सुन रहे हैं।''

एजरा पाउंड और अन्य लोगों की तरह येट्स ने टैगोर के प्रति अपने प्रारम्भिक प्रशंसाभाव को नकारा नहीं और उनकी कुछ कविताओं को अपनी सम्पादित पुस्तक 'द ऑक्सफोर्ड बुक ऑफ मॉडर्न वर्स' (1936) में सम्मिलित भी किया। उन्होंने टैगोर के लेखों-निबन्धों आदि के बारे में कुछ सकारात्मक बातें भी कही थीं। किन्तु टैगोर द्वारा अपनी कुछ कविताओं के अंग्रेजी अनुवाद पर उन्हें घोर आपत्ति थी। उनका

कहना था : ''टैगोर अंग्रेजी नहीं जानते, कोई भारतीय नहीं जानता।'' 'गीतांजलि' के अंग्रेजी संस्करण तैयार करने में स्वयं येट्स ने सहयोग किया था। वैसे भी कविता का अनुवाद अत्यन्त कष्टसाध्य होता है। जिसने भी टैगोर की बांग्ला कविताएँ पढ़ी हैं वह उनके अनुवादों को सहज ही पचा नहीं पाता। भले अनुवाद में येट्स ने ही क्यों न सहयोग किया हो। उनके (टैगोर के) गद्य के अनुवाद में भी समस्याएँ आई हैं। टैगोर के एक बांग्ला उपन्यास के अंग्रेजी अनुवाद 'द होम एंड द वर्ल्ड' (1919) को लेकर ई.एम. फॉर्स्टर ने अपनी समीक्षा में लिखा था : ''कथावस्तु तो बहुत ही सुन्दर है, किन्तु इसका सारा सौन्दर्य अनुवाद में विलुप्त हो गया है—यह एक ऐसा प्रयोग है जो सफल नहीं हो पाया।''

अपनी अंग्रेजी सम्बन्धी प्रतिष्ठा के उत्कर्ष और अपकर्ष में कुछ न कुछ भूमिका टैगोर की भी रही है। उन्होंने अतिशय प्रशंसा को बहुत ही आश्चर्य और खुशी के साथ स्वीकार किया था, तो आलोचना से वे चकित रह गए और अपने कष्ट को छुपा नहीं पाए। टैगोर आलोचना के प्रति बहुत ही संवेदनशील थे, उन्हें बहुत ही विचित्र आलोचनाएँ भी कष्ट पहुँचाती थीं। ऐसी ही एक आलोचना थी कि उन्हें उस 'गीतांजलि' का श्रेय मिला है जिसे येट्स ने लिखा था। यह आरोप 'द टाइम्स' के एक संवाददाता सर वेलेंटाइन शिरोल ने लगाया था। इन्हीं शिरोल को कभी ई.एम. फॉर्स्टर ने 'प्रतिक्रियावादी एंग्लो इण्डियन खडूस' कहा था। कभी-कभी टैगोर ने अपने अति उत्साही समर्थकों के अनगढ़ प्रयासों का भी विरोध किया था। उन्होंने 1920 में सी.एफ. एंड्रूज को लिखा था : ''ये लोग तो अपने ही स्वच्छ अन्तरालों से भयभीत शराबियों की तरह हैं।''

ईश्वर और अन्य

टैगोर की रचनाओं में प्रचुर धार्मिक तत्वों के बारे में येट्स का आंकलन गलत नहीं था। निश्चय ही जीवन और मरण को लेकर टैगोर ने बहुत उत्कृष्ट और अभिभूत करनेवाली बातें कही हैं। विल्फ्रेड ओवेन जब युद्ध में भाग लेने जा रहे थे। जो उनके जीवन का अन्त ही बन गया) तो अपनी माँ सूज़न ओवेन से उनकी जो बातें हुई थीं, उनका उल्लेख करते हुए सूज़न ने 1920 में रवीन्द्रनाथ को लिखा था कि विल्फ्रेड ने मुझे अलविदा कहते हुए आपके इन अद्भुत शब्दों का प्रयोग किया : ''जब मैं यहाँ से विदा हो जाऊँ तो इन्हीं को मेरा विदा सन्देश मान लेना।'' जब विल्फ्रेड की पॉकेट नोटबुक उसकी माँ को लौटाई गई तो उसमें यही शब्द अंकित थे और उनके नीचे लिखा था : रवीन्द्रनाथ।

ईश्वर से प्रत्यक्ष, आनन्दपूर्ण और निर्भय सम्बन्ध का विचार टैगोर की अनेक धार्मिक रचनाओं में आया है। 'गीतांजलि' की कई कविताओं में भी यह भाव देखा जा सकता है। भारत की विविध धार्मिक परम्पराओं से उन्होंने अनेक विचार ग्रहण

किए थे। ये विचार पुरातन ग्रन्थों और लोकगीतों से लिए गए थे। किन्तु उनके पदों से 'थियोफिस्टों की चमकीली पथरीली आँखें तो नहीं ही झाँकती।' 'गीतांजलि' की आरम्भिक अंग्रेजी बहुत अटपटी थी, उसमें मूल रचना की सादगी भी लुप्त हो गई थी, फिर भी उसमें किसी प्रकार के गूढ़ अध्यात्म की अपेक्षा मानवता अपने मौलिक रूप में प्रवाहमान थी :

यह मन्त्रोचार छोड़ो, गायन छोड़ो, माला के मनके फेरना छोड़ो,
इस अन्धकारयुक्त मन्दिर के दरवाजे बन्द किए
किसकी पूजा कर रहे हो?
अपनी आँखें खोलो, देखो, यहाँ तुम्हारे सामने ईश्वर नहीं है,
वह तो वहाँ है जहाँ किसान हल चला रहा है,
जहाँ मजदूर सड़क बनाने के लिए पत्थर तोड़ रहा है,
वह तो धूप और वर्षा में उनके साथ खड़ा है,
उसके सब वस्त्रों पर कितनी गर्द चढ़ी है।

टैगोर की कितनी ही भक्तिवादी रचनाओं में धार्मिक अनुभूति विषयक अस्पष्टता दृष्टव्य हैं। इसी कारण से वे सभी प्रकार की आस्थाओंवाले पाठकों को रुचिकर भी लगती है। उनकी विस्तृत व्याख्या के प्रयास में उस 'अस्पष्टता' का तो कबाड़ा ही हो जाएगा। यह बात उनकी मानवीय प्रेम और विशुद्ध श्रद्धा के भावों को समाहित करती कविताओं पर विशेष रूप से सटीक बैठती है। टैगोर लिखते हैं :

आज मैं सो नहीं पाऊँगा,
हे मित्र, मैं तो बार-बार दरवाजा खोलकर बाहर अँधेरे को देख रहा हूँ।
मुझे कुछ भी सूझ नहीं रहा—जाने किस पथ से तुम आते हो,
काली स्याही जैसी नदी के किस किनारे से
भयावह जंगल के किस छोर से,
निराशा की भूलभुलैया की किस गहराई से,
हे मेरे प्रिय, तुम मेरी ओर चले आते हो?

सम्भवतः जैसे येट्स ने व्याख्या दी है, यहाँ 'एक सूने घर में किसी नौकर या फिर दुल्हन की अपने स्वामी की प्रतीक्षा ही मन को ईश्वर की ओर ले जाती प्रतीत होती है।' पर येट्स द्वारा भरसक प्रयास किया गया है कि कहीं पाठक 'मुख्य बात' को अनदेखा न कर जाए। इसी प्रयास में बांग्ला कविता का लुभावने सौन्दर्य वाला अंश भी लुप्त हो गया, जो अंग्रेजी अनुवाद में पुरातन भाषा से बच गया था।

टैगोर के धार्मिक विश्वास निश्चय ही बहुत सशक्त थे, किन्तु उनमें किसी प्रकार की मतमतान्तरवादिता नहीं थी? वे और अनेक बातों में भी रुचि रखते थे

और उनके विषय में कहने के लिए कितनी ही विलक्षण बातें उनके पास थीं। उनके कुछ विचार तो प्रत्यक्षतः राजनीतिक थे, जो उनके पत्रों और भाषणों में झलकते हैं। उन्होंने स्पष्ट और व्यावहारिक रूप में राष्ट्रवाद, युद्ध और शान्ति, बहु-सांस्कृतिक शिक्षा, मानसिक स्वतन्त्रता, तर्काश्रित आलोचना के महत्व और सांस्कृतिक पटल पर खुलेपन के बारे में अपने विचार व्यक्त किए हैं। किन्तु उनके पश्चिमी प्रशंसक तो प्रारम्भिक संरक्षकों द्वारा चिह्नित छवि से ही बँधे रहना चाहते थे। यूरोप और अमरीका में लोग उनके सार्वजनिक भाषण इस आशा से सुनने पहुँचते थे कि वे किसी महान अतीन्द्रिय विषय का प्रतिपादन करेंगे। किन्तु जब वे उन्हें सार्वजनिक जीवन में नेताओं के आचार-व्यवहार की बात करते सुनते तो उन्हें कुछ क्षोभ होता था। राजनीतिक आलोचना के इसी स्वरूप को ई.पी. थॉमसन ने 'सात सौ डॉलर प्रति गाली की दर से दी गई गालियाँ' कहा है।

तर्क और स्वतन्त्रता

लोगों के स्वतन्त्रतापूर्वक निर्वाह और तर्क कर पाने को टैगोर बहुत महत्वपूर्ण मानते थे। उनके राजनीति और संस्कृति, राष्ट्रवाद और अन्तर्राष्ट्रवाद, परम्परा और आधुनिकता आदि विषयक विचारों को इसी स्वातन्त्र्य भावना की दृष्टि से देखा जाना चाहिए। उनके जीवन दर्शन को 'गीतांजलि' की यह रचना बहुत ही सटीक रूप से दर्शाती है :

जहाँ मानस में भय नहीं है और सिर ऊँचा उठा है,
जहाँ ज्ञान स्वतन्त्र है,
जहाँ विश्व को स्थानीय संकीर्णता की दीवारों ने टुकड़े-टुकड़े नहीं कर दिया है
जहाँ तर्क की निर्मल धारा निर्जीव आदतों की मरुभूमि में
विलुप्त नहीं हो गई है,
ओ पिता, स्वतन्त्रता के उसी स्वर्ग में मेरे राष्ट्र को जगा।

रवीन्द्रनाथ का राष्ट्रवादी आन्दोलनों को सीमित समर्थन और विदेशी शासन की गुलाम मनोवृत्ति के प्रति विरोध उनकी इसी निष्ठा पर आधारित थे। देशभक्ति को लेकर उनकी शंकाओं का आधार भी यही था। उनका कहना था कि यह 'स्थानीय संकीर्णता की दीवारों' से परे के विचारों को ग्रहण करने और अन्य देशों की जनता के स्वतन्त्रता आन्दोलनों के समर्थन की स्वतन्त्रता में बाधक हो सकती है। तर्कहीन परम्परावाद के प्रति आक्रोश उनकी स्वतन्त्रता-प्रतिबद्धता का आधार था। वे मानते थे कि परम्परावाद हमें अतीत का बन्दी बना रखता है—हमें 'निर्जीव आदतों की मरुभूमि' में विलीन कर देता है।

अपनी 'करतारभूत' (कर्ता का भूत) नामक कहानी में टैगोर हमें अतीतजीविता

के दमन के दर्शन कराते हैं। एक काल्पनिक देश के मरणासन्न नेता के पास दुख कातर अनुयायियों का समूह एकत्र होकर उससे विनय करता है कि वह मृत्यु के बाद भी उनका मार्गदर्शन करता रहे। नेता उनकी प्रार्थना स्वीकार कर लेता है। पर शीघ्र ही जनता को लगने लगा कि उनका दैनिक जीवन तो तरह-तरह की प्रथाओं और बन्धनों में जकड़ गया है, और वे अपने आसपास की दुनिया से कटते जा रहे हैं। अन्ततः वे उसी नेता से उन्हें इस दमन से मुक्ति की प्रार्थना करते हैं। वह कहता है कि मैं तो केवल तुम्हारे मन में बसा हूँ (मेरा कोई वास्तविक अस्तित्व नहीं है)।

अतीत के प्रति ऐसी कोई प्रतिबद्धता, जिसका वर्तमान में तर्क के आधार पर परिमार्जन न हो पाए, टैगोर को स्वीकार्य नहीं थी। यह बात वे किसी पुराने वचन को निभाने पर भी लागू मानते थे। एक बार महात्मा गाँधी की शान्तिनिकेतन यात्रा पर किसी युवती ने उनके हस्ताक्षर (ऑटोग्राफ) माँगे, तो उन्होंने एक सन्देश भी लिख दिया : "कभी जल्दबाजी में कोई वचन न दो, किन्तु एक बार दिए वचन को जीवन देकर भी अवश्य पूरा करो।" इस सन्देश को पढ़कर टैगोर को बहुत क्षोभ हुआ। उन्होंने उसी पुस्तिका में बांग्ला में एक कविता लिख डाली कि कभी किसी को मिट्टी की बनी जंजीरों से बन्दी नहीं बनाया जा सकता। साथ ही अंग्रेजी में भी लिख दिया, ताकि गाँधी भी समझ सकें कि अगर वह वचन गलत सिद्ध हो तो उसे तोड़ देना बेहतर होगा।

टैगोर एक व्यक्ति और राजनेता के रूप में गाँधी के बहुत प्रशंसक थे, किन्तु उनकी देशभक्ति के स्वरूप और पुरातन परम्पराओं के प्रति उनके श्रद्धाभाव को लेकर उन्हें अनेक शंकाएँ भी थीं। उन्होंने कभी गाँधी की व्यक्तिगत रूप में आलोचना नहीं की। अपने निबन्ध 'गाँधी द-मैन' (1938) में उन्होंने लिखा है : "एक महान राजनीतिज्ञ, एक संगठनकर्ता, एक जननायक, एक नैतिक सुधारक के रूप में होते हुए भी एक व्यक्ति के रूप में गाँधी कहीं अधिक महान हैं—ये सब पक्ष और गतिविधियाँ उनकी मानवता को सीमित कर देती हैं। वास्तव में ये सभी कार्य उसी मानवता से प्रेरित हैं, उसी से उन्हें जीवन धारण की क्षमता मिलती है।"

फिर भी दोनों व्यक्तियों के बीच बहुत गहरा अन्तर भी था। अपनी असहमतियों के बारे में भी टैगोर ने बहुत स्पष्ट रूप से लिखा है :

"हम जो अवसर तर्क की अनदेखी की प्रवृत्ति को गौरवमयी मान लेते हैं, इसके स्थान पर अन्धश्रद्धा को स्थापित कर लेते हैं, इसी को 'अमूल्य अध्यात्मिक' मान लेते हैं, साथ ही इसके द्वारा हमारे मस्तिष्क और भविष्य में व्याप्त होनेवाली अस्पष्टता के रूप में इसकी कीमत भी भरते हैं। "मैं महात्माजी को अपने देशवासियों की सहज विश्वास कर लेने की अतर्कशील प्रवृत्ति का शोषण कर बहुत ही शीघ्र एक ढाँचा खड़ा करने का दोषी मानता हूँ, क्योंकि इस प्रकार से तो आधार और कमजोर हो जाता है। इस प्रकार मैं राष्ट्र के मार्गदृष्टा के रूप में महात्माजी का आंकलन

प्रारम्भ करता हूँ। मेरा सौभाग्य ही है कि इस बिन्दु पर मैं इस आंकलन का समापन नहीं कर रहा...''

यह सत्य है कि 'आंकलन का समापन' भले उस बिन्दु पर नहीं हुआ हो, किन्तु जीवन दृष्टि का यह अन्तर एक सशक्त विभाजन बिन्दु अवश्य है।

टैगोर कभी भी गाँधी के इस आग्रह कि ''प्रत्येक देशवासी घर पर चरखा चलाए'' से सहमत नहीं हो पाए। गाँधी के लिए यह भारत की आत्मानुभूति को जागृत करने के प्रयास का एक महत्वपूर्ण अंग था। गाँधी के जीवनीकार बी.आर नन्दा के अनुसार : ''धीरे-धीरे यह चरखा चलाना ही गाँधी की भारत की ग्राम-आधारित अर्थव्यवस्था के उत्थान का केन्द्रबिन्दु बन गया।'' किन्तु टैगोर को इस योजना का आर्थिक तर्काधार बहुत ही अविश्वसनीय लगता था। रोमां रोलां ने लिखा भी है कि ''टैगोर चरखे की आलोचना से कभी नहीं थकते।'' सम्भवतः टैगोर का विचार आर्थिक दृष्टि से ठीक भी था। बहुत उच्चकोटि के काते गए सूत से बने कपड़े के सीमित से बाजार के अपवाद को छोड़ दें, तो हाथ से कताई का अर्थशास्त्र (भले ही वह चरखा गाँधी के चरखे से कितना ही उन्नत हो) विचित्र ही लगता है। हाथ से कताई का व्यवसाय तो सरकार द्वारा भारी सहायता की उपलब्धता के सहारे ही जीवित रह सकता है।

किन्तु गाँधी की चरखे की वकालत केवल अर्थशास्त्र पर नहीं टिकी थी। वे चाहते थे कि प्रत्येक भारतीय रोज आधा घंटा चरखा काते। इसे वे समृद्ध लोगों को पिछड़े हुओं की दशा का दर्शन कराने का माध्यम मानते थे। उन्हें इस बात को लेकर बहुत परेशानी थी कि टैगोर इस बात को क्यों नहीं समझ पा रहे।

''कविजी तो कल के लिए जी रहे हैं, और चाहते हैं कि हम भी उन्हीं की तरह रहें...वे पूछ सकते हैं : 'मुझे कौन-सी रोटियों की कमी पड़ी है जो चरखा चलाऊँ?' मैं तो वो सब कुछ खा रहा हूँ जिस पर मेरा हक नहीं है–जो अन्य देशवासियों की मेहनत से बना है। अपनी जेब में आ रहे प्रत्येक सिक्के के उद्‌गम को खोजने का प्रयास करो, (तुम्हें) तुरन्त मेरी बात की सच्चाई समझ आ जाएगी। सबको कताई करनी ही चाहिए। टैगोर को भी उन्हें अपने विदेशी वस्त्र जला देने चाहिए। आज का कर्तव्य यही है। कल की चिन्ता तो ईश्वर अपने आप करेगा।''

यदि टैगोर गाँधी की किसी बात को ठीक से समझ नहीं पाए, तो गाँधी भी टैगोर की आलोचना के मुख्यबिन्दु को ग्रहण नहीं कर पाए। टैगोर का मानना था कि चरखे से कोई आर्थिक सिद्धि नहीं मिलनेवाली और न ही यह किसी के लिए आत्मचिन्तन का माध्यम हो सकता है। ''चरखा किसी को सोचने को बाध्य नहीं करता बस व्यक्ति एक बहुत पुरानी खोज का पहिया घुमाता रहता है–इस काम में सूझबूझ और शक्ति का न्यूनतम प्रयोग होता है।''

ब्रह्मचर्य और व्यक्तिगत जीवन

टैगोर और गाँधी के व्यक्तिगत जीवन सम्बन्धी विचारों में भी बहुत अन्तर थे। गाँधी 'ब्रह्मचर्य के सद्गुणों' के प्रति आग्रहशील थे। इस विषय में उन्होंने कुछ सिद्धान्त भी गढ़े थे। कुछ वर्षों के गृहस्थ जीवन के बाद उन्होंने सार्वजनिक रूप से अपनी पत्नी से भी शारीरिक सम्बन्ध नहीं रखने के निजी संकल्प की घोषणा कर डाली थी। इस बारे में रवीन्द्रनाथ के विचार बहुत ही अलग थे और उन्होंने बड़ी विनम्रता से अपनी असहमति कुछ इस प्रकार जताई है।

"(गाँधीजी) स्त्री-पुरुष सम्बन्ध को मानव की नैतिक प्रगति में बाधक मानते हैं और इससे 'द क्रूत्ज सोनाटा' के रचयिता की भाँति ही भयभीत हैं। किन्तु तोल्स्तोय के विपरीत, काम के आकर्षणों के प्रति घृणाभाव से नहीं भरे हैं। वास्तव में नारी के प्रति उनकी विनम्रता तो बहुत ही स्पृहणीय है और उनके चरित्र का यह पक्ष बहुत ही सुदृढ़ है। वे जिस महान आन्दोलन का नेतृत्व कर रहे हैं उसमें अनेक सबसे सच्चे और अच्छे सहयोगियों में वे देश की महिलाओं को गिनते हैं।"

टैगोर का व्यक्तिगत जीवन कई प्रकार से सुखकर नहीं रहा। उनका विवाह 1883 में हुआ, किन्तु 1902 में उनकी पत्नी का निधन हो गया। उन्होंने पुनः विवाह नहीं किया। वे जिस प्रकार का निकटतापूर्ण साथ चाहते थे, उन्हें नहीं मिल पाया। उन्होंने एक बार अपनी पत्नी मृणालिनी को लिखा भी था : "यदि तुम और मैं अपने सभी कामों और विचारों में भी सहभागी हो जाएँ तो यह अतिउत्तम हो। किन्तु हमें वह सब तो नहीं मिल पाता जिसकी हम कामना करते हैं।" उनकी अपने बड़े भाई ज्यातिरिन्द्रनाथ की साहित्यप्रेमी पत्नी कादम्बरी के साथ बहुत दृढ़ मित्रता और शुद्ध अध्यात्मिक स्नेह था। उन्होंने विवाह से पूर्व और पश्चात् अपनी अनेक कविताएँ और पुस्तकें उन्हीं को समर्पित की हैं (वास्तव में यह पूरी तरह से कोई नहीं जानता कि मात्र 25 वर्ष की आयु में, रवीन्द्रनाथ के विवाह के चार मास बाद ही कादम्बरी ने आत्महत्या क्यों कर ली थी)।

इसके बहुत बाद, 1924-25 में अर्जेंटिना प्रवास के दौरान टैगोर का सम्बन्ध विक्टोरिया ओकेम्पो नामक एक प्रतिभावान रूपसी से बना। इसी ने बाद में 'सुर' नामक साहित्यिक पत्रिका का प्रकाशन भी किया था। "किन्तु लगता है कि रवीन्द्रनाथ ने आसक्तिपूर्ण सम्बन्ध की सभी सम्भावनाओं को एक बौद्धिक मोड़ दे दिया था।" अर्जेंटिना में टैगोर के सहयात्री ल्योनार्ड एम्हर्स्ट ने लिखा है :

"टैगोर की रचनाओं की बौद्धिक समझ के साथ-साथ वह टैगोर से प्यार भी करती थी। किन्तु उस सम्बन्ध को केवल बौद्धिक स्तर तक सीमित न रख वह टैगोर पर अपना पूर्ण अधिकार स्थापित करने की जल्दी में थी—और टैगोर को यह किसी तरह स्वीकार्य नहीं था।"

यद्यपि ओकेम्पो और एम्हर्स्ट मित्र तो बने रहे, पर उन्होंने अपने लेखन में एक-दूसरे पर बड़े तीखे प्रहार भी किए हैं। ओकेम्पो की टैगोर सम्बन्धी पुस्तक (जिसका प्रतिष्ठित कवि और आलोचक शंखोघोष ने स्पेनी भाषा से बांग्ला में अनुवाद किया है) मुख्यतः टैगोर की रचनाओं पर केन्द्रित है, किन्तु उसमें टैगोर-ओकेम्पो सम्बन्धों के खट्टे-मीठे आयामों की भी चर्चा है। यह चर्चा एम्हर्स्ट के विवरणों से बहुत अलग है और इसमें अधिकार स्थापित करने जैसी मानसिकता की कोई झलक नहीं मिलती।

किन्तु ओकेम्पो यह भी स्पष्ट कहती है कि वह रवीन्द्रनाथ से निश्चय ही शारीरिक निकटता चाहती थी। उसने लिखा है : "धीरे-धीरे उन्होंने (टैगोर ने) उस युवती को वश में कर लिया, जो कभी उग्र तो कभी विनम्र हो जाती थी, किन्तु उनके दरवाजे के बाहर किसी पालतू कुत्ते की तरह सोना नहीं चाहती थी, क्योंकि वैसा उचित नहीं होता।" रवीन्द्रनाथ भी उसकी ओर आकर्षित थे। उन्होंने उसे विक्टोरिया का संस्कृत समानार्थी 'विजया' नाम दिया था और अपनी एक काव्यकृति 'पूरबी' सांध्य-गीत भी उसे समर्पित की। टैगोर उसके बौद्धिक स्तर के भी बड़े प्रशंसक थे और उसकी संवेदना की तुलना 'किसी दूरवर्ती तारे' से करते थे। अपने मौन और संकोच की व्याख्या जैसी करते हुए उन्होंने एक पत्र में उसे लिखा था :

"जब हम साथ थे तो हम शब्दों से खिलवाड़ करते रहे और एक-दूसरे को स्पष्टतः देख पाने के अवसरों को हँसी में उड़ाते रहे। किन्तु जब घोंसला आकाश का, ईर्ष्यालु प्रतिद्वन्द्वी बनने के जरा भी संकेत देने लगता है तो मेरा मन किसी प्रवासी विहंग की भाँति किसी सुदूर तट की ओर उड़ चलता है।"

पाँच वर्ष बाद (1930 में) यूरोप-प्रवास के दौरान टैगोर ने उसे तार दिया कि मुझसे मिलने आने की आवश्यकता नहीं है, पर वह फिर भी चली आई। फिर भी बातचीत से आगे कोई बात नहीं बढ़ी। बस उनका कुछ-कुछ अस्पष्टतापूर्ण पत्र-व्यवहार अवश्य चलता रहा। देहान्त से एक वर्ष पूर्व, 1940 में, लिखी गई टैगोर की एक कविता जो 'शेष लेखा' में संकलित है, सम्भवतः उसी से सन्दर्भित है :

कितनी लालसा थी कि
एक बार फिर उस परदेसी धरती का मार्ग पा जाऊँ,
जहाँ मेरे लिए एक प्रेमसन्देश प्रतीक्षा कर रहा है
मैं उसकी भाषा नहीं जानता,
किन्तु उसकी आँखों ने जो कुछ कहा था
वह उनके विषाद में सदैव अभिव्यक्त होता रहेगा।

टैगोर चाहे जितने अनिश्चयी, या दिग्भ्रमित या उखड़े हुए से रहे हों, पर उनका गाँधी जैसी आत्मदमनकारी जीवनशैली पर कोई विश्वास नहीं था। वास्तव में सामाजिक जीवन में जहाँ गाँधी आत्मसंयम के पक्षधर थे, वहीं टैगोर गर्भनिरोध और परिवार नियोजन के पक्ष में थे।

विज्ञान और सर्वसाधारण जन

विज्ञान सम्बन्धी दृष्टिकोण को लेकर तो गाँधी और टैगोर में बहुत तीखी झड़प ही हुई थी। जनवरी 1934 के भीषण भूकम्प में हजारों लोगों की जाने गईं और भारी नुकसान हुआ था। उन दिनों अस्पृश्यता के विरुद्ध आन्दोलन में लगे, गाँधी को उस दर्दनाक घटना से एक सकारात्मक सीख मिली। उन्होंने कहा कि यह भूकम्प वास्तव में अस्पृश्यता जैसे हमारे पापों की सजा के रूप में ईश्वर का प्रकोप ही है। मेरे विचार में बिहार की इस आपदा का वहाँ विद्यमान अस्पृश्यता से सीधा नाता है।

टैगोर को भी अस्पृश्यता से उतनी ही घृणा थी। इसी कारण वे भी गाँधी के आन्दोलन में शामिल हो गए थे। किन्तु हजारों मासूमों, विशेषकर बच्चों और शिशुओं की मौत का कारण बनी घटना की इस प्रकार की व्याख्या का उन्होंने जमकर विरोध किया। वह भूकम्प की उस व्याख्या के विरुद्ध थे, जिसमें इसे किसी नीतिशास्त्रीय विफलता का परिणाम कहा जाता हो। उन्होंने कहा कि यह तो और भी बुरी बात है कि हमारे देश के अधिकांश लोग इस प्रकार की गैर-वैज्ञानिक बातों को स्वीकार कर लेते हैं।

विज्ञान के प्रति दृष्टिकोण के कारण टैगोर और गाँधी में भारी अन्तर बना रहा। टैगोर यह तो मानते थे कि भौतिक घटनाक्रमों को समझने के लिए आधुनिक विज्ञान की आवश्यकता है, किन्तु मीमांसा विषयक उनके विचार प्रतिगामी ही दिखे। वे आधुनिक विज्ञान से जुड़ी 'वस्तुपरकता' को प्रायः स्वीकार नहीं कर पाते थे। आइन्स्टीन से उनके संवाद की एक रिपोर्ट 1930 में 'न्यूयार्क टाइम्स' में छपी थी। उससे स्पष्ट हो जाता है कि टैगोर किस प्रकार सत्य की, प्रत्यक्ष दर्शन और अनुभूतियों के माध्यम से, व्याख्या करने पर आग्रह कर रहे थे। जब तक कोई प्रत्यक्ष देखने, अनुभव करनेवाला नहीं रहा हो, किसी बात के सत्य या असत्य का निर्णय कर लेने का विचार टैगोर को सन्देहास्पद ही लगता था। जब आइन्स्टीन ने पूछा, "मानवरहित होने की स्थिति में 'अपोलो बेल्वेडर' सुन्दर नहीं रहेगा?' टैगोर का उत्तर था "नहीं।" इसके बाद आइन्स्टीन और गहरी बात कह गए, "मैं इस सौन्दर्यबोध से तो सहमत हूँ पर सत्यबोध से नहीं," तो टैगोर का उत्तर था : "क्यों नहीं? आखिर सत्य की सम्प्राप्ति भी तो मानव के ही माध्यम से होती है।"

टैगोर ने तो अपनी इस मीमांसा का अधिक व्यवस्थित विकास नहीं किया, किन्तु आगे चलकर हिलेरी पुट्नम ने इसे बहुत अच्छी तरह विकसित किया। कहा, "सत्य अवधारणाओं पर निर्भर रहता है, तथापि वही 'वास्तविक सत्य' है।" टैगोर ने अपनी धारणाओं की अधिक व्याख्या नहीं की, किन्तु उनकी इस विपरीत धारणा पर विचार महत्वपूर्ण है, क्योंकि अक्सर उनके द्वारा उठाए गए प्रश्न सारगर्भित होते

थे और सभी बातों, विज्ञान तक में उनकी गम्भीर रुचि विश्लेषण पर ही आधारित थी।

राष्ट्रवाद और उपनिवेशवाद

टैगोर साम्प्रदायिक क्षेत्रीयता के उस स्वरूप के विरोधी थे जहाँ हिन्दू रुढ़िवादिता इस्लामी, ईसाई या सिख धर्मों को अपने विरोधी के रूप में देखती थी। किन्तु उन्हें तो किसी सीमा तक राष्ट्रवाद पर भी सन्देह था। इसाइया बर्लिन ने भारतीय राष्ट्रवाद पर टैगोर के जटिल विचारों का विवेचंन किया है (यद्यपि राजनीतिक स्वातन्त्र्य सम्बन्धी टैगोर के विचारों का वे कुछ अति सरलीकरण कर गए हैं)।

"बेहद तंग रास्ते पर टैगौर दृढ़तापूर्वक खड़े रहे और कठिन सत्य की अपनी संकल्पना से विचलित नहीं हुए। उन्होंने अतीत के प्रति अतिशय आसक्ति का खंडन किया और उसे भारत को बलि के बकरे की तरह खूँटे से बाँधने के समान बताया। इस प्रकार की आसक्ति दर्शानेवालों को वे प्रतिक्रियावादी मानते थे, जिन्हें वास्तविक राजनीतिक स्वातन्त्र्य का ज्ञान ही नहीं था। उन्होंने यह भी स्पष्ट किया कि स्वातन्त्र्य की यह संकल्पना तो अंग्रेज-चिन्तकों के विचारों और पुस्तकों की ही देन है। किन्तु विश्ववाद के विरुद्ध उनका आग्रह था कि जिस प्रकार इंग्लैंड अपने पैरों पर खड़ा है, उसी प्रकार भारत को भी स्वावलम्बी होना चाहिए। 1917 में एक बार फिर उन्होंने सबकुछ मालिक की इच्छा के अधीन छोड़ देने के जोखिम की भर्त्सना की। वह मालिक कोई ब्राह्मण हो या अंग्रेज।"

इसाइया बर्लिन द्वारा लक्षित यह द्वैधाभास टैगोर के सांस्कृतिक विविधता सम्बन्धी दृष्टिकोण में भी झलकता है। वे चाहते थे कि भारतीय यह अवश्य जान लें कि अन्य देशों में क्या हो रहा है, वहाँ लोग कैसे रहते हैं, किस बात को महत्वपूर्ण मानते हैं, आदि किन्तु वे अपनी संस्कृति और धरोहर से अवश्य जुड़े रहे। उन्होंने शिक्षा सम्बन्धी अपने लेखों में भी इस प्रकार के सांस्कृतिक संश्लेषण पर आग्रह किया है। विदेशों में पढ़ रहे भारतीय शिक्षार्थियों को भी वे यही सीख देते थे। 1907 में अमरीका में कृषि का अध्ययन करने गए अपने दामाद नगेन्द्रनाथ गांगुली को उन्होंने लिखा था :

"स्थानीय लोगों से परिचय तो तुम्हारी शिक्षा का ही अंग है। केवल कृषि सीखना पर्याप्त नहीं होगा, अमरीका को भी समझो। किन्तु यदि अमरीका को जानने के प्रयास में अमरीकीपन के पाश में फँसने और भारतीयता के सभी तत्वों के प्रति घृणाभाव विकसित करने का, अपनी पहचान ही खो बैठने का खतरा हो, तो किसी कमरे में बन्द रहना ही श्रेयस्कर होगा।"

टैगोर अनेक अवसरों पर अंग्रेजी राज के विरुद्ध आन्दोलनों में भी शामिल रहे—इनमें से 1905 का बंग-भंग विरोधी आन्दोलन बहुत ही महत्वपूर्ण था। व्यापक

जन आक्रोश के कारण अंग्रेजों को अन्ततः बंग-भंग योजना वापस लेनी पड़ी थी। टैगोर ने भारत में ब्रिटिश शासन की क्रूरता का जमकर विरोध किया। अमृतसर में 13 अप्रैल 1919 को शान्तिपूर्ण सभा कर रहे जनसमूह पर गोली चलवाकर 379 निहत्थे और बेगुनाह लोगों को मौत के घाट उतारे जाने के बाद तो यह विरोध और भी दृढ़तर हो गया (इस घटना में 2000 से अधिक लोग घायल भी हुए थे)। तभी 23-26 अप्रैल के बीच उन्होंने सी.एफ. एंड्रूज को पाँच रोष भरे पत्र लिख डाले। एंड्रूज स्वयं भी बहुत विचलित हो रहे थे। उसके बाद तो और भी अधिक, जब एक अंग्रेज सिविल सर्वेंट ने एंड्रूज के सामने यहाँ तक कह डाला कि इस शक्ति प्रदर्शन का धन्यवाद दिया जाना चाहिए। अंग्रेजी राज की 'नैतिक प्रतिष्ठा' इतनी ऊँचाई पर पहले कभी नहीं पहुँची थी।

इस नरमेघ के एक मास बाद टैगोर ने वाइसराय को पत्र लिखा और चार वर्ष पूर्व स्वीकार किया गया 'सर' का सम्मान लौटा देने की पेशकश की :

"जिस प्रकार से, और जितनी क्रूरता से उन अभागों को दंडित किया गया है, हमारे विचार में यह घटना सभ्य शासन व्यवस्थाओं के इतिहास में अद्वितीय होगी। ऐसा निकट या सुदूर अतीत में शायद ही कभी हुआ हो। यह व्यवहार एक निहत्थी और संसाधन विहीन जनता के साथ एक ऐसी शक्ति द्वारा किया गया है जिसके पास मानव जीवन का विनाश करने के लिए एक अत्यन्त भयावह तन्त्र मौजूद है। हमारा दावा है कि नैतिक औचित्य तो क्या (यह शक्ति) राजनीतिक तात्कालिकता के तकाजे का दावा भी नहीं कर सकती...हमारे शासकों ने भले ही हमारी जनता के हृदय से उठी इस चीत्कार को अनसुना कर दिया है—शायद वे ऐसा अविस्मरणीय सबक सिखाने के लिए खुद अपनी ही पीठ भी थपथपा रहे हैं—किन्तु मैं तो इस अवसर पर अपने सभी अलंकरणों को त्याग कर उन देशवासियों के साथ खड़ा होना चाहूँगा, जिन्हें आप इतना तुच्छ मानते हैं कि मानवों के लिए सर्वथा त्याज्य व्यवहार सहने को उन्हें विवश कर रहे हैं।"

गाँधी और नेहरू दोनों ने ही राष्ट्रीय आन्दोलन में टैगोर के योगदान की भूरि-भूरि सराहना की है। यह उचित ही था कि स्वतन्त्र भारत ने, टैगोर के गीत 'जनगण मन अधिनायक' को ही, अपने राष्ट्रगान के रूप में चुना। इसे 'जन साधारण के मन के नायक' के रूप में समझा जा सकता है। बाद में चलकर बंगला देश ने भी टैगोर के ही गीत 'आमार सोनार बांग्ला' को यही सम्मान दिया है। सम्भवतः दो-दो देशों को राष्ट्रगान देनेवाले टैगोर एकमात्र अनूठे कवि ठहरेंगे।

ब्रिटिश शासन की आलोचना में टैगोर सदा दृढ़ रहे। समय के साथ-साथ उनके स्वर और उग्र होते गए। किन्तु उन्होंने अपनी इस आलोचना को अंग्रेजों और पश्चिम की जनता और पाश्चात्य सभ्यता की भर्त्सना का स्वरूप नहीं दिया। सम्भवतः इसी कारण उस आलोचना पर अधिकांश लोगों का ध्यान नहीं जाता। इंग्लैंड में पश्चिमी

सभ्यता पर टिप्पणी करने के आग्रह पर गाँधीजी ने कहा था : ''विचार अच्छा है।'' यही शब्द टैगोर के ओठों से न निकलते। वे यह भी समझ जाते कि किस सांस्कृतिक छद्म और साम्राज्यवादी दमन के सन्दर्भ में गाँधीजी ने वह टिप्पणी की थी। डी. एच. लारेंस ने तो हमें इस सांस्कृतिक छद्म का एक दिलचस्प उदाहरण दिया है : ''मैं तो हैरान हूँ कि हमारी यूरोपीय सभ्यता उन सभ्यताओं से कितनी ऊँची है! इस ऊँचाई का कभी पूर्व यानी भारत या फ़ारस, के लोगों ने स्वप्न भी देखा होगा! उन्हीं का मुँह ताकने, टैगोर जैसों की पूजा का विचार भी घृणास्पद है।'' किन्तु गाँधी के विपरीत, टैगोर ने परिहास में भी कभी पश्चिमी सभ्यता का उपहास नहीं किया।

टैगोर ने अपने अन्तिम जन्मदिवस (1941) पर एक भाषण दिया था। (वह बाद में 'क्राइसिस इन सिविलाइजेशन' शीर्षक से एक पत्रक के रूप में प्रकाशित भी हुआ था)। उस भाषण में भी उन्होंने भारत में अंग्रेजी राज की तीक्ष्ण भर्त्सना करने के बावजूद पश्चिमी साम्राज्यवाद और पश्चिमी संस्कृतियों में अन्तर बनाए रखने का आग्रह किया था। उनका कहना था कि भारत को ब्रिटिश शासन के निर्जीव बोझ के तले दबाकर उसका दम घोंटा जा रहा है। (यह भी गौर किया कि एक अन्य महान सभ्यता, जिसके विनाश का श्रेय भी अंग्रेजों को ही जाता है, चीन की सभ्यता है)। टैगोर ने टिप्पणी की कि भारत को शेक्सपियर के नाटकों, बायरन के काव्य और उन्नीसवीं शताब्दी के राजनीतिक उदारवाद की उदात्त चर्चाओं से क्या मिला है? त्रासदी यही है कि मानवीय सम्बन्धों की गरिमा की जो बात उनकी अपनी सभ्यता का सर्वश्रेष्ठ तत्व थी, उसी को इस देश के अंग्रेजी प्रशासन ने तिलांजलि दे दी। उसके स्थान पर यदि उन्होंने हाथ में बेंत ताने, कानून और व्यवस्था की दुहाई देनेवाला पुलिस राज्य स्थापित कर दिया है तो सभ्यता के इस बेहूदा उपहास को हमसे कोई सम्मान नहीं मिल सकता।''

देशभक्ति की आलोचना

टैगोर स्वतन्त्रता आन्दोलन के उग्र राष्ट्रवादी स्वरूप के भी विरोधी थे, जो अक्सर दिखाई पड़ जाता था। इसी कारण वे अपनी समकालिक राजनीति में हिस्सा नहीं लेते थे। वे भारत की स्वतन्त्रता चाहते थे, किन्तु शेष विश्व से जो कुछ सीखा जा सकता है उसकी उपेक्षा नहीं करना चाहते थे। उन्हें भय था कि पश्चिम को नकार कर और पूरी तरह भारतीय परम्परा का अनुपालन कर हम अपने आपको बहुत संकुचित कर लेंगे। यह तो सहज ही अन्य बाह्य प्रभावों के विरोध का स्वरूप भी धारण कर सकता है। इन बाह्य प्रभावों में उन्होंने चौथी सदी में आई ईसाइयत, येरूशेलम के पतन के बाद आए यहूदी धर्म और आठवीं सदी में आए पारसियों के साथ-साथ उसी दौरान भारत में भली प्रकार जमे इस्लाम को भी रखा था।

टैगोर की रचनाओं में ऐसे राष्ट्रवाद के प्रति विरोध निरन्तर बना रहा। महान

भारतीय वैज्ञानिक जगदीशचन्द्र बोस की पत्नी अबला बोस के एक पत्र के उत्तर में टैगोर ने 1908 में लिखा था : "देशभक्ति हमारा अन्तिम अध्यात्मिक आश्रय नहीं हो सकती–मेरा आश्रय तो मानवता होगी। मैं हीरों के दामों शीशा नहीं खरीदूँगा और जब तक जीवित हूँ, देशभक्ति को मानवता पर विजयी नहीं होने दूँगा।" उनके उपन्यास 'घरे बाइरे' में भी इसी विचार को उजागर किया गया है। उपन्यास का एक प्रमुख पात्र निखिल नारीमुक्ति सहित सभी सामाजिक सुधारों का पक्षधर है, किन्तु देशभक्ति की बात उसे नहीं सुहाती। इसी कारण वह अपनी देशभक्ति के जोश से भरपूर पत्नी विमला की नजरों से गिर गया, क्योंकि ब्रिटिश विरोधी आन्दोलनों से उसका दूर रहना विमला को देश के प्रति दायित्वहीनता का लक्षण प्रतीत हुआ। वह निखिल के राष्ट्रवादी मित्र सन्दीप की ओर झुकती चली गई, जो एक अच्छा वक्ता और देशभक्ति की ओजस्विता से भरपूर था। अन्ततः वह उसके प्रेमपाश में बन्ध गई। निखिल अन्त तक अपने विचार परिवर्तित नहीं करता : "मैं अपने देश की सेवा करने को तैयार हूँ, किन्तु पुजारी तो 'सही' पक्ष का ही रहूँगा। उसे देश से भी ऊपर मानता हूँ। अपने देश को भगवान बनाकर पूजना तो उस पर अभिशाप लादने के समान होगा।"

कहानी आगे बढ़ती है। सन्दीप अपने कुछ देशवासियों से इसलिए नाराज हो जाता है कि वे उसके इच्छित उत्साह के साथ संघर्ष में शामिल नहीं हो रहे (कुछ मुस्लिम व्यापारी अभी भी अड़े हुए हैं)। वह ऐसे तत्वों को सबक सिखाने के लिए उनकी छोटी-छोटी दुकानों को ही आग लगाने का फैसला कर लेता है और उनपर हमला करने की योजना बनाता है। यहाँ आकर विमला को सन्दीप के राष्ट्रवादी भावना भड़काने और अन्ततः एक समुदाय-विरोधी हिंसात्मक कार्यों में लिप्त होने के बीच का सम्बन्ध स्पष्ट हो जाता है। आगे के नाटकीय घटनाक्रम में निखिल अपना जीवन जोखिम में डाल कर सन्दीप द्वारा उत्पीड़ित लोगों की सहायता करता है और इसी के साथ विमला के राजनीतिप्रेरित प्रेम-प्रसंग का अन्त हो जाता है।

यह निश्चय ही एक कठिन विषय है। सत्यजित राय ने उक्त उपन्यास पर 'घरे-बाइरे' नाम से ही एक बहुत सुन्दर फिल्म बनाई है, जिसमें उपन्यास के तनाव और मानवीय स्नेह और कहानी के टकरावों का बहुत सूझबूझ के साथ चित्रांकन किया गया है। इसमें कोई हैरानी की बात नहीं है कि इस कहानी के विरोध में जो कई एक स्वर उठे हैं–वे सभी समर्पित भारत राष्ट्रवादी भी नहीं थे। जार्ज लुकाच को टैगोर के उपन्यास की कहानी घिसीपिटी अभिजात्य वर्गीय बकवास लगी थी। उन्हें लगा कि यहाँ तो वे अंग्रेजी पुलिस की सेवा में हाजिर हैं और गाँधी का उपहासात्मक चित्रण करते नजर आते हैं। सन्दीप को गाँधी का प्रतीक मानना तो विद्रूप ही लगेगा, किन्तु जैसा कि बर्टोल्ट ब्रेश्ट ने अपनी डायरी में लिखा है, उपन्यास राष्ट्रवाद के पथभ्रष्ट हो जाने की सम्भावनाओं की चेतावनी भी दे रहा था। वजह साफ है कि

यह राष्ट्रवाद अपने व्यवहार में सभी के साथ समान व्यवहार नहीं कर पाता। एक समूह के प्रति घृणा अन्य समुदायों के प्रति घृणा का रूप भी धारण कर सकती है—भले ही ऐसा विचार महात्मा गाँधी जैसे राष्ट्रीय नेताओं के मन से कोसों दूर रहा हो।

जापान की प्रशंसा और आलोचना

जापानी राष्ट्रवाद के प्रति टैगोर की प्रतिक्रिया तो और भी अधिक महत्वपूर्ण रही है। टैगोर का आग्रह भारत की पराजित और अपमानित जनता के, जो अन्य देशों में हुए विकास की दृष्टि से भी पिछड़ गई थी, आत्मविश्वास को पुनर्जाग्रत करने का था। उसी प्रकार की दशा जापान की भी 19वीं शताब्दी में प्रारम्भ हुए पुनरुत्थान से पूर्व थी। जापान में 1916 में अपनी भाषणमाला 'नेशनलिज्म इन जापान' का आरम्भ करते हुए उन्होंने कहा था, सबसे निकृष्ट गुलामी तो उत्साहहीनता की गुलामी है। वह मानव को आत्मविश्वास के क्षरण की जंजीरों में जकड़े रखती है। टैगोर ने एक एशियाई देश के रूप में जापान द्वारा पाश्चात्य देशों के औद्योगिक विकास और आर्थिक प्रगति में बराबरी करने की मुक्तकंठ प्रशंसा की। उन्हें यह कहते हुए बड़ा सन्तोष था कि जापान सदियों की निष्क्रियता को पीछे छोड़ आज के युग से भी आगे निकलने की उपलब्धि के निकट खड़ा है। अन्य गैर-पश्चिमी राष्ट्रों को लक्ष्य कर उन्होंने कहा, जापान ने दिखा दिया है कि जिस गहन निद्रा के मोहपाश में जन्मों से जकड़े हुए हम उसी को जीवन का सामान्य व्यंवहार माने बैठे हैं, उसे तोड़ा जा सकता है।

किन्तु आगे चलकर टैगोर ने जापान के उग्र राष्ट्रवाद के उदय और साम्राज्यवादी मनसूबों की आलोचना भी की। उनकी आलोचना को सुनकर जापानी श्रोताओं को कोई खुशी नहीं हुई। ई.पी. थॉमसन ने लिखा है : "जापान आगमन पर जिस प्रकार उनका स्वागत किया गया था, वह उत्साह शीघ्र ही ठंडा पड़ गया। बाईस वर्ष बाद जब जापान, चीन में चीनी जनगण के विरुद्ध युद्ध कर रहा था, तो उस समय जानेमाने भारतीय क्रान्तिकारी रासबिहारी बोस तोक्यो में रह रहे थे। उन्होंने वहाँ भारत की स्वतन्त्रता के लिए अपने उन प्रयासों का जिक्र करते हुए, जिन्हें जापानी सरकार का भी समर्थन प्राप्त था, टैगोर की सम्मति माँगी थी। टैगोर ने उत्तर दिया : 'तुम्हारा तार मिलने के बाद मैं घंटों बेचैन रहा हूँ, और तुम्हारी अपील को नजरअन्दाज करने में भी बड़ा कष्ट हो रहा है। अच्छा होता तुमने किसी ऐसे कार्य में मेरा सहयोग माँगा होता, जिसमें मेरी आत्मा विरोध नहीं करती। मैं जानता हूँ कि तुम्हारी इस अपील में तुम अन्य एशियायियों की भाँति जापानी लोगों के प्रति मेरे सम्मानभाव का भी सहारा ले रहे हो। एक समय मैं बहुत ही प्रशंसापूर्वक कहता था कि जापान में एशिया ने पश्चिम को चुनौती देने का आदर्श पा लिया है और जापान की शक्ति विदेशी प्रभावों से पूर्व की सभ्यता की रक्षा करनेवाली शक्ति बन जाएगी। किन्तु

जापान ने मेरी इन अपेक्षाओं को गलत सिद्ध करने में अधिक समय नहीं लगाया। उसके पुनर्जागरण में जो कुछ अद्वितीय लग रहा था, अब तो वह पूर्व के अरक्षित जनसमुदायों के लिए सबसे बड़ा खतरा बन गया है।' "

दूसरे महायुद्ध में जापान की भूमिका भी भारत में वैचारिक विभाजन का विषय रही है। युद्धोपरान्त जब जापान के नेताओं पर युद्ध अपराधों का अभियोग चल रहा था, तो उसमें एकमात्र विरोध का स्वर प्रख्यात भारतीय न्यायमूर्ति राधा-विनोद पाल का था। पाल ने अनेक आधारों पर उस अभियोजन का विरोध किया था। उनका कहना था कि विजेता और पराजित के बीच ऐसा शक्ति वैषम्य होता है कि न्यायपूर्ण ढंग से अभियोग की सुनवाई सम्भव नहीं रहती। सम्भवतः अंग्रेजी साम्राज्यवाद के कटु अनुभवों के कारण ही भारत में जापान की सैन्य आक्रमकता के प्रति कुछ द्वैध-भाव पैदा हो चुका था। उसी के चलते न्यायमूर्ति पाल ने अन्य न्यायविदों से विपरीत एक अलग ही दृष्टिकोण अपनाया था।

इससे भी कहीं महत्वपूर्ण एक अग्रगण्य राष्ट्रवादी नेता सुभाषचन्द्र बोस का अंग्रेजों की नजरबन्दी से भागकर इटली, जर्मनी होते हुए जापान पहुँचना था। उन्होंने जापान को भारतीय सैनिकों की टुकड़ियाँ गठित करने में सहयोग दिया। ये वही अंग्रेजी सेना के भारतीय सिपाही थे जिन्होंने बढ़ती हुई जापानी सेनाओं के सामने आत्मसमर्पण कर दिया था। सुभाष ने उन्हें 'आजाद हिन्द फौज' का नाम दिया। एक गैर-साम्प्रदायिक स्वतन्त्रतासेनानी के रूप में टैगोर के मन में सुभाष के प्रति प्रशंसा का भाव था, किन्तु निश्चय ही सुभाष द्वारा अपनाए गए इस रास्ते से उनके सम्बन्धों में दरार आ जाती। यह बात और है कि सुभाष के जापान पहुँचने से पूर्व ही टैगोर का निधन हो चुका था।

जापान के सैन्यवाद को टैगोर इस बात का उदाहरण मानते थे कि किस प्रकार राष्ट्रवाद महान उपलब्धियों और सम्भावनाओं वाले राष्ट्र को भी दिग्भ्रमित कर सकता है। टैगोर के (येट्स तथा पाउंड के भी) मित्र और एक जानेमाने कवि योने नोगुची ने उन्हें 1938 में एक पत्र लिखा था और जापान के बारे में अपने विचार बदलने का आग्रह किया था। किन्तु रवीन्द्रनाथ का 12 सितम्बर 1938 का उत्तर इस बारे में कोई समझौता करने का संकेत नहीं देता :

"हमारा एक-दूसरे को प्रभावित कर पाने का प्रयास निरर्थक है...तुम तो यह मानते हो कि जापानी सरकार को अन्य एशियाई देशों पर अपना विचार थोपने का दैवी अधिकार प्राप्त है, किन्तु मैं इससे सहमत नहीं हूँ। विश्वास करो मैं क्रोध नहीं, दुःख और शर्म की भावना के साथ तुम्हें यह पत्र लिख रहा हूँ। मुझे केवल इस बात का खेद नहीं है कि चीनवासियों पर हो रहे अत्याचार के समाचार मेरे हृदय को आहत कर रहे हैं, इस बात का भी बहुत दुःख है कि अब मैं गर्व के साथ किसी को एक महान जापान का उदाहरण नहीं दे सकता।"

उन्हें युद्धपश्चात् एक शान्तिप्रिय महाशक्ति के रूप में जापान का विकास देखकर निश्चय ही बहुत आनन्द की अनुभूति होती। वहाँ भी (वे अभिमान से पूरी तरह मुक्त तो नहीं ही थे), उन्हें इस बात को लेकर बहुत खुशी होती कि यासुनारी कावावाता तथा अन्य जापानी साहित्यकारों ने उनके विचारों को बहुत गम्भीरतापूर्वक लिया है।

अन्तर्राष्ट्रीय चिन्ताएँ

टैगोर की अन्तर्राष्ट्रीय राजनीति की जानकारी सदा समीचीन नहीं रहती थी। रोम विश्वविद्यालय में संस्कृत के आचार्य कार्लो फोर्मिची के आमन्त्रण पर 1926 की संक्षिप्त इटली यात्रा में तो वे मुसोलिनी के मेहमान भी बन गए थे। जब टैगोर ने इटली के सौन्दर्यशास्त्री बेनेदितो क्रोचे से मिलना चाहा, तो फोर्मिची बोले : "असम्भव! असम्भव!" मुसोलिनी ने कहा कि ये व्यक्ति रोम में है ही नहीं। टैगोर ने कहा कि वे उनसे मिलने कहीं भी जाने को तैयार हैं, तो उत्तर मिला क्रोचे का अता-पता कोई नहीं जानता।

ऐसी घटनाओं और रोमां रोलां जैसे मित्रों की चेतावनी के बाद तो टैगोर का मुसोलिनी से सम्बन्ध शीघ्र ही समाप्त हो जाना चाहिए था। किन्तु बहुत बाद में जब दो निष्कासितों गैतानो साल्वेमिनी और गैतानो साल्वादोरी से उन्हें इटली के फासीवाद की बर्बरता की विस्तृत जानकारी मिली, तभी टैगोर को यह ज्ञान हुआ कि इटली में क्या चल रहा है। तभी उन्होंने अगस्त में 'मैनचेस्टर गॉर्डियन' को एक पत्र लिखकर इटली की फासीवादी सरकार की भर्त्सना की। अगले महीने मुसोलिनी के भाई द्वारा सम्पादित समाचारपत्र 'पोपलो द इटालिया' ने उत्तर दिया : "किसे परवाह है? इटली तो टैगोर पर, और उन लोगों पर, जो इस चिकनी-चुपड़ी बातें बनानेवाले और असहनीय व्यक्ति को हमारे बीच में लाए थे, हँस रहा है।"

ब्रिटेन से टैगोर को बहुत आशाएँ थीं, किन्तु वहाँ भी उन्हें अन्तर्राष्ट्रीय आक्रामकता के शिकार हुए लोगों के प्रति अधिकारिक स्तर पर किसी भी सहानुभूति के दर्शन नहीं हुए। उन्होंने इसकी चर्चा भी 1941 में अपने अन्तिम जन्मदिवस पर दिए भाषण में की है : "जब जापान उत्तरी चीन को निगल रहा था, तो अंग्रेजी कूटनीतिशास्त्र के प्रकांड पंडित इसे अनदेखा कर रहे थे। हमने इतनी दूर से भी देख लिया है कि अंग्रेज राजनेताओं ने किस प्रकार स्पेनी लोकतन्त्र के विनाश में सहयोग किया।"

किन्तु अंग्रेज सरकार और अंग्रेज जनता के बीच भेद करते हुए टैगोर ने यह भी लक्ष्य किया कि "किस प्रकार बहादुर अंग्रेजों के एक जत्थे ने स्पेन के लिए अपने प्राण न्योछावर कर दिए।"

सोवियत संघ के बारे में भी टैगोर के दृष्टिकोण पर काफी विवाद उठे हैं। रूस में उनकी रचनाएँ बहुत पढ़ी जाती थीं। 1917 में ही उनकी 'गीतांजलि' के अनेक

रूसी अनुवाद छप चुके थे, उनमें बाद में रूसी साहित्य के लिए नोबेल पुरस्कार से सम्मानित, इवान बुनिन द्वारा किया गया अनुवाद भी था। 1920 के दशकान्त तक उनकी अनेक रचनाओं के अंग्रेजी संस्करणों पर आधारित रूसी अनुवाद हो चुके थे। ये कार्य अत्यन्त प्रतिष्ठित रूसी अनुवादकों ने किए थे। उनकी रचनाओं के अनुवाद का यह क्रम कभी बन्द नहीं हुआ। 1950 और 1960 के दशकों में भी बोरिस पोस्तरनाक इस कार्य में जुटे थे।

अपने 1930 के रूस-प्रवास में टैगोर वहाँ के विकास-प्रयासों और गरीबी तथा आर्थिक विषमता के उन्मूलन की प्रतिबद्धता से बहुत प्रभावित हुए थे। पर वे सबसे अधिक प्रभावित सारे पुराने रूसी साम्राज्य में प्राथमिक शिक्षा के प्रसार से हुए थे। उनके बांग्ला में लिखे और 1931 में छपे 'लेटर्स फ्रॉम एशिया' में उन्होंने भारत में अंग्रेजी साम्राज्य द्वारा व्यापक निरक्षरता को मंजूर करने और रूसी प्रशासन द्वारा शिक्षा के प्रसार की तुलना कुछ इस प्रकार की है :

"रूस की भूमि पर कदम रखते ही मुझे यह समझ आ गया कि कुछ ही वर्षों में यहाँ के मजदूर-किसानों ने शिक्षा में जो अप्रत्याशित सफलता अर्जित की है, वह तो हमारे देश के उच्चतमवर्गों को भी पिछले डेढ़ सौ वर्षों में नहीं मिल पाई। यहाँ के लोग तो सुदूर एशिया के तुर्कमानों को भी पूरी शिक्षा देने में नहीं हिचकिचाते। वास्तव में ये उसके निमित्त बहुत गम्भीरतापूर्ण प्रयास कर रहे हैं।"

जब इस पुस्तक के कुछ अंशों का अंग्रेजी में अनुवाद आया तो इंग्लैंड की संसद में भारत के भारतीय मामले के उप-सचिव ने कहा कि यह तो तथ्यों को तोड़ मरोड़कर भारत में अंग्रेजी शासन को बदनाम और अपमानित करने का सोचा समझा प्रयास है। उसके बाद उस पुस्तक पर तुरन्त प्रतिबन्ध लगा दिया गया। 'लेटर्स फ्रॉम एशिया' का अंग्रेजी अनुवाद भारत की स्वतन्त्रता से पूर्व छप नहीं पाया।

शिक्षा और स्वतन्त्रता

टैगोर की रूस विषयक भावनाओं के प्रसार को रोकने में भारत के अंग्रेज शासक अकेले नहीं रहे। शीघ्र ही रूसी अधिकारी भी उनके साथ मिल गए। टैगोर ने 'इजवेस्तिया' को दिये एक साक्षात्कार में रूस में दिखे अभिव्यक्ति की आजादी के अभाव की कड़ी आलोचना की थी :

"ये तो मुझे पूछना ही चाहिए कि आप अपने प्रशिक्षार्थियों के मन में उन लोगों के प्रति (जिन्हें आपने अपना शत्रु मान लिया है) क्रोध, वर्ग, घृणा और बदले की भावना भरकर अपने ही आदर्शों की कौन-सी सेवा कर रहे हैं? सत्य का स्वागत कर पाने के लिए मानस की स्वतन्त्रता जरूरी है, किन्तु आतंक उसे बुरी तरह कुचल डालता है—मानवता के नाम पर मैं आशा करता हूँ कि आप हिंसा की किसी ऐसी चक्रीय शक्ति की रचना नहीं कर डालेंगे जो हिंसा और क्रूरता की नित नई कड़ियाँ

बुनती चली जाए।...आपने जारशाही व्यवस्था की अनेक बुराइयों को समाप्त किया है। इसे भी समाप्त करने का प्रयास क्यों नहीं करते?''

लेकिन यह साक्षात्कार तब छप नहीं पाया। इसे लगभग 60 वर्षों बाद जाकर कहीं 1988 में ही 'इजवेस्तिया' ने प्रकाशित किया।

टैगोर की 1930 के रूस पर प्रतिक्रियाएँ उनकी दो आस्थाओं पर आधारित थीं। एक तो वे मानसिक या वैचारिक स्वतन्त्रता के महत्व से कोई समझौता नहीं कर पाते थे। और दूसरे वे बुनियादी शिक्षा के प्रसार को सामाजिक प्रगति का आधार मानते थे। उन्होंने जहाँ शिक्षा-प्रसार के लिए सोवियत संघ की खुले दिल से प्रशंसा की, वहीं अभिव्यक्ति की आजादी पर लगी पाबन्दी को लेकर वे आलोचना से भी नहीं चूके। वे भारत की अनेक सामाजिक-आर्थिक व्याधियों के लिए बुनियादी शिक्षा के अभाव को ही दोषी मानते थे :

''मेरे विचार में तो भारत की छाती पर जो दुखों की मीनार खड़ी है उसकी जड़ें केवल शिक्षा के अभाव में जमी हुई हैं। जातीय विभाजन, धार्मिक टकराव, कार्य विमुखता और नाजुक आर्थिक, परिस्थितियाँ ये सभी इसी एक कारक की देन हैं।''

शिक्षा (और विचार, संवाद, सम्प्रेषण आदि जो बातें शिक्षा से जुड़ी हैं) पर ही, न कि चरखा चलाने के 'महान' त्याग पर (चरखा तो किसी को कुछ सोचने-विचारने की प्रेरणा ही नहीं देता!) भारत का भविष्य निर्भर करेगा।

टैगोर को न केवल देश के गाँवों तक शिक्षा पहुँचाने की चिन्ता थी, बल्कि वे यह भी चाहते थे कि स्कूलों का वातावरण भी अधिक जीवन्त होना चाहिए। वे स्वयं बहुत कम आयु में ही स्कूल से तंग आकर घर बैठ गए थे। उन्होंने कभी कोई शैक्षणिक उपाधि पाने का प्रयास नहीं किया। लेकिन इस बारे में उन्होंने खूब लिखा है कि स्कूल के वातावरण को छात्र-छात्राओं के लिए अधिक रुचिकर कैसे बनाया जाए, ताकि वे अपनी सही भूमिका निभा सकें। शान्तिनिकेतन में उनके द्वारा स्थापित सहशिक्षा स्कूल में कई प्रगतिशील विशेषताएँ थीं। वहाँ अनुशासन नहीं, बल्कि प्रेरणा पर बल दिया जाता था; स्पर्धात्मक उत्कर्ष के स्थान पर बौद्धिक जिज्ञासा जागृत करना अधिक महत्वपूर्ण समझा जाता था।

टैगोर का अधिकांश जीवन शान्तिनिकेतन के उस स्कूल को विकसित करने में ही बीत गया। फीस बहुत कम थी, अतः स्कूल में धन का अभाव बना रहता था। उन्हें भाषणों के लिए जो मानद राशियाँ (अर्थात् 700-700 डॉलर की 'गालियाँ) मिलती थीं, वे सभी स्कूल पर खर्च हो जाती थीं। नोबेल पुरस्कार से प्राप्त अधिकांश राशि भी उसी पर खर्च हुई। स्कूल को सरकार से तो नहीं, हाँ, अनेक नागरिकों का सहयोग अवश्य मिला। महात्मा गाँधी ने भी उसके लिए धन संग्रह किया था।

बिहार के भूकम्प की व्याख्या पर महात्मा गाँधी से छिड़े विवाद ने तो टैगोर की एक दुखती रग को ही छू दिया। यह थी साहित्य और कलाओं के साथ-साथ

विज्ञान की शिक्षा की आवश्यकता। शान्तिनिकेतन में भारतीय परम्पराओं के प्रति आग्रह के रूप में सशक्त स्थानीय प्रभाव तो थे ही, शास्त्रीय ग्रन्थों का पठन-पाठन भी होता था और अंग्रेजी की बजाय बांग्ला माध्यम से पढ़ाई होती थी। साथ ही अनेक सभ्यताओं-संस्कृतियों के पाठ्यक्रम वहाँ चलते थे—इनमें चीन, जापान और मध्यपूर्व विशेष उल्लेखनीय हैं। कितने ही विदेशी शान्तिनिकेतन में पढ़ने या पढ़ाने आते रहे हैं। और वहाँ अन्यान्य धाराओं का संगम होता रहा है।

शान्तिनिकेतन में पला-पढ़ा होने के नाते मैं टैगोर को एक शिक्षाविद् के रूप में अधिक जानता हूँ। यह स्कूल अनेक दृष्टियों से विलक्षण था। प्रयोगशाला कार्य को छोड़कर सारी कक्षाएँ (जब भी मौसम साथ देता) खुले मैदान में होती थीं। रवीन्द्रनाथ के इस सिद्धान्त के प्रति, कि खुले में पढ़ते हुए हम प्रकृति से भी बहुत कुछ सीखते ग्रहण करते हैं, वातावरण हमें बहुत लुभाता था। पाठ्यक्रम की दृष्टि से तो स्कूल का कार्य बहुत बोझिल नहीं था। प्रायः परीक्षाएँ भी नहीं होती थीं और सामान्य शैक्षणिक मानदंडों के आधार पर यह कलकत्ता के जाने-माने स्कूलों से स्पर्धा नहीं कर पाता था, किन्तु जिस सहजभाव से कक्षा में चल रही बातचीत परम्परागत भारतीय साहित्य से समकालीन और क्लासिकी पाश्चात्य चिन्तन की परिक्रमा कर चीन, जापान या किसी और सभ्यता तक पहुँच जाती थी, वह निश्चय ही अद्भुत था। समय-समय पर भारत को ग्रस लेनेवाली सांस्कृतिक संकीर्णता और अलगाववादी प्रवृत्तियों की तुलना में तो शान्तिनिकेतन स्कूल में विविधता का उत्सव-सा मनता रहता था।

समकालीन विश्व में सांस्कृतिक आदान-प्रदान की टैगोर की जीवनदृष्टि से, शान्तिनिकेतन के छात्र रहे, सत्यजित राय की दृष्टि भी मेल खाती है। राय ने टैगोर की कई रचनाओं पर फिल्में भी बनाई हैं। राय द्वारा 1991 में शान्तिनिकेतन के विषय में कही गई ये बातें अवश्य ही रवीन्द्रनाथ को बहुत सुखकर प्रतीत होतीं :

"मैं शान्तिनिकेतन में बिताए तीन वर्षों को अपने जीवन के सबसे अधिक उपयोगी वर्ष मानता हूँ। शान्तिनिकेतन ने ही मुझे सबसे पहले भारतीय और सुदूर प्राच्य कलाओं के दर्शन कराए उससे पूर्व तो मैं पूरी तरह पाश्चात्य कला, संगीत और साहित्य के मोहपाश में फँसा हुआ था। शान्तिनिकेतन ने ही मुझे पूर्व और पश्चिम की साँझी सृष्टि का वह अस्तित्व प्रदान किया है जो आज मैं हूँ।"

स्वतन्त्रता के पचास वर्ष बाद

भारत की स्वतन्त्रता के बाद की आधी शताब्दी की सफलताओं और विफलताओं पर आज बहुत ध्यान दिया जा रहा है। इन पहले पचास वर्षों की कहानी क्या रही? (जैसा शशि थरूर अपनी पुस्तक 'इण्डिया फ्रॉम मिडनाइट टु मिलेनियम' में बहुत ही सन्तुलित, जानकारी भरे और पठनीय विवरणों के साथ पूछते हैं) यदि टैगोर आज के भारत को देख पाते तो उन्हें निश्चय ही व्यापक रूप से फैली हुई निरक्षरता से

सबसे बड़ा आघात लगता। उन्हें लगता कि स्वतन्त्रता आन्दोलन के दौरान राष्ट्रीय नेताओं द्वारा दिए गए वादों के साथ पूरी तरह विश्वासघात किया गया है—वह वादा जो नेहरू के अगस्त 1947 में स्वतन्त्रता की पूर्व-वेला में दिए गए अत्यन्त ही भावपूर्ण और प्रेरणास्पद राष्ट्र को सम्बोधित भाषण 'ट्रिस्ट विद डेस्टिनी' में भी किया गया था।

बाल-शिक्षा के आग्रही रहे टैगोर को विश्वविद्यालयी शिक्षा के असाधारण प्रसार से बहलाया नहीं जा सकता—भले ही विश्वविद्यालयों को भेजे जानेवाले छात्रों के मामले में भारत चीन से प्रतिस्पर्धा कर रहा हो, वे तो यह देख कर स्तब्ध रह जाते कि चीन समेत पूर्व और दक्षिण एशिया के विपरीत, भारत में आधे वयस्क पुरुष और दो-तिहाई महिलाएँ पढ़ने-लिखने में असमर्थ हैं। विश्वस्त सांख्यिकीय जानकारी के अनुसार 1980 के दशक में भी 12-14 वर्ष की आधी ग्रामीण बालिकाएँ अपने जीवन में एक दिन भी किसी स्कूल का मुँह देखने से वंचित थीं।

यह स्थिति ब्रिटिश साम्राज्यवाद द्वारा जन-शिक्षा की अनदेखी की नीति को ही जारी रखने का परिणाम है। इसी नीति को समकालीन भारत की राजनीति पर छाए उच्च वर्णीय और अभिजात वर्गीय वर्चस्व जारी रखे हुए है (सम्भवतः केरल जैसे राज्य इसके अपवाद हैं, जहाँ उच्च वर्ण विरोधी आन्दोलन ने शिक्षा को एक महान समतावादी शक्ति मानकर उसके प्रसार पर ध्यान केन्द्रित किया हुआ है। (टैगोर की ग्रामीण विकास सम्बन्धी रचनाओं से यह भी स्पष्ट है कि वे निरक्षरता और शिक्षा की अनदेखी को भारत के सामाजिक पिछड़ेपन का मुख्य स्रोत ही नहीं मानते थे, उनका यह भी कहना था कि यही वह सबसे बड़ी बाधा है जिसके कारण भारत में आर्थिक विकास की सम्भावनाएँ और प्रसार सीमित रह जाते हैं। उन्हें निश्चित ही स्थानिक निर्धनता (endemic poverty) के उन्मूलन के लिए भी कहीं अधिक प्रतिबद्धता और उससे भी अधिक अत्यान्तिकता की आवश्यकता अनुभव होती।

वहीं टैगोर को स्वतन्त्र भारत में लोकतन्त्र के बने रहने, अपेक्षाकृत स्वतन्त्र प्रेस, और सामान्यतः 'सोचने समझने की स्वतन्त्रता' को देख निश्चय ही कुछ सन्तोष होता, वे ई. पी. थॉमसन (इन्हीं के पिता एडवर्ड थॉमसन ने टैगोर की पहली प्रमुख जीवनी लिखी थी) की इस टिप्पणी से भी प्रसन्न होते :

"इस भारतीय समाज में विश्व के सभी विचारों की धारा प्रवाहमान है : हिन्दू, मुस्लिम, ईसाई, धर्मनिरपेक्ष, स्तालिनवादी, उदारवादी, माओवादी, लोकतान्त्रिक समाजवादी, गाँधीवादी और न जाने कितने-कितने वादों में विश्वास रखनेवाले! पूर्व और पश्चिम का कोई ऐसा विचार नहीं है जो किसी न किसी भारतीय के मस्तिष्क में सक्रिय नहीं हो।"

टैगोर को यह देखकर भी बहुत खुशी होती कि उन्हीं के 'शान्तिनिकेतन' की एक छात्रा इन्दिरा गाँधी द्वारा 1970 के दशक में, प्रधानमन्त्री की हैसियत से की गई आपत्काल की घोषणा को भारतीय मतदाताओं ने किस प्रकार नकार दिया था और उसके परिणामस्वरूप इन्दिरा-सरकार का पतन हो गया था।

रवीन्द्रनाथ यह भी स्पष्ट ही लक्ष्य करते कि किस प्रकार लोकतान्त्रिक भारत में जनता की पुकार का महत्व समझा गया और स्वतन्त्रता ने उन नीतियों की रचना कराई जिनके सहारे स्वतन्त्र देश से 'अकाल' की काली छाया सदा के लिए उठ गई। टैगोर के नाटक 'राजा ओ रानी' में भूखे जन-समुदाय के प्रति हुकूमत की निर्दयता भरी नीतियों के विरुद्ध सदय रानी विद्रोह पर उतारू हो जाती है। नाटक के शुरू में ही रानी यह जानना चाहती है कि महल के बाहर शोर क्यों मच रहा है? शोर मचानेवाले कौन लोग हैं? उसे उत्तर मिलता है कि कुछ उजड्ड लोगों की भीड़ बेशरमी से खाने को कुछ माँगते हुए महल के आस-पास की मधुरिम शान्ति भंग कर रही है। आजादी से पहले वायसराय का दफ्तर भी भारत में निरन्तर कहर बरपा कर रहे अकालों के बारे में कुछ ऐसा ही रवैया अपनाए रहता था। स्वतन्त्रता से कुछ ही पहले के उस भीषण किन्तु टाले जा सकने वाले बंगाल के अकाल से, जिसमें 20 से 30 लाख लोग भूख से तड़प-तड़पकर मर गए थे, निश्चय ही इस बात की पुष्टि हो जाती है। किन्तु चुनावों और स्वतन्त्र प्रेसवाली बहुदलीय लोकतान्त्रिक सरकार "उजड्ड लोगों की भीड़" की आवाज को अनसुना नहीं कर सकती।

गाँधी के विपरीत टैगोर को भारत में आधुनिक उद्योगों के विकास, तकनीकी प्रगति की अच्छी दर, आदि से कष्ट नहीं होता, क्योंकि वे चाहते थे कि भारत किसी अत्यन्त पुराने पड़ गए आविष्कार का ही पहिया घुमाता न रह जाए। टैगोर मानव को मशीन का गुलाम नहीं बनाना चाहते थे, किन्तु वे आधुनिक प्रोद्योगिकी के सदुपयोग के विरोधी भी नहीं थे। अपनी रचना 'क्राइसिस इन सिविलाइजेशन' में उन्होंने लिखा है : "मशीनों पर स्वामित्व (जिसके सहारे अंग्रेज विशाल साम्राज्य पर अपनी प्रभुता जमाए बैठे हैं) को एक बस्ते में बन्द किताब की तरह इस असहाय देश की पहुँच से परे रखा गया है।" रवीन्द्रनाथ की पर्यावरण में भी गहरी दिलचस्पी थी। वनों के विनाश से तो वे इतने चिन्तित थे कि 1928 में ही 'वृक्षारोपण' का उत्सव प्रारम्भ कर दिया था। वे सरकार और निजी क्षेत्र से पर्यावरण के प्रति अधिक प्रतिबद्धता की अपेक्षा करते थे, किन्तु इस प्रतिबद्धता को आधुनिक उद्योगों और प्रोद्योगिकी के विरोध का सामान्य आधार बनाने को तैयार नहीं थे।

सांस्कृतिक अलगाववाद पर

रवीन्द्रनाथ को भारत और अन्य देशों में सांस्कृतिक अलगाववाद के प्रसार से भी बड़ा धक्का लगता! जिस प्रकार के 'खुलेपन' से उन्हें प्रेम था, कितने ही देशों में उस पर आज प्रहार हो रहे हैं। भारत में यद्यपि उसी धार्मिक कट्टरवाद के बहुत समर्थक नहीं हैं, किन्तु अनेक ऐसे सम्प्रदाय अपनी शक्ति बढ़ाने में निरन्तर जुटे हैं। यहीं नहीं; कुछ भागों (विशेषकर उत्तर और पश्चिम) में धार्मिक संकीर्णता को कुछ सफलता भी मिली है। टैगोर इस संकीर्णता को संस्कृति के एक कृत्रिम

अलगाववादी दृष्टिकोण से ही जुड़ा हुआ पाते।

वे भारत को अनेक संस्कृतियों की साँझी धारा या संगम के बजाए केवल हिन्दू धारा के रूप में परिभाषित करने का कड़ा प्रतिरोध करते। 1947 के विभाजन के बाद भी भारत विश्व का तीसरा विशालतम मुस्लिम आबादी वाला देश है। यहाँ बंगला देश से अधिक और पाकिस्तान के लगभग बराबर मुसलमान रहते हैं। केवल इंडोनेशिया में इस्लाम के अनुयायियों की संख्या अधिक है। भारत की सांस्कृतिक पृष्ठभूमि की अतिगहन विविधता और इसके समृद्ध इतिहास की बहुलता के आधार पर ही टैगोर का आग्रह था कि "भारत की अवधारणा" ही सांस्कृतिक अलगाव विरोधी है, यह अपने और पराए के भेदभाववाली अलगाव की किसी तीव्र भावना की विरोधी है।

टैगोर आजकल देश में फैल रहे सांस्कृतिक राष्ट्रवाद और पश्चिमी प्रभाव के अतिरंजित भय का भी विरोध करते। वे तो इस विचार पर बहुत ही दृढ़ थे कि मानव अनेक अलग-अलग संस्कृतियों को रचनात्मक रूप से आत्मसात कर सकता है :

"मानवीय उत्पादों में हमें जो भी समझ आता है, जो भी हमें भा जाता है, वह हमारा अपना हो जाता है, उसका उद्‌गम कहीं भी हुआ हो। अन्य देशों के कवियों और कलाकारों को अपना मानते हुए मुझे अपनी मानवता पर गर्व होता है। मुझे अमिश्रित सुखानुभूति के साथ ही यह अनुभव करने दो कि मानव मात्र की सभी महान उपलब्धियाँ मेरी अपनी भी हैं। इसी कारण से जब मैं अपने देश में पश्चिम विरोधी स्वर सुनता हूँ, सुनता हूँ कि पश्चिमी शिक्षा हमें केवल हानि ही पहुँचाएगी तो मुझे बहुत कष्ट होता है।"

यहाँ यह बता देना भी आवश्यक है कि रवीन्द्रनाथ को भारत की अपनी परम्पराओं पर कम गर्व नहीं था; वे अक्सर इस बारे में बातें भी करते थे। ऑक्सफोर्ड विश्वविद्यालय में भारत के धार्मिक विचारों के महत्त्व पर अपने भाषण में बहुत सन्तोष के साथ उन्होंने सोलहवीं शताब्दी के मुस्लिम सन्त कबीर आदि की जनवाणी और प्राचीन ग्रन्थों के उद्धरण दिए थे। सन् 1940 में उनके अपने शान्तिनिकेतन में आकर ऑक्सफोर्ड विश्वविद्यालय ने उन्हें मानद 'डॉक्ट्रेट' की उपाधि से सम्मानित किया था। उस अवसर पर लैटिन की पूर्वानुमेय झड़ी का प्रतिउत्तर टैगोर ने संस्कृत की झड़ी द्वारा दिया था। उक्त घटना की तुलना टैगोर की एक मित्र-जीवनीकार मार्जोरी साइक्स ने किसी खेल के मैच से करते हुए कहा है : "भारत ने अपना स्थान बनाए रखा।" किन्तु यह विचार टैगोर के भारतीय सभ्यता में गौरव भाव के अनुरूप नहीं था। उनका पश्चिमी सभ्यता के प्रति स्वागत भाव उनके इस विश्वास पर आधारित था कि भारतीय सभ्यता इतनी नाजुक नहीं है कि उसे पश्चिम के प्रभाव से 'बचाने' की आवश्यकता हो।

उन्होंने लिखा : "भारत में परिस्थितियाँ हमें अंग्रेजी सीखने को विवश करती हैं और यही विवशता सौभाग्यवश हमें विश्व साहित्य के समृद्धतम काव्यों तक भी

पहुँच देती है।'' मुझे तो लगता है रवीन्द्रनाथ का शक्ति के वैषम्य (साम्राज्यवादी उत्पीड़न) और खुले मस्तिष्क से आदान-प्रदान के बीच अन्तर करने के तर्क में बहुत बल था। वे चाहते थे कि उपनिवेश स्वतन्त्र होकर खुले मस्तिष्क से यह निर्णय कर पाएँ कि पश्चिमी सभ्यता के प्रभावों को कहाँ तक अंगीकार करना है।

रवीन्द्रनाथ प्रत्येक विषय पर खुली चर्चा चाहते थे। किसी जड़ सूत्र पर आधारित निष्कर्षों से उन्हें चिढ़ थी, भले ही वह सत्र अपने आप में कितना ही आकर्षक क्यों न हो। वो इस प्रकार के तर्क सूत्रों को स्वीकार नहीं कर पाते थे कि 'यह बात तो उपनिवेशी शासकों ने हम पर थोप दी थी, अतः इसे अवश्य नकारना है,' या 'यही हमारी परम्परा है, हमें इसका पालन करना है' अथवा, 'हमने ये कार्य करने का वचन दिया है, अतः इस वचन को पूरा करना ही चाहिए।' वे बार-बार यही प्रश्न उठाते रहे हैं कि क्या सभी पक्षों पर विचार करने के बाद भी हमारे पास उस बात को मानने के पर्याप्त कारण हैं जो सुझाई जा रही है? इतिहास महत्त्वपूर्ण है, किन्तु तर्क को तो अतीत से आगे निकलना ही पड़ेगा! तर्क की सम्प्रभुता—स्वतन्त्र और निर्भय तर्क-संवाद ही रवीन्द्रनाथ टैगोर की वाणी में निरन्तर प्रतिध्वनित होती हमें सुनाई देती है।

6

हमारी संस्कृति, उनकी संस्कृति•

सत्यजित राय (1921-92) की फिल्मों में विभिन्न संस्कृतियों के अन्तर्सम्बन्धों की गहरी समझ स्पष्ट दिखाई देती है। उनके विचार, न केवल भारत वरन् सारे विश्व में आजकल चल रहे संस्कृति विषयक विमर्श के लिए बहुत ही सारपूर्ण हैं। राय की फिल्मों और लेखों में संस्कृतियों और उनके अन्तर्सम्बन्धों को लेकर मुख्यतः तीन धाराएँ स्पष्ट नजर आती हैं : विभिन्न स्थानीय संस्कृतियों और उनकी निजी विशिष्टताओं में विभेदों का महत्त्व, प्रत्येक स्थानीय संस्कृति के चरित्र के विविधतापूर्ण स्वरूप को समझने की आवश्यकता (उनका विचार है कि किसी देश, क्षेत्र की तो बात ही क्या, एक समुदाय या जाति की संस्कृति में भी बहुत-सी विविधताएँ मिल जाती हैं), और इस कार्य में आनेवाली सभी कठिनाइयों के बावजूद अन्तर्सांस्कृतिक संवाद की गहन आवश्यकता।

राय के दृष्टिकोण में जहाँ अन्तर्सांस्कृतिक संवाद की बात उठी है वहीं उनके विशिष्ट स्वरूपों के प्रति गहन सम्मान का भाव भी भरा है। साथ ही वे प्रत्येक संस्कृति की अपनी अन्तर्निहित विविधताओं को भी स्वीकार करने का आग्रह करते हैं। प्रत्येक संस्कृति की अपनी विशिष्टता का सम्मान करते हुए भी उन्हें शेष विश्व से नाता तोड़ने की आवश्यकता प्रतीत नहीं होती। वास्तव में वे तो नए सम्पर्क और संवाद सूत्रों की रचना को ही अधिक महत्त्व देते थे। इस प्रकार उनके विचार उस संकीर्ण दृष्टिकोण से बहुत ही अलग हो जाते हैं जो भारतीय संस्कृति को पश्चिमी विचारों

• इस शीर्षक में सत्यजित राय की एक पुस्तक के नाम की ध्वनि सुनी जा सकती है। वस्तुतः यह लेख 22 दिसम्बर 1995 को कलकत्ता के 'नन्दन' सभागार में दिए गए 'सत्यजित व्याख्यान' का संक्षिप्त रूप है।

के सम्भावित 'प्रदूषण' से बचाने का आग्रह करता है। राय तो भारत और सारे विश्व के विचारों, कला-धाराओं और जीवन शैलियों से कुछ सीखने और आनन्द उठाने को लालायित रहते थे।

स्थानीय समुदायों में व्याप्त विविधताओं का महत्त्व भी राय खूब समझते थे। यह अन्तर्दृष्टि तो उन धार्मिक एवं अन्यान्य प्रकार के सम्प्रदायवादियों से बहुत ही अलग है जो राष्ट्र को भी विभिन्न समुदायों में विभक्त कर डालने को तैयार बैठे रहते हैं। उस महान फिल्मकार की विशाल से विशालतम इकाई से संवादशील होने की लालसा उनकी न्यूनतम इकाइयों को समझपाने की उत्सुकता के साथ सहज ही बँधी थी। इसी कारण वे प्रत्येक व्यक्ति की वैयक्तिकता की समझ को लेकर विश्व-भर से संवाद करपाने में सफल रहते थे।

विशिष्टताएँ और सम्प्रेषण

विभिन्न संस्कृतियों की विशिष्टताओं को राय ने जो महत्त्व दिया था, उसके विषय में कोई सन्देह नहीं हो सकता। उन्होंने सांस्कृतिक सीमाओं के आर-पार सम्प्रेषण में इन विशिष्टताओं के विभेदों के कारण पैदा होनेवाली समस्याओं पर भी विचार किया है। अपनी पुस्तक 'अवर फिल्मस्, देअर फिल्मस्' में उन्होंने इस महत्त्वपूर्ण तथ्य की ओर ध्यान दिलाया है कि बोलचाल व व्यवहार की आदतों, रूढ़ सामाजिक व्यवहार, पुरानी परम्पराएँ, वर्तमान प्रभाव आदि सभी स्थानीय कारकों के कारण फिल्मों का एक विशेष रंग या 'अन्दाज' बन जाता है। उन्होंने आगे चलकर प्रश्न उठाया है : "सतही जानकारीवाला कोई विदेशी इन सभी स्थानीय कारकों का कितनी संवेदनशीलता के साथ चित्रांकन कर पाएगा?" उनका कहना था कि "खुशी और दुःख, स्नेह और घृणा, क्रोध, भय तथा आश्चर्य जैसी भावनाओं की अभिव्यक्ति तो विश्व-भर में एक-सी ही पाई जाती है, किन्तु इनमें भी सूक्ष्म स्तर पर इतनी स्थानीय विविधताएँ मिल जाती हैं कि भ्रम और विस्मय होता है तथा कोई भी ऐसा विदेशी जिसे उनकी गहन जानकारी नहीं हो, कई प्रकार की गलतियाँ कर सकता है।"

इस प्रकार की सांस्कृतिक खाइयों के कारण कई महत्त्वपूर्ण समस्याएँ पैदा हो जाती हैं। सम्प्रेषण की सम्भावना उन समस्याओं में से केवल एक है। इससे कहीं महत्त्वपूर्ण और मौलिक प्रश्न यह है कि आज विश्व निरन्तर सिकुड़ रहा है, (उसमें एक जैसा सांस्कृतिक परिवेश पनप रहा है) तो फिर उन सभी संस्कृतियों की वैयक्तिकता का मान-सम्मान कैसे बनाए रखा जा सकेगा? आज हम जिस युग में जी रहे हैं, विचार और व्यवहार बहुत शीघ्र ही एक देश से दूसरे देश, एक क्षेत्र से दूसरे क्षेत्र में सम्प्रेषित प्रसारित हो जाते हैं। यहाँ निश्चय ही प्रश्न उठने लगे हैं कि इस सांस्कृतिक एकीकरण की प्रक्रिया में हम किन्हीं महत्त्वपूर्ण तत्त्वों को खो तो नहीं बैठेंगे? व्यापक विषमता-भरे विश्व में भी सांस्कृतिक आदान-प्रदान अनेक सृजनात्मक नवप्रवर्तनों की

सम्भावनाओं को जन्म देता है—किन्तु उन सृजनाओं के साथ-साथ कुछ दुर्बलताएँ भी सहज ही उजागर हो जाती हैं।

आज तो सांस्कृतिक वैयक्तिकता अपने आप में एक महत्त्वपूर्ण मुद्दा बन गई है। सांस्कृतिक समरूपता और आधुनिकता के नाम पर विश्व-भर को पाश्चात्य रंग में रंग डालने के प्रयासों को कड़ी चुनौती मिलने लगी है। विभिन्न सांस्कृतिक अध्ययनों में इस प्रकार के प्रश्न उठने लगे हैं—पेरिस से सैनफ्रांसिस्को तक के प्रभावशाली माने जानेवाले बौद्धिक क्षेत्रों में भी यह बात बहुत जोर देकर उठाई जा रही है। इसी प्रकार के प्रश्न अब समकालीन भारत में भी खुलकर उठने लगे हैं। किन्तु यह बड़ी विचित्र-सी बात है कि 'तीसरे विश्व' के 'पाश्चात्य आधुनिकीकरण' की अधिकांश समालोचनाएँ पश्चिमी लेखों-पुस्तकों आदि से ही प्रभावित हैं।

अनेक भारतीय लेखकों ने इस विषय में बहुत ही सारगर्भित प्रश्न उठाए हैं उन्हीं लेखकों में पार्थ चटर्जी भी हैं। इनके तर्कों में अक्सर एक सुविचारित 'आधुनिकवाद-विरोध' के दर्शन होते हैं—यह विशेष रूप से पाश्चात्य किस्म के आधुनिकीकरण के प्रतिफल 'आधुनिक' समाज की क्रूरता को अस्वीकार करने का आग्रह कर रहे हैं। कुछ भारतीय समालोचनाओं से पाश्चात्य सांस्कृतिक विधाओं के विरोध के साथ-साथ भारतीय संस्कृति और भारत के स्थानीय समुदायों की परम्पराओं की विलक्षणता के महत्त्व का भी प्रतिपादन किया गया है।

सिंगापुर, मलेशिया और चीन-जापान आदि में (भारत से कहीं विस्तृत पटल पर) एशियाई जीवनमूल्यों और पश्चिमी मान्यताओं के अलगाव पर विशेष आग्रह है। कई बार तो एशियाई जीवनमूल्यों की बात विद्रूप राजनीतिक सन्दर्भों में भी उठाई गई है। इनके आधार पर कई दक्षिण एशियाई देशों में निरंकुशता और किसी भी तथाकथित अपराध के लिए भीषण दण्ड दिए जाने को भी उचित ठहराने के प्रयास हुए हैं। वियेना में, 1993 में, मानवाधिकार सम्मेलन में सिंगापुर के विदेश मन्त्री ने एशियाई और यूरोपीय परम्पराओं में अन्तरों की बात उठाते हुए कहा था कि मानवाधिकारों के किसी एक विश्वव्यापी 'मानक' को स्वीकार करने के गम्भीर हानिकारक परिणाम भी हो सकते हैं, क्योंकि इस व्याप्ति का प्रयोग विविधताओं की वास्तविकता को छुपाने या पूरी तरह से नकारने के लिए भी हो सकता है। अक्सर ऐशियाई जीवनमूल्यों की वकालत सरकारों द्वारा की गई है—प्रशासन व्यवस्था से बाहर के व्यक्तियों द्वारा नहीं। फिर भी यह प्रश्न निश्चय ही बहुत महत्त्वपूर्ण है। और इस पर हमें विचार मन्थन करना ही चाहिए।

समालोचनात्मक निष्कपटता

सत्यजित राय ने अन्तर्सांस्कृतिक सम्प्रेषण की कठिनाइयों पर बल अवश्य दिया है, किन्तु उन्होंने अनुप्रस्थ सांस्कृतिक बोध को असम्भव नहीं माना। वे इन कठिनाइयों

को चुनौतियाँ भर मानते थे, अनाक्रम्य सीमाएँ नहीं। उनका विचार सांस्कृतिक सीमाओं के आर-पार सम्प्रेषण की 'असम्भाविता' का सिद्धान्त नहीं था, वे तो इस कार्य में आनेवाली कठिनाइयों के प्रति सजग-मात्र कर रहे थे। जहाँ तक विदेशी प्रभावों से अपनी परम्पराओं को बचाए रखने का वृहत्तर प्रश्न है, राय सांस्कृतिक प्रतिरक्षावादी नहीं थे। उन्होंने उत्तराधिकार में मिले व्यवहार को अक्षुण्ण रखने के कार्य को किसी प्रकार की व्यवस्थित प्राथमिकता या वरीयता प्रदान नहीं की।

वास्तव में राय की फिल्मों में और लेखन में मुझे तो ऐसा कोई संकेत नहीं मिला कि विदेशी प्रभावों के 'आतंक' से, एक भारतीय कलाशास्त्री के रूप में, उनकी मानसिक शान्ति कभी भंग हुई हो। वे तो बाहर से जो भी सीखा जा सके उसे सीखने के साथ ही अपनी सांस्कृतिक पृष्ठभूमि को पूर्ण महत्त्व देने के पक्षधर थे। मेरे विचार में उनकी समालोचनात्मक निष्कपटता में गहरी सूझबूझ थी। उसमें बाहर के विचारों के आक्रमण और बाह्य प्रभावों की रोकथाम के लिए संतरी बनने की अपेक्षा एक गत्यात्मक एवं अपनाने योग्य विश्व के उचित मूल्यांकन पर आग्रह था।

सांस्कृतिक सीमाओं से परे जा कर किसी को भी समझ पाने में निश्चय ही भारी कठिनाइयाँ आती हैं। यह बात सिनेमा ही नहीं, साहित्य सहित अन्य कलाओं पर भी लागू होती है। उदाहरण के तौर पर अधिकांश विदेशी, यहाँ तक कि अनेक भारतीय भी रवीन्द्रनाथ टैगोर की कविताओं के अनुपम सौन्दर्यबोध को समझ नहीं पाते (और यह बात हम बंगालियों को बहुत ही विचित्र-सी लगती है)। यह उपर्युक्त कठिनाइयों का एक उदाहरण ही है। अक्सर यह सन्देह भी व्यक्त किया जाता है कि ये विदेशी अपरिचित भाषा और अनुवाद की समस्या के कारण उन कविताओं का आनन्द उठा पाने की कठिनाइयों से नहीं जूझ रहे, बल्कि वे जानबूझ कर आलोचना और उपेक्षा का रुख अपना रहे हैं।

ऐसी समस्याएँ सम्भवतः फिल्में के साथ कम होंगी, क्योंकि फिल्में भाषा पर इतनी निर्भर नहीं रहतीं। फिल्मों में तो भाव-भंगिमाओं और आंगिक चेष्टाओं द्वारा भी बहुत कुछ सम्प्रेषित हो जाता है। किन्तु हमारे रोजमर्रा के अनुभव प्रतिक्रिया और प्रतिक्रियाहीनता के ऐसे नमूने पेश करते रहते हैं कि विदेशी दर्शकों के लिए वे रहस्य बन जाते हैं। अनेक संकेत और भंगिमाएँ, जिन्हें हमारे देश में तो बहुत सामान्य माना जाता है, विदेशियों को बड़े विचित्र प्रतीत हो सकते हैं।

शब्दों का महत्त्व भी उनके प्रत्यक्ष अर्थ से कहीं अधिक व्यापक हो सकता है, भाषा की स्वरशैली, किसी अर्थ विशेष के सम्प्रेषण के लिए शब्दों का विशेष चयन आदि भी अपना विशेष प्रभाव सृजित कर देते हैं। राय ने ठीक ही कहा है : ''सवाक फिल्मों में शब्द केवल वृत्तान्त बताने का कार्य नहीं करते—इनका कार्य कहीं अधिक विस्तृत और लचीला होता है। किसी को भाषा का अच्छा ज्ञान न हो, तो वह फिल्म के संवादों को सुनकर भी बहुत कुछ समझ पाने से वंचित ही रह जाएगा।''

भाषाई बाधाएँ तो शब्दों में निहित वृत्तान्त के आशय को भी बदल डालती हैं—अनुवाद में भाषा के सूक्ष्म अर्थों को पकड़ पाना और उसे ठीक-ठीक सम्प्रेषित कर पाना बहुत मुश्किल होता है। राय की उपर्युक्त टिप्पणी उस दिन मुझे अनायास ही याद आ गई थी जब मैं कैंब्रिज, मेसाचुसेट्स में, सत्यजित राय की फिल्मों के उत्सव में उनकी फिल्म 'तीन कन्या' देख रहा था। जब जिद्दी 'पगली' (अपर्णा सेन द्वारा अभिनीत चरित्र) अपने तिरस्कृत पति को अन्ततः पत्र लिखती है तो उसमें वह अपनी स्नेह भावना की अभिव्यक्ति 'तुमि' (तुम के अर्थ में) सम्बोधन से करती है (ऐसा ही अनुरोध उसके पति ने किया भी था)—औपचारिक आदरास्पद सम्बोधन 'आपनी' (आपके अर्थ में) से नहीं। किन्तु, अंग्रेजी सब-टाइटिल इस प्रकार के सूक्ष्म अर्थ-भेद समझापाने में सफल नहीं होते। अतः अंग्रेजी सब-टाइटिल में पत्र की समाप्ति 'तुम्हारी पत्नी' शब्दों से होती है। मूल बांग्ला फिल्म में तो वह अपने हस्ताक्षर 'पगली' ही करती है—'तुमि' सम्बोधन ही बहुत बारीकी से सब कुछ कह जाता है।

दर्शक और कनसुइया

ऐसी कठिनाइयों और बाधाओं से बचना सहज नहीं। राय ने अपनी फिल्में विदेशी दर्शकों के लिए नहीं बनाई थीं। उनके जो विदेशी प्रशंसक आज उनकी फिल्मों को देखने के लिए टूटे पड़ते हैं वे तो बस कनसुइए हैं (उनके कानों में शब्द तो पड़ते हैं, पर सूक्ष्म अर्थ-भेद को वे ग्रहण नहीं कर पाते)। अब तो राय के दुनिया-भर में फैले लाखों प्रशंसकों के बीच यह सर्जक-कनसुइया 'सम्बन्ध' पूरी तरह से स्थापित हो चुका है। अब ऐसी कोई अपेक्षा नहीं होती कि उनकी रचनाएँ एक भारतीय, वह भी बंगाली, निर्देशक द्वारा स्थानीय भाषाभाषियों के लिए रचित फिल्मों से अलग भी कुछ हैं और वे सामने आते दृश्यों को, उनकी संवेदना को अपनी आत्मसजग 'ग्रहणशीलता' के जरिए समझने की कोशिश करते हैं।

इस दृष्टि से राय, अपनी शर्तों पर विजयी हैं। यह प्रयास ही सभी बाधाओं के बाद भी सांस्कृतिक सीमाओं के पार समझ और सम्प्रेषण की सम्भावनाओं सम्बन्धी उनके विचारों का सत्यापन कर देता है। इसमें कठिनाइयाँ बेशक आती हैं—पर यह सम्भव है। पश्चिमी सिनेमा के अनुभवी दर्शक जब राय की, बहुत ही अलग तरह के दर्शक मण्डल के लिए बनाई गई, फिल्मों को देखने के लिए जुटते हैं तो पता चलता है कि यदि कोई व्यक्ति अपनी सांस्कृतिक दीवारों को लाँघने को तैयार हो, तो क्या कुछ सम्भव हो सकता है।

राय ने एक बात पर और ध्यानाकर्षण किया था कि भारत और पश्चिम की सांस्कृतिक विभाजक खाई के आर-पार सम्प्रेषण में क्या उचित होगा और क्या नहीं। कान महोत्सव में 'पाथेर पांचाली' के विशेष पुरस्कार जीतने के दो वर्ष बाद और वेनिस में 'अपराजितो' को मिले 'ग्रां प्री' के एक वर्ष बाद 1958 में राय ने एक

लेख लिखा था, 'प्रॉब्लेम्स ऑफ ए बंगाली फिल्म मेकर' ('एक बंगाली फिल्मकार की समस्याएँ') उसमें उन्होंने कहा है :

"कोई कारण नहीं कि हम विदेशियों की प्राच्य संस्कृति के प्रति जिज्ञासा का लाभ न उठाएँ। किन्तु, इसका अर्थ यह नहीं है कि हम उन्हें उनके मनचाहे छद्म सांस्कृतिक बोध द्वारा ही लुभाते रहें। हमारे देश और जन समुदाय से जुड़ी उनकी अनेक भ्रान्तियों का निराकरण करना आवश्यक है। हालाँकि एक फिल्मकार के लिए शायद अधिक आसान और फिल्म के लिए अधिक कमाई का तरीका तो रूढ़ गलत धारणाओं का खण्डन नहीं उनकी पुष्टि करना ही होगा।"

इस विधि का प्रयोग करनेवालों में राय अकेले नहीं थे। अनेक अन्य महान भारतीय फिल्म निर्देशकों ने इसी प्रकार का मार्ग अपनाया है। एक पुराना कलकत्तावासी होने के नाते मुझे गर्व है कि अनेक ऐसे प्रतिष्ठित निर्देशक मेरे उसी शहर के वासी हैं—जैसे मृणाल सेन, ऋत्विक घटक, अपर्णा सेन आदि।

किन्तु कितने ही निर्देशक राय द्वारा परिभाषित 'छद्म सांस्कृतिक बोध" की तुष्टि के लोभ का संवरण नहीं कर पाएँ हैं। कितनी ही मनोरंजक भारतीय फिल्में भी मध्य पूर्व, अफ्रीका, यूरोप और अमेरिका में काफी लोकप्रिय हुई हैं। कितने ही देशों की फिल्म-निर्माण-विधा पर बम्बई का गहरा प्रभाव पड़ा है।

यह कहना कठिन है कि अतिशय समृद्धि के जिन काल्पनिक दृश्यों का इन मसाला फिल्मों में चित्रांकन किया जाता है उन्हें 'भारत की भ्रामक छवि' माना जाए या फिर उन्हें किसी अप्रतिम काल्पनिक संसार की शानदार प्रस्तुति। किसी अन्य सन्दर्भ में राय ने कहा है कि ये परम्परागत फिल्में, जिन्हें देखने को भारी भीड़ उमड़ पड़ती है, सामाजिक पहचान के कठिनाई-भरे आयामों से परे हट कर किसी ऐसे कृत्रिम समाज को प्रस्तुत करती हैं जिसका कहीं अस्तित्व ही नहीं है—जिसे किसी कल्पना लोक में ही विश्वसनीय माना जा सकता है। पर साथ ही राय का यह भी मानना है कि व्यापक विविधता-भरे देश में (सम्भवतः) इन फिल्मों की यही काल्पनिक विशेषता इन्हें देशव्यापी स्वीकृति प्रदान कर देती है। यही नहीं, अनेक अन्य देशों में भी यही कल्पना संसार दर्शकों का मन लुभा लेता है। वे भी किसी काल्पनिक विश्व में बड़े शानदार स्तर पर प्रस्तुत मनोरंजन से बड़े खुश होते हैं। सफलता की यह गाथा सहज समझ आ सकती है—विदेशों में स्वीकृति के साथ-साथ प्रसिद्धि और आमदनी, दोनों की प्राप्ति होती है।

वास्तव में विदेशियों के पूर्वाग्रहों और दुर्बलताओं का विदोहन केवल 'छद्म सांस्कृतिक बोध' से नहीं बँधा है। इसके अन्य स्वरूप भी हो सकते हैं—ये न भ्रामक होंगे और नहीं 'छद्म संस्कृति बोधक'। उदाहरण के लिए न भारत में व्याप्त गरीबी में कुछ झूठ है और न ही इस बात में कि भारतीय अपने आस-पास में व्याप्त दुःख और दरिद्रता को दृष्टिगत कर अपना जीवन सामान्य रूप से व्यतीत करने के अभ्यस्त

हो चुके हैं। किन्तु अन्य लोगों को यह बात अजीब लग सकती है।

असीम दुर्भाग्यग्रस्तता और पददलित वर्गों के प्रति अन्य लोगों की हृदयहीनता के विस्तारपूर्ण चित्रांकन का भी चातुर्यपूर्ण विदोहन सम्भव है—बस, इसमें दुष्टतापूर्ण खलनायकों का सम्मिश्रण और करना पड़ता है। इसी प्रकार के विदोहन का एक अपेक्षाकृत परिष्कृत स्वरूप जानी-मानी प्रतिभाशाली निर्देशिका मीरा नायर की बहुचर्चित और सफल फिल्म 'सलाम बॉम्बे' में भी दिखाई दिया था। इस फिल्म की बहुत प्रशंसा हुई है, होनी भी चाहिए, क्योंकि यह बहुत ही भावपूर्ण ढंग से निर्मित और कलापूर्ण चित्रांकनवाली एक सशक्त रचना है। किन्तु इसमें भी न केवल दर्शकों की कोरी हमदर्दी का शोषण हुआ है, बल्कि उनकी किसी खलनायक को पहचान कर उसे सभी बुराइयों का उत्तरदायी ठहराने की उत्सुकता का भी भरपूर लाभ उठाया गया है।

'सलाम बॉम्बे' खलनायकों से भरपूर है और उसमें अनेक पात्र ऐसे हैं जिनमें हमदर्दी और न्याय भावना का नितान्त अभाव है। अतः फिल्म में प्रदर्शित दुःख और क्लेश के कारण दूरस्थ विदेशी दर्शकों को भी सहज ही समझ आ जाते हैं। खलनायकों पर यह निर्भरता मीरा नायर की अगली फिल्म 'मिसीसिपी मसाला' में बिल्कुल नजर नहीं आयी। यह भी एक महान फिल्म है—इसमें भारतीय मूल के पूर्व उगांडावासियों की पहचान और वृहत्तर समाज में समाहित होने से जुड़ी अनेक समस्याओं का चित्रण किया गया है। 'सलाम बॉम्बे' का दर्शन तो दर्शक को सीधे-सीधे स्पष्टतया प्रश्न तक ले जाता है: मानवताविहीन मनुष्यों से भरे समाज में आप और आशा ही क्या कर सकते हैं? यह जाना-माना सच है कि भारत में गरीबी बहुत है। इसी में सन्तोष हो जाता है कि सभी समस्याओं को पैदा करनेवाले 'बुरे' लोगों को बेनकाब कर दिया गया। ऐसा ही कुछ अमरीका की अपराध फिल्मों में ही होता रहा है। किसी न किसी रूप में रोलैंड जैफ़ की फिल्म 'सिटी ऑफ ज्वॉय' में ऐसा ही कुछ कोलकाता के साथ किया गया था। उसमें भी खलनायकों की साफ पहचान की गई थी।

इनके विपरीत सत्यजित राय की फिल्मों में तो, जहाँ समस्याएँ इतनी ही गहन थीं, (जैसे 1943 के बंगाल के अकाल से जुड़ी फिल्म 'अशनि संकेत') वहाँ भी स्पष्टतः पहचाने जा रहे अत्याचारी खलनायक की उपस्थिति के सहारे सीधी सी व्याख्या करने के सुगम मार्ग से बचने का प्रयास किया गया है। वास्तव में, सत्यजित राय की फिल्मों में तो खलनायक होते ही नहीं। यदि कोई बहुत ही बुरी घटना हो जाए, तो भी उसके लिए किसी को स्पष्टतः उत्तरदायी ठहरा पाना सम्भव नहीं होता। 'देवी' फिल्म की ही बात लें, दयामयी का श्वसुर स्पष्टतः उसके सभी कष्टों समस्याओं के लिए जिम्मेदार दिखता है, वही अप्रत्यक्ष रूप से उसकी मृत्यु के लिए भी उत्तरदायी है पर उसे भी उसके अपने अन्धविश्वास का शिकार दिखाया गया है और उसमें मानवीय गुणों का नितान्त अभाव भी नहीं था। यदि 'सलाम बॉम्बे' और 'सिटी ऑफ

ज्वॉय' चोर-सिपाही फार्मूला में बनाई गई फिल्में हैं ('सलाम बॉम्बे' में कोई अच्छा सिपाही नहीं है) तो राय की फिल्मों से ये चोर और सिपाही दोनों ही नदारद होते हैं। कोलकाता की ही पृष्ठभूमि पर बनी उनकी फ़िल्म 'महानगरी' की बात लें! उसमें अनेक खुशियों के क्षणों में ही कुछ दुखद घटनाएँ घटित हो जाती हैं और अन्ततः एक गम्भीर दुखद प्रसंग भी है। किन्तु ऐसा कोई खलनायक वहाँ नहीं मिल पाता, जिसे अन्तिम रूप से उत्तरदायी ठहराया जासके। इस खलनायकी की अनुपस्थिति के सहारे ही राय ऐसी त्रासदियों के लिए उत्तरदायी सामाजिक परिस्थितियों की जटिलताओं का चित्रांकन कर पाने में सफल रहते हैं। वे किन्ही बहुत ही बुरे व्यक्तियों की निर्दयता, अर्थलिप्सा और लालच के सहारे तुर्त-फुर्त किसी प्रकार की व्याख्या नहीं करते। राय अपनी फिल्मों में किसी शैतान व्यक्ति द्वारा शैतानी-भरे कामों के सहज सम्प्रेषण को छोड़कर ऐसे सामाजिक परिप्रेक्ष्य का चित्रांकन करते हैं जो जटिल होने के साथ-साथ बहुत ही ज्ञानवर्धक भी होता है।

विविधता और बाह्य सम्पर्क

सत्यजित राय का आग्रह समाज की सांस्कृतिक विशेषताओं के वास्तविक स्वरूप के चित्रण पर ही रहता है। उनका भारत और बंगाल सम्बन्धी दृष्टिकोण वास्तविकताओं की दुरूहता और प्रत्येक स्तर पर व्याप्त विविधता को स्वीकार करता है। उनकी कृतियों में 'पूर्व' किसी मानक स्वरूपधारी 'पश्चिम' से नहीं मिलता—जैसा कि पश्चिमीकरण और आधुनिकीकरण की आलोचक अनेक रचनाओं में दिखाई देता है। राय तो स्पष्ट कहते हैं कि उनकी फिल्मों में 'बसे' पात्र बहुत ही जटिल और विविधतापूर्ण हैं। उन्हीं के शब्दों में : "एक बंगाल प्रान्त की ही बात लें! या, फिर और भी बेहतर होगा यदि मात्र कोलकाता की बात करें, जहाँ मैं रहता और काम करता हूँ। यहाँ एक मुहल्ले का उच्चारण दूसरे से नहीं मिलता। प्रत्येक शिक्षित बंगाली अपनी मातृभाषा में बोलते हुए भी अंग्रेजी के शब्दों और वाक्यांशों का प्रयोग करता रहता है। लोगों की वेशभूषा भी एक जैसी नहीं है। यद्यपि महिलाएँ प्रायः साड़ी ही पहनती हैं, पर पुरुषों को तेरहवीं शताब्दी से लेकर 'एस्क्वायर' (एक अमरीकी फैशन पत्रिका) के नवीनतम निर्देशों का पालन करते देखा जा सकता है। गरीब और अमीर का विरोधाभास साफ दिखाई देता है। किशोर 'ट्विस्ट' में मटकते और 'कोक' गटकते दिखाई देते हैं तो श्रद्धालु ब्राह्मण गंगा में गोते लगाकर उगते हुए सूर्य के प्रति मन्त्रोच्चार करते दिखाई दे जाते हैं।"

यहाँ भी एक बात की ओर तुरन्त ध्यान जाता है। राय जिस स्थानीय संस्कृति के महत्व पर आग्रह करते हैं वह किसी परम्परा से बन्धे समाज की विशुद्धतापूर्ण संरचना नहीं है—वह तो समकालीन भारत के जनजीवन की विविधतापूर्ण जीवनशैली में निहित है। ट्विस्ट की धुन पर थिरकता भारतीय भी उन्हीं में कहीं बसा है जो

गंगा किनारे मन्त्रोच्चार कर रहे हैं।

इस विविधता की स्वीकारोक्ति से ही यह स्पष्ट हो जाता है कि सत्यजित राय का स्थानीय संस्कृति पर ध्यान केन्द्रण आधुनिकीकरण विरोधी क्यों नहीं है। 'हमारी संस्कृति', उनकी संस्कृति से कुछ सीख सकती है–इसी प्रकार 'उनकी संस्कृति' हमारी संस्कृति से भी कुछ ग्रहण कर सकती है। फिल्म में निहित पात्रों की संस्कृति की स्वीकारोक्ति और उस पर बल देने के कारण ही अन्य स्थानों से उद्गमित विचारों और व्यवहार आदि में रुचि को 'अवैधानिक' घोषित नहीं किया जा सकता। वास्तव में राय 1942 के उस कलकत्ता को बहुत आनन्दपूर्वक याद करते हैं जब वहाँ पश्चिमी (अमरीकी भी) सेनाएँ भरी पड़ी थी :

"कलकत्ता तब युद्ध कार्यों का आधार शिविर बन गया था। चौरंगी 'जी आई' लोगों से ठसाठस भरा रहता। पटरी की किताबों की दुकानों में 'लाइफ' और 'टाइम' पत्रिकाओं के पतले-पतले संस्करण सजे रहते। हॉलीवुड की नवीनतम फिल्में दिखा रहे सिनेमाघर भी ठसाठस भरे रहते। अपने दफ्तर की कुर्सी पर बैठे-बैठे मेरे मस्तिष्क में उन फिल्मों के विचार दौड़ रहे थे, जिन्हें (हाल ही में) मैंने देखा था। मुझे बेहद अफसोस है कि जब मैं शान्तिनिकेतन के अरण्य में धूप में खड़ा पूरे खिले हुए सेमल और पलाश के वृक्षों के रेखाचित्र बना रहा था, उसी समय कलकत्ता के नवीनतम और विशालतम सिनेमाघर में 'सिटीजन केन" फिल्म तीन दिन तक चलकर उतर भी गई।"

बाहरी चीजों में राय की दिलचस्पी बहुत पहले ही जागृत हो गई थी। पाश्चात्य शास्त्रीय संगीत से तो उनका लगाव युवावस्था में ही हुआ, किन्तु फिल्मों में उनकी रुचि संगीत से भी पहले जग गई थी। मरणोपरान्त प्रकाशित अपनी पुस्तक 'माई लाइफ विद अपू : ए मेमॉयर' में राय लिखते हैं।

"स्कूल में पढ़ते समय ही मैं फिल्मों का दीवाना हो गया था। मैं 'पिक्चर गोअर' और 'फोटोप्ले' पत्रिकाएँ तो लगन से पढ़ता था, पर अपनी पढ़ाई को नजर अन्दाज कर जाता था। हेडा हॉपर और लुएला पारसन्स की लिखी हॉलीवुड की गपशप तो जैसे मेरी खुराक बन गई थी। डिएना डर्बिन मेरी सबसे प्रिय अभिनेत्री थी। इसका कारण उसका सौन्दर्य और सहज अभिनय ही नहीं, बल्कि उसकी संगीतपूर्ण आवाज थी। फ्रेड एस्टेयर और जिंजर रोजर्स भी मेरे चहेते थे। उनकी सभी फिल्में मैंने कई-कई बार इसलिए देख डाली थी कि इर्विंग बर्लिन और जेरोम कर्न की धुने पूरी तरह हृदयंगम हो जाएँ।"

अन्य स्थानों घटनाक्रम से सीखने और आनन्दित होने की सत्यजित राय की उत्सुकता इस बात से भी स्पष्ट हो जाती है कि उन्होंने किस प्रकार जीवनयापन करने और सृजनात्मक काम करने का चयन किया था। रवीन्द्रनाथ टैगोर द्वारा संस्थापित उत्कृष्ट शिक्षा केन्द्र शान्तिनिकेतन (जहाँ राय ने ललित कलाओं का अध्ययन किया

था) में उन्होंने क्या सीखा? इस बारे में राय के विचार भी घरेलू और बाहरी तत्वों के सम्मिश्रण ही हैं। यहाँ उन्होंने भारत की कला और संगीत की धरोहर को जाना—वे भारतीय शास्त्रीय संगीत और परम्परागत चित्रकला भी सीखने लगे थे। साथ ही उन्होंने 'अधिकतम अनुशासन से कम से कम ब्रुश स्ट्रोक्स' वाली सुदूर-पूर्व की 'अक्षरांकन कला' (कैलिग्राफी) भी आत्मसात् की। वहाँ उनके कला शिक्षक उस समय के एक महान चित्रकार और 'बंगाल कला शैली' की महान हस्ती नन्दलाल बोस थे। उन्हीं ने राय को सिखाया कि वृक्ष का सही चित्रांकन कैसे किया जाता है—वृक्ष नीचे से ऊपर की ओर उगता और बढ़ता है। अतः चित्रांकन की रेखाएँ भी नीचे से ऊपर की ओर चलनी चाहिए। बोस ने ही राय को चीन और जापान की शैलियों और परम्पराओं से अवगत कराया। किन्तु वे कई बाहरी परम्पराओं के आलोचक भी थे। बोस मानते थे कि वृक्षों का सही चित्रांकन चीन और जापान के कलाकार ही करते हैं।

'पथेर पांचाली' ने राय को विश्व के अग्रणी फिल्मकारों की श्रेणी में पहुँचा दिया था, किन्तु उन्होंने यह स्वीकार करने में कोई झिझक नहीं दिखाई कि उनका फिल्मांकन किस प्रकार वित्रोरिया दिसिका की फिल्म 'बाइसिकल थीफ़' से प्रभावित रहा है। उनका कहना है: ''लन्दन पहुँचने के तीसरे दिन ही मैंने 'बाइसिकल थीफ़' देख ली थी। कई दिनों से 'पथेर पांचाली' का कथानक दिमाग में घूम रहा था। उसी समय यह भी निश्चय कर डाला कि अगर कभी 'पथेर पांचाली' का निर्माण किया तो उसमें प्राकृतिक स्थलों और अनजान कलाकारों का ही प्रयोग करूँगा (जैसा कि 'बाइसिकल थीफ़' में किया गया था।) इस प्रभाव के बावजूद 'पथेर पांचाली' अपनी कथावस्तु और प्रस्तुति की दृष्टि से सम्पूर्णरूपेण एक भारतीय फिल्म ही है, जबकि इसके संयोजन की मुख्य प्रेरणा तो इटली में बनी एक फिल्म से ली गई थी। इतालवी प्रेरणा ने 'पथेर पांचाली' को गैर-भारतीय नहीं बनाया, बल्कि इसे एक महान भारतीय फिल्म बना दिया।

बाह्य स्रोत और आधुनिकता

आज के भारत में ऐसी भारतीय संस्कृति पर आग्रह चल रहा है जो विदेशी प्रभावों से मुक्त रही है। पर यह प्रभाव मुक्ति का दावा अविश्वसनीय और खोखला प्रतीत होता है। किसी भी विचार या परम्परा के विदेशी मूल की होने की बात को उसके बहिष्कार का आधार बनाया जा रहा है। यह बात आधुनिकता विरोध के साथ भी जुड़ गई है। यहाँ तक कि पार्थ सेन जैसे समझदार समाज-विश्लेषक भी बेनेडिक्ट एंडरसन की राष्ट्रवाद और 'काल्पनिक समुदायों' के बीच सम्बन्ध कायम करने की स्थापना को केवल इसलिए नकार देते हैं कि यह स्थापना तो पाश्चात्य मूल की है। उन्हीं के शब्दों में : ''मुझे एंडरसन के तर्कों पर एक ही केन्द्रीय आपत्ति है। यदि

विश्व-भर में राष्ट्रवादों को अपने काल्पनिक समुदायों का चयन यूरोप और अमरीका द्वारा उपलब्ध कराए गए खास मापांक रूपों (Modular farms) के अनुसार ही करना है तो फिर 'कल्पना' की बात ही कहाँ बच रहती है? एंडरसन की किसी 'काल्पनिक समुदाय' से जुड़ी राष्ट्रवाद की अवधारणा में भले ही अधिक सार हो या न हो (मेरी दृष्टि में तो है), किन्तु यह आशंका कि इसका मूल तो पाश्चात्य है, इसे स्वीकार करने से हम अपने किसी निजी प्रतिमान से वंचित हो जाएँगे, बहुत ही संकीर्णतापूर्ण लगती है।

भारतीय संस्कृति का तो विकास ही कुछ इस प्रकार हुआ है कि यह सदैव बाह्य प्रभावों को आत्मसात् करने को तत्पर रहती है। सत्यजित राय का विविधता पर आग्रह हमारी उसी परम्परा के अनुरूप रहा है। दैनिक जीवन की बात ही लें! हमारी रसोई में रोज प्रयोग होनेवाली लाल मिर्च भी यहाँ पुर्तगाली यात्री 'नए विश्व' से लाए थे। पर इस मिर्च के प्रयोग से हमारा पाकशास्त्र विदेशी तो नहीं हो जाता। अब तो यह लाल मिर्च एक भारतीय मसाला बन गई है। सांस्कृतिक प्रभाव द्विपक्षीय होते हैं। यदि हमने बाहर से कुछ लिया है तो हमने शेष विश्व को अपनी पाककला परम्परा के लाभ भी प्रदान किए हैं। तन्दूर भले ही भारत में मध्य-पूर्व से आया हो, पर भारत ने ही तन्दूरी भोजन को ब्रिटिश जनजीवन का अभिन्न अंग बनाया है। पिछली गर्मियों में ही लन्दन में मैंने एक पक्की अंग्रेज महिला के मुँह से सुना था कि वह उतनी ही अंग्रेज है जितना डैफोडिल का फूल या चिकन टिक्का मसाला।

सांस्कृतिक और बौद्धिक अन्तर्सूत्र कुछ इस प्रकार उलझ जाते हैं कि किसी भी बात या विचार को 'पूर्वी' या 'पश्चिमी' कह पाना आसान नहीं रहता। इस प्रकार के प्रश्नों पर तो अधिक 'द्वन्द्वात्मक' तरीके से ही चर्चा सम्भव है। किसी विचार को 'विशुद्ध भारतीय' या 'विशुद्ध पाश्चात्य' कह डालना भ्रामक हो सकता है। वैचारिक उद्‌गम की शुद्धता की परीक्षा सहज नहीं है।

विज्ञान, इतिहास और आधुनिकता

पिछले दशक में भारत में 'भारतीय' और 'हिन्दू' विरासत पर आग्रह कर रहे राजनीतिक संगठनों के सशक्त होने के कारण इन मुद्दों का व्यावहारिक महत्त्व और भी अधिक हो गया है। आधुनिकता विरोध का एक मुख्य आयाम है प्रत्यक्ष या परोक्ष रूप से 'पश्चिमी विज्ञान' को लेकर प्रश्न उठाना। यदि परम्परागत अनुदारवाद अधिक प्रबल रूप धारण कर गया तो निश्चय ही इससे भारत में विज्ञान की शिक्षा को खतरा पैदा हो सकता है। युवा भारतीयों को क्या सीखने को उत्साहित किया जाए—इस बात पर भी इस खतरे का प्रभाव होगा।

इस विदेशी-विरोधी मानसिकता के तर्कशास्त्र में अनेक प्रकार की त्रुटियाँ हैं। सबसे पहली बात तो यही है कि पश्चिमी विज्ञान किसी भी रूप में यूरोप और अमरीका

की निजी सम्पत्ति नहीं है। यह ठीक है कि पुनर्जागरण, औद्योगिक क्रान्ति और अठारहवीं शताब्दी के ज्ञानोदय के बाद से अधिकांश वैज्ञानिक प्रगति पश्चिम में हुई है, किन्तु यह वैज्ञानिक प्रगति निश्चय ही गणित और विज्ञान के क्षेत्रों में अरबों, चीनियों, भारतीयों और अन्य लोगों के योगदान पर ही आधारित रही है। अतः 'पश्चिमी विज्ञान' शब्द ही भ्रामक है। इससे केवल गैर-पश्चिमी समाजों और गणित, विज्ञान के अध्ययन के बीच दूरी बढ़ाने का दिग्भ्रमित प्रयास ही होता है।

दूसरे, खोज और नवप्रवर्तन कहीं भी हुए हों, किन्तु विज्ञान और गणित में प्रयुक्त तर्कविधियाँ उन्हें स्थानीय भूगोल और सांस्कृतिक इतिहास से स्वतन्त्र-प्राय बना देती हैं। स्थानीय ज्ञान और उसके महत्त्व आदि से जुड़े अनेक मुद्दे हैं, किन्तु अधिकांश सार-सत्व तो तर्कशास्त्र, प्रदर्शन और साक्ष्यों की समीक्षा की कसौटियों पर कसे जाते हैं। इस दृष्टि से भी 'पाश्चात्य विज्ञान' शब्द-पद का प्रयोग भ्रामक ही होगा।

तीसरे, हमारे भविष्य सम्बधी निर्णय किन्हीं बीते हुए अनुभवों के ही आश्रित क्यों रहें? यदि आधुनिक गणित और विज्ञान के विकास क्रम में कोई भारतीय या एशियाई घटक नहीं भी हों (यद्यपि ऐसा नहीं है, लेकिन यदि सत्य वही होता) तो भी आज के भारत में उनकी उपादेयता किसी भी रूप में कम नहीं हो जाती।

समकालीन भारत में 'आधुनिकता' की भूमिका से जुड़े प्रश्न भी इसी प्रकार हैं। इन पर मैंने पहले भी चर्चा की है। भारत में (विशेषकर) पश्चिम से आ रही आधुनिकता पर अधिकांश प्रहार तो 'उत्तर आधुनिक' साहित्य तथा उससे जुड़ी विश्लेषण विधाओं पर ही हो रहे हैं। ये पश्चिमी साहित्यिक और सांस्कृतिक क्षेत्रों में बहुत प्रभावशाली रही हैं। वहीं से इन विचारों का भारत में भी संक्रमण हुआ है। पश्चिम की इस दोहरी भूमिका के भी कुछ दिलचस्प पहलू हैं : औपनिवेशिक राजधानियों ने उपनिवेशोत्तर बुद्धिजीवियों को कुछ ऐसा 'मसाला' उपलब्ध करा दिया है कि वे पूर्व-शासकों पर बौद्धिक प्रहार कर सकें। किन्तु यहाँ किसी प्रकार का विरोधाभास नहीं है मेरा तो आशय सिर्फ यही है कि किसी विचार की केवल उसके पाश्चात्य उद्‌गम के कारण भर्त्सना नहीं होनी चाहिए।

आधुनिकतावाद के विरोधी और इसके 'आत्मासचेत' पक्षधर प्रायः एक बात पर सहमत होते हैं कि 'आधुनिक' होने की परिभाषा तो स्पष्ट है—अन्तर केवल इतना है कि आप इसके पक्षधर हैं या विरोधी। किन्तु आधुनिकता का निदान कर पाना भी इतना आसान नहीं है, क्योंकि मौजूदा या निकट अतीत के आधुनिक विचारों और बौद्धिक विकास की ऐतिहासिक जड़ें तो बहुत ही गहरी (और पुरातन) हैं। साथ ही आधुनिक विचारों और तकनीकों के मूल या उद्‌गम स्रोतों के भी अनेक प्रकार के सम्मिश्रण पाए जाते हैं।

मेरा अभिप्राय यह नहीं है कि प्रत्येक आधुनिक बात को किसी न किसी तरह

अच्छा ही ठहराया जाए। आधुनिक की आवश्यकता के आधार पर किन्हीं बातों को उचित ठहराने की सदाशयता पर सन्देह के कुछ न कुछ कारण भी मिल ही जाते हैं। मेरा कहना तो मात्र यही है कि कोई विचार, या प्रस्ताव, चाहे वह आधुनिकतावादी हो या उसका विरोधी, उसकी पूरी तरह समीक्षा-मीमांसा की आवश्यकता तो बनी ही रहती है। यदि हमें शिक्षा, स्वास्थ्य सेवाओं और सामाजिक सुरक्षा की नीतियों के समर्थन पर निर्णय लेना हो तो इसमें आधुनिकता या गैर-आधुनिकतावाद की बात तो निरर्थक हो जाएगी। यहाँ तो मुख्य बात यह होगी कि इन नीतियों से जनजीवन किस प्रकार प्रभावित होगा। इसी प्रकार आज के भारत में व्याप्त साम्प्रदायिक तनाव से उबरने के लिए कबीर की साखियों और 16वीं शताब्दी की अकबर की सहिष्णुतापूर्ण राजनीतिक वरीयताओं की ओर ध्यान दिलाना अधिक सार्थक होगा, न कि 17वीं शताब्दी के औरंगज़ेब की असहिष्णुता की चर्चा। अब यहाँ बहस का मुद्दा यह तो नहीं हो सकता कि कबीर और अकबर अधिक 'आधुनिक' थे या औरंगज़ेब। यहाँ तो उनके द्वारा अपनाई गई नीतियों की बात ही अधिक सार्थक होगी। आधुनिकता न सिर्फ चक्कर में डाल देनेवाली अवधारणा है, बल्कि समकालीन वरीयताओं के गुण-दोष विवेचन में बुनियादी रूप से अप्रासंगिक भी है।

भ्रामक 'एशियाई मूल्य'

दक्षिण एशियाई देशों के शासक बड़े जोर-शोर से जिन 'एशियाई जीवन मूल्यों' की बात उठा रहे हैं, उनमें क्या विशेष बात है? चीन, सिंगापुर, मलेशिया आदि देशों में गढ़े जा रहे इन तर्कों का आशय एशियाई मूल्यों को पश्चिमी मूल्यों से अलग बताकर महत्त्वपूर्ण नागरिक अधिकारों, विशेषकर अभिव्यक्ति की स्वतन्त्रता (प्रेस की स्वतन्त्रता सहित) के महत्त्व को कम करना है। पश्चिम से वर्चस्ववाद के विरोध के सम्मानपूर्ण उद्देश्य की आड़ में पत्रकारिता की स्वतन्त्रता का दमन और 'एशियाई जीवन मूल्यों' के नाम पर मूलभूत राजनीतिक और नागरिक अधिकारों के हनन को उचित ठहराया जा रहा है।

इस प्रकार के तर्कशास्त्र में दो मूलभूत समस्याएँ आती हैं। यदि पश्चिम की अपेक्षा एशियाई परम्परा में इन स्वतन्त्रताओं का स्थान गौण भी रहा हो, तो भी इस आधार पर उनका 'शमन' उचित नहीं ठहराया जा सकता। मानवाधिकारों के सवाल पर टकराव को पश्चिमी उदारवाद और एशियाई अनिच्छापूर्ण उदासीनता के संघर्ष का नाम देने का प्रयास तो इस मुख्य मुद्दे से ध्यान हटाने का प्रयास ही माना जाएगा कि आज एशिया में क्या उचित है और अनुचित। विचारों का इतिहास एशिया और पश्चिम में, इस प्रश्न का निराकरण नहीं कर सकता।

दूसरे, यह किसी भी तरह स्पष्ट नहीं हो पाता कि स्वतन्त्रता और सहिष्णुता को पश्चिम में एशिया की अपेक्षा व्यवस्थित रूप से सदा ही अधिक महत्त्व दिया

गया है। वैयक्तिक स्वतन्त्रता की स्थापना पूर्व और पश्चिम के इतिहास काल की अपेक्षाकृत नवीन स्थापना है। हाँ, यह बात ठीक है कि पुनर्जागरण, ज्ञानोदय और औद्योगिक क्रान्ति आदि के कारण यह पश्चिम में अपेक्षाकृत अधिक पहले स्वीकार्य हो गई थी। किन्तु यह अन्तर बहुत पुराना नहीं है। किस तारीख को, किन परिस्थितियों में व्यक्तिगत स्वतन्त्रता की अवधारणा...पहले-पहल पश्चिम में मान्य हुई—इस प्रश्न के उत्तरस्वरूप इसाइया बर्लिन ने लिखा हैः "मुझे पुरातन विश्व में तो इस सम्बन्ध में किसी स्पष्ट प्रतिस्थापना के कोई मान्य साक्ष्य नहीं मिले।"

किन्तु बर्लिन के इस विचार का ऑर्लेण्डो पैटर्सन ने खण्डन किया है। पैटर्सन के इतिहास आधारित तर्क बहुत ही दिलचस्प हैं। किन्तु उसकी स्थापना भी गैर-पश्चिमी बौद्धिक परम्पराओं के समतुल्य अवयवों का पर्याप्त अन्वेषण किए बिना ही पश्चिमी विचारों के कतिपय अवयवों को महत्व प्रदान करने पर आधारित है। उसकी स्थापना से स्पष्ट है कि उसका राजनीति और भागीदारीपूर्ण शासन-व्यवस्था पर संस्कृत, पालि, चीनी, अरबी आदि भाषाओं की किताबों-दस्तावेजों से कोई परिचय नहीं था।

पश्चिमी परम्परा को ही वैयक्तिक स्वातन्त्र्य और राजनीतिक लोकतन्त्र का प्राकृतिक आवास माननेवाली पुस्तकों में आज की परिस्थितियों को अतीत पर आरोपित करने की प्रवृत्ति बहुत ही सशक्त रूप में दिखाई पड़ रही है। यूरोपीय ज्ञानोदय आदि के बाद से जो जीवनमूल्य प्रमुखता पा गए हैं, वे वास्तव में अपेक्षाकृत नवीन ही हैं—पुरातन यूरोपीय धरोहर के अंग स्वरूप तो उनके दर्शन नहीं हो पाते। किन्हीं विशेष सन्दर्भों में यूरोप की कलासिकल परम्पराएँ भी स्वतन्त्रता और सहिष्णुता की बात करती रही हैं, किन्तु यह बात तो भारत के साथ-साथ समस्त एशियाई परम्परा पर भी लागू होती है। भारत में तो अशोक के शिलालेख, शूद्रक के नाटक, अकबर की घोषणाएँ, दादू की कविताएँ आदि अनेक अकाट्य साक्ष्य इस पक्ष में विद्यमान रहे हैं।

यह सत्य है कि सभी एशियाई परम्पराओं में सहिष्णुता पर आग्रह नहीं रहा। किन्तु यह आग्रह कहीं भी हर समय नहीं लक्ष्य किया गया। (हाँ, अशोक ने अवश्य ई. पू. तीसरी शताब्दी में सर्वव्यापी-सर्वग्राही सहिष्णुता पर आग्रह किया था)। यही स्थिति पश्चिम में भी रही है। ऐसा कोई प्रमाण नहीं मिलता कि प्लेटो या सेंट ऑगस्टाइन कंफ्यूशियस से अधिक सहिष्णु थे। अरस्तू ने स्वतन्त्रता के महत्त्व का प्रतिपादन अवश्य किया था, किन्तु उसने भी महिलाओं और दास वर्ग को इसके दायरे से बाहर ही छोड़ दिया था। ये ध्यान देने योग्य बात है कि लगभग उसी समय रचे जा रहे अशोक के सिद्धान्तों में महिलाओं और दासों को स्वातन्त्र्याधिकार की परिधि से बाहर नहीं रखा गया था। अतः मेरा विचार है कि स्वातन्त्र्य और सहिष्णुता का पश्चिमी संस्कृति की हजारों वर्ष पुरानी स्थापना (जिससे एशिया अपरिचित रहा है) के रूप में दावा करना पूरी तरह निराधार है। उसे अस्वीकृत किया ही जाना चाहिए।

पश्चिमी और एशियाई परम्पराओं में स्वातन्त्र्य और सहिष्णुता को लेकर वैषम्य का चित्रण इतिहास के ज्ञान के अभाव पर आधारित है। एशियाई मूल्यों की जो स्थापना निरंकुश शासक कर रहे हैं वह तो और भी अधिक सन्देह भरी है। अतः एक बार फिर हमारे पुराने तर्क को बल मिलता है कि भले ही एशिया का अतीत अपेक्षाकृत अधिक निरंकुशतापूर्ण रहा है, पर उस अतीत के नाम पर समकालीन एशिया में स्वातन्त्र्य और सहिष्णुता के महत्त्व को नकारा नहीं जा सकता।

अति-संकुलन और विविधता

एशियाई मूल्यों की चर्चा ही एक अन्य महत्त्वपूर्ण प्रश्न की ओर हमारा ध्यान आकर्षित करती है। यह मुद्दा है पूर्व और पश्चिम, या फिर यूरोप और भारत, के बीच सांस्कृतिक वैषम्य के सरलीकरण का। यूरोप और भारत में अनेक अन्तर हैं–किन्तु भारत या यूरोप के भीतर भी अनेक तीखे अन्तर दिखाई पड़ जाएँगे। भारत की बौद्धिक और ऐतिहासिक परम्पराओं के विभिन्न घटकों में भी भारी अन्तर विद्यमान हैं। 'हमारी संस्कृति' और 'उनकी संस्कृति' की तुलना में सबसे बड़ी गड़बड़ी तो यही होती है कि 'दोनों' संस्कृतियों में आन्तरिक रूप से बहुत-सी विषमताएँ स्पष्ट दिखाई दे जाती हैं। मेरी एक वृद्ध शिक्षिका जोन राबिन्सन कहा करती थीं : "आप भारत के विषय में जो भी सत्य बात कहें, उसके विपरीत बात भी सत्य ही होती है"। सांस्कृतिक अन्तर महत्त्वहीन नहीं होते, किन्तु भारत और पश्चिम के बीच का वैषम्य भी उतना प्रखर नहीं होगा, क्योंकि उनकी आन्तरिक स्थितियाँ भी वैषम्य शून्य नहीं हैं।

एशियाई जीवनमूल्यों का सामान्यीकरण करते समय तो यह समस्या और गम्भीर हो जाएगी। एशिया में विश्व की 60 प्रतिशत जनसंख्या बसी है। इस विशाल और विविधतापूर्ण जन-समुदाय को शेष विश्व से अलग करनेवाले कोई विलक्षण जीवनमूल्य नहीं हैं। जिन्होंने सांस्कृतिक अन्तरों की बात लिखी है, उन्होंने इस ओर ध्यान खींचकर ठीक ही किया है, पर इन अन्तरों का अतिसंकुलन कर विश्व का पूर्व और पश्चिम में विभाजन करने के प्रयास छिपाते अधिक हैं, उजागर कम करते हैं।

वास्तव में भारत में किसी धर्मानुयायी समुदाय (हिन्दू या मुसलमान) किसी भाषाई समूह (बंगाली, गुजराती, तमिल) आदि के बारे में सामान्यीकरण भी बहुत भ्रामक हो सकते हैं। किन्हीं सन्दर्भों में देश के विभिन्न भागों में बसे किसी वर्ग-विशेष के या एक राजनीतिक विचारधारा के अथवा एक ही पेशे के लोगों में अधिक साम्य हो सकता है। यह साम्य देश की सीमाओं के बाहर भी फैला दिखाई दे जाता है। जन-समुदाय का वर्गीकरण अनेक कसौटियों के आधार पर हो सकता है। आजकल धर्म या समुदाय के आधार पर वर्गीकरण के जो प्रयास चल रहे हैं, उनमें कुछेक खास भिन्नताओं पर ही ध्यान केन्द्रित किया गया है–अन्य महत्त्वपूर्ण भिन्नताओं की पूरी तरह से अनदेखी की जा रही है।

'हमारी' और 'उनकी'

संस्कृतियों के बीच संवाद में आनेवाली कठिनाइयाँ वास्तविक होती हैं और इसी प्रकार सांस्कृतिक अन्तरों के महत्त्व को लेकर उठाए जा रहे पूर्वाग्रहग्रस्त प्रश्न भी वास्तविक ही हैं। पर इस स्वीकारोक्ति के बाद भी हम 'हमारी' और 'उनकी' सांस्कृतियों के विभाजन को स्वीकार नहीं कर पाते। यह हमें किन्हीं ऐतिहासिक वैषम्यों के आधार पर भी आज के भारत में व्यावहारिकता के तकाजों और राजनीतिक-सामाजिक वास्तविकताओं को अनदेखा करने का कारण भी नहीं प्रदान कर पाता। मैंने यही दिखाने का प्रयास किया है कि विषमता वैसी नहीं होती जैसा उसका चित्रण किया जाता है। उससे मिलनेवाली सीख भी उससे भिन्न होती है जिस पर हमारी 'संस्कृति' के वकील आग्रह कर रहे हैं।

इस सन्दर्भ में सत्यजित राय की सांस्कृतिक विभाजनों की समझ और उन विभाजक सीमाओं के आरपार संवाद के प्रयासों से बहुत कुछ सीखा जा सकता है। उन्होंने अपनी फिल्में उस ढर्रे पर नहीं बनाई जिसकी पश्चिम भारत से अपेक्षा करता है, पर उन्होंने पश्चिमी एवं अन्य संस्कृतियों से सीखने और आनन्द उठाने से परहेज़ भी किया। और जब भारत की सांस्कृतिक विविधताओं की बात आती है तो इस राष्ट्र का निर्माण करनेवाले विभिन्न समुदाय का बड़ी नजाकत और संवेदना के साथ चित्रांकन करने में राय का कोई भी व्यक्ति अब तक मुकाबला नहीं कर पाया है। 'फिल्म में क्या दिखाएँ?' इस प्रश्न पर विचार करते हुए उन्होंने बहुत ही सुन्दर बात कही है:

"आप अपनी फिल्म में क्या दिखाएँगे? क्या नहीं दिखाएँगे? क्या आप नगरों को छोड़कर किसी गाँव में चले जाएँगे, जहाँ के दूर-दूर तक फैले खेतों में गायें घास चर रही होंगी और चरवाहा बाँसुरी बजा रहा होगा? यहाँ आप ऐसी फिल्म बना सकेंगे जो विशुद्ध और ताजगी-भरी होगी, जिसमें माँझी गीतों की मधुरिम धुन गूँज रही होगी।

"आप काल की सीमाओं में पीछे जाकर किन्हीं महाकाव्यों का चित्रांकन भी कर सकते हैं, जहाँ देवों और दानवों ने किसी महायुद्ध में अलग-अलग पक्षों का साथ दिया था, जहाँ एक भाई ने दूसरे का वध किया और भगवान कृष्ण ने एक हतोत्साहित राजकुमार के कानों में गीता के सन्देश के साथ उत्साह का मन्त्र फूँका था। जैसे जापानी अपने 'नोह' और 'काबुकी' नाट्य रूपों का प्रयोग करते हैं, उसी प्रकार यहाँ कथकली की भंगिमाओं पर आधारित अनेक उत्साहपूर्ण प्रयोग किए जा सकते हैं।

"आप चाहें तो इसी दैत्याकार भीड़-भरे, हैरान करनेवाले शहर में ही बैठे रहिए और इसी के बहुत वैषम्यपूर्ण नजारों और स्वरों की महफिल सजा लीजिए।"

इन्हीं अन्तरों के, भारी वैषम्यों के उत्सवों से, 'हमारी संस्कृति' का प्रयत्नपूर्वक सामान्यीकरण करनेवालें, 'हमारी संस्कृति' को, 'हमारी आधुनिकता' के सम्भावित प्रदूषण से मुक्त और विलक्षण स्वरूप में बचाए रखने की चीख-पुकार मचानेवाले, बहुत दूर चले गए हैं। हमें तो अपनी विविधता और खुलेपन पर गर्व होना चाहिए, शर्मिन्दा नहीं। सत्यजित राय ने हमें यही सिखाया था। यह सबक आज भी भारत के लिए अत्यन्त महत्वपूर्ण है। इसका महत्त्व एशिया और समूचे विश्व के लिए है।

7

भारतीय परम्पराएँ और पाश्चात्य कल्पनाएँ

सदियों के उपनिवेशवाद ने भारतीयों की आत्म-छवि (या आन्तरिक पहचान) पर बहुत गहरा प्रभाव छोड़ा है। आज भी बाह्य-छवि-निरूपण का इस पर प्रासंगिक एवं द्वन्द्वात्मक रूप से प्रभाव पड़ रहा है। किन्तु पश्चिमी छवि-निरूपण का भारत की आन्तरिक पहचान पर प्रभाव इतना स्पष्ट नहीं हो पाता। पिछले कुछ वर्षों से पूर्व उपनिवेशों में पश्चिम के सांस्कृतिक वर्चस्ववाद के अलगाववादी प्रतिरोध का बौद्धिक आन्दोलन आरम्भ हुआ है। भारत भी इस लहर से अछूता नहीं बचा है। इसी ने ध्यान दिलाया है कि विभिन्न समाजों की उपनिवेशोत्तर पहचान पर उपनिवेशी संस्कृति की शक्ति उसके विचारतन्त्र तथा वर्गीकरण आदि का गहरा प्रभाव रहा है। जो लोग तथाकथित अधिक 'देशीय' विश्लेषण विधा का अनुसरण करना चाहते हैं, वे अक्सर भारतीय समाज और संस्कृति को, सजगरूप से, पश्चिमी परम्पराओं से अलग स्वरूप में चित्रित करते हैं। वे अब भारतीय संस्कृति को एक विशेष भारतीय दृष्टि से देखने का प्रयास कर रहे हैं।

मेरा इस लेख में आग्रह होगा कि यह दृष्टिकोण भारत और पश्चिम के अन्तर्सम्बन्धों के द्वन्द्वात्मक स्वरूप को ठीक से नहीं पहचान पाता। यही नहीं, यह इस बात को भी नजरअन्दाज कर जाता है कि पश्चिम में भारत का जो बाह्य छवि-चित्रण होता है, उसमें भी भारत और पश्चिम के वास्तविक और काल्पनिक अन्तरों को ही अधिक महत्व दिया गया है। मेरा सुझाव है कि भारतीय परम्पराओं को पश्चिमी परम्परा की मुख्य धारा से अलग चित्रित करने के ये सतत प्रयास अकारण नहीं हुए होंगे। उस दृष्टि से आज भारत में चल रहे पुनर्व्याख्या के प्रयास (विशेषकर हिन्दुत्वादी) अपने, भारतीय विशिष्टता पर, आग्रह के माध्यम से उन्हीं बाह्य-चित्रणों

को और बल प्रदान कर रहे हैं, जिनमें भारतीय संस्कृति के अलगाववादी स्वरूप को प्रमुखता दी जाती रही है। यह भी कहा जा सकता है कि जेम्स मिल के भारत के साम्राज्यवादी इतिहास और हिन्दू राष्ट्रवाद द्वारा भारत के अतीत के चित्रण में बहुत कुछ समानता झलकती है। यह बात और है कि मिल के चित्रण में भारत एक विद्रूप-सी आदिम संस्कृति के रूप में दिखाई पड़ता था तो हिन्दू राष्ट्रवाद के चित्रण में चकाचौंध करने वाला 'वैभव' झलकता है।

भारत के प्रति पाश्चात्य दृष्टिकोणों की विशेषताओं ने भारतीय संस्कृति के धार्मिक और अध्यात्मिक तत्वों पर विशेष ध्यान केन्द्रित करने की प्रवृत्तियों को बढ़ावा दिया है। साथ ही पश्चिमी तर्कशीलता और भारतीय बौद्धिक परम्परा, जिसे पश्चिम के लोग 'तर्क विहीनता' का नाम देते हैं, में टकराव और वैषम्य पर आग्रह की प्रवृत्ति भी पनपी है। तर्क-विरोध को पाश्चात्य आलोचक त्रुटिपूर्ण और अनगढ़ मानते हैं, तो भारतीय सांस्कृतिक अलगाववादी इसी को निश्चयात्मक और अन्तर्वेधी या गहराई तक जानेवाला (इसीलिए किसी न किसी गहन अर्थ में तर्कशील भी) मानते हैं। हाँ, दोनों ही पक्ष दो सांस्कृतिक धरोहरों के बीच एक सीधा सपाट वैषम्य अवश्य मानते हैं। यहाँ अन्वेषण का विषय यह है कि क्या सचमुच इस प्रकार का कोई वैषम्य इसी स्वरूप (द्वि-सांस्कृतिक विभाजन) में विद्यमान भी है या नहीं?

मैं इन्हीं प्रश्नों पर चर्चा करूँगा। मेरा अनुभव है कि भारत की विशिष्टता पर ध्यान केन्द्रण से भारतीय संस्कृति और परम्परा के अनेक महत्त्वपूर्ण आयामों की, विशेष रूप से, अनदेखी हो जाती है। इन 'समांगीकृत' व्याख्याओं में भारतीय परम्परा में गहरे रची-बसी विविधता लुप्त हो जाती है (वैसे ये व्याख्याएँ भी कई प्रकार से की गई हैं) अतः मैं भारतीय परम्परा के सृजनात्मक कला पक्ष या सामाजिक जीवन के आयाम पर नहीं, बल्कि भारत की बौद्धिक परम्पराओं पर ही अपना ध्यान केन्द्रित रखूँगा। भारतीय बौद्धिक परम्पराओं के पाश्चात्य विश्लेषण को तीन प्रमुख धाराओं में विभाजित कर भारत के पाश्चात्य निरूपण पर इनके प्रभावों के साथ-साथ देश की बाह्य और आन्तरिक पहचान पर प्रभावों की भी समीक्षा करूँगा।

भारत के प्रति पाश्चात्य दृष्टिकोण : तीन धाराएँ

पश्चिम की भारत विषयक व्याख्याओं में प्रत्यक्ष ज्ञान सम्बन्धी अन्तर रहे हैं। इसी कारण से इस विशाल और जटिल संस्कृति को लेकर पश्चिमी देशों में कई अलग-अलग अवधारणाएँ अपना प्रभाव स्थापित करने के लिए स्पर्धा करती रही हैं। वैसे भारत की ये सभी व्याख्याएँ अपने-अपने ढंग से न्यूनाधिक भारत की अध्यात्मिक छवि को ही 'महत्त्वपूर्ण' बनाने की दिशा में कार्य करती रही हैं। इस सबका भारतवासियों की आत्म-छवि पर भी गहरा प्रभाव पड़ा है। इसका कारण यह बिल्कुल नहीं है कि उन अलग-अलग व्याख्याओं में बुनियादी स्वरूप में कोई अन्तर नहीं हैं। वे वास्तव

में बहुत ही अलग-अलग प्रकार की हैं। विशेष परिस्थितियों और द्वन्द्वात्मक प्रक्रियाओं के अनुरूप, उनकी विषयवस्तु के बजाए उनके प्रभावों में अधिक समानता दिखाई देती है।

यहाँ हम जो विश्लेषण करने जा रहे हैं उसकी तुलना एडवर्ड सईद के 'ओरियंटलिज्म' के रूप में विख्यात, विश्लेषण से निश्चय ही होगी। सईद ने पाश्चात्य कल्पनाओं में 'प्राच्य' के प्रतिमान गढ़े जाने का विश्लेषण किया है। उनका कहना है : "प्राच्य या 'पूर्व' एक ऐसा विचार है जिसका अपना इतिहास है, अपनी चिन्तन परम्परा है, अपना छविशास्त्र और शब्दावली है। इन्हीं सबने मिलकर इसे एक 'वास्तविकता' प्रदान की है और यही पश्चिम के विचार तन्त्र में रच-बस गई है।" हमारे इस लेख में सईद की अपेक्षा बहुत ही सीमित पक्षों पर ध्यान केन्द्रित रहेगा। किन्तु उसकी विषयवस्तु में स्पष्ट रूप से अधिव्यापन भी होगा क्योंकि भारत प्राच्य या 'पूर्व' का ही एक अभिन्न अंग है। मुख्य अन्तर विषयवस्तु के स्तर को लेकर ही होगा। सईद ने पश्चिमी विचारकों द्वारा प्राच्य के विषय में कल्पित एक महत्त्वपूर्ण और प्रभावशाली अवधारणा की समरूपता और संगतता पर ही विचार किया है, जबकि मेरा विचार तो पश्चिम के भारत विषयक प्रतिमानों की तुलनाओं और वैषम्यों का विश्लेषण करना है।

सईद ने स्पष्ट किया है कि "उनका अध्ययन मुख्यरूप से 'पूर्व' और प्राच्यवाद से संगतता या तदनुरूपता स्थापित करने से नहीं जुड़ा है। यह तो 'प्राच्यवाद' और इसके 'पूर्व' सम्बन्धी विचारों में आन्तरिक संगतता का अन्वेषण कर रहा है।" मेरा तर्क होगा कि जब तक कोई व्यक्ति किसी अवधारणात्मक परम्परा के विकासक्रम पर ध्यान नहीं देगा, वह पश्चिम की भारत विषयक अवधारणाओं में 'आन्तरिक संगतता' की खोज शायद ही कर पाए (सईद ने इसी विकासक्रम का अन्वेषण किया है)। भारत को लेकर पश्चिम ने कई मूल रूप से टकराव भरे विचारों और छविचित्रों की रचना की है। उन सबका इस देश से सम्बन्धित समझ पर अपना-अपना विलक्षण प्रभाव रहा है। इन्होंने भारतीयों के आत्म-अवबोधन को भी प्रभावित किया है।

भारत से बाहर भारतीय परम्परा को समझने और उसकी व्याख्या करने के प्रयासों को हम कम से कम तीन श्रेणियों में बाँट सकते हैं। मैं इन्हें विदेश प्रेम से जुड़ी, दण्डाधिकारीय और संग्रहाध्यक्षीय विश्लेषण विधियों के नाम दे रहा हूँ। इनमें प्रथम, अर्थात् विदेश प्रेमी विश्लेषण विधि तो भारत के अद्‌भुत या 'विलक्षण' स्वरूप तक ही सीमित रह जाती है। यह विश्लेषण यहाँ की 'अलग' और विस्मयकारी बातों पर ही केन्द्रित है—वहाँ की विलक्षणता पर केन्द्रित है, जो हेगेल के शब्दों में, हजारों वर्षों से यूरोपवासियों की कल्पनाओं में बसा रहा है।

'दण्डाधिकारी' व्याख्याएँ मुख्यतः साम्राज्यवादी शक्तियों के किसी अधीनस्थ क्षेत्र में प्रयोग से जुड़े ब्रिटिश शासकों के दृष्टिकोण को ही दर्शाती हैं। यहाँ जिस

देश को जेम्स मिल ने 'महान ब्रिटिश कार्यवाही का क्षेत्र' घोषित किया था, उसके प्रति अपनी श्रेष्ठता और स्वामित्वभाव की अभिव्यक्ति भी इन व्याख्याओं में भरी है। यह सच है कि बहुत से अंग्रेज अध्येता इस श्रेणी में नहीं आते (और कुछ गैर-अंग्रेज भी इसमें शामिल हो गए थे), किन्तु इस श्रेणी को 'राज' के प्रशासकीय कार्यों से अलग स्वरूप में देख पाना सहज नहीं रहता।

तीसरी श्रेणी सबसे निष्पक्ष दिखाई देती है। इसमें भारतीय संस्कृति के विभिन्न आयामों को देख, उन्हें वर्गीकृत कर उनका 'प्रदर्शन' करने पर बल दिया गया है। यह संग्रहाध्यक्षीय विधि, विदेश-प्रेमी विधि की तरह से, केवल आश्चर्यजनक तत्वों पर ध्यान नहीं देती—हाँ, इसका आग्रह इतना अवश्य होता है कि प्रत्येक अलग-अलग आयाम प्रदर्शन योग्य अवश्य होना चाहिए। साथ ही यह विधि दण्डाधिकार की भाँति प्रशासन की वरीयताओं का बोझा नहीं ढोती। वैसे, किसी न किसी सीमा तक इस दण्डाधिकारिता पूर्ण मानसिकता का परिहार सदैव नहीं हो पाया है—क्योंकि इस विधि के अनेक भागीदार लेखक शासन कर रहे उपनिवेशी अभिजात वर्ग के ही अंग थे। फिर भी, इस तीसरी श्रेणी की व्याख्याएँ अन्य दो की अपेक्षा प्रायः पूर्वाग्रहों से मुक्त ही मानी जा सकती हैं। किन्तु इस संग्रहाध्यक्षीय विधि के अपने रुझान भी होते हैं—इसकी सामान्य रुचि तो किसी 'चीज़' (यहाँ आशय भारत से है) को एक विशेष, और असाधारण दिलचस्पी का विषय मानने और निरूपित करने में रहती है।

इन तीन के अतिरिक्त कुछ अन्य श्रेणियाँ भी बनाई जा सकती हैं। हम वर्तमान व्याख्याओं को किन्हीं अन्य आधारों के अनुसार भी वर्गीकृत कर सकते हैं। मेरा भारत की प्रमुख पाश्चात्य व्याख्याओं के इस त्रिवर्गीय विभाजन को लेकर कोई विशेष निश्चयात्मक आग्रह भी नहीं है। फिर भी मेरा विचार है कि मेरे इस विषय की दृष्टि से यह श्रेणीकरण उपयोगी सिद्ध होगा।

जिज्ञासा, शक्ति और संग्रहाध्यक्षीय व्याख्या-विधियाँ

मैं अपनी तीसरी श्रेणी (संग्रहाध्यक्षीय) से ही शुरुआत कर रहा हूँ। किन्तु उससे भी पहले कार्यविधि से जुड़ा एक प्रश्न उठता है—आजकल समाजशास्त्रीय सिद्धान्तों में ज्ञान की सम्प्रेरणा के रूप में बौद्धिक जिज्ञासा के महत्त्व को लेकर प्रश्न उठाए जा रहे हैं। विशेष आग्रह तो यही है कि शायद ही जानने-समझने की कोई विधि 'शक्ति' से पूरी तरह असम्बद्ध हो। किसी सीमा तक यह सन्देह ठीक भी है। किसी भी अध्ययन की अन्तर्निहित सम्प्रेरणाएँ किन्हीं शक्ति सम्बन्धों से जुड़ी हो सकती हैं—भले ही यह जुड़ाव प्रथम दृष्टि में स्पष्ट नहीं हो।

फिर भी व्यक्ति अनेक कारणों से ज्ञान या जानकारी पाना चाहता है। अपरिचित चीजों के विषय में जिज्ञासा भी निश्चय ही उन कारणों में से एक होती है। इसे किसी भ्रमग्रस्त वैज्ञानिक की कल्पना का अंग या किसी दुष्टतापूर्ण पूर्वाग्रह की सम्पूर्ति

के लिए युक्तिगत बहाना मान लेना उचित नहीं होगा। साथ ही विभिन्न सम्प्रेरणाओं की व्यापक सन्दर्भ-संगतता भी सभी अन्वेषणात्मक जानकारियों को एक जैसी स्वेच्छाचारी नहीं बना देती। रूढ़ पूर्वाग्रहोंवाले निष्कर्षों और अन्यों के बीच कोई न कोई विभाजन रेखा तो खींचनी ही पड़ेगी। वैसे यह सम्भावना बनी रहती है कि 'अन्य' निष्कर्ष भी विश्लेषक के किसी न किसी रुझान से प्रभावित हों। यहाँ एक बात पर मैं आग्रह करूँगा—दण्डाधिकारीय व्याख्याओं में अक्सर बहुत ही गहरे पूर्वाग्रह झलकते हैं।

यहाँ पहुँचकर एक विश्लेषण-विधि विषयक ऐतिहासिकता पर भी ध्यान देना होगा। यह तो सत्य है कि जानकारी या ज्ञान में बहुत 'शक्ति' निहित होती है, किन्तु अभी तक प्रचलित परम्परागत ज्ञान विषयक सामाजिक सिद्धान्तों में इस आयाम पर बहुत कम ध्यान दिया गया है। दूसरी ओर अभी कुछ समय से कुछ नए सामाजिक विश्लेषण इस प्रकार से इस कार्य विधि विषयक त्रुटि को सुधारने में जुट गए लगते हैं कि वे उन सभी से प्रेरणाओं को, जो प्रत्यक्षतः 'शक्ति' हस्तगत करने से प्रेरित नहीं हों, पूरी तरह से अनदेखा करने लगे हैं। यह ठीक है कि सभी प्रकार की उपयोगी जानकारियाँ धारक को किसी न किसी स्वरूप में शक्ति प्रदान कर देती हैं, किन्तु यह शक्ति सम्पन्नीकरण ही सदैव ज्ञान का सबसे महत्त्वपूर्ण आयाम नहीं होता। वास्तव में ज्ञान को पाने का प्राथमिक ध्येय भी उसके माध्यम से 'शक्ति' की प्राप्ति नहीं होता। कुछ सीखेन-जानने की प्रक्रिया में अनेक प्रकार की सम्प्रेरणाएँ सन्निहित रहती हैं—इस प्रक्रिया का किसी ओछे ध्येय की प्राप्ति का माध्यम मात्र बन जाना आवश्यक नहीं होता।

ऐसी मीमांसा विधि जिसमें ज्ञान-पिपासा को केवल शक्ति की साधना ही मान लिया जाता हो, उसे हम बुद्धिमानी नहीं धूर्तता ही कहेंगे। इससे तो ज्ञान द्वारा जिज्ञासा और रुचियों की सम्पूर्ति के पक्ष का पूरी तरह विलोप हो जाएगा। इस तरह मानवीय प्रकृति की एक आधारभूत विशिष्टता ही क्षीण पड़ जाएगी।

संग्रहाध्यक्षीय विश्लेषण विधि का सम्बन्ध व्यवस्थित जिज्ञासा से होता है। व्यक्तियों से अन्य संस्कृतियों और भू-क्षेत्रों के विषय में जानने की उत्सुकता होती है। मानव इतिहास के समूचे दौर में विभिन्न देशों और उनकी संस्कृतियों के अन्वेषण का कार्य होता रहा है। यदि यह न हुआ होता तो सम्भवतः मानव-सभ्यता के विकास की दिशा और उसका स्वरूप कुछ और ही होता। उन सभी अन्वेषण कार्यों के प्रेरणास्रोत और ध्येय अलग-अलग रहे होंगे, किन्तु उन सबको विदेश प्रेम और दण्डाधिकारिता विधियों की अतिबन्धनकारी सम्प्रेरणाओं के पाश में बाँध देना उचित नहीं होगा। सम्भवतः वे अन्वेषण प्रयास मुख्यतः बौद्धिक स्तर की दिलचस्पी से ही प्रेरित रहे होंगे। हम यह तो नहीं कह रहे कि उन अन्वेषणों के प्रभाव भी उनके सम्प्रेरक कारकों की सीमाओं में ही बँधे रहे होंगे। हमारा ऐसा भी आग्रह नहीं है कि शक्ति सम्बन्धों

का उन सम्प्रेरणा-मिश्रणों में कोई अंश नहीं रहा होगा। किन्तु जिज्ञासा और दिलचस्पी को स्वतन्त्र सशक्त सम्प्रेरक कारक नहीं मानने का अर्थ किन्हीं अति महत्त्वपूर्ण आयामों की अनदेखी अवश्य होगा। संग्रहाध्यक्षीय विश्लेषण विधि में तो हमारे इस आग्रह का महत्त्व बहुत ही अधिक हो जाता है।

प्रारम्भिक अरबी और यूरोपीय अध्ययनों में निहित संग्रहाध्यक्षीय विश्लेषण विधियाँ

संग्रहाध्यक्षीय विधि द्वारा भारत को जानने के प्रयास का एक अच्छा उदाहरण अल बेरुनी की पुस्तक 'तारीख़-ए-हिंद' है। यह पुस्तक ग्यारहवीं शताब्दी के आरम्भ में अरबी भाषा में लिखी गई थी। अलबेरुनी मध्य एशिया में 973 ईसवी में जन्मे ईरानी थे और महमूद गजनवी के लुटेरे आक्रमणकारियों के साथ ही पहले-पहल भारत आए थे। किन्तु यहाँ आकर मानो वे भारत में ही खो गए। यहाँ उन्होंने संस्कृत का अध्ययन किया और गणित, प्रकृति-विज्ञान, साहित्य, दर्शन और धर्म आदि पर भारतीय ग्रन्थों का अध्ययन किया। यथासम्भव, जितने विद्वानों से सम्भव हुआ, उन्होंने मुलाकात की तथा सामाजिक परम्पराओं और व्यवहार को जानने के प्रयास किए। इस सबके बाद ही वे 'तारीख़े-ए-हिन्द' के लेखन-कार्य में लगे। इस पुस्तक में ग्यारहवीं शताब्दी के आरम्भ की भारत की बौद्धिक परम्पराओं और सामाजिक आचार-विचार आदि का बहुत ब्यौरा समाहित है।

अलबेरुनी की पुस्तक तो उस अवधि में किए गए अन्वेषणों के बारे में सर्वोत्कृष्ट है ही पर इसी कथन में यह बात भी निहित है कि उस काल में भारत की बौद्धिक परम्पराओं को लेकर कई अरबी विद्वानों ने गम्भीरतापूर्वक अध्ययन किया था। ज्योतिर्विज्ञान पर संस्कृत में रचित ब्रह्मगुप्त के पुरोगामी ग्रन्थ का वैसे तो आठवीं शताब्दी में ही अरबी में अनुवाद हो चुका था, किन्तु तीन सौ वर्ष बाद अलबेरुनी ने उसका पुनः अनुवाद किया। नौवीं शताब्दी तक चिकित्साशास्त्र, विज्ञान और दर्शन सम्बन्धी अनेक भारतीय ग्रन्थों के अरबी अनुवाद हो चुके थे। अरबों के माध्यम से ही यूरोपीय लोगों को भारत में विकसित अंक तथा दशमलव विधिका ज्ञान हुआ था—भारतीय साहित्य, विज्ञान और गणित का ज्ञान उन तक अरबों के माध्यम से ही पहुँचा था।

भारत सम्बन्धी अपनी पुस्तक के अन्तिम अध्याय में अलबेरुनी ने अपने कार्य की आधारभूत प्रेरणाओं का विवरण देते हुए कहा है; "इस पुस्तक में हमने जो जानकारी दी है, हमें लगता है कि उसे पढ़कर कोई भी ऐसा व्यक्ति, जो भारतीयों से, धर्म विज्ञान और साहित्य सम्बन्धी उनकी सभ्यता से जुड़ी, बातों पर चर्चा करना चाहता है, इससे लाभान्वित होगा।" अलबेरुनी किसी अन्य अपरिचित देश और उसके निवासियों को समझ पाने की कठिनाइयाँ जानते थे। इसीलिए उन्होंने अपने पाठकों

को कुछ इस प्रकार सतर्क किया है :

"अपने हाव-भाव व्यवहार आदि को लेकर भारतीय हम लोगों से बहुत ही अलग हैं—यहाँ तक कि हमारी बात, पहनावा और रस्मों आदि की चर्चा कर वे अपने बच्चों को डराते भी हैं। वे हमारा चित्रण शैतान की औलाद के रूप में करते हैं और हमारे प्रत्येक कार्य को सद्कार्यों और सद्व्यवहार के एकदम विपरीत मानते हैं। किन्तु हमें यह भी मान लेना चाहिए कि विदेशियों के बारे में ऐसे भ्रान्तिपूर्ण विचार केवल हमारे देश और भारत में ही प्रचलित नहीं हैं—ये तो दुनिया के सभी देशों में व्याप्त पाए जाते हैं।"

भारत के विषय में अरब-अध्ययन-शाखा बाह्य लोगों द्वारा भारत के छविचित्रण की संग्रहाध्यक्षीय विधि के अनेक उदाहरण प्रस्तुत करती है, किन्तु यह अकेली इस प्रकार की अध्ययन-शाखा नहीं रही। चीनी यात्री फाहियान और ह्वेनत्सांग ने क्रमशः पाँचवी और सातवीं शताब्दियों में भारत में कई-कई वर्ष बिताए थे। उन्होंने भी अपने-अपने अनुभवों का विस्तृत विवरण लिखा है। वे भारत में आए तो बौद्ध धर्म का अध्ययन करने थे, पर उनके विवरणों में भारत सम्बन्धी अनेक विषयों पर बहुत ही रोचक और गम्भीर विवरणों का समावेश मिलता है।

भारत विषयक अनेक प्रारम्भिक यूरोपीय अध्ययन भी इसी वर्ग में रखे जा सकते हैं। एक बहुत अच्छा उदाहरण इटली से आए ईसाई धर्म प्रचारक रॉबेर्तो नोबिली का है। ये सत्रहवीं शताब्दी के आरम्भ में दक्षिण भारत आए थे। उन्होंने तमिल और संस्कृत भाषाओं का गहन अध्ययन किया और फिर भारतीय बौद्धिक चर्चाओं पर आधारित बहुत ही प्रमाणिक पुस्तकों की तमिल तथा लैटिन भाषाओं में रचना की। इसी प्रकार फ्रांस से आए ईसाई धर्म प्रचारक फादर पोंस ने भी अठारहवीं शताब्दी के आरम्भिक वर्षों में ही लैटिन भाषा में संस्कृत के व्याकरण की रचना कर ली थी। उन्होंने अनेक मूल पाण्डुलिपियाँ भी यूरोप भेजी थीं। ये उनका सौभाग्य ही था कि उस समय तक बम्बई का सीमाकर विभाग अस्तित्व में नहीं आया था।

किन्तु अंग्रेजों के आगमन के बाद भारत में यूरोप की दिलचस्पी में तो जैसे तूफान ही आ गया। फ्रांसीसी और इतालवी विद्वानों की रचनाओं का इतना अधिक प्रभाव नहीं था। इस बौद्धिक सम्प्रेषण में विलियम जोन्स का नाम अग्रणी है। ये विधिविशेषज्ञ थे और 1783 में ईस्ट इण्डिया कम्पनी के अधिकारी के रूप में भारत आए थे। अगले ही वर्ष वारेन हेस्टिंग्स के सक्रिय संरक्षण में उन्होंने 'रायल एशियाटिक सोसायटी ऑफ बंगाल' की स्थापना कर दी! चार्ल्स विल्किन्स, थॉमस कोलब्रुक आदि विद्वानों के सहयोग से जोन्स और एशियाटिक सोसायटी ने अनेक भारतीय ग्रन्थों के अनुवाद का बहुत ही शानदार कार्य किया। उनमें 'गीता' जैसे धार्मिक ग्रन्थ थे, तो मनुस्मृति जैसी विधि-संहिता भी थी और कालिदास की 'शकुन्तला' जैसी साहित्यिक कृति भी।

जोन्स भारत से इतने अभिभूत थे कि यहाँ तक कह डाला कि उनकी "महत्त्वाकांक्षा भारत को इतनी अच्छी तरह जानने की है, जितनी अच्छी तरह अब तक कोई यूरोपीय नहीं जाना पाया।" उन्होंने अपने अध्ययन के चुनिन्दा क्षेत्रों की व्याख्या इस प्रकार की है :

"हिन्दुओं और मोहम्मदियों के कानून, हिन्दुस्तान की आधुनिक राजनीति और भूगोल, बंगाल के शासन की सर्वश्रेष्ठ पद्धति, गणित और ज्यामिति, एशियाई ज्ञान-विज्ञान, चिकित्सा, रसायनशास्त्र, शल्य चिकित्सा और अस्थितन्त्र विषयक भारतीय विचार, भारत की प्राकृतिक उपजें, काव्य और अतिशयोक्तियाँ, एशियाई नीतिशास्त्र, पूर्वी देशों का संगीत, व्यापार, विनिर्माण, कृषि और भारत का वाणिज्य व्यापार।"

ईस्ट इण्डिया कम्पनी के अनेक अधिकारी भारत के समर्पित अध्येता रहे हैं। निस्सन्देह, उनके अध्ययनों का भारत विषयक पाश्चात्य संरचनाओं पर गहरा प्रभाव रहा है। यह भी हैरानी का विषय नहीं है कि इन अध्ययनों में प्रायः उन्हीं बातों पर विशेष ध्यान दिया गया है जो विलक्षण प्रतीत हुईं। उन भारतविदों ने भारतीय संस्कृति और बौद्धिक परम्पराओं की 'असामान्य' या 'अलग' दिखती विशेषताओं की ओर विशेष रूप से ध्यान केन्द्रित किया है। यह बात उन अन्वेषकों के दृष्टिकोण और सम्प्रेरणाओं के सन्दर्भ में उचित भी प्रतीत होती है। परिणामस्वरूप ये संग्रहाध्यक्षीय विश्लेषण पूर्णतः निष्पक्ष नहीं रह पाए, उनमें किसी न किसी प्रकार के रुझान (पूर्वाग्रह भी) अवश्य प्रभावी हुए। इस बारे में आगे चलकर मैं और विस्तार से चर्चा करूँगा।

दण्डाधिकारीय दायित्व-बोध

अब मैं दण्डाधिकारीय व्याख्याओं की चर्चा करूँगा। किसी अन्य देश पर, उसके निवासियों को अपने समान मानकर, शासन कर पाना आसान नहीं होता। इस सन्दर्भ में एक बात बहुत ही विलक्षण प्रतीत होती है : सदा ही विवादों से घिरे रहे वारेन हेस्टिंग्स सहित अनेक अंग्रेज प्रशासक भारतीय परम्पराओं के प्रति स्पष्ट रूप से बहुत सम्मान भाव से पूर्ण रहे हैं। उस समय तक साम्राज्य का शैशवकाल ही था। धीरे-धीरे, कदाचित् झिझकते हुए, अधिकाधिक क्षेत्रों में पैर पसारे जा रहे थे।

किन्तु दण्डाधिकारीय मनोवृत्ति का एक उत्कृष्ट उदाहरण 1817 में लिखी गई जेम्स मिल की पुस्तक है। उसी के आधार पर उसे ईस्ट इण्डिया कम्पनी के एक अच्छे पद पर नियुक्ति भी मिल गई थी। मिल की 'द हिस्ट्री ऑफ ब्रिटिश इण्डिया' ने अंग्रेज प्रशासकों के मन में भारत की एक विशेष प्रतिमूर्ति की स्थापना में बहुत बड़ा योगदान दिया है। मिल ने भारत की सभ्यता और बौद्धिक परम्पराओं से सम्बन्धित प्रत्येक दावे को खारिज करते हुए इसे एक आदिम और असभ्य देश घोषित कर डाला। यह निदान मिल की सामान्य विचारधारा के सन्निकट था, क्योंकि वह तो इस असभ्य बर्बर देश को ब्रिटिश साम्राज्य की सुधारवादी और उदारमना छत्रछाया

के अन्तर्गत लाना चाहता था। इसी विश्वास के आधार पर भारत की शेष स्वतन्त्र रियासतों के विषय में उसने विस्तारवादी दृष्टिकोण अपना लिया था। उसका कहना था: ''इन रियासतों पर हमला कर उन्हें दबोच लेने की नीति ही अपनाना उचित होगा।''

मिल ने विलियम जोन्स जैसे प्रारम्भिक ब्रिटिश प्रशासकों को भी ''हिन्दुओं को उन्नत सभ्यतावाला'' मानने के लिए लताड़ा। उसका मानना था कि ''इन्होंने तो अभी सभ्यता की ओर कुछ ही कदम उठाए हैं।'' हर तरह से भारतीयता पर आक्षेप करते हुए उसने कहा कि ''भारतीय सभ्यता भी अन्य ज्ञात घटिया संस्कृतियों जैसी ही है, लगभग वैसी ही जैसी चीन, फारस या अरबों की या फिर जापान, हिंद-चीनी, स्याम, बर्मा, मलाया, लंका और तिब्बत आदि के गुलाम देशों की।''

इन विषयों पर ऐसी 'अधिकारपूर्ण' प्रतिस्थापनाएँ करने के लिए मिल कितना ज्ञान सम्पन्न था? उसने यह पुस्तक लिखने से पहले कभी भारत की धरती देखी तक नहीं थी। उसका संस्कृत, फ़ारसी या अरबी का ज्ञान भी शून्य से अधिक नहीं था। उस समय की कोई आधुनिक भारतीय भाषा भी उसे नहीं आती थी। अतः भारतीय ग्रन्थों की उसकी जानकारी कितनी सीमित थी, यह बताने की कोई आवश्यकता ही नहीं बचती। उसके चरित्र की एक और विलक्षणता यह थी, कि उसे भारतीय विद्वानों की कही हुई कोई भी बात सही नहीं लगती थी। वह तो पहले से ही माने बैठा था कि वे ''जो कुछ कहेंगे उसमें धोखा और गद्दारी ही भरी होगी।''

सम्भवतः हम कुछ उदाहरणों द्वारा भारतीयों को किसी भी उपलब्धि के विषय में मिल के दृष्टिकोण को बहुत स्पष्ट कर सकते हैं। उससे यह भी स्पष्ट हो जाएगा कि उसके अत्यन्त महत्त्वाकांक्षी चिन्तन का आधार कितना खोखला था। दशमलव तथा अंको के स्थितिमानों और शून्य के प्रयोग की अन्वेषणाओं की ही बात लें। आज तो सभी मानते हैं कि ये तीनों खोजें और जिन्हें यूरोपवासी अरबी अंक कहते हैं, वास्तव में भारत की ही देन रहे हैं। अलबेरुनी यह बात अपनी पुस्तक में ग्यारहवीं शताब्दी में ही लिख चुके थे। अनेक यूरोपी और अरबी विद्वान भी इस बात को स्वीकार कर चुके थे। किन्तु मिल ने इन दावों को जिस आधार पर खारिज किया उस पर गौर कीजिए : ''ये अंक तो बहुत ही प्राचीन रहे होंगे और क्या हिन्दुओं द्वारा प्रयुक्त चिन्ह इतने विशिष्ट हैं कि उन्हें हिन्दुओं की ही खोज मान लिया जाए? यह भी सम्भव है कि उन्होंने यह अंक कहीं से झटक लिए हों! वैसे भी इन प्रश्नों पर मत्थापच्ची उनकी सभ्यता के विकास की प्रगति को जानने के लिए बिल्कुल जरूरी नहीं है।''

आगे चलकर मिल अरबी अंकों को वास्तव में चित्रलिपि के चिन्ह बताता है और अरबों तथा भारतीयों द्वारा शून्य और अंकों के प्रयोग को चित्रलिपि में सजावट के लिए प्रयुक्त निरर्थक चिन्ह बना डालता है। किसी सीमा तक कहा जा सकता

है कि मिल को अंकों के स्थितिमान और दशमलव का अर्थ ही नहीं आता था—इसी कारण वह यह गलती कर गया होगा। किन्तु उसके अज्ञानपूर्ण अभिमान का आधार तो यही था कि जिन्हें उसने आदिम असभ्य मान लिया, वे लोग इतने परिष्कृत विषयों के प्रणेता कैसे हो सकते हैं!

ऐसी ही विद्रूप मानसिकता का एक अन्य उदाहरण भारतीय ज्योतिर्विज्ञान, विशेषकर पृथ्वी द्वारा सूर्य की परिक्रमा और गुरुत्वाकर्षण के सूत्र सूर्य की परिक्रमा के विचार पर मिल की प्रतिक्रिया से स्पष्ट होता है। इन विचारों का प्रतिपादन 476 ईस्वी में जन्मे आर्य भट्ट ने किया था। आगे चलकर छठी और सातवीं शताब्दियों में क्रमशः वाराहमिहिर और ब्रह्मगुप्त ने इन विचारों को और परिमार्जित किया। इन शोध कार्यों से अरब देश पहले से ही परिचित थे। हमने पहले भी बताया है कि ब्रह्मगुप्त की पुस्तक का आठवीं शताब्दी में ही अरबी में अनुवाद हो चुका था, अलबेरुनी ने ग्यारहवीं शताब्दी में इसका दोबारा अनुवाद किया था। विलियम जोन्स को ये बातें भारत में पता चली थीं और उन्होंने इनकी रिपोर्ट इंग्लैण्ड भेजी थी। किन्तु, मिल ने उस रिपोर्ट को लेकर यहाँ तक कह डाला कि जोन्स को बुद्धू बना दिया गया है। उसने इस प्रकार की स्थापनाओं को मूर्खतापूर्ण बताया और जोन्स को ये जानकारियाँ देनेवाले भारतीय स्रोतों की नीयत और मंतव्यों पर सन्देह व्यक्त करते हुए कहा : ''यह तो पूर्णतः स्वभाविक ही है कि सर विलियम जोन्स के पण्डितों को कहीं से खगोल मण्डल के बारे में यूरोपीय दार्शनिकों के विचार पता चल गए होंगे और उन्होंने इस विचारों के भारतीय पुस्तकों में पहले से ही विद्यमान होने के मनगढ़ंत किस्से उन्हें (जोन्स को) सुना डाले।''

किन्तु यहाँ, तुलना की दृष्टि से, आठ सौ वर्ष पूर्व पृथ्वी द्वारा सूर्य की परिक्रमा और गुरुत्वाकर्षण से सम्बन्धित आर्य भट्ट और ब्रह्मगुप्त के प्रारम्भिक विचारों पर अलबेरुनी की टिप्पणी की चर्चा बहुत उपयोगी रहेगी :

''ब्रह्मगुप्त ने इसी पुस्तक में अत्यन्त कहा है : 'आर्य भट्ट के अनुयायी कह रहे हैं कि पृथ्वी घूम रही है और (स्वर्ग) अन्तरिक्ष स्थिर है। अनेक लोगों ने इस विचार का खण्डन करने के लिए तर्क दिए हैं कि यदि ऐसी बात होती तो पृथ्वी के पेड़, पत्थर आदि सब (अन्तरिक्ष में) बिखर जाते।' किन्तु ब्रह्मगुप्त उनके इस प्रकार के तर्कों से सहमत नहीं होते और कहते हैं कि इस प्रकार पृथ्वी पर विद्यमान चीजें बिखर नहीं पाएँगी, क्योंकि सभी भारी चीजें पृथ्वी के केन्द्र की ओर आकर्षण में बँधी रहती हैं।''

अलबेरुनी ने इस प्रकार के निरूपण का खण्डन करने का प्रयास किया। ब्रह्मगुप्त की गणनाओं को लेकर एक तकनीकी प्रश्न उठाया और अपनी एक अन्य पुस्तक के तर्कों का हवाला देते हुए कहा कि (अन्तरिक्ष में) विभिन्न पिंडों की चलन गति के सापेक्ष स्वरूप के कारण इस कथन का महत्त्व उतना नहीं रह जाता, जितना शुरू

में प्रतीत होता है। पृथ्वी की परिक्रमा और घूर्णन से ज्योतिर्विज्ञान का महत्त्व किसी भी तरह कम नहीं होता, क्योंकि किसी खगोलशास्त्रीय प्रक्रिया की, इस सिद्धान्त के साथ-साथ अन्य सिद्धान्तों के अनुसार भी व्याख्या सम्भव है। इस तथा अन्य सन्दर्भों में भी किसी अन्य के विचारों से असहमत होते हुए भी अलबेरुनी ने दोनों पक्षों की प्रस्तुति बहुत ही बारीकी और संवेदनशीलता से की है। यह चर्चा अलबेरुनी की संग्रहाध्यक्षीय विश्लेषण विधि और जेम्स मिल के दण्डाधिकारीय 'फरमानों' के बीच के अन्तर को बहुत ही स्पष्ट कर देती है।

मिल के भारत के इतिहास में इसी प्रकार के दण्डाधिकारीय फरमान भरे पड़े हैं। इन फरमानों का बहुत ही गहन व्यावहारिक महत्त्व रहा है। यह पुस्तक अंग्रेज शासकों को बहुत ही प्रिय रही है और उन्होंने इसे बहुत ही 'प्रामाणिक' माना है। मैकाले तो इसे गिवन के बाद का 'सर्वोत्कृष्ट ऐतिहासिक ग्रन्थ' मानता था। मैकाले की अपनी नीतियाँ और व्यवहार मिल के विचारों की ही प्रतिध्वनि प्रतीत होते हैं।

1835 ई. में मैकाले ने 'मिनट्स ऑन इण्डियन ऐजुकेशन' लिखी थी। उसमें भी भारतीय बौद्धिक परम्पराओं को अत्यन्त हीन मानने की मानसिकता ही अंग्रेजों द्वारा आरम्भ किए गए शैक्षणिक सुधारों का आधार प्रतीत होती है। अतः यहाँ शिक्षा व्यवस्था की वरीयताओं का निर्धारण, मैकाले के अनुसार, ऐसे अंग्रेजी जाननेवाले भारतीयों के वर्ग की रचना के लिए किया गया था जो ''हमारे और हमारे शासित जन-समुदाय के बीच दुभाषिए का काम कर सकें।''

भारत के प्रति इस दण्डाधिकारीय दृष्टिकोण का प्रभाव केवल भारत और इंग्लैंड तक सीमित नहीं रहा। इसी प्रकार की अनेक आधुनिक स्थापनाएँ अन्य देशों विशेषकर संयुक्त राज्य अमरीका में भी बहुत प्रभावोत्पादक रही हैं। हेरल्ड इसाक्स ने 1958 में 181 अमरीकी विद्वानों से भारत और चीन के विषय में बातचीत की थी। इन विद्वानों में शिक्षा जनसंचार, प्रशासन, चर्च अधिकारी-मिशनरी, अन्य प्रतिष्ठानों के अधिकारी, स्वयंसेवी संगठन और राजनीतिक संगठनों से जुड़े व्यक्ति सम्मिलित थे। इसाक्स ने पाया कि उन लोगों की भारत विषयक जानकारी के दो प्रमुख स्रोत थे—पहला रुडयार्ड किपलिंग और दूसरा कैथरिन मेयो। यह मेयो वही महिला है जिसने भारत के विषय में एक बहुत अपमानजनक पुस्तक 'मदर इण्डिया' लिखी थी। किपलिंग की भी अधिकांश रचनाएँ दण्डाधिकारीय मानसिकता से ही ग्रस्त रही हैं। लॉयड रूडोल्फ ने मेयो की 'मदर इण्डिया' के बारे में कुछ इस प्रकार लिखा है :

''वर्ष 1927 में छपी 'मदर इण्डिया' अंग्रेजों द्वारा आधिकारिक और गैर-आधिकारिक स्तरों पर अमरीका में भारत पर अंग्रेजी कब्जे के पक्ष में वातावरण बनाने के प्रयासों का एक अंग थी। इसने हिन्दू भारत की छवि में ऐसी समकालिक और गन्दगी-भरे तत्वों का समावेश करने का प्रयास कर यह सिद्ध करना चाहा था कि भारत तो एक गया-गुजरा, सुधार की सम्भावनाओं से भी दूर, गरीब, जीर्ण-शीर्ण, दीन-हीन,

भ्रष्ट और चरित्र-दूषित देश है। मेयो की 'मदर इंडिया' में न केवल एलेक्जेंडर डफ, चार्ल्स ग्रांट और जेम्स स्टुअर्ट मिल के विचारों की झलक दिखाई देती है, बल्कि इसमें तो थियोडोर रूजवेल्ट की गर्वोक्तियों की भी अनुगूँज सुनाई देती है, जिनमें साम्राज्यवाद की उपलब्धियों की प्रशंसा करते हुए उसने गोरी नस्ल को, एशिया को सभ्य बनाने की भारी जिम्मेदारी वहन करने पर साधुवाद दिया था।''

महात्मा गाँधी ने मेयो की पुस्तक को 'किसी गन्दे नालों के इंस्पेक्टर की रिपोर्ट' बताते हुए कहा था कि प्रत्येक भारतीय को इसे पढ़ना जरूर चाहिए। आशिष नन्दी के मतानुसार गाँधीजी की इस सलाह का अभिप्राय इस रिपोर्ट का आन्तरिक प्रयोग करना रहा होगा (नालों के एक 'सख्त' इंस्पेक्टर की रिपोर्ट पर ध्यान देकर कई प्रकार के सुधार अवश्य किए जा सकते हैं)। इस पुस्तक में गाँधीजी पर भी तीखे प्रहार किए गए थे, किन्तु चूँकि वे अस्पृश्यता और जातिवाद के विरुद्ध अभियान चला रहे थे—अतः मेयो द्वारा किए गए अतिशयोक्ति पूर्ण चित्रण से उन्हें अपने आन्दोलन में कुछ सहायता ही मिलने की आशा थी। भले ही गाँधीजी बाह्य आलोचनाओं के सहारे देश की जनता को आत्मालोचना के लिए प्रेरित करना चाहते रहे हों, किन्तु इस प्रकार के दण्डाधिकारीय चित्रण से निश्चय ही अमरीकावासियों के मस्तिष्क में भारत की छवि को लेकर कई पूर्वाग्रह तो भर ही गए।

भारत की विदेश प्रेमी व्याख्याएँ

आइए, अब विदेश प्रेमवश की गई भारत की व्याख्याओं पर विचार करें। भारत में प्रायः दिखाई पड़ जानेवाली विलक्षण बातों के कारण, इसके बारे में जानने-समझने की जिज्ञासा को बल मिलता रहा है। एरियन और स्ट्रॉबो ने उत्तर-पश्चिम भारत में भ्रमण कर रहे साधु-सन्तों से सिकन्दर की बहुत ही तीखी नोक-झोंक का जो विवरण दिया है, वह भले ही अक्षरशः सत्य न हो, किन्तु प्राचीन ग्रीक साहित्य तो भारत के असामान्य वृत्तान्तों और प्रचलित विचारों के विवरणों से भरा पड़ा है।

ईसा पूर्व तीसरी शताब्दी में मैगस्थनीज रचित 'इण्डिका' को भारत पर किसी विदेशी द्वारा लिखी गई प्रथम पुस्तक माना जा सकता है। इसने ग्रीस में भारत के प्रति उत्सुकता और दिलचस्पी बहुत ही बढ़ा दी थी। इसका प्रमाण अनेक ग्रीक लेखकों द्वारा, इस पुस्तक से लिए गए उद्धरणों में मिल जाता है। ऐसे प्रमुख लेखकों में डायोडोरस स्ट्रॉबो और एरियन के नाम लिए जा सकते हैं। मैगस्थनीज ने चन्द्रगुप्त मौर्य के दरबार में पाटलीपुत्र में, सैल्यूकस के राजदूत के रूप में लगभग दस वर्ष (302 से 291 ई. पू.) बिताए थे। इस प्रकार उसे भारत को बहुत निकट से देखने का अवसर मिला था। पाटलीपुत्र (आज का पटना) उस समय मौर्य साम्राज्य की राजधानी था। उसकी इस अत्यन्त प्रशंसात्मक पुस्तक में अनेक विलक्षण चीजों और उपलब्धियों की चर्चा इस कदर भरी पड़ी है कि यह तय कर पाना कठिन हो जाता है कि उसने

क्या देखा होगा और क्या उसकी अपनी कल्पना शक्ति की उपज है।

पुराने ग्रीक साहित्य में अन्य कई (भारत) यात्रा-वृत्तान्त भी हैं। उनमें भी विचित्र और विलक्षण का प्रभाव स्पष्ट दिखाई देता है। तीसरी शताब्दी ईसवी में टायना निवासी अपोलोनियस की जीवनी इसका एक उदाहरण है। इसे फलेवियस फिलोस्ट्रेटस ने लिखा था इसमें हमें बताया गया है कि विचित्र और अद्‌भुत की अपोलोनियस की जिज्ञासा को पूर्ण सन्तुष्टि भारत में ही हो पाई थी। "मैंने भारत में ऐसे लोगों को देखा है जो भूमि पर रहते थे पर भूमि पर टिके नहीं होते थे जिनकी रक्षा कोई दीवार नहीं करती थी, जिनके पास कुछ भी न होते हुए भी सब कुछ था।" ऐसी वैषम्यपूर्ण बातों को कोई व्यक्ति एक ही स्थिति में रहते हुए भला कैसे देख सकता है? किन्तु ऐसे वृत्तान्तों का किसी विलक्षणता प्रेमी के लिए कितना अधिक आकर्षण होगा, यह बात अवश्य समझ आ सकती है।

भारत के प्रति ऐसी विलक्षणता भरी दिलचस्पी पुरातन इतिहास काल से लेकर अभी तक बनी हुई है। चाहे सिकन्दर की रहस्यवादी संन्यासी के प्रवचन सुनने की बात हो या फिर आज के युग में महेश योगी और रजनीश के आख्यानों को सुनने के लिए उमड़ी भीड़। परम्परा निरन्तर चल रही है। यूरोप की आठरवीं-उन्नीसवीं शताब्दियों की दार्शनिक चर्चाओं में भी भारत के प्रति 'बौद्धिक विलक्षणता' का भाव ही दर्शित होता है—यह बात वहाँ के 'रोमांटिक्स' (स्वप्नजीवी) कहे जानेवाले दार्शनिकों पर विशेष रूप से लागू रही है।

रोमांटिक विचारधारा के अनेक महत्त्वपूर्ण चिन्तक भारतीय संस्कृति की बहुत ही 'विराटरूपी' व्याख्याओं से बड़े प्रभावित रहे हैं। इनमें श्लेगल बन्धु और शेलिंग आदि को अग्रणी माना जा सकता है। जर्मन दार्शनिक और यूरोप की ज्ञानोदय विचारधारा से सम्बद्ध तर्कवाद के आलोचक हर्डेर से हमें यह शानदार समाचार मिलता है कि "हिन्दू तो मानवता की सबसे सौम्य प्रशाखा हैं, उनके कार्यों, आनन्द, नैतिकता और पुराणगाथाओं तथा कलाओं में सभ्यता और शान्तभाव, मृदुता और मूक आत्मिक गहराइयों के दर्शन होते हैं।" फ्रीडरिख श्लेगल ने न केवल भारतीय और यूरोपीय भाषाओं का तुलनात्मक अध्ययन किया (इसी कार्य को मैक्सम्यूलर ने आगे और विकसित किया था) बल्कि उसने भली प्रकार से तत्कालीन पाश्चात्य जगत की समालोचना में भारत को प्रतिष्ठापित भी किया था। श्लेगल ने कहा कि "जहाँ पश्चिम में 'मानव' एक मशीन जैसा हो चला है—वह इससे नीचे और कहाँ जाएगा—पूर्व, विशेषकर भारत से बहुत कुछ सीखा जा सकता है। उनका यह भी आग्रह था कि फ़ारसी और जर्मन भाषाएँ तथा संस्कृतियाँ ही नहीं बल्कि ग्रीक और प्राचीन रोमन के मूल सूत्र भी अन्ततः भारत तक ही पहुँच कर रुकते हैं!" इस सूची में शॉपेनहॉवर ने तो 'न्यूटेस्टामेंट' (नवीन बाइबिल) को भी जोड़ दिया। उसका कहना है, "यदि पुरानी और नई बाइबिल की तुलना करें तो निश्चय ही नई बाइबिल भारतीय मूल

की प्रतीत होगी। इसका नीतिशास्त्र पूर्णतः भारतीय है। इसीने नैतिक तत्त्वों को साधुवृत्ति में परिवर्तित कर दिया है। वहीं से दुःखवाद और अवतार (ईसा मसीह) आए हैं।''

अतः इसमें कोई आश्चर्य की बात नहीं कि शीघ्र ही इन प्रारम्भिक अनुरागियों को निराशा ने घेर लिया हो! उन्हें भारतीय विचार परम्परा में वह सब कुछ नहीं मिल पाया, जो उन्होंने स्वयं ही उस पर आरोपित कर लिया था। अतः उनमें से कुछ 'अन्यमनस्कता' की ओर चले गए तो कुछ भारत के आलोचक बन बैठे। कुछ एक, विशेषकर श्लेगल तो उतने ही जोश के साथ स्वरचित भारतीय छवि के खण्डन में जुट गए। हेगेल जैसे लोगों ने भारतीय परम्पराओं के बहुत ही नकारात्मक चित्रण किए और इस बात को बड़ी व्यग्रता के साथ झुठलाने का प्रयास किया कि कभी भारतीय संस्कृति भी महत्त्वपूर्ण रही होगी—वैसे यह दावा भी मुख्यतः यूरोपीय मूल का ही था। जब कॉलरिज, ने सवाल उठाया कि *''हैं क्या/ये शक्तिमान भारत के अन्तर्मन के?''* तो इस प्रश्न में वह भारतीयों के नहीं बल्कि यूरोपीय विद्वानों के बारे में ही शंका व्यक्त कर रहा था।

तथ्यानुकूलता की त्रुटि के साथ-साथ भारत के प्रति 'विदेशी प्रेम' या 'अद्भुत प्रेम' पर आधारित दृष्टिकोण में कुछ अन्य त्रुटियाँ-क्षणभंगुरताएँ भी बार-बार स्पष्ट हो जाती हैं। भारत के विषय में एक बहुत ही 'शानदार' कल्पना कर उसे गुब्बारे की तरह आकाश मण्डल में छोड़ दिया जाता है—वहीं से इसे धड़ाम से नीचे गिरा लिया जाता है। इस सबमें कोई बहुत बड़ी त्रासदी नहीं होती, यदि यह उड़ान उस तथाकथित नक्षत्र (भारत) के सक्रिय सहयोग से भरी गई होती। उदाहरण के लिए, जब 'बीटल' गायक मण्डली महेश योगी का गुणगान छोड़ कहीं अन्यत्र चली गई तो किसी को उन (महेश योगी) पर रोना नहीं आया होगा—जब योगी ने उनसे पूछा था कि वे क्यों जा रहे हैं, तो जान लेनन ने पलटकर प्रश्न किया था, ''आप तो सर्वज्ञ हैं, आपको तो पता होना चाहिए।''

किन्तु जब उड़ान और पतन, दोनों के लिए उसी 'व्यक्ति' या 'समाज' को दोषी भी बना दिया जाए (जिसे उछाला गया था) तो बात कुछ और ही हो जाती है। साहित्यिक सम्मान के क्षेत्र में पिछली शताब्दी के आरम्भ में ऐसा ही कुछ घटित हुआ था। पहले तो एजरा पाउंड, डब्ल्यू. बी. येट्स आदि ने रवीन्द्रनाथ टैगोर की कविताओं की संगीतमयी आध्यात्मिकता का 'यशोगान' गुँजाया और फिर उसी के प्रति असम्मान ही नहीं निन्दात्मक शब्दों का भी प्रयोग करने लग गए। टैगोर एक बंगाली कवि थे, उनकी सृजनात्मक प्रतिभा बहुत ही विस्तीर्ण थी, उनकी काव्यधारा का सहज अनुवाद नहीं हो पाता, लयात्मक आध्यात्मिकता (जिसकी प्रशंसा की गई थी) का अनुवाद तो और भी कठिन था। वे एक सिद्धहस्त कथाकार, उपन्यासकार और निबन्धकार भी थे। आज भी उन्हें भारत और बंगला देश के साहित्य जगत

का एक स्तम्भ माना जाता है। बंगाली जिस बहुमुखी प्रतिभा के धनी और नवप्रणव प्रवीण लेखक को जानते हैं, वह लन्दन में गढ़ा गया 'अध्यात्मिक गुरु' नहीं था—वह व्यक्ति बर्नार्ड शॉ द्वारा 'ए ग्लिंप्स ऑफ दि डोमेस्टिसिटी ऑफ फ्रैंकलिन बर्नाबास' में वर्णित 'स्टुपेन्द्रनाथ बेगोर्र' से भी मेल नहीं खाता।

परस्पर प्रभाव और प्रबलीकरण

इन दृष्टिकोणों के पश्चिम की भारतीय बौद्धिक परम्परा विषयक सूझ पर बहुत ही गहरे और विविध प्रभाव रहे हैं। विदेश प्रेमी और दण्डाधिकारीय दृष्टिकोणों ने जहाँ एक ओर भारत की तरफ पश्चिम का ध्यान आकर्षित किया, वहीं पश्चिमी जन-मानस को हतप्रभ भी कर डाला। संग्रहाध्यक्षीय दृष्टिकोण इस दृष्टि से कम दोषी रहा है। वास्तव में ऐतिहासिक दृष्टि से तो इसी विश्लेषण विधि ने भारतीय संस्कृति के विभिन्न पक्षों को उजागर किया है और इसके गैर-अध्यात्मवादी तथा गैर-अद्‌भुत आयाम स्पष्ट किए हैं। किन्तु इस संग्रहाध्यक्षीय विधि की सहज प्रकृति ही है कि यह भारत में पश्चिम से 'अलग' या 'विलक्षण' तत्वों के अन्वेषण में ही जुटी रही—सादृश्यों की खोज इसका काम नहीं था। भारत की 'विशिष्टता' पर आग्रह द्वारा इस संग्रहाध्यक्षीय दृष्टिकोण ने भी पश्चिमी परम्पराओं से समानता की बात करने की अपेक्षा उससे अलगाव या वैषम्य को ही बढ़ावा दिया है (वैसे वैषम्य पर यह आग्रह विदेश प्रेमी और दण्डाधिकारीय दृष्टिकोणों जितना प्रबल नहीं रहा)।

दण्डाधिकारीय दृष्टिकोण का अंग्रेजी साम्राज्य के संचालन में बहुत सक्रिय योगदान रहा है। हालाँकि अब वह 'राज' काल-कवलित हो चुका है—कभी का विलुप्त हो चुका है, किन्तु अंग्रेज और विशेषकर अमरीकियों के मानस पर अभी भी उसके पूर्वाग्रहों द्वारा रचित भारत की कलुषित छवि ही छाई हुई है। किसी सीमा तक तो ये दण्डाधिकारीय लेखक संग्रहाध्यक्षीय लेखकों द्वारा भारत की प्रशंसा को निरस्त करने के ध्येय से भी प्रेरित रहे होंगे। उदाहरण के लिए मिल और मैकाले, विलियम जोन्स आदि की रचनाओं के, बहुत ही कटु आलोचक थे। यहाँ महत्त्वपूर्ण द्वन्द्वाभास भी स्पष्ट दिखाई पड़ता है। संग्रहाध्यक्षीय दृष्टिकोण के सम्मान भाव ने भारतीय बौद्धिक परम्परा की जिस प्रखर छवि का चित्रण किया था वह उन्नीसवीं शताब्दी के साम्राज्यवाद को रास नहीं आ सकती थी। इसी कारण साम्राज्यवादी दण्डाधिकारी उन परम्पराओं के खण्डन में और भी व्यग्रता से जुट गए। मिल और मैकाले के समय तक अंग्रेजी राज की जड़ें व्यापक स्तर पर जम चुकी थीं। अतः ईस्ट इण्डिया कम्पनी के नौकरशाहों के लिए सुगठित साम्राज्य में भी स्थानीय संस्कृति को अच्छा मानना आवश्यक नहीं रह गया था।

विदेश प्रेमी विश्लेषणों की अद्‌भुत रस से चकाचौंध व्याख्याओं में भारत ज्वारोर्मियों की भाँति, पश्चिमी चिन्तन को अभिभूत कर जाता है, किन्तु ज्वार के

उतरने पर बस कुछ इने-गिने कट्टर भारत प्रेमी ही बच रहते हैं। हो सकता है कुछ समय बाद एक और ज्वार आ जाए। लन्दन के साहित्यिक क्षेत्रों में रवीन्द्रनाथ टैगोर के उत्कर्ष और पतन पर टिप्पणी करते हुए ई.एम. फार्स्टर ने कहा था कि "लन्दन तो उत्कर्ष और पतन का शहर है"। किन्तु यह व्याख्या केवल साहित्यिक क्षेत्र तक जीवित नहीं रह जाती, यह तो पश्चिम की प्राच्य संस्कृतियों के विलक्षण स्वरूपबोध पर और भी लागू होती है।

जब ऐसा ज्वार उठता है तो वह अपनी ही समस्याएँ साथ लाता है। कुछ वर्ष पहले मैंने लन्दन में एक नस्लवादी व्यक्ति के उतरे हुए चेहरे को देखा था। वह एल्डविच स्टेशन के आसपास किन्हीं थुलथुल गुरुजी महाराज के हजारों पोस्टरों को देखकर अपने मनोभाव छिपा नहीं पा रहा था (उस जमाने में लन्दन उन गुरु महाराजजी के प्रति श्रद्धा से अभिभूत था)। हमारा यह समर्पित नस्लवादी बड़ी तन्मयता के साथ प्रत्येक पोस्टर के नीचे 'मोटा घोंचू' लिखे जा रहा था। यह ठीक है, कुछ समय बाद लन्दन का 'मोटे घोंचू' का बुखार तो उतर जाएगा, पर यह भी सही है कि एल्डविच की उस दुखी आत्मा को पोस्टरों के नीचे लिखने के लिए कोई 'पतला घोंचू' या 'मंझला घोंचू' भी अवश्य मिल ही जाएगा।

यह भी कहा जा सकता है कि विदेश प्रेमी विश्लेषण अनावश्यक श्रेय प्रदान कर देते हैं तो दण्डाधिकारीय दृष्टिकोण प्रत्येक प्रकार से श्रेय-हरण करते रहते हैं। अतः वे दोनों एक दूसरे को 'निरस्त' कर देते हैं। किन्तु उनकी कार्य शैलियों में बहुत विषमता रहती है। चाहे जेम्स मिल हो या कैथरिन मेयो, ये दण्डाधिकारी तो बहुत ही जोर लगाकर भारत की सभ्यता की तर्कशील और मानवतावादी स्वरूप का विध्वंस करते दिखाई देते हैं, जबकि अद्भुत या विलक्षण के प्रति प्रेम से आप्लावित दृष्टिकोण बड़े मनोयोग से यहाँ के रहस्यवादी और तर्कातीत पक्षों का ही प्रतिपादन करते मिलते हैं (यह बात अपोलोनियस और आज के 'हरे कृष्णा' अनुयायियों पर समान रूप से लागू होती है)। इन दोनों का सम्मिलित प्रभाव भारतीय संस्कृति की सूझ को उसके तर्काधार से दूर खींच लेता है। भारत के गणित, तर्कशास्त्र, विज्ञान, चिकित्सा, भाषाशास्त्र, मीमांसाशास्त्र आदि की परम्पराओं का पाश्चात्य विशेषज्ञों को भले ही ज्ञान हो, (किन्तु इन पक्षों से सामान्य पश्चिमवासी की भारत विषयक सूझबूझ तो नितान्त अपरिचित ही रहती है। जन-सामान्य की जानकारी पर तो अद्भुत विलक्षणता और रहस्यवाद ही अपना वर्चस्व कायम किए रहते हैं।

बाह्य और आन्तरिक पहचान का द्वन्द्व

पश्चिम के लोग हमारे बारे में क्या सोचते हैं? वे हमें क्या और कैसा समझते हैं? इन बातों का भारतवासियों की आत्मानुभूति पर भी बहुत गहन प्रभाव पड़ा है। इसमें पुरानी औपनिवेशिक दासता का भी योगदान है—आज तक हमारे यहाँ लोग इस बात

को बहुत महत्त्वपूर्ण मानते हैं कि पश्चिमवाले किस बात को कितना महत्त्व देते हैं। किन्तु यह पश्चिमोन्मुखता एकपक्षी सम्बन्ध ही नहीं है, कभी-कभी इसमें आन्तरिक अवधारणा के छवि-चित्रण के उपयुक्त पाश्चात्य अनुभूतियों को चुन-चुनकर प्रयोग करने की रणनीति भी सम्मिलित हो जाती है। पाश्चात्य जगत में हमारे छवि-चित्र के प्रभावों के उन अलग-अलग प्रकार-भेदों का स्पष्टीकरण करना आवश्यक है, जिनका हमारी आन्तरिक छवि या पहचान पर प्रभाव पड़ता रहा है।

सर्वप्रथम सत्य तो यह है कि यूरोपवासियों की अद्‌भुत रस में डूबी व्याख्याओं और प्रशंसाओं को हमारे देश में सुनने के लिए एक 'अच्छा' श्रोतावर्ग सहज ही मिल गया। साम्राज्यवादी गुलामी की मार से इस वर्ग के आहत आत्मसम्मान के जख्मों पर यह प्रशंसा मरहम जैसा काम कर रही थी। प्रशंसात्मक टिप्पणियों का बारबार बखान किया गया और उन्हीं लेखकों की नकारात्मक टिप्पणियों को बड़े व्यवस्थित ढंग से दृष्टिगत कर दिया गया (लेखकों के इस वर्ग में हर्डर, श्लेगल, गेटे आदि शामिल रहे हैं)।

जवाहरलाल नेहरू ने अपनी पुस्तक 'डिस्कवरी ऑफ इण्डिया' में इसी प्रक्रिया के बारे में लिखा है : "यह तो हम भारतीय लेखकों की सहज प्रकृति है, मैं स्वयं भी इससे अछूता नहीं बच पाया हूँ, कि हम प्राचीन भारतीय साहित्य और दर्शन के बारे में यूरोपीय लेखकों के विचारों के अपने मनपसन्द अंशों को ही चुनकर उद्धृत करते हैं। इतनी ही आसानी से, शायद और भी सुविधा से, ऐसे दृष्टिकोणों को भी उद्धृत किया जा सकता है जिनसे एकदम विपरीत छवि अंकित हो जाएगी।" विलक्षणता प्रेमी व्याख्याओं को स्वीकार करने की प्रक्रिया में भारतीय अपने अतीत की व्याख्या को उस 'अद्‌भुतता' से जुड़े पक्षों तक ही सीमित कर गए हैं। ये व्याख्याएँ रहस्यवाद और गैर-तार्किक पक्षों पर ही केन्द्रित रह गई हैं—"क्योंकि इनके प्रति पश्चिमवालों के मन में प्रशंसाभाव भरा है!"

दूसरे यह प्रक्रिया उपनिवेशी काल में तो अभिजात्य वर्गीय राष्ट्रवादी राजनीति के तारतम्य को भी रास आ रही थी—इनमें विदेशी शासकों के सामने किसी सुदृढ़ बौद्धिक आधार पर खड़े होने की चाहत भी सम्मिलित थी! पार्थ चटर्जी ने इस प्रवृत्ति के उद्‌भव की बहुत अच्छी व्याख्या की है :

"साम्राज्यवादी शक्ति से राजनीतिक संग्राम आरम्भ करने से बहुत पहले ही उपनिवेश-विरोधी राष्ट्रवाद (उस) उपनिवेशी समाज में अपनी सम्प्रभुता का क्षेत्र सृजित कर लेता है। इस कार्य के लिए सामाजिक संस्थाओं और व्यवहार को दो अलग 'विश्वों' में बाँट लिया जाता है—एक इहलौकिक या भौतिक तथा दूसरा अध्यात्मिक। भौतिक पक्ष को अर्थव्यवस्था का 'बाह्य' क्षेत्रक मान लेते हैं जहाँ राज्यनीति, विज्ञान, प्रौद्योगिकी आदि का प्रभाव रहता है—पश्चिम इन कार्यों में पहले ही अपनी श्रेष्ठता सिद्ध कर चुका था। इन श्रेष्ठताओं को स्वीकार कर उनकी उपलब्धियों का विधिवत्

अध्ययन करने, उन्हें अपने यहाँ भी दोहराने की बात को भी स्वीकार कर लिया जाता है। किन्तु अध्यात्मिक विश्व को तो अपनी 'सांस्कृतिक अस्मिता' का 'अन्तर्तम' और 'आधारभूत' चिन्ह माना जाता है। कोई समाज पश्चिम की नकल कर उसकी भौतिक उपलब्धियों को अपनाने में जितना सफल रहता है, उसे अपनी सांस्कृतिक-अध्यात्मिक धरोहर की विलक्षणता को अक्षुण्ण रखने की आवश्यकता भी उतनी ही तीव्रता से अनुभव होने लगती है। मुझे लगता है कि एशिया और अफ्रीका के उपनिवेश विरोधी राष्ट्रवाद ने इस सूत्र को अपना मूलमन्त्र माना है।''

वास्तव में ऐसे प्रबल प्रयास हुए भी, जहाँ, चटर्जी के अनुसार, भारतीय संस्कृति के 'सशक्त आयामों' को उन आयामों से 'पृथक' रूप प्रदान करने का आग्रह था, जिनमें पश्चिम अपनी श्रेष्ठता सिद्ध कर चुका था और 'पूर्व' मात खा गया था।

भारत की आन्तरिक छवि और बाह्य चित्रणों के द्वन्द्वात्मक पक्ष का प्रयोग कर हम चटर्जी के विश्लेषण को और आगे बढ़ा सकते हैं। गैर-भौतिक पक्ष की प्रबलता को जहाँ अद्‌भुत-प्रेमी प्रशंसाभाव ने बढ़ावा दिया था, वहीं दण्डाधिकारीय विचारकों द्वारा भारत की भौतिक और तर्कशील परम्पराओं के खण्डन ने गणित-विज्ञान-प्रौद्योगिकी के क्षेत्रों में भारत की त्रुटियों को सहज स्वीकार्य कराने में बहुत योगदान दिया है। उपनिवेशीय भारत में उभरे आन्तरिक छवि-चित्र पश्चिमी अनुभूतियों के साथ द्वन्द्वात्मक टकराव की भी गहरी छाप रही है।

तीसरे, पिछले कुछ दशकों से अभिजातवर्गीय औपनिवेशिक इतिहास पर केन्द्रितता में अन्तर आया है—अब गैर-अभिजात वर्गों के योगदान पर भी ध्यान दिया जा रहा है। परिणामस्वरूप अभिजातवर्गीय बौद्धिक परम्पराओं का महत्त्व भी कम होने लगा है। भारत के इतिहास लेखन का यह पक्ष तो बहुत ही प्रेरक सम्भावनाओं से भरा है। उपनिवेशकाल के इतिहास के लेखन में अब अभिजातों से पिछड़ों की ओर ध्यान केन्द्रण हो रहा है, अब ग्रामीण जन-समुदायों और शोषित बहुजन समाज की ओर ध्यान दिया जा रहा है। इन्हें एक व्यापक अर्थ-भरी संज्ञा दी गई है: 'उपाश्रित वर्ग'! यह बदलाव बहुत ही उपयुक्त है। वास्तव में यह पहले ही आ जाना चाहिए था। गुलामी के दिनों के इतिहास को सही ढंग से समझ पाने में इसका बड़ा सकारात्मक प्रभाव रहेगा।

अभिजात बौद्धिक परम्परा के भौतिक और गैर-भौतिक पक्षों से यह ध्यान विवर्तन उसके महत्त्व को तो कम करता ही है, साथ ही यह कई प्रकार से इस वर्ग की धार्मिक और अध्यात्मिक परम्पराओं को गैर-अभिजातवर्गीय आस्थाओं और व्यवहार आदि से भी जोड़ देता है। विज्ञान और गणित की धार का तीखापन निश्चय ही औपचारिक शिक्षा और अभ्यास से जुड़ा है। यहाँ अंग्रेजी शासन की देनस्वरूप जन-शिक्षा के क्षेत्र में व्याप्त अकूत पिछड़ापन निश्चय ही कुलीन वर्गीय विज्ञान और गणित की गैर-कुलीनों के जीवन से दूरी को और परिवर्धित कर देता है। यहाँ भारतीय

'अध्यात्मिकता' की उपलब्धियाँ जन-सामान्य से इतनी दूरस्थ नहीं लगती, जितनी कठिन औपचारिक शिक्षा पर आधारित उपलब्धियाँ लगती हैं। अतः भारत को कुलीन या अभिजातवर्गीय चश्मों से देखने से बचने का प्रयास करनेवाले सहज ही भारत की अद्भुत-प्रेमी प्रशंसा को स्वीकार कर लेते हैं।

किन्तु वास्तविकता तो यही है कि निरक्षरता एक अभावग्रस्तता (अभिशाप) है। वर्ग-न्याय के तकाजे इतिहास में उपाश्रितों के योगदान की सही समीक्षा से ही पूरे नहीं हो जाएँगे। आज भी इस उपाश्रित जन-समुदाय के वास्तविक जीवन में सुयोगों को अतिसीमित कर देनेवाली शिक्षा आदि की विषमताओं को दूर किए जाने की बहुत बड़ी आवश्यकता हमारे सामने चुनौती के रूप में उपस्थित है।

यह बात तो ग्यारहवीं शताब्दी में अलबेरुनी ने भी भाँप ली थी। उसने भी इस अभावजन्य हानि को जान लिया था। उसने उन जातियों की अभावग्रस्तता का विशेष उल्लेख किया है जिन्हें विज्ञान के ज्ञान से वंचित रखा जा रहा था। यह अभाविता आज भी लगभग उसी स्वरूप में बनी हुई है। केरल जैसे क्षेत्रों को अपवाद माना जा सकता है। भारतीय संस्कृति और परम्पराओं की प्रकृति को समझने के प्रयासों में केवल भारतीय उपाश्रित वर्ग की उपलब्धियों पर ध्यान केन्द्रण करने और उस वर्ग की अभावग्रस्तता को दृष्टिगत करने के परिणामस्वरूप एक बड़ा भ्रमकारी वैषम्य पैदा हो सकता है।

इस ध्यान विवर्तन ने भारत की अतीत की व्याख्याओं को उन उपलब्धियों से दूर हटा दिया है जिनके लिए अच्छे-खासे विधिवत, प्रशिक्षण की जरूरत होती है। इस बात का भी किन्हीं सन्दर्भों में महत्व हो सकता है, किन्तु भारत के गैर कुलीन इतिहास की, रूढ़ शास्त्रीयस्वरूप में पश्चिम की कुलीन वर्गीय परम्परा से तुलना भी दोनों क्षेत्रों की बौद्धिक परम्पराओं के बीच की असमानता को कृत्रिम रूप से अधिक विस्तारपूर्ण बना देगी। पश्चिम के विचारों और सृजनाओं की भारतीय परम्पराओं से तुलना करते समय अरस्तू, स्टोइक या युक्लीडिन विश्लेषण की भारत के ग्रामीण जन-समुदाय या उसके बीच बसे किसी स्थानीय ओझा से तुलना करना तो बहुत ही विचित्र होगा। सही या सटीक तुलना के लिए तो भारत से भी कौटिल्य, नागार्जुन या फिर आर्यभट्ट को ही लेना होगा। सुकरात की एक भारतीय किसान से भेंट पूर्व और पश्चिम की ज्ञान परम्पराओं की सही तुलना नहीं कर पाएगी।

निष्कर्षात्मक टिप्पणियाँ

भारतीयों की आन्तरिक पहचान या आत्मानुभूतियों में यहाँ की विविधतापूर्ण परम्पराएँ समाहित हैं। इस आत्मानुभूति की जो संरचना औपनिवेशिक दासता के युग में उभर कर सामने आई थी और आज भी बनी हुई है, उस पर पश्चिमी दृष्टिकोणों के रुझानों के भी बहुत महत्त्वपूर्ण सकारात्मक और नाकारात्मक प्रभाव रहे हैं। इस सम्बन्ध के

कई द्वन्द्वात्मक पक्ष हैं, कहीं चुनी हुई प्रशंसाओं से अभिभूत होने का भाव दीखता है, तो कहीं किसी बाह्य आलोचना से मन में टीस उठ आती है। औपनिवेशिक संघर्षों के अपने घाव भी रहे हैं।

भारतीय बौद्धिक परम्पराओं को समझने के लिए अपनाए गई संग्रहाध्यक्षीय, दण्डाधिकारीय और विदेश प्रेमाश्रित विश्लेषण विधियों में मुख्य अन्तर तो इस बात को लेकर हैं कि किसने किस 'स्थान' या स्थिति से भारत को देखकर इसकी कैसी छवि का चित्रण किया है। केवल भारत के छवि-चित्रण पर ही यह परिप्रेक्ष्य-निर्भयता लागू नहीं होती। यह तो 'वर्णन और पहचान' की प्रक्रिया की सर्वव्यापी सामान्य विशेषता ही है। वास्तव में भारत कैसा है? किसी विदेशी पर्यटक की प्रथम परिचय पुस्तिका के लिए यह प्रश्न बहुत अच्छा लगेगा।—यहाँ सारा वर्णन भारत आ रहे किसी विदेशी पर्यटक की दृष्टि से ही किया जाएगा। किन्तु कुछ अन्य स्थितियाँ, दृष्टिकोण, सन्दर्भ और सरोकार भी हो सकते हैं।

इस अध्याय में अन्वेषित तीन विश्लेषण-विधियों ने भारत के बौद्धिक इतिहास के बहुत ही अलग-अलग चित्र रचे हैं, किन्तु उन सबका एक साँझा परिणाम यह रहा है कि भारत के गैर-भौतिक और रहस्यवादी पक्षों को बहुत बढ़ा-चढ़ाकर चित्रित कर दिया गया है और इसके अधिक तर्काधारित तथा विश्लेषणात्मक पक्षों की अनदेखी हुई है। यद्यपि संग्रहाध्यक्षीय विश्लेषणों में ऐसा प्रयास जानबूझ कर तो नहीं किया गया, किन्तु उनका भारत में यूरोप से 'अलग' तत्वों पर केन्द्रण भी इसी प्रकार के चित्रण में योगदान करता रहा है। पर मुख्य योगदान तो भारत की अद्‌भुत अध्यात्मिक उपलब्धियों की स्तुतिकारी विदेश-प्रेम-प्रेरित व्याख्याओं का ही रहा है। दूसरी ओर भारत की गणित, विज्ञान और विश्लेषण-अन्वेषण की उपलब्धियों को पूरी तरह नकारने पर आग्रह करती रही दण्डाधिकारीय व्याख्याओं ने भी इसी प्रकार का योगदान किया है।

इन पूर्वाग्रहग्रस्त विश्लेषणों ने भारतीय बौद्धिक परम्पराओं की एक पर्याप्तरूप से बहुलवादी व्याख्या को उभरने का अवसर ही नहीं दिया। निश्चय ही भारत को प्रचुर धार्मिक साहित्य, रहस्यवादी काव्य और ध्यानातीत विषयों पर बहुत ही उत्कृष्ट विचाराभिव्यक्ति आदि की धरोहर अतीत से मिली है। इसके साथ-साथ अढ़ाई सहस्राब्दियों से गणित, तर्कशास्त्र, मीमांसा, ज्योतिर्विज्ञान, शरीरविज्ञान, भाषाशास्त्र, ध्वनिशास्त्र, अर्थशास्त्र, राजनीतिशास्त्र और मनोविज्ञान आदि के वर्तमान भौतिक अस्तित्व से जुड़े विषयों पर भी समृद्ध साहित्यिक रचनाएँ इस धरोहर का अभिन्न अंग रही हैं।

यदि केवल धार्मिक मामलों पर ही बात करें तो विश्व का एकमात्र अनीवश्वरवादी धर्म (बौद्धमत) भारतीय मूल का ही रहा है। यही नहीं, यहीं पर चार्वाक और लोकायत की अनास्थावादी विचारधाराओं ने भी अपने विस्तृत तर्क आधार की रचना की है।

अनेक भारतीय धर्मशास्त्रियों ने इन मतों की स्थापनाओं का गम्भीरतापूर्वक अध्ययन भी किया है। प्राचीन ग्रन्थों में विषमतापूर्ण विचारों की अभिव्यक्ति सदैव विद्यमान रही है। प्राचीन महाकाव्य रामायण (जिसे आज के हिन्दू प्रतिभागी राम के दिव्य जीवन पर रचित पवित्र ग्रन्थ भी मानते हैं) में भी विपरीत मत व्यक्त करनेवाले पात्र मौजूद हैं। राम को, उनकी धार्मिक आस्थाओं को लेकर, उन्हीं के पिता के दरबार के एक विद्वान ब्राह्मण जाबालि ने तो अच्छा-खासा व्याख्यान ही सुना दिया था। उसने कहा था : "हे राम, समझदार बनो, इस लोक के अतिरिक्त कोई दूसरा विश्व नहीं है, यही वास्तविकता है। जो आज विद्यमान है, उसी का आनन्द भोगो, जो कुछ कटुतापूर्ण है, उसे भुला दो।"

यहाँ हम भारत में हुए धार्मिक और रहस्यवादी प्रयासों को महत्त्वहीन बनाने का दुष्प्रयास नहीं कर रहे, ऐसे प्रयास तो बहुत हुए हैं। हमारा ध्येय तो यही स्पष्ट करना है कि इनके अतिरिक्त अन्य प्रकार के बहुत से बौद्धिक प्रयास भी यहाँ बहुतायत से विद्यमान रहे हैं। भारत के धार्मिक क्रियाकलापों में निहित गम्भीरता इस बात को झुठला नहीं पाएगी कि यहाँ के लोग विनोद और क्रीड़ाप्रिय भी रहे हैं। यहीं पर शतरंज का खेल विकसित हुआ, बैडमिंटन और पोलो जैसे खेलों की शुरुआत भी यहीं से हुई और यहीं रचित 'कामसूत्र' ने जनता को 'काम' का आनन्द उठाने की शिक्षा भी दी थी। ज्योर्जेज इफरॉ ने बगदाद के एक मध्यकालीन अरबी कवि अलसबहादी की एक उक्ति का उद्धरण दिया है। उसने कहा था: "तीन चीजें हैं जिन पर एक राष्ट्र के रूप में भारत गर्व कर सकता है, इसकी गणनाविधि, शतरंज का खेल और दृष्टान्तों और कथाओं की पुस्तक 'कलीला वा दिम्ना'।" कुछ ऐसी ही सूची भारत से आई चीजों की वॉल्तेअर ने भी बनाई थीं, "हमारे अंक, हमारी अक्षक्रीड़ा (चौसर), हमारी शतरंज, हमारे ज्योमिति के प्रथम सिद्धान्त, और वे सब लोककथाएँ जो हमारी अपनी बन गई हैं।" किन्तु ये बातें तो पश्चिम में व्यापक रूप से छाई भारतीय परम्पराओं की धर्म और अध्यात्म आधारित छवियों से मेल नहीं खाती।

इनका उस छवि रचना से भी कोई सरोकार नहीं होगा जो कितने ही भारतीय अपने बौद्धिक अतीत को लेकर बनाए हुए हैं। यह बात विशेषकर उन पर लागू होगी जो भारतीय संस्कृति के एक 'अलगावपूर्ण' स्वरूप पर ही आग्रह करते हैं। मैंने इस लेख में यह अन्वेषण करने का प्रयास किया है कि यह वैषम्य किस प्रकार पैदा हुआ है और किस प्रकार इसका पृष्ठपोषण हुआ है। मैंने यह भी स्पष्ट करने का प्रयास किया है कि किस प्रकार हमें पश्चिम के साथ गैर-बराबरी भरे सम्बन्ध ने भारत को अपने ही अतीत की धरोहर के एक बहुत ही महत्त्वपूर्ण अंश से दूर कर दिया है। दुर्भाग्यवश द्वन्द्वात्मक अलगाव झेल रहा यह अंश भारतीय परम्परा का तर्काधारित अंश ही है।

8

चीन और भारत

सातवीं शताब्दी में भारत से चीन लौटे इ-ज़िंग ने एक प्रश्न उठाया था : 'क्या भारत के किसी भाग में कोई ऐसा व्यक्ति है जो चीन का प्रशंसक हो?' भले ही इ-ज़िंग का प्रश्न कदाचित् अतिशयोक्ति भरा हो, पर उस जमाने में भारत में चीन को जानने की जितनी जिज्ञासा थी उतनी ही चीन में भारत के विषय में भी थी। इ-ज़िंग उच्च शिक्षा के केन्द्र नालन्दा में 10 वर्ष अध्ययन करने के बाद स्वदेश लौटा था। इस विश्वविद्यालय में भारत के विभिन्न भागों से ही नहीं, दूसरे देशों से भी अनेक विद्यार्थी उच्च शिक्षा प्राप्ति के लिए आया करते थे।

इ-ज़िंग ने नालन्दा में 'आयुर्वेद' का विशेष रूप से अध्ययन किया था। वह प्रथम सहस्राब्दी में चीन से आए अनेक विद्यार्थियों में से एक था। ये सब भारत में बौद्धमत और अन्य विषयों का अध्ययन करने और यहाँ से संस्कृत के ग्रन्थों का संग्रह करने आए थे। ये छात्र प्रायः दस या अधिक वर्षों तक यहाँ रहते थे। यही नहीं भारत से सैकड़ों विद्वान पहली से ग्यारहवीं शताब्दियों के बीच चीन में काम करने गए थे। वहाँ उन्होंने अनेक कार्य किए थे, पर बुद्ध धर्म से सम्बन्धित संस्कृत ग्रन्थों का चीनी भाषा में अनुवाद और गणित तथा विज्ञान के विषयों में बौद्धिक आदान-प्रदान उनके मुख्य कार्य थे। अनेक भारतीय गणितज्ञ और ज्योतिर्विद् चीन की वैज्ञानिक संस्थाओं में उच्च पदों पर काम कर रहे थे। गौतम सिद्धार्थ (चीनी भाषा में गूतान शिदा) नामक एक भारतीय वैज्ञानिक को तो आठवीं शताब्दी में चीन के आधिकारिक ज्योतिर्विज्ञान बोर्ड का अध्यक्ष भी बनाया गया था।

भारत और चीन के बीच इस प्रकार के बौद्धिक आदान-प्रदान की एक हजार वर्ष से पुरानी परम्परा का दोनों देशों के इतिहास पर गहरा प्रभाव रहा है। पर आज

उन सम्बन्धों को शायद ही कभी याद किया जाता है। अगर थोड़ी बहुत याद आती है, तो धर्म-इतिहास के सन्दर्भ में–बस, बुद्ध मत के भारत से चीन में प्रसार को कुछ लोग याद कर लेते हैं। किन्तु भारत और चीन के बीच के प्रथम सहस्राब्दी के सम्बन्धों में धर्म मात्र एक पक्ष था–इन सम्बन्धों का स्वरूप तो बहु-आयामी था। उन्हें उसी वृहत्तर परिप्रेक्ष्य में समझने की बहुत आवश्यकता है। इससे विश्व की एक-तिहाई जनसंख्या के इतिहास को भली प्रकार समझने और आज के सामाजिक राजनीतिक सन्दर्भों में उनकी सार्थकता को जानने में बहुत सहायता मिलेगी।

ऐतिहासिक दृष्टि से भारत और चीन को निकट लाने में धर्म का सर्वप्रमुख महत्त्व रहा है। बुद्धमत ने निश्चय ही दोनों देशों में विचार और व्यक्तियों के प्रवाह को बहुत बढ़ावा दिया था। किन्तु बुद्ध मत के इस निर्णायक योगदान के बावजूद, ये बौद्धिक आदान-प्रदान केवल धार्मिक पक्ष तक सीमित नहीं रहे। इनके धर्म-इतर या गैर-साम्प्रदायिक सम्बन्धों के सूत्र तो विज्ञान, गणित, साहित्य, भाषाशास्त्र, शिल्प, चिकित्सा और संगीत तक फैले हुए थे। भारत आए अनेक चीनी यात्रियों ने अपने विस्तृत वृत्तान्त लिख छोड़े हैं। पाँचवी शताब्दी के फाहियान और सातवीं के इ-ज़िंग ने तो बहुत स्पष्ट शब्दों में लिखा है कि उनकी रुचि केवल धार्मिक सिद्धान्तों और व्यवहार या रस्मों तक सीमित नहीं थी। इसी प्रकार सातवीं-आठवीं शताब्दियों में भारत से चीन गए विद्वानों में केवल धर्माचार्य नहीं थे, उनमें ज्योतिर्विद और गणितज्ञ भी शामिल थे।

किन्तु भारत चीन के इन पुराने बौद्धिक सम्बन्धों को कुछ इस प्रकार से धर्म-सम्बन्धी व्याख्याओं के पाश में जकड़ दिया गया है कि उन्हें (उस पाश से) मुक्त कराने और उनके विविध दूरगामी स्वरूप का सम्पूर्ण चित्रण करना कष्ट साध्य हो गया है। सेमुअल हंटिंग्टन आदि द्वारा विश्व जन-समुदाय को धर्म-परिभाषित 'सभ्यताओं' के विशिष्ट' वर्गों में विभाजित करने के दुराग्रह ने इस धर्माधारित अवव्याख्यावाद को और परिपोषित कर दिया है। हंटिंग्टन ने तो विश्व को चार सभ्यता वर्गों–पश्चिमी सभ्यता (ईसाई), 'इस्लामीक सभ्यता', 'बौद्ध सभ्यता' और 'हिन्दू सभ्यता' में विभाजित कर दिया है। परिणामस्वरूप अब जन-समुदायों या देशों को केवल धर्म के आधार पर एक 'पहचान' देने का प्रयास चल रहा है–भले ही ऐसी पहचान के निर्धारण में अनेक महत्त्वपूर्ण पक्षों की अनदेखी हो जाती है। इस प्रकार के पृथकीकरण से विचारों और आस्थाओं के विश्वव्यापी इतिहास को समझ पाने की हमारी क्षमता को गहरी ठेस लगी है। उदाहरण के लिए जिसे सामान्य अर्थों में हम मुस्लिम समुदाय के रूप में जानते हैं, उसे इस्लामीक इतिहास से जोड़कर कई ऐतिहासिक किस्म के घपलों की गुंजाइश छोड़ दी गई है। इस्लामीक इतिहास निश्चिय ही आठवीं से तेरहवीं शताब्दियों के बीच मुसलमान बुद्धिजीवियों द्वारा विज्ञान, गणित और साहित्य के प्रस्फुटन और प्रसार में दिए गए योगदान की पूरी तरह उपेक्षा कर

जाता है।

एक अन्य कारक भी इस प्रकार के व्याख्यागत पूर्वाग्रह के लिए उत्तरदायी है। आज जिस प्रकार से प्राच्य और पाश्चात्य विचारों और विद्वता को समझा-परखा जाता है उस विधि में भी एक द्वैधाभास है। गैर-पाश्चात्य विचारकों के धर्म-इतर चिन्तन पर भी धार्मिकता को बड़े आग्रह से आरोपित कर दिया जाता है। उदाहरण के लिए, ईसाई धर्म के अनुयायी आइज़ेक न्यूटन के वैज्ञानिक शोध की तो केवल ईसाई धर्मशास्त्रीय परिवेश में व्याख्या नहीं की जाती, यह भी नहीं कहा जाता कि उनके इस विश्व को समझने में दिए गए योगदान की रहस्यवाद में उनकी गहन रुचि के सन्दर्भ में व्याख्या की जानी चाहिए (हालाँकि रहस्यवादी अनुमानों को न्यूटन स्वयं बहुत महत्त्वपूर्ण मानते थे, सम्भवतः उनके अनेक शोध प्रयास उन अनुमानों द्वारा प्रेरित भी रहे थे), किन्तु जहाँ किसी गैर-पाश्चात्य सभ्यता-संस्कृति की बात आती है, तो तुरन्त ही धर्माधारित अवव्याख्यावाद हावी हो जाता है। उदाहरण के लिए, अधिकांश लोग यह मानने लगे हैं कि भारत या चीन के बौद्ध और तान्त्रिक विद्वानों के सामान्य बौद्धिक शोध कार्यों को भी केवल उनकी धार्मिक आस्थाओं और व्यवहार के सन्दर्भ में ही समझा जा सकता है।

बौद्ध सूत्रों द्वारा भारत और चीन के बीच जिन विस्तृत बौद्धिक आदान-प्रदानों का आरम्भ हुआ था वे केवल बुद्धमत तक सीमित नहीं रहे। उनका तो विज्ञान, गणित, साहित्य, भाषाशास्त्र, चिकित्सा, संगीत सहित अन्य अनेक क्षेत्रों पर भी गहरा प्रभाव रहा है। उनसे दोनों देशों के जन-समुदायों के बौद्धिक विकास को बढ़ावा मिला था—वे अपेक्षाकृत कम संकीर्ण हो गए थे। मेरा यह लेख मुख्यतः भारत और चीन के प्रथम सहस्राब्दी के उन ऐतिहासिक सम्बन्धों की व्याख्या के रूप में है, जो धार्मिक आदान-प्रदान से कहीं अधिक आगे निकल गए थे। बुद्धमत द्वारा प्रारम्भ और परिषोषित इन सम्बन्धों के गैर-साम्प्रदायिक आयामों पर हमारा ध्यान मुख्यतः केन्द्रित रहेगा।

व्यापार धर्म ओर उनसे आगे

बुद्धमत भारत-चीन सम्बन्धों का एक मात्र कारण नहीं था। इनकी शुरुआत तो व्यापार द्वारा हो चुकी थी। दो हजार वर्षों से भारतीय व्यापारी चीनी माल का आयात कर उसे मध्य एशियाई क्षेत्रों को निर्यात करते आ रहे थे। ईसा-पूर्व दूसरी शताब्दी में बैक्ट्रिया में पहुँचे प्रथम 'हान' दूत झांग क्वियान को यूनान की बनी सूती और बांस की वस्तुएँ बाजारों में देखकर बहुत आश्चर्य हुआ था। पूछताछ करने पर उसे पता चला कि वे चीजें भारतीय सार्थवाहों ने अफगानिस्तान के रास्ते उन तक पहुँचाई थी। चीन और पश्चिम एशिया के बीच का व्यापार सदियों तक भारतीय व्यापारियों की मध्यस्थता में चलता रहा। हाँ, इसकी वस्तु संरचना बदलती रही। शुरू में रेशम और रेशमी कपड़ा महत्त्वपूर्ण था, पर 11वीं शताब्दी आते-आते भारत के माध्यम

से पश्चिम की ओर जा रहा प्रमुख चीनी उत्पादन रेशम नहीं चीनी मिट्टी के बर्तन हो गए थे।

चीन में हुए नवप्रवर्तनों का दो हजार वर्ष पूर्व भी भारत के धनाढ्य वर्ग के उपभोग के स्वरूप पर बड़ा निर्णायक प्रभाव पड़ रहा था। चौथी शताब्दी ईसापूर्व में रचित, कौटिल्य के ग्रन्थ 'अर्थशास्त्र' में चीन की भूमि से आ रहे कीमती और मूल्यवान पदार्थों में रेशम और रेशमी वस्त्रों की विशेष रूप से चर्चा की गई है। पुरातन महाकाव्य 'महाभारत' में भी चीनी कपड़े या रेशमी वस्त्रों के उपहारस्वरूप दिए जाने की बात आई है। इसी प्रकार की चर्चाएँ 'मनु स्मृति' में भी संकलित हैं।

प्रथम सहस्राब्दी के प्रारम्भिक वर्षों की अनेक साहित्यिक कृतियों में भी चीनी उत्पादनों के उत्कृष्ट स्वरूप की झलक मिलती है। संस्कृत साहित्य के श्रेष्ठतम कवि और नाटककार कालिदास द्वारा सम्भवतः पाँचवी शताब्दी में लिखे नाटक 'अभिज्ञान शाकुन्तल' में एक प्रसंग आया है। आखेट पर निकले राजा दुष्यन्त ने अद्वितीय सुन्दरी वनबाला शकुन्तला को देख अपनी कामपीड़ित दशा का वर्णन करते हुए कहा कि मेरी दशा तो पवन कंपित कौशेय ध्वज जैसी हो गई है। मेरी देह तो आगे बढ़ रही है किन्तु मेरा विवश मन पीछे मुड़े जा रहा है, जैसे चीनी कौशेय का ध्वज वायु में लहरा रहा है। सातवीं शताब्दी में बाण द्वारा रचित 'हर्ष चरित' का यह प्रसंग भी कम महत्त्वपूर्ण नहीं है; जब अनुपम सुन्दरी राज्यश्री ने अपने विवाहोत्सव में चीन-निर्मित कौशेय वस्त्र धारण करने का अपना निर्णय सुनाया। उस काल के संस्कृत ग्रन्थों में रेशम के अतिरिक्त भी चीन से आ रही अनेक वस्तुओं की चर्चा हुई है। इनमें मुख्य थी : कर्पूर, सौंफ, सिन्दूर, उच्च कोटि का चर्म, नाशपाती और आड़ू।

यदि दो हजार वर्ष पूर्व चीन भारत को अनेक वस्तुएँ भेज रहा था, तो भारत भी उसे बौद्धधर्म द्वारा समृद्ध बना रहा था। जिन बातों को अक्सर दोहराया जाता है, वे तो अब इतिहास का अंग बन चुकी हैं, इन सीधी-स्पष्ट बातों की स्वीकारोक्ति तो होनी ही चाहिए। उसके बाद ही उन सम्बन्धों के कहीं अधिक जटिल पारस्परिक सूत्रों की व्याख्या करना उचित होगा। प्रथम शताब्दी ईस्वी में चीन के हान वंशीय नरेश मित्रंदी के आमन्त्रण पर दो भारतीय संन्यासी, धर्मरक्ष और कश्यप मतंग के चीन पहुँचने का पुष्ट प्रमाण मिलता है। कहानी कुछ इस प्रकार है कि सम्राट ने स्वप्न में गौतम बुद्ध के दर्शन किए। स्वप्न के मुख्य पात्र को गौतम बुद्ध के रूप में पहचाने जाने से यह तो स्पष्ट ही हो जाता है कि उससे कहीं पहले चीन के लोगों को बुद्धमत का परिचय अवश्य रहा होगा। उस स्वप्न के बाद उसने अपने विशेष दूतों को बुद्धमत के विशेष विद्वानों की खोज में भारत भेजा था। धर्मरक्ष और मतंग अनेक धर्मग्रन्थों और अवशेषों के साथ श्वेत अश्वों पर सवार होकर चीन पहुँचे थे। इसीलिए चीनियों ने उनके लिए 'बाईमासी' श्वेत अश्व संघाराम (विहार) का निर्माण किया। उन्होंने अपना शेष जीवन वहीं व्यतीत किया था।

उसके बाद तो भारतीय विद्वानों और संन्यासियों का चीन जाने का क्रम ग्यारहवीं शताब्दी तक निरन्तर चलता रहा। ऐसे सैकड़ों विद्वानों के कार्यों और जीवन के वृत्तान्त उपलब्ध हैं, जिन्होंने हजारों संस्कृत ग्रन्थों और रचनाओं के चीनी प्रतिरूपों की रचना की थी (चीनी भाषा में अनुवाद किया था)! यद्यपि वर्ष 1036 के बाद के चीनी अभिलेखों में किसी अन्य विद्वान के भारत से आने की चर्चा नहीं मिलती, फिर भी 982 से 1011ई. के बीच ही 201 संस्कृत ग्रन्थों के चीनी अनुवाद का विवरण अवश्य मिलता है। किन्तु उस समय तक चीन में नव-कन्फ्युशसवाद का प्रचलन हो रहा था और बौद्धमत का सत्वर पतन आरम्भ हो चुका था। बौद्धमत अपने मूल देश भारत में भी पतनोन्मुख ही था। भारत में अन्तिम बौद्ध शासक वंश (बंगाल के पाल वंशीय शासक) भी बारहवीं शताब्दी तक विलुप्त हो गया था।

इसी प्रकार का एक अपेक्षाकृत क्षीण प्रवाह चीन से भारत भी आ रहा था। चीनी यात्रियों ने अपने यात्रा-वृत्तान्तों में धार्मिक रिवाजों, जीवन शैलियों और सामाजिक व्यवस्थाओं के साथ-साथ बौद्धिक गतिविधियों के विवरण भी लिखे हैं। पूर्व उल्लिखित इ-ज़िंग 675 ईसवी में सुमात्रा के समृद्धतटीय नगर श्रीविजय होते हुए समुद्री मार्ग से भारत आया था। उस समय सुमात्रा में भारतीय प्रभाव अपने उत्कर्ष पर थे। इ-ज़िंग ने सुमात्रा में ही संस्कृत भाषा भी सीख ली थी। उसने भारत आकर नालन्दा विश्वविद्यालय में अध्ययन किया था। यह विश्वविद्यालय ईसापूर्व चौथी शताब्दी में स्थापित प्रथम अखिल भारतीय शासन व्यवस्था (मौर्य साम्राज्य) की राजधानी पाटलिपुत्र के निकट ही था। इ-ज़िंग ने अपने भारत प्रवास का विस्तृत वृत्तान्त लिखा है। यह रचना 691 ईसवीं में पूरी हुई थी। भारत में क्या सीखा जा सकता है? इस विषय पर उसकी गन्वेषणा स्वाभाविक रूप से बौद्धधर्म पर तो केन्द्रित थी ही, उसमें स्वास्थ्य, चिकित्सा व्यवस्था आदि की भी विशेष चर्चा है। इ-ज़िंग ने आयुर्वेद में विशेष दक्षता अर्जित की थी। इस विषय पर उसने अपनी पुस्तक में तीन अध्याय रखे हैं। मैं इस विषय में इ-ज़िंग की जानकारियों के बारे में कुछ ठहर कर विस्तार से चर्चा करूँगा।

अपनी भारत-यात्रा का गम्भीरतापूर्ण विवरण लिखनेवाले चीनी-यात्री का नाम फाहियान था। पश्चिम चीनवासी यह बौद्ध विद्वान भारत से 'विनय' आदि संस्कृत ग्रन्थों को प्राप्त कर उन्हें चीन में सुलभ कराने की जिज्ञासा लेकर भारत आए थे। इनका आगमन इ-ज़िंग से लगभग तीन शताब्दी पूर्व, 401 ईसवी में हुआ था। इन्होंने वर्ष 399 में चीन से अपनी यात्रा प्रारम्भ की थी और 'खोतान' से गुजरनेवाले कष्ट साध्य उत्तरी मार्ग से भारत आए थे। उस क्षेत्र में पहले से ही बुद्धमत का काफी प्रचलन था। भारत में दस वर्ष रहकर वे समुद्री मार्ग से वापस चीन गए थे। उन्होंने गंगा के मुहाने (आजकल के कोलकाता के निकट हुगली) से अपनी वापसी आरम्भ की और वे बौद्ध श्रीलंका तथा हिन्दू जावा होते हुए चीन जा पहुँचे। अपने भारत-प्रवास

में फाहियान ने व्यापक रूप से देश का भ्रमण किया, वे बड़े नगरों, बौद्ध स्थानों आदि में घूम-घूम कर ऐसे ग्रन्थों का संग्रह करते रहे जिनका चीन जाकर वे अपनी भाषा में अनुवाद करना चाहते थे। उन्हें जो कोई इन यात्राओं के दौरान मिला, उससे उन्होंने खुलकर वार्तालाप किया। उन्होंने भारत और श्रीलंका से सम्बन्धित बहुत ही ज्ञानवर्धक जानकारियों का समावेश अपनी कृति 'ए रिकार्ड ऑफ बुद्धिस्ट किंग्डम्स' में किया है। अपने पाटलिपुत्र प्रवास में फाहियान ने धर्मग्रन्थों के साथ-साथ भाषा और साहित्य का अध्ययन भी किया था। उन्होंने भी (इ-ज़िंग से बहुत पहले) जन स्वास्थ्य विषय में विशेष रुचि प्रदर्शित की और भारत की चिकित्सा व्यवस्था का अध्ययन किया। इस बारे में भी मैं आगे चलकर पुनः चर्चा करूँगा।

सातवीं शताब्दी में चीन तंग वंश के शासन काल में भारत आए ह्वेनसांग सबसे प्रसिद्ध चीनी-यात्री रहे हैं। ह्वेनसांग एक प्रखर विद्वान थे। उन्होंने भी चीन लौटकर चीनी में अनुवाद के लिए बहुत-सी संस्कृत रचनाओं का संग्रह किया था। ये सोलह वर्षों तक भारत में भ्रमण करते रहे, और उनमें से कुछ वर्ष (बाद में आए इ-ज़िंग की भाँति) नालन्दा विश्वविद्यालय में अध्ययन भी किया। यहाँ ह्वेन सांग ने बुद्धधर्म के साथ-साथ चिकित्साशास्त्र, दर्शन, तर्कशास्त्र, गणित, ज्योतिर्विज्ञान और व्याकरण का भी अध्ययन किया। उन्होंने उत्तरभारत के बौद्ध सम्राट हर्षवर्धन से भेंट की और उनसे भारत-चीन सम्बन्धों पर चर्चाएँ की।

ह्वेनसांग की इस भारत-यात्रा को सदियों तक चीन और भारत में याद रखा गया। नौवीं शताब्दी में भारत आए एक जापानी बौद्ध-यात्री ने मध्य भारत के अनेक बौद्ध मठों में पटसन के जूते पहने, चम्मच और चॉपस्टिक लिए बहुरंगी बादलों की सवारी करते हुए ह्वेनसांग के चित्र भी अंकित देखे थे। चीन में भी ह्वेनसांग की भारत यात्रा ने अनेक दन्तकथाओं को जन्म दिया और दसवीं शताब्दी तक तो वे इतनी लोकप्रिय हो चुकी थीं कि नाटक के रूप में उनकी मंच प्रस्तुति भी होने लगी थीं। इन दन्तकथाओं पर आधारित सर्वाधिक लोकप्रिय सोलहवीं शताब्दी में लिखा गया रूपक प्रधान उपन्यास 'क्सी यू जी' है। इसका शाब्दिक अर्थ 'पश्चिम की यात्रा' है। इसे वू चेंगइन ने 'मंकी' (बन्दर) नाम से अनूदित भी किया है।

संकीर्णता और खुलापन

भारत से लौटे चीनी विद्वानों को बहुत सम्मान और प्रतिष्ठा तो मिली थी, उन्हें प्रायः राजपरिवारों से विशेष संरक्षण भी मिलता रहा, फिर भी चीन में भारतीय, विशेषकर बौद्ध-प्रभाव के प्रतिरोध की प्रवृत्तियाँ भी बहुत प्रबल थीं। चीन के इतिहास के विभिन्न कालों में बौद्धमत के प्रतिरोध का एक कारण चीनी बुद्धिजीवियों का यह दृढ़ विश्वास था कि उनकी अपनी बौद्धिकता अपराजेय (अकाट्य) है और चीन से बाहर विकसित कोई विचार वस्तुतः महत्त्वपूर्ण हो ही नहीं सकता। एक बौद्ध-विरोधी बुद्धिजीवी हुए

हैं हान यू। इनका बाद में कन्फ्यूशस ने बहुत ही सम्मान किया था। इन्होंने 819 ईसवी में एक रचना में अपना पक्ष बहुत ही बेबाक शैली में प्रस्तुत किया था। इस रचना का नाम है 'मेमोरियल ऑन बुद्धिज्म'। आइए, देखें उनका क्या तर्क था :

"बुद्ध का उद्गम तो बर्बरजाति से हुआ था। उसकी भाषा भी चीनी से अलग थी, उसके कपड़े कुछ और ही तरह के थे, उसके मुँह से हमारे पूर्व सम्राटों की वाणी मुखरित नहीं होती थी, वह हमारे पूर्व सम्राटों द्वारा निर्दिष्ट वस्त्र नहीं पहनता था। वह राजकुमारों और प्रजावर्ग के सम्बन्धों को नहीं जानता था, पिता और पुत्र की भावनाओं को नहीं मानता था।"

हान यू ने बौद्ध परम्परा के गलत होने का प्रमाण भी कुछ इस प्रकार दिया है :

"लीआंग-सम्राट वु ने स्वयं को बुद्ध की सेवा में समर्पित कर दिया। उसने अपने पैतृक मन्दिरों में पशुबलि चढ़ाने से इनकार कर दिया। वह दिन में एक बार केवल फल सब्जियाँ खाने लगा। अन्त में वह निष्कासित हो गया और भूख से पीड़ित होकर मर गया। उसका राजवंश समय से पूर्व समाप्त हो गया। वह तो बुद्ध की सेवा में किसी सौभाग्य की प्राप्ति की खोज में गया था, किन्तु उसे वहाँ से विकट विपत्ति ही मिली। इस दृष्टान्त से यह तो स्पष्ट हो ही जाता है कि बुद्ध आराधनीय नहीं है।"

(बौद्धमत का ताओवादी विरोध चीनी बौद्धिक राष्ट्रवाद और चीनी जीवन पद्धति की 'श्रेष्ठता' के अहंकार से भरा था। वैसे; बौद्धमत और ताओवाद में बहुत-सी समानताएँ हैं, शायद इसी कारण उनका संघर्ष और तीखा हो गया। कहीं न कहीं इसमें 'इहलौकिक वरीयता' भी जुड़ गई थी। उदाहरणस्वरूप हम चौथी शताब्दी के आरम्भ के वांगफु नामक ताओवादी प्रतिभागी की पुस्तक 'लाओज़ी हुआ हू जिंग' की बात ले सकते हैं। इसका अर्थ है—लाओत्ज़ू द्वारा बर्बरों को सभ्य बनाने का दृष्टान्त। इस विवरण में ताओवाद के संस्थापक लाओत्ज़ू (तीसरी शताब्दी, ईसापूर्व) को बुद्ध की मृत्यु के कुछ शताब्दियों बाद भारतीयों को सभ्य बनाने के लिए यहाँ एक काल्पनिक 'मिशन' पर भेजा जाता है। चार्ल्स हकर ने बड़े उत्साह के साथ इस विवादास्पद पुस्तक और उससे पैदा हुए विवाद का विवरण दिया है :

"वांगफुं की मुख्य स्थापना है कि चीन से विदा लेकर लाओत्ज़ू मध्य एशिया होते हुए भारत पहुँचा और वहाँ उसने या तो (1) जादू से अपने साथ आए किसी शिष्य को बुद्ध का रूप दे दिया या (2) बुद्ध को ही ताओवाद का अनुयायी बना लिया, या फिर (3) वह स्वयं ही बुद्ध बन गया। उस पुस्तक के तीन संस्करणों में ये तीन बातें अलग-अलग ढंग से लिखी गई हैं। इस ताओवादी प्रहार का उत्तर देने के लिए बौद्धमतावलम्बियों ने बुद्ध के जीवन काल को और अधिक 'पुरातन' बनाने का प्रयास किया, तो ताओवादी भी लाओत्ज़ू को और अधिक पुरातन व्यक्तित्व प्रदान

करते चले गए।''

वास्तव में बुद्धमत के चीन में स्थापित हो जाने के बाद ताओवादियों और कन्फ्युशस द्वारा उठाई जा रही सबसे प्रमुख आपत्ति तो यही थी कि कोई चीनी अपने आपको भारतीय तौर-तरीकों से प्रभावित क्यों होने दे? (लिऑन हरविट्ज और त्साई हेंग तिंग ने इस सारे विवाद को इसी प्रश्न में समेटकर प्रस्तुत किया है) उन्हें भय था कि भारत में उदित विचार को अपना लेने से विश्व-भर में चीन की 'सर्वश्रेष्ठता' पर आँच आएगी। इसकी बौद्ध प्रतिक्रियाएँ कई प्रकार की थीं, किन्तु उन्होंने किसी न किसी रूप में सर्वव्यापी नीतिशास्त्रीय मुद्दों पर भी अपने प्रखर विरोधियों को चर्चा करने को बाध्य कर दिया। मोउज़ी बुद्धमत के एक प्रखर पक्षधर थे। उन्होंने यह सिद्ध करने का भरसक प्रयास किया कि एक अच्छे चीनी नागरिक और बौद्ध दृष्टिकोण में कोई टकराव नहीं है। उन्होंने अपनी उग्र शैली में लिखी पुस्तक 'लिहाओ लुन' (या 'गलती का सुधार') में एक दूसरा ही प्रश्न उठायाः 'चीनी अपने आपको ही विश्व-भर में सर्वश्रेष्ठ मानने का दुराग्रह क्यों करते हैं?' साथ ही उन्होंने बौद्धमत के 'विश्वबन्धुत्व' के पक्ष में बहुत सशक्त तर्क भी प्रस्तुत किए :

''एक व्याख्या के अनुसार तो 'स्वर्ग' या अन्तरिक्ष का केन्द्र उत्तरी ध्रुव तारा है, यह मनुष्यों से उत्तर की ओर है। इससे यह बात तो सभी को स्पष्ट हो जानी चाहिए कि चीन की भूमि तो निश्चय ही स्वर्ग के केन्द्र के नीचे स्थित नहीं है, जबकि बौद्ध ग्रन्थों के अनुसार तो ऊपर नीचे, चहुँओर बसे सभी हाड़-मांस धारी जीव बुद्ध के ही वंश में जन्मे हैं।''

बौद्ध धर्म से सम्पर्क का चीन में सबसे सकारात्मक प्रभाव तो यही रहा है कि वहाँ यह अनुभूति फैली कि चीनियों को भी किसी न किसी सीमा तक बाहर झाँकने की आवश्यकता है। बौद्धमत ने न केवल उन्हें यह समझाया कि चीन से बाहर भी ज्ञान के स्रोत हैं, बल्कि, अनेक चीनी विद्वान ज्ञानोद्दीप्ति और कुछ जानने की जिज्ञासा लेकर अन्य देशों तक, बिशेषकर भारत भी गए। भारत से लौटकर उन विद्वानों ने उन अद्भुत और शानदार चीजों की कहानियाँ सुनाईं जो उन्होंने यहाँ देखी थीं। उसके बाद तो उनके अपने देश में चीन को ही विश्व की सभ्यता का केन्द्र मानने की धारणा संशयग्रस्त हो गई। भारत के रास्ते में भी उन्होंने अनेक उत्कृष्ट स्थानों और वहाँ की उपलब्धियों को देखा था। उदाहरण के लिए सातवीं शताब्दी में ह्वेनसांग अफगानिस्तान क्षेत्र से भारत आते हुए बामियान में बुद्ध की विशालकाय प्रतिमाओं को देखकर हतप्रभ रह गया था।

कई चीनी आलोचकों की समस्या तो यही थी कि न केवल सभ्यता की चीन केन्द्रिता फीकी पड़ रही है, बल्कि अनेक बौद्ध भारत को सभ्यता का अधिक उत्कृष्ट केन्द्र मानने बताने लगे हैं। यद्यपि उस समय चीनी विचारक भारत को 'पश्चिमी राज्य' की संज्ञा देते थे (और इस प्रकार चीन को 'केन्द्रीय' घोषित कर लेते थे)

किन्तु बौद्ध विचारकों का चिन्तन भारत को 'केन्द्रीय' स्थान पर प्रतिष्ठित कर रहा था। एक उदाहरण तो फाहियान की पाँचवीं शताब्दी की पुस्तक ही थी, जिसमें उन्होंने अपनी भारत-यात्रा को 'मध्य राज्य' की यात्रा नाम दिया था। इस प्रकार चीन एक सीमावर्ती राज्य बन जाता था। यही बात चीन को ही सारी सभ्यता का 'केन्द्र' मानने की मानसिकता के गले नहीं उतर पा रही थी।

चीन केन्द्रित मानसिकता के लिए तो यह कल्पना भी कष्टकर थी, किन्तु उस एकाश्मीय आत्मकेन्द्रिता को इस प्रकार के विषमतापूर्ण विचारों के प्रहार को झेलना ही पड़ा। इससे चीनी अलगाववाद कुछ क्षीण हुआ और वहाँ गणित और ज्योतिर्विज्ञान के विकास को गति मिली (क्योंकि चीनी अध्येता अब मुक्त मन से भारतीय विद्वानों के इन क्षेत्रों के योगदान को स्वीकार और अंगीकार कर पाने में सफल हो गए थे)।

दूसरी ओर बौद्ध बाह्योन्मुखता ने भारत में भी सभ्यतागत आत्मकेन्द्रिता के स्वर को कुछ धीमा किया। विदेशियों के प्रति संशयात्मक धारणाएँ कभी से भारतीय विचारकों के लिए चिन्ता का विषय रही हैं। यहाँ तक कि ग्यारहवीं शताब्दी के प्रख्यात फ़ारसी यात्री अलबेरुनी ने भी अपनी पुस्तक 'तारीख़-ए-हिन्द' में भारतीयों के विदेशियों के प्रति दृष्टिकोण को लेकर इस प्रकार की शिकायतें दर्ज की हैं :

''उनमें आपस में तो धर्मशास्त्रीय दृष्टि से कोई विशेष विवाद नहीं दीखता, पर जो उनके अपने नहीं हैं, विदेशी हैं, उनके प्रति ही उनका सारा आक्रोश छलकता रहता है। वे उन्हें 'म्लेच्छ' कहते हैं, उन्हें 'अशुद्ध' मानते हैं और उनसे किसी प्रकार के सम्पर्क की मनाही करते हैं। विवाह आदि के सम्बन्ध की बात तो बहुत दूर की है, वे तो विदेशियों के साथ बैठना, खाना-पीना भी उचित नहीं मानते।''

इस मानसिकता को बौद्ध धर्म की विश्वबन्धुता की अवधारणा ने कड़ी चुनौती दी। यही नहीं, कई सदियों तक भारत आसपास के देशों से साँझी आस्थाओं की कड़ियों के 'बन्धन' में बँधा भी रहा।

यह विचित्र-सी बात लगती है कि यद्यपि बौद्ध मत भारत की सीमाओं से परे फैलता जा रहा था, पर भारतीय बौद्धानुयायियों को इसके 'विश्व धर्म' के रूप में उभरने की कोई अनुभूति नहीं थी। पाँचवीं शताब्दी में फाहियान जेतवन के बौद्धसंघाराम में जब कुछ संन्यासियों से मिले तो वे उनकी 'आत्मविलक्षणता' की धारणाओं को देखकर हैरान रह गए थे। इसी का विवरण फाहियान और उनके साथी दाओ जिंग ने कुछ इस प्रकार किया है :

''संन्यासियों का एक झुण्ड बाहर आया और पूछने लगा कि वे किस राज्य से आए हैं। उन्होंने उत्तर दिया कि हम 'हान' के देश से आए हैं। इस पर संन्यासियों ने कहा कि आश्चर्य है, किसी सीमावर्ती राज्य के वासी भी हमारे नियमों की खोज में यहाँ तक आ सके हैं। फिर वे आपस में कहने लगे। इतने समय से हमारे यहाँ गुरु-शिष्य परम्परा चल रही है, पर हमने कभी अपनी इस परम्परा के अनुयायी 'हान'

वासी को यहाँ आते नहीं देखा है।''

बौद्ध धर्म के प्रसार और भारत में चीनी बौद्धों के आगमन ने निश्चय ही यहाँ (विद्यमान) विश्व को संकीर्ण भारत केन्द्रित दृष्टि से ही देखने की प्रवृत्ति को कुछ ठेस अवश्य लगी होगी।

पूर्वी भारत में नालन्दा जैसे बौद्ध शिक्षा केन्द्रों में बड़ी संख्या में चीन आदि से आए विदेशी छात्र भी अध्ययन करते थे। उनकी उपस्थिति ने निश्चय ही विदेशियों के प्रति अविश्वास भाव को कुछ कम किया होगा। सातवीं शताब्दी में नालन्दा से ह्वेनसांग की विदाई के समय तो विभिन्न दृष्टिकोणों का टकराव बहुत ही स्पष्ट रूप धारण कर गया था। नालन्दा का प्रशासन ह्वेनसांग का बहुत बड़ा प्रशंसक बन चुका था और वह चाहता था कि वे वहाँ रुक जाएँ। उन्होंने ह्वेनसांग को आचार्य कुल में अच्छे स्तर पर नियुक्ति का प्रस्ताव भी किया था। ह्वेनसांग के एक शिष्य हुइली ने नालन्दा आचार्य कुल द्वारा ह्वेनसांग के रुक जाने और भारत को ही अपना घर बना लेने के पक्ष में दिए गए तर्कों की समीक्षा कुछ इस प्रकार की है :

''जब नालन्दा के संन्यासियों ने ह्वेनसांग की वापस जाने की बात सुनी, तो वे उनसे प्रार्थनापूर्वक कहने लगे : भारत ही बुद्ध की जन्मभूमि है, यद्यपि वे अब इस संसार से जा चुके है, पर अभी भी उनके अनेक चिन्ह यहाँ विद्यमान हैं।...इतनी दूर आने के बाद अब आप वापस क्यों जाना चाहते हैं? चीन तो म्लेच्छों और महत्त्वहीन बर्बर जातियों का देश है, उन्हें धर्म और निष्ठा या श्रद्धा और आस्था से कोई सरोकार नहीं है। इसी कारण से बुद्ध ने वहाँ जन्म नहीं लिया था। वहाँ के लोगों के मस्तिष्क बहुत संकीर्ण हैं और उन पर अपरिष्कृति छाई रहती है। इसी कारण से साधु और सन्त वहाँ नहीं जाते। वहाँ ठण्ड भी बहुत होती है और धरातल भी ऊबड़-खाबड़ है। अतः आप को अपने वापसी के निर्णय पर एक बार फिर से विचार अवश्य करना चाहिए।''

इसके उत्तर में ह्वेनसांग ने दो तर्क दिए। सबसे पूर्व तो उन्होंने बौद्धधर्म के विश्वबन्धुता के सन्देश की ओर उन संन्यासियों का ध्यान आकर्षित किया (किन्तु उनके द्वारा प्रस्तुत जानकारियों पर कोई आक्षेप नहीं किया) : ''बुद्ध ने तो अपना सन्देश सभी देशों में प्रसारण के लिए प्रतिपादित किया था। इससे अकेले ही आनन्दलाभ भला कौन करना चाहेगा? कौन उन समुदायों को भूल जाना चाहेगा जिन्हें अभी तक ज्ञान का आलोक सुलभ नहीं हो पाया है?'' दूसरे तर्क में ह्वेनसांग ने अपनी विश्वबन्धुता से प्रतिबद्धता का त्याग किए बिना सहज राष्ट्र प्रेम का परिचय देते हुए उनकी चीन विषयक टिप्पणियों का भी उत्तर दिया :

''मेरे अपने देश में सभी न्याय दण्डाधिकारी बहुत गरिमापूर्ण वस्त्र धारण करते हैं और सब ओर कानून का पालन होता है। सम्राट सद्‌गुण सम्पन्न हैं और प्रजा निष्ठावान। अभिभावक स्नेहशील हैं और सन्तान आज्ञाकारी। मानवता और न्याय

की बड़ी प्रतिष्ठा होती है तथा वृद्धों और सन्तों का सम्मान होता है।.....अतः आप यह कैसे कह सकते हैं कि बुद्ध मेरे देश को महत्त्वहीन मान कर ही वहाँ नहीं गए है''?

ह्वेनसांग 645 में चीन लौट गए, किन्तु उन्होंने भारत से सम्पर्क बनाए रखा। कुछ वर्षों बाद उन्हें नालन्दा से अपने मित्र प्रज्ञदेव का पत्र मिला, जिसमें उसने अपनी तथा अन्य मित्रों की तरफ से उनका अभिवादन करते हुए लिखा था :

''यहाँ के उपासक सदैव आपका सम्मान करते रहेंगे। हम अपने स्मृति चिन्ह-स्वरूप एक श्वेत वस्त्रों का जोड़ा भेज रहे हैं। आपके देश तक का मार्ग बहुत लम्बा है—अतः उपहार की तुच्छता की ओर ध्यान नहीं दीजिए। हमें आशा है, आप इसे स्वीकार करेंगे। आपको जिन सूत्रों और शास्त्रों की आवश्यकता हो, हमें लिख भेजिए। हम उनकी प्रतियाँ तैयार कर आपके पास भिजवा देंगे।''

उत्तर में ह्वेनसांग ने पहले नालन्दा के अपने एक शिक्षक के निधन पर शोक व्यक्त किया, फिर भारत से उपयोगी सामग्री भिजवाने की बात उठाते हुए कहा :

''मुझे भारत से लौटे एक राजदूत से पता चला है कि महान आचार्य शैलभद्र अब नहीं रहे। इस समाचार ने मुझे असीम शोक सागर में डुबो दिया है। मैं आपको यह भी बताना चाहता हूँ कि सिन्धु नदी को पार करते समय मैं बहुत-सी पवित्र पांडुलिपियाँ गँवा बैठा था। इसी पत्र के साथ मैं उन ग्रन्थों की सूची भी भेज रहा हूँ। मैं आपसे प्रार्थना कर रहा हूँ कि जब भी आपको सुअवसर मिले, ये ग्रन्थ मेरे पास भिजवा दीजिए। मैं कुछ छोटी-छोटी चीजें उपहार स्वरूप भेज रहा हूँ। कृप्या उन्हें स्वीकार करें।''

मानव जीवन के सामान्य दुखों और त्रासदियों के बीच एक साँझी समझबूझ को विकसित करने का यह सीमाहीन संवाद चलता रहा। किन्तु यह तो सत्य है कि बौद्धमत द्वारा विदेश-सम्पर्कों की सृष्टि ने कुछ समय (अस्थाई रूप से ही सही) उस जमाने के कुछ प्रमुख भारतीय बुद्धिजीवियों की आत्मकेन्द्रित गर्वशीलता को अवश्य लज्जित कर दिया था।

बौद्ध सम्पर्कों द्वारा चिन्तन को अधिक विस्तृत धरातल पर पहुँचाकर दोनों देशों के बुद्धिजीवियों की आत्मकेन्द्रिता को कम करना उन धर्म आधारित सम्पर्कों का एक महत्त्वपूर्ण गैर-साम्प्रदायिक योगदान माना जा सकता है। इन्हीं सम्पर्कों ने एक मनोवैज्ञानिक और अनुभूतिजन्य आयाम को भी अधिक स्पष्ट स्वरूप प्रदान किया और गणित, ज्योतिर्विज्ञान, साहित्य, भाषाशास्त्र, संगीत, ललितकलाओं, चिकित्सा और जनस्वास्थ्य आदि के क्षेत्रों में व्यापक रूप से जानकारियों का प्रवाह सम्भव हो पाया। इस लेख में अब मैं इन्हीं पक्षों पर विचार करूँगा।

विचार सम्प्रेषण : एक कार्यविधिगत कठिनाई

प्रथम सहस्राब्दी में भारत और चीन के विद्वानों के बीच अन्तर्सम्बन्धों में गणित और विज्ञान (विशेषतः ज्योतिर्विज्ञान) का विशेष महत्त्व रहा है। इन सम्बन्धों की व्याख्या से पूर्व विचारों के एक देश से दूसरे देश की ओर सम्प्रेषण की पहचान से जुड़ी एक गम्भीर कार्य विधिविषयक कठिनाई को समझना आवश्यक है। किन्हीं सम्भावित सम्बन्ध सूत्रों की बात करना तो आसान होता है, पर विचार प्रवाह के प्रत्यक्ष साक्ष्य जुटा पाना बहुत कठिन रहता है। जाँ क्लोद मत्ज़्योंफ़ ने अपनी पुस्तक 'चीनी गणित का इतिहास' में लिखा है : ''चीनी विज्ञान ग्रन्थों में विचारों के संचलन पर ही सबसे अधिक चर्चाएँ हुई हैं, किन्तु फिर भी हमें इस विषय में अधिक कुछ जानकारी नहीं मिल पाती।''

जोसेफ़ नीधम ने उन गणितीय विचारों की सूची बनाने का प्रयास किया है जो उसके विचार से 'चीन से विकिरित होकर' विशेषकर भारत पहुँचे। उसका आग्रह है कि चीन से भारत आए ऐसे विचार भारत से चीन गए विचारों की तुलना में बहुत अधिक रहे हैं। इससे स्पष्ट होता है कि भारत में बाह्य विचारों को ग्रहण करने की अधिक क्षमता थी। मत्ज़्योंफ़ ने नीधम की कार्यविधि की आलोचना की है। उसका कहना है कि नीधम का सारा कार्य कालगणना और कार्यविधि की त्रुटियों से भरा पड़ा है। उसने नीधम के निष्कर्षों का खण्डन करते हुए सशक्त तर्क भी दिए हैं। विचारों के एक देश से दूसरे की ओर प्रवाह के निश्चित प्रमाण नहीं मिल पाते, इसलिए नीधम ने माना था कि जिस देश में उस विचार के पहले प्रयोग होने के प्रमाण मिल रहे हों उसी देश को उस विचार का उद्‌गम माना जाना चाहिए। यह विधि तो अटकल बाजी से अधिक नहीं होगी। यदि किसी देश में किसी विचार का पहले प्रयोग होने का प्रमाण विलुप्त हो गया हो तो, नीधम के अनुसार, वह देश उस विचार को अपना मूल विचार नहीं कह पाएगा। इस प्रकार का कालगणना आधारित दृष्टिकोण दो अलग-अलग स्थानों पर एक जैसे विचार के स्वतन्त्र रूप से विकसित होने की सम्भावना को भी पूरी तरह नकार देता है।

भारत चीन के बीच गणित और विज्ञान विषयक विचारों के आवागमन को लेकर एक और कठिनाई भी आती है : दोनों देशों में संरक्षित अभिलेखों की सुलभता में भी बहुत भारी विषमता है। चीनी अभिलेख भारत की अपेक्षा बहुत व्यापक और बेहतर ढंग से संरक्षित हैं। आजकल भारत में यह तर्क भी दिया जाता है कि मुस्लिम आक्रमणों के दौरान प्रथम सहस्राब्दी के बहुत से अभिलेखों पांडुलिपियों को नष्ट कर दिया गया था। ऐसा निश्चय ही हुआ, फिर भी पुरातन भारत में आमतौर पर घटनाओं आदि का ब्यौरा लिखकर रखने की बहुत विकसित प्रथा नहीं थी, जबकि चीन में यह कार्य बड़ी सतर्कता से किया जाता था। जॉन कीश्निक ने भारत में अभिलेखों

की अनुपलब्धता की एक अन्य व्याख्या भी की है : ''भारत में अधिकांश लेखन भोज या ताल पत्रों पर होता था और उन पत्रों को इकट्ठे सीकर पुस्तक की शक्ल दे दी जाती थी। धातु पत्रों, मिट्टी के फलकों और पत्थरों पर बहुत कम लेख उत्कीर्ण होते थे। अतः स्वाभाविक है कि समय बीतने के साथ भोजपत्रों पर लिखे दस्तावेज गलकर या कीड़ों द्वारा खाए जाकर नष्ट हो गए होंगे। सम्भवतः अभिलेखों की अनुपलब्धता का कारण उन्हें लिखने में रुचि का अभाव नहीं, उनके लिए प्रयुक्त माध्यम की प्रकृति ही रहा।''

अभिलेखों के रिकार्ड में इस विषमता के कारण कुछ भी रहे हों (हम यहाँ उनकी समीक्षा नहीं कर रहे), इसका एक प्रभाव तो नीधम की भाँति प्रथम प्रमाणित प्रयोग की तिथि पर आग्रह करने से अनेक बार विचार प्रवाह की दिशा में परिवर्तन भी होता है। जहाँ तक प्रत्यक्ष प्रमाणों की कसौटी का प्रश्न है, अभिलेखात्मक विषमता यह तो तुरन्त स्पष्ट कर देती है कि विचारों का प्रवाह भारत से चीन की ओर हुआ, क्योंकि चीन के अभिलेखों में भारत से आए विचारों का विवरण बहुत अच्छी तरह से दर्ज है। भारत में चीन से आए विचारों को ऐसा विस्तृत विवरण नहीं मिल पाता। इससे चीन की ग्रहणक्षमता अधिक हो जाएगी। इसके विपरीत प्रथम प्रयोग की तिथि पर आग्रह करनेवाली नीधम की विधि विचार प्रवाह की दिशा को एकदम उलट देती है, क्योंकि चीन में इस प्रकार के प्रयोगों को दर्ज करनेवाले दस्तावेज भारतीय अभिलेखों से अधिक विस्तृत और बेहतर दशा में संरक्षित रखे गए हैं। वास्तव में अभिलेखों की विषमता के कारण एक या दूसरी प्रकार के रुझान से बच पाना सहज नहीं लगता।

भारत और चीन के बीच विचारों के आवागमन से जुड़े नीधम के अध्ययन के माध्यम से किसी प्रकार के 'व्यापार शेष' के लेखे की निश्चित रचना कर पाना सम्भव नहीं होगा। ऐसा कोई प्रयास करने का हमारा मंतव्य भी नहीं है। हम तो बस यही स्थापना करना चाहते हैं कि इन दो संस्कृतियों के बीच धर्म-इतर विचारों का भी व्यापक आदान-प्रदान हुआ करता था। इससे दोनों ही देश चिन्तन बौद्धिक अलगाववाद के आरोप से भी मुक्त हो जाते हैं।

गणित और विज्ञान

तंग वंश के शासन काल में, सातवीं-आठवीं शताब्दियों में, चीन में गणित और ज्योतिर्विज्ञान पर बौद्ध तथा तान्त्रिक बौद्धमतों (वज्रयानी बौद्ध सम्प्रदाय) के अनुयायियों का बहुत गहन प्रभाव रहा है। इस बौद्धिक सम्बन्ध के साक्ष्य बहुत विपुलता से प्राप्य हैं। जिस इ-ज़िंग के अतिरंजनापूर्ण प्रश्न से मैंने यह लेख प्रारम्भ किया था, उसने कितने ही तान्त्रिक ग्रन्थों का संस्कृत से चीनी भाषा में अनुवाद किया था। वह सातवीं शताब्दी के अन्तिम चतुर्थांश में भारत में था। इसी अवधि में चीन में तान्त्रिक मत का प्रभाव फैल रहा था। अगली शताब्दी में भी यह चीन में एक बड़ी बौद्धिक 'शक्ति'

का रूप धारण किए रहा। अनेक लब्धप्रतिष्ठित चीनी विद्वान इस मत के अनुयायी थे। कितने ही तान्त्रिक अध्येताओं की गणित में गहरी रुचि थी (शायद इसका कारण तन्त्रमत में अंकों के आधार पर तरह-तरह की गणना और रचना करना रहा हो) इस तरह तान्त्रिक गणितज्ञों ने चीन में गणित के विकास को बहुत प्रभावित किया था।

नीधम ने भी माना है कि "चीन का सबसे प्रमुख तान्त्रिक इ-क्सिंग (672 से 717) था—वह अपने समय का महानतम चीनी गणितज्ञ और ज्योतिर्विद भी था।" नीधम आगे चलकर कहते हैं। "यह बात हमें रुककर कुछ सोचने को विवश कर देती है। इसी से हमें बौद्धमत के इस सम्प्रदाय के सभी प्रकार के पर्यवेक्षण और प्रयोग आधारित विज्ञानों पर प्रभावों के संकेत मिल सकते हैं।" यथपि तन्त्र का उदय भारत में ही हुआ था, पर इसमें द्विपक्षीय लेन-देन से इनकार नहीं किया जा सकता। भारत के तान्त्रिक साहित्य में 'चीनाचार' या चीनी व्यवहार का अच्छा खासा स्थान है। इसी प्रकार चीन के तान्त्रिक साहित्य में भारतीय रचनाओं की प्रतिष्ठा रही है।

इ-क्सिंग (नीधम की वर्तनी के अनुसार ई-ह्सिंग) संस्कृत अच्छी तरह जानता था। एक बौद्ध संन्यासी होने के नाते वह भारतीय धर्मग्रन्थों से भी परिचित था, पर उसने गणित और ज्योतिर्विज्ञान की भारतीय रचनाओं का विशेष रूप से अध्ययन किया था। उसका अपना धर्म-सम्बन्ध जो भी हो, पर यह मानना गलत होगा कि गणित और ज्योतिर्विज्ञान में उसकी विशेष रुचि धार्मिक कारकों द्वारा ही प्रेरित थी। एक सामान्य गणितज्ञ जो तान्त्रिक भी था के रूप में इ-क्सिंग को अक्सर ऐसी विश्लेषण और गणना सम्बन्धी गुत्थियाँ सुलझानी पड़ती थीं जिनका तन्त्र और बौद्ध धर्म से कुछ विशेष सम्बन्ध नहीं होता था। इ-क्सिंग जिस प्रकार के संयोग-संयोजन समस्याओं को सुलझा रहा था उनमें 'शतरंज में सभी सम्भव स्थितियों में कुल अंकों का परिगणन' जैसा क्लासिक विषय भी था। वह पंचांग सम्बन्धी गणनाओं में भी संलग्न था और उसने, शाही आदेश पर, चीन में एक नए पंचांग की रचना भी की थी।

आठवीं शताब्दी में चीन में इ-जिंग के साथ, भारत से आए अनेक ज्योतिर्विद भी पंचांग-अध्ययन में जुटे थे। वे भारत में त्रिकोणमिति के क्षेत्र में हुए नवीन विकास का बहुत सदुपयोग कर रहे थे। त्रिकोणमिति अब तक भारत में बहुत विकसित हो चुकी थी और अपने मूल ग्रीक आधार से बहुत आगे जा चुकी थी। भारतीय त्रिकोणमिति का पूर्वाभिमुख चीन में आगमन उसके विश्वव्यापी प्रसार-प्रचार का ही एक अंश था, क्योंकि उसी समय भारत से पश्चिम की ओर भी त्रिकोणमितीय प्रवाह चल रहा था। अरब पर भारतीय त्रिकोणमिति अपना गहन प्रभाव छोड़ रही थी। वहाँ आर्य भट्ट, वाराहमिहिर, ब्रह्मगुप्त आदि की रचनाओं के अरबी अनुवादों का बड़े व्यापक स्तर पर अध्ययन और प्रयोग हो रहा था। अरबों के माध्यम से ही ये प्रभाव अन्ततः यूरोपीय गणित तक पहुँचे। विचारों के इस विश्वव्यापी संचरण के कुछ शाब्दिक

मार्गदर्शक चिन्ह भी हमें मिल जाते हैं। इसका एक अच्छा उदाहरण तो आर्य भट्ट के संस्कृत शब्द 'ज्या' का 'साइन' में परिवर्तन ही है। 'ज्या' को उच्चारण-समता के आधार पर अरबी में 'जिबा' कहा गया। (इस 'जिबा' शब्द का अरबी भाषा में कोई अर्थ नहीं होता)। इसी का रूप बदल कर 'जैब' हो गया, जो अरबी में खाड़ी या तटीय कटाव की अभिव्यक्ति देता है। अन्ततः यह 'जैब' लैटिन भाषा में खाड़ी अथवा कटाव के लिए निर्धारित शब्द 'साइनस' में समाहित हो गया। इसी को आज अंग्रेजी में लिखी गई गणित की पुस्तकों में 'साइन' कहा जाता है। उधर पूर्व में, चीनी भाषा में आर्य भट्ट के इसी 'ज्या' को 'मिंग' नाम दिया गया और 'युए जियांन लियांग मिंग' आदि तालिकाओं की रचना हुई। इस चीनी शब्दपद का हिन्दी में अर्थ हुआ : 'चयन्द्र कलाओं की ज्या'।

चीनी अभिलेखों में विस्तार से यह दर्ज है कि कितने ही भारतीय ज्योतिर्विद और गणितज्ञ वहाँ की राजधानी के 'ज्योतिर्विज्ञान विभाग' में नियुक्त थे। हमने पहले भी चर्चा की है कि उनमें से एक, गौतम को तो वहाँ के ज्योतिर्विज्ञान बोर्ड का अध्यक्ष भी बनाया गया था। उसके द्वारा चीनी भाषा में तैयार किए गए वृहत् सार-संग्रह 'कय्यवान झांजिंग (Kaiyvan zhanjing) को 8वीं सदी के एक प्रतिष्ठित वैज्ञानिक ग्रन्थ की मान्यता प्राप्त है। यह एक ज्योतिर्विज्ञान संहिता थी। गौतम ने भारतीय ज्योतिर्विज्ञान के अनेक ग्रन्थों के चीनी संस्करण भी तैयार किए थे। भारत के नवग्रह पंचांग पर आधारित चीन का 'जिउझी ली' (Jiuzhi li) निश्चित रूप से 550 ईसवी में वाराहमिहिर द्वारा रचित 'पंचसिद्धान्तिका' पर ही आधारित है। यह मुख्य रूप से गणना की विधिविशेष ही है जिसमें चन्द्रमा के व्यास तथा अन्य सम्बद्ध प्राचलों (पैरामीटर) का प्रयोग कर ग्रहण की अवधि आदि का आकलन होता है। इसमें आर्य भट्ट द्वारा विकसित विधियों के आधार पर ही गणना की प्रविधियाँः रची गई थीं। इन्हीं प्रविधियों का वाराहमिहिर और ब्रह्मगुप्त जैसे आर्य भट्ट के अनुयायियों ने आगे चलकर और अधिक परिष्कार-संवर्धन किया।

आठवीं शताब्दी के चीनी ज्योतिर्विद यांग जिंगफेंक ने अधिकारिक रूप से मान्य चीनी ज्योतिर्विज्ञान की मिश्रित पृष्ठभूमि की व्याख्या इस प्रकार की है :

"जो लोग पाँच ग्रहों की स्थितियाँ जानना चाहते हैं, वे भारतीय पंचांग विधियों का प्रयोग करते हैं...अतः अब हमारे पास भारतीय पंचांग विशेषज्ञों के तीन 'वंश' हैं—चियायेब (काश्यप), छूथान (गौतम) और चूमोलो (कुमार)। ये सभी ज्योतिर्विज्ञान विभाग के अधिकारी विद्वान हैं। किन्तु अब सबसे अधिक प्रयोग तो गुरु-स्थानीय छूथान के पंचांग का होता है। यह वहीं पंचांग है जो उन्होंने 'राज्य' के लिए तैयार किया है।"

ज्ञान-विज्ञान के क्षेत्र में इन भारत-चीन सम्पर्कों की पुनर्समीक्षा करते समय हमें बौद्धमत के उत्प्रेरक स्वरूप को भी समझना होगा। गौतम, काश्यप और कुमार

जैसे ज्योतिर्विद भले ही भारत से चीन तक बौद्धधर्म के सम्बन्ध सूत्रों के माध्यम से पहुँचे हों, परन्तु उनके पंचांग रचना आदि के योगदान को 'बौद्धमत' में योगदान मान पाना तो कठिन ही होगा।

सृजनात्मक कलाएँ, साहित्य और भाषा

आइए अब, गणित और विज्ञान से कहीं विस्तृत, सांस्कृतिक क्षेत्रों पर पड़े पारस्परिक प्रभावों पर विचार करें। इन पर भी भारत चीन के बीच बौद्ध मत के सम्पर्क सूत्रों के प्रभाव बहुत विस्तृत रहे हैं। चीनियों ने कुछ बहुत उत्कृष्ट बौद्ध स्मारकों, मठों और संघारामों का निर्माण किया है। उनकी बौद्ध मूर्तियों और चित्रों की भी संसार की श्रेष्ठतम कृतियों में गणना होती है। इन्हें एक स्तर तक ही धर्म-सम्बन्धी उपलब्धियाँ माना जा सकता है। किसी को यदि इन रचनाओं में धर्मिकता का ही आग्रह नजर आए तो वह व्यक्ति नितान्त निरक्षर और उजड्ड ही होगा। कीश्निक ने कहा है कि पुलों के निर्माण का बौद्ध विचारों और सिद्धान्तों से सीधा सम्बन्ध रहा है, किन्तु बौद्ध धर्म के प्रचार के साथ-साथ, पुल निर्माण की कला और प्रौद्योगिकी के संवर्धन को नितान्त धार्मिकता मान लेना उचित नहीं होगा। भले ही इन कार्यों की प्रारम्भिक प्रेरणा धर्माचार्यों से मिली हो, पर उससे इनका धर्म-इतर महत्त्व कम नहीं हो जाता।

यही बात संगीत पर भी लागू होती है। वैसे, संगीत के बारे में दृश्य कलाओं और शिल्प-निर्माण जैसा कोई सीधा सम्बन्ध अधिक स्पष्ट नहीं हो पाता। तंग शासन काल में ही बौद्ध मन्त्रोच्चार और भारतीय संगीत (जैसे 'तियानफू' संगीत) के स्वर चीन में गूँजने लगे थे। यह क्रम अगली कई शताब्दियों तक चलता रहा। माना जाता है कि वर्ष 1404 में मिंग वंश के सम्राट चेन्गजू (योंगलुओ के नाम से भी लोकप्रिय) ने 'बुद्ध गीतमाला' का संकलन-सम्पादन भी किया था। इसमें तंग से लेकर युआन राज वंशों के काल (618 से 1368 ई.) तक चीन में लोकप्रिय रहे बुद्ध गान शामिल किए गए थे। आज भी इस संकलन के विभिन्न रूप चीन से लेकर दक्षिण-पूर्व एशिया के, वियेतनाम-म्यांमार आदि, कई देशों में प्रचलित हैं।

बौद्धमत का चीन के साहित्य पर प्रभाव किसी भी तरह से हैरानी की बात नहीं होनी चाहिए। सारे विश्व में धार्मिक और पौराणिक विषयों पर आधारित काव्यों, नाटकों आदि की रचनाएँ होती रहीं है। अतः बौद्धिक संचेतना के किसी भी नवीन उत्प्रेरक का उन सब चीजों पर प्रभाव पड़ना स्वाभाविक है, जिन्हें लिखा, पढ़ा जाता है और जिनसे आनन्द लाभ होता है। यह भी हैरानी की बात नहीं कि एक धार्मिक विषयवस्तु के रूप में प्रारम्भ की गई कोई रचना या गतिविधि धीरे-धीरे पूर्णतः सम्प्रदाय निरपेक्ष हो जाती है—सभी सम्प्रदायों के अनुयायी समान रूप से उसका आनन्द उठाते हैं। चीनी दर्शक पीकिंग में यदि 'पुष्प बिखेरती अप्सरा' या 'मौदग्यायन द्वारा अपनी माँ की रक्षा' जैसी नृत्य नाटिकाएँ देख रहे हों, तो उनका आनन्द लेने लिए उन दर्शकों

का भारतीय बौद्ध परम्पराओं में निष्णात होना कत्तई आवश्यक नहीं। वे सहज ही सारी कथा को समझ लेते हैं। यही बात उन सभी चीनी गद्य-पद्य रचनाओं पर लागू होती है, जिन पर बौद्ध विचारों और दन्तकथाओं की समृद्ध धरोहर का गहरा प्रभाव रहा है।

एक और बात बहुत महत्त्वपूर्ण है। संस्कृत भाषा से अनुवाद की प्रक्रिया में चीनी भाषा में हजारों नए शब्दों और मुहावरों का समावेश होने के संकेत मिलते हैं। कुछ संस्कृत शब्दों का धर्म से स्पष्ट नाता था–जैसे कि 'ध्यान', जिसे चीनी 'च आन' कहते थे, बाद में 'ज़ेन' कहने लगे। अनेक शब्द धर्म से पूरी तरह मुक्त भी थे। यहाँ तक कि चीनी शब्द 'मंदारिन' की उत्पत्ति भी संस्कृत के मन्त्री शब्द से हुई है। आज भी भारत में प्रधानमन्त्री ही देश का सर्वोच्च कार्यकारी राजनीतिक पदाधिकारी है। वैसे; यह शब्द चीन, बहुत बाद में, मलाया की परिक्रमा करते हुए पहुँचा था। पुरातन चीनी भाषा की तरह ही संस्कृत की शब्दावली भी बहुत समृद्ध रही है। इसी कारण से जब संस्कृत रचनाओं का चीनी अनुवाद हुआ तो उसकी पहले से समृद्ध शब्दावली और भी धनी हो गई।

दोनों देशों के पारस्परिक सम्बन्धों का एक और महत्त्वपूर्ण क्षेत्र भाषाशास्त्र और व्याकरण रहा है। संस्कृत के विद्वान पाणिनि द्वारा ईसापूर्व चौथी शताब्दी में इन दोनों के विकास में किए गए महान योगदान से सभी परिचित हैं। सातवीं शताब्दी में ह्वेनसांग को भी पाणिनि और उनके शिष्यों द्वारा इस क्षेत्र में किए गए योगदान पर चर्चा करते पाया गया। इ-ज़िंग का तो कहना है कि भारत और चीन ने इन क्षेत्रों में अभूतपूर्व योगदान करके विश्व-भर की सूझ-समझ की समता पर अपनी छाप छोड़ी है। भारत से लौटा यह चीनी विद्वान कहता था कि 'देव भूमि' (चीन) और 'दिव्य भण्डार गृह' (भारत) दुनिया को भाषा के और कितने नियम सिखाएँगे? ये योगदान कितने सारगर्भित थे, दोनों संस्कृतियाँ इनसे किस प्रकार लाभान्वित हुई–आदि प्रश्नों की अभी अधिक समीक्षा नहीं हुई है, किन्तु इस समीक्षा में भी बौद्ध सम्पर्क सूत्रों के व्यापक प्रभावों का दृष्टिकोण अपनाना आवश्यक प्रतीत होता है।

जनसंचार और तर्क

आधुनिक युग में गणित और विज्ञान के विचारों और ज्ञान के प्रसारण का विशेष महत्त्व हो गया है। सृजनात्मक आदान-प्रदान का तो विश्व वाणिज्य और व्यवसाय पर तुरन्त ही प्रभाव पड़ जाता है। आज की औद्योगिक संविधियों में सूचना प्रौद्योगिकी का विकास और प्रयोग इसका एक शानदार उदाहरण है। किन्तु अक्सर जनसंचार और जनस्वास्थ्य से प्रतिबद्धता में एक दूसरे से सीखी गई बातों का महत्त्व इतना स्पष्ट नहीं हो पाता। यह भारत चीन सम्बन्धों का प्रथम सहस्राब्दी में एक महत्त्वपूर्ण आयाम था–इसका महत्त्व आज भी कम नहीं हुआ है।

यद्यपि बौद्धधर्म अन्य धर्मों की भाँति ही एक धर्म है, किन्तु इसके आरम्भ में इसकी दो आसामान्य विशेषताएँ थीं–एक तो यह अनीश्वरवाद पर आधारित था, दूसरे यह सार्वजनिक रूप से विचार-मन्थन के प्रति प्रतिबद्ध था। इस दूसरी विशेषता के कारण ही विभिन्न मतों के बीच टकरावों पर चर्चा कर उनके समाधान हेतु विश्व की सर्वप्रथम सार्वजनिक महासभाओं का आयोजन भारत में सम्भव हो पाया था।

ये महासभाएँ विधिवत गठित बौद्ध परिषदों के तत्वाधान में आयोजित हुई थी और इनमें विभिन्न भक्तों के अनुयायियों ने, अपनी धार्मिक आस्थाओं और सार्वजनिक व्यवहार के सभी पक्षों पर, चर्चा में भाग लिया था। जैसे मैंने प्रथम लेख में भी कहा है, सार्वजनिक संवाद के इतिहास में इन महासभाओं का विशेष महत्त्व रहा है।

इनमें से तीसरी महासभा विशालतम थी और उसके आयोजक अतिथेय सम्राट अशोक थे। उन्होंने ईसापूर्व तीसरी शताब्दी में ही लाभकारी वाद-विवाद के लिए आचार संहिता का भी निर्माण किया था। उस आचार-संहिता का सभी भाग लेनेवालों को पालन करना था और उसके अनुसार सभी को नियन्त्रित भाषा में अपना पक्ष प्रस्तुत करना था। साथ ही अन्य भागीदारों के विचारों के प्रति, सभी सन्दर्भों में, सम्मान भाव का प्रदर्शन भी अनिवार्य था।

जैसा कि जॉन स्टुअर्ट मिल, जॉन रॉल्स और हैबरमास आदि राजनीतिक विचारकों का आग्रह रहा है, सार्वजनिक संवाद और तर्क-वितर्क लोकतन्त्र के लिए अत्यावश्यक होते हैं। अतः यह कहना अतिशयोक्तिपूर्ण नहीं होगा कि भारत और चीन (तथा जापान, कोरिया आदि) में बौद्ध धर्म संघ की संवाद प्रतिबद्धता से प्रारम्भ हुई सार्वजनिक वाद-विवाद की परम्परा से ही विश्व स्तर पर लोकतान्त्रिक परम्पराओं का उद्भव हुआ होगा। यह भी बहुत ही महत्त्वपूर्ण बात है कि चीन, कोरिया, जापान आदि में मुद्रण (छापा खाना) के सभी आरम्भिक प्रयासों से बौद्ध प्रौद्योगिकीविद् जुड़े हुए थे। मैंने चौथे लेख में भी यह बात कही है कि विश्व की सर्वप्रथम तिथि युक्त प्रकाशित पुस्तक, 868 ईस्वी की, संस्कृत भाषा के वज्र सूत्र का चीनी अनुवाद थी, यह अनुवाद 402 ईसवी में कुमार जीव ने किया था। पर उस पुस्तक पर मुद्रित एक कथन उस प्रकाशन की एक महत्त्वपूर्ण सम्प्रेरणा को व्यक्त करता है, यह कथन है : "सर्व सामान्य को निःशुल्क वितरण के लिए"।

जॉन कीश्निक का कहना है कि चीनी बौद्ध परम्परा की एक धारणा पुस्तकों के प्रकाशन के लिए बहुत उपयोगी रही। वह धारणा थी कि बौद्ध ग्रन्थों की प्रतियाँ बनाना, उन्हें छापना पुण्य का कार्य है। कीश्निक का कहना है कि इस विश्वास का मूल स्रोत भी भारत ही था। इस प्रकार की व्याख्या का निश्चय ही कुछ आधार है–किन्तु पुनः प्रकाशन (रिप्रोडक्शन) से पुण्य लाभ की धारणा से भी कहीं अधिक महत्त्वपूर्ण सार्वजनिक सम्प्रेषण का पक्ष है, जिस पर अशोक जैसे बौद्धनेताओं का

भी आग्रह रहा था। अशोक ने तो भारत में अनेक शिलालेखों द्वारा अच्छे सार्वजनिक व्यवहार और वाद-संवाद की आचार-संहिता का व्यापक प्रचार भी किया था।

मुद्रण प्रौद्योगिकी का विकास तो दीर्घकालिक रूप से लोकतन्त्र के लिए बहुत ही उपयोगी सिद्ध हुआ है। अल्पकालिक दृष्टि से भी इस विकास ने चीन में जन-सम्प्रेषण की सम्भावना को परिवर्धित कर वहाँ के सामाजिक-राजनीतिक जीवन पर गहरा प्रभाव छोड़ा। नव-कन्फ्यूशसवादी शिक्षा के प्रसार पर इसका प्रभाव पड़ा, और, जैसा थियोडोर डि बेरी ने लक्ष्य किया, "सोंग वंश के शासन काल में नारी-शिक्षा ने नए महत्त्वपूर्ण पड़ाव पार किए और मिंग शासन के दौरान मुद्रण, साक्षरता और स्कूली शिक्षा के माध्यम से नव-कन्फ्यूशसवादी शिक्षाओं का बहुत तेजी से प्रसार हुआ।"

स्वास्थ्य सेवा और चिकित्साविज्ञान

जनसंचार के अतिरिक्त जनस्वास्थ्य सेवाओं के क्षेत्र में अन्तर्देशीय सम्बन्धों का भी बहुत महत्त्व है–किसी न किसी रूप में दोनों परस्पर जुड़े हैं। इसी लेख में हमने पहले चर्चा की थी कि 401 ईसवी में भारत आए फाहियान ने उस समय भारत की जनस्वास्थ्य सेवाओं का भी गम्भीरता से अध्ययन किया था। पाँचवीं शती के पाटलीपुत्र की सार्वजनिक चिकित्सा सुविधाओं ने फाहियान को विशेष रूप से प्रभावित किया थाः

"सभी गरीब और विपन्न व्यक्ति, सभी रोगग्रस्त लोग, इन गृहों में जाते हैं और वहाँ उनकी हर प्रकार से सहायता की जाती है, चिकित्सक उनके रोगों का निदान करते हैं। उन्हें उनकी आवश्यकतानुसार भोजन और दवाइयाँ दी जाती हैं, उन्हें हर प्रकार की सुविधा प्रदान की जाती है। जब वे अच्छे हो जाते हैं तो स्वयं ही अपने घर चले जाते हैं।"

पाँचवीं शती के पटना की व्यवस्था का यह विवरण कुछ अतिरंजनापूर्ण भी हो सकता है, पर महत्त्वपूर्ण बात यह है कि फाहियान यहाँ मात्र एक दशक के लिए आया था और उसने यहाँ की जनस्वास्थ्य व्यवस्था को समझ कर उससे कुछ सीखने का प्रयास किया था।

अढ़ाई सौ वर्ष बाद आए इ-ज़िंग ने भी जनस्वास्थ्य व्यवस्था का अच्छी तरह पर्यवेक्षण किया था और अपनी पुस्तक के तीन अध्यायों में इसका विवरण दिया। वैसे; यह भारत की चिकित्सा से अधिक यहाँ की स्वास्थ्य-व्यवस्था से प्रभावित हुआ था। उसने लिखा है कि भारत में कुछ रोगों में राहत देने की चिकित्सा तो अच्छी है (इसमें घी, तेल, शहद या शरबतों द्वारा सर्दी जुकाम आदि से राहत भी शामिल थी), किन्तु उसका निष्कर्ष था कि "अक्युपंक्चर (सूचीभेदन) और प्रदाहन (दागने) तथा नाड़ी-परीक्षा की कलाओं में भारत-चीन से आगे नहीं निकल पाया है। जीवन की अवधि को बढ़ानेवाली औषधियाँ तो केवल चीन में ही मिलती हैं।" फिर भी

भारत से स्वास्थ्य सम्बन्धी व्यवहार के विषय में बहुत कुछ सीखा जा सकता है। भारतीय बहुत महीन सफेद कपड़े से पानी छानते हैं। चीनी सफेद रेशमी कपड़े का प्रयोग कर सकते हैं। "अभी भी अधिकांश चीनी कच्ची मछलियाँ और सब्जियाँ ही खाते हैं, पर कोई भारतीय ऐसा नहीं करता।" इ-ज़िंग स्वदेश लौट कर वहाँ के परिवेश से ही खुश था, किन्तु वह यह नहीं भूल पाया कि चीन भारत से क्या कुछ सीख सकता है।

सार्वजनिक स्वास्थ्य व्यवस्था और जनसंवाद

प्रथम सहस्राब्दी के भारत-चीन बौद्धिक सम्बन्ध का विस्तृत कलेवर न केवल मानव समुदाय के एक बहुत बड़े हिस्से के लिए महत्त्वपूर्ण रहा है, वरन् इन आदान-प्रदानों का विश्व पटल पर विचार-मन्थन के इतिहास के लिए भी बहुत महत्व रहा है। हमारे विश्वस्तरीय अतीत की आज की चर्चाओं में प्रायः इस गौरवपूर्ण ऐतिहासिक सत्य की अनदेखी की जा रही है। इस नाते इन सम्बन्धों की पुनर्समीक्षा और भी आवश्यक हो गई है। जिन अनेक सरोकार और रुचियों को निकट ला दिया था, वे गणित, विज्ञान, साहित्य, कलाओं और जनसंवाद आदि से जुड़े थे। सीमा पार तक फैली ये रुचियाँ और सम्बन्ध एक हजार वर्ष बीत जाने के बाद अभी तक अपना प्रभाव बनाए हुए हैं।

आज के विश्व के राजनीतिक, सामाजिक और आर्थिक चिन्तन पर प्रभाव की दृष्टि से प्रथम सहस्राब्दी के भारत-चीन बौद्धिक सम्बन्धों का एक अनुमितिगत उत्सुकतापूर्ण पक्ष भी हो सकता है। क्या आज के युग में इन दोनों देशों तथा सकल विश्व के लिए पुरातन इतिहासकालिक सीमापार अन्तर्सम्बन्धों की कुछ सार्थकता हो सकती है? क्या राष्ट्रीय और सभ्यतागत अलगाववाद पर काबू पाने में अभी भी कुछ दिलचस्पी हो सकती है? क्या उन परम्परा और व्यवहार आदि की कोई समकालिक सार्थकता भी हो सकती है, जिन्होंने उस काल में दोनों देशों को जोड़ रखा था? उदाहरण के लिए (इनके परस्पर आदान-प्रदान से) 'जीवन संवर्धन की कला' या फिर सार्वजनिक संवाद को कहाँ तक बढ़ावा मिल सकता है?

सार्वजनिक स्वास्थ्य व्यवस्था का एक पक्ष है—जहाँ आज भी एक दूसरे से बहुत कुछ सीखा जा सकता है। पाँचवी शताब्दी के भारत, चीन सम्बन्धों में भी इस पक्ष पर बहुत ध्यान केन्द्रित रहने का विवरण इसी लेख में मैं पहले दे चुका हूँ। उस युग के चीनी विद्वान जीवन संवर्धन की दिशा में भारत से चीन क्या सीख सकता है जैसे प्रश्न पर विचार कर रहे थे। आज इसी सन्दर्भ में बहुत आसानी से प्रति प्रश्न उठाया जा सकता है कि भारत चीन से क्या सीख सकता है भारत के लिए चीन से प्राप्य इन्हीं शिक्षाओं पर हम अपने अगले (9वें) अध्याय में चर्चा करेंगे। वास्तव में पिछले कई दशकों से चीनी जनता जीवन-प्रत्याशा (Life-expectarncy)

के मामले में भारत की अपेक्षा कहीं अधिक लाभान्वित हुई है। यह क्रम चीन की क्रान्ति और भारत की स्वतन्त्रता के तुरन्त बाद आरम्भ हो गया था।

जीवन-प्रत्याशा की प्रगति का यह इतिहास कहीं अधिक सारपूर्ण कहानी कहता है। केवल दोनों देशों के आंकड़ों की तुलना से सबकुछ स्पष्ट नहीं हो पाता। क्रान्ति के तुरन्त बाद माओवादी चीन ने जनस्वास्थ्य की व्यवस्था को व्यापक बनाने का अभियान छेड़ दिया था—यह एक प्रकार की स्वास्थ्य बीमा योजना थी, जिसका संचालन सरकार और ग्रामीण क्षेत्रों में सरकारी या स्थानीय स्वशासन व्यवस्था द्वारा होता था। उस समय तक भारत में इस प्रकार का कोई चिन्तन ही नहीं हुआ था। वर्ष 1979 में जब चीन ने अपना आर्थिक सुधार कार्यक्रम प्रारम्भ किया तो उस समय चीन की दीर्घायुता भारत से 14 वर्ष अधिक थी। 1979 में चीन की जीवन-प्रत्याशा 68 वर्ष थी, जबकि भारत की मात्र 54 वर्ष! इस तुलना में हम बहुत ही बौने प्रतीत होते हैं। हालाँकि 1980 के बाद से भारत की आर्थिक संवृद्धि-दर उसके पिछले निष्पादन से बहुत बेहतर रही है, पर 1979 के सुधारों के बाद चीनी अर्थव्यवस्था बहुत तीव्र गति से छलांगें लगा रही है। चीन की संवृद्धिदर बेशक अधिक है पर इस अवधि में भारत की जीवन-प्रत्याशा में सुधार की दर चीन से तीन गुनी रही है। परिणाम स्वरूप जहाँ चीन में यह स्तर 1979 के 68 वर्ष से उठकर 71 वर्ष तक पहुँचा है वहीं भारत में 54 से बढ़कर 64 वर्ष तक पहुँच गया है। अतः अब दोनों देशों के बीच जीवन-प्रत्याशा का अन्तर चौदह वर्ष से घट कर सात वर्ष, (अर्थात् आधा) रह गया है।

चीन का 71 वर्ष का जीवन-प्रत्याशा स्तर भारत के कुछ भागों विशेषकर केरल, से काफी पीछे रह गया है। यद्यपि केरल भारत जैसे विशाल देश का एक प्रान्त ही है, पर इसके अनुभव पर विचार करना बहुत उपयोगी होगा। यह प्रान्त भी 3 करोड़ की आबादीवाला है (यूरोप के कितने ही देशों की जनसंख्या इससे कम रह जाती है), परन्तु केरल का अनुभव बहुत ही विलक्षण है। इस प्रान्त में भारत की बहुदलीय लोकतान्त्रिक व्यवस्था और 1979 के सुधार-पूर्व चीन जैसी सामाजिक हस्तक्षेप व्यवस्था का बड़ा सुन्दर सम्मिश्रण प्रचलित रहा है। इस सम्मिश्रण के लाभ केवल उच्च जीवन-प्रत्याशा स्तर पर ही नहीं और अनेक क्षेत्रों में भी स्पष्ट दिखाई देते हैं। चीन की समस्त जनसंख्या में स्त्री पुरुष अनुपात 0.94 है और भारत में इससे कुछ ही कम 0.93 है। किन्तु केरल प्रान्त का यह अनुपात 1.06 है। यह स्तर उत्तरी अमरीका, पश्चिम यूरोप के समान है और नारी की अभावग्रस्तता के बावजूद जीवन धारण क्षमताओं को प्रतिबिम्बित करता है। केरल में गर्भधारण-दर में चीन की अपेक्षा अधिक तेजी से गिरावट आई है, जबकि चीन में इसके लिए बहुत दमनकारी नीतियों का सहारा लिया गया है।

चीन के आर्थिक सुधारों (1979) के आरम्भ के समय केरल की जीवन-प्रत्याशा

उससे कुछ कम ही थी, किन्तु, 1995-99 की अवधि (भारत के प्रामाणिक जीवन-प्रत्याशा आंकड़े इसी अवधि तक उपलब्ध हैं) आते-आते केरल का यह स्तर 74 वर्ष हो गया था जो चीन के 71 वर्ष से महत्त्वपूर्ण रूप में अधिक है। एक और चिन्ता का विषय यह है कि सुधारों के बाद से चीन में शिशु-मृत्यु-दर में गिरावट की दर बहुत धीमी हो गई है, जबकि केरल में इसकी तीव्र दर बनी हुई है। 1979 में केरल की शिशु-मृत्यु-दर चीन जितनी ही थी प्रतिहजार 37, किन्तु अब केरल की यह दर घटकर मात्र प्रतिहजार 10 रह गई है, जबकि चीन की यह दर इससे तीन गुना स्तर—प्रतिहजार 30 पर अटकी हुई है (पिछले दशक में इसमें कोई गिरावट नहीं आ पाई)।

यहाँ लोकतन्त्र से जुड़े दो कारक चीन के जीवन संवर्धन की कला में पिछड़ जाने की व्याख्या कर सकते हैं (हालाँकि चीन में आर्थिक संवृद्धि की बहुत ही उच्च दर के कारण यहाँ प्रगति भी अधिक होने की आशा की जा सकती थी)—एक तो 1979 के सुधारों ने निःशुल्क जनस्वास्थ्य बीमा व्यावस्था को समाप्त कर दिया, अब प्रायः सभी को किसी निजी व्यापारिक संस्था से अपने खर्च पर यह बीमा व्यवस्था करनी पड़ती है (जनसंख्या के अति न्यून अंश को कहीं-कहीं रोजगारदाता भी यह सुविधा प्रदान कर रहे हैं)। स्वास्थ्य व्यवस्था के संरक्षण को समाप्त करनेवाले इस प्रतिगामी कदम ने एक अत्यन्त मूल्यवान सार्वजनिक सुविधा का अन्त कर दिया। चीन में इसका कोई राजनीतिक प्रतिरोध नहीं हो पाया। यदि वहाँ भी बहुदलीय लोकतन्त्र होता तो निश्चिय ही सरकार को प्रतिरोध का सामना करना पड़ता।

दूसरे; लोकतन्त्र सामाजिक विफलताओं की सार्वजनिक समीक्षा के माध्यम से भी जनस्वास्थ्य संवर्धन में प्रत्यक्ष योगदान देता है। भारत के संचार माध्यमों के अनुसार, यहाँ आम आदमी के लिए चिकित्सा सेवाओं और विदेशियों के यहाँ श्रेष्ठतम चिकित्सा सुविधाएँ उपलब्ध हो रही हैं। तीखी सार्वजनिक आलोचना की सम्भावना एक प्रकार का सामाजिक सुयोग बन जाती है—यह आवश्यक सुधार करने का मार्ग प्रशस्त कर देती है। भारतीय स्वास्थ्य सेवाओं की गम्भीर त्रुटियों का व्यापक प्रचार एक प्रकार से भारतीय सामाजिक राजनीतिक व्यवस्था का गत्यात्मक संशक्ति का परिचायक है। इसी संशक्ति के कारण भारत चीन से अन्तर कम कर पाने में सफल रहा है, केरल तो और भी आगे छलांग लगा गया है (उस प्रान्त में लोकतान्त्रिक भागीदारी और उग्र सामाजिक प्रतिबद्धता का सम्मिश्रण रहा है)। चीन में लोकतन्त्र विहीनता का एक दुखद परिणाम वर्ष 2002-03 में सामने आया था। पक्षियों से मनुष्यों में फैल रहे संक्रमण (SARS रोग) ने नवम्बर 2002 में महामारी का रूप धारण कर लिया था, किन्तु चीनी प्रशासन उसे महीनों तक गुप्त रखने में सफल रहा। अन्ततः 2003 के वसंत काल में उसका भांडा फूट ही गया। इस दृष्टान्त से भी सार्वजनिक संवाद और जनस्वास्थ्य के बीच का सम्बन्ध बहुत स्पष्ट हो जाता है।

अतः जहाँ भारत चीन की क्रान्ति पश्चात् जनस्वास्थ्य प्रतिबद्धता से बहुत कुछ

सीख सकता है, आर्थिक सुधारों में चीनी अनुभवों से शिक्षा ले सकता है, वहीं चीन भी लोकतन्त्र की आधारभूत जनसंवाद व्यवस्था की प्रासांगिकता को अंगीकार करने का पाठ भारत से पढ़ सकता है। यह बात भी ध्यान देने योग्य है कि चीन में प्रारम्भिक बौद्धमत विरोधी स्वरों में विशेष आग्रह यह था कि यह धर्म जनता को प्रशासन का विरोध करनेवाला और श्रद्धाहीन बना रहा है। सातवीं शताब्दी के एक शक्तिशाली कन्फ्यूशसवादी नेता फूयी ने तंग सम्राट को बौद्धों के विरुद्ध यह शिकायत भेजी थी (मौजूदा समय में फालुनगोंग सम्प्रदाय द्वारा उत्प्रेरित अशान्ति को लेकर चीनी अधिकारियों के रोष को तकरीबन उसी के समान्तर देखा जा सकता है)। :

"जब बौद्धमत ने चीन में मध्य-एशिया के क्षेत्र से घुसपैठ की तो इसका स्वरूप विचित्र और गँवारपन भरा था, इसी कारण यह उस समय अधिक खतरनाक नहीं था। पर हान शासक के दौरान भारत के संस्कृत ग्रन्थों का चीनी अनुवाद आरम्भ हो गया। उसके बाद से तो उनके प्रचार से राजकुमारों की हिम्मत भी डगमगाने लगी और पैतृक पवित्रता पर आँच आने लगी है। लोगों ने सिर मुंडाने आरम्भ कर दिए हैं और अब वे राजकुमारों और उनके पूर्वजों के समक्ष नतमस्तक होने से भी इन्कार करने लगे हैं।" फूयी ने बौद्ध-प्रचार पर प्रतिबन्ध लगाने की भी माँग की थी, साथ ही जो दसियों हजार बौद्ध देश-भर में उद्यम मचा रहे थे, उनको सबक सिखाने के लिए भी उसने एक नायाब तरीका सुझाया था। उसने कहा था, "मैं आपसे अनुरोध कर रहा हूँ कि उन सबके विवाह कर दिए जाएँ," और बाद में उनके पुत्रों को उनसे छीनकर उनके पालन पोषण का कार्य सरकार करे और उन्हें अपनी सेना में भर्ती कर ले। किन्तु, जहाँ तक हमें जानकारी है, तंग सम्राट ने बौद्धों की 'उद्दण्डता' का शमन करने के इस सूझबूझ-भरे कार्यक्रम को स्वीकार करने से मना कर दिया था।

आज चीन न केवल विश्व अर्थव्यवस्था से जुड़ चुका है, बल्कि वह बहुत ही शानदार सफलताओं के दम पर उसका नेता भी बन बैठा है। भारत भी, अन्य देशों की भाँति, उसके अनुभवों से बहुत कुछ सीख रहा है। भारत में प्रचलित आर्थिक अलगाववाद का विस्थापन आवश्यक हो चला था और इस सन्दर्भ में चीन के अनुभव बहुत ही महत्त्वपूर्ण रहे हैं। चीन में जनस्वास्थ्य और बुनियादी शिक्षा को सर्वसाधारण के लिए अनिवार्य बनाने की शुरुआती नीति से भी बहुत कुछ सीखा जा सकता है। हाँ, भारत की लोकतान्त्रिक भागीदारी के सुखद परिणाम यह संकेत भी दे रहे हैं कि चीन भी बदले में भारत से कुछ सीख ग्रहण कर सकता है।

गौर करने पर पता चलता है कि भारत ही दुनिया का एकमात्र ऐसा देश रहा है, जहाँ पुरातन काल में चीन के विद्वान शिक्षा और प्रशिक्षण पाने आया करते थे। प्रथम सहस्राब्दी में इन दोनों देशों ने सांस्कृतिक अलगाव पर विजय पाली थी। वही दृष्टान्त आज के युग में एक बार फिर प्रासंगिक और व्यावहारिक दृष्टि से, लाभप्रद

बन गया है। ह्वेनसांग ने मानवीय ज्ञान के विषय में नालन्दा के अपने गुरुजनों से एक अतिरंजना भरा प्रश्न किया था : 'इस ज्ञान से अकेले ही कौन लाभान्वित होना चाहेगा?' वह इस प्रश्न के माध्यम से बौद्ध ज्ञानालोक की सीमाओं से बहुत आगे तक ज्ञान की सार्थकता की बात कर रहे थे। जिस प्रकार की ज्ञान के प्रसार के प्रति प्रतिबद्धता ह्वेनसांग के 'विश्व' में मौजूद थी, उसी की आज फिर आवश्यकता प्रतीत हो रही है। प्रथम सहस्राब्दी में भारत और चीन ने एक दूसरे से बहुत कुछ सीखा है और आज तीसरी सहस्राब्दी के आरम्भ में भी उस मीमांसा प्रक्रिया का महत्त्व कम नहीं हुआ है।

खण्ड–3

राजनीति और प्रतिवाद

9

क़िस्मत से बाज़ी•

वह एक बहुत ही रोमांचक क्षण था। भारत की स्वतन्त्रता की पूर्व सन्ध्या पर, 14 अगस्त, 1947 को हम कोलकाता से 100 मील दूर अपने छोटे से स्कूल में रेडियो के साथ चिपके बैठे थे। यह उस भीषण अकाल के लगभग चार साल बाद की बात है—छोटे-छोटे बच्चों के रूप में हमने उस भीषण आपदा का लोमहर्षक दृश्य भी देखा था। उसमें लाखों लोग काल के गाल में समा गए थे। उस अकाल से बचे रह गए हममें से कितने ही के मन पर एक अमिट विश्वास की चिरस्थाई छाप भी बची रह गई थी : 'यदि समाज में वर्ग-विभाजन (विषमताएँ) नहीं होता तो मैं भी मारा जाता'। वे दिन भयावह थे। पर अगस्त 1947 तो अनोखा समय था—उत्साह और आनन्द-भरा समय स्वाधीनता का उत्सव मनाते हुए, एक लोकतान्त्रिक भारत का अभिवादन करते हुए जवाहरलाल नेहरू की आवाज रेडियो पर गूँज रही थी और हमें 'क़िस्मत के साथ लगाई गई बाज़ी' के बारे में बता रही थी। उन्होंने स्वतन्त्र भारत के सम्मुख उपस्थित जिन कार्यों की चर्चा की थी; वे थे 'गरीबी और अज्ञान का अन्त, बीमारी और अवसरों की विषमताओं का उन्मूलन।' राष्ट्र के नाम उनका यह सम्बोधन हम सभी ने बड़े ध्यान से सुना था—इसने सभी के मन में सशक्त सम्प्रेरणा का संचार कर दिया था।

प्रतिबद्धता और उसका निष्पादन

उस बात को आधी शताब्दी से अधिक अरसा हो चुका है—अब अगर हम उस 'क़िस्मत

• 14 अगस्त 1947 की रात में, स्वतन्त्र भारत के प्रथम प्रधानमन्त्री के रूप में, पं. जवाहर लाल नेहरू द्वारा दिया गया ऐतिहासिक भाषण 'ट्रायस्ट विद डेस्टिनी'। उसके अधिकारिक हिन्दी अनुवाद का शीर्षक था 'क़िस्मत से बाज़ी'।

की बाज़ी' और 'उपस्थित कार्यों' की सम्पूर्ति की समीक्षा करना चाहें तो हमें जल्दबाजी का दोषी नहीं ठहराया जा सकेगा। यदि पूछा जाए कि उस बाज़ी का क्या हुआ तो हमें कोई सीधा-साफ उत्तर नहीं मिल पाता। नेहरू ने जो सूत्र बनाया था उसी का अनुसरण कर हम इस समीक्षा को तीन आयामों में बाँट सकते हैं : (1) लोकतन्त्र का व्यवहार, (2) सामाजिक विषमता और पिछड़ेपन का उन्मूलन, और (3) आर्थिक प्रगति और समान अवसरों की प्राप्ति। हमें यह भी देखना होगा कि इन सभी आयामों से जुड़ी सफलताएँ और विफलताएँ किस प्रकार परस्पर जुड़ी हैं।

पहला आयाम लोकतन्त्र के व्यवहार का है। इस विषय में तो सन्तुष्टि के कारण स्पष्ट दिखाई दे जाते हैं। अंग्रेजी दैनिक 'टाइम्स ऑफ इंडिया' के संवाददाता ने 1967 के चुनाव के बाद बहुत ही विश्वास-भरे शब्दों में लिखा था कि यह भारत का अन्तिम महानिर्वाचन है—अब शीघ्र ही लोकतन्त्र की समाप्ति हो जाएगी। किन्तु जैसा वह चाहता था वैसा हुआ नहीं। नियमित रूप से और न्यूनाधिक निष्पक्ष चुनाव हो रहे हैं। चुनाव जीतकर विभिन्न दल सत्ता सम्भालते रहे हैं, तो पराजित हो जाने पर सत्ता की कुर्सी छोड़ विपक्ष में बैठना भी उनका सामान्य व्यवहार है। संचार माध्यम (मीडिया) भी प्रायः स्वतन्त्र ही रहा है, प्रेस लगातार समीक्षा-आलोचना कर सभी घटनाक्रमों की हमें जानकारी दे रहा है। नागरिक अधिकारों के प्रति गम्भीरता और जागरूकता है, तो न्यायपालिका भी इनके अतिक्रमण का निवारण करने में बड़ी सजगतापूर्वक कार्य कर रही है। सेनाएँ भी निरन्तर निष्पक्ष और अपने शिविरों में ही रहकर देश की बाह्य सुरक्षा का दायित्व निभा रही हैं।

(ऐसा नहीं कि नागरिक राजनीतिक अधिकारों या प्रेस की स्वतन्त्रता पर प्रहार के प्रयास नहीं हुए। वर्ष 1975-77 के उस घटनाक्रम को अभी भी हम भुला नहीं पाए हैं जब इन्दिरा गाँधी ने इस प्रकार के प्रयास किए थे, किन्तु देश की जनता ने उन प्रयासों को स्वीकार करने की बजाए चुनाव (1977) में करारी हार द्वारा उन्हें अपना फैसला सुना दिया था। इन्दिरा गाँधी भी जनमत को शिरोधार्य कर सत्ता से अलग हो गईं और कुछ वर्षों बाद पुनः चुनाव जीतकर प्रधानमन्त्री बनीं।)

यह तो मुख्यतः सफलता की ही गौरव गाथा है। किन्तु भारतीय लोकतन्त्र की उपलब्धियाँ पूरी तरह से बेदाग भी नहीं कही जा सकतीं। कुछ त्रुटियों और गलतियों का परिमार्जन करने में तो राजनीतिक आन्दोलन ने बहुत सक्रियता दिखाई है, लेकिन अनेक ऐसी गलतियाँ भी हैं जो दोहराई जा रही हैं—जिनके परिमार्जन की बात तो दूर, जिन्हें रोकने तक पर ध्यान नहीं दिया जा रहा। लोकतन्त्र अपने आप में कोई वरदान नहीं है—यह तभी एक वरदान बन पाता है, जब इसके माध्यम से सार्वजनिक लक्ष्यों की सिद्धि हो। अतः केवल लोकतन्त्र को भारत में बनाए रखना भर पर्याप्त नहीं होगा। हमें इसे सफलताओं का श्रेय तो प्रदान करना ही चाहिए, किन्तु इसकी पूर्ण समीक्षा तो सार्वजनिक विचार-मन्थन की शक्ति एवं पहुँच और वास्तविक निष्पादन

(उपलब्धियों) के आधार पर ही होगी। नेहरू द्वारा निर्धारित कार्य सूची के अन्य पक्षों की चर्चा कर मैं दुबारा लोकतन्त्र विषयक उन जटिल चिन्ताओं की ओर लौटूँगा जिनमें केवल इसके बने रहने से कहीं और आगे की बात पर आग्रह किया जाना है।

यदि दूसरे आयाम, अर्थात् सामाजिक प्रगति और समता (न्याय) की ओर देखें तो वहाँ हालत स्वयं लोकतन्त्र से बुरी ही दिखाई पड़ती है। अकूत विफलता तो नहीं रही है, किन्तु निश्चय ही मापनीय अल्पनिष्पादन के दर्शन होते हैं। शिक्षा के स्तर में प्रगति बहुत ही विषमतापूर्ण रही है। भारत में चीन से कहीं अधिक विश्वविद्यालय स्तर की शिक्षा पाए व्यक्ति हैं, फिर भी यदि सर्वव्यापी साक्षरता पर विचार करें तो चीन ने बहुत बड़ी सफलता अर्जित की है (जबकि भारत अभी भी पिछड़ा हुआ ही है)! भारत में साक्षर पुरुषों का अनुपात अभी भी 75 प्रतिशत पर अटका है (चीन में यह 90 प्रतिशत है)। चीन की 80 प्रतिशत नारी-साक्षरता की तुलना में भारत की नारी-साक्षरता कुल 50-52 प्रतिशत ही है। जीवन-प्रत्याशा स्वतन्त्रता प्राप्ति के समय मात्र 30 वर्ष थी और अब यह सुधर कर 64 वर्ष तक पहुँच गई है। किन्तु चीन की जीवन-प्रत्याशा का स्तर तो 71 वर्ष है। यही नहीं, भारत के विभिन्न प्रान्तों में मृत्यु-दरों में काफी अन्तर पाया जाता है। विभिन्न सामाजिक वर्गों तथा शहरी और ग्रामीण क्षेत्रों में भी मृत्य-दर के अन्तर महत्त्वपूर्ण प्रतीत होते हैं। कितने ही ग्रामीण, विशेषकर गरीब ग्रामीण, तो अच्छी चिकित्सा सुविधाओं से कोसों दूर रह जाते हैं। पुरुषों और महिलाओं के बीच आर्थिक और सामाजिक सुअवसरों की विषमता अभी भी काफी बड़ी और व्यापक है। यही नहीं, यह विषमता स्वास्थ्य सेवाओं के अभाव का रूप भी धारण कर जाती है।

आर्थिक प्रगति के क्षेत्र में क्या नज़ारा है? पूर्व-एशियाई देशों द. कोरिया और ताईवान आदि की तुलना में 1980 से पहले तो भारत का आर्थिक प्रसार काफी धीमा रहा, किन्तु 1980 के दशक से भारत की आर्थिक संवृद्धि में अच्छा-खासा सुधार आया है और यह न केवल सकल राष्ट्रीय उत्पाद और सकल घरेलू उत्पाद की कसौटियों पर आगे निकल गया है, बल्कि आय द्वारा मापित गरीबी की दर में भी यहाँ यथोचित कमी आने के प्रमाण मिल रहे हैं। वर्तमान प्रधानमन्त्री मनमोहन सिंह ने 1992 में वित्तमन्त्री के रूप में आर्थिक सुधारों का एक सिलसिला आरम्भ किया था। उसके प्रभावस्वरूप आन्तरिक उदारीकरण के साथ-साथ अन्तर्राष्ट्रीय व्यापार की बाधाओं को निरस्त करने की दिशा में काफी सफलताएँ प्राप्त हुई हैं। अब देश में निजी उद्यमों पर सर्वव्यापाक नौकरशाही शिकंजे की जकड़न बहुत ढीली हो गई है। इसने भारत में व्यवसाय के अवसरों का प्रसार किया है और परिणामस्वरूप आर्थिक संवृद्धि की प्रक्रिया और सम्पुष्ट हुई है। उदारीकरण ने, जिसे अभी और अनेक पड़ाव पार करने हैं, भारतीय उद्यमों को विदेशी व्यापार की स्वतन्त्रता प्रदान की है–उन उद्यमियों को सूचना प्रौद्योगिकी के विकास और प्रयोग आदि के क्षेत्रों में तो बहुत ही शानदार

सफलताएँ भी मिली हैं। भले ही हमारा पड़ोसी चीन अपने सुधारों के बाद से 8-10 प्रतिशत प्रतिवर्ष की दर से संवृद्धिमान है, पर हम भी 3 प्रतिशत के बक्से से बाहर निकल 5 से 8 प्रतिशत तक पहुँच गए हैं। यह उपलब्धि भी कम नहीं है।

मानक गरीब रेखा से नीचे निर्वाह को विवश भारतीय जनसंख्या का अनुपात भी 1980 और 1990 के दशकों में कम हुआ है। इस कमी के आकलन-मान को लेकर कुछ विवाद भी हैं, कुछ व्यक्ति इस कमी की सामाजिक वास्तविकता को लेकर भी शंकाएँ व्यक्त कर रहे हैं। भारत की गरीबी अनुपात में गिरावट की दर चीन की सुधारोपरान्त गरीबी की गिरावट दर से कम भी है, किन्तु एक बात स्पष्ट है कि भारत में गरीबी में गिरावट की दर में तेजी आई है।

राजनीतिक वाचालता और सामाजिक सुअवसरों की सुलभता

यदि सामाजिक और आर्थिक कार्यकलापों के बीच इतना घनिष्ठ सम्बन्ध रहता है, तो उनका लोकतान्त्रिक राजनीति के साथ किस प्रकार का नाता होगा? कई बार यह दावा भी किया गया है कि लोकतन्त्र तो तीव्र आर्थिक संवृद्धि के लिए हानिकारी रहता है। इस धारणा के पोषक प्रायः भारत का ही उदाहरण देते हैं। किन्तु इस अवधारणा का सत्यापन कर सकने में सक्षम सांख्यिकीय साक्ष्यों का अभाव ही रहा है। वास्तव में पिछले कुछ वर्षों में संवृद्धि संवर्धन में भारत की सफलता यही प्रमाणित कर रही है कि एक सद्भावपूर्ण आर्थिक वातावरण आर्थिक संवृद्धि के लिए दमनकारी राजनीतिक परिवेश की तुलना में कहीं अधिक सहायक सिद्ध होता है।

भारत को लोकतन्त्र की संरक्षणकारी भूमिका से लाभ ही हुआ है। यहाँ शासक वर्ग को प्राकृतिक एवं अन्य आपदाओं की स्थिति में, या नीतियों में दिशा-परिवर्तन अपरिहार्य हो जाने की अवस्था में जनहितकारी रूप धारण करने के लिए बहुत ही सशक्त राजनीतिक सम्प्रेरणाएँ प्राप्त रही हैं। भारत स्वतन्त्रता के बाद से अकालों की विभीषिका से बच पाने में सफल रहा है, किन्तु चीन, 'लम्बी छलांग' की विफलता के बावजूद, तीन वर्ष तक अपनी गलत नीतियों पर ही आचरण करता रहा और वहाँ फैले भीषण अकाल ने 2.3 से 3 करोड़ के बीच जनसंख्या को लील लिया। आज भी भारत चीन की तुलना में शक्तियों के दमनकारी दुरुपयोग को रोकने और किसी नीति के अनुपयुक्त सिद्ध होने पर उसमें शीघ्र सुधार कर पाने की बेहतर स्थिति में है। (इस विषय पर हमने अध्याय-8 में भी चर्चा की थी।)

लोकतन्त्र तो विपक्षी दलों को दीर्घकालिक समस्याओं से सम्बन्धित नीतियों में भी परिवर्तन के लिए सरकार पर दबाव बनाने का अवसर प्रदान करता है बल्कि अकाल जैसी आकस्मिक और गम्भीर समस्याओं के मामले में भी विपक्षी दल सरकार को घेर लेते हैं। हाँ भारत की शिक्षा, जनस्वास्थ्य, भूमि-सुधार और स्त्री-पुरुष समानता आदि की सामाजिक नीतियों की त्रुटियों को सरकार ही नहीं विपक्ष की भी विफलता

माना जा सकता है। इसके विपरीत कुछ कम लोकतान्त्रिक देशों के नेताओं ने इस मुद्दों पर अधिक जागरूकता और प्रतिबद्धता का प्रमाण दिया है। माओवादी चीन की शिक्षा और स्वास्थ्य की उपलब्धियाँ इसका एक अच्छा उदाहरण हैं। वास्तव में 1979 के सुधारों के उपरान्त चीन का शानदार निष्पादन बहुत सीमा तक अधिक शिक्षित और स्वस्थ जनशक्ति के सहारे ही सम्भव हो पाया है (और वे उपलब्धियाँ सुधारों से पहले ही अर्जित की जा चुकी थीं)।

भारत के कुछ ही भागों में सामाजिक विफलताओं को पर्याप्त रूप से सशक्त राजनीतिक मुद्दा बनाया जा सका है। केरल इसका सबसे स्पष्ट उदाहरण है। इस प्रान्त में सर्वव्यापी शिक्षा की आवश्यकता, बुनियादी स्वास्थ्य व्यवस्था। मौलिक स्त्री-पुरुष समानता और भूमि सुधारों को प्रभावी राजनीतिक समर्थन प्राप्त हुआ है। इसके ऐतिहासिक और समकालिक कारण रहे हैं। केरल के उच्च वर्ण विरोधी आन्दोलन ने अपने समाज के लिए शिक्षा-व्यवस्था को सुदृढ़ करने में महती योगदान दिया है (आज केरल की वामपन्थी राजनीतिक धारा उस आन्दोलन की उत्तराधिकारी बन बैठी है)। ब्रिटिश राज की परिधि से बाहर त्रावणकोर और कोचीन की रियासतों द्वारा शिक्षा प्रसार के लिए की गई शानदार पहल, ईसाई मिशनरियों द्वारा शिक्षा प्रसार (कुल ईसाई जनसंख्या लगभग 20 प्रतिशत ही है, पर वहाँ शिक्षा सभी को सुलभ रही है), और पारिवारिक निर्णयों में महिलाओं की अधिक सक्रिय भागीदारी। महिलाओं की इस भागीदारी का आधार मलयाली समाज के एक प्रभावशाली घटक-हिन्दू नायर बिरादरी में मातृकुलानुवंशिता का प्रचलन रहा है। बहुत लम्बे समय से केरल राजनीतिक सुअवसरों का विस्तार प्रसार करता रहा है।

कई बार केरल की सामाजिक प्रगति में आधुनिक आमूल परिवर्तनवादी राजनीति के योगदान का सही मूल्यांकन नहीं हो पाता। भारत की स्वतन्त्रता के समय, 1947 में, केरल में शिक्षितों का अनुपात शेष देश से कुछ ही अधिक था। सभी को साक्षर बनाने का काम तो 20वीं शताब्दी के उत्तरार्द्ध में ही हुआ है। यही नहीं केरल राज्य की रचना, स्वतन्त्रता के बाद भाषाई आधार पर दो देशी रियासतों को मिलाकर की गई थी। ये रियासतें थी त्रावणकोर और कोचीन। इन्हीं के साथ पुराने मद्रास राज्य का मालाबार क्षेत्र भी जोड़ दिया गया था। उस समय मालाबार की साक्षरता-दर कोचीन त्रावणकोर से बहुत कम थी, किन्तु अब तो प्रायः सारे प्रान्त में स्कूली शिक्षा की सुविधाएँ और शैक्षणिक स्तर एक जैसा ही है। इसका सारा श्रेय पिछले इतिहास के सुयोगों को ही नहीं दिया जा सकता—उस भागीदारी में पूर्ण वाचाल राजनीति का भी अधिकार है।

जनवाणी का उपयोग

आर्थिक निष्पादन, सामाजिक सुयोग और राजनीतिक वाचालता के बीच सम्बन्ध को

अस्वीकार कर पाना सहज नहीं होगा। भारत में लोकतान्त्रिक राजनतिक सुविधाओं के मौजूद होते हुए भी विरोध के स्वरों में उग्रता के अभाव के कारण सामाजिक सुयोगों की प्रगति भी धीमी रह गई है। इसके कारण न केवल भारत में जीवन की गुणवत्ता को सुधारने में गम्भीर बाधाएँ आई हैं, बल्कि आर्थिक विकास की प्रक्रिया के लिए भी यह बेड़ियों का रूप धारण कर गया है। संवृद्धि की दर और उसकी व्यापकता पर पड़े दुष्प्रभावों के कारण आर्थिक गरीबी के निवारण में भी यथोचित सफलता नहीं मिल पाई है। हमने दूसरे लेख में कहा था कि सामाजिक समता के लिए राजनीतिक आवाज का उठना बहुत महत्त्वपूर्ण होता है। यहाँ हम (सामाजिक समता के साथ) समतापूर्ण सामाजिक सुअवसरों के प्रसार और आर्थिक विकास की प्रक्रिया के बल, प्रसरण और व्यापकता के बीच सम्बन्धों की व्याख्या कर रहे हैं।

पिछले कुछ समय से जिन कुछेक मामलों में सामाजिक और राजनीतिक आवाज दृढ़तापूर्वक उठी है, उनमें परिवर्तन के निश्चित चिन्ह भी उभर रहे हैं। विभिन्न क्षेत्रों में महिला संगठनों के नेतृत्व में चल रहे आन्दोलनों ने स्त्री-पुरुष विषमता के मुद्दे पर राजनीतिज्ञों को अधिक ध्यान देने को बाध्य किया है। अब सामाजिक-आर्थिक क्षेत्रों में इस स्त्री-पुरुष असंगतता को दूर करने के निश्चित राजनीतिक प्रयास आरम्भ हो चुके हैं। भारत में अनेक क्षेत्रों में नारी की प्रमुखता की परम्परा रही है—उन्हें राजनीति में उच्चतम पदों पर भी भागीदारी से दूर नहीं रखा गया। ये उपलब्धियाँ भागीदारीपूर्ण राजनीति द्वारा रचित सुयोगों के फलस्वरूप ही सम्भव हो पाई थी। किन्तु फिर भी इनका प्रसार जनसंख्या के बहुत छोटे से हिस्से (प्रायः शहरी अभिजात वर्ग की महिलाओं) तक ही सीमित रह गया था। आज भारत के सार्वजनिक जीवन में महिलाओं की आवाज के सशक्त होने का एक आयाम उस आवाज के सामाजिक आधार का विस्तार भी है।

अभी भारत में नारी की विषमताग्रस्त अवस्था को बदलने के लिए बहुत कुछ किया जाना शेष है। हाँ, उसकी सामाजिक भूमिका के प्रति राजनीतिक स्तर पर विकसित हो रही नवीन जागरूकता अपने आप में एक महत्त्वपूर्ण और रचनात्मक विकास है। देश में व्याप्त शैक्षणिक विषमताओं और बुनियादी चिकित्सा सेवाओं के अभाव का अधिकाधिक राजनीतिकरण भी कुछ उपलब्धियों का माध्यम बन रहा है। ध्यान रहे कि शैक्षणिक और चिकित्सा सम्बन्धी अभावों का समाज के गरीबवर्ग पर सबसे अधिक गम्भीर दुष्प्रभाव होता है। इन विषमताओं की ओर अब पहले से अधिक ध्यान दिया जा रहा है। इसी कारण शिक्षा और चिकित्सा सुविधाओं के प्रसार के प्रयासों में सुधार आए हैं। यह सत्य है कि अभी बहुत कुछ किया जाना शेष है, पर जो सफलताएँ मिली हैं उनका तो अभिवादन होना ही चाहिए। यह स्वागत इस लिए भी आवश्यक है कि आम आदमी के मन में यह धारणा बिठाने के प्रयास भी चल रहे हैं कि लोकतन्त्र के माध्यम से कुछ होनेवाला नहीं है।

सामाजिक विषमताओं और अभावग्रस्तता को लेकर अब जनआक्रोश और आन्दोलनों की सम्भावनाओं का पहले से अधिक प्रयोग होने लगा है। पिछले कुछ समय से शिक्षा का अधिकार, भोजन का अधिकार (स्कूलों में मध्यावकाश आहार), बुनियादी चिकित्सा की हकदारी, पर्यावरण संरक्षण की गारंटी, रोजगार गारंटी जैसे मानवाधिकारों की मांग को लेकर संगठित स्तर पर जन-सक्रियता उभरने लगी है। ये आन्दोलन किसी न किसी सामाजिक विफलता पर ध्यान केन्द्रित करते हैं। किसी सीमा तक यह संचार माध्यमों में चल रहे संवाद में अपनी उपस्थिति दर्ज कराने के ध्येय से भी प्रेरित हो सकते हैं, पर कुल मिलाकर इन सबसे सामाजिक दृष्टि से महत्त्वपूर्ण माँगों की राजनीतिक धार तो और तेज हो ही जाती है। आर्थिक, सामाजिक और राजनीतिक स्वातन्त्र्य की परस्पर सम्बद्धता लोकतान्त्रिक सुअवसरों के सदुपयोग और राजनीतिक आवाज के प्रयोग की भूमिकाओं को निर्णायक स्वरूप प्रदान कर देती है।

भारतीय समाज की कितनी ही केन्द्रभूत विफलताओं का इलाज राजनीतिक तर्कों और सामाजिक माँगों की संशक्ति और विस्तार की आवश्यकता से भी जुड़ा है। क़िस्मत से बाज़ी इस प्रकार अंशतः अगली संलग्नता तथा संघर्ष का निमन्त्रण भी है। नेहरू को लगता था कि बहुत कुछ भारत की स्वतन्त्रता के बाद अपने आप हो जाएगा। किन्तु जब तक उनकी माँग लोकतान्त्रिक व्यवस्था में राजनीतिक रूप से निर्णायक आग्रह के साथ नहीं होगी, उन मुद्दों की अनदेखी होती रहेगी। केवल व्यवस्थित चुनाव कराते रहना पर्याप्त नहीं होगा, राजनीतिक स्वतन्त्रताओं और नागरिक अधिकारों का संरक्षण भी पर्याप्त नहीं होगा—अभिव्यक्ति की स्वतन्त्रता और स्वतन्त्र मीडिया का होना भी पर्याप्त नहीं होगा। यही नहीं, अकाल-निर्मूलन और दीर्घायुता व जीवनधारण में चीन से अन्तर कम कर लेना भी काफी नहीं होगा। अधिक सक्रिय और संवादशील राजनीतिक भागीदारी, भारत में अब तक जो कुछ सम्भव हुआ है, उससे कहीं विशाल और व्यापक सफलताएँ अर्जित करने का आधार बन सकती है।

10

भारत में वर्ग की अवधारणा

जवाहरलाल नेहरू ने 14 अगस्त 1947 को 'किस्मत से बाज़ी' शीर्षक अपने प्रसिद्ध भाषण में केवल अंग्रेजी शासन से स्वतन्त्रता की बात नहीं कही थी। उन्होंने स्वतन्त्र भारत के बारे में अपने शानदार स्वप्न की भी चर्चा की थी। नेहरू वर्ग-विभाजन और उसके प्रतिफल विषमता, आर्थिक-राजनीतिक तथा सामाजिक क्षेत्रों में दूरगामी प्रभावों के उन्मूलन के लिए कृतसंकल्प थे। उन्होंने जिस स्वप्निल भविष्य का चित्र प्रस्तुत किया था। उसकी तुलना तो अल्फ्रेड टेनिसन की काव्याभिव्यक्ति से ही हो सकती है :

"वहाँ तक मैंने भविष्य को निररखा
इंसानी आँखों से सम्भव हो सकता है जहाँ तक
और उस विश्व का दर्शन किया, वे सारे अजूबे देखे,
जो कभी हक़ीक़त बन जाएँगे।"

अपने जन्म की निर्णायक घड़ियों में ही स्वतन्त्र भारत को उसकी भविष्य की सम्भावनाओं "वे सारे अजूबे दिखा देना, जो कभी हक़ीक़त बन जाएँगे" अच्छा ही था।

नेहरू का सपना उनके जीवन में पूरा नहीं हो पाया। इसमें आश्चर्य की कोई बात नहीं है–वह सपना था ही महत्त्वाकांक्षी। किन्तु दुःख की बात तो यह है कि जिस दिशा की ओर नेहरू ने बड़े आग्रह के साथ इशारा किया था उस ओर बढ़ने की हमारी रफ्तार बहुत ही धीमी रही है। यहीं पर बात खत्म नहीं हो जाती। ऐसे प्रमाण मिल रहे हैं कि वर्ग-विभाजन के विरुद्ध हमारा संघर्ष भी क्षीण पड़ रहा है। अब तो यही दिखाई दे रहा है कि आर्थिक-सामाजिक और राजनीतिक नीति-निर्धारण

के विभिन्न स्तरों पर वर्ग-विषमता के कारण पैदा होनेवाली अक्षमताओं की ओर बहुत कम ध्यान दिया जा रहा है। यही नहीं, वर्ग बाधाओं के समर्थक पुराने निहित स्वार्थों के साथ अब नए विशेषाधिकार भोगी तत्त्व मिल गए हैं। इसी से वर्ग-भेद के खात्मे का कार्य और भी कठिन हो गया है।

बहुविध विषमताएँ

विषमताओं का मुद्दा दो पृथक कारणों से बहुत कठिनाई भरा हो जाता है। प्रथम तो वर्ग एकमात्र विषमताकारी कारक नहीं है। वर्ग के विषमतामूलक रूप की चर्चा विभाजक प्रभावों के व्यापक परिप्रेक्ष्य में ही होनी चाहिए। इस परिप्रेक्ष्य के अन्य घटक हैं : लिंग, जाति, क्षेत्र, समुदाय आदि। पुरुष और नारी के बीच के अन्तर भी विषमता के महत्त्वपूर्ण स्रोत हो सकते हैं। कुछ दशक पहले तक भारत में विषमता के इस स्रोत की पूरी-पूरी अनदेखी होती रही है और इसका कारण केवल वर्ग पर ही ध्यान केन्द्रण रहा है। तीन दशक पहले, 1970 के दशक में, मैंने पहले-पहल स्त्री-पुरुष विषमता का अध्ययन करने का प्रयास किया था। उस समय मुझे एक बात बहुत ही विचित्र लगी थी कि जो व्यक्ति समाज के पिछड़े सदस्यों की दुर्दशा से क्लान्त दीखते थे उन्हें भी लिंग-आधारित विषमता या भेदभाव जैसे किसी प्रश्न में कोई दिलचस्पी नहीं थी। इसका एकमात्र कारण था कि केवल वर्ग को ही विषमता का स्रोत मानना एक रूढ़ परम्परा का रूप धारण कर चुका था। अब इस लकीर की फकीर मानसिकता में कमी आई है और स्त्री-पुरुष भेदभाव सहित अनेक विषमता कारी कारकों का महत्त्व स्वीकार किया जाने लगा है। यद्यपि विषमता के इन कारकों की और व्याख्या समीक्षा होनी चाहिए, किन्तु इनकी स्वीकारोक्ति और इनपर ठीक से ध्यान देना ही भारत में जनसंवाद की व्यापकता और दूरगामिता को अनेक प्रकार से और समृद्ध बना रही है।

कुछ और प्रश्न भी हैं जो 'क्या' और 'कैसे' की परिधि से कहीं आगे निकल जाते हैं। क्या ये विषमताकारी स्रोत एक-दूसरे के साथ जुड़ जाते हैं? (जैसे, एक तो वर्ग विभेद है, फिर उसमें लिंग-भेद और जाति-भेद भी जुड़ जाए!) इस प्रकार इन विभेदों में बहुत 'व्यापक अन्तर्निर्भरता' पैदा हो सकती है। वैसे तो दुर्बलता के ये सभी स्रोत अपने आप में अलग-अलग भी महत्त्वपूर्ण होते हैं, पर हमें भी जानना चाहिए कि किस प्रकार इनकी 'प्रतिपूरकता' इन सभी के पृथक-पृथक दुष्प्रभावों को भी संवर्धित कर देती है।

वर्ग का तो सामाजिक विषमता के जन्म और प्रसार में विशेष योगदान रहता ही है। यह अन्य स्रोतों से उत्पन्न विषमता के प्रभावों को और अधिक गहन भी बना देता है। विषमता सम्बन्धी अन्य समझदारियों के साथ-साथ वर्ग की, अन्य विषमताकारी कारकों के साथ मिलकर, कार्य करने की विधियों को भी जानना

आवश्यक हो गया। दूसरे शब्दों में, वर्ग अपने आप में एक महत्त्वपूर्ण विषमता स्रोत तो है ही, यह अन्य विषमताओं के प्रभावों को भी बढ़ा चढ़ा देता है। इस प्रकार उनके कारण होनेवाले दुष्प्रभावों की गहनता और अधिक हो जाती है। सामाजिक अन्याय की समन्वित सूझ में वर्गजनित अन्याय का सर्वोपरि महत्त्व होता है—सामाजिक अन्याय के अन्य स्रोत लिंग, समुदाय, जाति आदि से जुड़े होते हैं और वर्ग इन सब के व्यावहारिक योगदान को निश्चय ही बहुत संवर्धित कर देता है।

जटिलता का दूसरा स्रोत भी है: वर्ग-विभेद के पुराने प्रभावों को कम करने के स्थान पर उन्हें और मजबूत बनाने में कई बार विभाजन रेखा के मित्रवत् पक्ष भी उत्तरदायी हो जाते हैं। इनका मूल प्रायः उन वर्गविभेदों को सुधारने के लिए गढ़े गए संस्थागत प्रावधानों में होता है। उदाहरण के लिए, सार्वजनिक हस्तक्षेप निश्चय ही असहाय वर्ग की सहायता कर वर्ग-विभाजन की विषमताएँ घटाने में सहायक हो सकता है, किन्तु यदि नीतियों के निर्धारण या फिर उनके अनुरूप आचरण की कसौटियों में कुछ त्रुटि रह जाए तो उनके प्रभाव भी प्रतिगामी हो सकते हैं।

सैन्यशास्त्र में एक पारिभाषिक पद का प्रयोग होता है : 'दोस्ताना गोलीबारी' इसमें अपने पक्ष के लोगों द्वारा ही अस्त्र-प्रयोग से हानि की चर्चा होती है। यह बात समाजशास्त्र में भी सैन्यशास्त्र जैसी ही प्रभावपूर्ण होती है। सुधार के लिए बनाई गई संस्थाओं और नीतियों की निरन्तर समीक्षा करते रहना आवश्यक होता है। इनके व्यवहारिक प्रभावों को खुले मस्तिष्क से विश्लेषित करना होगा—किसी पूर्वानिर्धारित सूत्र के अनुसार विषमताहारी उपायों की समीक्षा इतनी उपयोगी नहीं रहेगी।

मैं इन दोनों मुद्दों पर पृथक-पृथक् विचार करूँगा। पहले मैं विभिन्न विषमताकारी स्रोतों के समन्वित प्रभाव में वर्गविभेद के योगदान को स्पष्ट करने की आवश्यकता को स्पष्ट करूँगा, फिर 'दोस्ताना गोलीबारी' की सम्भावना को ध्यान में रख विषमता के विरुद्ध 'संग्राम रेखा' के निर्धारण पर पुनः विचार की आवश्यकता पर चर्चा करूँगा। नई बाधाएँ तो निश्चय ही हमें वर्ग-विषमता के विरुद्ध युद्ध की नई विधियों की खोज करने को विवश कर रही हैं।

मैं इस लेख में भारत में वर्ग के प्रश्न से जुड़े दीर्घकालीन महत्त्व के दो मुद्दों की पहचान करने का प्रयास करूँगा। पहला मुद्दा तो वर्गविभेद के अन्यों के साथ जुड़ जाने नहीं, वरन् उन्हें परिवर्धित करने का है। दूसरा मुद्दा संस्थागत है, यहाँ मैं उन नई पुरानी संस्थागत विशेषताओं पर विचार करूँगा जो वर्ग बाधाओं को कुछ और बल प्रदान कर देती हैं।

वर्ग, लिंग, जाति और समुदाय

यह बात स्वीकार करते हुए कि हमारे जीवन का शायद ही कोई पक्ष वर्ग-क्रम में हमारे स्थान से अप्रभावित रहता हो, हमें विषमता के गैर-वर्गीय स्रोतों की उपस्थिति

का महत्त्व भी स्वीकारना होगा। वर्ग अपने आप ही किसी विषमता की रचना या उसका संवर्धन नहीं करता, पर विषमता का कोई स्रोत वर्ग से अछूता भी नहीं बचता।

आइए, लिंग-आधारित भेदभाव की बात करें। दक्षिण एशियाई देशों में तो लिंग-विषमता के बहुत ही प्रताड़नीय कीर्तिमान रहे हैं। ये महिलाओं की अप्रत्याशित व्याधिग्रस्तता और मरणशीलता दरों में झलकते हैं। जिन क्षेत्रों में महिलाओं के स्वास्थ्य की देखभाल को नजरअन्दाज नहीं किया जाता वहाँ ये दरें इतनी उच्च नहीं होती। साथ ही यह भी सत्य है कि दक्षिण एशिया की उच्च वर्णीय महिलाएँ विश्व के अन्य क्षेत्रों की महिलाओं की तुलना में कहीं अधिक आगे बढ़ी-चढ़ी प्रतीत होती हैं। भारत, पाकिस्तान, बंगलादेश और श्रीलंका, सभी में महिलाएँ प्रधानमन्त्री पद को सुशोभित कर चुकी हैं। यह एक ऐसी उपलब्धि है जो संयुक्त राज्य अमरीका, फ्रांस, इटली, जर्मनी और जापान आदि में न तो सम्भव हो पाई है और न ही निकट भविष्य में इसकी कोई सम्भावना दिखाई देती है।

उच्चवर्ग में जन्म लेने के कारण ही महिलाएँ पिछड़े वर्गों में जन्मी महिलाओं को रोकनेवाली अनेक बाधाओं से बच निकलती हैं। लिंग अपने आप में सामाजिक विषमताकारक है, किन्तु यह वर्ग से स्वतन्त्र रूप से कार्य नहीं कर पाता। वास्तव में वर्गजनित अभाव और लिंग-विभेद का 'संगम' तो गरीब महिलाओं के जीवन को ही दूभर बना डालता है। निम्न वर्ग और महिला होना—ये दोनों ही लक्षण पिछड़े वर्ग की महिलाओं को अनेक प्रकार की निर्धनता की ओर धकेल देते हैं।

इसी प्रकार जाति की बात लें। निम्न जाति में जन्म लेना विषमता का एक स्वतन्त्र कारण है, किन्तु यदि ये निम्न जाति परिवार बहुत गरीब भी हों तो विषमता के दुष्प्रभाव और भी गहरे हो जाते हैं। जातीय/जनजातीय अभाव भीषण गरीबी के साथ जब संयुक्त हो जाते हैं, तो दलित, अन्य अभावग्रस्त जातियों तथा अनुसूचित जनजातियों के जीवन में छाया अन्धेरा और भी गहरा जाता है। जाति-आधारित हिंसा में भी जाति के अन्तर के साथ-साथ और बहुत-सी बातें जुड़ी रहती हैं।

उदाहरण के लिए, भले ही बिहार की रणवीर सेना उच्च जातियों (भूमिहार और राजपूत) द्वारा गठित 'निजी सेना' हो और इसके प्रहार मुख्यतः निम्न जातीय दलितों को ही झेलने पड़ते हों, किन्तु इसके सम्भावित शिकारों की दुर्दशा को हम बिहार में दलितों की भीषण गरीबी और व्यापक भूमिहीनता से पृथककर ठीक से समझ नहीं पाएँगे, इस टकराव के व्यापक सामाजिक-आर्थिक परिप्रेक्ष्य का निर्णय भी नहीं कर पाएँगे। इसका अर्थ यह नहीं है कि जाति का महत्त्व नहीं रहता (वास्तव में उसका बहुत अधिक महत्त्व होता है), पर इस जातीय हिंसा को वर्ग के व्यापक परिप्रेक्ष्य में देखना ही अधिक औचित्यपूर्ण होगा। मुख्य बात तो विभिन्न विषमताओं की पृथक कारगुजारियाँ नहीं बल्कि उनके बीच के तारतम्य और अन्तर्सम्बन्ध हैं। वर्ग के तो गरीबी और सम्पन्नता, सम्पत्ति-स्वामित्व और विपन्नता, कार्य और बेरोजगारी

आदि अनेक पक्षों से बहुत दूरगामी और गहरे सम्बन्ध होते हैं। इसी कारण से अनेक अन्य कारणों से हुए प्रतीत होनेवाले टकरावों और संघर्षों की पृष्ठभूमि में भी प्रायः हमें वर्ग के ही दर्शन हो जाते हैं।

इस बात के पर्याप्त प्रमाण हैं कि निम्न वर्णों के हितसाधन के लिए सकारात्मक सामाजिक प्रयासों के अधिकांश लाभ उन वर्णों के सम्पन्न सदस्यों तक ही सीमित रह गए हैं—निम्न वर्ण और गरीबी की दोहरी मार झेल रहे लोगों को कोई राहत नहीं मिल पाई है। उदाहरण के लिए, अक्सर आरक्षित पदों पर निम्न वर्णों के सम्पन्न परिवारों के सदस्यों का ही कब्जा हो जाता है। जब तक लक्षित वर्ण की वर्गीय पृष्ठभूमि का अनुमान नहीं लगाया जाएगा, पिछड़ी जातियों के हितसाधन की कोई भी नीति सफल नहीं हो पाएगी। लिंग-भेद की ही भाँति, जाति-भेद पर भी वर्ग-क्रम का गहन प्रभाव बना रहता है।

साम्प्रदायिक हिंसाजन्य अभावग्रस्तता पर विचार कर देखें। यह सत्य है कि किसी क्षेत्र में अल्पमत के सम्पन्न परिवारों को भी असुरक्षा की भावना घेर सकती है, किन्तु ये सभी संकट अल्पमत समुदाय के अति गरीब परिवारों के लिए और भी भीषणरूप धारण कर लेते हैं। यह बात देश के विभाजन के समय हुए हिन्दू-मुस्लिम दंगों के समय तो बहुत ही स्पष्ट रूप से उजागर हुई थी। लक्षित समुदाय के उन सदस्यों को मार डालना बहुत आसान होता है जो बिना किसी प्रकार के संरक्षण के काम पर जाने को विवश हों, गन्दी बस्तियों में रहते हों, या किसी न किसी प्रकार से जोखिमभरी जिन्दगी जी रहे हों। कोई आश्चर्य नहीं कि साम्प्रदायिक दंगों के शिकार हुए व्यक्ति अधिकांशतः समाज के इसी हिस्से के सदस्य होते हैं।

हत्या की घटना से मेरा पहला साक्षात्कार 11 वर्ष की आयु में हुआ था—क़ादिर मियाँ नामक एक मुसलमान दिहाड़ी मजदूर को हमारे घर के सामने ही किसी हिन्दू हत्यारे ने छुरा भोंक दिया था और उसके शरीर से बुरी तरह खून बह रहा था। मेरे पिता क़ादिर मियाँ को अस्पताल ले गए, पर वहाँ उसकी साँस टूट गई, उसे बचाया नहीं जा सका। मरते-मरते वह यही बुदबुदा रहा था कि उसे हिन्दूबहुल शहर में काम की तलाश में आने की जोखिम तो मालूम थी, पर कुछ पैसे कमाने की विवशता ही यहाँ खींचकर लाई थी। यह मरनेवाला क़ादिर मियाँ केवल साम्प्रदायिक हिंसा का शिकार एक मुसलमान नहीं था, वह एक बेरोजगार मजदूर भी था—किसी तरह कुछ कमाकर पेट भरने की विवशता से ग्रस्त।

यह घटना 1944 की है। पर साम्प्रदायिक दंगों के स्वरूप में आज भी कोई बड़ा बदलाव नहीं आया है। आजादी पूर्व, 1940 के दशक के मध्य में हिन्दू गुण्डे असुरक्षित मुसलमानों की जान ले रहे थे तो मुसलमान गुण्डे गरीब हिन्दुओं का संहार कर रहे थे। भले ही इन दंगों के शिकार हुए लोग अलग-अलग धार्मिक समुदायों के सदस्य थे, किन्तु उनकी वर्गीय पहचान तो एक ही थी : वे गरीब थे। समाचार

पत्रों में भी साम्प्रदायिक हिंसा के वर्गीय पक्ष पर प्रायः पूरा ध्यान नहीं दिया जाता। शायद उन्हें साम्प्रदायिक पहचान पर ही ध्यान केन्द्रित करना आसान लगता है—इसी से वर्गीय पहचान को वे अनदेखा कर जाते हैं।

यह कथन पिछले दो-एक दशकों में हुई साम्प्रदायिक हत्याओं और दंगों पर भी समान रूप से लागू होते हैं। चाहे आप इन्दिरा गाँधी की हत्या के बाद दिल्ली में संगठित रूप से आयोजित सिख-विरोधी दंगों की बात करें या बाबरी मस्जिद के विध्वंस के बाद मुस्लिम-विरोधी फसादों और बर्बरता की। साम्प्रदायिक हिंसा के दर्पण में भी हर समय हर जगह 'वर्ग' का चेहरा झाँकता दिखाई पड़ जाता है।

अतः हमें एक द्विपक्षीय बात को पहचानना होगा : वर्ग की भूमिका, और दूरगामिता का यह पक्ष इसकी अविलक्षणता और इसकी परावर्तनशीलता। हमें एक साथ ही यह समझना होगाः

(1) विषमता के, वर्ग से भिन्न भी, अनेक स्रोत होते हैं, इस पूर्वाग्रह से हमें बचना है कि वर्ग में अभाव और अपंगता के सभी स्रोत समाहित हैं; और (2) फिर भी वर्ग-विषमताएँ केवल अपने आप में महत्त्वपूर्ण नहीं होती, ये अन्य स्रोतों से उत्पन्न विषमताओं को और गहन भी बना देती हैं।

वर्ग-विषमता चिन्ता का एकमात्र कारण नहीं है। यह अन्य प्रकार की विषमताओं का पर्याप्त रूप से प्रतिनिधित्व भी नहीं कर पाती। किन्तु, अन्य सभी विषमताओं और विभेदों के व्यावहारिक स्वरूप को ठीक से समझ पाने के लिए हमें वर्ग-आधारित विश्लेषण की आवश्यकता पड़ ही जाती है।

विषमता, सहभागिता और पिछड़ा समुदाय

अनेक कारक तो विषमता में योगदान देते ही हैं, उनके साथ-साथ इस प्रकार पैदा हुई विषमता का स्वरूप भी महत्त्वपूर्ण होता है। यहाँ यह भी सोचा जा सकता है कि एक ही वर्ग के लोग अलग-अलग तरह से अपनी-अपनी बातें कह सकते हैं। इसमें कुछ सच्चाई भी है, पर इस सच्चाई से भी समाज के पिछड़े रह गए समुदाय की दुर्दशा को समझने में वर्ग-विभाजन के सर्वोच्च महत्त्व की महत्ता कम नहीं हो पाती। हमें सभी भेदों और अन्तर्सम्बन्धों पर एक साथ ध्यान देना होगा।

अभावग्रस्तता के अनेक रूप होते हैं : आर्थिक गरीबी, निरक्षरता, राजनीतिक शक्तिहीनता, स्वास्थ्य सेवाओं का अभाव आदि। विषमता के इन आयामों के प्रभाव सदा ही एक जैसे नहीं होते (उनमें सहभागिता नहीं होती)। इनके अनुसार निर्धारित होनेवाली सामयिक क्रमिकता से भारी अन्तर हो सकते हैं। आमतौर पर विद्वान लोग केवल आय की गरीबी को ही सभी अभावों का प्रतीक मान लेते हैं, पर यह बहुत भ्रामक हो सकता है। यही नहीं गम्भीर अभावग्रस्तता के उजागर होने में अनेक सशक्त लक्षण संयुक्त रूप से विद्यमान दिखाई देते हैं। इसका कारण यही है कि ये दुर्बलताएँ

प्रायः एक दूसरे को और बढ़ा-चढ़ा देती हैं। साथ ही ये एक साथ पराकाष्ठा की ओर अग्रसर होती हैं और समाज को 'साधन-सम्पन्न' और 'पूर्णतः-विपन्न' वर्गों में विभाजित कर डालती हैं। सैद्धान्तिक स्तर पर विभिन्न प्रकार के अभावों में भले ही अन्तर नजर आएँ, पर इसके कारण उनमें व्यवहारिक सहगामिता की सम्भावना पर आँच नहीं आती और इसी से ये जाने-पहचाने वर्ग-विभाजन विश्लेषण की विभाजन रेखाओं के निर्धारक बन जाते हैं।

कुछ भारतीय अमीर हैं, अधिकांश अमीर नहीं हैं। कुछ बहुत ही सुशिक्षित हैं, तो कितने ही निरक्षर भी हैं। कुछ बड़ी आराम की जिन्दगी जीते हैं तो अन्य पैसे-पैसे के लिए जी-तोड़ मेहनत करते हैं। कुछ राजनीतिक दृष्टि से बहुत ताकतवर हैं तो अन्य बहुत से किसी भी मामले में प्रभावशाली नहीं हैं। कुछ को जीवन में बहुत प्रगति के अवसर सुलभ होते हैं, और अन्य लोगों का सुअवसर शब्द से भी परिचय नहीं हो पाता। किन्हीं का पुलिस भी सम्मान करती है और शेष को धूलि-समान भी नहीं मानती। ये सभी विषमताओं के ही प्रकार भेद हैं। इन सभी पर गम्भीरता पूर्वक ध्यान देने की जरूरत है। वर्ग-विश्लेषण का मूल और सारसत्त्व यही है कि अक्सर गरीब ही निरक्षर भी होते हैं, वही पैसे-पैसे के लिए कमरतोड़ मेहनत करने को बाध्य रहते हैं, वही राजनीतिक दृष्टि से प्रभावहीन हैं, उन्हीं को सामाजिक-आर्थिक सुअवसर नहीं मिल पाते और उन्हीं के साथ पुलिस भी बर्बरतापूर्ण दुर्व्यवहार करती है। 'सम्पन्न' और 'विपन्न' की यह विभाजन-रेखा कोई सैद्धान्तिक अत्युक्ति मात्र नहीं है, यह तो समस्या के निदान और विश्लेषण का एक महत्त्वपूर्ण घटक है और हमारा ध्यान उन विभाजकों की ओर आकर्षित करती है जो हमारे सामाजिक, आर्थिक और राजनीतिक चिन्तन का निर्माण करते हैं। अभावग्रस्तताओं की यह सहभागिता विषमता और गैर-बराबरी के स्रोत के रूप में वर्ग-विभाजन के निर्णायक महत्त्व को और परिवर्धित कर देती है।

'दोस्ताना गोलीबारी' की चर्चा करते समय तो इस सहगामिता का अत्यन्त दलित समुदायों के जीवन पर प्रभाव बहुत ही स्पष्ट रूप से दिखाई पड़ेगा। भारत और अन्य देशों में वितरणात्मक संस्थाओं की रचना प्रायः किसी न किसी अभाव ग्रस्त और दुर्बल वर्ग के हितों का संरक्षण करने के ध्येय से ही की जाती है। किन्तु उन वर्गों का समाज का सबसे पीड़ित वर्ग होना आवश्यक नहीं होता। वर्ग-संघर्ष के सन्दर्भ में इस प्रकार की संस्थाओं को 'मित्र संस्था' कहा जा सकता है। किन्तु समाज की सीढ़ी के निम्नतम पायदान पर पड़े दीनहीन वर्ग की दशा पर इन संस्थाओं की नीतियों और रचना के गम्भीर दुष्प्रभाव ही दिखाई पड़ते हैं। इस प्रकार वर्ग-विभाजन में कमी आने के स्थान पर वे और सशक्त हो जाते हैं। इसी दृष्टि से उन संस्थाओं के क्रियाकलापों को 'दोस्ताना गोलीबारी' का नाम दिया जा सकता है। मुझे भय है कि भारत की वर्तमान सार्वजनिक नीतियों में यह 'दोस्ताना गोलीबारी' कुछ अधिक

हो ही रही है।

भारत में वर्ग-विभाजन के परम्परागत कारक तो बहुत प्रबल हैं ही (जैसे : सम्पत्ति-स्वामित्व में भीषण विषमता, शिक्षा और सामाजिक सुअवसरों की उपलब्धता में भारी अन्तर आदि) और ये इन विभाजनों की बर्बरतापूर्ण शक्ति के विषय में हमारे अभिज्ञान का निर्धारण भी करते हैं। फिर भी, इन विभाजनों की सबसे बड़ी सहायक न होते हुए भी 'दोस्ताना गोलीबारी' के मुद्दे का अध्ययन करना बहुत ही महत्त्वपूर्ण है। अब तो परम्परागत कारकों के साथ कुछ नई बाधाएँ भी जुड़ गई हैं। ये बाधाएँ वर्ग-विभाजन के प्रभाव को कम करने के लिए उठाए गए कदमों के परिणाम स्वरूप पैदा हुई हैं और इनके प्रभाव भी अपेक्षा के एकदम विपरीत होते हैं।

मैं इस कथन के पक्ष में कितने ही उदाहरण दे सकता हूँ। किन्तु इस लेख में केवल दो निदर्शनात्मक उद्धरणों पर ध्यान केन्द्रित करूँगा। ये दोनों खाद्य नीति और प्राथमिक स्कूली शिक्षा से जुड़े हैं। इनका भारत के जिन सर्वाधिक अभावग्रस्त नागरिकों के जीवन पर गहनतम प्रभाव पड़ सकता है, वे हैं भूखे और निरक्षर।

खाद्यनीति और भूख

भारत का भूख और अकाल से निबटने का अभियान मिला-जुला रहा है। स्वतन्त्रता के बाद बड़ी तेजी से अकालों का निवारण एक बहुत प्रशंसनीय उपलब्धि रही है। वास्तव में अन्तिम वास्तविक अकाल स्वतन्त्रता से पूरे 4 वर्ष पूर्व 1943 में ही पड़ा था। इस मामले में चीन जैसे अन्य अनेक देशों की विफलता की तुलना में तो यह सफलता और भी श्लाघ्य प्रतीत होती है। जब कभी भी अकाल की छाया उभरी है, लोकतान्त्रिक व्यवस्था में अन्तर्निहित संरक्षणात्मक प्रक्रियाएँ स्वयं ही सक्रिय हो गई हैं और तुरन्त सम्भावित पीड़ितों के लिए अस्थाई सार्वजनिक रोजगार आदि की नीतियों के सहारे उनकी खाद्यपदार्थों को खरीद पाने की असमर्थता का निवारण कर दिया गया। मैंने ज्यां द्रीज़ के साथ मिलकर लिखी पुस्तक 'हंगर एंड पब्लिक एक्शन' में भारत की अकाल-निवारण कार्यविधि की व्याख्या की है। उसमें हमने माना है कि यह भारत की अत्यन्त प्रशंसनीय उपलब्धि है।

फिर भी भूख-निवारण और कुपोषण उन्मूलन में भारत का निष्पादन बहुत ही शर्मनाक रहा है। न केवल देश के कुछ क्षेत्रों में बार-बार गम्भीर भुखमरी की नौबत आ जाती है, वरन् देश के अधिकांश भागों को भूख की दानवी छाया ग्रसे रहती है। इस मामले में तो भारत की दशा अफ्रीका के सहारावर्ती क्षेत्रों से भी गई-गुजरी प्रतीत होती है। सामान्य कुपोषण के मानक 'प्रोटीन-ऊर्जा कुपोषण' के आकलन से पता चलता है कि भारत में यह गुणांक सहारावर्ती अफ्रीका से भी दुगुना है। बार-बार के अकालों के बावजूद सहारावर्ती अफ्रीका की पोषण जुटा पाने की क्षमता भारत की तुलना में आश्चर्यजनक प्रतीत होती है। यदि आयु के अनुसार मानक से कम

वजनवाले बच्चों का अनुपात देखें तो अफ्रीका में ये अनुमान 20-40 प्रतिशत आंके जाते हैं—किन्तु भारत में इनकी गणना 40 से 60 प्रतिशत तक जाती है। लगता है, भारत के आधे बच्चे स्थाई रूप से कुपोषणग्रस्त हैं और आधी से अधिक वयस्क महिलाएँ रक्ताल्पता की चपेट में हैं। प्रसूता-कुपोषण, कम वजनवाले शिशुओं और आगे चलकर हृदयरोग की अधिक सम्भावना आदि को देखकर लगता है कि भारत का इस क्षेत्र में प्रदर्शन विश्व में सबसे निकृष्ट रहा है (जिन शिशुओं को गर्भावस्था में ही कुपोषण का सामना करना पड़ा हो, उन्हें बड़ी उम्र में रोगों से पीड़ित होने की सम्भावना भी अधिक रहती है)।

इस भयावह अवस्था की सबसे बड़ी विशेषता इसका असाध्य होना नहीं, बल्कि इस पर इतना कम ध्यान दिया जाना है। जब कभी इस ओर ध्यान गया भी है तो आधे-अधूरे मन से ही बात की गई है। इसे देखकर तो हैरानी होती है कि किस प्रकार एक पूर्णतः निराधार दावे को बार-बार दोहराया जा रहा है कि 'भारत ने आजादी के बाद से भूख की चुनौती का बड़ी अच्छी तरह से सामना किया है।' यह दावा वास्तव में अकाल-निवारण को ही भूख-निवारण का पर्याय मान बैठने का परिणाम है। अकाल-निवारण एक साधारण और सरल प्रक्रिया है, किन्तु समाज में रूढ़ अल्पपोषण और भूख का उन्मूलन कहीं अधिक जटिलतापूर्ण कार्य होगा। इस सन्दर्भ में भारत का प्रदर्शन दुनिया के सभी देशों में निकृष्टतम रहा है।

यह निकृष्टतम प्रदर्शन और भी अधिक विद्रूपरूप धारण कर लेता है जब हम इसे देश में अनाज की उपलब्धता के सन्दर्भ में देखने का प्रयास करते हैं। भारत सरकार के भण्डारगारों में अनाज के विपुल भण्डार जमा होते जा रहे हैं और उसे सूझ नहीं रहा कि उनका किस प्रकार सदुपयोग किया जाए। वर्ष 1998 में तो ये भण्डार आधिकारिक रूप से निर्धारित 'मानक सुरक्षित भण्डार' के समान ही थे—लगभग 18 मिलियन टन! किन्तु उसके बाद से तो इनमें निरन्तर भारी वृद्धि हो रही है। तीन ही वर्षों में ये बढ़कर 62 मिलियन टन को पार कर गए हैं। ज्याँद्रीज़ के शब्दों में, "यदि अनाज से भरे बोरों को एक पंक्ति में रखते जाएँ तो यह दस लाख किलोमीटर से लम्बी हो जाएगी—यानी चाँद तक जाने और आने के अन्तर जितनी। यदि इसी भण्डार की दूसरे ढंग से व्याख्या करें, तो देश के प्रत्येक गरीबी रेखा से नीचे निर्वाह कर रहे परिवार के लिए एक टन अनाज सरकार के भण्डार में निष्क्रिय पड़ा है।

इस प्रकार के घटनाक्रम की विद्रूपता की केवल अन्याय या संवेदनशीलता के नितान्त अभाव के रूप में व्याख्या करना पर्याप्त नहीं होगा, यह तो नितान्त पागलपन प्रतीत होता है। इसके पीछे क्या तर्कशास्त्र रहा होगा? विश्व के विशालतम अन्न भण्डार और भीषणतम कुपोषण का सहअस्तित्व विवेक की सीमा से परे लगता है (और इन भण्डारों में भारी लागत खर्च कर निरन्तर वृद्धि की जा रही है)।

इसकी तात्कालिक व्याख्या तो सहज ही मिल जाती है। भण्डार-वृद्धि का कारण

सरकार द्वारा खाद्यान्न उत्पादकों को उच्च न्यूनतम समर्थन मूल्य उपलब्ध कराने की वचनबद्धता है। गेहूँ और चावल पर तो यह बात विशेष रूप से लागू होती है। किन्तु संग्रहण मूल्यों और उपभोक्ता मूल्यों के साथ-साथ सामान्य उच्च मूल्य स्तर जहाँ भण्डारों को बढ़ाता है, वहीं अन्न की माँग में कमी का कारण भी बन जाता है। अनाज उत्पादकों और व्यापारियों को मिलनेवाला अधिक लाभ उपभोक्ता का पेट काटकर ही सम्भव किया जाता है। भोजन की जीववैज्ञानिक आवश्यकता और खाद्य अधिकारिता (लोग अपनी आर्थिक दशा और कीमतों के आधार पर क्या-कुछ खरीद पाने में सफल होते हैं) एक समान नहीं होतीं। संग्रहण व्यवस्था द्वारा एकत्र भण्डारों से पीछा छुड़ाना मुश्किल हो जाता है, पर देश-भर में कुपोषण का साम्राज्य छाया रहता है। वही मूल्य व्यवस्था जो अनाज की विपुल आपूर्ति का सृजन करती है, गरीबों के मुँह तो क्या हाथ तक को अनाज के पास नहीं फटकने देती।

किन्तु क्या सरकार स्वयं ही इस समस्या को खाद्य पदार्थों की उपभोक्ता कीमत को साहाय्य के माध्यम से कम रखकर हल नहीं कर सकती? नहीं, ऐसा नहीं हो पाता! इन प्रश्नों पर ज्यां द्रीज के साथ लिखी मेरी पुस्तक 'इंडिया : डिवेलेपमेण्ट एण्ड पार्टिसिपेशन' (2002) में विस्तार से चर्चा की गई है। उस सबसे ऊपर एक ही बात बहुत स्पष्ट रूप से उभर कर आती है : सारी साहाय्य राशियाँ तो उस विराट अन्न भण्डार को सम्भालकर रखने पर ही खर्च हो जाती हैं। सरकार का दीर्घकाय खाद्य प्रशासन ('भारतीय खाद्य निगम' सहित) इसी साहाय्य राशि के बूते अपना अस्तित्व बनाए हुए है। दूसरे, सारी ही साहाय्य नीति किसानों को अधिक उत्पादन कर अधिक कमाने का अवसर देने से प्रेरित है। इसमें उपभोक्ता को विद्यमान भण्डार में से सस्ते दामों अन्न सुलभ कराने का कोई विशेष आग्रह ही नहीं है (यद्यपि कतिपय वर्गों/क्षेत्रों में कुछ ऐसे प्रयास भी हो रहे हैं)। अतः इस खाद्य साहाय्य नीति का सबसे महान प्रभाव तो बेचने योग्य खाद्य उत्पादनकर्ता, मंझले और बड़े किसानों की जेबों को भरने में ही दिखाई देता है—कुपोषणग्रस्त उपभोक्ताओं को खाद्य पदार्थ उपलब्ध कराने से इसका कोई सरोकार नहीं रहता।

यदि कहीं परिवर्तनकारी वर्ग-विश्लेषण के लिए उपयुक्त मामला बने, जहाँ वामपंथी दक्षिणपंथियों की जमकर धुलाई कर सकें, तो वह यही है। किन्तु हमें इस बारे में थोड़ी-बहुत आलोचना ही सुनाई देती है—और अधिक कुछ नहीं! वर्ग-सन्दर्भ-विश्लेषण से व्युत्पन्न आलोचना के स्वर तो नितान्त शान्त लग रहे हैं।

ऐसा क्यों हो रहा है? यहीं पर 'दोस्ताना गोलीबारी' की बात प्रासंगिक हो जाती है। जब पहले-पहल खाद्यान्न संग्रहण की नीति बनी, उस समय ही उच्च कीमत पर किसानों से अनाज खरीदने के लाभ आदि पर सहमति बन गई थी—वह निरर्थक भी नहीं थी—उसमें कुछ न्याय या समता के तकाजे भी विद्यमान थे। मुख्य बात तो यह थी कि खाद्य सुरक्षा के लिए पर्याप्त भण्डार जमा करना पहली वरीयता थी—यह

अकालों से बचने के लिए भी जरूरी थी। अतः किसी सीमा तक विशाल भण्डार जमा करना सर्वथा उचित ही होगा, पर आज के सन्दर्भ में भी यह भण्डार 20 मिलियन टन से अधिक नहीं होना चाहिए। किन्तु कही-न-कही यह भ्रम पैदा हो गया है कि विशाल भण्डार जमा करना उचित है तो विशाल से विशाल भण्डार संग्रह और भी बेहतर रहेगा। इस प्रकार हमारे नीति-निर्धारक स्वयं ही पैर पर कुल्हाड़ी मारने का कार्य कर रहे हैं।

अब मैं उच्च खाद्य कीमतों के पक्ष में दिए जानेवाले दूसरे तर्क पर विचार कर रहा हूँ। यह भी एक अच्छे विचार के रूप में प्रारम्भ हुआ, पर अन्ततः विपरीत प्रभावोत्पादक बन गया। निम्न खाद्य कीमतों से हानि में रह जानेवाले लोगों में ऐसे भी होते हैं जो सम्पन्न नहीं होते—जैसेकि वे छोटे किसान जो अपनी सफल का कुछ भाग ही बेच पा रहे हों। इनके हित बड़े किसानों के हितों के साथ जुड़ जाते हैं और यहीं से खाद्य राजनीति के घातक विभ्रम का आरम्भ होता है। विशेषाधिकार युक्त किसानों के गुट अपने हितसाधन के लिए सार्वजनिक कोष का प्रयोग कर ऊँची कीमत पर संग्रहण की वकालत करते हैं, तो छोटे किसानों के प्रतिनिधि राजनीतिक दल भी अपने घटकों के हितों के नाम पर उन बड़े किसानों के साथ जुड़ जाते हैं। उन छोटे किसानों की गम्भीर आर्थिक दशा की कहानियाँ ऊँची खाद्य कीमतों के वकीलों के ही नहीं, कितने ही न्यायप्रेरित सामाजिक कार्यकर्ताओं के विश्वास तन्त्र में भी घर कर जाती हैं। उन्हें लगता है कि इससे कुछ गरीबों का तो भला होगा ही। गरीब किसानों का कुछ भला बेशक होगा, किन्तु मुख्यतः और ज्यादा भला तो अमीर किसानों का ही होगा जो उनके अपने दबाव गुटों को बढ़ावा देगा—बहुसंख्यक अनाज खरीदनेवाले उपभोक्ताओं के हितों को कितनी हानि क्यों न पहुँचे।

इन नीतियों के समाज के विभिन्न वर्गों पर पड़नेवाले प्रभावों की स्पष्ट रूप से व्याख्या करने की आवश्यकता है। समाज के उन वर्गों की हालत को जानने की आवश्यकता है, जो सबसे पीछे रह गए हैं, जो और अनेक अभावों से ग्रस्त हैं और कुपोषण के शिकार अधभूखे रहकर निर्वाह करने को विवश हैं। दिहाड़ी मजदूर, गन्दी बस्तियों के निवासी, गरीब शहरी कर्मचारी, प्रवासी मजदूर, ग्रामीण शिल्पकार, गैर-कृषि ग्रामीण मजदूर और नकद मजदूरी पानेवाले कृषि मजदूर—ये सभी वे मजदूर हैं जिन्हें ऊँची खाद्यकीमतों की भारी मार झेलनी पड़ती है। ये उच्च कीमतें समाज के दरिद्रतम सदस्यों पर ही सबसे तीखा प्रहार करती हैं। भले कुछ अ-समृद्ध कृषकों का भी भला हो जाता हो, पर कुल मिलाकर इनके प्रभाव बहुत ही प्रतिगामी सिद्ध होते हैं। किसानों के गुट इन कीमतों में और वृद्धि के लिए निरन्तर दबाव बनाए रखते हैं। किसी तरह से, कुछ कृषि-आधारित गरीबों के भले की बात को इतना व्यापक सिद्ध करने के प्रयास चलते रहते हैं कि दिग्भ्रमित नीति-निर्धारक उच्च खाद्य कीमतों को ही गरीबों का हितसाधक मान बैठते हैं। वास्तविकता बहुत ही अलग और इसके विपरीत होती

है। कहा जाता है कि अधूरा ज्ञान घातक हो सकता है। यही बात थोड़े से न्याय पर भी लागू हो जाती है--क्योंकि इसके पक्षधर कहीं विराट अन्याय को अनदेखा कर जाते हैं। यह भी एक 'दोस्ताना गोलीबारी' का ही मामला है। वैसे, इसमें अमीर किसानों के चेहरे झाँकते नजर आते हैं और इस कारण इसके दोस्ताना स्वरूप को लेकर कई शंकाएँ भी घिर आती हैं।

प्राथमिक शिक्षा

मेरा दूसरा उदाहरण भारत में प्राथमिक शिक्षा व्यवस्था है। इसमें अनेक त्रुटियाँ भरी हैं। वित्तीय संसाधनों का अभाव तो एक प्रमुख समस्या है ही। परिणामतः स्कूल बहुत कम हैं और जो हैं भी, उनमें सुविधाएँ बहुत सीमित हैं। कुछ समस्याएँ भी हैं। मुख्य कठिनाई तो भारत के अधिकांश प्राथमिक शिक्षा ढाँचे की संस्थागत कमजोरियों से पैदा होती है। एक और आयाम स्कूलों की विषमतापूर्ण व्यवस्था से जुड़ा है। पहली पीढ़ी के छात्रों को एक सहानुभूतिपूर्ण और न्यायशील प्राथमिक शिक्षा की व्यवस्था प्रदान करना भी एक बहुत बड़ी चुनौती है।

अपनी नोबेल पुरस्कार राशि से 1999 से स्थापित 'प्रतीची ट्रस्ट' के माध्यम से मैंने एक छोटा-सा अध्ययन कराया था। उससे मुझे इन समस्याओं का एक विलोम रूप देखने का अवसर मिला। पहले हमने पश्चिम बंगाल के तीन जनपदों के कुल प्राथमिक स्कूलों की जानकारी एकत्र की! बाद में इस अध्ययन का क्षेत्र पं. बंगाल के 6 और पड़ोसी राज्य झारखंड के एक जनपद तक विस्तृत कर दिया गया। इससे बहुत ही हताशाजनक चित्र उभर कर आया है। जब भी हम बिना पूर्व-सूचना के किसी स्कूल में पहुँचे तो अधिकांश शिक्षक गायब मिले। जिन स्कूलों में अधिकांश छात्र जनजातीय और अनुसूचित जातीय परिवारों के थे, वहाँ तो शिक्षकों की इस प्रकार की अनुपस्थिति और भी अधिक रही। हमारी अध्ययन सूची के 75 प्रतिशत स्कूल शिक्षक-अनुपस्थिति की बीमारी से भीषण रूप से आक्रान्त निकले। यह समस्या कम अभावग्रस्त परिवारोंवाले छात्रों के स्कूलों में इतनी गम्भीर नहीं थी। परिणाम स्वरूप स्कूलों से मिले अक्षर ज्ञान की अनुपूर्ति के लिए अधिकांश छात्रों को निजी शिक्षकों का सहारा लेना पड़ता है। केवल गरीबी ही उन्हें इस सहारे तक पहुँचने से रोक पाती है—स्कूल की शिक्षा की पर्याप्तता नहीं। हमने तीसरी और चौथी कक्षाओं के छात्रों की परीक्षा ली—निजी शिक्षकों से पढ़ पाने से वंचित अधिकांश छात्र तो अपने नाम भी नहीं लिख पाए।

अब तो प्रायः सारे ही देश में प्राथमिक शिक्षा का निःशुल्क स्वरूप समाप्त हो चुका है—यह निश्चय ही संविधानप्रदत्त मौलिक अधिकारों का हनन है। यह सब शिक्षकों और गरीब परिवारों के बीच वर्गानुगत अन्तर का ही मुख्य परिणाम है। फिर भी विभिन्न राजनीतिक दलों से जुड़े शिक्षक संघ अपने सदस्यों पर किसी भी प्रकार

का अनुशासन लागू करने का विरोध करते रहते हैं। अभावग्रस्त बच्चों के अभिभावकों का स्कूलों के संचालन में कोई दखल नहीं होता और सरकारी इंस्पेक्टर अनुशासनहीन शिक्षकों से बुरी तरह आतंकित नजर आते हैं। ऐसा वहाँ विशेषरूप से होता है, जहाँ के अभिभावक गरीब वर्गों के सदस्य हों। शिक्षक संघों ने अतीत में शिक्षकों के अधिकारों के संरक्षण में बहुत योगदान दिया है। उस समय उनके वेतन बहुत कम थे और शोषण बहुत अधिक होता था। उस जमाने में शिक्षक संघ अधिक न्यायपूर्ण व्यवस्था बनाने के लिए आवश्यक संस्थागत ढाँचे का एक महत्त्वपूर्ण घटक थे। किन्तु ये शिक्षक संघ अब अपनी अकर्मण्यता या अपने सदस्यों की अनुशासनहीन अनुत्तरदायिता के कारण न्याय के विरुद्ध कार्य करते दिखाई पड़ रहे हैं।

इस समस्या को एक और सच्चाई अधिक गम्भीर बना देती है। अब स्कूल शिक्षकों के वेतनमान पहले की तरह से शोषणपूर्ण नहीं रहे, बहुत अच्छे हो गए हैं। हाल ही में भारत के सार्वजनिक कर्मचारियों के वेतनों में बहुत सुधार हुआ है। वे उन लोगों (जैसे कृषिक और औद्योगिक मजदूरों) से बहुत आगे निकल गए हैं, जिनकी सेवा के लिए उन्हें नियुक्त किया गया है। इसी से सारे ही देश में स्कूल शिक्षकों के वेतनमानों में भी काफी सुधार हुआ है। हमारे अध्ययन के समय पं. बंगाल के प्राथमिक शिक्षक 5 से 10 हजार रुपए मासिक वेतन पा रहे थे। शिशु-शिक्षा केन्द्रों की वैकल्पिक व्यवस्था में तो शिक्षकों को केवल एक हजार रुपए प्रतिमास ही मिलते हैं।

यदि कीमत वृद्धि के प्रभाव को निरस्त कर दिया जाए, तो भी पं. बंगाल के शिक्षकों के वास्तविक वेतन में पिछले कुछ वर्षों में काफी सुधार आया है। यह निश्चय ही उल्लासकारी अवसर है। मुझे आज भी याद है कि प्रेसिडेंसी कॉलेज के हम छात्रों ने 50 वर्ष पूर्व स्कूली शिक्षकों के वेतन बढ़ाने के लिए किस प्रकार आन्दोलन में भाग लिया था। आज तो अवस्था बहुत बदल गई है। वेतनमानों में भारी वृद्धि ने स्कूली शिक्षा को महँगी बना दिया है। परिणामस्वरूप इस व्यवस्था को अभी तक बाहर रहे क्षेत्रों तक शिक्षा पहुँचाने का काम बड़ा महँगा हो गया है। साथ ही अब स्कूल शिक्षकों का समुदाय एक वर्ग के रूप में अभावग्रस्त पृष्ठभूमि के छात्र-समुदाय से बहुत दूर चला गया है। बहुत प्रमाण मिल रहे हैं कि जो वर्गगत बाधाएँ समाज के निम्नतम सदस्यों को शिक्षा पाने से रोक रहीं थीं, वे शिक्षकों और छात्रों के बीच बढ़ते हुए आर्थिक और सामाजिक अन्तरों के कारण और भी दुर्लंघ्य होती जा रही हैं।

एक निष्कर्षात्मक टिप्पणी

नेहरू की वर्ग-विभाजन पर पार पाने की, और देश की आर्थिक, सामाजिक, राजनीतिक प्रगति की आशाएँ प्रायः अपूर्ण ही पड़ी हैं। इस प्रगति के मार्ग में अब पुरानी बाधाओं के साथ-साथ कुछ नई बाधाएँ भी आ खड़ी हुई हैं। कई बार तो पुरानी बाधाओं और विषमताओं को निरस्त करने के लिए रची गई संस्थाएँ ही प्रतिगामीस्वरूप धारण

कर विषमता की खाई को और चौड़ा कर देती हैं। इस प्रकार की 'दोस्ताना गोलीबारी' के अनेक उदाहरण हो सकते हैं जिनमें से दो के बारे में मैंने चर्चा की है।

भारत की एक और भीषण समस्या खाद्य पदार्थों के पहाड़ जैसे अम्बारों के बीच बसी विश्व की सर्वाधिक कुपोषित जनसंख्या की है। उच्च खाद्य कीमतों द्वारा उत्पादन-आपूर्ति बढ़ाने और साहाय्यों द्वारा उपभोक्ता हितों की रक्षा करने की नीति के प्रभाव एकदम विपरीत रहे हैं। दूसरा उदाहरण प्राथमिक शिक्षा व्यवस्था की संस्थागत विशेषताओं से जुड़ा है। जहाँ अतीत में शिक्षक संघों ने शोषित शिक्षकों के हितों की रक्षा में प्रशंसनीय योगदान दिया था, वहीं अब ये अत्यन्त अभावग्रस्त छात्रों के हितों के नितान्त उपेक्षा करनेवाले प्रभावों को जन्म दे रहे हैं। अब वर्गगत बाधाएँ और ऊँची हो रही हैं; नव-समृद्ध शिक्षक गरीब ग्रामीण छात्रों से और दूर होते जा रहे हैं।

मैं अपने लेख को निराशा के साथ समाप्त नहीं करना चाहता। किसी समस्या के निदान का उपयोग तभी है जब उसके द्वारा पहचानी गई त्रुटियों के समाधान का प्रयास भी हो। हमारे दोनों ही उदाहरणों में सुधार की दिशाएँ भी स्पष्ट प्राय हैं। 'प्रतीची ट्रस्ट' ने अपने अध्ययन के आधार पर कुछ सिफारिशें भी की हैं। इनमें अभिभावकों की आवाज को स्कूलों के प्रबन्धन में बल प्रदान करने (विशेषकर पिछड़े वर्गों के छात्रों के अभिभावकों) का सुझाव भी दिया गया है। इसके लिए तो प्राथमिक शिक्षा प्रशासन की ही पुनर्रचना करनी होगी। तभी कानूनी अधिकारों से सम्पन्न प्रभावपूर्ण अभिभावक-शिक्षक समितियों का प्रत्येक स्कूल के लिए गठन सम्भव हो पाएगा। जब प्रत्यक्षतः प्रभावित, अभिभावक वर्ग के हितों की सन्तुलनकारी शक्ति से सामना होगा, तभी शिक्षक संघ पुनः रचनात्मक मार्ग पर अग्रसर हो पाएँगे। इसी प्रकार खाद्य सामग्री के पहाड़ों को दायित्वों से परिसम्पत्तियों में बदलना कोई काम नहीं होगा—बस समाज के सबसे पिछड़े सदस्यों के हितों के प्रति अधिक जागरूकता की आवश्यकता है (स्कूल में मध्यावधि भोजन व्यवस्था एक अच्छी पहल कर सकती है)।

इन, और अन्य अनेक नीतिगत परिवर्तनों पर विचार और कार्य किए जाने की आवश्यकता है। इस कार्य में वास्तविक और सम्भावित सार्वजनिक नीतियों के सही प्रभावों के सुस्पष्ट विश्लेषण से बहुत सहायता मिल सकती है। भारत में वर्ग-विभाजनों और विषमताओं के निवारण की नीतियों की रचना करते समय 'दोस्ताना गोलीबारी' की सम्भावना का निवारण करना भी आवश्यक होगा। विभिन्न नीतियों के परिणामस्वरूप समाज के विभिन्न घटकों को प्राप्य हितलाभों और हानियों की सही समीक्षा का महत्त्व बहुत ही निर्णायक सिद्ध होगा। वर्ग-विभाजन की सर्वव्यापी भूमिका के सामाजिक व्यवस्थाओं पर बहुत प्रकार के प्रभाव होते हैं। अभी तक भारत में नीति-निर्धारण में उन विधिवतपूर्ण प्रभावों की ओर पूरा ध्यान नहीं दिया गया है। यह निश्चय ही गम्भीर विचार-मन्थन का विषय है।

11

स्त्री और पुरुष

स्त्री-पुरुष असमानता के कई स्वरूप

स्त्री-पुरुष असमानता के कई स्वरूप हो सकते हैं—इसके कई चेहरे हैं। स्त्री-पुरुष विषमता एक व्याधि नहीं, यह तो अनेक व्याधियों का सम्मिश्रण है। कई बार इसकी अंगभूत विषमताएँ परस्पर असम्बद्ध भी हो सकती हैं। किसी एक पटल पर विषमता का सर्वथा अभाव तो किसी अन्य दृष्टि से भीषण विषमता भी विद्यमान मिल जाती है। जापान में पोषण, स्वास्थ्य, चिकित्सा, शिक्षा आदि में भले ही लिंग-भेद दृष्टिगोचर नहीं होता, किन्तु प्रशासन और व्यवसाय-प्रबन्धन में उच्चस्थ पदों पर पुरुषों का ही एकाधिकार दिखाई पड़ता है।

कितने ही मामलों में एक प्रकार का लिंगाधारित भेदभाव अन्य भेदभावों को बढ़ावा देनेवाला और उनका परिपोषक भी बन जाता है। स्त्री-पुरुष सम्बन्धों के सामान्य विवेचन में भी कारण-प्रभाव विश्लेषण का लिंग-विषमताओं के परस्पर सम्बन्धों की समीक्षा में बहुत निर्णायक महत्त्व हो जाता है। लिंग-विषमता के अनेक चेहरे होते हैं, पर वे भारत की प्राचीन मूर्तिकला के ब्रह्मा के चेहरों की तरह परस्पर तटस्थता धारण किए नहीं रहते। ये चेहरे परस्पर संवाद करते हैं—कदाचित् एक-दूसरे को प्रोत्साहित भी करते हैं। उदाहरणतः जब सभी को परिवार में निर्णय-शक्ति सुलभ नहीं होती तो परिणामस्वरूप उसकी सम्भावित वृहद भूमिका का प्रभाव-क्षेत्र भी सीमित रह जाता है, और इन दोनों का उसके अपने कुशल-क्षेत्र पर भी दुष्प्रभाव पड़ सकता है। दो प्रकार की अभावग्रस्ताएँ न केवल सहवर्ती होती हैं, बल्कि इनमें परस्पर कारण-प्रभाव सम्बन्ध भी हो सकते हैं।

कुशलक्षेम और वृहद भूमिका

इस लेख की विषयवस्तु को मानव जीवन की दो विशेषताओं के बीच भेदों से जोड़कर देखना उपयोगी रहेगा। ये दो विशेषताएँ हैं कुशलक्षेम और वृहद भूमिका। इनके विषय में मैंने अपनी एक अन्य पुस्तक 'आर्थिक विकास और स्वतन्त्रता' में विस्तार से चर्चा की है। यह भेद मध्ययुगीन यूरोपीय साहित्य में विद्यमान रहे 'कर्मपात्र' और 'अभिकर्त्ता' (`The patient' and `The agent') के द्विभाजन जैसा ही है। इस भेद को समझना अपने आप में ही नहीं, लिंगाधारित सम्बन्धों के पारस्परिक कारण-प्रभाव सम्बन्धों की सटीक व्याख्या के लिए भी नितान्त आवश्यक है।

यहाँ वृहद भूमिका का आशय उन लक्ष्यों-ध्येयों की सम्प्राप्ति के प्रयास से है। जिन्हें कोई व्यक्ति मूल्यवान मानकर पाना चाहता है–भले ही उनका उसके अपने कुशलक्षेम से कोई नाता नहीं हो। अपने निजी कुशलक्षेम से अलग अनेक ध्येयों की प्राप्ति के लिए भी व्यक्ति प्रयास करने का फैसला कर सकते हैं। इन ध्येयों का वितान बहुत ही व्यापक हो सकता है। अपने देश की स्वतन्त्रता के लिए संघर्ष, अकालों और महामारियों के निर्मूलन के लिए प्रयास, या हमारे वर्तमान सन्दर्भ में लिंगाधारित भेदभाव की समाप्ति के लिए चेष्टा, आदि। विभिन्न ध्येयों में कुछ पारस्परिक व्यापन भी हो सकता है, किन्तु सामान्य नियम यही है कि इनके प्रति प्रयत्नशील व्यक्ति इस बात का हिसाब लगाकर ही प्रयास नहीं करते कि इनकी सम्पूर्ति से उन्हें किस सीमा तक व्यक्तिगत कुशलक्षेम में संवर्धन की प्राप्ति होगी।

निजी कुशलक्षेम और वृहद भूमिका का भेद सैद्धान्तिक दृष्टि से भी बहुत महत्त्वपूर्ण है। ये दोनों, व्यक्ति के जीवनमूल्यों, ध्येयों, महत्त्वाकांक्षाओं, स्वतन्त्रताओं और उपलब्धियों को, दो पृथक-पृथक मूल्यांकन विधियों का अनुसरण कर, समझ पाने के माध्यम हैं। यह भेद व्यवहारिक गतिविधियों और नीतियों की व्याख्या के लिए तो बहुत सार्थक होता ही है, सामाजिक आन्दोलन की वरीयताओं को समझ पाने में इसका महत्त्व और भी अधिक हो जाता है (विश्व-भर में दिनोंदिन अधिक सशक्त हो रहा नारीवादी आन्दोलन भी इन सामाजिक आन्दोलनों में ही एक माना जा सकता है)।

वास्तव में कुछ समय पहले तक इन आन्दोलनों का मुख्य सरोकार नारी के प्रति बेहतर व्यवहार की प्राप्ति ही था, वे एक नीतियुक्त या न्यायपूर्ण व्यवहार की प्राप्ति ही चाहते थे। इनका मुख्य आग्रह नारी के कुशलक्षेम पर ही केन्द्रित था। सदियों से अब तक चली आ रही नारी की उपेक्षा को देखते हुए यह आग्रह उचित ही था। किन्तु अपने विकास क्रम में ये आन्दोलन अब सीमित नारी-क्षेम-वर्धन के दृष्टिकोण से बहुत आगे निकल चुके हैं। अब तो ये कार्य करने, वरीयताओं की समीक्षा करने, जीवनमूल्यों का मूल्यांकन करने, नीतियाँ निर्धारित करने और कार्यक्रमों को लागू करने

आदि के क्षेत्रों में नारी की वृहद और सक्रिय भूमिका को अपने मुख्य ध्येयों की सूची में सम्मिलित कर चुके हैं।

इस नए व्यापक परिप्रेक्ष्य में महिलाएँ समाज द्वारा प्रदत्त कुशलक्षेम वर्धक सुविधाओं को निष्क्रिय रूप सें स्वीकार करनेवाला समूह-मात्र नहीं रह जातीं–वे अब सामाजिक परिवर्तनों की सक्रिय प्रवर्तक-संवर्धक हो गई हैं। इन परिवर्तनों से नारी का कुशलक्षेम तो संवर्धित होता ही है, साथ ही सभी पुरुषों और बच्चों (लड़के-लड़कियों) के जीवन और कुशलक्षेम में भी इज़ाफ़ा होता है। इस प्रकार नारीवादी आन्दोलनों का दायरा अत्यन्त समृद्धिशील हो जाता है।

अन्तर्सम्बन्ध और प्रभाव-क्षेत्र

जहाँ तक नारी के अपने कुशलक्षेम की बात है, इसके (घर-परिवार और समाज में) नारी की वृहत्तर भूमिका से बहुत व्यापक और घनिष्ठतापूर्ण सम्बन्ध होते हैं। नारी की सक्रिय वृहद भूमिका किसी प्रकार से भी उन सामाजिक प्रभावों को दूर करने, सुधारने की तात्कालिक आवश्यकता को अनदेखा नहीं कर सकती, जिनके कारण से नारी जीवन अन्धकारमय और अन्यान्य प्रकार के अभावों से ग्रस्त हो जाता है। अतः निश्चय ही वृहत्तर भूमिका का नारी के अपने कुशलक्षेम के साथ भी गहरा रिश्ता बना रहता है। इस रिश्ते के दूसरे पक्ष को देखें तो भी यह बात स्पष्ट हो जाती है कि जिस नारी की भूमिका को अत्यन्त संकुचित कर दिया गया हो, उसके कुशलक्षेम का निर्वहन भी उसके कारण से, अभावग्रस्तता का शिकार हो जाएगा। यही नहीं, नारी के कुशलक्षेम को सुधारने के किसी भी व्यवहारिक प्रयास में स्वयं उसकी वृहद भूमिका को नजरअन्दाज कर देने पर कोई विशेष प्रगति सम्भव नहीं हो पाएगी। (नारी की दशा सुधारने में उसके अपने सक्रिय योगदान का निर्णायक महत्त्व होगा)। इस प्रकार; नारीवादी आन्दोलनों के कुशलक्षेम और वृहद भूमिका पक्षों के बीच बहुत सारपूर्ण और गहन अन्तर्सम्बन्धों की स्थापना हो जाती है।

किन्तु अन्तर्सम्बन्धों के बावजूद, वृहद भूमिका और कुशलक्षेम, दो पृथक परिप्रेक्ष्य बने रहते हैं। कारण यही है कि 'अभिकर्त्ता' के रूप में कोई व्यक्ति निश्चय ही 'कर्मपात्र' से कुछ अलग भूमिका निभा रहा होता है। हाँ यह सत्य है कि किसी सीमा तक 'अभिकर्त्ता' स्वयं को भी 'कर्मपात्र के रूप में देखकर अपने कार्यों की उपादेयता का निर्णय कर रहा होता है। पुरानी कहावतः ''डॉक्टर, अपना इलाज भी तो कर लो''–निश्चय ही डॉक्टर को इलाज करनेवाले अभिकर्त्ता के रूप में स्वीकार कर उसे यह भी जान लेने का सुझाव देती है कि यदि वह स्वयं रोगी होता तो उसे इलाज की सम्भावित प्रतिक्रिया का भी वह आकलन करके देख ले। यह एक प्रकार से व्यक्ति को उसकी वृहत्तर भूमिका से जुड़े अतिरिक्त उत्तरदायित्वों के प्रति सजग करने का प्रयास ही है। दूसरे शब्दों में; जब कोई अभिकर्त्ता किन्हीं मूल्यवान लक्ष्यों की

सम्प्राप्ति के लिए प्रयासरत होता है, तो उन लक्ष्यों में निश्चय ही उसका अपना आत्महित भी निहित रहता है, फिर भी उन लक्ष्यों का सकल वितान उस व्यक्ति के आत्महितों की तुलना में बहुत ही विशाल होता है। इस प्रकार वृहद भूमिका का विचार केवल निजी कुशलक्षेम के संवर्धन से अधिक व्यापक और विस्तृत हो जाता है।

नारीवादी आन्दोलनों का वृहद भूमिका की ओर दिशा-परिवर्तन निश्चय ही उन आन्दोलनों के प्रसार-विस्तार को और व्यापक स्वरूप प्रदान कर रहा है। इस प्रकार पुराने परम्परागत सरोकारों का महत्त्व स्वीकार करते हुए भी उनके साथ अनेक नए सरोकार जुड़ जाते हैं। महिला के कुशलक्षेम के अभाव से पैदा हुई दुर्दशाओं पर केन्द्रित पुराना दृष्टिकोण कोई चूक या गलती नहीं था। नारी के कुशलक्षेम से जुड़े अभाव तो बहुत ही गम्भीर, कदाचित् नृशंसातपूर्ण रहे हैं–उन्हें दूर किए बिना सामाजिक न्याय की कल्पना भी नहीं हो पाएगी। नारी के कुशलक्षेम से जुड़े इन अभावों को उजागर करने के लिए अनेक उपयुक्त कारण विद्यमान हैं। वे कारण ही उन अभावों को दूर कर समाज में व्याप्त विषमता और अन्याय का निवारण करने का आधार बन सकते हैं। फिर भी नारी के अपने कुशलक्षेम तक ही सीमित दृष्टिकोण न केवल उसे 'कर्मपात्र' बना छोड़ता है–परिवर्तन में सम्भव उसकी वृहद भूमिका के अतिमहत्त्वपूर्ण स्वरूप को लुप्त भी कर देता है। यह भूमिका नारी के, अपने ही नहीं, सारे समाज के जीवन में भारी बदलाव ला सकने की सामर्थ्य से परिपूर्ण होती है। पिछले कुछ दशकों से नारीवादी आन्दोलन और साहित्य में वृहद भूमिका की ओर यह सुखकर विस्तार हो रहा है। अब नारी को केवल अपने लिए सामाजिक समता की कुछ माँग करनेवाले 'कर्मपात्र' के रूप में ही नहीं, वरन् विश्व को सभी के लिए अधिक सुखकर बनाने के निमित्त व्यापक सामाजिक परिवर्तन के अभिकर्त्ता के रूप में भी स्वीकार किया जा रहा है। हमारी इस पुस्तक में भी स्त्री-पुरुष सम्बन्धों में नारी की वृहद भूमिका का पक्ष ही प्रस्तुत हुआ है।

स्त्री-पुरुष विषमता के अलग-अलग स्वरूप

कुशलक्षेम और वृहद भूमिका के बीच अन्तर विश्लेषणात्मक विस्तार बहुत ही व्यापक है। मैं इसी लेख में आगे चलकर इनके बीच के अवधारणात्मक अन्तर पर कुछ और चर्चा करूँगा। किन्तु उससे पहले मैं स्त्री-पुरुष असमानता के विभिन्न स्वरूपों में विद्यमान व्यापक अन्तरों पर कुछ विचार करना चाहता हूँ।

विषमता के इन स्वरूपों के निर्धारण की प्रक्रिया को निम्नांकित वर्गों में विभाजित कर मैं उन पर चर्चा करूँगा :

(1) जीवनधारण की विषमता

(2) जन्मदर (उत्पत्तिक्रम) की विषमता

(3) सुविधा की उपलब्धता में विषमता

(4) स्वामित्व विषमता

(5) पारिवारिक दायित्वों और हितलाभों में विषमतापूर्ण भागीदारी तथा

(6) पारिवारिक हिंसा और शारीरिक उत्पीड़न।

पहले दो स्वरूपों की पहचान कर उन्हें समझ पाने में अनेक जनांकिकीय और सामाजिक जटिलताओं का सामना करना पड़ता है। इसी कारण मैं इनपर विशेष ध्यान दूँगा, अन्य स्वरूपों की इतने विस्तार से व्याख्या नहीं करूँगा।

जीवनधारण की विषमता

विश्व के अनेक भागों में लिंगाधारित विषमता ने अमानुषिक स्वरूप धारण कर लिया है। महिलाओं की मृत्युदर अप्रात्यशित रूप से अधिक हो गई है और कुल जनसंख्या में महिलाओं का अनुपात काफी गिर गया है। इसके विपरीत जिन देशों में स्वास्थ्य और पोषण में भेदभाव नहीं होता वहाँ महिलाओं का अनुपात अपेक्षाकृत काफी उच्च पाया जाता है। सच तो यह है कि यदि नारी के विरुद्ध भेदभाव नहीं हो तो प्रत्येक आयुवर्ग में उसकी मृत्युदर पुरुषों से कम रहती है। यह भी एक रोचक तथ्य है कि प्रायः कन्या भ्रूण के गर्भपात की सम्भावना कम होती है। बावजूद इसके विश्व में लड़कियों की तुलना में अपेक्षाकृत अधिक लड़कों का जन्म होता है (गर्भधारण में भी नर भ्रूणों का अनुपात अपेक्षया अधिक देखा जाता है), जिन देशों में स्त्री-पुरुष भेदभाव नहीं है, दोनों को समान स्वास्थ्य-सुविधाएँ और देखभाल सुलभ है, वहाँ धीरे-धीरे पुरुष बहुलता न केवल कम हो जाती है बल्कि विपरीत परिणाम देने लगती है।

यही वजह है कि यूरोप और उत्तरी अमरीका की जनसंख्या में 100 पुरुषों के पीछे 105 या अधिक स्त्रियाँ पाई जाती हैं। स्त्री-पुरुष अनुपात का यह उच्च स्तर (1.05 से 1.06) विभिन्न आयुवर्गों में नारी की अधिक उत्तरजीविता के संयोग का परिणाम है।

इसके विपरीत विश्व के कई भागों में नारी को पुरुषों की तुलना में कम, बल्कि बहुम कम, ध्यान और देखभाल मिल पाती है। वस्तुतः यह अभावग्रस्तता बाल्यकाल से ही आरम्भ हो जाती है—लड़कों का अधिक ध्यान रखा जाता है, लड़कियों का कम। स्वास्थ्य सम्बन्धी देखभाल और सामाजिक ध्यान की इस कमी के कारण बालिकाओं की मृत्युदर भी उन क्षेत्रों में पाई गई बालकों की मृत्युदर से बहुत अधिक हो जाती है। नारी की यह उच्च मृत्युदर यूरोप और उत्तरी अमरीका की वास्तविकता और जीववैज्ञानिक प्रत्याशाओं के भी विपरीत हो जाती है।

'विलुप्त महिलाएँ' अवधारणा इसी समस्या की गम्भीरता को उजागर करने के लिए अस्तित्व में आई। इसके माध्यम से हम यही बताना चाहते हैं कि अन्य देशों की अपेक्षा नारियों की उच्च मृत्युदर ने इन देशों से किस प्रकार बहुत बड़े स्तर

पर नारियों का लोप कर दिया है। इसके लिए अपनाई गई अनुमान विधि किसी सीमा तक अपरिष्कृत कहीं जा सकती है।

हमने अन्य देशों का उच्च स्त्री-पुरुष अनुपात इन देशों में भी होने पर सम्भावित नारियों की संख्या की तुलना इनकी वर्तमान वास्तविक नारी संख्या से की है। 'अन्य' देश हम उन्हें मान रहे हैं जहाँ जीवनधारण से जुड़े सामाजिक प्रभावों और चिकित्सा-स्वास्थ्य सेंवा की उपलब्धता आदि में कोई विशेष स्त्री-पुरुष भेदभाव नहीं पाया जाता।

उदाहरण के लिए सहारावर्ती अफ्रीकी देशों में स्वास्थ्य-सेवा, सामाजिक प्रतिष्ठा आदि में स्त्री-पुरुष भेदभाव नहीं दिखाई पड़ता। यद्यपि वहाँ पुरुषों और स्त्रियों की मृत्युदरें काफी ऊँची हैं, पर स्त्री-पुरुष अनुपात अभी भी 1.022 बना हुआ है। हम तुलना की दृष्टि से, इस अनुपात के आधार पर, अभावग्रस्त स्त्री-समाज वाले देशों की जनसंख्या में विलुप्त नारियों की जनसंख्या का आकलन कर रहे हैं। यदि भारत के स्त्री-पुरुष अनुपात 0.93 की तुलना सहारावर्ती अफ्रीकी देशों के अनुपात 1.022 से करें तो हमें भारत की पुरुष जनसंख्या की तुलना में 9 प्रतिशत स्त्रियाँ कम होने का अभिज्ञान होता है। इसका अर्थ है 1986 में भारत में 37 मिलियन (3.7 करोड़) नारियों का विलोप हो चुका था। उसी समय, इसी अफ्रीकी अनुपात की तुलना में चीन से 44 मिलियन (4.4 करोड़) नारियाँ विलुप्त पाई गईं। अगर हम इन आँकड़ों का ही योग करें तो अनुमानित रूप से विश्व-भर से कम से कम 100 मिलियन (10 करोड़) महिलाएँ विलुप्त हो चुकी थीं। 1986 के बाद से तो इस संख्या में और वृद्धि हुई है—क्योंकि कुल जनसंख्या काफी बढ़ गई है। मापन की अन्य विधियों का प्रयोग भी हो सकता है।

ऐंस्ली कोले और स्तेफान क्लासेन ने कुछ अलग मानकों और जनांकिकीय विधियों का प्रयोग किया है। उनके द्वारा अनुमानित आँकड़े भी भिन्न हैं। किन्तु ये आँकड़ें भी बहुत बड़ी संख्या में नारी के विलोप की ही पुष्टि करते हैं। क्लासेन ने पूर्व अवधि के लिए 80 मिलियन (8 करोड़) महिलाओं के विलोप का अनुमान लगाया था। आजकल उस विधि के अनुसार लगभग 100 मिलियन (10 करोड़) का अनुमान बनता है। जीवनधारण और स्वास्थ्य-सेवा आदि की उपयुक्त सुविधाओं की यह नारी विरोधी प्रवृत्ति विश्व-भर में नारियों के जीवित नहीं रह पाने के रूप में भारी 'जुर्माना' वसूल कर रही है।

जन्मदर विषमता : एक भारतीय विभाजन

यदि जनांकिकीय आयाम पर ही विचार करें तो लिंगाधारित विषमता न केवल 'मरणशीलता' में अन्तर के परम्परागत स्वरूप में प्रकट नहीं होती—बल्कि एक नया रूप भी धारण कर रही है : कन्या भ्रूण का ही चुन-चुन कर गर्भपात कराया जाने

लगा है। यह 'जन्मक्रम' विषमता अनेक अभिभावकों की इसी इच्छा का परिणाम है कि उनके यहाँ जन्म लेनेवाला शिशु पुत्र ही हो, पुत्री नहीं। यह पुरुष-प्रधान समुदायों में पुत्र की ही वरीयता का उदाहरण है। आधुनिक चिकित्सा वैज्ञानिक तकनीकों द्वारा प्रसव से पूर्व ही भ्रूण के लिंग का निर्धारण सम्भव हो गया है। इसी 'प्रगति' के कारण भ्रूण लिंग परीक्षण और फिर कन्या भ्रूण का गर्भपात सम्भव और सरल हो गया है। कितने ही समुदायों में यह बहुत सामान्य-सी बात हो गई है। पूर्वी एशिया के अनेक देशों में इसका प्रचलन बहुत व्यापक हो गया है, चीन और दक्षिण कोरिया इसके प्रमुख उदाहरण हैं। सिंगापुर और ताईवान में भी इसके प्रचलन के काफी साक्ष्य मिल रहे हैं। भारत सहित सारे दक्षिण एशिया में यह प्रवृत्ति गम्भीर रूप धारण कर रही है।

इस 'उच्च तकनीक लिंग चयन' ने जन्म के समय ही स्त्री-पुरुष अनुपात को बदल डाला है। जीवविज्ञान के अनुसार प्रति 100 लड़कों के साथ 95 लड़कियाँ भी पैदा होनी चाहिए (यूरोप और उत्तरी अमरीका के लिंगाधारित गर्भपात मुक्त क्षेत्रों में यही अनुपात रहता है)। किन्तु सिंगापुर में और ताईवान में 100 के पीछे 92 तो चीन में 100 के पीछे केवल 82 लड़कियाँ जन्म ले पा रही हैं।

भारत में प्रत्येक जन्म के पंजीकरण की व्यवस्था अभी नहीं हो पाई है, अतः जन्म के समय स्त्री-पुरुष लिंगानुपात के निश्चित आँकड़े नहीं मिल पाते। फिर भी बच्चों में लड़की-लड़का अनुपात को हम 'जन्मक्रम' की प्रवृत्ति का अनुमान मान सकते हैं। वैसे, किसी सीमा तक इन आँकड़ों के बाल-मृत्युदरों में अन्तरों से प्रभावित होने की सम्भावना से इनकार नहीं किया जा सकता। वास्तव में स्त्री-भ्रूण-हत्या और बालिकाओं की उच्च मरणशीलता—दोनों ही नारी-विरोधी मानसिकता के परिचायक हैं और इनके एक साथ एक ही दिशा में प्रभाव प्रदर्शन को एक वास्तविकता मानना अधिक उचित होगा। भारत के आँकड़ों पर गौर करें तो एक आश्चर्यजनक तथ्य उद्घाटित होता है, 1991 में यहाँ 6 वर्ष से कम आयुवर्ग में 100 लड़कों के पीछे 94.5 लड़कियाँ थीं (यह उत्तरी अमरीका और यूरोप के मानक अनुपात जैसा ही था), किन्तु 2001 में यह संख्या घटकर 92.7 रह गई है। दूसरी ओर अब यह प्रमाण भी मिल रहे हैं कि इस आयुवर्ग में बालकों और बालिकाओं की मरणशीलता में कोई विशेष अन्तर नहीं रह गया है। अतः उल्लिखित अनुपात में 94.5 से 92.7 तक की गिरावट निश्चय ही लिंगाधारित भ्रूण हत्याओं के प्रसार और उसके कारण जन्मक्रम की विषमता की परिचायक है। इसे बालिकाओं की अधिक मरणशीलता का परिणाम नहीं माना जा सकता।

भारत में पनप रही इस नई प्रवृत्ति का एक विशेष क्षेत्रीय प्रारूप भी उभर रहा है। देश के कुछ भागों, पूर्व और दक्षिण में तो इस अनुपात में कोई परिवर्तन नहीं आया है, पर उत्तर और पश्चिम भारत में बहुत ही तीखी गिरावट दर्ज की गई

है। बालिका-बालक अनुपात में पंजाब, हरियाणा, गुजरात और महाराष्ट्र में बहुत ही तीखी गिरावट आई है। इन्हीं के आसपास के उत्तरी व पश्चिमी राज्यों में भी यह अनुपात काफी कम पाया गया है।

भारत की संसद ने इस आशंका के कारण ही कुछ वर्ष पूर्व भ्रूण-लिंग-निर्धारण तकनीकों के प्रयोग पर पाबन्दी लगा दी थी कि इसका स्त्री-भ्रूण के गर्भपात के लिए दुरुपयोग हो सकता है। परम्परागत लिंगविभेद पर आधारित विषमता के कारण यह आशंका निर्मूल नहीं थी। अब तो केवल चिकित्सकीय दृष्टि से अनिवार्य होने पर ही उन तकनीकों का प्रयोग किया जा सकता है। किन्तु लगता है कि इस कानून को लागू करने की ओर कोई ध्यान नहीं दिया जा रहा।

इसी पर हम भले सन्तोष का अनुभव करते हैं कि हमारा बालिका-बालक अनुपात चीन के 86 और कोरिया के 88 प्रतिशत की तुलना में 93 है, किन्तु इस विषय में चिन्ता के पर्याप्त कारण बने हुए हैं और हमें वर्तमान बालिका-बालक अनुपातों के दायरे से कहीं दूर तक झाँककर देखने की आवश्यकता है। एक तो भारत के विभिन्न क्षेत्रों में विद्यमान भारी असमानताएँ इस देशव्यापी औसत में कहीं छिप जाती है—उत्तरी और पश्चिमी राज्यों की औसत दर का अभिज्ञान नहीं हो पाता जो न केवल देशव्यापी औसत से कम है, बल्कि चीन और कोरिया से भी नीचा है। दूसरे यह जानना भी आवश्यक है कि कहीं यह स्थिति 'प्रारम्भिक दिनों' की तो नहीं! और जैसे ही भ्रूण-लिंग-निर्धारण तकनीकों का देश-भर में प्रसार हो, वैसे ही यह बालिका-बालक अनुपात और तेजी से गिरकर कोरिया, चीन आदि से भी नीचे पहुँच जाए।

इस समय भारत में इस सन्दर्भ में एक विचित्र से सामाजिक विभाजन के दर्शन हो रहे हैं। 'जन्मक्रम' और जन्म पश्चात् बालिका-विरोधी रुझान के आधार पर देश दो संलग्न हिस्सों में बँट-सा गया है। विश्व-भर में लड़कियों की अपेक्षा लड़के अधिक पैदा होते हैं। अतः तुलना का आधार 1:1 नहीं, वरन् औद्योगिक देशों (उत्तरी अमरीका-यूरोप) के अनुपात का होना चाहिए। इन देशों में लिंगाधारित भ्रूणपात नहीं होता। पाँच वर्ष तक के वयवर्ग में बालिका-बालक अनुपात जर्मनी में 94.8, इंग्लैण्ड में 95.0 तथा संयुक्त राज्य अमरीका में 95.7 है। सम्भवतः हम जर्मनी के 94.7 के अनुपात को वह विभाजक मान सकते हैं जिससे यदि वह अनुपात कम हो जाए तो फिर निश्चय ही स्त्री-विरोधी हस्तक्षेप का सन्देह उठ सकता है।

यह विभाजन देश को बड़े विचित्र प्रकार से भौगोलिक खण्डों में बाँट देता है। उत्तर में पंजाब, हरियाणा तो पश्चिम में गुजरात ऐसे क्षेत्र हैं, जहाँ बालिका-बालक अनुपात मानक स्तर से बहुत ही कम है। (79.3 से 87.8 तक ही है)। अन्य प्रदेशों—हिमाचल प्रदेश, उत्तरप्रदेश, मध्यप्रदेश, राजस्थान, महाराष्ट्र, जम्मू-क़श्मीर और बिहार में भी ये अनुपात 94.8 के स्तर से काफी नीचे हैं। दूसरी ओर पूर्वी और

दक्षिणी राज्य हैं। जहाँ का अनुपात 94.8 से अधिक है। केरल, आन्ध्रप्रदेश, पश्चिम बंगाल और असम में ये अनुपात 96.6 के बीच हैं, वहीं उड़ीसा, कर्नाटक तथा मेघालय, मिज़ोरम, नागालैण्ड, मणिपुर अरुणाचलप्रदेश के अनुपात भी 94.8 से तो अधिक ही हैं। स्पष्ट रूप से देश दो भागों में विभक्त और अलग-अलग दिशाओं की ओर अग्रसर प्रतीत होता है।

इस द्विपक्षीय विभाजन का अपवाद दक्षिणी राज्य तमिलनाडु है जहाँ पर अनुपात 94.0 पर टिका है। वैसे यह अनुपात उत्तर-पश्चिम के राज्यों से तो बहुत बेहतर है, पर विभाजन-बिन्दु 94.8 से तो कम ही रह जाता है। हैरानी की बात यह नहीं हैं कि कोई एक राज्य विभाजन रेखा के इतना निकट है—हैरानी यह है कि अधिकांश राज्य इतने स्पष्ट रूप से विभाजिका के आर या पार दिखाई पड़ रहे हैं। इन दो भागों को उत्तर व पश्चिम तथा पूर्व व दक्षिण के समूहों का नाम दिया जा सकता है। पहले वर्ग के प्रत्येक राज्य में बालिका-बालक अनुपात बहुत कम है, तो दूसरे वर्ग में, एक तमिलनाडु को छोड़, सभी में यह अनुपात विभाजिका से पर्याप्त ऊपर है। इस अर्थ में देश स्पष्टतः बुरी तरह विभाजित दिखाई देता है।

एक प्रश्न उठ सकता है : क्या बालमरणशीलता में भी बालिका-बालक अनुपात इसी प्रकार विभाजिका का रूप धारण कर लेता है? यहाँ एक सांख्यिकीय सम्बन्ध भी विद्यमान है (इसमें कहीं न कहीं लिंगाधारित भ्रूणपात का प्रभाव भी छिपा है)। बालिका-बालक अनुपात ही मरणशीलता में अनुपात की अपेक्षा कहीं अधिक स्पष्ट क्षेत्रीय विभाजन को प्रकट करता है, मरणशीलता में पूर्व और दक्षिण में यह अनुपात लड़कियों के पक्ष में है—पं. बंगाल में 0.91 तो केरल में 0.93 है, किन्तु पंजाब में 1.3 है। हरियाणा, उत्तरप्रदेश, गुजरात, बिहार और राजस्थान में भी यह अपेक्षतया उच्च (और इसी नाते लड़कियों के विरुद्ध) है। ये सभी उत्तर व पश्चिम क्षेत्र के राज्य हैं।

इस सांख्यिकीय प्रमाणों को देखकर यह निष्कर्ष अपरिहार्य हो जाता है कि देश के उत्तरी और पश्चिमी क्षेत्रों में नारी-विरोधी मानसिकता प्रभावी है। इसके कारण बच्चों की संख्या-संरचना पूर्वी और दक्षिणी राज्यों से बहुत अलग स्वरूप धारण कर रही है। यही नहीं, लिंग चयनात्मक गर्भपात के प्रचलन को भ्रूण-लिंग-निर्धारण की चिकित्सकीय सुविधाओं की सुलभता से जोड़ना भी उपयुक्त नहीं होगा। इससे तो कुछ ऐसे संकेत मिलेंगे कि इन उत्तर और पश्चिमी राज्यों में चिकित्सा-सुविधाएँ अधिक विकसित हैं, जबकि ऐसी बात नहीं है। उदाहरण के लिए उच्च बालिका अनुपात वाले राज्य, केरल (96.3) और पश्चिम बंगाल (94.3) में सुलभ चिकित्सा-सुविधाओं का स्तर निम्न अनुपातवाले मध्यप्रदेश और राजस्थान से कम तो नहीं है। अतः लिंग चयनात्मक गर्भपातों की व्याख्या चिकित्सा-सुविधाओं की सुलभता के माध्यम से नहीं हो पाएगी। इसके लिए हमें चिकित्सा तकनोलोजी की आपूर्ति से परे किन्हीं अन्य

कारकों की खोज करनी होगी। यदि किन्हीं राज्यों में भ्रूण-लिंग-निर्धारण प्रोद्योगिकी अधिक सुलभ हो रही है तो इसका कारण वहाँ इस प्रोद्योगिकी की उच्च माँग होगी—इसे उन क्षेत्रों के उच्च चिकित्सकीय विकास का प्रमाण मानना उचित नहीं होगा।

यही नहीं, आँकड़ों से उजागर हो रहे अन्तरों का कोई आर्थिक सम्बन्ध-सूत्र भी दिखाई नहीं देता। सशक्त नारी-विरोधी मानसिकता से ग्रस्त राज्यों में तो पंजाब, हरियाणा जैसे धनी राज्यों के साथ हमें उत्तरप्रदेश और मध्यप्रदेश जैसे गरीब राज्य भी दिखाई दे रहे हैं। यही नहीं तीव्रदर से संवृद्धिमान गुजरात और महाराष्ट्र के साथ-साथ संवृद्धि-विफलता के सटीक उदाहरण बिहार और उत्तरप्रदेश भी इसी वर्ग में जुड़े हैं। अतः आर्थिक सफलता और भौतिक समृद्धि जैसे कारकों को छोड़ हमें कतिपय समाजशास्त्रीय कारकों और सांस्कृतिक प्रभावों में इस भ्रूण-हत्या की प्रवृत्ति की व्याख्या खोजनी होगी।

अनेक सम्भावित सम्बन्धों का अन्वेषण करना होगा और इन जनांकिकीय अभिलक्षणों तथा सामाजिक मानवविज्ञान और सांस्कृतिक अध्ययनों के बीच सम्बन्धों पर नए सिरे से शोध-अनुसन्धान करना होगा। भारत में क्षेत्रीय सांस्कृतिक विविधताओं के अनेक सामाजिक-मानविकीय अध्ययनों ने जानकारी के समृद्ध विपुल भण्डार जमाकर रखें हैं। ये निश्चय ही उपयोगी होंगे, पर इनका और संवर्धन भी आवश्यक लगता है, क्योंकि जन्मक्रमीय विषमता तो भारत के क्षेत्रीय विभाजनों का कुछ और ही स्वरूप गढ़ देती है। वास्तव में यह उत्तर-पश्चिम तथा पूर्व-दक्षिण का क्षेत्रीयकरण तो अधिक परम्परागत और बहुविश्लेषित उत्तर व दक्षिण क्षेत्रीयकरण से बहुत अलग दिखाई देता है। इरावती कर्वे के अद्वितीय अध्ययन 'किनशिप ऑर्गेनाइज़ेशन इन इण्डिया' के बाद से भारत में सामाजिक मानविकी अध्ययन प्रायः उत्तर और दक्षिण की व्याख्या पर ही केन्द्रित रहे हैं।

इस लेख के वर्तमान खण्ड के समापन से पूर्व मैं दो चेतावनियाँ भी देना चाहूँगा। कई बार किसी दिखाई देनेवाले क्षेत्रीय वैषम्य के स्वरूप को उसके वास्तविक स्वरूप में कहीं अधिक बढ़ा-चढ़ा कर प्रस्तुत करने की बड़ी लालसा होती है। पहली बात तो पूर्व और दक्षिण में दिखाई पड़ रहे कन्या-भ्रूण-हत्या के प्रति सांस्कृतिक प्रतिरोध को सर्वदा अभेद्य नहीं मान लेना चाहिए। भले ही इन क्षेत्रों में अभी बहुत समतापूर्ण व्यवहार दिखाई देता हो, पर भविष्य में उत्तर और पश्चिम की भाँति यहाँ भी ये नई प्रवृत्तियाँ पनप सकती हैं—चाहे यह धीरे-धीरे ही हो। यह आशंका कुछ निराशावादी मानी जा सकती है, पर भारत के पूर्वी-दक्षिणी भागों में भी जन्मक्रम की विषमता को लेकर निरन्तर चौकसी बनाए रखने की जरूरत है। यदि इस विषमता के निराकरण के लिए कोई उपाय करने की आवश्यकता है, तो उन्हें भारत के अभी तक अपेक्षाकृत निरापद रहे क्षेत्रों पर भी लागू करना होगा।

उत्तर-पश्चिम और पूर्व-दक्षिण के बीच के क्षेत्रीय विभाजन पर, स्त्री-पुरूष

भेदभाव के परिप्रेक्ष्य में विचार करना बहुत महत्त्वपूर्ण है। इस विभाजन के उदय के कारणों की समीक्षा करनी होगी। यही बात पूर्व-दक्षिण में शेष दोनों क्षेत्रों की अपेक्षा बालिकाओं की न्यून मरणशीलता पर भी लागू होगी। हमने कुछ पहले भी कहा था कि बालमरणशीलता में बालिका-बालक अनुपात जहाँ पश्चिम बंगाल और केरल में क्रमशः 0.91 और 0.93 है, वहीं पंजाब, हरियाणा व उत्तरप्रदेश में तो यह 1.3 तक पहुँच चुका है।

दूसरे, यह ठीक है कि अभी पूर्वी-दक्षिणी राज्यों में कुल मिलाकर स्त्री-पुरुष अनुपात यूरोपीय मानकों के आसपास ही है, पर वहाँ भी शहरी क्षेत्रों में यह अनुपात ग्रामीण क्षेत्रों की अपेक्षा कुछ कम ही है। उदाहरण के लिए, शहरी उड़ीसा में बालिका-बालक अनुपात 93.7 है, जबकि उसी प्रान्त के ग्रामीण इलाकों में 95.4 है। कर्नाटक के शहरों और गाँवों में भी ये अनुपात क्रमशः 93.9 तथा 95.4 हैं। शहरी पश्चिम बंगाल में यह अनुपात भले ही जर्मनी के स्तर (94.8) पर हो, किन्तु ग्रामीण बंगाल के 96.7 से काफी नीचा ही रह जाता है। स्पष्ट है कि पूर्व और दक्षिण के शहरी क्षेत्रों में भी लिंगाधारित गर्भपात की प्रक्रिया फैलने लगी है, भले ही उसकी दर अभी उत्तर व पश्चिम से कम है। यह सत्य है कि अभी तो पूर्व और दक्षिण के शहरी क्षेत्रों में बालिका-अनुपात अन्तर्राष्ट्रीय मानकों के निकट है और उत्तर व पश्चिमी राज्यों से बहुत अधिक है। (दिल्ली में यह अनुपात 86.6, चंडीगढ़ में 84.4, गुजरात में 82.7, हरियाणा में 80.9 तथा पंजाब में केवल 78.9 ही है)।

आगे छानबीन के बिना क्षेत्रीय सांस्कृतिक प्रभावों की इन प्रवृत्तियों में, भूमिका का मूल्यांकन कर पाना सहज नहीं होगा, किन्तु देश के इस प्रकार से, बालिका अनुपात के अनुसार दो भागों में विभाजित होने के संकेत ही इस वास्तविकता को स्वीकार कर इनका आगे अध्ययन करने की आवश्यकता को सिद्ध कर देते हैं। यह भी पता करना अत्यन्त महत्त्वपूर्ण है कि पूर्व-दक्षिण में (जहाँ अभी तक यह प्रवृत्ति बहुत क्षीण है) भी कहीं लिंगाधारित गर्भपात दरों में उछाल तो नहीं आ रहा!

सुविधाओं की असमानता

'जन्मक्रम' और जीवनधारण की विषमताओं की एक विशेषता है—इनमें विद्यमान लिंगभेद की जनांकिकीय आँकड़ों के आधार पर स्पष्ट पहचान हो जाती है। किन्तु जहाँ जन्म और मृत्यु के आँकड़े किसी भेदभाव का संकेत नहीं दे रहे हों वहाँ भी अनेक अन्य कारकों के आधार पर महिलाओं के साथ अन्यायपूर्ण व्यवहार की उपस्थिति का आभास हो सकता है। एशिया, अफ्रीका और लातीनी अमरीका के कितने ही देशों में बालिकाओं की स्कूली शिक्षा के लिए सुविधाओं का नितान्त अभाव दिखाई देता है। भारत के बहुत बड़े हिस्से में तो यह समस्या है, पाकिस्तान में और अधिक व्यापक है। बंगला देश में भी हालत ऐसी ही है, पर अब उसमें तेज़ी से सुधार के

लक्षण प्रकट हो रहे हैं। शिक्षा की इन विषमताओं का समाज की समूची संरचना पर गहरा असर पड़ता है और इसका लिंग विषमता के अनेक पक्षों तथा अभावग्रस्तता पर भी बहुत दूरगामी प्रभाव पड़ सकता है। इसके कारण से पुरुषों को भी कुछ अभाव झेलने पड़ सकते हैं—महिलाओं को तो नितान्त अभावग्रस्तता भुगतनी ही पड़ रही है।

अनेक अन्य मौलिक सुविधाओं का बँटवारा भी प्रायः असमान ही होता है। उदाहरण के लिए महिलाओं के लिए राजनीति और वाणिज्य-व्यवसाय में प्रवेश करने के अवसर बहुत सीमित रहते हैं। परम्परागत जीवन-शैली में कैद महिलाओं को घर से बाहर निकल सामाजिक कार्यों में भागीदारी के अवसर ही कहाँ मिल पाते हैं? इस सबके कारण नारी का अपना कुशलक्षेम और उसकी वृहद भूमिका, दोनों ही बहुत सीमित और बाधित हो जाती है। मेरा आग्रह है कि इस परिसीमन के, प्रत्यक्ष दिखाई पड़ रही तात्कालिक अभावग्रस्तता से कहीं अधिक गहन और दूरगामी सामाजिक दुष्प्रभाव होते हैं। यही नहीं, यदि स्कूली शिक्षा की मूलभूत सुविधाओं की सुलभता में अधिक भेदभाव नहीं हो तो भी, लड़कियों को उच्च शिक्षण-प्रशिक्षण के अवसर लड़कों की अपेक्षा कम ही मिल पाते हैं।

परम्परा के अनुसार, इस प्रकार की असमानता का आधार यह विचार रहा है कि पुरुष और नारी के स्वाभाविक कार्यक्षेत्र अलग-अलग होते हैं। सदियों से इस अवधारणा का अनेक रूपों में परिपोषण किया गया है। इसका प्रत्यक्ष और परोक्ष रूप से व्यापक स्तर पर परिपालन भी होता है। इंग्लैण्ड में रेवरेंड जेम्स फॉर्डायस ने अपनी पुस्तक 'सर्मन्स टू यंग वीमन' 1766 में इसका बहुत स्पष्ट रूप से प्रतिपादन किया था। इसी पुस्तक के बारे में मेरी वोल्स्टोनक्रॉफ्ट ने 1792 में अपनी पुस्तक 'एंविंडीकेशन ऑफ द राइट्स ऑफ वीमन' में टिप्पणी की थी कि "इसे तो वर्षों से प्रत्येक नारी के 'पुस्तकालय' का अनिवार्य अंग बनाया जा चुका है।" फॉर्डायस ने अपनी पाठिकाओं को सचेत किया था कि उन "मर्दानी महिलाओं से बचकर रहो जो हम (मर्दों) के कार्यक्षेत्र में तुम्हें घसीट लेना चहती हैं।" मर्दों के कार्यक्षेत्रों की पहचान करते हुए उन्होंने लिखा था कि युद्ध, वाणिज्य, राजनीति, शारीरिक शक्ति और क्षमता का विकास करनेवाले व्यायाम, अमूर्त भाववाची दर्शन और उससे भी गूढ़ तत्ववाले विज्ञान पुरुषों के कार्यक्षेत्र हैं।

आजकल पुरुषों और महिलाओं के कार्यक्षेत्रों का इस प्रकार स्पष्ट विभाजन करने का रिवाज तो नहीं रहा, फिर भी शिक्षण-प्रशिक्षण तथा व्यावसायिक अध्यवसायों में विश्व के विकसित देशों में भी अनेक प्रकार के स्त्री-पुरुष भेदभाव दिखाई पड़ जाते हैं। भले ही भारत में अभी उत्तरी अमरीका और यूरोप की भाँति बुनियादी शिक्षा में स्त्री-पुरुष समानता नहीं आ पाई है, पर ये क्षेत्र भी व्यापक स्तर पर शैक्षणिक विषमताओं का निर्मूलन नहीं कर पाए हैं।

यहीं पर व्यावसायिक विषमता से सादृश्य भी स्पष्ट हो जाता है। रोजगार तथा कार्य और व्यवसाय में पदोन्नति के मामलों में प्रायः महिलाओं को अधिक बाधाओं का सामना करना पड़ता है। पश्चिम में भी यह समस्या बनी हुई है। यदि मैं अपने व्यक्तिगत अनुभव की बात उठाऊँ तो दिल्ली विश्वविद्यालय से ऑक्सफोर्ड होते हुए हार्वर्ड की अपनी 'यात्रा' के दौरान मैंने पाया है कि मेरे सहकर्मियों में महिलाओं का अनुपात निरन्तर कम होता गया है।

इस लेख का बहुत बड़ा अंश जीवनधारण और जन्मक्रम की स्त्री-पुरुष-विषमता पर आधारित रहा है। इस मामले में भारत सहित विकासशील देशों का प्रदर्शन विश्व के आर्थिक दृष्टि से विकसित देशों की तुलना में बहुत घटिया कहा जा सकता है, किन्तु यह बात भी नहीं भूलनी चाहिए की एक प्रकार की विषमता की अनुपस्थिति का अर्थ अन्य लिंगाधारित विषमताओं से मुक्ति नहीं माना जा सकता। जापान जैसे देश में जनांकिकीय, बुनियादी सुविधाओं में यहाँ तक कि उच्च शिक्षा के अवसरों में भी, भले ही समताभाव दिखाई पड़ता हो, किन्तु जापानी महिलाओं को पुरुषों की अपेक्षा रोजगार और व्यवसाय में उच्चतर पदों तक पहुँचने में कहीं अधिक कठिनाइयों का सामना करना पड़ता है।

इस लेख में मेरा सारा ध्यान भारतीय उपमहाद्वीप में स्त्री-पुरुष-विषमता के निरूपण पर रहा है, किन्तु किन्हीं स्पष्ट दिखाई देनेवाले भेदभाव सूचकों की अनुपस्थिति का अर्थ यह कदापि नहीं है कि यूरोप और उत्तरी अमरीका में या जापान में लिंगभेद पूरी तरह से समाप्त हो चुका है। (भले ही आर्थिक रूप से विकसित देशों में भारतीय उपमहाद्वीप से दिखाई पड़ रहीं कुछ एक विषमताएँ दूर हो गई हों, फिर भी विकसित देश और अनेक प्रकार की विषमताओं का निवारण अभी तक नहीं कर पाए हैं)।

कुछ सन्दर्भों में तो स्थिति एक दम विपरीत रूप धारण कर लेती है। भारत, बंगला देश, श्रीलंका, पाकिस्तान—सभी में राष्ट्रीय प्रशासन के उच्चतम पदों पर महिलाएँ चुनी जा चुकी हैं, पर संयुक्त राज्य अमरीका में अभी तक ऐसा नहीं हो पाया है निकट भविष्य में ऐसी कोई सम्भावना भी नहीं दिखाई दे रही। बंगला देश में तो प्रधानमन्त्री और विपक्ष की नेता दोनों ही महिलाएँ हैं और लगता नहीं कि कोई बंगलादेशी पुरुष शीघ्र देश के राजनीतिक नेतृत्व के शीर्ष तक पहुँच पाने का स्वप्न भी देख पा रहा हो। स्त्री-पुरुष विषमता के वास्तव में अनेक चेहरे हैं—हमारे निष्कर्ष इसी पर निर्भर होंगे कि हम किस चेहरे को निहार रहे हैं।

स्वामित्व की विषमता

आइए, अब विषमता के एक और आयाम पर बात करें। यह सबका जाना-पहचाना सम्पत्ति के स्वामित्व की विषमता का आयाम है। यह वर्ग-विभाजन के लिए उत्तरदायी एक बुनियादी कारक भी है। विभिन्न सामाजिक वर्गों के बीच सम्पत्ति के स्वामित्व

के अन्तरों और उनके दीर्घगामी और व्यापक प्रभावों पर बहुत ध्यान से चर्चाएँ हो चुकी हैं। कार्लमार्क्स तो 'उत्पत्ति के साधनों' के स्वामित्व में विषमता के वर्ग-आधारित स्वरूप पर ही विशेष रूप से ध्यान केन्द्रित किए रहे। किन्तु सम्पत्ति के स्वामित्व में स्त्री-पुरुष भेदभाव भी सामाजिक विषमता का एक बड़ा स्रोत हो सकता है। कितने ही समुदायों में घर, जमीन जैसी प्राथमिक परिसम्पत्तियों के विभाजन में भी स्त्री-पुरुषों के बीच भारी विषमता स्पष्ट दिखाई देती है। सम्पत्ति पर अधिकार का न होना न केवल नारी की आवाज को दबा देता है, वरन् उसकी व्यावसायिक आर्थिक और सामाजिक गतिविधियों में सम्मिलित होकर महत्त्वपूर्ण योगदान कर सकने की क्षमताओं को भी कुंठित कर देता है। बीना अग्रवाल ने अनेक समुदायों में नारी की भूमिविहीनता के निशक्तिकारी प्रभावों का बहुत ही सार्थक और सारगर्भित अध्ययन किया है।

यह सम्पत्ति-स्वामित्व की विषमता कोई नई प्रवृत्ति नहीं है (जन्मक्रम-विषमता निश्चय ही नई विषमता है)। यह विश्व में अत्यन्त दीर्घकाल से चली आ रही है। किन्तु इस विषमता के प्रचलन और गहनता में अनेक प्रकार के स्थानीय अन्तर भी दिखाई देते हैं। अधिकांश भारत में भले ही सम्पत्ति पर पुरुषों के अधिकार की ही प्रधानता रही है, पर केरल प्रान्त में मातृवंशीय उत्तराधिकार परम्परा प्रचलित रही है। यह परम्परा वहाँ के एक बहुत प्रभावशाली नायर समुदाय में विशेष रूप से प्रचलित थी। यह समुदाय केरल की सकल जनसंख्या का 20 प्रतिशत है और इसका केरल की राजनीति और शासन व्यवस्था पर बड़ा वर्चस्व रहा है। केरल में नारी की विलक्षण सामाजिक सफलताओं में उनकी आवाज का बहुत महत्त्व रहा है। और इस आवाज को बुलन्द बनाए रखने में समाज के एक बड़े हिस्से में मातृवंशीय उत्तराधिकार की परम्परा का बहुत बड़ा योगदान रहा है।

पारिवारिक हितलाभों और दायित्वों का विषम विभाजन

विश्व के अधिकांश भागों में परिवार की सम्पत्तियों पर प्रायः पुरुषों का ही स्वामित्व होता है। और यह परिवार में आन्तरिक शक्ति असन्तुलन का एक बड़ा निर्धारक बन जाता है। किन्तु पारिवारिक विषमता के अन्य निर्धारक भी होते हैं और इस विषय पर अभी कुछ समय से ही ध्यान दिया जाने लगा है। परिवार के भीतर स्त्री-पुरुष सम्बन्धों में कुछ बुनियादी विषमताएँ होती हैं और उनके कई स्वरूप हो सकते हैं। उन्हीं में स्वास्थ्य, पोषण, देखभाल तथा स्कूली व उच्च शिक्षा के अवसर आदि वे पक्ष भी सम्मिलित हैं जिन पर मैंने पिछले खण्ड में चर्चा की थी।

जहाँ जीवनधारण की विषमता जैसे नारी-विरोधी के कुत्सित चिह्न नहीं होते, वहाँ भी परिवार में कार्यों और बच्चों की देखभाल जैसे दायित्वों के विभाजन की व्यवस्था बहुत विषमतापूर्ण हो सकती है, कितने ही देशों में माना जाता है कि पुरुष तो घर से बाहर ही काम करते हैं। नारी भी बाहर काम कर सकती है, यदि वह

घर के गैर-बराबरी से बँटे कार्यों के साथ-साथ बाहरी काम का भी बोझ उठा सके। इसे कभी-कभी 'श्रम-विभाजन' का नाम भी दिया जाता है, जबकि इसका नाम तो 'नारी पर कामों की लदाई' होना चाहिए।

इस प्रकार के श्रम-विभाजन की परम्परा व्यावसायिक क्षेत्रों में विभिन्न कार्यों के महत्त्व आदि के अभिभूत और सूझ समझ पर भी दूरगामी प्रभाव छोड़ती है। मैंने 1970 के दशक में लिंग-विषमता पर कार्य आरम्भ किया तो उस समय बहुधा प्रयोग होनेवाली 'हैंडबुक ऑफ हयूमन न्यूट्रिशन रिक्वायरमेंट' को भी पढ़ा था। इसमें विभिन्न प्रकार के कार्यों में लगे व्यक्तियों की पोषण सम्बन्धी कैलोरी, आवश्यकताओं का वर्गीकरण किया गया है। उस वर्गीकरण के अनुसार गृहकार्य को सुस्ती-भरा या हल्का-फुल्का काम माना जाता है, जिसमें बहुत ऊर्जा की आवश्यकता नहीं होती! यह बहुत प्रभावशाली 'हैंडबुक' विश्व स्वास्थ्य संगठन तथा खाद्य एवं कृषि संगठन द्वारा नियुक्त उच्चस्तरीय विशेषज्ञ समिति की रिपोर्ट पर आधारित थी। यह बताने की आवश्यकता नहीं है कि उस पितृसत्तावादी महान समिति के सदस्यों को निश्चय ही घरेलू काम करने का कोई अनुभव नहीं रहा होगा, तभी उन्होंने इस (कमरतोड़) काम—''सुस्ती को भरा और हल्का-फुल्का'' की शानदार 'पहचान' दी।

घरेलू हिंसा और शारीरिक उत्पीड़न

स्त्री-पुरुष विषमता का सबसे पाशविक स्वरूप नारी का शारीरिक उत्पीड़न है। इस प्रकार की हिंसात्मक घटनाएँ केवल गरीब और कम विकसित अर्थव्यवस्थाओं तक सीमित नहीं हैं, आधुनिक और धनी देशों में भी यह पाशविकता काफी उच्चस्तर पर पाई जा रही है।

वास्तव में सर्वाधिक विकसित और आधुनिक अर्थव्यवस्थाओं में तो महिलाओं की पिटाई की घटनाओं की संख्या आश्चर्यजनक रूप से उच्च है। कुछ अध्ययनों का निष्कर्ष है कि संयुक्त राज्य अमरीका में प्रतिवर्ष कम से कम 1.5 मिलियन (15 लाख) मामलों में महिलाओं को मारपीट से लेकर बलात्कार तक का शिकार होना पड़ जाता है।

भारत में भी महिलाओं के साथ दुर्व्यवहार कम नहीं होता। इस सामान्य दुर्व्यवहार के साथ दहेज और आर्थिक मामलों को लेकर हिंसा-उत्पीड़न भी जुड़ जाते हैं। इस प्रकार के उत्पीड़न से मरनेवाली महिलाओं की संख्या तो, चिकित्सा और सामाजिक देखरेख के अभाव से मर जानेवाली संख्या से, बहुत कम रह जाती है, किन्तु लिंगाधारित विषमता के इस स्वरूप की अतिपाशविकता नारी की भीषणतम अभावग्रस्तता की ही परिचायक है।

कुछ टिप्पणीकारों ने इस विषमता का स्रोत स्त्री-पुरुष की शारीरिक शक्ति के अन्तर को माना है। निश्चय ही इस प्रकार ही गैर-बराबरी का इस दर्दनाक स्थिति

के बने रहने में बड़ा योगदान रहा है। गर्भावस्था और प्रसव के तुरन्त बाद तो नारी की स्थिति और भी दुर्बलताग्रस्त होती है। शारीरिक बल की असमानता के साथ-साथ कहीं न कहीं मानसिकता की भूमिका भी होती है। किसी मुद्दे को निबटाने, या कोई लाभ प्राप्त करने के लिए शारीरिक हिंसा का प्रयोग तभी होता है जब इस प्रकार के व्यवहार को 'मान्य' स्वीकार किए जाने की सम्भावनाएँ विद्यामान होती हैं। आत्मरक्षा के प्रशिक्षण आदि से सम्भवतः शारीरिक विषमता का प्रतिकार तो हो सकता है, किन्तु मानसिकता के बदलाव के लिए तो व्यापक सामाजिक पुनर्रचना के ऐसे कार्यक्रम की आवश्यकता होगी जिसमें नारी के उत्पीड़न के उन्मूलन पर विशेष आग्रह हो। इस व्यापक सामाजिक परिवर्तन में शैक्षणिक, सांस्कृतिक और राजनीतिक आन्दोलनों को भी योगदान देना होगा।

स्वतन्त्र अभिकरण और आलोचनात्मक संवीक्षा की भूमिका

अब मैं फिर से नारीशक्ति की वृहद भूमिका तथा 'शक्ति' पक्ष और स्त्री-प्रतिकूलता के दूसरे आयाम, कुशलक्षेम की परस्पर निर्भरता के विषय पर लौट रहा हूँ। थोड़ा ही पहले मैंने इस विषय से आपको परिचित कराया था। वृहद भूमिका पर ध्यान देने के पक्ष में सबसे प्रबल कारण यही है कि इसके माध्यम से कुशलक्षेम को क्षीण करनेवाली विषमताओं का निवारण करने में बहुत सहायता मिल सकती है। कुछ समय से यह बात सिद्ध होती जा रही है कि नारी की आजीविका कमाने, घर से बाहर रोजगार करने, स्वामित्व अधिकार पाने, साक्षर होने तथा घर की निर्णय-प्रक्रिया में भागीदारी की क्षमता का उसके अपने कुशलक्षेम और 'सम्मान' पर किस प्रकार सुखद प्रभाव पड़ रहा है। वास्तव में विकासशील देशों में नारी की जीवनधारण की विषमता भी वृहद भूमिका विषयक इन सुधारों के परिणामस्वरूप कम होकर अन्ततः समाप्त ही हो जाएगी।

नारी की अर्जनक्षमता, परिवार से बाहर आर्थिक भूमिका, साक्षरता और शिक्षा तथा सम्पत्ति अधिकार आदि बातें परस्पर इतनी भिन्न हैं कि उनमें किसी आपसी सम्बन्ध की आशा नहीं होती। उनमें यही बात साँझी लगती है कि प्रत्येक नारी की वृहद भूमिका को संवर्धित करने में नारी को स्वतन्त्र और सशक्त बनाकर अपना योगदान देती है। अनेक अध्ययनों से यह जानकारी मिली है कि घर से बाहर निकलकर रोजगार करने तथा स्वतन्त्र रूप से कमानेवाली महिलाएँ घर में भी अधिक प्रतिष्ठा पाती हैं। और व्यापक समाज में निर्णय-प्रक्रिया में बेहतर हिस्सेदारी कर पाती हैं। केवल घर के भीतर सक्रिय महिला का परिवार की खुशहाली में योगदान छिप जाता है। किन्तु घर से बाहर काम करनेवाली महिला के योगदान को अनदेखा करना इतना सहज नहीं रहता। इस प्रकार पुरुष पर आर्थिक निर्भरता में कमी होने और उसकी अपनी प्रतिष्ठा में वृद्धि होने के कारण उसकी बात पर अधिक ध्यान भी दिया जाता

है। बाहर काम करने का महिला के लिए कुछ सकारात्मक शिक्षाप्रद प्रभाव भी होता है। उसे बाहर की दुनिया के घटनाक्रम की बेहतर जानकारी मिलती है। और उसकी अपनी भूमिका अधिक सूझपूर्ण तथा प्रभावोत्पादक हो जाती है। सम्पत्ति का स्वामित्व भी घर-बाहर नारी की निर्णय-क्षमता को संवर्धित करता है।

ये विविध कारक नारी की सामाजिक क्षमताओं और प्रभावोत्पादकता को बढ़ाते हैं। अतः इनका अपना तथा साँझा योगदान शक्तिवर्धक रहता है। इनकी संयुक्त कार्यविधि को नारी शक्ति—आर्थिक स्वतन्त्रता और सामाजिक स्वतन्त्रता के साथ मिलाकर देखा जाना चाहिए कि इनका परिवार में नारी की अधिकारिताओं-हकदारियों के विभाजन को निर्धारित करनेवाले सिद्धान्तों की रचना पर किस प्रकार प्रभाव पड़ता है। बात चाहे शारीरिक उत्पीड़न की बर्बरता की हो या उसकी स्वास्थ्य समस्यायों की, गूढ़रूप से अनदेखी की, नारी की अभावग्रस्तता तो अन्नतः उसके निम्न स्तर और परिवार, समाज के अन्य सदस्यों के व्यवहार को प्रभावित कर पाने की क्षमता के अभाव से ही जुड़ी रहती है।

इस सन्दर्भ में जानकारी और सूचनाओं की सकारात्मक भूमिका ही नहीं, बल्कि अलग तरह से सोचने का साहस (किंचित् दुस्साहस) भी नारी को वृहद भूमिका प्रदान कर उसे स्वतन्त्रता व शक्ति सम्पन्न बना उन रूढ़ तथा विषमता भरे व्यवहारों-परम्पराओं का उन्मूलन करने में समर्थ बना सकता है, जिन्हें प्रायः प्राकृतिक या स्वाभाविक मानकर स्वीकार कर लिया जाता है। उदाहरण के लिए चीन और कोरिया में नारी-साक्षरता और आर्थिक स्वतन्त्रता को नारी संशक्ति का माध्यम चुना गया है। इसने इन देशों में जीवनधारिता में व्याप्त विषमताओं को समाप्त करने में बहुत बड़ा योगदान दिया है। किन्तु यह भी वहाँ व्याप्त जन्मक्रम विषमता को प्रभावित नहीं कर पाया है– यह विषमता नारी-भ्रूण-हत्या के रूप में बड़े पैमाने पर चल रही है। भारत में भी नारी संशक्ति ने नारी की मरणशीलता के आधिक्य को तो कम किया है किन्तु देश के कई भागों में नई प्रोद्योगिकी का प्रयोग कर नारीभ्रूणों का गर्भपात कराने की प्रवृत्ति पनप रही है।

ऐसे प्रमाण भी मिल रहे हैं कि अक्सर लिंगचयन पर आधारित गर्भपात कराने के पीछे माताओं का ही हाथ रहता है। इस कारण से नारी की भूमिका और सामाजिक प्रभावों की व्याख्या करने के प्रश्न भी नया रूप धारण कर लेते हैं। यहाँ वृहद भूमिका की अवधारणा को किन्हीं तात्कालिक निर्णयों की परिधि से दूर तक विस्तारित करना होगा। इसके विस्तृत स्वरूप में तो परम्परागत वरीयताओं और रूढ़ सामाजिक मूल्यों के बारे में प्रश्न उठाने की स्वतन्त्रता को भी स्थान देना होगा।

वृहद भूमिकागत स्वतन्त्रता में सभी प्रकार के दबावों और शेष विश्व के व्यवहार से अनभिज्ञता से मुक्त होकर सोच पाने की स्वतन्त्रता शामिल होगी। जन्मक्रम के भेदभाव में कमी लाने में नारी की पुरानी परम्पराओं और जीवनमूल्यों को नकार पाने

की शक्ति का बहुत बड़ा योगदान हो सकता है। पुरुष प्रधानता की नारी-विरोधी मानसिकता से प्रायः माताएँ स्वयं भी मुक्त नहीं होतीं—उनके व्यवहार ही नहीं उनके सारे चिन्तन में 'स्वतन्त्रता' की आवश्यकता प्रतीत होती है। लिंगाधारित विषमता सहित सभी प्रकार की गैर-बाराबरी के विरुद्ध संघर्ष में ज्ञान पर आधारित तथा सुविचारित वृहद भूमिका बहुत ही महत्त्वपूर्ण सिद्ध होगी।

पारिवारिक विषमताएँ : सहकारी अन्तर्द्वन्द्व

परिवार के भीतर स्त्री-पुरुष विषमता के सन्दर्भ में तो उपर्युक्त अन्तर्सम्बन्ध और भी सशक्त रूप धारण कर लेते हैं। इस प्रक्रिया को समझने के लिए हम शुरुआत ही इस तथ्य से करते हैं कि पारिवारिक जीवन में स्त्री और पुरुष दोनों के हितों में समकेन्द्रण और टकराव उपस्थित रहते हैं। समकेन्द्रण का वितान बहुत व्यापक होता है—इसीलिए परिवार की निर्णय-प्रक्रिया में बहुधा सहयोग (अर्थात् किन्हीं टकरावों का मिल बैठकर समाधान) ही दिखाई देता है। यदि यह सहयोग व्यवस्था भंग हो जाए तो सभी पक्षों को भारी हानि सहनी पड़ती है। किन्तु ऐसे सहयोगी विकल्प भी मौजूद होते हैं जो दोनों पक्षों के लिए असहयोग से कहीं बेहतर होते है, पर जिनसे उन पक्षों को सुलभ हितलाभों में भारी अन्तर आ जाते हैं।

सुप्रसिद्ध गणितज्ञ जॉन नैश ने अपने विख्यात लेख 'बार्गेनिंग प्रॉब्लम' में इसी प्रकार की आंशिक समकेन्द्रण और व्यापक टकराव या द्वन्द्व के सम्बन्धों की व्याख्या की है। (वैसे उनका अध्ययन मुख्यतः पारिवारिक समस्या से नहीं जुड़ा था)। यह समस्या बहुत ही सामान्य प्रकृति की है। और जीवन में अनेक स्तरों पर इसका सामना होता है। व्यापारिक सौदेबाजी, श्रम सम्बन्ध, राजनीतिक समझौते, आजकल चल रही वैश्वीकरण के लाभ-हानि की समीक्षा आदि सभी में इस समस्या के दर्शन हो जाते हैं। नैश की अपनी तथा उससे जुड़ी संरचनाएँ पारिवारिक दायित्व और हितलाभ विभाजन में 'न्यायपूर्णता' का मूल्यांकन करने के लिए एक बुनियादी सूझ-बूझ की कसौटी की रचना करती है। पारिवारिक व्यवस्था में सहयोग और द्वन्द्व एक साथ उपस्थित रहते हैं और उनकी तथ्यात्मक तथा आदर्शमूलक समीक्षा होनी ही चाहिए। वैसे मेरा यह आग्रह पुराना है कि इस समस्या की राजनीति और नीति को नैश की अपेक्षा कुछ अलग ढंग से देखने की आवश्यकता भी है। पारस्परिक व्यवहार की समस्या में सहयोग और द्वन्द्व कहाँ तक शामिल होते हैं? दोनों पक्षों का इस बात में बहुत हित होता है कि कुछ न कुछ समाधान निकल आए। किन्तु वे प्रत्येक सहयोगपूर्ण समाधान को अपने-अपने ढंग से अलग-अलग वरीयता क्रम प्रदान करते हैं। प्रायः ये क्रम विपरीत दिशा की ओर अग्रसर होते हैं। एक उदाहरण के रूप में किसी समस्या के दो सहयोगी समाधान 'अ' तथा 'ब' हो सकते हैं। पहले पक्ष को 'अ' बेहतर लगता है, तो दूसरे पक्ष को 'ब'। यह बात निश्चित है कि 'अ' और

'ब' दोनों ही समाधान हीनता की स्थिति से बेहतर हैं। फिर भी 'अ' को स्वीकार करने पर पहले का और 'ब' को स्वीकार करने पर दूसरे पक्ष का अधिक हितसाधन होता है। पहले पक्ष के समाधान 'अ' को स्वीकार करवाने में निहित स्वार्थ पैदा हो जाता है। यही स्थिति 'ब' को लेकर दूसरे पक्ष की होती है। अतः इस प्रकार के सम्बन्धों में सहयोग और द्वन्द्व दोनों ही एक साथ उपस्थित होते हैं।

पारिवारिक व्यवस्थाएँ इस प्रकार से सहयोगपूर्ण द्वन्द्व की बहुत सटीक उदाहरण होती हैं। अनेक उपलब्ध विकल्पों में से एक सहयोगपूर्ण व्यवस्था का चयन हितलाभों के एक संयुक्त आवंटन की रचना कर देता है। कुछ आवंटन स्त्री के लिए बहुत ही निकृष्ट होते हैं। और यदि ऐसे किसी आवंटन के पक्ष में 'सहयोग' प्राप्त कर लिया जाता है तो सारी व्यवस्था लिंगाधारित विषमताओं से आक्रांत हो जाती है। सहयोगपूर्ण द्वन्द्व की संरचना अनेक सामूहिक सम्बन्धों का एक आवश्यक अभिलक्षण होती है। इन द्वन्द्वों की प्रकृति और प्रभावों को बेहतर समझने से पारिवारिक विभाजनों में नारी को मिले हितलाभों की सही समीक्षा करने में बहुत सहायता मिल सकती है। पारिवारिक जीवन में आंशिक टकरावों का समाधान प्रायः ऐसे व्यवहार के नियमों द्वारा कर लिया जाता है जिनका अधिक न्यायपूर्ण होना सदैव आवश्यक नहीं होता। परिवार के जीवन की सबसे बड़ी विशेषता मिलजुल कर एक घर में रहना है, अतः प्रायः द्वन्द्वकारी तत्वों पर स्पष्टरूप से आग्रह नहीं किया जाता। यहाँ तक कि परिवार की स्पष्ट एकता के बजाय टकरावों की बात करना भी 'अनुचित व्यवहार' घोषित हो जाता है। कई बार तो इस प्रकार से अभाव भोग रही नारी न केवल चुप रह जाती है, उसे यह भी अनुभूति नहीं होती कि उसे कितना अभाव झेलना पड़ रहा है।

कौन कितना उपयोगी कार्य कर रहा है या परिवार की समृद्धि में किसका कितना योगदान है—इन अनुभूतियों पर अक्सर बात होती है। पर 'उपयोगी कार्य' और 'योगदान' का स्पष्ट शब्दों में निरूपण कभी नहीं किया जाता। स्त्री-पुरुष के वैयक्तिक योगदानों और अधिकारिताओं की व्याख्या-समीक्षा परिवार को सुलभ हितलाभों के विभाजन में बहुत बड़ी भूमिका निभाती है। अतः बाहर काम, कमाई, शिक्षा, सम्पत्ति-स्वामित्व आदि योगदान और अधिकारिता विषयक अनुभूतियों को प्रभावित कर उसके माध्यम से हितलाभ विभाजन प्रक्रिया को भी निर्णायक रूप से प्रभावित कर सकती है। नारी की अधिक संशक्ति और स्वतन्त्र वृहद भूमिका के प्रभाव उन विषमताओं को कुंठित कर सकते हैं, जिन्होंने सदियों से नारी जीवन को अन्धकारमय बनाया हुआ है। अधिक सशक्त वृहद भूमिका के माध्यम से नारी अनेक जीवनों की रक्षा करती है—उनमें उसका अपना जीवन भी सम्मिलित होता है।

नारी की वृहद भूमिका और बच्चों की जीवनधारिता

अभी तक मैं नारी की वृहद भूमिका की, उसके अपने कुशलक्षेम और स्वातन्त्र्य पर पड़ रहे प्रभावों की चर्चा कर रहा था। किन्तु कहानी यहीं खत्म नहीं हो जाती। कितने ही और जीवन भी इस पर निर्भर रहते हैं; विशेषकर बच्चों के यहाँ तक कि पुरुषों के भी। अतः लिंग-भेदभाव के प्रभावों की समीक्षा इसके विषमताकारी स्वरूपों से कहीं आगे तक होनी चाहिए। एक उदाहरण यह भी नारी की वृहद भूमिका बच्चों की मरणशीलता और गर्भधारण को घटाने में भारी योगदान दे सकती है। ये दोनों ही बातें विकास प्रक्रिया के लिए अत्यन्त महत्वपूर्ण हैं (इनका नारी के अपने कुशलक्षेम पर तो प्रभाव पड़ता ही है)। अतः निश्चय ही इसकी प्रासांगिकता बहुत विस्तीर्ण है।

कुछ नवीन आँकड़ों पर आधारित अध्ययन भी बालमरणशीलता को कम करने में नारी की वृहद भूमिका और संशक्ति के प्रभावों की पुष्टि कर रहे हैं। ये प्रभाव अनेक प्रकार से होते हैं, किन्तु सबसे प्रमुख तो माँ द्वारा बच्चों के कुशलक्षेम को दिया जानेवाला महत्त्व और संशक्ति आदि से सुलभ-सुअवसर ही है। भारत में इस पक्ष पर कई अध्ययन हुए हैं।

किन्तु नारी की वृहद भूमिका के विस्तार की विधियों के कारण उसके स्वरूप में कई अन्तर आ जाते हैं। कमाऊ रोजगार व श्रम-बाजार में प्रवेश तथा साक्षरता-शिक्षा के प्रभावों की तुलना से ये अन्तर बहुत स्पष्ट हो जाते हैं। नारी-साक्षरता और शिक्षा के प्रभाव पूर्णतः सकारात्मक हैं और सभी अध्ययनों से इनकी पुष्टि हुई है। किन्तु श्रम-बाजार में भागीदारी के प्रभाव इस प्रकार स्पष्ट नहीं रह पाते। कमाऊ रोजगार से नारी की वृहद भूमिका पर कई सकारात्मक प्रभाव पड़ते हैं—इनके कारण बच्चों की देखभाल और संयुक्त परिवार की निर्णय प्रक्रिया में उनके हितों के संरक्षण पर अधिक आग्रह हो सकता है। किन्तु पुरुष प्रायः गृहकार्यों से कतराते हैं और इस कारण बच्चों की देखभाल पर अधिक बल देने का अर्थ यह होता है कि नारी घर और बाहर दोनों जगहों के कामों की चक्की में पिसने लगती है। अतः कुल मिलाकर होनेवाला प्रभाव किसी भी दिशा (सकारात्मक या नकारात्मक) में जा सकता है। अतः कोई हैरानी नहीं कि भारत में ममतामूर्ति, एने-कैथेरीन गुइयो और ज्याँद्रीज़ के अध्ययन में जिलेवार आँकड़ों की तुलना से,नारी रोजगार के बालमरणशीलता पर किसी प्रकार के स्पष्ट प्रभाव उभर कर नहीं आते।

किन्तु, नारी-साक्षरता और शिक्षा के, निश्चित रूप से, सशक्त सांख्यिकीय प्रभाव 5 वर्ष से कम आयु के बच्चों की मृत्युदर में कमी में स्पष्ट हो रहे हैं। ये प्रभाव उन्हीं परिवारों की पुरुष साक्षरता के प्रभाव के समायोजन के बाद भी सांख्यिकीय दृष्टि से महत्वपूर्ण बने रहते हैं। यह प्रवृत्ति अनेक देशों में पाए गए नारी-साक्षरता

और बालजीवनधारिता के निकट सम्बन्ध से मेल खाती है।

इस सन्दर्भ में वृहद भूमिका के, सकल बालजीवनधारिता से पृथक् बाल जीवनधारिता में लिंगाधारित विषमता पर प्रभावों की समीक्षा भी बहुत उपयोगी होगी। यहाँ श्रमशक्ति में भागीदारी और साक्षरता-शिक्षा, दोनों का ही बालजीवनधारिता में बालिकाओं की अभावग्रस्तता को कम करनेवाला सशक्त प्रभाव दृष्टिगोचर हुआ है। अर्थात् जहाँ नारी-साक्षरता और रोजगार-भागीदारी अधिक है, वहाँ बालिकाओं की मृत्युदरों में भी काफी कमी आई है। इसके विपरीत सामान्य आर्थिक विकास और आधुनिकीकरण के सूचक कारकों का बालजीवनधारण में लिंगभेद पर कोई महत्त्वपूर्ण प्रभाव नहीं दिखाई देता। वास्तव में जहाँ विकास के साथ नारी संशक्ति का संयोग नहीं हो पाया है, वहाँ तो इनके विपरीत प्रभाव भी सामने आ रहे हैं। ये कथन अन्य बातों के साथ-साथ शहरीकरण, पुरुष-साक्षरता, चिकित्सा सुविधाओं की सुलभता और गरीबी के स्तर पर लागू है (आमतौर पर गरीबी के निम्न स्तर का निम्न स्त्री-पुरुष अनुपात से सीधा सम्बन्ध पाया गया है)। भारत में जहाँ कहीं भी सामान्य विकास सूचकों ने बालजीवनधारण में लिंग विषमता को कम किया है, वहाँ से सद्कार्य नारी-साक्षरता और श्रमशक्ति भागीदारी के वृहद भूमिकावाची कारकों के माध्यम से ही सम्पन्न हो पाया है।

नारी मुक्ति, वृहद भूमिका और गर्भाधान दर में कमी

हम वृहद भूमिका की गर्भाधान दर में कमी में योगदान की समीक्षा के माध्यम से एक और कारण सम्बन्ध को जान सकते हैं। बहुत उच्च जन्मदर के दुष्प्रभावों में (निरन्तर बच्चों को पैदा करने-पालने के कारण) नारी की और कुछ भी कर पाने की स्वतन्त्रता कुंठित हो जाती है। अफ्रीका और एशिया की नारी प्रायः इसी दुश्चक्र में फँसी रही है। अतः कोई आश्चर्य नहीं कि नारी के स्तर और शक्तियों में सुधार के तुरन्त बाद जन्मदरों में भी गिरावट दिखाई दी है। निरन्तर बच्चे पैदा करने और पालने से बन्धनग्रस्त होनेवाले जीवन युवा स्त्रियों के ही होते हैं और उनकी आवाज को बल देनेवाला कोई भी सामाजिक सुधार गर्भाधान सम्बन्धी निर्णयों के माध्यम से जन्मदर को कम करने में सहायक बन जाता है।

भारत में अन्तर्जनपद गर्भाधान दरों के अध्ययन से भी यही तथ्य सामने आया है। द्रीज़, गुइयो और मूर्ति द्वारा तुलनात्मक सांख्यिकीय विश्लेषण में प्रयुक्त सभी कारकों में से, गर्भाधान घटाने में केवल नारी-साक्षरता और रोजगार-भागीदारी के गुणांक ही सांख्यिकीय दृष्टि से 'महत्त्वपूर्ण' रहे हैं। इस विश्लेषण से एक बार फिर नारी की वृहद भूमिका का अन्य सामान्य विकास के सूचकों (प्रति व्यक्ति आयवृद्धि आदि) की तुलना में कहीं अधिक महत्त्वपूर्ण होना सिद्ध हो जाता है।

नारी-साक्षरता और गर्भाधान दर के बीच सम्बन्ध तो बहुत ही स्पष्ट है। यही

बात अन्य देशों में भी देखी गई है। अतः भारत में भी इसका होना कोई आश्चर्य नहीं। शिक्षित महिला निरन्तर जन्म देने के बन्धन में बँधी नहीं रहना चाहती—यही गर्भाधान में कमी का कारण है। शिक्षा व्यक्ति के ज्ञान क्षितिज का विस्तार करती है। और परिवार-नियोजन की जानकारी भी सुलभ कराती है। शिक्षित महिलाओं की पारिवारिक निर्णयों में अपना योगदान देने की स्वतन्त्रता अधिक होती है। इसी कारण वह गर्भाधान और जन्म देने के फैसलों को भी प्रभावित करने में सफल रहती है।

भारत के सामाजिक दृष्टि से सबसे विकसित प्रान्त केरल का उदाहरण यहाँ बहुत सटीक रहेगा। इस प्रान्त में नारी की वृहद भूमिका गर्भाधान दरों में कमी कर पाने में विशेष रूप से सफल रही है। सारे भारत की गर्भाधान दर तो अभी भी 3.0 बनी है, किन्तु केरल की दर 2.7 से 1.7 के बीच के 'प्रतिस्थापन' स्तर पर पहुँच चुकी है। (यह चीन की दर से भी कम है)। नारी-साक्षरता और वृहद भूमिका मरणशीलता को घटाने में भी सहायक है। यह एक अधिक प्रत्यक्ष माध्यम है, जहाँ नारी की भूमिका जन्मदर कम कर पाने में भी सहायक बन गई है। इस बात के पर्याप्त प्रमाण हैं कि जब बाल मृत्युदर में कमी आती है तो गर्भाधान दर भी घटने लगती है। केरल में नारी की भूमिका को संवर्धित करनेवाले सम्पत्ति अधिकार जैसे कारक भी मलयाली समाज के एक महत्त्वपूर्ण अंश की परम्परा का हिस्सा रहे हैं।

कुछ समय से विश्व-भर में जन्मदर नियन्त्रण की नितान्त आवश्यकता पर काफी चर्चा चल रही है। भारत को लेकर तो बहुत ही आग्रहपूर्वक कहा जा रहा है कि कुछ दशकों में इसकी जनसंख्या का आकार चीन से भी बड़ा हो जाएगा। चीन ने दमनचक्र चलाकर जन्मदर को शीघ्र नियन्त्रित करने में सफलता पाई है। कुछ देश भारत को भी इसी प्रकार की नीति अपनाने का सुझाव दे रहे हैं। इन दमनकारी उपायों की कई प्रकार की सामाजिक प्रतिक्रियाएँ भी होती हैं—व्यक्तियों, विशेषकर महिलाओं की स्वतन्त्रता का हनन होता है। वह भी ऐसे मामलों में फैसला करने की स्वतन्त्रता का, जो बहुत ही व्यक्तिगत होते हैं।

यह बात भी गौर करने की है कि दमनचक्र के बावजूद चीन उस निम्न जन्मदर को नहीं पा सका है जो केरल में ऐच्छिक आधार पर सम्भव हो गई है। चीन की 'एक सन्तान' नीति तथा अन्य दमनकारी उपाय वह नहीं प्राप्त कर पाए जो नारी शिक्षा के माध्यम से नारी की भूमिका के विस्तार ने कर दिखाया है। दमनकारी उपायों के आरम्भ के समय चीन में गर्भाधान दर 2.8 थी, जबकि केरल में इसका स्तर 3.0 था। किन्तु 1990 के दशक के आरम्भ में जहाँ चीन का दमनचक्र इसे घटाकर 2.0 तक ला पाया, वहीं केरल में यह दर गिरकर 1.8 रह गई। केरल गर्भाधान दरों में कमी लाने में दमनकारी उपायों का प्रयोग किए बिना भी, चीन से बहुत अधिक सफल रहा है। भारत के तमिलनाडु और हिमाचलप्रदेश जैसे प्रान्तों में भी गर्भाधान दर में कमी चीन की कमी से तीव्र रही है। भारत के सभी सफल रहे प्रान्तों में गर्भाधान

दर की यह कमी नारी-शिक्षा, आर्थिक स्वतन्त्रता और घर से बाहर कमाऊ कार्यों में संलग्नता के माध्यम से नारी संशक्ति के साथ-साथ सम्भव हुई है।

वस्तुतः यह भी स्पष्ट नहीं हो पाता कि चीन अपने दमनकारी उपायों से गर्भाधान में कितनी अधिक कटौती हासिल कर पाया है। उस देश में भी नारी की शक्ति का संवर्धन करनेवाले अनेक सामाजिक-आर्थिक परिवर्तन आए हैं और वे परिवर्तन नारी-साक्षरता व श्रमशक्ति में भागीदारी के रूप में आए हैं। इन परिवर्तनों से ऐच्छिक आधार पर ही गर्भाधान में कमी के पक्ष में वातावरण बन जाता है। ये कारक स्वयं ही गर्भाधान दर को भारत से कम कर देते। पर चीन को अधिक श्रेय तो दमनकारी और बर्बरतापूर्ण उपायों की सफलता के लिए दिया जा रहा है–उसने जन्मदर घटाने में जिन सहायक और समर्थनकारी नीतियों को अपनाया था, उन्हें नज़रअन्दाज किया जा रहा है।

केरल में चीन से भी कम जन्मदर यह भी सुझा रही है कि समर्थनकारी नीतियाँ जोर-जबरदस्ती और दमनचक्र को नितान्त अनावश्यक बना सकती हैं। यह बात भी ध्यान देने योग्य है कि केरल की नारी-साक्षरता दर शेष भारत ही नहीं चीन से भी बहुत उच्च है। जन्मदर और नारी-साक्षरता दरों के समान वरीयता क्रम भी इनके बीच के निकट सम्बन्ध का प्रमाण दे रहे हैं। इस 'सु-चक्र' पर अभी उतना ध्यान नहीं दिया जा रहा है, जिसका यह अधिकारी है।'

स्त्री-पुरुष विषमता और व्यस्क रूग्णता

अब मैं स्त्री-पुरुष विषमता के उस पक्ष की बात उठा रहा हूँ जिस पर अभी कुछ समय से ध्यान दिया जाने लगा है। इंग्लैण्ड में डेविड बार्कर ने पाया है कि जन्म के समय कम वजन का दशकों बाद अनेक वयस्क बीमारियों से ग्रस्तता के साथ उच्च सहसम्बन्ध है। इन बीमारियों में उच्च तनाव, मधुमेह तथा अनेक हृदय सम्बन्धी व्याधियाँ सम्मिलित हैं। यदि बार्कर के सिद्धान्त को सत्यापित कर दिया जाए तो दक्षिण एशिया में स्वास्थ्य सम्बन्धी प्रमुख समस्याओं से जुड़ी जानकारियाँ भी 'नियमित' या 'सिद्धान्तानुसार' स्वरूप धारण कर लेंगी। ये समस्याएँ हैं :

(1) मातृ कुपोषण की उच्चदर;
(2) जन्म के समय कम वजन की उच्चदर;
(3) अधिकांश बच्चों का कुपोषित होना;
(4) समाज में हृदय रोगों की उच्चदर।

अभी बार्कर के सिद्धान्त पर गर्मागर्म बहस चल रही है, किन्तु यदि इसे मान्यता मिल जाती है तो यह भारत और दक्षिण एशिया में नीति-निर्धारण के लिए बहुत उपयोगी कारणों की शृंखला की एक, अभी तक गुम रही; 'कड़ी' का काम करेगा। उल्लिखित चारों समस्याओं पर आधारित हमारी जानकारियों की सही व्याख्या तो

उन्हें एक साथ विश्लेषित करने पर ही सम्भव हो पाएगी, अन्यथा ये चारों बातें असम्बद्ध ही दिखाई देती रहेंगी। इस बात की पर्याप्त सम्भावना है कि कारण-शृंखला कुछ इस प्रकार हो : नारी का सामान्य कुपोषण → मातृत्व काल में कुपोषण → गर्भ के विकास में त्रुटि → अल्प वजन बच्चों का जन्म → अधिक बाल कुपोषण → वयस्क जीवन में अनेक हृदय रोगों की निश्चित आशंका। जो दुश्चक्र नारी की पोषण सम्बन्धी आवश्यकताओं को नजरअन्दाज करने से आरम्भ होता है वही अन्ततः वयस्कावस्था में सभी के स्वास्थ्य और जीवनधारण में संकट का कारण बन जाता है।

एक दृष्टि से यह जानकारी सटीक भी है। प्रजनन प्रक्रिया में नारी की भूमिका बहुत ही निर्णायक रहती है। अतः हैरानी तो तब होगी यदि नारी पर थोपे गए अभावों का उससे जन्में व्यक्तियों पर कुप्रभाव नहीं हो। एक और बहुत बड़ी वैज्ञानिक सच्चाई है : हृदय रोगों का प्रभाव पुरुषों पर अधिक होता है। अतः एक प्रकार से पुरुष द्वारा नारी के पोषणहरण (विशेषकर मातृकालीन कुपोषण) का अन्ततः पुरुष पर ही अधिक तीखा प्रहार होता है। उसे ही हृदय रोगों का और अकाल मृत्यु का सामना करना पड़ता है। नारी के हितों की अनदेखी अन्ततः पुरुष को ही भारी पड़ती है।

इन जीवविज्ञान आधारित सम्बन्ध-सूत्रों से स्पष्ट हो जाता है कि नारी के हितों की अनदेखी उसके अपने कुशलक्षेम की हानि से कहीं आगे दूर तक मार करती है। ये प्रभाव केवल जीवविज्ञान के स्तर तक सीमित नहीं रहते। नारी की सजग वृहद भूमिका के माध्यम से अनेक गैर-जीववैज्ञनिक प्रभाव भी क्रियात्मक रूप धारण कर लेते हैं। नारी की कार्यकारिताओं और क्षमताओं के संवर्धन से उसकी अपनी स्वतन्त्रता और कुशलक्षेम का ही प्रसार नहीं होता, सभी के जीवन पर इसके सुखद प्रभाव होते हैं। नारी की सक्रिय भूमिका अनेक सन्दर्भों में स्त्री-पुरुष, बाल-वयस्क सभी के जीवन को अधिक सार्थक बना सकती है। हमारे पूर्वोल्लिखित कारकों—बालमरणशीलता और गर्भाधान आदि पर प्रभावों— को जीववैज्ञानिक कम तथा सजग रहकर किए गए निर्णयों के प्रभाव के रूप में समझना अधिक उचित होगा।

कुछ और नए साक्ष्य भी सामने आ रहे हैं। नारी की आर्थिक-राजनीतिक क्षेत्रों में कार्यकारिताएँ भी आमूल सामाजिक परिवर्तन ला रही हैं। नारी की वृहद भूमिका और सामाजिक सफलताओं के सम्बन्धों की अनेक देशों में व्याख्याएँ हुई हैं। इस बात के पर्याप्त प्रमाण हैं कि जहाँ भी सम्पत्ति-स्वामित्व पर पुरुष की परम्परागत पकड़ ढीली पड़ती है—नारी बड़ी सफलतापूर्वक व्यावसायिक-आर्थिक पहल करने में सफल रहती है। नारी की यह भागीदारी केवल अपने लिए आय का सृजन नहीं करती, इससे नारी के अच्छे स्तर, उद्यम और स्वतन्त्रता से जुड़े और कितने ही सामाजिक हितों की सिद्धि भी सम्भव हो जाती है। बंगला देश में ग्रामीण बैंक जैसी संस्थाओं

की सफलता निश्चय ही नारी की सामाजिक-आर्थिक भूमिकाओं का प्रमाण हैं। इससे स्पष्ट हो जाता है कि किस प्रकार नारी की भूमिका सभी व्यक्तियों के जीवन में सुखद परिवर्तन ला सकती है। यदि बंगला देश (जिसे कुछ ही समय पहले तक अल्पविकास का विशिष्ट उदाहरण माना जाता था) आज अनेक सामाजिक-आर्थिक सफलताओं से सम्पन्न और सम्भावनापूर्ण देश माना जाने लगा है तो इसमें नारी की वृहद भूमिका का निर्णायक योगदान रहा है। बंगला देश में केवल दो दशकों में गर्भाधान दर 6.9 से कम होकर 2.9 रह गई है—यह विश्व-भर का सबसे तीव्र गिरावट का एक कीर्तिमान है। यह नारी की वृहद भूमिका की सक्रियता और उसके परिणाम स्वरूप स्त्री-पुरुष समता के बीच सहसम्बन्ध का एक सटीक उदाहरण मात्र है।

एक निष्कर्षात्मक टिप्पणी

कभी साम्राज्ञी विक्टोरिया ने सर थिओडोर मार्टिन से पागलपन और विकृतिपूर्ण 'नारी अधिकारों की मूर्खता' की शिकायत की थी। उन्हें यह अनुभूति नहीं थी कि यह विकृतिपूर्ण मूर्खता सभी स्त्री-पुरुषों और बच्चों के जीवन को भी प्रभावित कर सकती है। पर यह मान पाना सम्भव नहीं कि विक्टोरिया को यह पता नहीं था कि नारी, यहाँ तक कि केवल एक नारी, अनेक लोगों के जीवन को किस प्रकार प्रभावित कर सकती है! भले ही उस प्रभावशालिनी साम्राज्ञी ने नारी-अधिकार की बात का विरोध किया हो, पर 1870 के बाद से यह विरोध बहुत शिथिल पड़ चुका है। नारी की भूमिका के दूरगामी प्रभाव अब तथ्यपूर्ण माने जा चुके हैं और इनकी अब अधिकाधिक स्वीकारोक्ति भी होने लगी है, पर अभी इन्हें उतना महत्त्व नहीं मिल पा रहा जितना मिलना चाहिए। भारत की नारी की अनेक उपलब्धियाँ रहीं हैं, पर इस तथ्य को समझने की आवश्यकता अभी भी बनी हुई है।

मैं ऊपर चर्चित अवधारणागत और सांख्यिकीय व्याख्याओं के बारे में दो बातें कहकर इस लेख का समापन करना चाहता हूँ। एक तो नारी की भूमिका और उसकी आवाज सामाजिक जीवन के प्रत्येक आयाम में परिलक्षित-निनादित होती है। किन्हीं सन्दर्भों में नारी-साक्षरता, रोजगार, सम्पत्ति-स्वामित्व आदि के आँकड़ों के आधार पर व्याख्या करना बहुत सहज रहता है, पर नारी की वृहद भूमिका के व्यापक प्रभावों की और अधिक सटीक व्याख्या करने का कार्य अभी शेष है। लिंगनिर्धारण पर आधारित गर्भपात का प्रयोग देश के उन भागों में भी हो रहा है, जहाँ नारी-साक्षरता और रोजगार भागीदारी बहुत कम नहीं मानी जा सकती। ऐसे सामाजिक सांस्कृतिक परिवेश (जिसमें माँ स्वयं ही पुत्री नहीं पुत्र के लिए लालायित हो) में सुधार के लिए केवल स्कूली शिक्षा या रोजगार व्यवस्था पर्याप्त नहीं रहेगी। इसके लिए तो सारे सामाजिक चिन्तन में आमूल परिवर्तन लाना होगा। नारी की भूमिका को व्यापक बनाकर उसे चिन्तन-मनन

की ओर ले जाना होगा। निर्णायक बदलाव ला सकनेवाली सामाजिक-राजनीतिक सूझ तो व्यापक सार्वजनिक संवाद और प्रबुद्ध आन्दोलन से ही विकसित हो पाएगी। संवाद परम्परा यहाँ भी उपयोगी हो सकती है, पर यहाँ बहुत ही व्यापक स्तर पर सभी को संवाद में जुटाने की आवश्यकता है।

दूसरे, दृष्टिकोण को विकसित कर उसे नारी के अपने कुशलक्षेम से आगे उसकी व्यापक भूमिका(अपने कुशलक्षेम सहित) की ओर ले जाना आवश्यक है। नारी की प्रबुद्ध और रचनात्मक व्यापक भूमिका के महत्त्व को स्वीकार करने, उसकी शक्ति और प्रसार क्षमता को जानने की आवश्यकता है। यह भी समझा जाना चाहिए कि नारी की शक्ति और उसकी सक्रियता स्त्री-पुरुष-बच्चों, सभी के जीवन स्तर को सुधारने में भारी योगदान दे सकती है। स्त्री-पुरुष विषमता केवल नारी की अभावग्रस्तता नहीं है, यह एक भीषण सामाजिक व्याधि है। यह बात समझ लेना एक अत्यावश्यक और शानदार सामाजिक उपलब्धि होगी।

12

भारत और परमाणु बम

सामूहिक विनाश के हथियारों का विचित्र आकर्षण होता है। क्रूरता और जनसंहार क्षमता पर ही इनकी सारी शक्ति आधारित है, किन्तु बड़ी कुशलता से इन पक्षों को परे रखकर ये सशक्त होने का एक आभामण्डल अपने इर्द-गिर्द रच लेते हैं। विश्व-भर के महाकाव्यों में 'इलियड' हो या 'रामायण', 'कालेवाला' हो या 'निबेलुंजेंलाइड' सभी में विशेष अस्त्रों की विध्वंसकारी शक्तियों के बहुत गरिमामय वर्णन भरे पड़े हैं। ये अस्त्र स्वयं ही शक्तिपूर्ण नहीं हैं, इनके धारकों की शक्ति भी बहुत बढ़-चढ़ जाती है। भारत और पाकिस्तान के परमाणु शस्त्रों से लैस होने के प्रतिस्पर्धात्मक प्रयासों में भी उसी संहारशक्ति द्वारा सृजित आभामण्डल की चमक-दमक का सम्मोहन दिखाई पड़ रहा है।

नैतिक और विवेकशीलता के तकाज़े

अनुभूतियाँ भ्रमित भी कर सकती हैं। यह प्रश्न उठाया जा सकता है कि क्या शस्त्रास्त्र, विशेषकर परमाणु अस्त्र, सचमुच अपने धारकों को शक्ति सम्पन्न बना सकते हैं? यहाँ विवेकशीलता का भी एक प्रश्न उठता है। नीतिशास्त्रीय प्रश्न तो है ही, कि परमाणु नीतियाँ सही हैं अथवा गलत, इस महत्त्वपूर्ण प्रश्न को किसी नीति से राष्ट्र को होने वाले व्यावहारिक लाभ (हानि) से भी पृथक् रूप से देखा जा सकता है। हमें तो विवेकशीलता और नीतिशास्त्रगत प्रश्नों पर विचार करने का पर्याप्त आधार दिखाई दे रहा है। यही नहीं, इन दोनों प्रश्नों को पृथक् और असम्बद्ध मानना भी उचित प्रतीत नहीं होगा। हमारा पारस्परिक व्यवहार एक-दूसरे के प्रयासों के नीतिशास्त्रीय पक्षों से स्वतन्त्र नहीं हो सकता और यहाँ नैतिकता तथा विवेकशीलता,

दोनों का ही स्वरूप साँझा रूप धारण कर लेता है। इसी दृष्टि से मैं उपमहाद्वीप, विशेषकर भारत की परमाणु नीति की चुनौतियों का विश्लेषण करना चाहता हूँ।

शक्तिशाली शस्त्रास्त्र किसी देश को कहाँ तक और कितना शक्तिशाली बना पाते हैं? यह कोई नया प्रश्न नहीं है। परमाणु युग के बहुत पहले रवीन्द्रनाथ टैगोर ने सैन्य शक्ति के शक्तिकारी प्रभावों को लेकर कुछ सन्देह व्यक्त किए थे। 1917 में उन्होंने लिखा था कि "यदि कोई देश अपनी आत्मा की कीमत चुका कर शक्ति संग्रह की लालसा से हथियार जमा करता है तो उसके शत्रुओं से कहीं अधिक खतरा स्वयं उसी के लिए पैदा हो जाता है।" टैगोर, महात्मा गाँधी जैसे, समर्पित शान्तिवादी नहीं थे। तथाकथित अधिक शक्तिशाली और बड़े हथियारों के खतरों के विरुद्ध उनकी चेतावनी का आशय उस शस्त्रों के कार्यों, सम्भावित प्रयोगों, उनके विरुद्ध अन्य देशों की प्रतिक्रियाओं तथा उनका सामना करने के लिए उठाए गए कदमों की नैतिक आधार पर समीक्षा करने से था। टैगोर ने जिस 'आत्मा' की बात की है उसे अन्तर्राष्ट्रीय सम्बन्धों में मानवता और अवबोधन की आवश्यकता के रूप में परिभाषित किया गया है।

टैगोर केवल नैतिक प्रश्न नहीं उठा रहे थे। यह प्रश्न तो व्यावहारिक महत्त्व का है कि हमारे शस्त्रसंग्रह का प्रतिकार करने के लिए अन्य देश क्या कुछ करेंगे। उन्होंने यह प्रश्न जापान के उस समय के 'राष्ट्रवादी प्रसारवाद' के सम्बन्ध में उठाया था। टैगोर जापान और जापानवासियों के बड़े प्रशंसक थे, किन्तु आर्थिक-सामाजिक प्रगति के मार्ग को त्याग आक्रामक सैन्यवाद की नीति से उन्हें बहुत क्षोभ हो रहा था। अन्ततः सैन्य पराजय और परमाणु अस्त्रों द्वारा जिस प्रकार का भारी त्याग जापान पर थोपा गया, उसे देखने को टैगोर जीवित नहीं रहे, किन्तु उससे निश्चय ही टैगोर का गहन दुख और भी गहरा जाता। सैन्य शक्ति के दुर्बलताकारी प्रभावों का जो कूट प्रश्न उन्होंने पूछा था, वह आज तक अनेक जापानी साहित्यकारों की रचनाओं में जीवित है। केंज़बुरो ओई उनमें से सबसे प्रमुख माने जा सकते हैं।

विज्ञान, राजनीति और राष्ट्रवाद

भारत के प्रक्षेपणास्त्र कार्यक्रम के प्रणेता और परमाणु अस्त्र कार्यक्रम के एक प्रमुख वैज्ञानिक डॉ. अब्दुल कलाम हैं। वे एक लब्ध प्रतिष्ठित वैज्ञानिक हैं। वे मुस्लिम परिवार में जन्मे, जाने-माने शोधशास्त्री और भारतीय राष्ट्रवाद के प्रति पूर्णतः प्रतिबद्ध हैं। वे एक बहुत ही मृदुभाषी सज्जन हैं। 1990 में जादवपुर विश्वविद्यालय में एक मानद उपाधि के समारोह में उनसे भेंट करने का सौभाग्य मुझे मिला था। वहीं उनके सौम्य व्यक्तित्त्व से मेरा साक्षात्कार हुआ था। अब्दुल कलाम की लोकोपकारवादी निष्ठाएँ भी बहुत सुदृढ़ हैं और वे अनेक जनकल्याण कार्यों से जुड़े रहे हैं। (मानसिक रूप से अल्पविकसित बच्चों के कल्याण से जुड़े धर्मार्थ कार्यों में वे विशेष रुचि

लेते रहे हैं)।

राजस्थान में थार रेगिस्तान के किनारे 1998 में भारत के परमाणु बम विस्फोट को देखकर कर उन्होंने अपनी स्वाभिमानपूर्ण टिप्पणी में कहा था : "मैंने अपने पैरों के नीचे भूमि को गरजते अनुभव किया और अत्यन्त भयभीत हो अपनी आँखों के सामने उठते देखा। यह एक बहुत ही सुन्दर दृश्य था।" ज़रा गौर कीजिए कि इतने दयावान व्यक्ति का शक्ति के नग्न प्रदर्शन के प्रति इतना प्रशंसाभाव भी हो सकता है! किन्तु लगता है यहाँ राष्ट्रवाद की भावना और शक्तिशाली अस्त्रों के प्रति सामान्य आकर्षण की भावना ही अधिक प्रबल हो गई थी। कलाम के राष्ट्रवाद की उग्र गहनता उनके मृदुभाषी सौम्य व्यक्तित्त्व में कहीं छिप जाती है—पर परमाणु विस्फोटों के बाद उनके वक्तव्यों में वह खुलकर सामने आ ही गई : "भारत ने 2500 वर्षों से किसी पर आक्रमण नहीं किया है; पर भारत के विज्ञान और प्रोद्योगिकी की यह एक शानदार विजय है।"

वैसे; यह उसी स्थान पोखरन पर परमाणु विस्फोटों का दूसरा दौर था। पहला विस्फोट 1974 में इन्दिरा गाँधी के प्रधानमन्त्रित्व काल में हुआ था! उस समय सारा कार्य बड़े गुपचुप तरीके से किया गया था। सम्भवतः सरकार को स्वयं भारत के परमाणु अस्त्र कार्यक्रम के औचित्य पर इतना विश्वास नहीं था। चीन 1964-74 के बीच 15 विस्फोट कर चुका था, सम्भवतः इसी कारण श्रीमती गाँधी की सरकार ने अपनी परमाणु क्षमता का विकास आवश्यक समझा था। फिर भी आधिकारिक रूप से सरकार का यही आग्रह था कि 1974 का पोखरन विस्फोट पूर्णतः शान्तिपूर्ण लक्ष्यों की प्राप्ति हेतु किया गया परीक्षण था और भारत तो परमाणु अस्त्र निषेध पर ही प्रतिबद्ध है। प्रथम पोखरन परीक्षण के बाद बार-बार भारत की परमाणु अस्त्र निषेध प्रतिबद्धता को दोहराया गया और परमाणु ऊर्जा की विध्वंसकारिणी शक्ति को गौरवान्वित करने से बचा गया।

किन्तु 1998 की गर्मियों का पोखरन—II के बाद का तो नजारा ही अलग था। अनेक क्षेत्रों से इस कदम को व्यापक समर्थन मिल रहा था। भारतीय जनता पार्टी (भाजपा) ने तो परमाणु अस्त्रों के विकास को अपने चुनाव घोषणा-पत्र में भी रखा था। वही उस समय सत्तारूढ़ गठबन्धन, जो फरवरी 1998 में चुनाव जीत कर आया था, की मुखिया भी थी। उससे पूर्व की भारत की सरकारों ने बार-बार 1974 के विस्फोट को दोहराना चाहा, किन्तु अन्तिम समय पर अपने इरादे बदल दिए थे। लेकिन नई, उग्रराष्ट्रवाद की पक्षधर, सरकार ने ऐसी कोई पर्देदारी नहीं रखी और गद्दी सँभालते ही 3 महीने के भीतर विस्फोट कर डाले। भाजपा ने पिछले कुछ वर्षों में हिन्दू राष्ट्रवाद का सहारा लेकर अपना जनाधार विकसित किया है, पर उसे चुनाव में हिन्दू मतदाताओं का अल्प समर्थन ही मिल पाया—कुल मिलाकर एक बहुधर्मी देश में तो यह जनसमर्थन निश्चित ही 'भारी अल्पमत' में परिवर्तित हो जाता है।

भारत की जनसंख्या में मुसलमानों की संख्या लगभग पाकिस्तान जितनी और बंगला देश से तो अधिक ही है। यही नहीं; बहुत बड़ी जनसंख्या सिख, ईसाई, जैन और पारसी आदि धर्मानुयायियों की भी है। किन्तु 543 सदस्यीय लोकसभा में केवल 182 स्थान जीतकर भाजपा, गठबन्धन की, नेता बनी। इस गठबन्धन की रचना बहुत ढीली ढाली ही थी। इसमें अखिल भारतीय अन्ना. डी.एम. के., पी. एम. के., एम. डी. एम. के (सभी तमिलनाडु से) हरियाणा लोकदल, हरियाणा विकास पार्टी (हरियाणा) बीजू जनतादल (उड़ीसा) और बंगाल की तृणमूल काँग्रेस जैसे क्षेत्रीय दल ही सम्मिलित थे। समुदाय विशेष के प्रतिनिधि अकाली दल के साथ कुछ अन्य दलों के छोटे-छोटे अवशेष भी इसके साथ आ जुड़े थे। स्वाभाविक ही था कि गठबन्धन का सबसे बड़ा दल, भाजपा, ही इसमें सबसे प्रभावशाली घटक था। 1999 के चुनाव ने तो इसे किसी अल्पमतीय सरकार की तुलना में बहुत अधिक महत्त्व और गरिमा से सम्पन्न कर दिया था।

भाजपा के 1974 के परीक्षण को आगे बढ़ा परमाणु अस्त्र बनाने की रुचि को अनेक परमाणु बमवादी गुटों ने बढ़ावा दिया। इन गुटों में वैज्ञानिक भी सम्मिलित थे। वास्तव में वैज्ञानिकों और प्रतिरक्षा विशेषज्ञों द्वारा व्यापक समर्थन ने ही परमाणु अस्त्रों के विचार को बहुत से लोगों की दृष्टि में अधिक स्वीकार्य और व्यावहारिक बना दिया था (भले ही सामान्य भारतीय चिन्तन का सन्तुलन इसके पक्ष में नहीं झुक पाया)। ऐसा ही विचार प्रफुल्ल बिदवई और अचिन विनायक ने अपनी शोधपूर्ण और विचारपूर्ण पुस्तक में व्यक्त किया है : ''परमाणु अस्त्रों के कटिबद्ध पक्षधरों ने तो सदैव इन अस्त्रों को धर्म जैसे महत्त्व और गरिमा से सम्पन्न करने का प्रयास किया है, उनके विचारों में तो 'भय और आश्चर्य' का स्थान उनसे उत्पन्न होनेवाले आतंक और वितृष्णा से कहीं 'उच्च' है। उन्हीं ने इन अस्त्रों को हमारे युग की लोकप्रिय जनसंस्कृति में सहज स्वीकार्य और सम्मानपूर्ण बना दिया है।''

शक्ति का रोमांच

शक्तिशाली अस्त्रों के प्रयोग से एक बार हर कोई हतप्रभ रह जाता है। कलाम का परमाणु विस्फोट पर 'उत्साह' कोई असामान्य बात नहीं थी। विश्व इतिहास में सदा ही नरमेध से भिन्न विध्वंसक शक्ति का प्रदर्शन बहुत रोमांचकारी रहा है। यहाँ तक कि सामान्यतः अपने भावों को नियन्त्रण रखनेवाले और प्रथम परमाणु अस्त्र के जनक जे. रॉबर्ट ओपेन होमर भी प्रथम विस्फोट को देख (संयुक्त राज्य अमरीका में वह विस्फोट वायुमण्डल में अस्क्युरो गाँव के निकट 16 जुलाई 1945 को किया गया था) दो हजार वर्ष पुरानी भगवद्गीता के श्लोकों को दोहराने लगे थे : ''सहस्त्रों सूर्यों की आभा....आकाशमण्डल पर बिखर गई।'' (ओपेन होमर संस्कृत भाषा अच्छी तरह जानते थे—उन्होंने गीता के श्लोक के उच्चारण में कोई गलती नहीं की होगी)।

मैंने पहले अध्याय में भी कहा था कि ओपेन होमर ने गीता से ही आगे उद्धरण देते हुए कहा था : "मैं काल बन गया हूँ—मैं विश्व संहारक बन गया हूँ।" और अगले ही महीने हिरोशिमा और नगासाकी में उस काल का नग्न और वीभत्स ताण्डव दिखाई दे गया। केंज़बुरो ओई ने उसे हिरोशिमा के अन्धकार में छिपे बहुत ही भयावने दानव की संज्ञा दी थी। लेकिन जैसे ही ओपेन होमर के सम्मुख परमाणु अस्त्रों की विभीषिका स्पष्ट हुई, वे इन अस्त्रों के विरोध में जुट गए। उदजन बमों का विरोध तो उन्होंने और भी जोर-शोर से किया। किन्तु जुलाई 1945 में सं. रा. अमरीका का प्रायोगिक शोध केन्द्र जोर्नाला डेल मुएर्टो, (जिसका हिन्दी अनुवाद 'मृत्युपथ' होगा) को वास्तविक हत्याकाण्ड से पूरी तरह अनभिज्ञ रखा गया था।

अब तो वे सहस्त्रों सूर्य हमारे अपने घर में आकर उपमहाद्वीप में बिस्तर जमा चुके हैं। पोखरन में भारत द्वारा पाँच विस्फोटों (11 और 13 मई, 1998) के अगले ही महीने पाकिस्तान ने 'चगाई' पहाड़ियों में 6 धमाके किए। पाकिस्तान की प्रतिक्रिया पर भी ज़रा गौर कीजिए : "सारा पहाड़ सफेद हो गया।" अब प्रत्येक देश की राष्ट्रीय शक्ति को बढ़ाने के नाम पर हमारा उपमहाद्वीप पूरी तरह से परमाणु अस्त्रों की खतरनाक होड़ में शामिल हो गया था।

यद्यपि शेष विश्व में भारत और पाकिस्तान के परमाणु परीक्षणों की व्यापक भर्त्सना हुई, किन्तु दोनों ही देशों में इनका व्यापक जनसमर्थन भी दिखाई दिया (वैसे; आन्तरिक क्षेत्रों में कुछ विपरीत स्वर भी उठे हैं)। विस्फोटों के दो सप्ताह बाद पंकज मिश्रा ने शहरी मध्यमवर्ग में परमाणु परीक्षणों के विशेष लोकप्रिय रहने के पर्याप्त कारण लक्ष्य किए थे। किन्तु भारतीय जनता की दीर्घकालिक राय की दृष्टि से तो दो सप्ताह का समय बहुत कम है। दूसरे परमाणु परीक्षणों के पक्षधरों का मत तो दूरदर्शन आदि पर बहुत प्रचारित हुआ है, जबकि विरोधियों के सन्देह को इतना प्रचार नहीं मिल पाया। वास्तव में टेलीविजन पर दिखाए गए दृश्यों में तो उन्हीं समर्थकों के चेहरे दिखाई दिए थे जो विस्फोट के तुरन्त बाद सड़कों पर निकल कर जश्न के रूप में अपने भाव व्यक्त कर रहे थे। दूसरी ओर वे अनेक लोग जो उस जश्न से परे रहकर सन्देह और भर्त्सना कर रहे थे, टेलीविजन पर दिखाई नहीं दिए, किन्तु उनके आलोचनात्मक स्वर निरन्तर उग्र होते चले गए। उपन्यासकार अमिताव घोष ने 'न्यूयॉर्कर' से एक भेंटवार्ता में कहा था कि इन परीक्षणों ने देश को पहले से अधिक विभाजित कर डाला है!

यह भी स्पष्ट ही है कि भारत के परमाणु दुस्साहस को बढ़ावा देनेवाले मुख्य दल भाजपा को पोखरन विस्फोट से कोई चुनावी लाभ नहीं मिल पाया। वास्तव में 1998 के बाद स्थानीय चुनावों में तो स्थिति एकदम विपरीत ही रही थी। सितम्बर 1994 में दोबारा चुनाव होने तक भाजपा भी इस बात को भाँप चुकी थी, लिहाजा उसने अपने चुनाव प्रचार में परमाणु विस्फोट के नाम पर वोट नहीं माँगे। फिर भी,

जैसाकि 'फ्रंटलाइन' के सम्पादक और राजनीतिक टीकाकार एन. राम. अपनी पुस्तक 'राइडिंग दि न्युक्लियर टाइगर' में, बहुत स्पष्ट शब्दों में कहा है, ''हमें यह नहीं समझ लेना चाहिए कि दक्षिणपन्थी हिन्दू पोखरन–II की लड़ाई हार चुके हैं–यह मुद्दा तो निश्चित रूप से विजयी रहा है।''

परमाणु अस्त्रों से लैस होने के विषय में भारतीय जनमत में न केवल अस्पष्टता और नैतिक संशय दिखाई दे रहे हैं बल्कि इस बारे में अनिश्चय भी व्याप्त है कि इन अस्त्रों का 'लाभ' उठाने का अर्थ क्या होगा! अनेक मतसंग्रहों में यह बात स्पष्ट हुई है कि भारत की जनता का (पाकिस्तान की तुलना में) बहुत ही कम हिस्सा इस बात पर विश्वास कर रहा है कि कभी इन अस्त्रों का उपमहाद्वीपीय संघर्ष में प्रयोग भी होगा। इन अस्त्रों की प्रभावात्मकता तो इन्हें प्रयोग करने की इच्छाशक्ति पर ही निर्भर करेगी। अतः यहाँ वैचारिक स्पष्टता की भी बहुत आवश्यकता है। प्रत्यक्ष-परोक्ष रूप से किसी न किसी तरह इनके प्रयोग की सम्भावना का भी विचार-विश्लेषण होना ही चाहिए अन्यथा इन अस्त्रों के निर्माण और उन्हें तैनात किए जाने का कोई लाभ नहीं होगा। यह विश्वास कि ''परमाणु, बम होने तो चाहिए, पर उन्हें कभी प्रयोग नहीं करना चाहिए।'' तो 'गॉड ऑफ स्माल थिंग्स' की लेखिका अरुंधती राय के शब्दों में वह विडम्बनात्मक स्थिति है। जिसे 'कल्पना का अन्त' कहा जा सकता है।

राय ने बहुत ही स्पष्ट रूप से समझाया है कि किस प्रकार से व्यापक परमाणु युद्ध के स्वरूप और परिणामों की सूझ-बूझ भरी कल्पना कर पाना भी असम्भव प्राय है। उन्हीं के शब्दों में : ''हमारे नगर, वन, खेत, गाँव, कई दिनों तक जलते रहेंगे। नदियों में विष प्रवाहित होगा। वायु भी अग्निमय हो जाएगी। हवा से लपटें फैलेंगी। जब सभी ज्वलनशील पदार्थ जल जाएँगे, आग बुझ जाएगी तो फिर भारी धुआँ उठेगा और सूर्य को ढक लेगा।''

यह सोचना भी कठिन है कि किसी देश की प्रबुद्ध राष्ट्रीय सुरक्षा नीति में ऐसी किसी स्थिति की सम्भावना को भी स्थान मिल पाएगा।

सुस्थापित परमाणु शक्तियाँ और उपमहाद्वीपीय कुड़बुड़ाहट

भारत में पूर्ण परमाणु निशस्त्रीकरण की ओर ले जानेवाली किसी भी वैकल्पिक नीति को पूरी तरह सम्तुष्टिदायक मान लेने की बात भी एक 'पर्याप्तता' की भावना को जन्म दे देती है। यही समस्या का बहुत बड़ा कारण है। यही वह विषय है जहाँ शेष विश्व द्वारा उपमहाद्वीप के परमाणु परीक्षणों पर व्यक्त वितृष्णा और असन्तोष की भावना तथा इन विषयों पर भारत में विद्यमान अस्पष्टता के बीच की खाई सबसे अधिक विस्तृत हो जाती है (भारत सरकार, भाजपा और परमाणु अस्त्रवादी गुटों का समर्थन तो एक अलग ही पक्ष है)। उपमहाद्वीप के घटनाक्रम को विश्वव्यापी

परिप्रेक्ष्य में रखे बिना समय पाना सरल नहीं होगा।

दक्षिण एशिया के परमाणु नीतिशास्त्रियों को भारतीय और पाकिस्तानी नीतियों तथा फैसलों की उस अन्तर्राष्ट्रीय आलोचना पर कड़ी आपत्ति होती है, जो शेष विश्व के परमाणु परिदृश्य को अलग रखकर केवल भारत और पाकिस्तान पर ही केन्द्रित होती है। यह आपत्ति उचित भी है। पश्चिम के विद्वान तो अपनी परमाणु नीतियों को नैतिकता की कसौटी पर कसे बिना, एक घोर विषमतापूर्ण परमाणु वर्चस्ववादी व्यवस्था को बनाए रखना चाहते हैं और भारत को जिस निशस्त्रीकरण का पाठ पढ़ाते हैं उसे विश्वव्यापी स्तर पर लागू नहीं करना चाहते (अर्थात् अपने देशों पर लागू नहीं करना चाहते)। प्रतिरक्षा मन्त्री जार्ज फर्नांडीस ने अमिताव घोष से ठीक ही पूछा था : "जिन पाँच देशों के पास परमाणु अस्त्रों के भण्डार हैं वे हमें ये बतानेवाले कौन होते हैं कि हमारे पास कौन से शस्त्रास्त्र होने चाहिए कौन से नहीं?" इसी की और भी तीव्र प्रतिध्वनि पाकिस्तान की जमायते-इस्लामी के नेता क़ाज़ी हुसैन अहमद के जवाब में सुनाई देती है : "हम यह स्वीकार नहीं कर सकते कि केवल पाँच देशों के पास परमाणु हथियार होने चाहिए, हमारे पास नहीं। हम तो कहते हैं कि ये पाँच भी अपने हथियारों को खत्म करें।"

विश्वव्यापी परिप्रेक्ष्य की समीक्षा होनी ही चाहिए। फिर भी मेरा प्रश्न है कि क्या बड़ी विश्वव्यापी कहानी में उपमहाद्वीप की छोटी गाथा को रख भर देने से भारत और पाकिस्तान के घटनाक्रम की हमारी समीक्षा में कोई बड़ा बदलाव आ जाएगा? क्या यह कह देने भर से कि उनकी नीतियाँ गलत हैं, उपमहाद्वीप में महाशक्तियों के व्यवहार को लेकर व्याप्त धारणा को निरस्त किया जा सकेगा? ये शिकायतें पूर्णतः उचित होते हुए भी उपमहाद्वीप में अनिश्चतताओं को बढ़ानेवाली नीतियों को उचित नहीं ठहरा पातीं, क्योंकि ये परमाणु नीतियाँ किसी भी देश को अधिक सुरक्षित नहीं बना सकतीं। आज तो लगता है, उपमहाद्वीप में सबसे सुरक्षित देश बंगला देश ही बचा है।

नैतिक आक्रोश और विवेकशील चूक

मेरे विचार में दो मुद्दों को स्पष्ट रूप से पृथक्-पृथक् रखना चाहिए। पहली बात यह कि विश्व परमाणु शक्ति व्यवस्था बहुत ही विषमतापूर्ण है, महाशक्तियों की सैन्य नीतियों के प्रति आक्रोश के बहुत ही ज्वलन्त कारण विद्यमान हैं, ये ही वे महाशक्तियाँ हैं जो संयुक्त राष्ट्र सुरक्षा परिषद और परमाणु हथियारों पर अपना स्थाई एकाधिकार बनाए रखना चाहती हैं। दूसरा मुद्दा अन्य देशों के समक्ष विकल्पों का है–यहाँ भी महाशक्तियों द्वारा शक्ति-अल्पाधिकार के माध्यम से आतंकित हुए बिना ठीक से सोच-विचार करने की आवश्यकता है। सच्चाई यही है कि महाशक्तियों द्वारा परमाणु निशस्त्रीकरण के प्रति गम्भीरताहीन लीपापोती के बावजूद, भारत और पाकिस्तान

जैसे देशों को चाहे जितनी शिकायतें, हों पर क्या उन्हें अपनी ही सुरक्षा को खतरे में डाल, महाविनाश की सम्भावनाओं को बढ़ानेवाली परमाणु नीतियाँ अपनाने को उचित मान लेना चाहिए। नैतिक आक्रोश किसी विवेकशील चूक को उचित नहीं ठहरा सकता है।

मैंने अभी तक परमाणु शस्त्रीकरण की सामाजिक आर्थिक लागतों की बात नहीं उठाई है—संसाधनों के सामान्य आवंटन-विभाजन का प्रश्न भी नहीं उठाया है। यद्यपि परमाणु कार्यक्रम की लागतों की सटीक जानकारी नहीं मिल पाती, फिर भी ये प्रश्न महत्त्वपूर्ण अवश्य हैं। दोनों ही देशों में इस कार्यक्रम पर होनेवाले व्यय को अनेक पर्दों के पीछे छिपा दिया जाता है। फिर भी भारत में राजनीतिक पारदर्शिता पर अधिक आग्रह है और यहाँ सम्भवतः इन लागतों का आकलन अधिक आसान होगा। ये अनुमान बहुत ही अनगढ़ निकलेंगे।

एक प्रख्यात टीकाकार, सी. राममनोहर रेड्डी ने अनुमान लगाया है कि परमाणु कार्यक्रम की वार्षिक लागत सकल घरेलू उत्पाद के आधे प्रतिशतांक के समान होगी। यह अपने आप में बहुत बड़ा आँकड़ा नहीं लगता, किन्तु आइए, देखें कि यह रकम कितनी होगी और इसके क्या वैकल्पिक प्रयोग हो सकते हैं। एक अनुमान तो यह है कि देश के प्रत्येक बच्चे को घर के पास-पड़ोस के स्कूलों में बुनियादी शिक्षा प्रदान करने की लागत भी इतनी ही बनेगी। भारत की 40 प्रतिशत और पाकिस्तान की 55 प्रतिशत वयस्क जनसंख्या अभी निरक्षर है। इस कार्यक्रम की कुछ और लागतें भी हैं। एक तो इस सैन्य कार्यक्रम में भारत की जिस वैज्ञानिक प्रतिभा को झोंका जा रहा है, उसी को आर्थिक दृष्टि से अधिक उत्पादक शोध अनुसन्धान में लगाने से देश की प्रगतिदर में अच्छा सुधार हो सकता है। दूसरे सैनिक गतिविधियों में कुछ गोपनीयता अवश्य रहती है। इसी कारण देश की संसद में कितने ही मामलों पर खुलकर विचार-विमर्श नहीं हो पाता। यह भी लोकतन्त्र और मुक्त अभिव्यक्ति की भावना का हनन ही है।

इस सबके बावजूद परमाणु शस्त्रीकरण के विरुद्ध हमारा प्रमुख तर्क अन्ततः आर्थिक तर्क नहीं है! यह उपमहाद्वीप में आणविक साहसवाद से मानव जीवन की असुरक्षा में हुई अतिशय वृद्धि है। इस मामले की और छानबीन की आवश्यकता है।

क्या परमाणु-निरोधन प्रभावी होता है?

यह तर्क भी दिया जा रहा है कि परमाणु-निरोधन के कारण भारत-पाक युद्ध की सम्भावनाएँ कम हो गई हैं। जिस परमाणु सन्तुलन ने विश्व को युद्ध से बचाए रखा वह उपमहाद्वीप में कारगर क्यों नहीं होगा? मेरा विश्वास है कि इस प्रश्न का चार प्रकार से उत्तर दिया जा सकता है।

प्रथम तो यदि मान भी लें कि परमाणु शक्ति सन्तुलन भारत-पाक के बीच

परम्परागत युद्ध की सम्भावना कम कर देगा तो यहाँ हम किसी परम्परागत युद्ध और व्यापक नरसंहार की सम्भावनाओं के बीच प्रत्युतता बिठाने का प्रयास करते दिखाई दे रहे होंगे। कोई भी समझदार निर्णयकर्त्ता युद्ध से होनेवाले सम्भावित विनाश को भुलाकर केवल युद्ध की सम्भावना के आकलन के आधार पर अपने निर्णय नहीं ले पाता। जिस आशंका को अरुंधती राय ने 'कल्पना का अन्त' कहा है, उसकी अधिक सम्भावना पर अपेक्षाकृत कम भीषण परम्परागत युद्ध की सम्भावनाएँ कभी भारी नहीं पड़ पाएँगी।

दूसरे, ऐसे भी कोई प्रमाण या संकेत नहीं मिलते कि भारत-पाक के बीच परम्परागत संघर्ष की सम्भावना कम हो गई है। वास्तव में परमाण्वीकरण के तुरन्त बाद ही दोनों देश कारगिल क्षेत्र में एक बड़े सैन्य टकराव का खूनी-खेल खेल चुके हैं। कश्मीर के कारगिल जनपद का यह संघर्ष तीन दशकों से अधिक समय में पहला भारत-पाक संघर्ष था और यह परमाणु परीक्षणों के वर्ष-भर में ही हो गया था। कई भारतीय टीकाकारों का कहना है कि यह संघर्ष सीमा पार से आ रहे घुसपैठियों के साथ पाकिस्तानी सैनिकों की मिलीभगत के कारण हुआ था और पाकिस्तानी जनरल यह सोचे बैठे थे कि परमाणु युद्ध के भय से भारत अपनी श्रेष्ठतर परम्परागत क्षमता का पूरा प्रयोग नहीं कर पाएगा। इस तर्क में तथ्य हो न हो, पर यह तो स्पष्ट ही है कि शत्रु के परमाणु विनाश के भय को आधार बना परम्परागत सैन्य दुस्साहस किया जा सकता है। बस यही धारण काफी है कि शत्रु इसका पूरा प्रतिकार नहीं कर पाएगा। कहा जाता है कि पकवान का स्वाद तो उसे खा पाने से ही मिलता है। आप कैसी भी दलील दें, परमाणु शस्त्रों की स्वीकारोक्ति भारत-पाक के बीच सैन्य टकरावों का उन्मूलन कर पाने में सफल नहीं रही है।

मेरा तीसरा तर्क यह है कि उपमहाद्वीप में अनचाहे या दुर्घटनावश परमाणु युद्ध की सम्भावना शीतयुद्ध की तुलना में कहीं अधिक है। इसका कारण नियन्त्रण व्यवस्था का ढुलमुलपन ही नहीं बल्कि इसका कारण है भारत और पाक का एक साथ सटा होना। इनके बीच अन्तर है ही नहीं। अतः किसी संकट के समय 'पहले प्रहार' को टालने के लिए बातचीत द्वारा रास्ता निकाल पाने का समय ही नहीं मिल पाएगा। फिर पाकिस्तानी सेना पर उग्रवादी पकड़ और वहाँ लोकतान्त्रिक नियन्त्रणों के नितान्त अभाव के कारण भी अचानक 'विस्फोटक' स्थिति के पैदा होने का खतरा अधिक बढ़ जाता है।

मेरा चौथा तर्क यह है कि क्या दीर्घ शीतयुद्ध के दौरान विश्व में बनी रही शान्ति वास्तव में परमाणु-निरोधन या शक्ति सन्तुलन का परिणाम थी? भय के सन्तुलन का तर्क तो बहुत समय से दिया जा रहा है। इसे सबसे मुखर स्वर अपने अन्तिम संसदीय भाषण में विंस्टन चर्चिल ने दिया था। उस स्वर की प्रतिध्वनि, "सुरक्षा तो दो जुड़वाँ भाइयों—आतंक और जीवनधारण—की साँझी और जीवटपूर्ण सन्तान होगी।"

निश्चय ही सम्मोहनकारी रही थी। किन्तु चर्चिल ने स्वयं ही अपने इस नियम के अपवाद का भी निरूपण कर दिया था : "निरोधन का यह तर्कशास्त्र हिटलर जैसी मानसिकता से ग्रस्त पागल तानाशाहों पर लागू नहीं हो पाएगा, विशेषकर जब उन्हें अपना अन्तिम ठिकाना भी चरमराता दिखाई देने लगे।"

विश्व तानाशाहों से अपरिचित नहीं है। उपमहाद्वीप भी उन्हें कभी से पहचानता है। दोनों ही देशों में अर्द्धविक्षिप्तों की भी कमी नहीं है—कम से कम परमाणु अस्त्रों पर लिखी जा रही टिप्पणियों से तो यही प्रमाण मिल रहा है। किन्तु इससे भी कहीं गम्भीर बात यह है कि पूर्णतः मानसिक रूप से स्वस्थ और शुद्ध विचारों वाले व्यक्ति भी बड़े भारी जोखिम भरे कदम उठा जाते हैं। एक ही उदाहरण पर्याप्त होगा। क्यूबा के प्रक्षेपास्त्र संकट के समय अमरीकी राष्ट्रपति कैनेडी ने एक बार तो सारी मानवता को विनाश के कगार तक धकेल ही दिया था। कैनेडी के विशेष सलाहकार थिओडोर सी. सोरेंसन ने उनकी प्रशंसा करते हुए इन पंक्तियों में तथ्यों का उद्घाटन भी कर दिया है : "जॉन एफ. कैनेडी को निरन्तर यह अहसास था कि युद्ध या आत्मसमर्पण का मानवजाति पर क्या प्रभाव होगा? उनका संयुक्त राष्ट्र प्रतिनिधि मण्डल बातचीत द्वारा शान्ति और संयुक्त सैन्य कमान युद्ध की तैयारी में जुटा था।.....और वे स्वयं को उन दोनों की लगामें कसे रखने में वे जल्दबाजी और असमंजसशील, उन्मादी या भयभीत किसी भी स्वरूप में 'प्रकट' नहीं करना चाहते थे। बाद में उन्होंने कहा कि उन्हें सोवियत नेताओं की युद्ध की सम्भावना तीन में से एक और दो में से एक के बीच झूलती हुई प्रतीत हो रही थी।"

किन्तु पूरी मानवजाति के लिए सम्पूर्ण विनाश के एक-तिहाई से आधा जोखिम उठाने का फैसला बहुत आसान तो नहीं माना जा सकता!

मुझे तो लगता है कि शीतयुद्ध काल में परमाणु युद्ध की शान्ति किसी सीमा तक सौभाग्यवश ही रही—इसका कोई पूर्वनिर्दिष्ट आधार नहीं था। अन्त में जो दिखे उसी को प्रारब्ध बताना और उसके आधार पर भविष्य की परमाणु युद्ध सम्बन्धी नीतियाँ निर्धारित कर लेना बहुत ही महँगा पड़ सकता है। हमें यह नहीं भूलना चाहिए कि उपमहाद्वीप की परिस्थितियाँ शीतयुद्ध कालीन विश्वस्तरीय परमाणु टकराव की स्थिति से बहुत भिन्न हैं, और विश्व उस काल में सम्भवतः सौभाग्यवश ही सम्पूर्ण विनाश से बच निकला था। वह महाविनाश का संकट किसी पागल तानाशाह का पैदा किया हुआ भी नहीं था।

अतः लेख के इस अंश के समापन में मैं इतना ही कहना चाहूँगा कि उपमहाद्वीप के परमाणु शस्त्रीकरण से युद्ध की सम्भावनाएँ न तो सैद्धान्तिक रूप से कम हुई हैं और न ही व्यावहारिक रूप से। हाँ इससे युद्ध से सम्भावित हानि नाटकीय रूप से बहुत विशाल हो गई है। विश्व में विद्यमान सैन्य सन्तुलन के स्वरूप की अन्यायपूर्ण रचना से यह विवेकआधारित तथ्य झुठलाया नहीं जा सकता!

क्या भारत सरकार के लक्ष्यों की पूर्णतः सम्पूर्ति हो पाई?

अब मैं सीमित महत्त्व के एक प्रश्न को उठा रहा हूँ। वैसे भारत में इसे बार-बार उठाया जाता रहा है। भले ही परमाणु स्पर्धा से उपमहाद्वीप कुछ अधिक असुरक्षित बन गया हो, पर क्या भाजपा सरकार की परमाणु नीति से भारत के अपने लक्ष्यों की भली प्रकार पूर्ति हो पाई है? भारत को यह शिकायत है कि उसे विश्व के बड़े देशों में एक होने के नाते जितना महत्त्व मिलना चाहिए, उतना नहीं दिया जा रहा। इस बात को लेकर भी नाराज़गी है कि संयुक्त राज्य अमरीका जैसे देश भारत की पाकिस्तान से बराबरी क्यों करते रहते हैं, पाकिस्तान से सात गुना बड़े देश को उसके बराबर रखने का प्रयास नहीं होना चाहिए। भारत की तुलना करनी ही है तो चीन से करनी चाहिए और इस दृष्टि से भारत की परमाणु उपलब्धियाँ उसे संयुक्त राष्ट्र सुरक्षा परिषद की स्थाई सदस्यता दिलाने में सहायक हो सकती है। भले ही उपमहाद्वीप में असुरक्षा बढ़ी हो, पर भारत को लाभ ही हुआ है। इस प्रकार के तर्क में कितना सार है?

मुझे इस विश्लेषण को आगे बढ़ाने में कुछ कठिनाई भी आ रही है। यद्यपि मैं भारतीय नागरिक हूँ, पर मुझे नहीं लगता कि किसी नीति से अकेले भारत को हुए लाभों की मैं साधिकार विवेचना कर सकता हूँ। मैं उन नीतियों से प्रभावित हुए अन्य देशों के हितों की अनदेखी नहीं कर पाऊँगा। किन्तु भारत सरकार के घोषित लक्ष्यों के सन्दर्भ में उसकी नीतियों की समीक्षा अवश्य हो सकती है (इनमें पाकिस्तान पर रणनीतिक श्रेष्ठता प्राप्त करना और विश्व में भारत की प्रतिष्ठा बढ़ाना भी सम्मिलित है), और यह प्रश्न पूछा जा सकता है कि क्या भारत की परमाणु नीति से इन लक्ष्यों की प्राप्ति में सहायता मिली है? इन लक्ष्यों की प्राप्ति का विश्लेषण करने का अर्थ यह नहीं लगाना चाहिए कि मैं इन लक्ष्यों का समर्थन भी कर रहा हूँ।

इस बात पर सन्देह के पर्याप्त कारण हैं कि पोखरन और चगाई की घटनाओं से उन लक्ष्यों की सिद्धि में सहायता मिली है। एक तो भारत को परम्परागत सैन्य बल में पाकिस्तान से भारी श्रेष्ठता पहले ही प्राप्त है। पर परमाणु सन्तुलन ने उस श्रेष्ठता का महत्त्व बहुत कम कर दिया है। वास्तव में पाकिस्तान "पहले प्रयोग नहीं करने के समझौते" को लगातार अस्वीकार कर रहा है। इस कारण भारत की परम्परागत सैन्य बल श्रेष्ठता पर भरोसा करने की क्षमता कम रह गई है (जबकि दोनों देशों में असुरक्षा की भावना अधिक प्रबल हुई है।) कारगिल संघर्ष के दौरान भारत घुसपैठियों को खदेड़ने के लिए पाक-अधिकृत कश्मीर में भी अपनी सेनाएँ नहीं भेज पाया। अनेक रणनीतिकारों का मानना है कि वह ऊँची पहाड़ियों पर बैठे हमलावरों का नीचे से सामना करने की तुलना में कहीं अधिक प्रभावशील कदम हो सकता था। किन्तु परमाणु संघर्ष की आशंका ने भारत सरकार को त्वरित और प्रभावशील कदम उठाने

से रोक दिया और देश को कहीं अधिक सैनिकों की हानि बर्दाश्त करनी पड़ी (भारत का मानना है कि उसे 1300 सैनिकों की जान गँवानी पड़ी, जबकि पाकिस्तान 1750 का अनुमान लगा रहा है)। यही नहीं, नीचे के स्तर से युद्ध करने के कारण प्रत्यक्ष लागत भी 2500 करोड़ अमरीकी डॉलर अधिक आई। भारत सरकार का नियन्त्रण रेखा पार न करने का निर्णय परमाणु संघर्ष को टालने की दिशा में एक सही कदम था, किन्तु उसके पास कोई और विकल्प भी नहीं था। इस विकल्पहीन स्थिति की रचना इसने स्वयं की थी।

दूसरे, इन विस्फोटों से पूर्व भी सभी भारत की परमाणु बम बना सकने की क्षमता से परिचित थे—पोखरन–I (1974) ही इस बात को सिद्ध कर चुका था (भले ही भारत सरकार उस परीक्षण के सैन्य लक्ष्यों को नकारती रही हो)। किन्तु 1998 के परीक्षणों के बाद तो विश्व स्तर पर भारत और पाकिस्तान को 'अधिक बराबर' माना जाने लगा है। मैंने मई 1998 के भारतीय परीक्षणों के बाद अनुमान लगाया था कि अब पाकिस्तान इससे अधिक परीक्षण करेगा। जब पाकिस्तान केवल 6 परीक्षण करके ही रुक गया तो मुझे बड़ा अच्छा लगा, क्योंकि 5 से ज्यादा बड़ी न्यूनतम पूर्णांकीय संख्या तो 6 ही हो सकती है। भारत सरकार को पाकिस्तान के बराबर मानने की बात चाहे जितनी अरुचिकर लगे, पर इसकी अपनी नीति के फलस्वरूप श्रेष्ठता का स्थान 'समता' ने ग्रहण कर लिया है।

तीसरा पक्ष वैज्ञानिक आवश्यकता का है। पहले कभी भी परीक्षण न करनेवाले पाकिस्तान की परीक्षण आवश्यकता भारत से कहीं अधिक थी। भारत को तो पोखरन–I का अनुभव पहले से ही सुलभ था। फिर; पाकिस्तान के परमाणु वैज्ञानिकों की बहुत सीमित संख्या, कम्प्यूटर अनुरूपण की कम सम्भावनाओं आदि के कारण उसे वास्तविक परीक्षण कर देखने की अधिक वैज्ञानिक ज़रूरत थी। पहले विश्व स्तरीय आलोचना पाकिस्तान को रोक रही थी, पर भारतीय परीक्षणों ने उसकी यह हिचक भी समाप्त कर दी और वह इस दिशा में चल पड़ा। एरिक आर्नेट ने इस बात को इस प्रकार लिया है : "भारतीयों की तुलना में पाकिस्तानी राजनीतिज्ञ परमाणु संरोधन की आवश्यकता के बारे में कम शर्मिन्दा हैं। वहाँ की सेना इस बात से घबराई रहती थी कि उसकी परमाणु क्षमता को कोई गम्भीरता से नहीं लेता, दूसरे, अमरीका शीत युद्ध के बाद उससे मुँह मोड़ चुका था और वह सैन्य शक्ति में भारत से पिछड़ता जा रहा था। मई 1998 से पूर्व तो परमाणु परीक्षण से इसीलिए परहेज़ किया जा रहा था कि कहीं अन्तर्राष्ट्रीय प्रतिबन्ध न लग जाएँ। किन्तु भारत द्वारा पैदा की गई स्थिति ने पाकिस्तान की परीक्षण की जरूरत और उसके 'औचित्य' को भी बढ़ा दिया और उस नीति को राजनीतिक-रणनीतिक स्तर पर उचित ठहराना आसान बना दिया।"

भारत के परमाणु-पक्षधर अक्सर दावा करते हैं कि 1998 से पहले भारत को

पाकिस्तान से 'प्रथम प्रहार' का बहुत खतरा था—वह कम हो गया है। किन्तु इस तर्क का वैज्ञानिक और राजनीतिक आधार बहुत ही कमजोर है।

चौथा पक्ष इस शिकायत का है कि भारत को चीन के समतुल्य नहीं माना जाता और चीन से उसे जो सम्भावित खतरे हैं, उनकी ओर भी विश्व समुदाय ध्यान नहीं देता। भारत सरकार के प्रवक्ता इस बारे में बहुत कुछ कह रहे थे। मई 1998 के पोखरन परीक्षणों से एक सप्ताहपूर्व भारत के प्रतिरक्षा मन्त्री जार्ज फर्नांडीस ने टी. वी. पर अपनी एक बहुचर्चित भेंटवार्ता में कहा था : "हमारे लिए चीन सबसे बड़ा खतरा है.......चीन से सम्भावित खतरा पाकिस्तान की तुलना में कहीं विशाल है।" मई 11 से 13 के परीक्षण काल में ही प्रधानमन्त्री अटल बिहारी वाजपेयी ने अमरीकी राष्ट्रपति बिल क्लिंटन को लिखे पत्र में स्पष्ट नामोल्लेख किए बिना चीन को ही परीक्षणों का मुख्य कारण बताया था। इस पत्र को 13 मई को ही बड़ी सावधानी के साथ 'न्यूयार्क टाईम्स' में छपवा दिया गया था। आइए, उस पत्र को एक बार फिर पढ़ें!

"हमारी सीमा एक प्रत्यक्ष परमाणु शक्ति सम्पन्न देश से मिलती है—वह देश 1962 में हम पर आक्रमण भी कर चुका है। यद्यपि पिछले एक दशक में उस देश से हमारे सम्बन्धों में सुधार आए हैं, किन्तु अनसुलझे सीमा-विवादों के कारण अविश्वास का वातावरण बना हुआ है। इसी अविश्वास को बढ़ाते हुए इस देश ने हमारे एक और पड़ोसी को चोरी छिपे परमाणु अस्त्रों से लैस भी कर दिया है।"

पर भारत के परीक्षणों के पाकिस्तानी प्रत्युत्तर के बाद तो चीन भारत की शिकायतों को दरकिनार कर उसकी टुच्ची कुड़बुड़ाहट की ही आलोचना करके अपने आपको उपमहाद्वीप का शान्तिस्थापक कहने लगा है। जून 1998 की क्लिंटन की चीन-यात्रा के अन्त में जारी संयुक्त वक्तव्य में उपमहाद्वीप में परमाणु-अप्रसार में उन दोनों देशों के सहयोग की बात उठाई गई है।

मार्क फ्रेज़ियर ने इस विषय में भारत के प्रयासों और उपलब्धियों के बीच के अन्तर की समीक्षा करके उसकी नीतिगत विफलता का आकलन किया है :

"यदि भारत का इरादा विश्व को चीन की बढ़ती हुई शक्ति से अपने लिए सम्भावित खतरे की चेतावनी देना था, तो इन परीक्षणों का प्रभाव एकदम उलटा हुआ है। उसने चीनी अधिकारियों को अपने आपको विश्व समुदाय के सामने परमाणु प्रसार नियन्त्रण में सहयोग करनेवाले जिम्मेदार सदस्य के रूप में प्रस्तुत करने का अवसर दे दिया। एक संशोधन देश के बजाय चीन ने बखूबी एक यथास्थितिवादी देश की भूमिका निभाई।"

विस्फोटों से भारत की सुरक्षा परिषद की स्थाई सदस्यता पाने की अभिलाषा भी पूरी नहीं हो पाई। यदि परमाणु धमाके ही सुरक्षा परिषद का रास्ता तय करते हैं तो अनेक देश इस रास्ते पर चल सकते हैं। भारत-पाकिस्तान के बीच पोखरन

और चगाई की नवस्थापित समानता सुरक्षा परिषद के इस रास्ते को और कठिन बना गई—और यह बात प्रत्याशित ही थी। व्यक्तिगत रूप से मुझे भारत को सुरक्षा परिषद की स्थाई सदस्यता से कोई लाभ होता है, नहीं दिखाई देता—भारत के विशाल आकार और उसकी आर्थिक प्रगति के कारण इस सदस्यता से अन्य अनेक देश लाभान्वित हो सकते हैं, पर वह एक अलग मुद्दा है। किन्तु भारत सरकार सुरक्षा परिषद की स्थाई सदस्यता को महत्त्वपूर्ण मानती है। अच्छा ही होता कि वह अपनी परमाणु नीति में संयम बनाए रहती और 1974 के बाद से ही पाकिस्तान पर स्थापित अपनी श्रेष्ठता का प्रयोग करती रहती।

इस सारे प्रकरण से एक और महत्त्वपूर्ण बात स्पष्ट होती है। भारत सरकार की स्वयं अपनी संवेदना में एक बड़े देश, लोकतान्त्रिक व्यवस्था, समृद्ध बहुधर्मी सभ्यता, भलीभाँति सुस्थापित वैज्ञानिक प्रौद्योगिकी परम्परा (नवीनत सूचना प्रौद्योगिकी सहित) और बहुत सम्भावनाओंवाली तीव्रदर से संवृद्धिशील अर्थव्यवस्था के महत्त्व के प्रति अविश्वास भरा था। बम के महत्त्व का अतिमूल्यांकन ही उसकी अपनी राजनीतिक, सांस्कृतिक, वैज्ञानिक और आर्थिक क्षमताओं का अवमूलयन कर देता है। सरकारी अधिकारी बिल क्लिंटन की भारत-यात्रा से भले ही बहुत खुश हों, उन्हें लगता हो कि भारत को पाकिस्तान से ऊपर रखा गया है, पर इस वरीयता का श्रेय भारत के आकार, लोकतान्त्रिक व्यवस्था और संवृद्धिशील अर्थव्यवस्था व प्रौद्योगिकी के बजाय केवल परमाणु विस्फोट को देना समझ से परे है।

मुद्दों का पृथक्करण

उपमहाद्वीप की परमाणु नीति की समीक्षा में दो समस्यायों की अलग-अलग पहचान बहुत जरूरी है। पहली यह कि विश्व शास्त्रास्त्र व्यवस्था में भारी बदलाव लाने और परमाणु आयुध भण्डारों का प्रभावी तथा तीव्र निशस्त्रीकरण करने की बड़ी सख्त जरूरत है। दूसरी यह कि भारत और पाकिस्तान के परमाणु दुस्साहसों को विश्व व्यवस्था के अन्यायपूर्ण स्वरूप के आधार पर उचित नहीं ठहराया जा सकता, क्योंकि इससे उपमहाद्वीपवासियों का जीवन अधिक असुरक्षित हो गया है। औरों की मन्दबुद्धिता से खिन्न हो अपने पैरों पर ही कुल्हाड़ी मारने में कोई समझदारी नहीं हो सकती।

इसका अर्थ यह क़तई नहीं है कि जब विश्व में वर्तमान असमतापूर्ण सन्तुलन बनाए रखने पर अड़े देश विशेषकर अमरीका, अपने लिए 'परमाणु रक्षा कवच' गढ़ने का प्रयास कर रहे हों, तो भारत-पाक को यथास्थिति पर ही प्रसन्न रहना चाहिए। वास्तव में पश्चिमी देशों का यह समझने से इनकार करना, कि पाँच महाशक्तियों का व्यवहार विश्व-भर के अविकसित देशों तथा उपमहाद्वीप में अनेक आशंकाओं को जन्म देता है, भी अनेक सन्देह उत्पन्न करता है। परमाणु अस्त्रों के एकाधिकार

ही नहीं, विश्व आयुध बाजार में अन्य अनेक गैर-परम्परागत अस्त्रों के झोंके जाने से भी इसी सन्देह की पुष्टि होती है।

उदाहरण के रूप में; 1994 में पाकिस्तान के प्रतिष्ठित अर्थशास्त्री महबूबउल हक़ द्वारा तैयार की गई विश्व विकास रिपोर्ट में स्पष्ट किया गया था कि "विश्व के सबसे बड़े शस्त्रास्त्र व्यापारी सुरक्षा परिषद के 5 स्थाई सदस्य ही हैं। इन्होंने ही 1988-92 के बीच 86 प्रतिशत हथियार विश्व बाजार में बेचे। यही कारण है कि सुरक्षा परिषद मौत के सौदागरों पर अंकुश लगाने के कोई गम्भीर प्रयास नहीं कर पाती। अतः भारत-पाक आदि को सुस्थापित परमाणु शक्तियों की जिम्मेदारियों और नेतृत्व भावना पर सन्देह होना स्वाभाविक ही है।" जहाँ तक भारत का प्रश्न है, वह परमाणु संयम और विश्व व्यवस्था में बदलाव की माँग की नीतियाँ एक साथ अपना सकता है। यह संयम भारत की आवाज को और बुलन्द करेगा, शिथिल नहीं। व्यापक परमाणु परीक्षण प्रतिबन्ध सन्धि की पुनर्रचना कर उसमें अवपरमान्वीकरण कार्यक्रम को शामिल कराने के लिए वार्ता की माँग होनी ही चाहिए। किन्तु परमाणु बम बनाना, उनके प्रयोग के लिए प्रक्षेपास्त्रों पर दुर्लभ संसाधन खर्च करना विवेकपूर्ण नीति नहीं होगी। यह सोचना कि उपमहाद्वीप का परमान्वीकरण विश्व निशस्त्रीकरण को बढ़ावा देगा एक दुःस्वप्न भी बन सकता है। इन नीतियों में नैतिक मूर्खता बहुत अधिक भरी है, साथ ही विवेकोचित विभ्रम भी बहुत स्पष्ट रूप से दिखाई दे रहा है। नेतिकता और विवेकशीलता अन्तर्सम्बन्धों पर आधारित अन्तर्क्रियाओंवाले विश्व में एक-दूसरे से बहुत दूर नहीं होती—सौ वर्ष पूर्व ही रवीन्द्रनाथ टैगोर ने इस बात की व्याख्या कर दी थी।

और अन्त में एक विशेष बात : एक समृद्ध लोकतान्त्रिक पाकिस्तान का उदय भारत के ही सर्वाधिक हित का साधन होगा। भले ही नवाज़ शरीफ़ की सरकार भ्रष्टाचारी थी, पर पाकिस्तान में नागरिक शासन के स्थान पर सैनिक तानाशाही की स्थापना किसी भी तरह से भारत के हित में नहीं होगी। फिर, भारत सीमापार से आतंकवाद की जो शिकायत करता है, वह भी पाकिस्तान की समृद्धि और नागरिक राजनीति की सफलता से स्वयमेव नियन्त्रण में आ जाएगी। इस सन्दर्भ में भारत में अक्सर दुहराया जानेवाला यह तर्क खोखला लगने लगता है कि भारत से स्पर्धा का भारी खर्च उठा पाना अस्थिर अर्थव्यवस्था और बहुत छोटे आकारवाले पाकिस्तान के लिए सम्भव नहीं होगा। किन्तु दरिद्रता और निराशा से ग्रस्त पाकिस्तान भारत के लिए बहुत भारी आपदा का कारण बन सकता है—इस समय विद्यमान असुरक्षापूर्ण परिस्थितियों और वातावरण से यही संकेत अधिक मिलते हैं। पाकिस्तान की स्थिरता और कुशलक्षेम का संवर्धन ही भारत के लिए समझदारी भरा कदम होगा। इसका नैतिक महत्त्व भी है। नैतिकता और विवेकशीलता के बीच इस अन्तर्भूत सम्बन्ध को समझना आज की सबसे ज्वलन्त आवश्यकता है।

खण्ड–4

तर्क और पहचान

13

तर्क और पहचान

तर्कशीलता का प्रभाव-क्षेत्र

'द जीनिएलॉजी ऑफ़ मॉरल्स' की अपनी प्रति पर डब्ल्यू. बी. येट्स ने लिख छोड़ा था : "पर नीत्शे यह क्यों सोचता है कि रात्रि में कोई तारे नहीं होते, केवल चमगादड़, उल्लू और एक अमानवीय चाँद होता है?" पिछली शताब्दी के आरम्भ से कुछ ही पहले नीत्शे (मृत्यु 1900 ई.) ने मानवता के भविष्य के प्रति अपने सन्देह व्यक्त किए थे और उस भविष्य का बहुत ही लोमहर्षक चित्र रचा था। अगले कुछ दशकों में विश्व ने क्या कुछ नहीं देखा—दो महायुद्ध, भीषण नरसंहार और न जाने कितनी बार संगठित बर्बरतापूर्ण अत्याचार! इस सबकी याद कर मन में यह आशंका जाग उठती है कि नीत्शे का मानवजाति विषयक संशय ठीक ही तो नहीं था?

अन्तर्बोध और मानवता

ऑक्सफोर्ड के एक दार्शनिक जोनाथन ग्लोवर ने अपनी हाल की बहुत ही दिलचस्प पुस्तक 'मॉरल हिस्ट्री ऑफ़ ट्वेंटीथ सेंचुरी' में तर्क दिया है कि हमें न केवल पिछली शती की घटनाओं पर विचार करना चाहिए, बल्कि अपने मन में छिपे बैठे दानवों पर भी कड़ी निगाह रखनी चाहिए। साथ ही उन दानवों को पिंजराबन्द कर उन्हें सौम्य बनाने के तरीके खोजने चाहिए। बीसवीं शती और दूसरी सहस्राब्दी का अन्त निश्चय ही इस प्रकार के चिन्तन-मनन के लिए एक उपयुक्त समय है। वास्तव में इस्लामी पंचांग की पहली सहस्राब्दी तो हज़रत मुहम्मद के मक्का से मदीना प्रवास (622 ईस्वी) से प्रारम्भ होकर 1591-92 में पूरी हुई थी और उस समय भारत के मुगल सम्राट अकबर ऐसी ही दूरगामी समीक्षा में लगे थे। उन्होंने विभिन्न धार्मिक

समुदायों के बीच सम्बन्धों और बहु-सांस्कृतिक स्वरूप धारण कर चुके भारत में शान्तिपूर्ण सह-अस्तित्व की आवश्यकता पर बहुत आग्रह किया था।

भारत में मत-मतान्तरों की विविधता को देखते हुए उन्होंने शासन की धर्म और पन्थ-निरपेक्षता के विचार का प्रतिपादन किया और आग्रह किया कि प्रशासन को यह सुनिश्चित करना होगा कि 'किसी व्यक्ति के धर्म-सम्प्रदाय के आधार पर उससे कोई छेड़खानी नहीं हो और प्रत्येक व्यक्ति उस धर्म-पन्थ को अपनाने को स्वतन्त्र हो जो उसे अच्छा लगे।' अकबर का सोचना था कि 'परम्परा पर भरोसा' करने के स्थान पर तर्कबुद्धि का सहारा लेकर जटिल सामाजिक समस्यायों का समाधान किया जा सकता है। यह विचार आज के विश्व में और अधिक महत्त्वपूर्ण हो गया है।

पिछले दिनों विश्व में सहस्राब्दी-परिर्वतन के उत्सव तो बहुत मनाए गए, किन्तु पिछले 1000 वर्षों के अनुभवों की समीक्षा के प्रयास वास्तव में बहुत कम हुए हैं। शती और ग्रेगोरियन पंचांग की द्वितीय सहस्राब्दी के समापन पर ग्लोवर ने जिन भयकारी घटनाओं का इतना सटीक चित्रण किया है उन्होंने तो जन-सामान्य को बिल्कुल ही नहीं झकझोरा। ग्लोवर द्वारा उठाए गए चुनौतीपूर्ण प्रश्नों में भी किसी ने कोई रुचि नहीं दिखाई। जश्नों की रोशनी ने न केवल तारों को आच्छादित कर लिया, बल्कि उसीमें चमगादड़, उल्लू और अमानवीय चाँद भी कहीं गुम हो गए।

नीत्शे के नैतिक तर्कों के प्रति अविश्वास और आनेवाली कठिनाइयों की आशंका के साथ कहीं न कहीं नैतिक शक्तियों के विनाश की अस्पष्ट-सी स्वीकृति भी जुड़ी थी। उस विनाश के बारे में उनका आकलन था : "यह सबसे भीषण, सबसे विवादास्पद और सम्भवत सब से अधिक आशापूर्ण परिदृश्य होगा।" ग्लोवर का कहना है कि "हमें नीत्शे की चुनौती का सामना करना चाहिए। समस्या यह है कि नीत्शे के नैतिकता के प्रति धार्मिक अनुशासन के बारे में अविश्वास को स्वीकार कर उसके अति भयावह निष्कर्षों से किस प्रकार बचा जाए।" यहाँ अकबर के विचार का महत्त्व एक बार फिर उजागर हो जाता है कि नैतिकता का मार्ग तो आलोचनात्मक समीक्षा द्वारा प्रशस्त हो सकता है। अतः नैतिकता को धर्माधिकारियों के आदेशों के अधीन रखने की कोई आवश्यकता नहीं है और उसे परम्परा की दलदल में फँसाना भी अनावश्यक ही होगा।

यूरोपीय ज्ञानोदय (एनलाइटेनमेन्ट) काल में भी इन विषयों पर काफी विचार मन्थन हो रहा था। वह युग भी अन्तर्दृष्टि की दूरगामिता के प्रति आशावादी था। किन्तु, पिछले कुछ वर्षों से ज्ञानोदय काल की उस अन्तर्दृष्टि पर ही आपत्तियाँ उठने लगीं हैं और ग्लोवर ने भी अपनी मुखरवाणी को उसकी भर्त्सना के स्वरों से ओत-प्रोत कर लिया है। उसका कहना है : "मानवीय मनोविज्ञान विषयक ज्ञानोदयी दृष्टिकोण बहुत ही 'कमजोर' और मशीनी लगता है और उसकी मानवतावाद तथा वैज्ञानिक

चिन्तन के प्रसार से सामाजिक प्रगति की आशाएँ अब बहुत ही मूर्खतापूर्ण प्रतीत होने लगीं हैं।" इस युग में पनप रही एक विचारधारा की प्रतिक्रिया में ग्लोवर भी बीसवीं शती की अनेक विवादास्पद घटनाओं को तमोहरण के चिन्तन का प्रभाव मानने लगा है। वह आधुनिक दमन को उसी परिप्रेक्ष्य से जुड़ा मानता है। और कहता है "कि केवल स्तालिन और उसके उत्तराधिकारी ही उस ज्ञानोदय के प्रभाव से ग्रस्त नहीं थे, बल्कि पोलपोट भी परोक्ष रूप से उसी से प्रभावित था।" किन्तु ग्लोवर किसी समस्या के समाधान के लिए धर्मानुशासन या फिर परम्परा की कसौटी को भी स्वीकार नहीं करता और कहता है कि इस दृष्टि से तो ज्ञानोदय से बच पाना सम्भव नहीं है। इसी कारण वह अपना सारा आक्रोश समाज में व्याप्त रूढ़ विश्वास आदि पर उतार देता है। उसका कहना है कि स्तालिन की क्रूरता का उद्गम उसके विश्वास से ही हुआ था। यह स्थापना विश्वासयोग्य लगती है। यही बात ग्लोवर के उन तर्कों पर लागू होगी जो उसने स्तालिनवाद में विचारधारा के महत्त्व के सन्दर्भ में दिए हैं।

पर इसे हम ज्ञानोदय के विचार पक्ष की आलोचना क्यों मान रहे हैं? तानाशाहों के मदान्धतापूर्ण विश्वासों का सारा दोष ज्ञानोदय की विचार-परम्परा के मत्थे मढ़ना कुछ अन्यायपूर्ण लगता है। इसका कारण यही है कि उस युग के अधिकांश लेखक तो यही आग्रह करते रहे हैं कि अन्धविश्वास की अपेक्षा तर्क आधारित चयन अधिक श्रेयस्कर होता है। स्तालिन की क्रूरता का प्रतिकार किया जा सकता है (ऐसा किया भी गया था)। तर्कों के सहारे उसकी 'कथनी और करनी' में अन्तर उजागर किए जा सकते हैं और उसकी वह क्रूरता जगजाहिर की जा सकती है, जिसे उसके सुरक्षा तन्त्र ने कड़ी सेंसरशिप के सहारे छिपा रखा था। वास्तव में तर्कशास्त्र की सबसे बड़ी अच्छाई यही है कि इसके सहारे हम विचारधारा और अन्धविश्वास से कहीं आगे निकल सकते हैं। पोलपोट का प्रमुख आधार तर्क और विचार नहीं था। वह और उसके अनुयायियों का गुट तो कुतर्काधारित विश्वास से व्युत्पन्न पागलपन से ग्रस्त थे। उन्हें न कोई प्रश्न सुहाता था और न ही अपने कामों की कोई समीक्षा भाती थी। ग्लोवर के अन्य सभी तर्कों की परस्पर सम्बद्धता को देखते हुए आश्चर्य होता है कि वह भी किस प्रकार इस ज्ञानोदय विरोधी सुर में सुर मिलाने लगा है।

किन्तु इस विषय में ग्लोवर की चर्चा से एक और महत्त्वपूर्ण प्रश्न उभर रहा है। क्या किन्हीं कठिन बाधाओं के कारण स्पष्ट तर्क नहीं कर पाने पर हमें अपनी अन्तः प्रेरणा का सहारा नहीं ले लेना चाहिए? इस प्रश्न का ग्लोवर ने ही स्तालिन और पोलपोट जैसे क्रूर व्यक्तियों की अपेक्षा कम क्रूर निकोलाई बुखारिन पर टिप्पणियों में स्पष्टीकरण किया है कि—"यह पूरी तरह से सूखी लकड़ी बन जाने को तैयार नहीं था। बुखारिन को अपनी मानवीय अन्तःप्रेरणाओं और उन दृढ़विश्वासों के बीच अन्तर्द्वन्द्व को झेलना पड़ रहा था, जिनका वह पक्षधर था। बुखारिन को उस व्यवस्था से बहुत घृणा होती थी, किन्तु आसपास के राजनीतिक वातावरण और उसके अपने

सूत्रबद्ध चिन्तन ने उसे उस घिनौनी व्यवस्था के बारे में स्पष्ट रूप से तर्क विकसित नहीं करने दिया।'' इसी कारण, ग्लोवर कहता है, कि ''वह अपनी मानवीय अन्तः प्रेरणाओं और दृढ़विश्वासों के बीच झूलता रह गया, किसी एक का नहीं हो पाया।'' ग्लोवर को लगता है (और इस सन्दर्भ में यह ठीक भी है) कि यदि बुखारिन ने अपनी अन्तः प्रेरणाओं का मार्गदर्शन ही स्वीकार किया होता तो कहीं बेहतर रहता। हम इसे सामान्य सिद्धान्त का आधार मानने को तैयार हो या नहीं, पर ग्लोवर ने उस सन्दर्भ या परिस्थिति का महत्त्वपूर्ण प्रश्न अवश्य उठाया है, जिसमें तर्क दिए जा रहे हों? ग्लोवर के इस तर्क पर अवश्य ध्यान दिया जाना चाहिए (ज्ञानोदय की आपराधिक प्रवृत्तियों विषयक उसके आरोपों को फिलहाल अलग रखा जा सकता है)।

तर्क और ज्ञानोदय

वीभत्सतापूर्ण कारनामों की कालिख से पुते संसार में तर्क-विचार की सम्भावनाएँ आशा और विश्वास के प्रकाश की एक सशक्त किरण प्रतीत होती है। इसका कारण भी सहज समझ आ सकता है। यदि हमें कोई बात ठीक न लगे या चिढ़ानेवाली भी लगे तो हम यह प्रश्न तो कर ही सकते हैं कि उसके प्रति हमारी यह प्रतिक्रिया क्यों हो रही है? और, क्या हमारा व्यवहार इस प्रतिक्रिया के अनुरूप होना चाहिए? हम अन्य लोगों और संस्कृतियों, दावों, आदि के प्रति व्यवहार के उचित मार्ग की खोज के विषय में चर्चा कर पारस्परिक सम्मान और सहिष्णुता के अन्य आधार तलाश सकते हैं। उदाहरण के लिए जापानी उपन्यासकार और युगदृष्टा सामाजिक चिन्तक केंजाबुरो ओई ने बहुत सशक्त शब्दों में आग्रह किया है कि ''जापानी राष्ट्र अपने भूक्षेत्रीय अतिक्रमण के इतिहास को ठीक से समझकर ही लोकतन्त्र और कभी युद्ध न करने की प्रतिज्ञा पर दृढ़ रह सकता है।''

उन बातों और नीतियों की समीक्षा की भी आवश्यकता है जो प्रत्यक्षतः हानिकारक न होते हुए भी (समाज को) आहत कर जाती हैं। उदाहरणार्थ, यदि यह गलत धारणा मन में बैठ जाए कि सार्वजनिक नीति प्राकृतिक संकट का निवारण नहीं कर सकती, तो निश्चय ही ऐसी अकर्मण्यता के कारण बार-बार अकाल पड़ते रह सकते हैं। अकालों में भुखमरी का प्रमुख कारण तो समाज के एक वर्ग की खाद्य सामग्री खरीदने की क्षमता में भारी कमी होता है। यह वर्ग बेरोजगार, बाजार के सीमित हो जाने से लाचार या फिर कृषि कार्यों व अन्य आर्थिक गतिविधियों में व्यावधान का शिकार होता है। सकल खाद्य आपूर्ति में कमी हो या नहीं, पर अकाल के आर्थिक शिकार तो भुखमरी की चपेट में आ ही जाते हैं। इन लोगों की विषमता अभावग्रस्तता का अपेक्षाकृत न्यून दरों पर रोजगार सुलभ करा कर तुरन्त निराकरण किया जा सकता है। इस प्रकार की सार्वजनिक नीति उन्हें भी समाज के अन्य वर्गों के साथ राष्ट्रीय खाद्यापूर्ति के उपभोग में भागीदारी के अवसर पुनः प्रदान कर सकती है।

अकाल भी शैतान की तरह सबसे पिछड़ गए लोगों को ही अपना शिकार बनाता है। आमतौर पर जनसंख्या का 5 प्रतिशत से अधिक अंश इसकी चपेट में नहीं आता। अकाल प्रभावितों का अनुपात 10 प्रतिशत तो शायद ही कभी होता हो। ऐसे दुर्भाग्यग्रस्त जन-समुदाय की समस्या का उसकी आय में वृद्धि करके शीघ्र ही निवारण किया जा सकता है। उन्हें अन्न हासिल कर पाने में आ रही बाधाओं को तुरन्त दूर कर सकता है। इन विषयों में आलोचना सहित सार्वजनिक विचार-मन्थन के माध्यम से लोकतान्त्रिक व्यवस्था और उसके स्वतन्त्र समाचार-पत्र आदि अकालों पर नियन्त्रण में बहुत बड़ा योगदान दे पाने में समर्थ हैं। अन्यथा तर्कहीन निराशा को वास्तविकता का नाम देकर और धैर्य की चादर के रूप में ओढ़कर अपनी अकर्मण्यता को उचित ठहराते हुए सारे सामाजिक उत्तरदायित्वों से स्वयं को मुक्त कर लिया जाता है।

इसी प्रकार, पर्यावरण की हानि कोई जान-बूझकर विश्व को नुकसान पहुँचाने के लिए नहीं करता यह विचारहीनता और सुविचारित रूप से वैयक्तिक सामाजिक स्तर से कार्य करने के अभाव के कारण ही होती है, और इसके सम्मिलित प्रभाव बहुत भीषण हो सकते हैं। मानवीय उदासीनता, हृदयहीनता और अनुचित हठ आदि से सम्भव संकटों से बचने के लिए तो व्यावहारिक तर्कशास्त्र और सद्‌भावनापूर्ण प्रतिबद्धता की ही आवश्यकता होगी।

तर्काधारित नैतिकता पर कुछ समय से अनेक दिशाओं से प्रहार हो रहे हैं। मानवीय मनोविज्ञान का ज्ञानोदयी विचार मानव की अनेक प्रतिक्रियाओं की अनदेखी कर जाता है। यह केवल ग्लोवर का मत नहीं है। यह भी सुनने में आ रहा है कि मानवीय व्यवहार के नीतिशास्त्र में केवल तर्कबुद्धि का सहारा जीवनमूल्यों और व्यवहार पर संस्कृतिमूलक प्रभावों की भी अनदेखी कर देता है। इस विचार के प्रतिपादकों का कहना है कि व्यक्ति का जन्म और पालन-पोषण जिन परम्पराओं और संस्कृति में होता है उसके चिन्तन और अस्मिता पर भी उनका प्रभाव किसी तर्कबद्ध विश्लेषण से कहीं अधिक सशक्त होता है (उस तर्कबद्ध विश्लेषण को कई बार पाश्चात्य प्रभाव भी कह दिया जाता है)। यह विश्लेषण तो करना ही होगा कि क्या तर्क का प्रभाव-क्षेत्र मानव मनोविज्ञान की प्रभावपूर्ण विशेषताओं या सांस्कृतिक विविधताओं के व्यापक प्रभावों के कारण सीमित रह जाता है? और भविष्य के प्रति हमारी आशाएँ, और एक बेहतर विश्व में निर्वाह कर सकने की विधियाँ निश्चय ही हमारे इन आलोचनाओं के विश्लेषण आदि पर निर्भर करेंगी।

जोनाथन ग्लोवर एक नए मानव मनोविज्ञान की रचना करने का आग्रह कर रहे हैं, जिसमें राजनीति और मनोविज्ञान के पारस्परिक सम्बन्धों का भी समावेश हो। यदि लोग अन्तः प्रेरणा से अत्याचार का विरोध करें तो राजनीतिक बर्बरता का प्रतिकार हो सकता है। हमें जहाँ भी, जब भी अमानवीयता दीखे तुरन्त उसके विरोध में उठना

होगा। यह तभी होगा जब नैतिक विचारशीलता के व्यवहार और विकास के लिए उपयुक्त सामाजिक और वैयक्तिक सुअवसरों का संवर्धन प्रसार हो। हमारे पास नैतिक बल विद्यमान है, इसे ग्लोवर ने 'हमारी अपनी नैतिक पहचान की चेतना' का नाम दिया है। किन्तु अत्याचार का निरोधक बन पाने के लिए इस नैतिक अन्तर्बोध को मानवीय सक्रियता का रूप भी धारण करना होगा। ग्लोवर का कहना है कि दो प्रकार की प्रतिक्रियाएँ बहुत महत्त्वपूर्ण होती हैं, एक तो सभी व्यक्तियों के प्रति कुछ सम्मानपूर्ण व्यवहार और दूसरे, सहानुभूति; अन्य व्यक्तियों की खुशियों और विपत्तियों के प्रति संवेदनशीलता। मानवजाति के भविष्य की हमारी सारी आशाएँ इन्हीं प्रतिक्रियाओं पर टिकी हैं और इसके लिए हम मनोविज्ञान का मुँह ताक रहे हैं।

अन्तः प्रेरणायुक्त मनोविज्ञान और सहानुभूतिपूर्ण प्रतिक्रियाओं के महत्त्व को समझना बहुत ही महत्त्वपूर्ण है और ग्लोवर का यह विश्वास भी ठीक ही लगता है कि हमारी भविष्य की अधिकांश आशाएँ अन्य लोगों पर जो बीत रही है, उसके प्रति सम्मान और सहानुभूतिपूर्ण प्रतिक्रियाओं पर ही टिकी है। इसी कारण ग्लोवर 'ज्ञानोदय के बहुत हल्के और मशीनी मनोविज्ञान' का किसी अधिक जटिल किन्तु वास्तविकता के निकट संरचना द्वारा प्रतिस्थापन को निर्णायक महत्त्ववाला मानते हैं।

ग्लोवर के इस विश्लेषण के रचनात्मक पक्षों की सराहना होनी ही चाहिए, पर हम प्रश्न तो उठा ही सकते हैं कि क्या उनकी ज्ञानोदय विषयक आलोचनाएँ पूर्णतः निष्पक्ष रह पाई हैं? हाँ, इस प्रश्न को उठाने से पूर्व हमें दृष्टिपथ में आ रहे पोलपोट जैसे घोर अपराधियों से नजर हटाकर देखना पड़ेगा। ग्लोवर ने एडम स्मिथ की चर्चा नहीं की है, पर 'द थ्योरी ऑफ़ सेन्टीमेन्ट्स' का रचयिता निश्चय ही ग्लोवर की भावनाओं और मनोवैज्ञानिक प्रतिक्रियाओं के केन्द्रीभूत महत्त्व के विचार का सहर्ष स्वागत करता। आजकल तो एडम स्मिथ को सिर्फ संकीर्ण रूप से परिभाषित 'स्वहित' की अवधारणा का जनक कहने का चलन हो गया है, किन्तु जिन्होंने उनकी मौलिक रचनाओं को पढ़ा है, वे इस बात से सहमत नहीं हो पाते। मानवीय मनोविज्ञान के जिन अनेक मुद्दों को ग्लोवर ने मानवता के तकाजे का नाम दिया है उनका स्मिथ ने भी विश्लेषण किया था। एडम स्मिथ, दिदरो, कोंडोर्सेट या कांट से किसी भी दृष्टि से कम नहीं थे और वे ऐसे प्रबुद्ध लेखक थे जिनके विचारों और विश्लेषणों ने उनके अनेक समकालिक चिन्तकों को भी बहुत प्रभावित किया था।

भले ही स्मिथ ने ज्ञानोदय के एक अन्य अग्रणी विचारक डेविड ह्यूम की तरह यह तो दावा नहीं किया कि "प्रायः सभी नैतिक प्रतिस्थापनाओं और निष्कर्षों में तर्क और भावनाओं की संगति होती है," पर वे भी तर्क और अनुभूति को परस्पर सम्बद्ध प्रक्रियाएँ मानते थे। ग्लोवर ने ह्यूम के विचारों की भी चर्चा नहीं की है। ह्यूम को प्रायः करुणा और संवेदनशीलता को तर्क से अधिक महत्त्व देने के पूर्वाग्रह से ग्रस्त माना जाता है। थॉमस नेगल ने भी अन्तर्दृष्टि के पक्ष में अपनी सशक्त

दलीलें देते हुए ह्यूम को इसी रूप में याद किया है : "ह्यूम के इस दृढ़विश्वास से तो सभी परिचित हैं कि तर्कविहीन भावावेश ही सभी सम्प्रेरणाओं का आधार होता है; कोई तर्क विशेष रूप से व्यावहारिक नहीं होता और न ही कोई विशेष नैतिक कारण होता है।"

मुख्य बात यह नहीं है कि भावनाओं और दृष्टिकोणों का महत्त्व है या नहीं (वैसे, ज्ञानोदय परम्परा से जुड़े माने जानेवाले अधिकांश विचारक इनके महत्त्व को स्वीकार करते थे), बात तो यह है कि क्या और कहाँ तक इन भावनाओं व दृष्टिकोणों को तर्काधारित अन्तःर्दृष्टि द्वारा प्रभावित और विकसित किया जा सकता है। स्मिथ का कहना था कि उचित और अनुचित की हमारी प्रथम अनुभूति किसी प्रकार के तर्क का विषय नहीं हो सकती; वह तो समझ और भावनाओं की ही बात होती है। किन्तु, उनका आग्रह था कि ये अन्तर्प्रेरित प्रतिक्रियाएँ भी किसी कार्य, उसके प्रभावों के अनेक उदाहरणों की सुविचारित सूझबूझ पर ही आधारित होती हैं (उचित-अनुचित का विवेक भी तर्क-विचार आधारित सोच या चिन्तन पर आधारित होता है)। यही नहीं, समीक्षा के बाद हमारी प्रथम अनुभूतियाँ परिवर्तित भी हो सकती हैं। हमारी जानकारियाँ हमें यह समझा सकती हैं कि एक वस्तु या कार्य तो किसी अन्य लक्ष्य की प्राप्ति का माध्यम ही है।

ज्ञानोदय चिन्तन के दो मूलाधारों को कितनी ही बार एक साथ मिला दिया जाता है और फिर उनकी साँझे रूप में आलोचना भी की जाती है। वे दो मूलाधार हैं—तर्कशीलता की शक्ति और मानवप्रकृति में और सुधार की सम्भावना! यद्यपि अनेक ज्ञानोदय चिन्तकों की रचनाओं में इनपर साथ-साथ चर्चा हुई है, पर ये वास्तव में दो अलग-अलग विचार हैं। इनमें से एक विचार का खण्डन दूसरे के महत्त्व को समाप्त नहीं कर देता। यह कहा जा सकता है कि और सुधार सम्भव हो सकता है, पर यह सुधार केवल तर्कशीलता द्वारा ही होना आवश्यक नहीं है। दूसरी ओर यह भी कहा जा सकता है कि जैसे अन्य कितनी ही बातें कारगर हो जाती हैं, तर्कशीलता भी प्रभावोत्पादक हो सकती है, किन्तु उसके माध्यम से पूर्णसिद्धि तक पहुँचने की कोई आशा नहीं करनी चाहिए। ग्लोवर ने मानवीय प्रकृति का बहुत ही समृद्ध और सटीक चित्रण किया है, किन्तु उसे पूर्ण सिद्धि की स्थिति तक पहुँचाने की कोई बात नहीं उठाई। फिर भी उनकी अपनी रचनात्मक आशाएँ मनोविज्ञान पर तर्कशीलता के प्रभावों पर ही आश्रित हैं। ये प्रभाव नैतिक चिन्तन के सामाजिक और वैयक्तिक स्तर पर संवर्धन के माध्यम से जन्म लेते हैं। एक प्रकार से ग्लोवर ज्ञानोदय साहित्य के कुछ अंशों के काफी निकट प्रतीत होते हैं, विशेषकर एडम स्मिथ के किन्तु उन्होंने ज्ञानोदय परम्परा की जितनी तीखी आलोचना की है, उससे इस निकटता का कोई आभास नहीं होता।

सांस्कृतिक विवाद

इस आशंका का आप क्या करेंगे कि तर्कशीलता का प्रभाव-क्षेत्र सांस्कृतिक अन्तरों के कारण भी सीमित हो सकता है? इस सन्दर्भ में दो अलग-अलग किन्तु परस्पर सम्बन्धित कठिनाइयों पर काफी आग्रह हो रहा है। एक तो यही कि सामाजिक मामलों में तर्कशीलता पर निर्भरता एक 'पाश्चात्य' विधि है। यह कहा जा रहा है कि गैर पाश्चात्य सभ्यताएँ पश्चिमी जीवन-दर्शन के स्वातन्त्र्य आदि अनेक जीवनमूल्यों से सहमत नहीं हैं और यही जीवनमूल्य पश्चिमी सभ्यता के आधार हैं, इन्हीं के आधार पर इन्मैनुअल कांट से जॉन रॉल्स तक पाश्चात्य दार्शनिकों ने न्याय की संकल्पनाएँ गढ़ी हैं। इन विचारों के पाश्चात्य जीवन-दर्शन में महत्त्व पर कोई आपत्ति नहीं है। जॉन रॉल्स की रचनाओं के संग्रह में यह बात तो बहुत ही स्पष्टरूप में समझा दी गई है कि हमारे युग के इस श्रेष्ठतम नैतिक दार्शनिक के नीतिशास्त्रीय और राजनीतिक चिन्तन में सहिष्णुता और अन्तरात्मा की स्वतन्त्रता के सिद्धान्त कितने अधिक महत्त्वशाली हैं। अनेक लोगों ने यह दावा किया है कि गैर-पाश्चात्य समाजों में स्वातन्त्र्य और सहिष्णुता का जीवनमूल्यों में शायद ही कोई स्थान होता है (कुछ समय से ये बात एशियाई जीवनमूल्यों के बारे में बहुत आग्रह से कही जा रही है)। इस बारे में चर्चा आवश्यक हो गई है। सहिष्णुता, स्वातन्त्र्य और पारस्परिक सम्मान जैसे जीवनमूल्यों को संस्कृति-विशिष्टता बताकर इन्हें केवल पाश्चात्य सभ्यता तक सीमित करने का प्रयास किया जा रहा है। मैं इसे 'सांस्कृतिक सीमाकरण' का नाम दे रहा हूँ।

दूसरी समस्या इस विचार पर आधारित है कि एक संस्कृति में पले-बढ़े लोगों को अन्य संस्कृति के अनुयायियों के प्रति सहानुभूति और सम्मान भाव रखने में कुछ-न-कुछ 'व्यवस्थित' कठिनाई आ सकती है। वे एक दूसरे को समझ ही नहीं पाते, अतः उनकी अन्तर्दृष्टियों का साँझापन कैसे सम्भव हो सकता है? इसे 'सांस्कृतिक वैषम्य' का नाम दिया जा सकता है। प्रायः अत्याचार और नरसंहार तो एक समुदाय द्वारा दूसरे पर थोपा जाता है, अतः विभिन्न समुदायों के बीच सौहार्द के महत्त्व के विषय में कुछ कहने की आवश्यकता ही कहाँ बचती है? किन्तु यदि दो समुदाय मूलतः एक दूसरे से अलग हों और टकरावपूर्ण हों तो सौहार्द स्थापना बहुत कठिन हो जाती है, क्या सर्व और अल्बानियाई समुदाय अपनी सांस्कृतिक शत्रुता पर पार पा सकते है? क्या हूटू और टूट्सी, या हिन्दू और मुसलमान या फिर इज़रायली यहूदी और अरब परस्पर सौहार्द भरा जीवन व्यतीत कर सकते हैं? ऐसे नैराश्यपूर्ण प्रश्न उठाना भी मानव प्रकृति और मानवीय सूझबूझ पर सन्देह करना होगा। पर हम इस प्रकार के सन्देहों को अनदेखा नहीं कर सकते, क्योंकि अभी कुछ समय से गम्भीर अकादमिक चिन्तन और लोकप्रिय अखबारी वास्तविकतावादी चिन्तन में लगातार इन्हीं

सन्देहों को दोहराया जा रहा है—इन्हें सम्मानपूर्ण अवधारणा का स्वरूप प्रदान किया जा रहा है।

अनेक सांस्कृतिक और राजनीतिक अध्ययनों में सांस्कृतिक वैषम्य का मुद्दा उठा है ऐसा प्रत्येक अध्ययन युद्ध के मुहाने से भेजी गई उन रिपोर्टों जैसा लगता है, जिनकी रचना अलग-अलग निष्ठाओंवाले युद्ध संवाददाताओं ने की हो। यही कारण है कि हमें 'सभ्यताओं का टकराव', पाश्चात्य सांस्कृतिक साम्राज्यवाद से युद्ध की आवश्यकता, एशियाई मूल्यों की अवश्यंभावी विजय, अन्य सभ्यताओं की उग्रता द्वारा पश्चिमी सभ्यता को चुनौती जैसे ओजपूर्ण शीर्षक दिखाई दे रहे हैं। विश्व स्तरीय टकरावों की झलक आन्तरिक क्षेत्रों में भी दिखाई देती है, क्योंकि अब प्रायः सभी देशों में अनेक संस्कृतियों के दर्शन हो जाते हैं। इस प्रकार ये टकराव और भी खतरनाक रूप धारण कर लेते हैं। सेमुअल हंटिंग्टन का आग्रह है कि "संयुक्त राज्य अमरीका और पश्चिम का संरक्षण तभी हो पाएगा जब कि पाश्चात्य अस्मिता का पुनर्नवीकरण हो जाए।"

सैद्धान्तिक बाधाएँ

हमारे इस लेख की विषयवस्तु का नृविज्ञानी साहित्य के एक महत्त्वपूर्ण विषय से भी सम्बन्ध है। इसे क्लिफ़र्ड गीर्ट्ज़ ने 'सांस्कृतिक संग्राम' का नाम दिया है और 1779 में मुग्दर और चाकूधारी हवाईवासियों के हाथों कैप्टन कुक की मौत की व्याख्या को लेकर विवाद इसका बहुत अच्छा उदाहरण है। गीर्ट्ज़ ने अपने लेख में दो प्रमुख मानवशास्त्रियों के सिद्धान्तों के बीच तुलना की है। उसका कहना है कि मार्शल सहलिंस तो निश्चित रूप से दो अलग संस्कृतियों के अस्तित्व के पक्षधर हैं—इन दोनों की मानवीय क्रियाओं की अपनी-अपनी व्यवस्था है, और इन्हें इनके संरचनागत स्वरूप में ही समझा जा सकता है। दूसरा मानवशास्त्री गननाथ ऑबिस्कर है, जिसका मत है कि लोगों के कामों और विश्वासों की उनके जीवन में निश्चित व्यावहारिक भूमिका होती है और कार्यों तथा विश्वासों को मनोवैज्ञानिक स्वरूप में समझने की आवश्यकता होती है।

हमें जो भी दृष्टिकोण अच्छा लगे, पर यह प्रश्न तो उठ ही जाता है कि क्या सब लोग (सांस्कृतिक निर्धारणवादियों के तर्कों के अनुरूप) अपने परम्परागत विश्वास और व्यवहार तन्त्र से ही बँधे रहने चाहिए? न सहलिंस और न ही ऑबिस्कर की विश्लेषण विधि दो संस्कृतियों के बीच संवाद की सम्भावना को नकार पाती है—वैसे सहलिंस की विधि में यह संवाद अपेक्षाकृत कठिन अवश्य हो जाएगा। हम यह भी पूछ सकते हैं कि बेहतर समझ और सम्भवतः सहानुभूति व परस्पर सम्मान तक पहुँचने के लिए दोनों संस्कृतियों के अनुयायी किस प्रकार के तर्कशास्त्र का सहारा लेंगे? वास्तव में ग्लोवर ने इसी प्रश्न के सन्दर्भ में विभिन्न समुदायों द्वारा एक दूसरे के

प्रति प्रदर्शित बर्बरता और क्रूरतापूर्ण व्यवहार को समाधान के लिए नैतिक सोच-विचार की बात उठाई है। उन्हें आशा है कि पारस्परिक सम्मान, सहिष्णुता और सहानुभूति के माध्यम से नैतिक सोच-विचार को जगाया (बढ़ाया) जा सकता है। हमारा मुख्य मुद्दा यह नहीं है कि विभिन्न समाज किस प्रकार और कितने अलग-अलग हैं। हमारा आशय तो उस क्षमताओं और अवसरों से है जो किसी समुदाय के सदस्यों को सुलभ हो सकते हैं या जिनका विकास कर वे अन्य समुदायों की कार्यविधियों को बेहतर समझ सकते हैं। किन्तु यह किसी भी टकराव का तात्कालिक समाधान नहीं हो सकता। कैप्टन कुक के हत्यारे तुरन्त ही उसके बारे में अपने सांस्कृतिक रूप से रूढ़ विचार को नहीं बदल सकते थे। कुक भी एकाएक उस विवेक को नहीं पा सकता था जो उसे पिस्तौल चला पाने से रोक सकती। आशा तो यही है कि समझ और जानकारी का विचारशील संवर्धन ही इस प्रकार के बलात् व्यवहार को रोक पाने में सफल होगा।

यहाँ प्रश्न उठता है कि क्या इस प्रकार की विचारशीलता के लिए आवश्यक जीवनमूल्यों का किन्हीं संस्कृतियों में कोई अस्तित्व ही नहीं होता? यहीं पर 'सांस्कृतिक सीमा बन्धन' का विचार महत्त्वपूर्ण हो जाता है। बार-बार यही आग्रह होता है कि गैर-पाश्चात्य संस्कृतियों में सन्देह और विश्लेषणात्मक विचार-विमर्श की कोई परम्परा नहीं है और इसी कारण वे 'पाश्चात्य तर्कशीलता' से बहुत दूर हैं। ऐसी ही टिप्पणियाँ 'पाश्चात्य उदारवाद', उचित, और न्यायपूर्णता के पश्चिमी विचारों, तथा व्यापक रूप में 'पाश्चात्य जीवनमूल्यों' के विषय में भी की जाती हैं। गर्ट्रड हिम्मेलफार्ब द्वारा बहुत ही स्पष्ट रूप से चर्चित मत के "कि, 'न्याय', 'उचित', विचारशील, मानवता प्रेम आदि मुख्यतः, शायद विलक्षण रूप से, पाश्चात्य जीवनमूल्य हैं", अनेक समर्थक भी हैं।

भले ही अनेक लेखक ये बातें इतने साफ-साफ अन्दाज में कहने से कतरा जाते हों, पर इसकी झलक अनेक रचनाओं और विवेचनाओं में मिल ही जाती है। यदि सद्भाव, सम्मान, सहानुभूति आदि के विकास और अन्य सभ्यताओं को ठीक समझ पाने के लिए आवश्यक जीवनमूल्य और तर्क विचारशीलता केवल पश्चिमी समाज की ही बपौती है तो फिर भविष्य अवश्य ही अन्धकारमय हो जाएगा। किन्तु क्या वास्तव में ऐसा है?

हमारी वर्तमान अनुभूतियों और अध्ययन पर पाश्चात्य संस्कृति इस प्रकार छाई हुई है कि हम उसकी प्रतिच्छाया से बचकर इन प्रश्नों का समाधान खोज ही नहीं पाते। उसी प्रतिच्छाया की प्रबलता सहस्राब्दी उत्सवों पर भी छाई रही। सारे विश्व को उस उत्सव ने कुछ इस प्रकार अभिभूत कर लिया था, जैसे ग्रेगोरियन पंचांग के अतिरिक्त और कोई कालगणना विधि ही नहीं हो। गैर-पश्चिमी विश्व में तो अनेक समृद्ध पंचांग परम्पराएँ ग्रेगोरियन से भी पहले से विद्यमान हैं। इन परम्पराओं का

चीन, भारत, ईरान, मिस्र आदि में प्रचलन है। ये सभी पाश्चात्य कैलेण्डर से कहीं पुरानी कालगणना प्रणालियाँ हैं। तकनीकी, व्यवसायी और कदाचित् सांस्कृतिक आदान-प्रदान में सारे विश्व में एक ही कैलेण्डर या पंचांग का व्यवहार सुविधा भरा हो सकता है, किन्तु यदि उस सुविधा को इस 'सत्य' का रूप देने का प्रयास हो कि ग्रेगोरियन पंचांग ही एकमात्र ऐसा पंचांग है जिसका विश्व-भर में प्रयोग हो सकता है, तो निश्चय ही आपत्तियाँ उठेंगी, विरोध होगा। कितने ही और पंचांग साँझे रूप से स्वीकार होने पर बहुत अच्छी तरह से ये कार्य सम्पन्न कर सकते हैं।

इसी प्रकार गैर-पाश्चात्य संस्कृतियों को समझ पाने पर भी पश्चिमी वर्चस्व का प्रभाव दिखाई देता है। वैयक्तिक स्वातन्त्र्य की ही बात लें। इसे पाश्चात्य उदारवाद का अभिन्न अंग माना जाता है। आधुनिक यूरोप, अमरीका, और ज्ञानोदयी यूरोप ने निश्चय ही स्वातन्त्र्य की अवधारणा और इसके विभिन्न स्वरूपों के विकास में बहुत निर्णायक योगदान दिया है। ये विचार पश्चिम के एक देश से दूसरे देश में फैले—अन्य देशों तक भी पहुँचे, कुछ वैसे ही जैसे औद्योगिक संगठन और आधुनिक प्रौद्योगिकी का प्रसार हुआ है। इस स्वरूप में स्वातन्त्र्यवादी विचारों को 'पश्चिमी' कह देने से उनके कहीं अन्य भी मान्यस्वीकार्य होने पर कोई आँच नहीं आती। यह स्वीकार करने से कि भारत की संसदीय लोकतन्त्र प्रणाली ब्रिटेन की पद्धति पर रचित है, उसका महत्त्व कम नहीं हो जाता। किन्तु यदि यही आग्रह रहे कि इन विचारों का स्वरूप तो यूरोप के इतिहास से उदित और मूलरूप से यूरोपीय ही है, तो फिर इनके कहीं और प्रसारित हो पाने में कठिनाइयाँ पैदा हो जाएँगी।

पर क्या यह ऐतिहासिकता का दावा सही है? क्या, जैसा कि हंटिंग्टन दावा कर रहे हैं, पश्चिम आधुनिक होने से बहुत पहले ही 'पाश्चात्य' हो चुका था; वास्तव में ठीक है? ऐसे किसी दावे के पक्ष में बहुत स्पष्ट प्रमाण नहीं मिल पाते। आज सभ्यताओं के वर्गीकरण में वैयक्तिक स्वतन्त्रता को पश्चिम की प्राचीन धरोहर का अंग मान लिया जाता है और वर्गीकरण इस आधार पर किया जाता है कि जैसे यह स्वातन्त्र्य अन्यत्र कहीं भी सुलभ नहीं रही। यह ठीक है कि प्राचीन पाश्चात्य साहित्य में वैयक्तिक स्वातन्त्र्य के किसी न किसी स्वरूप की चर्चा प्रायः मिल जाती है। उदाहरण के लिए अरस्तु की रचनाओं में भी स्वतन्त्रता और सहिष्णुता की बात आई है, किन्तु ये प्रावधान केवल 'स्वतन्त्र पुरुषों' को उपलब्ध थे—दासों और महिलाओं को ऐसी कोई सुविधा प्राप्त नहीं हो सकती थी। किन्तु गैर-पश्चिमी संस्कृतियों में भी सहिष्णुता और स्वतन्त्रता का प्रतिपादन मिल जाता है। तीसरी शती ईसापूर्व के भारत सम्राट अशोक का उदाहरण बहुत ही शानदार है। उन्होंने देश-भर में अच्छे व्यवहार और अच्छे प्रशासन की विशेषताओंवाले शिलालेख स्थापित कराए थे। इनमें सभी के लिए—गुलामों और स्त्रियों सहित—मूलभूत स्वतन्त्रताओं की बात उठाई गई थी। उनका आग्रह था कि ये अधिकार तो भारतीय नगरों से दूर बसे उन वनवासियों

के लिए भी हैं जिन्होंने उस समय तक कृषि को भी नहीं अपनाया था। आज की दुनिया भले ही अशोक के सहिष्णुता और स्वतन्त्रता विषयक विचारों को नहीं जानती हो, पर यह अनभिज्ञता ग्रेगोरियन के अतिरिक्त अन्य पंचांगों की अनभिज्ञता जैसी ही है।

भारत में भी ऐसे प्रतिष्ठित विचारक रहे हैं जिन्होंने सहिष्णुता और स्वतन्त्रता की अपेक्षा अनुशासन और व्यवस्था पर अधिक आग्रह किया है। चौथी शताब्दी ईसापूर्व के अर्थशास्त्र के रचयिता कौटिल्य इसी वर्ग में आते हैं किन्तु पश्चिम में भी प्लेटो और सेन्ट ऑगस्टाइन ने सामाजिक अनुशासन को प्राथमिकता दी थी। यदि विभिन्न देशों में विविधता के आधार पर वर्गीकरण किया जाए तो अरस्तु और अशोक एक पक्ष में होंगे तथा प्लेटो, ऑगस्टाइन और कौटिल्य दूसरे पक्ष में दिखाई पड़ेंगे। किन्तु विचारों के सार-सत्व पर आधारित यह वर्गीकरण क्षेत्र और संस्कृति-आधारित वर्गीकरणों से बहुत ही अलग होगा।

कई बार तो आज के यूरोप और उत्तरी अमरीका में प्रचलित आधुनिक विचारों को भी पश्चिम की सदियों पुरानी सांस्कृतिक धरोहर का नाम देने की कोशिश की जाती है। आज के विश्व में पाश्चात्य वर्चस्व का एक दुर्भाग्यपूर्ण पक्ष यह भी है कि अन्य सभी संस्कृतियों और परम्पराओं की 'पहचान' और परिभाषा समकालीन पश्चिमी संस्कृति से तुलना करते हुए की जा रही है।

अन्य संस्कृतियों की व्याख्या करते समय इस राजनीति प्रेरित दुराग्रह को ही पुष्ट करने का प्रयास किया जाता है कि पश्चिमी सभ्यता ही तर्कशील और उदार विचारों का एक मात्र स्रोत रही है (इन विचारों में विश्लेषणात्मक समीक्षा, खुला संवाद, राजनीतिक सहिष्णुता और असहमति पर सहमति सम्मिलित हैं)। इस प्रकार यह बताने का प्रयास किया जाता है कि तर्कशीलता, अन्तर्दृष्टि, विज्ञान-प्रमाण, स्वतन्त्रता और सहिष्णुता तथा अधिकार और न्याय के आधारभूत जीवनमूल्य तो केवल पश्चिम में ही प्राप्य रहे हैं (उसी की बपौती रहे हैं)।

पश्चिम के विषय में जब एक बार इस अवधारणा की स्थापना हो जाती है तो इसका शेष सभ्यताओं से निरन्तर टकराव स्वयंसिद्ध स्वरूप धारण कर लेता है। प्रत्येक सभ्यता में अनेक विविधापूर्ण तत्त्व होते हैं और उनमें से 'पाश्चात्य' मान लिए गए लक्षणों से सबसे 'दूरस्थ' तत्त्वों का उद्धरण देकर 'गैर-पाश्चात्य सभ्यता' का निर्धारण कर लिया जाता है। इन्हीं चुने हुए तत्त्वों को उन सभ्यताओं के मौलिक और देशज लक्षण घोषित कर दिया जाता है—इनमें विद्यमान पश्चिमी सभ्यता से मिलते-जुलते लक्षणों को पूरी तरह से दृष्टिगत कर देना इस विद्धत्ता-परम्परा की सबसे बड़ी विशेषता है।

उदाहरण के लिए, भारत के भगवद्गीता और तान्त्रिक साहित्य (जिन्हें धार्मिक माना जाता है) पर ही विश्व का ध्यान केन्द्रित रहता है—क्योंकि ये पश्चिम की

'धर्मनिरपेक्ष' रचनाओं से अलग हैं। भारत की अन्य लेखन परम्परा और वहाँ की अतिपुरातन विषमताभिव्यक्ति या विविधता की परम्परा के अस्तित्व को भी नकारने का प्रयास होता है। संस्कृत और पाली भाषाओं में विश्व की अन्य सभी प्रतिष्ठित साहित्य परम्पराओं से अधिक अनास्था और अनीश्वरवादी साहित्य भरा है। इसी प्रकार भारत की गणित, मीमांसा, प्राकृतिकविज्ञानों से लेकर अर्थशास्त्र और भाषाशास्त्र जैसी गैर-धार्मिक साहित्य परम्परा को भी नजरअन्दाज कर दिया जाता है (एकमात्र अपवाद सम्भवतः 'कामसूत्र' है उसमें पश्चिमी पाठकों की भी रुचि जागृत हो गई है)। इस तरह से किन्हीं चुने हुए पक्षों पर ही आग्रह कर, पश्चिम से भिन्नता के आधार पर, अन्य सभ्यताओं को बाह्य घोषित कर दिया जाता है—उन्हें आश्चर्यजनक, सुन्दरतापूर्ण या विचित्र, भयकारी अथवा अजीब किन्तु जानने योग्य होने का नाम दे दिया जाता है। जब किसी सभ्यता की 'पहचान' की परिभाषा ही 'पश्चिम से अन्तरों' के आधार पर हो तो यह अलगाव ही मुख्य बात बन जाता है।

पश्चिमी जीवनमूल्यों से 'बहुत अलग' एशियाई मूल्यों की ही बात लें। एशिया में तो अनेक जीवन-दर्शन और अन्तर्चेतन धाराएँ फलती-फूलती रही हैं। अतः किसी भी धारा के अनेक उदाहरण देकर उसे एशियाई जीवनमूल्य घोषित किया जा सकता है। यदि अन्य सभी को अनदेखा करके केवल कन्फ्यूशस की ही रचनाओं से उद्धरण दिए जाएँ तो एशियाई जीवनमूल्य केवल 'अनुशासन और व्यवस्था' की जंजीरों में जकड़े दिखाई देंगे, स्वायत्तता और स्वतन्त्रता के लिए कोई स्थान नहीं बचेगा। पश्चिमी चिन्तकों ने ऐसा ही किया भी है। मैंने इसी विषमता पर अन्यत्र भी चर्चा की है, किन्तु यदि अन्य देशों के साहित्य का सर्वांगीण अध्ययन किया जाए, तो यह वैषम्य अधिक देर तक टिक नहीं पाता।

यहाँ एक द्वन्द्वाभास भी उत्पन्न हो जाता है। एशिया की बहुलतापूर्ण परम्पराओं में से केवल निरंकुशतापूर्ण अंशों पर ही सारा ध्यान केन्द्रित कर कितने ही पश्चिमी लेखकों ने एशिया को 'उदारमना' पश्चिम से एक बहुत 'अलग' छवि प्रदान कर दी है। प्रतिक्रियास्वरूप कुछ एशियाई भी इस मत का खण्डन करने के विपरीत बहुत गर्व से इस अन्तर की ही महिमा गाने लगे हैं, "हाँ, हम तो पश्चिम से बहुत ही विलक्षण हैं। और यही हमारी अच्छाई है।" इस प्रकार पश्चिम द्वारा अपने आपको अनूठा सिद्ध करने के प्रयास से आरम्भ विषमता आधारित सांस्कृतिक पहचान निर्धारण की प्रवृत्ति को एशियाई विचारकों की अपने विलक्षण स्वरूप की उद्घोषणा करने की प्रवृत्ति ने और बल प्रदान कर दिया है। विश्व के अन्य भागों को पश्चिम से कहीं 'अलग' दिखाना बड़ा प्रभावपूर्ण हो सकता है और यह कृत्रिम विभाजनों को और गहरा भी बना सकता है। फिर तो हम यह सोचते ही रह जाएँगे कि गौतम बुद्ध, लाओत्से, या गाँधी अथवा सुन यात सेन किस प्रकार से एशियाई नहीं थे।

इसी तरह से वैषम्यानुसार पहचान के कारण ही इस्लाम के पश्चिमी आलोचक

और नवइस्लामवादी, दोनों ही इस्लाम की सहिष्णुता की उस परम्परा को भूल गए हैं, जो असहिष्णुता जितनी ही पुरानी है। हम ये सोचते ही रह जाते हैं कि बारहवीं शताब्दी में स्पेन में यहूदी अत्याचार से त्रस्त मैमोनाइडेस सम्राट सलारीन के मिस्र में शरण लेने क्यों पहुँच गए थे। यह भी समझ पाना कठिन होगा कि धर्मयुद्धों में इस्लाम के पक्ष में लड़नेवाले इस मुस्लिम सम्राट के दरबार में इस यहूदी विद्वान दार्शनिक को शरण ही नहीं, उच्च सम्मानपूर्ण पद और प्रतिष्ठा भी क्यों मिल गई थी?

अफ्रीका में अभी कुछ असहिष्णुता दिखाई दे रही है, पर क्या हम भूल गए हैं कि 1526 में कांगो और पुर्तगाल के राजाओं के बीच झड़पों में 'पश्चिमी पुर्तगाली' नहीं वरन् अफ्रीकी राजा ने ही यह दलील दी थी कि 'दासता' असह्य है। कांगो नरेश नजिंगा म्बेम्बा ने पुर्तगाल नरेश को लिखा था कि गुलामों का व्यापार बन्द होना ही चाहिए, क्योंकि हमारी यही इच्छा है कि कांगो के इन राज्यों में न किसी को गुलाम बनाया जाए और न ही गुलामों का कोई बाजार हो।

हमारा यह दावा हरगिज़ नहीं है कि तर्कशीलता और सामाजिक सद्भाव विषयक सभी विचार विश्व की सभी सभ्यताओं में एक समान फलते-फूलते रहे हैं। ऐसा कहना न केवल असत्य होगा, बल्कि यह तो समरूपता का मशीनी दावा ही होगा। किन्तु यदि यह बात समझ आ जाए कि जिन विचारों को आज मूलरूप से पश्चिम की पारम्परिक थाती का नाम दिया जा रहा है वे अन्य सभ्यताओं में भी पनपते रहे हैं तो यह निश्चित हो जाएगा कि ये विचार किसी सभ्यता का एकाधिकार नहीं है। इस प्रकार कम-से-कम इस आधार पर तो हमें विश्व में तर्कप्रिय मानवता के भविष्य को लेकर निराशात्मक भावना से छुटकारा मिल ही सकता है।

सहिष्णुता और विवेकशीलता

चार सौ वर्ष पूर्व अकबर की उस उद्घोषणा को याद करें, जिसमें धार्मिक मामलों में प्रशासन की निष्पक्षता की बात उठाई गई है। वह उद्घोषणा एक धर्म-पन्थ-निरपेक्ष शासन की आधारशिला है। ऐसा धर्मनिरपेक्ष शासन उस समय तक विश्व में कहीं भी स्थापित नहीं हो पाया या। अतः अकबर द्वारा तार्किक आधार निर्धारित निष्कर्ष, जिन्हें 1591 और 1592 में सूत्रबद्ध किया गया था, सारे विश्व के लिए प्रभावकारी हो सकते हैं। यूरोप को भी इस सन्देश को सुनने की भारत जितनी ही आवश्यकता थी। यूरोप में तो उन दिनों ईसाई धर्मपरीक्षा का युग चल रहा था। जहाँ आगरा में अकबर धार्मिक सहिष्णुता का सन्देश कलमबद्ध करा रहा था, वहीं जिओर्दानो ब्रूनो को रोम में धर्मविरोध का आरोपी बनाकर कैद किया जा रहा था। अन्ततः 1600 में उसे रोम के कैम्पो डिई फाइओरी में जिन्दा जला दिया गया था।

भारत की पन्थनिरपेक्ष परम्परा तो अकबर से बहुत पहले से ही चली आ रही सहिष्णु और बहुलवादी चिन्तन परम्परा से जन्मी है। उदाहरण के लिए, चौदहवीं शती

के अमीर खुसरो की रचनावली हो या पन्द्रहवीं में कबीर की साखियाँ या नानक के पद अथवा चैतन्य आदि की रचनाएँ—सभी में सद्भाव का सन्देश भरा है। किन्तु इस परम्परा को सबसे अधिक प्रशासनिक समर्थन अकबर से ही मिला था। उसने अपने उपदेश को स्वयं लागू भी किया। गैर-मुस्लिमों पर लगनेवाले भेदभावपूर्ण कर बन्द कर दिए गए, अनेक हिन्दू विद्वानों, कलाकारों को उसने अपने दरबार में प्रतिष्ठापूर्ण स्थान प्रदान किया (महान संगीतकार तानसेन सहित) और अपनी सेनाओं का अध्यक्ष भी एक हिन्दू, मानसिंह, को ही नियुक्त किया।

एक प्रकार से अकबर राज्य की पन्थनिरपेक्षता के उस विचार को विधिवत् व्यावहारिक रूप प्रदान कर रहे थे, जिसे कहीं व्यापक और सामान्य स्वरूप में अकबर से भी दो हजार वर्ष पूर्व भारत सम्राट अशोक ने प्रतिपादित किया था। अशोक का जमाना तो बहुत पुराना हो गया है, किन्तु अकबर के समय से तो भारत में विधि-विद्वता की निरन्तरता बनी है और आज तक हमारी स्मृति पर उसकी पन्थनिरपेक्ष उद्घोषणाओं और व्यवहार की छाप अंकित है।

बीसवीं शताब्दी में गाँधी, टैगोर, नेहरू आदि द्वारा जिस धर्मनिरपेक्षता की बात उठाई गई, उसे कई बार पश्चिम की वैचारिक छाप की प्रतिच्छाया कह दिया जाता है (जबकि ब्रिटेन को धर्मनिरपेक्षता का स्रोत मान पाना तो बहुत ही कठिन होगा)। इस सन्दर्भ में भारत की संवैधानिक धर्मनिरपेक्षता और न्यायिक रूप से सुनिश्चित सांस्कृतिक बहुलता की तुलना पाकिस्तान के संविधान में इस्लाम के सर्वोपरि स्थान से की जाए, तो बहुत भारी अन्तर दिखाई देगा। चार सौ वर्ष पूर्व एक मुस्लिम सम्राट द्वारा व्यक्त विचारों तथा पूर्ववर्ती भारतीय ग्रन्थों के उद्बोधनों की दृष्टि से भी यह वैषम्य बहुत ही विद्रूपतापूर्ण लगता है।

अकबर ने बहुसांस्कृतिक सहिष्णुता के पक्ष में जो सबसे महत्त्वपूर्ण बात कही थी, वह सम्भवतः तर्कशीलता की भूमिका से सम्बन्धित थी। तर्क (कारण) ही सर्वोपरि होना चाहिए, क्योंकि इस विचार का खण्डन करने के लिए कारण या तर्क का ही सहारा लेना पड़ेगा। इस्लामी परम्परा पर ही आग्रह करनेवालों के प्रहारों का उत्तर देते हुए अकबर ने अपने सहयोगी मित्र और उस समय के संस्कृत, अरबी और फ़ारसी के प्रकाण्ड विद्वान अबुल फ़ज़ल से कहा था : "परम्परा को नकार केवल तर्क का अनुसरण करना इतना स्वयंसिद्ध है कि इस विषय में किसी बहस की आवश्यकता ही नहीं है। यदि परम्पराएँ ही उचित होतीं तो पैग़म्बर नए सन्देश नहीं लाते, वे अपने बुजुर्गों का ही अनुसरण करते रहते।"

अकबर का विश्वास था कि उसे गैर-इस्लामी धर्मों को भी गम्भीरता पूर्वक जानना चाहिए। इसीलिए उसने धर्म महासभाओं के आयोजन भी किए, जहाँ हिन्दू तथा इस्लाम की तीनों प्रमुख धाराओं, शिया, सुन्नी और सूफ़ी के साथ-साथ ईसाई, यहूदी, पारसी और जैन मतावलम्बियों को भी वार्तालाप में सहभागी बनाया गया था।

अबुल फ़ज़ल ने लिखा है कि छठी शताब्दी ईसापूर्व के अनास्थावादी विचारों के प्रवर्तक चार्वाक के अनुयायियों को भी इन सभाओं में बुलाया गया था। अकबर किसी भी धर्म या पन्थ के "सब कुछ स्वीकार या अस्वीकार" वाले दृष्टिकोण को नहीं अपनाता था। वह तो प्रत्येक बहुमुखी धर्म-चिन्तन के सभी अंगों पर विचार-विमर्श चाहता था। उदाहरण के लिए जैनियों से तर्क करते हुए अकबर ने उनके अनेक कर्मकाण्डों की आलोचना तो की, किन्तु शाकाहार विषयक उनके तर्कों को स्वीकार कर वह हर प्रकार के मांसाहार का विरोधी भी हो गया था।

इससे धार्मिक आस्था को केवल विश्वास पर आधारित माननेवालों को बहुत कष्ट होता था। अनेक अवसरों पर कट्टरवादी मुसलमानों ने अकबर के विरुद्ध बगावत भी की, एक अवसर पर तो उसका अपना बड़ा बेटा शहज़ादा सलीम भी बागियों से मिल गया था, पर अन्ततः उसने सुलह कर ली थी। किन्तु अकबर अपने 'राहे अक़्ल'—विचारशीलता के सिद्धान्त-पर अडिग रहा और खुले संवाद तथा बाधारहित चयन का पक्षधर बना रहा। एक समय तो उसने 'दीन-ए-इलाही' नाम से एक नए धर्म को भी चलाने का प्रयास किया, पर उसमें वह नितान्त असफल रहा। उसने 'दीन-ए-इलाही' में अन्य धर्मों की अच्छाइयों का संकलन किया था। उसकी मृत्यु (1605 ई.) पर इस्लामी धर्मशास्त्री अब्दुल हक़ ने सन्तोष व्यक्त करते हुए कहा था कि सारे नवप्रवर्तनों के बाद भी अकबर एक अच्छा मुसलमान ही बना रहा था। किन्तु अकबर निश्चय ही उसमें यह और जोड़ता कि उसकी धार्मिक आस्थाएँ उसके अपने तर्कों और चयन का परिणाम थीं, किसी 'अन्धश्रद्धा' या 'परम्परा की दलदल' में फिसल जाने का नतीजा नहीं।

अकबर के विचार आज भी उपमहाद्वीप समेत सारे विश्व के लिए प्रासांगिक हैं। आजकल पश्चिम में चल रही अनेक चर्चाओं पर उनका प्रभाव हो सकता है। वे विचार बहु-सांस्कृतिकता भय की समीक्षा करने की आवश्यकता समझाते हैं (याद है न कि हंटिंग्टन ने अमरीका में बहु-सांस्कृतिकता के प्रचलन को उस देश तथा समूचे पश्चिमी विश्व के अस्तित्व के लिए एक खतरा बताया है)। यही नहीं, अमरीकी विश्वविद्यालयों में भी यह विवाद चल रहा है कि पाठ्यक्रमों में मुख्यरूप से केवल पाश्चात्य विश्व के महान ग्रन्थों का ही पठन-पाठन होना चाहिए। इस विषय में अकबर की तर्कधारा यही कहती कि इस प्रकार अन्य संस्कृतियों के छात्रों को पाश्चात्य ग्रन्थों का अध्ययन करना पड़े इसमें तो कोई बुराई नहीं है, किन्तु किसी के भी समस्त अध्ययन को केवल एक संस्कृति तक सीमित कर देना उस व्यक्ति की विश्व की विभिन्न संस्कृतियों को जानने और उनसे विचार ग्रहण करने की स्वतन्त्रता का हनन अवश्य कर देगा। यह कहना भी पूरी तरह गलत होगा कि अन्य संस्कृतियों के छात्रों को पश्चिमी ग्रन्थों का अध्ययन नहीं कराया जाए। ये भी उनकी सीखने और मनन करने और ग्रहण करने की 'स्वतन्त्रता' को सीमित कर देगा।

उस समुदायवादी दृष्टिकोण के लिए भी इन विचारों के कुछ निहित अर्थ हैं, जिसके अनुसार कोई व्यक्ति अपनी पहचान को स्वयं नहीं चुनता, यह तो अनुभव करने की बात है। माइकल सेंडल ने समुदाय सम्बन्धी अपनी एक अवधारणा इस प्रकार प्रस्तुत की है "समुदाय केवल उसी की व्याख्या नहीं करता, जो किन्हीं लोगों के पास साँझे रूप से विद्यमान होता है—वह यह भी बताता है कि वे व्यक्ति क्या हैं—वे स्वयं चुने हुए कोई सम्बन्ध (समाया संघ की सदस्यता) नहीं हैं—बल्कि इस युक्ति की तो उन्हें स्वमेव अनुभूति होती है। यह अनुभूति किसी विशेष लक्षण तक सीमित नहीं रहती—यह तो उनकी 'पहचान' बन जाती है।" किन्तु किसी व्यक्ति की पहचान के इस प्रकार उद्घाटित होने की बात को अकबर का तर्कशास्त्र स्वीकार नहीं कर पाता। उसके अनुसार तो हमें अपने विश्वास, आस्था आदि तथा सभा-समाज व दृष्टिकोण चुनने का अवसर प्राप्त होता है, और हमें अपने वास्तविक चयन के लिए सारी जिम्मेदारी भी उठानी चाहिए।

यह अवधारणा कि हम अपनी पहचान को धीरे-धीरे समझ पाते हैं, मीमांसा की दृष्टि से भी कुछ बाधाएँ उत्पन्न कर देती है (हम निश्चय ही यह जानने का प्रयास करते हैं कि हमें क्या चयन-सम्भावनाएँ कहाँ तक उपलब्ध हो सकती हैं)। उन सीमाओं का हमारे कार्यों और सारे व्यवहार पर भी बड़ा विद्यतनकारी प्रभाव हो सकता है (जोनाथन ग्लोवर ने बहुत अच्छी तरह से प्रश्नविहीन वफादारी और आस्था के परिणामस्वरूप हुए लोमहर्षक अत्याचारों का वर्णन किया है)। मेरी पीढ़ी के बहुत से लोगों को आज भी भारत-विभाजन से ठीक पहले देश में हुए भीषण जनसंहार की याद है। जनवरी मास तक जो जनसमुदाय बहुत ही सहिष्णुता एवं सौहार्द भरे पड़ोसी थे, जून आते-आते अत्यन्त क्रूर हिन्दू या मुसलमान बन चुके थे। उन दंगे-फसादों में हुई व्यापक जन-धन की हानि निर्विवाद रूप से अपने नए 'अस्तित्व' या 'पहचान' के अवबोधन का ही परिणाम थी। उसमें तर्कशील मानवतावाद के लिए कोई स्थान नहीं था।

अकबर के विश्लेषण तो आधुनिक-पूर्व समाज में भी तर्कशीलता और स्वतन्त्र चयन की शक्ति का प्रतिपादन कर रहे थे। शीरीं मूसवी ने एक बहुत ही ज्ञानवर्धक पुस्तक लिखी है 'एपिसोड्स इन द लाइफ ऑफ अकबर : कन्टेम्परेरी रिकॉर्ड्स एण्ड रेमिनिसेंसेज़'। इसमें बहुत रोचक ढंग से यह बताया गया है कि अकबर तर्क का प्रयोग कर सामाजिक निर्णयों तक किस प्रकार पहुँचते थे। इनमें से कई निर्णय रूढ़ परम्पराओं के विरुद्ध भी होते थे।

अकबर बाल-विवाह के विरोधी थे, किन्तु यह उनके समय में बहुत ही रुढ़ सामाजिक परम्परा थी। उनका तर्क था कि विवाह में क्या वांछित है, इससे तो दोनों व्यक्ति अनभिज्ञ हैं। उनके वयस्क होने तक दोनों के ही आहत होने, यहाँ तक कि मर जाने की भी कितनी ही सम्भावनाएँ हैं। फिर भी वह धर्म, जो विधवा-विवाह

की अनुमति नहीं देता, उसमें तो बाल-विवाह के परिणामस्वरूप दुर्भाग्यश विधवा हो गई बालिकाओं का संकट और भी अधिक गहन हो जाता है। सम्पत्ति के उत्तराधिकार को लेकर उन्होंने इस्लाम की चर्चा करते हुए कहा कि यह धर्म पुत्रियों को पैतृक सम्पत्ति में बहुत कम अंश प्रदान करता है, जबकि उनकी सामान्य दुर्बलता को देखते हुए उन्हें अपेक्षाकृत अधिक हिस्सा मिलना चाहिए। जब उनके दूसरे पुत्र मुराद ने (यह जानकर कि अकबर सभी प्रकार के धार्मिक कर्मकाण्डों के विरुद्ध हैं) उनसे पूछा कि क्या सभी रस्मो-रिवाज पर प्रतिबन्ध लगा दिया जाए, तो अकबर ने तुरन्त मना कर दिया और कहा कि इस प्रकार तो ये नासमझ लोग, जो शरीर को तोड़ने-मरोड़ने को ही ईश्वर की भक्ति माने बैठे हैं, उसे बिल्कुल ही भूल जाएँगे। अच्छे काम की प्रेरणा से जुड़े प्रश्न के सन्दर्भ में (यह प्रश्न आज भी बहुधा पूछा जाता है) अकबर ने भारतीय सन्तों की इस धारणा की आलोचना की कि सद्कर्मों द्वारा 'उहलोक' या परलोक में जीवन सुधर जाता है। उन्होंने कहा, "मेरे विचार में तो अच्छा काम करते समय मृत्यु का विचार भी मन में नहीं लाना चाहिए। अच्छा काम तो हर किसी को बिना किसी भय या आशा के करना चाहिए, तभी वह काम सद्कर्म होगा।" वर्ष 1582 में उन्होंने सभी शाही गुलामों को दासता से मुक्त कर दिया था और कहा था कि जबरदस्ती के माध्यम से लाभ उठाना न्याय और सद्व्यवहार की सभी सीमाओं का उल्लंघन होता है।

अकबर ने धूम्रपान के नए-नए प्रचलन के बारे में बात करते हुए अनिश्चिततापूर्ण परिस्थितियों में तर्कशीलता की विफलता की सम्भावना को भी स्पष्ट स्वीकार किया था। उनके चिकित्सक हकीम अली ने धुम्रपान के विरूद्ध दलील दी थी, कि हमें यूरोपियों की किसी परम्परा को ऐसे ही नहीं अपना लेना चाहिए, विशेषकर जब तक कि हमारे अपने विद्वानों ने उनका परीक्षण कर अनुमोदन नहीं कर दिया हो। किन्तु अकबर का प्रतितर्क यही था कि हम शेष दुनिया की प्रत्येक बात को इसीलिए अस्वीकार करते चले गए कि यह बात हमारे ग्रन्थों में नहीं है, तो फिर प्रगति कैसे होगी? अपने इस तर्क को आधार बनाकर अकबर ने भी धुम्रपान शुरू किया, किन्तु वह उन्हें पसन्द नहीं आया और फिर उन्होंने उसे हाथ नहीं लगाया। यहाँ उनकी अन्तःप्रेरणा ने तर्क से बाज़ी मार ली (यह मामला बुखारिन के एकदम विपरीत रहा)। पर सबसे बड़ी बात तो यही है कि प्रायः तर्क ही अधिक सफल रहता रहा है।

सहस्राब्दी उत्सवों पर

वर्ष 1591-92 में दिल्ली और आगरा में हिजरी सम्वत् की प्रथम सहस्राब्दी के बहुत ही जश्न मनाए गए थे। किन्तु अकबर का कहना था : "यह उत्सव-आनन्द मनाने नहीं, बल्कि जिस विश्व में हम सब निवास कर रहे हैं, उसमें व्याप्त खुशियों और भयंकर दुखों के विषय में गम्भीर चिन्तन-मनन का अवसर है।" अकबर का तर्क,

विचार और समीक्षा पर इतना आग्रह यह भी स्पष्ट कर देता है कि सांस्कृतिक बन्धन इतना दृढ़ नहीं होता, जितना बता दिया जाता है (हम जानते ही हैं कि कुछ लोग न्याय, औचित्य, तर्क, मानव प्रेम आदि को विलक्षण पाश्चात्य जीवनमूल्य बताने की चेष्टा कर रहे हैं)। यूरोपीय ज्ञानोदय की कितनी ही विशेषताएँ उन प्रश्नों से सम्बन्धित प्रतीत होती हैं जिन्हें सारे विश्व में बहुत पहले से उठाया जाता रहा है।

ग्रेगोरियन पंचांग की दूसरी सहस्राब्दी के आरम्भ में भारत में एक बुद्धिजीवी पर्यटक अलबेरुनी आए थे। वे मध्य-एशिया में जन्मे थे और मुख्यतः अरबी भाषा में लिखते थे। गणितज्ञ होने के नाते उनकी प्राथमिक अभिरुचि भारतीय गणित में ही थी। उनकी अनेक रचनाओं में छठी शताब्दी में संस्कृत में लिखे गए ब्रह्मगुप्त के ज्योतिर्विज्ञान विषयक ग्रन्थ का अरबी भाषा में संशोधित और परिशोधित अनुवाद भी रहा है। किन्तु उन्होंने विज्ञान, दर्शन, साहित्य, भाषाशास्त्र, धर्मशास्त्र आदि अनेक विषयों पर भारतीय रचनाओं का अध्ययन किया और भारत के बारे में 'तारीख़-ए-हिन्द' नाम से एक बहुत ही ज्ञानवर्धक पुस्तक की रचना की। 'इस पुस्तक की रचना क्यों की' इस प्रश्न का उत्तर देते हुए अलबेरुनी ने लिखा है : "यह बहुत आवश्यक है कि एक देश के निवासी यह जानें और समझें कि अन्य देशों के लोग कैसे रहते हैं, सोचते हैं।" दुर्व्यवहार, जिसे अलबेरुनी ने अपने पहले स्वामी सुल्तान महमूद गजनवी के भारत पर बार-बार बर्बरतापूर्ण एवं लूटपाट-विनाश भरे आक्रमणों के दौरान बहुत अच्छी तरह देखा-समझा था, के बारे में उनका कहना है कि "यह तो अन्य लोगों को न जानने और न समझने के कारण ही पैदा होता है।" उन्हीं के शब्दों में : "भारतीय लोग हम लोगों से अपने रहन-सहन आदि में इतने अलग हैं कि हमारे परिधान, रहन-सहन और व्यवहार का हवाला देकर वे अपने बच्चों को डरा सकते हैं, हमें शैतान की औलाद कह सकते हैं और हमारे सभी कार्यों को उचित व सद्व्यवहार के विपरीत घोषित कर सकते हैं। किन्तु हमें यह भी स्वीकारना होगा कि इस प्रकार से विदेशियों के प्रति अविश्वास और घृणा का भाव केवल भारतीयों में नहीं है, यह प्रवृत्ति तो प्रायः सारे देशों में विदेशियों के प्रति पाई जाती है।"

पिछली सहस्राब्दी के आरम्भ की यह अन्तर्दृष्टि आज एक हजार वर्ष बाद भी प्रसंगानुकूल बनी हुई है।

एडम स्मिथ की 'प्रथम अनुभूतियों' से आगे बढ़ने के लिए हमें अकबर द्वारा परिभाषित प्रश्नरहित परम्परा तथा अविचारित व्यवहार के अनुकरण की दलदली भूमि के पार जाना होगा। तर्कशीलता का अपना प्रभाव-क्षेत्र होता है। वह न तो अन्तः प्रेरणा के मनोविज्ञान द्वारा धूमिल हो पाता है, न ही विश्व में व्याप्त सांस्कृतिक विविधताएँ उसे सीमित कर पाती हैं। नैतिक चिन्तन के विकास में तो तर्कशीलता की बहुत ही महत्त्वपूर्ण भूमिका रहती है। हमें उन "चमगादड़ों, उल्लुओं और अमानवीय चाँद" का सामना विशेष रूप से करना पड़ेगा।

14

धर्मनिरपेक्षता और इसके प्रति असन्तोष

अर्द्धशताब्दी पूर्व स्वतन्त्रता प्राप्ति के समय भारत के धर्मनिरपेक्ष स्वरूप पर बहुत बल दिया गया था। उस समय इस राष्ट्रीय प्राथमिकता का विरोध बहुत कम हुआ था। किन्तु अब धर्मनिरपेक्षता की कटु आलोचना चहुँओर गूँज रही है। बहुत से तीखे प्रहार तो भारतीय जनता पार्टी समेत हिन्दुत्व आन्दोलन के कार्यकर्ताओं ने ही किए हैं। भाजपा को चुनावी राजनीति में व्यस्त हिन्दुत्ववादी विचारधारा का प्रतिनिधित्व करनेवाला सर्वप्रमुख राजनीतिक दल माना गया है।

किन्तु धर्मनिरपेक्षता के बौद्धिक विरोध के स्वर केवल वोट की राजनीति करने वालों तक ही सीमित नहीं हैं। इस आलोचना की अतिमुखर व्याख्या भारतीय संस्कृति और समाज के सिद्धान्ततन्त्र में भी दिखाई देती है। अनेक प्रहार भाजपा और हिन्दू राष्ट्रवादी धारा की अधिकृत संस्थाओं के बाहर से भी हुए हैं। भारत की धर्मनिरपेक्षता पर चर्चा करते समय इन प्रहारों की उत्तेजक भंगिमा और प्रसार-विस्तार का ध्यान रखना होगा। यह भी समझ लेना होगा कि ये प्रहार अनेक प्रकार के तर्कों पर आधारित हैं और ये अनेक क्षेत्रों से आ रहे हैं। आशुतोष वार्ष्णेय के अनुसार, आज यदि "बहुधर्मी भारत की विचारधारा का मुख्य दीपस्तम्भ, (धर्मनिरपेक्षता) धूमिल-सा दिखलाई पड़ने लगा है" तो उसका एकमात्र कारण हिन्दुत्ववाद को बताकर उस धूमिलता को कम करने के प्रयास में उसके गिर्द छाए कुहासे की पहचान भी विकृतिपूर्ण हो जाएगी। यद्यपि धर्मनिरपेक्षता पर हिन्दुत्ववादी प्रहार ही सबसे मुखर रहे हैं, पर अन्य तत्व भी प्रहार कर रहे हैं। अतः इस विषय में विस्तृत फलक पर विश्लेषण कर उन आलोचनाओं का उत्तर दिए जाने की आवश्यकता है।

यह चुनौती बहुत बड़ी है, पर भारत के धर्मनिरपेक्षतावादी बुद्धिजीवी प्रायः

इस अनाकर्षक विषय पर चर्चा करने से कतराते दिखाई पड़ते हैं। वे बस इसी बात को दोहराते नज़र आते हैं कि बहुलतावादी लोकतन्त्र के लिए तो धर्मनिरपेक्षता को ही सर्वश्रेष्ठ आधार मानने की परम्परा है। मैं भी एक न 'सुधरनेवाला' धर्मनिरपेक्षतावादी हूँ, और उन बुद्धिजीवियों की विरक्ति भावना में भागीदार भी हूँ। किन्तु मेरा यह विश्वास है कि उन आलोचनाओं का प्रतिकार करना बहुत आवश्यक हो गया है। इस आवश्यकता का कारण केवल यही नहीं है कि इन आलोचनाओं का समकालीन भारत के राजनीतिक और बौद्धिक जीवन पर गहरा प्रभाव रहनेवाला है, बल्कि इन मुद्दों का सामना करना धर्मनिरपेक्षतावादियों के लिए एक अन्य वजह से भी उपयोगी होगा : उन्हें अभ्यासवश स्वीकृत वरीयताओं की पुनः समीक्षा करने और उनके तार्किक आधार को जानने का एक अवसर मिलेगा। आज अपने विश्वासों-आस्थाओं की आत्मालोचना की बहुत गम्भीर आवश्यकता है। यह आवश्यकता व्यावहारिक विचार तन्त्र और राजनीतिक दर्शन के सन्दर्भ में तो और भी अधिक गम्भीर स्वरूप धारण कर लेती है। इसीलिए मैं यहाँ धर्मनिरपेक्षता को लेकर बहुत ही आग्रहपूर्वक उठाए गए कुछ आलोचनात्मक प्रश्नों की व्याख्या-समीक्षा करने का प्रयास कर रहा हूँ।

अपूर्णता और अनुपूरण की आवश्यकता

एक सिद्धान्त के रूप में धर्मनिरपेक्षता के स्वरूप के स्पष्टीकरण और समीक्षा की आवश्यकता है। इसके अन्तर्गत कुछ एक ऐसे तत्त्वों को भी घसीट लिया गया है जो वास्तव में इसके कार्य तथा प्रभाव-क्षेत्र से बाहर ही होने चाहिए। सर्वसंग्राहक स्वरूप के विपरीत राजनीतिक पटल पर तो धर्मनिरपेक्षता का अर्थ सरकार या राज्य को किसी भी धार्मिक पन्थ से अलग रखना होता है। इस अलगाव की दो व्याख्याएँ हो सकती हैं। एक व्याख्या तो यही है कि सरकार सभी धर्मों-पन्थों से एक समान अन्तर बनाए रखे, किसी का पक्ष न ले और उनके प्रति निष्पक्षता का भाव बनाए रहे। दूसरा अधिक आग्रहपूर्ण मत है कि सरकार किसी धर्म से कोई सम्बन्ध ही न रखे। सबसे समान अन्तर का अर्थ यहाँ सभी से पूरी तरह दूर हो जाना होगा।

दोनों ही व्याख्याओं के अनुसार धर्मनिरपेक्षता सरकारी कार्यों में किसी भी धर्म को विशेषाधिकारपूर्ण महत्त्व प्रदान करने की विरोधी होगी। पहली और अधिक उदार व्याख्या में सरकार से प्रत्येक धार्मिक कार्य से बिल्कुल अलग रहने की अपेक्षा नहीं की जाती। केवल यही अपेक्षित है कि विभिन्न धर्मों और धार्मिक समुदायों के सदस्यों से सरकार का व्यवहार सम्यक् या समान दृष्टिवाला हो। इस मतानुसार सरकार द्वारा सभी के पूजा-अर्चना के अधिकार का संरक्षण धर्मनिरपेक्षता विरोधी नहीं होगा—यद्यपि इस संरक्षण कार्य के सन्दर्भ में सरकार को धार्मिक समुदायों के साथ मिलकर कार्य करना पड़ सकता है। यदि दृष्टि-विषमता नहीं हो (अर्थात् अन्यों को छोड़कर किसी एक ही समुदाय के पूजा-अर्चना के अधिकार की 'रक्षा' नहीं की जा रही हो) तो

धार्मिक स्वतन्त्रता के लिए भलीभाँति प्रयास करना भी धर्मनिरपेक्षता के नियमों का उल्लंघन नहीं कहलाएगा।

एक बात पर ध्यान दें : यहाँ सम्यक् व्यवहार की बात इस प्रश्न को अनुत्तरित ही छोड़ देती है कि इस सम्यकता का स्वरूप क्या हो?...सरकार यह फैसला नहीं कर सकती है कि किसी धर्म से जुड़े अस्पताल को आर्थिक सहायता नहीं दी जाएगी। इसके विपरीत सभी अस्पतालों को, उनके धर्म सम्बन्धों की जाँच किए बिना भी सहायता प्रदान की जा सकती है। पहला निर्णय सही तौर पर अधिक धर्मनिरपेक्ष दिखाई देता है, पर यही दूसरी और अधिक संकीर्ण व्याख्या का अनुसरण होगा, जिसमें किसी धर्म से कोई नाता नहीं रखा जाता। दूसरा निर्णय भी राजनीतिक दृष्टि से तो पूरी तरह धर्मनिरपेक्ष होगा, क्योंकि किसी अस्पताल के साथ उसके धार्मिक सम्बन्धों के आधार पर भेदभाव नहीं होता और इस प्रकार की निष्पक्षता भी सरकार तथा धर्म के अलगाव को बनाए रखती है।

भारत में धर्मनिरपेक्षता के प्रति मुख्यतः अधिक उदार दृष्टिकोण ही अपनाया गया है। किन्तु यह दृष्टिकोण सर्वांगसम्पूर्ण नहीं है। धर्मनिरपेक्षता निश्चय ही किसी धर्म-विशेष को वरीयता देने से मना करती है, फिर भी बिना भेदभाव सभी धर्मों से सरकार कितना अन्तर बनाए रखे, इस बारे में अधिक स्पष्टीकरण नहीं दे पाती। अतः धर्म एवं धार्मिक समुदायों के प्रति व्यवहार में उन पक्षों पर विचार करना आवश्यक है जो हमें इस धर्मनिरपेक्षता से कहीं आगे तक ले जा सकते हैं। इस लेख में मैं धर्मनिरपेक्षता पर प्रहार की राजनीतिक जरूरत के पक्ष पर विचार करूँगा—साथ ही उन व्यवस्थागत प्रश्नों पर भी बातचीत करूँगा जो हमें धर्मनिरपेक्षता से आगे ले जा सकते हैं। भारत में धर्मनिरपेक्षता की समीक्षा करते समय इसकी आन्तरिक अपूर्णताओं तथा उनके कारण जन्मी समस्यायों और सम्भावनाओं पर भी विचार करना चाहिए।

आलोचनात्मक तर्क

भारतीय धर्मनिरपेक्षता के प्रति शंकाओं के अनेक स्वरूप हैं। मैं इन शंकाओं के 6 प्रकारों पर विशेष ध्यान दे रहा हूँ। ये एक लेख के लिए पर्याप्त सामग्री प्रदान कर सकेंगी। किन्तु मेरा ऐसा कोई आशय नहीं है कि ये शंकाएँ धर्मनिरपेक्षता विरोधी सभी तर्कों को समाहित कर लेती हैं।

(1) **अनस्तित्ववादी आलोचना**—सबसे प्रथम और सरलतम आलोचना तो भारत में धर्मनिरपेक्षता का अस्तित्व ही नकार रही है। विदेशी संवाददाता और पत्रकार तो भारत में धर्मनिरपेक्षता को देख ही नहीं पाते। उनकी भाषा हिन्दू भारत (या मुख्यतः हिन्दू भारत) की तुलना मुस्लिम पाकिस्तान (या मुख्यतः मुस्लिम पाकिस्तान) से करते-करते जवाब दे जाती है। यह सत्य है कि भारत का धर्मनिरपेक्ष स्वरूप पाश्चात्य चिन्तन पर कभी अपनी छाप नहीं छोड़ पाया है और अयोध्या में किसी पुरानी मस्जिद

का उग्र हिन्दुओं द्वारा विध्वंस उनकी धारणाओं को बदल पाने में कदापि सहायक नहीं होगा। भारत के धर्मनिरपेक्षता के दावों को वे केवल दम्भपूर्ण बकवास मानते रहे हैं, जिस पर जिम्मेदार, शक्तिशाली और विश्व की भाग्यविधाता पश्चिमी सरकारों को विदेश नीति आदि के निर्धारण में अधिक ध्यान देने की कभी आवश्यकता प्रतीत नहीं होती।

(2) **'पक्षपातवादी' आलोचना**–दूसरी प्रकार के आलोचकों का आग्रह है कि भारत के संविधान, राजनीति और कानून परम्परा ने धर्मनिरपेक्षता के आडम्बर में अल्पसंख्यक मुस्लिम समुदाय के प्रति पक्षपात की नीति चला रखी है। उस समुदाय को ऐसा विशेषाधिकारपूर्ण दर्जा प्रदान कर रखा है जो बहुसंख्यक हिन्दुओं को सुलभ नहीं है। यह आलोचना हिन्दू पक्षीय दलों के समर्थकों और नेताओं में बहुत लोकप्रिय है। इनका सारा वाक्चातुर्य धर्मनिरपेक्षता को पूरी तरह नकारने या 'मुस्लिमपरस्त' 'छद्म धर्मनिरपेक्षता' को नकारने का आग्रह करने में लगा रहता है!

(3) **'सामुदायिक पहचान को राष्ट्रीयता पर वरीयता' की आलोचना**–तीसरा आक्षेप इन दोनों की अपेक्षा अधिक बौद्धिकतापूर्ण है। इसमें किसी व्यक्ति की, एक हिन्दू, मुसलमान, सिख या ईसाई के रूप में, 'पहचान' को राजनीतिक दृष्टि से उसके भारतीय होने पर 'वरीयता' दी जाती है। भारतीयता की रचना तो इन घटकों की पृथक् पहचानों का सम्मिश्रण मानी जाती है। इसी अवधारणा का एक पक्ष आग्रह करता है कि भारत में हिन्दुओं का प्रबल बहुमत है और इसी कारण भारत की राष्ट्रीय पहचान मुख्यतः हिन्दू पहचान का ही कोई न कोई स्वरूप होगी। एक अन्य पक्ष का तो राष्ट्रवाद की कसौटी के रूप में एक सर्वव्यापी और समरूप पहचान पर ही आग्रह जाता है (बहुत ही विलक्षण उपमा द्वारा इसे व्यक्त किया जाता है : एक सलाद की भरी प्लेट में समरसता नहीं होती, किन्तु कुठाली में हो जाती है (कुठाली वह पात्र है जिसमें धातुओं को गर्म कर पिघलाया जाता है)। यहाँ से फिर आगे आग्रह किया जाता है कि समरसता का तकाज़ा है कि भारत के सम्मिश्रित सांस्कृतिक परिवेश का स्वरूप भी मुख्यतः हिन्दू स्वरूप ही होना चाहिए। यहाँ तक कह दिया जाता है कि भारत की एकता का स्रोत भी हिन्दुत्व का ही परिणाम है।

(4) **मुस्लिम समुदायवादी आलोचना**–इस आलोचना के अनुसार भारत की मुख्यतः हिन्दूराष्ट्र रूपी पहचान का कारण हिन्दू बहुलता नहीं है, यह तो मुसलमानों द्वारा अपने आपको पहले भारतीय के रूप में स्वीकार नहीं करने की प्रतिक्रिया के परिणामस्वरूप हिन्दुओं पर आरोपित हो गई है। इसका मुख्य आधार भारत के मुसलमान शासकों की देश के अन्य लोगों से घुलमिल पाने में ऐतिहासिक विफलता और मुसलमानों को एक अलग तथा वरीयता सम्पन्न वर्ग बनाए रखने की प्रवृत्ति में खोजा जाता है। यह भी कहा जाता है कि मुसलमान शासकों को जहाँ भी अवसर मिला, उन्होंने हिन्दू मन्दिरों का विध्वंस किया।

स्वाधीनता से पूर्व विकसित मोहम्मद अली जिन्ना का द्विराष्ट्रसिद्धान्त, जिसने देश के विभाजन में ऐतिहासिक दृष्टि से बड़ी भूमिका निभाई थी, भी इसी मुस्लिम अलगाववाद का प्रमाण माना जाता है। कहा जाता है कि उपमहाद्वीप के मुसलमानों को तो विभाजन ने 'अपना घर' प्रदान कर ही दिया था। इसके बाद जो भी मुसलमान भारत में रह गए हैं, वे भारतीय समाज में न तो घुलमिल पाए हैं और न ही भारत के प्रति वफादार हैं। इस 'अवधारणा' का 'प्रमाण' भारत के मुसलमानों की देश के प्रति वफादारी पर सन्देह तथा इतिहास की एक विशेष प्रकार की व्याख्या में माना जाता है।

(5) **'आधुनिकता विरोधी' आलोचना**–पश्चिम ही नहीं भारत में भी आजकल आधुनिकता-विरोध की प्रवृत्ति बलवती हो रही है। धर्मनिरपेक्षता की पंचम विरोध-धारा भी इसी में सुर में सुर मिला धर्मनिरपेक्षता को 'आधुनिकता की मूर्खता' का नाम दे रही है। धर्मनिरपेक्षता की उत्तर-आधुनिक आलोचनाओं के कई स्वरूप हैं, पर भारत में तो यह आलोचना आधुनिकता के विचार पर तीखे प्रहार का एक अंग बन गई है। इसमें भारत के उस अतीत के प्रति लगाव भी शामिल है जिसमें मान लिया जाता है कि समस्याएँ इतनी विकट नहीं थीं। विभिन्न मतावलम्बियों से सहअस्तित्व की तो कोई समस्या ही नहीं थी। इस प्रकार की सूझबूझवाले तत्त्व समकालीन सामाजिक विश्लेषकों में घुलमिल गए हैं!

आशीष नन्दी का कहना है : "जैसे-जैसे भारत आधुनिक हो रहा है, धर्माधारित हिंसा में वृद्धि हो रही है। वे उन परम्परागत जीवनमूल्यों की प्रशंसा भी करते दिखाई दे जाते हैं, जिन्होंने सदियों से सहिष्णुता के आन्तरिक सिद्धान्तों की रचना की थी।" इस तर्कधारा से धर्मनिरपेक्षता की जो आलोचना प्रकट होती है वह नन्दी के ही बड़े उग्र निष्कर्ष में कुछ ऐसा रूप धारण कर लेती है : "धर्मनिरपेक्षता की विचारधारा को स्वीकार करना तो प्रगति और आधुनिकीकरण के नाम पर बाह्य वर्चस्व को उचित सिद्ध कर हिंसा का सहारा लेकर विचारधाराओं को 'जनसामान्य की नई अफिम' के रूप में प्रतिष्ठापित करने के समान होगा!"

(6) **सांस्कृतिक विषमताआधारित आलोचना**–अन्तिम आलोचना, जिस पर मैं चर्चा कर रहा हूँ, इस आधार स्वरूप विचार से आरम्भ होती है कि भारत तो तत्वतः एक 'हिन्दू राष्ट्र' है। अतः हिन्दू धर्म को भारत के अनेकधर्मों में से एक मानना गलत होगा। हिन्दुत्व ने ही भारत के वर्तमान स्वरूप की रचना की है। धर्मनिरपेक्षता के नाम पर सभी धर्मों के साथ समरूपतापूर्ण व्यवहार तो एक मीमांसागत त्रुटि को भयंकर राजनीतिक भूल में परिवर्धित कर देगा!

इस प्रकार की आलोचना मूलतः आधिकारिक रूप से ईसाई राज्य घोषित किए गए ब्रिटेन जैसे उदाहरणों से तुलना पर आधारित है। ब्रिटेन के इतिहास की विशेष परिस्थितियों और उसमें उसके 'अपने धर्म' का विशेष महत्त्व व भूमिका तो सर्वविदित

ही हैं। वहाँ उच्चस्थ राजनीतिक रस्मों की सम्पूर्ति ऑर्कबिशप ऑफ केंटरबरी ही सम्पन्न कराते हैं (वहाँ धर्मनिरपेक्षता जैसी बकवास के लिए कोई स्थान ही नहीं है।) जैसे पाकिस्तान में केवल इस्लाम के विरूद्ध अपमानसूचक कार्य या बातें अपराध हैं उसी तरह इंग्लैण्ड का विधान भी केवल ईसाइयत की आलोचना को ही अपराध मानता है। भारत अपनी देशज सांस्कृतिक प्रतिबद्धता को ऐसा कोई विशेषाधिकार प्रदान नहीं करता।

अब मैं क्रमवार इन आधादर्जन आलोचनाओं के प्रत्युत्तर देने का प्रयास करूँगा! मैंने शुरू में भी कहा था कि धर्मनिरपेक्षता को नकारने के लिए और भी अनेक प्रकार के तर्क दिए गए हैं। कुछ आलोचनाओं में तो विशद अवधारणा-रचना तथा बहुत 'सम्मानपूर्ण भाषाई जटिलता' का भी सहारा लिया गया है। उनके खण्डन का प्रयास इतना सहज नहीं है (यदि नवमतवादी शब्दकोष और अत्यन्त ही साहस से सन्नद्ध होकर यह प्रयास किया जाए तो भी सफलता संदिग्ध रहने की आशंका होगी)। मैं तो केवल इन 6 प्रकारों की आलोचनाओं तक ही अपने लेख को सीमित रखूँगा। धर्मनिरपेक्षता के विरुद्ध दिए गए सभी तर्कों के खण्डन का प्रयास नहीं कर पाऊँगा।

अनस्तित्ववादी आलोचनाओं के बारे में

क्या इस प्रकार की आलोचनाओं पर गम्भीरतापूर्वक विचार की आवश्यकता भी है? अधिकांश भारतीय विचारक इस मत को केवल पाश्चात्य पत्रकारों की हठधर्मिता मानते हैं और उनकी बातों का उत्तर देना अपना अपमान समझते हैं। इसी भावना में कहीं न कहीं यह सिद्धान्त भी छिपा है कि अन्य लोग क्या समझते हैं, इससे कोई अन्तर नहीं पड़ता—इस बार में तो अगर भारत के राजदूत चिन्ता करते रहें तो वही काफी होगा! यह जानबूझ कर उत्तर न देने की प्रवृत्ति समकालीन विश्व में अन्तर्राष्ट्रीय अवबोधन के महत्त्व को नकारने का प्रयास है। इससे उस ऐतिहासिक तथ्य की भी अनदेखी होती है कि बाह्य अवबोधन और अनुभूतियों ने भारतीयों के स्वबोध को किस प्रकार से प्रभावित किया है। हिन्दूधर्म को एक धर्म के रूप में परिभाषित करने में भी कहीं न कहीं इस देश में रहनेवालों के धार्मिक कृत्यों आदि को साँझा नाम देने की विदेशियों की प्रवृत्ति का योगदान छिपा है।

साथ ही उपमहाद्वीप से बाहर गए प्रवासियों ने (स्वदेश में) समुदाय आधारित राजनीतिक आन्दोलनों को समर्थन देने की एक नयी परम्परा आरम्भ कर दी है। अतः सिख, मुस्लिम और हिन्दू प्रवासी भारत में अपने समुदायों के आन्दोलनों के प्रखर समर्थक बन गए हैं। वे प्रवासी क्या पढ़ते हैं और उनकी प्रतिक्रियाएँ क्या होती हैं—ये प्रश्न तो भारत के लिए भी महत्त्वपूर्ण हैं। अतः विदेशियों द्वारा भारत के विषय में समाचारों-टिप्पणियों को भारत की तात्कालिक राजनीति के लिए भी महत्त्वहीन मानना उचित नहीं रहेगा।

इस अनस्तित्ववादी आलोचना पर मैं बात अवश्य करूँगा (भले ही अधिक जानकार पाठक मेरी बातों की अनसुनी कर दें)। क्या भारत वास्तव में पाकिस्तान की हिन्दू प्रतिकृति है? जब ब्रिटिश भारत का विभाजन हुआ तो पाकिस्तान ने इस्लामिक लोकतन्त्र बनने का निर्णय किया था, किन्तु भारत ने एक धर्मनिरपेक्ष संविधान को अपनाया था। क्या इस अन्तर में भी कुछ महत्त्व, निहित है? यह सच है कि पाश्चात्य पत्रकार इस अन्तर को कोई महत्त्व नहीं देते। भारत में भी जो लोग धर्मनिरपेक्षता को त्याग देना चाहते हैं, वे कहते हैं कि देख लो, बाकी दुनिया तो इस अन्तर को स्वीकार ही नहीं करती। विश्व राजनीति के कर्णधार तो यह भी नहीं जानते कि इस धर्मनिरपेक्षता के नाम पर यहाँ क्या करने का प्रयास हो रहा है। अतः धर्मनिरपेक्षता के साथ चिपके रहने की विवशता क्या है?

किन्तु धर्माधारित और धर्मनिरपेक्ष राज्य के बीच के अन्तर वैधानिक दृष्टि से तो महत्त्वपूर्ण होते ही हैं, इनका राजनीतिक महत्त्व भी बहुत व्यापक होता है। ये विभिन्न स्तरों पर सामाजिक व्यवस्था का अंग बन जाते हैं, न्यायालय संचालन से लेकर राज्याध्यक्ष, राष्ट्राध्यक्ष के चयन, निर्वाचन तक पर इनका प्रभाव रहता है। पाकिस्तान में तो केवल एक मुसलमान ही राष्ट्राध्यक्ष हो सकता है, किन्तु भारत का विधान ऐसा कोई प्रावधान नहीं करता। यहाँ तो सिख और मुस्लिम राष्ट्रपति हो चुके हैं (वर्तमान राष्ट्रपति भी एक निष्ठावान और राष्ट्रभक्त मुस्लिम ही हैं)। भारत के प्रशासन और न्यायपालिका के प्रायः सभी (एक प्रधानमन्त्री पद को छोड़) पदों पर मुस्लिम समुदाय के सदस्य आसीन रह चुके हैं।

इसी तरह, भारत का धर्मनिरपेक्ष संविधान भी पाकिस्तान जैसे धर्मावमानना के विषम कानून बनाने की आज्ञा नहीं देता। पाकिस्तान में इस्लाम का विशेष स्थान होने और भारत में हिन्दूधर्म का वैसा स्थान न होने के बीच कानूनी स्तर का एक बड़ा अन्तर है। अतः कोई हैरानी नहीं कि यह अनस्तित्ववादी धारणा भारत से बाहर अधिक मुखर होती है और उपमहाद्वीप की विदेशी व्याख्याओं को रंगरंजित किए रहती है। इस प्रकार के दुराग्रह भारत के संविधान और यहाँ की व्यवस्था के महत्वपूर्ण पक्षों को पूरी तरह नजरअन्दाज करने से ही जन्म लेते हैं।

यहाँ हमें दो बातों पर विशेष ध्यान देना चाहिए। एक तो यह कि भारत के धर्मनिरपेक्षतावादी प्रायः यह दावा करते हैं कि वैधानिक समता के बाद भी हिन्दुओं को अनेक रूप से अनेक क्षेत्रों में मुसलमानों पर कुछ बढ़त हासिल है। यह तर्क भारत में धर्मनिरपेक्षता का और अच्छी तरह पालन करने का आग्रह करता है—इसके यहाँ विद्यमान स्वरूप को नकारता नहीं। दूसरे, अनस्तित्ववादी आलोचना की निरस्ति से भारत की धर्मनिरपेक्षता के सही स्वरूप का निर्धारण नहीं हो जाता। इससे यहाँ प्रचलित स्वरूप की अन्य स्वरूपों से श्रेष्ठता भी सिद्ध नहीं होती। जैसा हमने पहले भी कहा था, धर्मनिरपेक्षता को स्वीकार करने के बाद भी विभिन्न धर्मों के प्रति सरकार

के दृष्टिकोण से जुड़े अनेक प्रश्न अनुत्तरित ही रह जाते हैं। राजनीतिक और वैधानिक स्तरों पर सभी धर्मों के बीच समभाव का विचार स्वीकृत हो जाने पर भी उस समभाव के विशिष्ट स्वरूप के निर्धारण का प्रश्न और उस समभाविता के प्रभाव-क्षेत्र के निर्धारण का प्रश्न तो बच ही रहता है।

एक उदाहरण। 'धर्मावमानना' कानून की बात लें। समभाव के दो स्वरूप स्पष्टतः सम्भव हैं : एक तो यही कि इस कानून को सभी धर्मों पर एक समान रूप से लागू किया जाए या फिर दूसरा स्वरूप कि किसी भी धर्म पर लागू नहीं किया जाए। दूसरा मत सरकार के धार्मिक मामलों से अलग रहने का परिचायक है तो पहला मत सरकार द्वारा किसी धर्म-विशेष का पक्ष न लेने का द्योतक होगा। एक धर्मनिरपेक्ष सरकार सभी नागरिकों के स्वेच्छा से पूजा करने (या न करने) के अधिकार की रक्षा कर सकती है–और इसे हम धर्मनिरपेक्षता का उल्लंघन नहीं ठहरा पाएँगे। इसी प्रकार यह सभी समुदायों को उन बातों से बचाने का प्रयास भी कर सकती है जिन्हें वे अपने धर्म की अवमानना समझते हैं। मैं ऐसे किसी सर्वग्राही धर्मावमानना कानून की सिफारिश नहीं कर रहा–मैं तो ऐसे किसी भी कानून के विरूद्ध ही मत दूँगा। किन्तु मेरा यह विरोध इन कानूनों के धर्मनिरपेक्षता विरोधी स्वरूप के कारण नहीं है। मेरा मानना है कि ऐसे कानून धर्मनिरपेक्षता के तकाज़ों से बाहर की बात हैं। जरूरत तो यह है कि प्रत्येक व्यक्ति को धार्मिक असहिष्णुताजनित उत्पीड़न से बचाया जाए। वैसे भी; भारत जैसे देश में किसी भी धर्मावमानना अधिनियम को सर्वग्राही स्वरूप देना व्यावहारिक रूप से सम्भव हो पाने में सन्देह ही रहेगा–क्योंकि यहाँ अनेक जनजातियाँ अभी भी अपनी-अपनी कदाचित गोपनीय आस्थाओं का भी अनुसरण कर रही हैं (और वही हमारे समाज की सबसे अभावग्रस्त व पिछड़ी हुई इकाइयाँ भी हैं)। फिर भी धर्मनिरपेक्षता के विभिन्न स्वरूपों के बीच चयन का प्रश्न अभी बना हुआ है। इसी आधार पर भारत की धर्मनिरपेक्षता को 'महत्त्वहीन' घोषित कर डालना एक बहुत ही अलग बात होगी।

पक्षपातवादी आलोचना के बारे में

यह आलोचना विभिन्न समुदायों के बीच किन्हीं कानूनी अन्तरों की आग्रहपूर्ण व्याख्याओं पर आधारित है। इन पर हाल ही में हिन्दुत्ववादी राजनीतिक साहित्य में जमकर चर्चा हुई है। 'वैयक्तिक कानून' के मामलों पर तो इन रचनाओं में बहुत अधिक ध्यान दिया गया है।

यह बताया गया है कि जहाँ हिन्दू को बहु-विवाह का अभियोगी बनाया जा सकता है, वहीं मुसलमानों को उनके वैयक्तिक कानून का सहारा लेकर चार विवाह करने की छूट रहती है (यह बात और है कि इस्लामी वैयक्तिक कानून के इस प्रावधान को वास्तविक व्यवहार में भारत में बहुत कम मुसलमान प्रयोग करते हैं)। हमारा

ध्यान तलाक की स्थिति में महिलाओं के प्रति कानूनी प्रावधानों के अन्तरों की ओर भी दिलाया जा रहा है। इस स्थिति में इस्लामी कानून के नाम पर मुस्लिम महिला को बहुत कम उदारता मिल पाती है। सर्वोच्च न्यायालय के प्रसिद्ध शाहबानो केस ने समृद्ध पति से तलाक की स्थिति में मुस्लिम महिला की निर्वाह-राशि के प्रश्न को बहुत ज्वलन्त रूप दे दिया है। इस मामले को हिन्दू कार्यकर्ता बार-बार हिन्दू बहुल भारत में हिन्दुओं के विरूद्ध पक्षपात का उदाहरण बना रहे हैं। (क्योंकि मुसलमान अपने वैयक्तिक कानून के बहाने विशेषाधिकार सम्पन्न बन बैठे हैं)।

इस प्रकार की तर्कधारा में कई समस्याएँ उठ खड़ी होती हैं। यदि यही उदाहरण किसी समुदाय-विशेष के प्रति पक्षपात और उसके 'विशेष' स्थान के सूचक हैं, तो फिर यह भी जानना पड़ेगा कि क्या वास्तव में ये मुसलमानों के किन्हीं विशेष हितों को बढ़ा रहे हैं? यहाँ यदि किसी के विरूद्ध पक्षपात हो रहा है तो वह मुस्लिम नारी है, हिन्दू पुरुष नहीं। इस प्रकार की राजनीतिक शिकायतों में तो संकीर्ण पुरुषवाद की गन्ध (दुर्गन्ध) अधिक आती है।

दूसरे, ऐसा भी नहीं है कि स्वतन्त्रता के बाद किसी हिन्दू वैयक्तिक कानून को विशेष रूप से निरस्त कर दिया गया हो और उसके स्थान पर कोई सामान्य नागरिक संहिता लागू कर दी गई हो। अभी भी हिन्दू वैयक्तिक कानूनों का विशिष्ट स्वरूप बना हुआ है। सामान्य नागरिक संहिता के प्रश्न को इस बात से पृथक् रखा जाना चाहिए कि हिन्दू कानूनों में तो 1955-1956 में व्यापक सुधार कर दिए गए थे। वास्तव में वे सुधार हिन्दू समाज के ही आन्दोलन का परिणाम थे—उसके विरोध या दमन के सूचक नहीं। हिन्दू अधिनियम के सुधारों में बहु-विवाह की काफी सख्त रूप से मनाही की गई है—यह ऐसी किसी सामान्य नागरिक संहिता को लागू किए जाने का परिणाम नहीं है, जिसे हिन्दुओं पर थोप दिया गया हो और मुसलमानों को जिससे आजाद रखा गया हो। इससे हिन्दू वैयक्तिक कानून अप्रभावी भी नहीं हुए हैं। वास्तव में हिन्दू कानूनों के अनेक नए प्रावधान भी सम्मिलित किए गए हैं और उनका प्रभाव-क्षेत्र बहुत ही विस्तृत बना हुआ है।

भारत के संविधान निर्माताओं ने मूलभूत कानूनों—दीवानी और फौजदारी कानूनों—के सब पर समान रूप से लागू होने की बात उठाई थी। संविधान सभा के नेता डॉ. भीमराव अम्बेडकर उसे देश की एकता बनाए रखने के लिए आवश्यक मानते थे। पर अन्ततः जो संविधान बना उसमें यह समानता सम्मिलित नहीं हो पाई। समानता की बात उन निदेशक-सिद्धान्तों में दबकर रह गई, जिन्हें लागू नहीं किया जा सकता। यहाँ भी जो सिद्धान्त बघारा गया था वह था—"सरकार सम्पूर्ण भारत के सभी नागरिकों के लिए एक साँझी नागरिक संहिता की रचना के लिए सतत् प्रयास करेगी।" संविधान के अन्य निदेशक-सिद्धान्तों की भाँति इसे भी देश के प्रशासन के मूलमन्त्रों में से एक माना गया था। यह भी घोषित किया गया था कि इसे लागू

करना सरकार का कर्त्तव्य होगा। फिर भी अन्य सिद्धान्तों की भाँति इसे भी न्यायालयी समीक्षा से परे रख दिया गया।

अब यह निर्णय तो न्यायालय को ही करना है कि इन निदेशक-सिद्धान्तों के मामले में वे कहाँ तक और क्या कुछ कर सकते हैं। बहुचर्चित शाहबानो मामले में तलाक होने पर मुस्लिम महिला को बेहतर निर्वाह भत्ता दिलाने की दिशा में सर्वोच्च न्यायालय का निर्णय वास्तव में सामान्य नागरिक संहिता की दिशा में ही एक कदम था। न्यायालय ने सरकार द्वारा संवैधानिक आदर्श की सम्प्राप्ति के लिए प्रयास करने (सामान्य नागरिक संहिता रचने) में विफलता पर निराशा भी व्यक्त की थी। (और कहा था कि ये संवैधानिक प्रावधान तो मृतलेख ही बने हुए हैं)। वास्तव में इस निर्णय पर मुसलमानों की प्रतिक्रिया की तीव्रता में सम्भवतः इस आशंका ने और वृद्धि कर दी थी कि जो कुछ सरकार ने नहीं किया, वह न्यायालय कर डालेगा। वैसे मुसलमानों की प्रतिक्रिया में सर्वोच्च न्यायालय के निर्णय के पक्ष और विपक्ष के स्वर मिले हुए थे, किन्तु राजीव गाँधी की कांग्रेसी सरकार ने घुटने टेक दिए और सर्वोच्च न्यायालय की समान संहिता की दिशा में पहल का साथ देने के स्थान पर एक नया कानून बनाकर अलगाववाद का साथ दिया। (सर्वोच्च न्यायालय के उपर्युक्त निर्णय को निरस्त कर दिया)।

विषमतापूर्ण व्यवहार का मुद्दा वास्तव में बहुत महत्वपूर्ण है। सारे नागरिकों के लिए समान कानूनी व्यवस्था का निर्माण करने में किसी भी प्रकार से धर्मनिरपेक्षता का उल्लंघन नहीं होता। वैसे, जैसा कि हमने इसी लेख के प्रारम्भ में कहा था, अलग-अलग समुदायों के लिए अलग-अलग वैयक्तिक कानूनों के चलते रहने की व्यवस्था भी गैर-धर्मनिरपेक्षतापूर्ण नहीं होगी। हाँ, इस प्रकार की व्यवस्था सभी समुदायों को सुलभ रहनी चाहिए। दूसरे विकल्प के विरोध में बात करने में कहीं न कहीं न्याय के तकाजों का सवाल भी अवश्य उठ जाता है, क्योंकि न्याय तो तभी होगा, जब सभी समुदायों के प्रति व्यवहार में सम्यकता हो और सभी प्रकार के विभाजनों-वर्गीकरणों में भी निष्पक्षता का समावेश हो। दूसरे शब्दों में इन वर्गीकरणों में स्त्री-पुरुष, अमीर-गरीब, अभिजात-अनभिजात आदि के बीच भी निष्पक्षता होनी आवश्यक है।

इन दो विकल्पों और मध्यवर्ती सम्भावनाओं के बीच चयन अभी पूरा नहीं हुआ है। केवल धर्मनिरपेक्षता के आधार पर इस मुद्दे को किसी एक फैसले पर पहुँचकर 'सील-बन्द' नहीं किया जा सकता। इस बात की स्वीकारोक्ति को धर्मनिरपेक्षता की विफलता का प्रमाण नहीं मान लेना चाहिए। यह तो इस बात की स्वीकारोक्ति है कि वर्तमान परिस्थितियों में निश्चय ही धर्मनिरपेक्षता से कहीं आगे बढ़ने की आवश्यकता है—निष्पक्षता और न्यायप्रियता के सिद्धान्तों का प्रयोग कर सामाजिक और वैधानिक व्यवस्थाएँ बनाने की आवश्यकता है। मुसलमानों के पक्ष में पक्षपात

के आरोपों में अधिक सार नहीं है और उस पक्षपात को आधार बनाकर धर्मनिरपेक्षता को तिलांजलि देने का कोई सामान्य औचित्य नहीं गढ़ा जा सकता। फिर भी धर्मनिरपेक्षता के साथ-साथ उससे कहीं आगे तक जानेवाले न्यायपूर्णता आदि के सिद्धान्तों पर भी ध्यान दिया जाना चाहिए।

हमें इन बातों के अन्तर को स्पष्ट समझना होगा :

(1) विभिन्न धार्मिक समुदायों के बीच सम्यकता हो (यह निश्चय ही धर्मनिरपेक्षतावादी आग्रह ही है) और (2) इस सम्यकता का स्वरूप क्या हो? यहाँ न्याय के उन सिद्धान्तों का प्रयोग कर इस सम्यकता को परिपोषित करने की आवश्यकता है जो हमें धर्मनिरपेक्षता से कहीं आगे ले जाते हैं, तो दूसरी ओर विभिन्न धार्मिक समुदाय्रों की स्वायत्ता विभिन्न भारतीय समुदायों के बीच समता आदि के उन विचारों पर भी ध्यान देना होगा, जो नागरिकों का गैर-धार्मिक साम्प्रदायिक वर्गीकरण करने का आधार बन सकते हैं।

सामुदायिक पहचान का महत्त्व

राजनीतिक और सामुदायिक पहचान के प्रश्न कुछ दूसरी तरह के मुद्दों को जन्म देते हैं। निस्सन्देह, अधिकांश भारतीयों की किसी न किसी प्रकार की धार्मिक आस्था अवश्य है और वे अपनी इस आस्था को व्यक्तिगत जीवन में बहुत महत्त्व भी देते हैं। किन्तु राजनीतिक सन्दर्भों में इस आस्था आधारित पहचान की वरीयता का दावा धार्मिक आस्थाओं के व्यक्तिगत जीवन और सामाजिक व्यवहार में सामान्य महत्त्व का मामला नहीं है। यह तो सीधे-सीधे राजनीतिक मामलों में उस आस्था की प्रासांगिकता का प्रश्न है।

इस सन्दर्भ में भारतीय स्वतन्त्रता आन्दोलन के प्रमुख नेताओं की धार्मिकता तथा धर्मनिरपेक्ष पहचान में उनकी निष्ठा को याद करना बहुत ही उपयोगी होगा। द्वि-राष्ट्रवादी सिद्धान्त के रचयिता और पाकिस्तान के संस्थापक जिन्ना को एक धर्म परायण मुसलमान कहना कठिन रहेगा—किन्तु दूसरी ओर उन दिनों भारतीय राष्ट्रीय कांग्रेस के अध्यक्ष और बाद में भारत के एक प्रमुख राष्ट्रीय नेता रहे मौलाना अबुलकलाम आज़ाद एक बहुत ही धर्मनिष्ठ मुसलमान भी थे।

इसी प्रकार हिन्दू महासभा के नेता श्यामा प्रसाद मुखोपाध्याय के व्यक्तिगत जीवन में हिन्दुत्व का व्यवहार बहुत सीमित था। दूसरी ओर राजनीति में दृढ़तापूर्ण धर्मनिरपेक्ष, प्रशासन और धर्म के प्रभावी कार्यक्षेत्र विभाजन और सभी धार्मिक समुदायों के बीच सम्यक व्यवहार पर आग्रह करनेवाले महात्मा गाँधी का निजी और सार्वजनिक जीवन भी धार्मिकता से परिपूर्ण था। वे नियमित प्रार्थना सभाएँ करते थे, और वे सभाएँ जन-सामान्य के लिए खुली होती थीं। एक अतिवादी हिन्दू राजनीतिज्ञ ने गाँधीजी की हत्याकर डाली। उसका आरोप यह नहीं था कि गाँधीजी व्यक्तिगत और सार्वजनिक

जीवन में हिन्दूधर्म का पालन नहीं करते—उसका कहना तो यह था कि वे राजनीतिक मामलों में मुसलमानों के प्रति 'नरमी' अपनाए हुए हैं और हिन्दू हितों को पर्याप्त प्राथमिकता नहीं दे रहे।

धार्मिक पहचान के महत्त्व को उसकी राजनीतिक सन्दर्भशीलता से अलग स्वरूप में समझना होगा। यह बड़ी विचित्र-सी बात लगती है कि भारतवासी भारतीय होने से पूर्व अपनी धार्मिक आस्थाओं की गुहार लगाएँ। यह तो और भी विद्रुप होगा कि भारतीयता को विभिन्न धर्म-समूह सम्बन्धी अभिलक्षणों के संयोजन के माध्यम से परिभाषित किया जाए। इस प्रकार का सामुदायिक पहचान को वरीयता देने की बात सम्प्रदायवादी हिन्दूराष्ट्रवादियों ने ही नहीं उठाई है। इसमें तो राज्य की संहरणकारी भूमिका और उसकी बढ़ती हुई हिंसात्मक प्रवृत्तियों से चिन्तित अन्य लोगों ने भी अपने-अपने ढंग से अपनी आवाज मिलाई है।

मेरा मानना है कि यहाँ लोग राष्ट्रीयता को 'राष्ट्रराज्य' की अवधारणा से समीकृत करने की भूलकर बैठते हैं और इसी कारण विभिन्न धार्मिक समुदायों व अन्य सामाजिक विभाजकों की उपस्थिति में राजनयिक एकता को अनावश्यक रूप से राज्यवादी अवधारणा का स्वरूप प्राप्त हो जाता है। यह सत्य है कि उस एकता के प्रादुर्भाव और सम्पोषण में राष्ट्रराज्य का भी महत्त्वपूर्ण योगदान अवश्य रहा होगा, किन्तु इस एकता का केन्द्रभूत सैद्धान्तिक आधार राज्य नहीं होता—यह तो इसकी संरचना का नियन्ता भी नहीं होता। उदाहरण के लिए 1947 से पूर्व देशी रियासतों के भूक्षेत्रों में बसे लोगों को भारतीय कहना उन्हें 'गलत वर्गीकृत' तो नहीं कर देता। इसी प्रकार गोवा जैसे प्रदेश भले ही अंग्रेजी शासन (राज्य) के अधीन नहीं थे किन्तु वहाँ के निवासी भी भारतीय ही थे। अतः यह स्पष्ट हो जाता है कि राष्ट्र के विचार के उद्‌भव के लिए किसी राष्ट्रव्यापी राज्य के अस्तित्व को अनिवार्य मानना एक बहुत बड़ी भूल होगी।

इसी तर्क मार्ग का प्रयोग कर भारत के हिन्दू दृष्टिकोण तक पहुँचने में भी एक समस्या आ जाती है। यदि धार्मिक पहचान को राष्ट्रीय पहचान से पहले भी स्थान दे दिया जाए तो भी यह तर्क भारत को हिन्दू राष्ट्र नहीं बना पाता। संख्याबल की दृष्टि से भी भारत में मुसलमान, सिख, ईसाई, जैन, पारसी आदि की संख्याओं को नगण्य तो नहीं माना जा सकता। भारत के 140 मिलियन मुसलमान पाकिस्तान के समान और बंगला देश से अधिक हैं। यह तथ्य ही भारत को केवल हिन्दूदेश कहे जाने को गलत बना देता है—अगर साहित्य, कला, संगीत आदि में हिन्दू मुस्लिम प्रभावों के सम्मिश्रण को देखें तो ऐसे एकपक्षीय निरूपण की स्वीकार्यता और भी सन्देहास्पद हो जाएगी। भारत की धार्मिक बहुलता हिन्दू-मुस्लिम विभाजन से कहीं आगे तक निकल गई है। यहाँ बहुत बड़ा सिख समुदाय है और ईसाइयों की संख्या भी काफी है। ईसाई धर्म यहाँ चौथी शताब्दी में ही आ गया था। लगभग दो हजार

वर्षों से यहूदी भी इस देश में बसे हैं। ईरान में उत्पीड़न के शिकार पारसी भी बारह सौ वर्ष पूर्व भारत आ गए थे। इन्हीं के साथ हम 2 मिलियन जैन व बौद्धमत को माननेवालों को जोड़ सकते हैं। बौद्धमत तो सम्राट अशोक (तीसरी शती ई.पू.) सहित अनेक भारतीय राजाओं का राजधर्म भी रहा है।

यही नहीं भारत में अनास्थावादी और अनैश्वरवादी सम्प्रदायों के सदस्यों की भी भारी संख्या रही है। नेहरू भी इन्हीं में शामिल थे। ये परम्परा भी भारत की पुरातन विचार परम्पराओं का अंग रही हैं—चार्वाक और लोकायत के अनुयायी तो सारे इतिहास काल में विद्यमान रहे हैं। भारत के वर्गीकरण का आधार 'समुदाय' को माना गया है। यह विषममत अनुयायियों की संख्याओं को छिपा जाता है। लोगों की धार्मिक आस्थाओं (या आस्थाविहीनता) की सही जानकारी नहीं मिल पाती। एक हिन्दू परिवार में जन्मे अनैश्वरवादी को भी साम्प्रदायिक आधार पर हिन्दू ही मान लिया जाता है।

भारत के संविधान निर्माता व्यापक धार्मिक बहुलता को स्वीकार करने के पक्षधर तथा राष्ट्रीयता को किसी धर्म-विशेष से बाँधने के विरोधी थे। संविधान सभा के नेता डॉ. अम्बेडकर का कहना था : 'यदि भारत के मुसलमान एक पृथक राष्ट्र हैं तो भारत एक राष्ट्र ही नहीं है।' भारत और भारतीयों की विषमताओं को देखते हुए सरकार का प्रत्येक धर्म से प्रभावी पृथक्कीकरण करने और सभी के प्रति उसके व्यवहार को सम्यक बनाने के अतिरिक्त और कोई राजनीतिक विकल्प हो ही नहीं सकता। अन्ततः 'हिन्दू' दृष्टिकोण से भारतीयता को विकसित करने के कार्यक्रम को दो दिशाओं से समस्या का सामना करना पड़ता है। एक तो इसमें (1) व्यक्तिगत और सामाजिक स्तर पर धार्मिक कृत्यों में संलग्नता के बीच पर्याप्त अन्तर नहीं रह पाता तथा (2) विभिन्न धर्मों के प्रति सम्यक व्यवहार को छोड़ उस धार्मिक संलग्नता को ही राजनीतिक वरीयता भी दे दी जाती है। दूसरे यह भारत की विशाल धार्मिक विविधताओं का भी सही आकलन नहीं कर पाता है।

वास्तव में धार्मिक बहुलता का प्रश्न हिन्दुओं तथा अन्य धर्मानुयायियों के बीच सम्बन्धों तक ही सीमित नहीं रहता। यह तो हिन्दूधर्म की आन्तरिक बहुलता से भी जुड़ा है। यहाँ जाति, आदि पर आधारित अनेक अन्य उपविभाजन भी मौजूद हैं। आज की राजनीति का स्वरूप तो इन विभाजनों को बहुत ही सशक्त अभिव्यक्ति प्रदान कर रहा है। जाति के अतिरिक्त भी अनेक विविधताएँ हिन्दूधर्म में भरी हैं। इनमें आस्थाओं, रस्मों, और धर्मशीलता की अनेक विचारधाराओं का अनुगमन भी सम्मिलित है। पुरातन काल से भारत में दर्शन को 6 धाराओं में वर्गीकृत किया जा रहा है। यह भी आस्थाओं और तर्कशीलता में भारी विविधताओं की ही स्वीकारोक्ति है। मैसूर में शृंगेरी मठ के चौदहवीं शताब्दी के प्रमुख माधवाचार्य एक लब्धप्रतिष्ठित हिन्दू विद्वान भी थे। उन्होंने संस्कृत में एक प्रसिद्ध ग्रन्थ की रचना की थी। उसका

नाम है 'सर्वदर्शन संग्रह'। इस ग्रन्थ में उनकी व्याख्याओं और टिप्पणियों में भारतीय दर्शन और आस्थाओं की विभिन्न धाराओं के बीच वैषम्य तथा विविधता का स्वरूप बहुत ही स्पष्ट हो जाता है।

वास्तव में हिन्दू धर्म को एक धर्म मानने की प्रवृत्ति बहुत पुरानी नहीं है। प्रारम्भ में तो हिन्दू शब्द का प्रयोग क्षेत्र और देश के लिए ही होता था किसी धर्म आस्थावाले समूह के लिए नहीं। सिन्धुघाटी के मूल स्थान सिन्धु नदी के नाम पर ही 'हिन्दू' शब्द की व्युत्पत्ति हुई है। इसी से इण्डिया शब्द की भी व्युत्पत्ति हुई है। फ़ारसी और ग्रीक भारत को सिन्धु के तट और उससे आगे बसा देश मानते थे और इसके वासियों को हिन्दू कहते थे। यहाँ तक कि फ़ारसी और अरबी में तो भारत के मुसलमानों को हिन्दवी मुसलमान कहा जाता था। प्रारम्भिक दौर में अंग्रेजी दस्तावेजों में भी 'हिन्दू मुस्लिम' और 'हिन्दू ईसाई' शब्दों का प्रयोग कर इन समुदायों को अन्य देशों के मुस्लिम और ईसाइयों से अलग स्वरूप प्रदान किया गया है। स्वयं हिन्दू धर्म में भी अनेक प्रकार की आस्थाएँ और परम्पराएँ सन्निहित हैं। इस बात का सबसे श्रेष्ठ प्रमाण तो राम के प्रति दृष्टिकोण ही है (इन्हीं के नाम पर आजकल हिन्दुत्व की राजनीति गर्म है)। उत्तर तथा पश्चिम भारत में तो राम को 'भगवान' माना जाता है, पर बंगाल क्षेत्र में उन्हें रामायण महाकाव्य के बहादुर नायक राजा के रूप में अधिक जाना जाता है—ईश्वर के अवतार के रूप में नहीं। महाकाव्य रामायण सारे भारत में ही बहुत लोकप्रिय है और इसकी यह लोकप्रियता थाईलैण्ड व इण्डोनेशिया तक फैली है। यहाँ तक कि थाईवासियों ने तो अपनी पुरातन राजधानी का नामकरण भी अयोध्या के नाम पर ही अयुथ्थया कर लिया था। किन्तु उत्कृष्ट साहित्यिक कृति के रूप में रामायण महाकाव्य के प्रभाव और शक्ति को राम के अवतार होने से तो पृथक ही रखना होगा।

इसी प्रकार अन्य 'दिव्यता' धारी पात्रों की दिव्यता के विषय में भी सारे देश में मतैक्य नहीं है। यदि हम सलाद की प्लेट और कुठाली की अपनी पुरानी उपमाओं का यहाँ भी प्रयोग करें तो हिन्दू परम्पराएँ किसी भी तरह से 'कुठाली' नहीं बन पाती। किन्तु इसके कारण हिन्दुओं के परस्पर सौहार्द सहित निर्वाह करने में बाधा नहीं आती। मेरा आग्रह है कि इसी प्रकार हिन्दुओं के मुसलमान, ईसाई, सिख, पारसी जैन, बौद्ध, यहूदी तथा धर्महीन समुदायों के साथ सहनिर्वहन में भी बाधा नहीं आनी चाहिए।

मुस्लिम सम्प्रदाय (अलगाव) वाद पर

अब मैं मुसलमानों की भारत के प्रति 'निष्ठाहीनता' के आरोप पर चर्चा कर रहा हूँ। इस बारे में तरह-तरह की बातें बनाई जाती हैं—कभी उन्हें पाकिस्तान के लिए जासूसी का दोषी माना जाता है तो कभी क्रिकेट मैच में पाकिस्तान की टीम की

सराहना का।

पर वास्तव में मुसलमानों की राजनीतिक अनिष्ठा का कोई ठोस प्रमाण नहीं मिल पाता। देश के विभाजन के समय भारत के अधिकांश मुसलमान केवल इसीलिए देश छोड़कर पाकिस्तान नहीं गए कि वे भारत को ही अपना देश मानते थे। भारतीय सेनाओं, राजनयिक सेवाओं और नागरिक प्रशासन में मुसलमानों की भारत के प्रति निष्ठा अन्य भारतीयों से कम नहीं रही है। अतः निष्ठा के आधार आलोचना के पक्ष में कोई ठोस साक्ष्य नहीं है फिर भी इस बात को बार-बार दोहराना निश्चय ही अन्यायपूर्ण लगता है।

मुस्लिम अलगाववाद के आरोप भी भारतीय इतिहास को जान-बूझकर किसी विशेष रंग से रँगा मानने का परिणाम प्रतीत होता है। कहा जाता है कि सभी मुस्लिम राजा हिन्दू प्रजा से विद्वेषभाव रखते थे और उसके साथ अनुचित व्यवहार के दोषी थे। मैं इस आरोप के बारे में इसी पुस्तक में पहले भी चर्चा कर चुका हूँ (अध्याय–3) अतः यहाँ इसका दुबारा विस्तार उचित नहीं होगा। किन्तु मैं विशिष्ट ऐतिहासिक जानकारियों नहीं आरोप लगानेवालों की कार्य विधि पर अवश्य चर्चा करूँगा। वैसे भी आधुनिक युग में भारत में धर्मनिरपेक्षता की आवश्यकता का अतीत के मुसलमान शासकों के व्यवहार से कोई लेना-देना नहीं है। यह बात भी निरर्थक है कि वे अलगाववादी थे या समाहनवादी, सहिष्णु थे या आततायी। भारत की धर्मनिरपेक्षता का इस बात से कोई ताल्लुक नहीं हो सकता कि मुगलों ने क्या किया था क्या नहीं। उन मुसलमान शासकों के 'दोष' आज के भारत के 140 मिलियन मुसलमानों पर आरोपित नहीं हो सकते। यही नहीं, सदियों पूर्व किसी मुसलमान राजा की हरकतों के आधार पर आज के भारत के मुसलमान समुदाय की राजनीतिक निष्ठाओं की परख कर पाना भी सम्भव नहीं होगा।

आधुनिकता विरोधी आलोचना पर

आइए अब धर्मनिरपेक्षता की 'आधुनिकता विरोधी' पक्ष द्वारा आलोचना पर गौर करें। क्या आशिष नन्दी का यह कथन सही है कि जैसे-जैसे भारत आधुनिक हो रहा है वैसे-वैसे साम्प्रदायिक हिंसा भी अधिक हो रही है। इतिहास में ऐसे समय आए हैं जब घटनाचक्र इस कथन के अनुरूप भी रहा है। देश के विभाजन से पूर्व 1947 के घटनाक्रम में उतनी जानें गईं, जितनी उससे पूर्व सारी शताब्दी में नहीं गई होंगी। किन्तु 1940 के दशक की उस भीषण हिंसा के बाद से तो देश को ऐसी विभीषिका नहीं झेलनी पड़ी (पर क्या इस अवधि में आधुनिकीकरण का ह्रास हुआ है?)। यही नहीं, अर्द्धशती पूर्व की घटनाओं की तुलना में हिंसक वारदातें बहुत ही छिटपुट रही हैं।

किन्तु नन्दी के वक्तव्य की शाब्दिक व्याख्या करना भी ठीक नहीं रहेगा। उनकी

अवधारणा तो उस आधुनिकपूर्व स्थिति से तुलना कर रही है जिसमें परम्परागत जीवन शैली में सहिष्णुता के कुछ आन्तरिक नियमों की रचना कर ली थी। इस सम्भावना में कुछ सत्य अवश्य है—क्योंकि इतिहास साक्षी है कि उपनिवेशीय शासन की अवधि में ही साम्प्रदायिक हिंसा में उछाल आया है। वैसे पूर्व उपनिवेश काल में भी समय-समय पर इस प्रकार की हिंसा में उछाल और कमी के दौर आते रहे हैं। नन्दी का यह कथन ठीक है कि अलग-अलग पृष्ठभूमि के लोग अन्ततः साथ-साथ रहने की व्यवस्था बना ही लेते हैं। अतः वैसे भी मुझे यह नहीं लगता कि नन्दी की अवधारणा साम्प्रदायिक हिंसा की कालप्रवृत्ति में निरन्तर वृद्धि पर आधारित है। इसमें अतीत और निकट अतीत की हिंसक घटनाओं में मृतकों की संख्या की तुलना का भी अधिक महत्त्व नहीं है—वास्तव में कुछ समय से चल रही तीव्र जनसंख्या वृद्धि के कारण मृतकों की संख्या की तुलना वैसे ही महत्त्वहीन हो चुकी है। मुख्य बात तो यही है कि किन्हीं विपरीत घटनाओं से नई बाधाएँ न खड़ी हों तो बहुसामुदायिक समाज में सहिष्णुता के कुछ नियम विकसित हो ही जाते हैं। नन्दी को आधुनिकीकरण एक विपरीत प्रभावकारी घटनाक्रम ही प्रतीत हो रहा है।

लेकिन ऐसी आधुनिकता कौन-सी है जो सहिष्णुता की प्रक्रिया को छिन्न-भिन्न कर देती है? यद्यपि अनेक आधुनिकता उपरान्त विचारक भी आधुनिकतावादी भ्रम से ग्रस्त लगते हैं कि आधुनिकता का विचार तो बहुत ही बोधगम्य लक्षणों द्वारा जाना पहचाना जा सकता है। किन्तु आधुनिकता को परिभाषित करना इतना सरल नहीं है। हमें आधुनिकता के स्वरूप की ठीक पहचान की मृगतृष्णा के पीछे नहीं दौड़ना है—हम तो नन्दी की अवधारणा के एक मूल स्तम्भ कि 'सम्प्रदायनिरपेक्षता ही आधुनिकता है' के विश्लेषण से अपना काम चला लेना चाहेंगे। नन्दी ने अपने तर्क को बहुत सशक्त अभिव्यक्ति दी है : संप्रदायनिरपेक्षता की विचारधारा को स्वीकार करना तो प्रगति और आधुनिकीकरण की उन विचारधाराओं की स्वीकारोक्ति होगी जो वर्चस्ववाद का नवीन तर्काधार है, जो हिंसा द्वारा विचारधाराओं को जनमानस की नई अफीम बनाकर उसे उसी रूप में स्थापित किए रहती है। यह अभिव्यक्ति बहुत ही मुखर, कदाचित भयावह भी है। पर सम्पद्रायनिरपेक्षता का यह चित्रण कुछ विचित्र-सा लगता है, भारत में धर्मनिरपेक्षता के जिस वृहत्तर स्वरूप को अपनाया गया है, वह तो सरकारी कार्यों और राजनीति में सभी समुदायों के साथ सम्यक व्यवहार की ही माँग करता है। ऐसा सम्यक व्यवहार हिंसा द्वारा किसी विचारधारा को समाज की नई अफीम के रूप में क्योंकर प्रतिष्ठापित कर देगा? ये बात तो समझ से परे लगती है।

मैं जानता हूँ कि आजकल राष्ट्रराज्य की अवधारणा पर भी तीखे प्रहार हो रहे हैं—इन प्रहारों में राज्य को ही निरन्तर हिंसाकारी ठहराया जा रहा है। मैं यह भी स्वीकार करने को तैयार हूँ कि आधुनिक काल में राज्य अनेक हिंसात्मक कार्यों

के लिए उत्तरदायी रहा है। भले ही ये हिंसा पुराने समय से अधिक व्यापक हो या नहीं, किन्तु महत्त्वपूर्ण अवश्य है। मैं यह भी स्वीकार करता हूँ कि समकालीन सिद्धान्त-शास्त्र की रचना कुछ ऐसी बन गई है कि राष्ट्रराज्य 'वर्चस्व स्थापना के लिए समरूपता' का सहारा लेता दिखाई देता है। किन्तु यह तो सिद्ध नहीं हो पाता कि ये सभी हिंसाएँ तभी होती हैं जब सरकार किसी एक समुदाय का पक्ष लेना छोड़कर सभी के साथ सम्यक व्यवहार प्रारम्भ कर देती हो।

अतः निश्चय ही जिस निरूपण (नन्दी) की हम चर्चा कर रहे हैं, उसमें कहीं कुछ विभ्रान्ति अवश्य है। यह भी स्पष्ट नहीं हो पाता कि सम्प्रदायनिरपेक्षता की सम्यकता केवल आधुनिकता का लक्षण किस प्रकार बन जाती है। वास्तव में तो अशोक का अतिप्राचीन और अकबर का कुछ सौ वर्ष पुराना प्रशासन भी इसी प्रकार के सम्यक व्यवहार की दिशा में काफी आगे बढ़े दिखाई देते हैं। किन्तु उन युगों में भी सम्यकता के कारण हिंसा में हुई वृद्धि के प्रमाण नहीं मिलते।

धर्म-निरपेक्षता और आधुनिकता को इस प्रकार के किसी 'सूत्र' में निबद्ध कर छोड़ना उचित नहीं लगता। वास्तव में नन्दी ने जिन 'सहिष्णुता के नियमों' का सहारा लिया है, वे स्वयं सम्यक व्यवहार के ही अधिक निकट प्रतीत होते हैं। इस कारण भी राजनीति में धर्मनिरपेक्षता को इस प्रकार आरोपित करना उचित नहीं लगता। धर्मनिरपेक्ष मानसिकता और राजनीति का विकास तो वास्तव में सहिष्णुता की प्रक्रिया का एक आवश्यक अंग हो सकता है। इसका विरोधी होने के लिए तो हमें धर्म-निरषेक्षता की कोई विद्रुप परिभाषा-व्याख्या करनी पड़ेगी।

वैसे भी आधुनिकता का विचार अनेक समस्यायों से भरा है। क्या अशोक, या अकबर अधिक आधुनिक थे या औरंगज़ेब? इसी प्रश्न को दो ऐतिहासिक दृष्टि से समकालिक उदाहरण द्वारा और भी स्पष्ट किया जा सकता है। ग्यारहवीं शताब्दी में महमूद गज़नवी की विनाशलीला की तुलना उसी के दल-बल के साथ भारत आए अलबेरुनी की प्रतिक्रिया से कीजिए। उस विनाशलीला से अलबेरुनी को घोर वितृष्णा हुई। उसने लिखा है : महमूद ने देश की समृद्धि को बर्बादी में बदल डाला। उसने इतनी जबरदस्त कारवाइयाँ की कि हिन्दुओं को जगह-जगह बिखरे धूल के कणों जैसी हालत में पहुँचा दिया। उसका कहना है कि इसी के परिणामस्वरूप हिन्दू सभी मुसलमानों के प्रति गहन अविश्वास और नफरत के भाव अपने मन में संजोए हैं। किन्तु उस के बावजूद भी अलबेरुनी अनेक हिन्दुओं के साथ दोस्ती कर उनकी सहायता से संस्कृत सीखकर गणित, ज्योतिर्विज्ञान, वस्तु कला, दर्शन, धर्म आदि के समकालिक ग्रन्थों का अध्ययन कर पाया।

अलबेरुनी अपने सामाजिक विश्लेषण में यहीं पर नहीं रुका, उसने यह भी जानने का प्रयास किया कि एक पृष्ठभूमि के लोग अन्यों के प्रति क्यों शंकित रहते हैं? उसने इस समस्या के प्रति सन्तुलित दृष्टिकोण अपनाने पर बल दिया और कहा

इस प्रकार विदेशियों को हीन दृष्टि से देखना केवल हम लोगों या हिन्दुओं की ही प्रवृत्ति नहीं है—प्राय सभी देशों में ऐसा ही होता है। आज आधुनिकता प्रेमी सम्भवतः अलबेरुनी को एक आधुनिक बुद्धीजीवी मान बैठेंगे—पर वह ग्यारहवीं शताब्दी में इस प्रकार के विचार व्यक्त कर रहा था। किन्तु हमें आधुनिकता की प्रशंसा या भर्त्सना करने की आवश्यकता नहीं है—हममें इतनी सूझ-बूझ होनी चाहिए कि यह जहाँ मिल जाए, हम इसे पहचान सकें।

संस्कृति आधारित आलोचना

अन्त में मैं उस दृष्टिकोण की बात कर रहा हूँ जो सांस्कृतिक दृष्टि से भारत को एक 'हिन्दू देश' मानने का आग्रह कर रहा है। कहा जाता है कि धर्मनिरपेक्षता इस मत को स्वीकार नहीं कर पाती, इसी कारण इस मत के पक्षधर धर्मनिरपेक्षता का विरोध करते हैं।

यहाँ दो प्रश्न उठते हैं। पहला तो यही कि यदि भारतीय संस्कृति मूलरूप से हिन्दू संस्कृति है तो उसी आधार पर अल्पसंख्यकों के समतापूर्ण राजनीतिक तथा वैधानिक अधिकारों के हरण का अधिकार किसी को क्योंकर मिल जाता है। किसी एक परम्परा की प्रबलता के कारण अन्य परम्पराओं की राजनीतिक अधिकारिताओं में क्षति क्यों आनी चाहिए? नागरिक के रूप में उनके अधिकार अन्य लोगों से कम क्यों कर रह जाने चाहिए?

दूसरी समस्या यही है कि अवधारणा के पक्षधरों का भारतीय संस्कृति का ज्ञान और इतिहासबोध बहुत ही छिछला है। समकालीन भारत की सांस्कृतिक धरोहर में तो हिन्दू तथा अन्य परम्पराओं के साथ इस्लामी प्रभाव भी घुलमिल चुके हैं। इसमें विभिन्न समुदायों के लोगों के पारस्परिक संसर्ग के साहित्य, संगीत, चित्रकला, वास्तु आदि अनेक रचनात्मक प्रभावों का सम्मिश्रण विधमान है। यहाँ केवल यही आग्रह नहीं है कि इस्लामी लेखकों, संगीतकारों, चित्रकारों के क्या योगदान रहे हैं—बात तो यह है कि उनकी रचनाएँ अन्यों के योगदान से पूरी तरह घुलमिल चुकी हैं।

वास्तव में हिन्दुओं की धार्मिक आस्थाओं और व्यवहार पर भी इस्लामी अवधारणाओं और जीवनमूल्यों के प्रभाव अवश्य पड़े हैं। सूफी परम्परा के हिन्दू साहित्य पर प्रभाव तो बहुत ही स्पष्ट है। यही नहीं, कबीर और दादू जैसे भक्त कवि तो मुस्लिम परिवार में पैदा हुए थे पर वे अपनी आस्थाओं को समुदाय की सीमाओं के परे ले गए थे। कबीर के दोहे का भाव तो कुछ इस प्रकार है, कबीर तो अल्लाह और राम की सन्तान है। वही मेरा गुरु है वही मेरा पीर है। उन पर हिन्दू भक्तिकाव्यों का बहुत गहरा प्रभाव पड़ा था और उन्होंने भी इस काव्यधारा पर अपनी छाप छोड़ी है। वास्तव में भारतीय साहित्य और कलाओं में हिन्दू-मुस्लिम पक्षों की विभाजन रेखा खींच पाना सम्भव ही नहीं है।

भारतीय संस्कृतिबोध को संकीर्ण कर केवल हिन्दू संस्कृति बनाने में एक और भी त्रुटिपूर्णता आ जाती है। इससे तो भारतीय सभ्यता के उन अनेक पक्षों पर भी पर्दा गिर जाता है जिनका धार्मिक चिन्तन से कोई सम्बन्ध नहीं था। केवल हिन्दू धर्म की परम्परा पर आग्रह का अर्थ होगा भारत की तर्कशील और गैर-धार्मिक परम्पराओं का पूर्ण विलोप। उस देश के लिए, जहाँ बीजगणित, ज्यामिति, ज्योतिर्विज्ञान के क्षेत्रों में सुनिश्चित पहलकदमी हुई, जहाँ दशमलव पद्धति का अविदुर्भाव हुआ, की प्राच्य दर्शन धारा ने मीमांसा, तर्कशास्त्र सहित धर्मनिरपेक्ष नीतिशास्त्र पर सविस्तार चर्चाएँ की, जहाँ शतरंज जैसे खेलों का आविष्कार हुआ, कामसूत्र की रचना हुई, व्यवस्थित रूप से राजार्थनीति का अध्ययन प्रारम्भ हुआ और भाषाशास्त्र की नींव रखी गई, उन परम्पराओं की विलुप्ति एक बहुत ही दुर्भाग्यपूर्ण घटना होगी।

वर्ष 1817 में जेम्स मिल ने हिस्ट्री ऑफ ब्रिटिश इण्डिया में बौद्धिक दृष्टि से दीवालिया पर, धार्मिक विचारों और बर्बरतापूर्ण रिवाजों से भरपूर भारत की रचना की थी। भारत आए बिना, यहाँ की कोई भाषा जाने बिना मिल द्वारा लिखा गया वह 'इतिहास' किसी गुलाम देश पर शासन करने आ रहे अफसरों के प्रशिक्षण में भले ही उपयोगी रहा हो पर यह भारत की संस्कृति के स्वरूप को समझने के लिए तो नितान्त अनुपयुक्त ही होगा।

जो धर्मनिरपेक्षता विरोधी प्रलोभन कुछ समय से मिल रहे है, उन्हें त्याग देने के लिए हमारे पास अनेक कारण विद्यमान है। भले ही हमारी असन्तोषमयी सरदी किसी 'गरिमापूर्ण ग्रीष्म' का मार्ग नहीं प्रशस्त करती दिखाई दे रही है पर धर्मनिरपेक्षता का राजनीतिक त्याग तो भारत को बुरी तरह से इन जाड़ों की जकड़न में फँसा देगा।

15

भारत : अपने पंचांगों के झरोखे से

प्रतिष्ठित वैज्ञानिक और भारतीय पंचांग सुधार आन्दोलन के नेता मेघनाद साहा ने कहा था–'आधुनिक सभ्य समाज के लिए पंचांग का होना तो एक अपरिहार्य अनिवार्यता है।' वे इससे भी कहीं आगे तक की बात कह सकते थे। आधुनिक युग के बहुत पहले से ही पंचांग की आवश्यकता को मानवसमाज भली प्रकार समझता बूझता रहा है। किसी न किसी रूप में पंचांग बहुत दीर्घकाल से एक सभ्य समाज की अपरिहार्य अनिवार्यता बना रहा है। इसीलिए हमें अनेक इतने प्राचीन पंचांग मिल जाते हैं–प्रायः सभी सभ्यताओं ने अपने-अपने एकाधिक पंचांगों को जन्म भी दिया है। किसी देश में अनेक पंचांगों का प्रचलन वहाँ के निवासियों के विभिन्न समूहों के बहुलतापूर्ण कार्यकलाप और अध्यव्यवसाय के कारण ही हुआ है।

पंचांग : समाज और सभ्यता की कुंजी

पंचांगों और उनके इतिहास तथा प्रयोग और सामाजिक युतियों का अध्ययन किसी देश और उस की संस्कृति के विषय में बहुत उपयोगी जानकारी प्रदान कर सकता है। प्रायः पंचांगों की कुछ धार्मिक भूमिका भी होती है। इसी कारण से देशीय पंचांगों से विभिन्न क्षेत्रों में प्रचलित धर्म-सम्प्रदायों की जानकारी मिल सकती है। यहाँ तक कि विश्वव्यापी माने जानेवाले पंचांगों को भी ईसाई, मुस्लिम, बौद्ध पंचांग आदि नाम दे दिए जाते हैं। किन्तु संस्कृति से सम्बन्ध तो इस प्रकार के प्रारम्भिक किसी भी सम्बन्ध-सूत्र से बहुत गहरे चले जाते है। पंचांग की रचना में गणित और ज्योतिर्विज्ञान की आवश्यकता होती है। इनके प्रयोग के लिए भी सांस्कृतिक परिष्कृति और नागर व्यवहार की आवश्यकता होती है। अतः किसी समाज में पंचांग की रचना द्वारा हम समाज की विकास-यात्रा को समझने का प्रयास कर सकते हैं!

स्थानीय समय तो प्रत्येक स्थान पर भिन्न होता है। इसी कारण पंचांग में किसी साँझे समय का निर्धारण करने के लिए किसी स्थान-विशेष का चयन कर लिया जाता है। ब्रिटेन में ग्रीनविच को चुना गया है। अतः ग्रीनविच से गुजरनेवाली याम्योत्तर रेखा हमें ग्रीनविच मानक समय प्रदान करती है। ऐसे किसी स्थान और याम्योत्तर रेखा का चयन एक राजनीतिक निर्णय होता है—इसमें देश के प्रति कोई समीकृत दृष्टिकोण भी निहित होता है। ब्रिटेन में 1880 के एक कानून द्वारा ग्रीनविच समय लागू किया गया था। वहाँ इसका व्यापक विरोध हुआ था। विरोधियों में ऐसी अनेक संस्थाएँ थीं जो अपनी-अपनी गणनाओं को ही सबसे श्रेष्ठ मानती थीं—यहाँ तक कि ब्रिटेन का शाही ज्योतिर्विद भी इसका विरोधी ही था। ऑक्सफोर्ड के क्राइस्ट चर्च की घड़ी में तो एक अतिरिक्त सूई लगाकर ग्रीनविच तथा स्थानीय समय को एक साथ भी दिखाया गया था। स्थानीय समय ग्रीनविच से पाँच मिनट पीछे था। अतः वहाँ कॉलेज स्तर पर एक परम्परा बन गई कि मानक समय से पाँच मिनट तक की देर देरी नहीं है। हाँ, उससे ज्यादा देर होने पर दोनों ही दृष्टियों से देर हो जाएगी। 1884 में विश्व याम्योत्तर रेखा सम्मेलन (वाशिंगटन डी.सी.) का ग्रीनविच समय को सारे विश्व का मानक समय घोषित करना भी उस जमाने में ब्रिटेन के दबदबे का ही परिचायक था।

इन्हीं अन्तर्सम्बन्धों के कारण पंचांगों के स्वरूप, प्रयोग और रचना आदि से हमें उस समाज की राजनीति, संस्कृति और धर्म तथा विज्ञान और गणित के विषय में भी बहुत कुछ जानकारी प्राप्त हो सकती है। ये बात भारत जैसे विशाल और विविधतापूर्ण देश पर लागू रहती है। इसी कारण से हम इस लेख में भारत को भारतीय पंचांगों के माध्यम से समझने का प्रयास कर रहे हैं!

सहस्राब्दी के अवसर पर अकबर के सरोकार

ये लेख ग्रेगोरियन पंचांग की दूसरी सहस्राब्दी के समापन के समय लिखा जा रहा है। इस अवसर की दो व्याख्याएँ हो रही हैं। एक गणना के अनुसार तो यह सहस्राब्दी समापन 31 दिसम्बर 2000 को होना है, पर 31 दिसम्बर 1999 को भी उत्सव मन चुका है—अर्थात् एक अन्य मत के अनुसार हम पहले ही तीसरी सहस्राब्दी में पदार्पण कर चुके हैं। विश्व के उत्सववादी जन-समुदाय में इस मत के समर्थक बहुत बड़ी संख्या में हैं!

वैसे तो कोई भी पंचांग समय का विभाजन बहुत ही मनमाने ढंग से कर देता है—यह विभाजन परम्परा पर निर्भर होता है। फिर भी सहस्राब्दी समापन के नाम पर जब उत्सव का माहौल बन रहा है तो इसी समय उस विश्व के बारे में विचार करने का भी उचित अवसर है जिसमें हम लोग जी रहे हैं। भारत के प्रति अनेक दृष्टिकोण पनप रहे हैं—एक विशुद्ध हिन्दूवादी है तो दूसरी ओर धर्मनिरपेक्षतावादी।

पंचांगों का भी निश्चित धर्मों और परम्पराओं के साथ गहरा नाता होता है।

इसी सन्दर्भ में एक और बात भी याद करने योग्य है। चार सौ वर्ष पूर्व हिजरी सम्वत् की प्रथम सहस्राब्दी का समापन 27 सितम्बर 1592 को हुआ था। उस समय बादशाह अकबर भी बहुधर्मी भारत, (जो उस समय मुसलमानों के कब्जे में था) में एक बहुत बड़े व्यापक स्तर पर इसी प्रकार के किसी चिन्तन में व्यस्त था। अकबर की धार्मिक सहिष्णुता को तो हम भारत में धर्मनिरपेक्षता के विचार के आधार स्तम्भों में सम्मिलित करते हैं। उसके कई काम और नीतियाँ भारत को समझने और व्याख्या करने के उसके प्रयासों से जुड़ी रही हैं। इनमें पंचांग व्यवस्था का भी महत्त्वपूर्ण स्थान रहा है।

अकबर ने भारत के विभिन्न धर्मों के साथ-साथ यहाँ प्रचलित पंचांग व्यवस्थाओं को भी समझने का प्रयास किया था। हिजरी वर्ष 992 (1584 ईसवी) में उसने सारे देश के लिए एक मानक (पर कृत्रिम) पंचांग—तारीख़े-इलाही बनाने की कोशिश की थी। यह उसके सभी धर्मों की विशेषताएँ ग्रहणकर गढ़े गए 'दीन-ए-इलाही' की रचना जैसा ही प्रयास था। ये दोनों ही प्रयास विफल रहे किन्तु, इनकी आधारभूत अन्तर्प्रेरणाएँ सदियों से ध्यान आकर्षित करती रही हैं—आज भी उनका आकर्षण कम नहीं हुआ है। अब एक और सहस्राब्दी के उत्सव पर अकबर के प्रश्नों, विचारों आदि पर पुनः ध्यान देने का अवसर बना है।

इस बात पर तो मैं इस लेख के अन्त में बात करूँगा। पर पहले मैं भारतीय जनजीवन पर छाए रहे प्रमुख पंचांगों पर विचार करूँगा और उनके माध्यम से भारत को जानने का प्रयत्न भी करूँगा। यह परिप्रेक्ष्य हमें भारत के विज्ञान, समाज, संस्कृति और परम्पराओं के बारे में बहुत कुछ समझने में सहायक होगा।

भारतीय पंचांग (सम्वत्)

भारत में आश्चर्यजनक रूप से विशाल पंचांग व्यवस्थाएँ हजारों वर्षों से चली आ रही हैं। स्वतन्त्रता के बाद 1952 में पंचांग सुधार समिति का सरकार ने गठन किया था। उसके अध्यक्ष मेघनाद साहा ने देश में विधिवत रूप से प्रचलित तीस से अधिक पंचांगों की पहचान की थी। ये पृथक पंचांग और सम्वत् भारत में पनप रहे विभिन्न समुदायों, क्षेत्रों, परम्पराओं और मतमतान्तरों के विविधापूर्ण किन्तु परस्पर सम्बद्ध इतिहासों से जुड़े हुए हैं। भारत के बहुलतावादी स्वरूप का सबसे अधिक प्रामाणिक साक्ष्य यहाँ की पंचांग परम्पराएँ ही हैं।

'आधिकारिक' माना जानेवाला व्हीटेकर एल्मनक भारतीय पंचांगों की बड़ी लम्बी सूची को सात प्रमुख युग परिवर्तन आधारित सम्वतों में निवद्ध कर रहा है। इस रचना ने इन सम्वतों के आधार पर ग्रेगोरियन वर्ष 2000 के समूल्य मान भी दिए हैं। किन्तु इन सम्वतों में वर्ष का आरम्भ अलग-अलग समय और ऋतुओं में होता

है। भारत में सर्वाधिक प्रचलित (सरकारी तौरपर) शक सम्वत् का नववर्ष अप्रैल के मध्य में, बसन्त ऋतु में आरम्भ होता है। अतः यह आवश्यक है कि विभिन्न सम्वतों के समतुल्य मानों में बहुत कुछ प्रतिच्छादन की विवशता को स्वीकार कर लिया जाए। इस ग्रन्थ के अनुसार ग्रेगोरियन पंचांग का वर्ष 2000 भारतीय सम्वतों के वर्षों के इस प्रकार समतुल्य होगा–

वर्ष 6001	कलियुग सम्वत्
वर्ष 2544	बुद्धनिर्वाण सम्वत्
वर्ष 2057	विक्रम सम्वत्
वर्ष 1922	शक सम्वत्
वर्ष 1921	(पंचवर्षीय चक्रों में अभिव्यक्त) वेदांग ज्योतिष पंचांग
वर्ष 1407	बंगाली सन् सम्वत्
वर्ष 1176	कोल्लम सम्वत्

इस सूची में हम भारत में व्यापक रूप से प्रयुक्त महावीर निर्वाण सम्वत् (जैन समाज), जो लगभग बुद्धनिर्वाण सम्वत् के समान ही है, तथा बहुत बाद में यहाँ आए हिजरी सम्वत्, पारसी, विभिन्न ईसाई पंचांग तथा केरल में यहूदियों के साथ आए (येरूशलम के पतन के बाद) यहूदी सम्वत् भी सम्मिलित कर सकते हैं।

प्राचीन भारत और उसके पंचांग सम्वत्

व्हीटेकर का ग्रन्थ यह तो स्पष्ट ही कर देता है कि भारत के सभी सम्वतों में कलियुग सम्वत् सबसे प्राचीन है और यह अन्य प्राचीन सम्वत् परम्पराओं से बहुत अलग भी है। इसका अपना विशिष्ट स्थान भी है–क्योंकि इसकी रचना में विश्व इतिहास का धार्मिक मान्यता आधारित आकलन बहुत ही विस्मयकारी गणितीय सूक्ष्मता के साथ दिया गया है। ये चार युगों में से अन्तिम और सबसे छोटा युग है। इससे पूर्व तीन और युग बीत चुके हैं तथा इस चतुर्युग की सारी अवधि 4,32,000 वर्ष मानी गई है। 'समय गणना' के अनुसार द्वापर की अवधि कलि से दुगुनी, त्रेता की द्वापर से दुगुनी और सत्युग की अवधि त्रेता से दुगुनी रही है।

यह भी सत्य है कि विक्रम और शक सम्वतों को भी हिन्दू सम्वत् ही माना जाता है और 'ऑक्सफोर्ड कम्पेनियन टू इयर' में इनको इसी नाम से दिखाया जाता है। किन्तु ये मुख्यतः गैर-सम्प्रदायी सम्वत् रहे हैं, इनका अन्य कार्यों के साथ-साथ धार्मिक उत्सवों के दिन आदि के निर्णय के लिए भी प्रयोग होने लगा है। इनकी तुलना में कलियुग सम्वत् का स्तर तो मुख्यता रूढ़ धार्मिक सम्वत् ही रहेगा। फिर किसी को भी हिन्दू धर्म की प्राचीनता पर कोई सन्देह नहीं है, और प्राचीन भारत को मुख्यता हिन्दू भारत ही माना जाता है। इस नाते कलियुग सम्वत् की इहलौकिक वरिष्ठता (पुरातनता) का अपना राजनीतिक महत्त्व भी हो गया है। इस महत्त्व का

भारत देश और उसकी सभ्यता के आकलन पर भी प्रभाव होता है।

एक और महत्त्वपूर्ण बात है व्हीटेकर की गणना के अनुसार कलियुग सम्वत् की भी एक सहस्राब्दी का परिवर्तन हो रहा है—इसकी छठी सहस्राब्दी का समापन और सातवीं का आरम्भ ग्रेगोरियन सम्वत् के साथ ही हो रहा है। यह द्वि-सहस्राब्दी संयोग हमेशा नहीं होता—हाँ इस समय कुछ भारतीय यह गर्वोक्ति अवश्य कर सकते हैं कि देखो, यूरोपवालों के तो दो हजार साल ही पूरे हुए हैं, पर हमारे छः हजार वर्ष पूर्ण हो गए हैं।

व्हीटेकर की कलियुग की कालगणना कितनी प्रामाणिक है? ये पुस्तक कलियुग की आधिकारिक रूप से स्वीकृत तिथि ही दिखा रही है। इसी तिथि का व्यापक रूप से प्रयोग होता है और भारत सरकार की पंचांग सुधार समिति ने भी इसी परम्परा का अनुसरण करते हुए 1954 ईसवी को 5055 कलिसम्वत् से समीकृत किया था। इस प्रकार ईसवी 2000 कलिसम्वत् के 6001 वर्ष से समीकृत हो जाता है। किन्तु इस अंक निर्धारण पद्धति से दो प्रश्न उठते हैं—और उनकी समीक्षा अवश्य होनी चाहिए। क्या कलियुग की आधिकारिक तिथि उस पंचांग प्रणाली के विश्लेषण में 'शून्य' वर्ष को ध्यान में रख कर निश्चित की गई है? दूसरे क्या यह शून्यवर्ष इस पंचांग की ऐतिहासिक तिथि को ही वास्तविक रूप में दर्शाती है?

मुझे भय है कि मैं उत्साह भंग करनेवाला मान लिया जाऊँगा, जो दो प्रकार से दुखी करनेवाले सन्देश लिए आया हूँ। पहली बात तो यही है कि कलियुग का शून्यवर्ष 6001 नहीं 5101 वर्ष पूर्व था (3101-3102 ई.पू. से समीकृत)। दूसरे, इस शून्यवर्ष से ही कलि सम्वत् के प्रारम्भ हुए होने की सम्भावना भी बहुत क्षीण प्रतीत होती है।

पहले मुद्दे पर कोई विवाद नहीं है। कलिसम्वत् की प्रमुखता के पक्षधर भी उसके शून्यवर्ष को 3102 ईसवी मानने में कोई आपत्ति नहीं करते। इस शून्य बिन्दु की गणना महान भारतीय गणितज्ञ और ज्योतिर्विद आर्यभट्ट के एक कथन से हो सकती है। आपको ध्यान होगा पाँचवी शती के इस विद्वान ने ज्योतिर्विज्ञान, गणित—विशेषकर त्रिकोणमिति, के विषय में अनेक महत्त्वपूर्ण प्रतिष्ठापनाएँ की थीं। साथ ही उन्होंने पृथ्वी के घूर्णन (अपने अक्ष के गिर्द घूमने) तथा गुरुत्वाकर्षण के विषय में भी महत्त्वपूर्ण अवधारणाएँ रची थीं, जिनका बाद में ब्रह्मगुप्त ने और परिष्कार किया था। (और यह बताया था कि पृथ्वी पर विद्यमान पदार्थ उछलकर अन्तरिक्ष में क्यों नहीं चले जाते)। आर्यभट्ट ने लिखा है कि जब उसने 23 वर्ष की अवस्था में अपना गणित सिद्धान्त ग्रन्थ सम्पूर्ण किया, उस समय कलिकाल के 3600 वर्ष व्यतीत हो गए थे। वह वर्ष शक सम्वत् का 421 वाँ तथा ईसवी का 499वाँ वर्ष था। अतः वर्ष 2000 ईसवी कलिसम्वत् के 5101 वें वर्ष से समीकृत होना चाहिए। इस बात को पंचांग सुधार समिति ने भी उपलब्ध साक्ष्यों के आधार पर स्वीकार

कर लिया था। अतः हम कलियुग की छठी और ग्रेगोरियन की दूसरी सहस्राब्दी के समापन का दोहरा जश्न मनाने के सुयोग से वंचित रह जाते हैं। फिर भी इस से कलिसम्वत् की ईसवी सम्वत् से पुरातनता, बहुत पुरातनता पर कोई आँच नहीं आती।

किन्तु अक्सर किसी पंचांग की रचना के समय और उसके 'शून्य' बिन्दु के निर्धारण में अन्तर को दृष्टिगत कर दिया जाता है। ये बात ध्यान देने योग्य है कि ईसवी सन के शून्य बिन्दु का निर्धारण ईसा के जन्म के समय तो नहीं हुआ था। यह तो बहुत बाद में तय किया गया था। इसी प्रकार कलिसम्वत् का शून्यवर्ष बहुत स्पष्ट होते हुए भी हमें उस सम्वत् की ऐतिहासिकता के बारे कुछ नहीं बता पाता। यह जानकारी नहीं दे पाता कि इस सम्वत् की रचना कब की गई और इसका शून्य बिन्दु कब प्राकलित कर स्वीकार किया गया।

यह दावा किया जाता है कि कलियुग का आरम्भ वर्ष 3102 ई. पूर्व की एक वास्तविक ज्योतिर्विज्ञान की घटना से हुआ था। यह बात भारत के परम्परावादी ही नहीं कहते वरन् इसका 18वीं शताब्दी के महान फ्रांसीसी ज्योतिर्विद जीन-सिल्वेन बैली ने भी समर्थन किया है—उन्होंने ही हैली के घूमकेतु की कक्षा का आकलन किया था। किन्तु महान वैज्ञानिक और गणितज्ञ लॉप्लेस ने बैली की अवधारणा के सत्य होने पर सन्देह व्यक्त किए हैं। उस तथाकथित आकाशीय घटना के दर्शन के साथ शून्य वर्ष के निर्धारण और उस समय वास्तविक आकाशीय दृश्य के बीच कुछ अन्तर अवश्य था। लॉप्लेस ज्योतिर्विज्ञान की अधिक परिष्कृत विधियों का प्रयोग कर पाने में सफल रहे थे—वे विधियाँ पुराने गणनाकारों को सुलभ नहीं थीं। अतः लॉप्लेस ने आग्रह किया है कि ये पंचांग बहुत पुरातन तो हैं किन्तु इसका आरम्भ किसी ज्योतिर्वैज्ञानिक घटना के साथ जोड़ना उचित नहीं होगा।

भारतीय तालिकाएँ कहीं अधिक परिष्कृत ज्योतिर्विज्ञान की पुष्टी करती हैं—पर यह भी स्पष्ट हो जाता है कि ये बहुत अधिक पुरातन नहीं होंगी। इन तालिकाओं में दो युग सन्धियाँ दिखाई देती हैं, एक 3102 ईसा पूर्व तथा दूसरी 1491 ईसा पूर्व से सम्बन्धित हैं। किन्तु बैली के सभी तर्कों पर विचार कर मैं अभी भी इसी विचार पर दृढ़ हूँ कि 3102 ई.पू. से 1491 ई.पू. की इस अवधि की कल्पना सभी आकाशीय पिण्डों की गति का राशि चक्र में एक समान मूल (आरम्भ) बिन्दु निश्चित करने के ध्येय से की गई है।

अब तो कुछ ठहरकर दो मुद्दों पर ध्यान देने का मन कर रहा है। एक तो लॉप्लेस ने ज्योतिर्विज्ञान की गणनाओं पर प्रश्न उठाए हैं—कि 3102 ईसा पूर्व में क्या दिखाई दिया था। अतः यह आलोचना कलिसम्वत् की ऐतिहासिकता और व्यावहारिक ज्योतिर्विज्ञान, दोनों पर ही लागू होती है। दूसरे लॉप्लेस इस 3102 ईसवी के निर्धारण को निराधार भी नहीं मान रहे। वे इसे गणितीय विश्लेषण का आधार प्रदान कर रहे हैं। यह आधार ज्योतिर्शास्त्रीय से भिन्न है। इतिहास को जानने के

नाम पर पृष्ठानुमान की विधि बहुत उपयुक्त तो नहीं है किन्तु इसमें भी विश्लेषण की दृष्टि से बहुत कुछ जानकारी मिल जाती है।

लॉप्लेस की एक और व्याख्या भी सम्भव है (अनेक अन्य सूत्रों से भी ऐसे ही संकेत मिलते रहे) : भारत के पुरातन विद्वान अध्येता अनुवीक्षण नहीं वरन् गणितीय गणनाओं में अधिक पारंगत थे! अब बात चाहे अथर्ववेद के अंकगणित्रीय सूत्रों के जाल की हो या महाकाव्यों की अंक पारायणता अथवा पाणिनि की व्याकरणीय संहिता और वात्सायन द्वारा काम-आसनों की संख्याओं के निर्धारण की! एक बात जरूर स्पष्ट है : प्राचीन भारत में गिनने और आकलन करने का बहुत चलन था। पंचांगों सम्वतों की बहुलता और उनकी काल्पनिक ऐतिहासिकता की विशेषणात्मक संरचनाओं का निर्माण भारतीय बौद्धिक परम्पराओं के इसी आयाम को दर्शाता है।

यदि कलिसम्वत् की ही बात करें तो एक बात खटकती है—दूसरी सहस्राब्दी, ईसापूर्व में जिनकी रचना प्रारम्भ हुई थी, उन वेदों में कहीं भी कलिसम्वत् की चर्चा नहीं आई। वेदों में पंचांग निर्माण की विधियों पर व्यापक चर्चाएँ वर्णित हैं। इसमें एक विधि का बहुत स्पष्ट उल्लेख है, जिसके अनुसार वर्ष में 12 मास होंगे और प्रत्येक मास में 30 दिन तथा प्रत्येक पाँचवे वर्ष एक तेरहवाँ (अधिमास) मास भी सम्मिलित होगा। प्रथम और सबसे पुराने ऋग्वेद ने सौरवर्ष को महीनों और ऋतुओं में विभाजित किया है—इसमें 90-90 दिन की चार ऋतुएँ थीं। अथर्ववेद ने गणनाओं को और परिष्कृत कर अधिमास का प्रावधान बनाया था। किन्तु कलिसम्वत् की सूक्ष्म गणना विधि की वेदों में कहीं चर्चा नहीं हुई है। रामायण और महाभारत में भी कलिसम्वत् की बात कहीं भी प्रत्यक्ष या परोक्ष रूप से नहीं आई। इसी प्रकार के सभी साक्ष्यों ने मेघनाद साहा और उनके पंचांग सुधार सहयोगियों को यह सुझाया होगा कि आर्यभट्ट द्वारा 499 ईसवी में की गई टिप्पणी ही कलिसम्वत् की वर्तमान 'मान्यता' का आधार है। उन्हें तो यह भी लगा था कि इसकी विश्लेषण व्यवस्था हिन्दू ज्योतिर्विज्ञान विषयक गणनाओं के लिए गढ़ी गई एक काल्पनिकता है और यह गणनाविधि वर्ष 499 ईसवी तक ही सही आकलन कर पाने में समर्थ थी।

उनका कथन सही हो या नहीं, पर एक बात तो स्पष्ट हो ही जाती है कि कलियुग सम्वत् अन्य भारतीय सम्वतों से अधिक समय से प्रयोग में नहीं आ रहा—उनसे अधिक पुरातन नहीं लगता अधिकांश उत्तर-भारत और गुजरात में विक्रमी सम्वत् का प्रयोग होता है। इसका 'शून्य' बिन्दु 57 ईसा पूर्व माना जाता है। किन्तु सम्राट विक्रमादित्य विषयक अधिकतर वृतान्त अत्यन्त ही रहस्यमय हैं और इस सम्वत् के भी बहुत अधिक समय से व्यवहार में होने के प्रमाण इतने कम हैं कि इसकी ऐतिहासिकता की पुष्टि कठिन हो जाती है। किन्तु हम ये अच्छी तरह जानते हैं कि 78 ईसवी में शून्य बिन्दु वाला शक सम्वत् 499 ईसवी तक बहुत अच्छी तरह से व्यावहारिक रूप से प्रयोग होने लगा था। वास्तव में आर्यभट्ट ने स्वयं कलियुग के

आरम्भ की तिथि का निर्धारण शक सम्वत् के अनुसार किया था। अतः यह तो निश्चित हो जाता है कि उस समय तक शक सम्वत् भली प्रकार प्रतिष्ठित हो चुका था। वैसे शक या अन्य सम्वतों के प्रयोग के अधिक लिखित प्रमाण तो अब नहीं मिल पाते किन्तु एक प्रसिद्ध प्रमाण 'बादामी अभिलेख' हैं, जिसे 465 शक (543 ईसवी) में लिखा गया था। यह भी आर्यभट्ट की रचना के मात्र 44 वर्ष बाद का ही है।

अतः व्हीटेकर एल्मनक में भले ही कलिसम्वत् को अन्य सभी से पुरातन स्वीकार किया गया हो पर इस बात पर विश्वास जम नहीं पाता। कभी-कभी तो लगता है कि शायद सबसे पुरातन पंचांग बुद्धनिर्वाण सम्वत् से ही जुड़ा हो (शून्य बिन्दु 544 ई.पू.) या फिर महावीर निर्वाण सम्वत् (शून्य बिन्दु 527 ई.पू.) भी इस वरिष्ठता का अधिकारी हो सकता है। वैसे इन सम्वतों के प्रथम प्रयोग की तिथि का निर्धारण तो नहीं हो पाया है, पर श्रीलंका में पहली शती ई.पू. से बुद्ध निर्वाण सम्वत् के प्रयोग के प्रमाण विद्यमान है—ये कलिसम्वत् के प्रयोग के सभी प्रमाणों से अधिक पुराने हैं।

मैंने कलिसम्वत् की जमकर आलोचना की है, अतः लगता है कि मुझे कुछ बातों का स्पष्टीकरण भी कर देना चाहिए। मेरा ध्येय इस बात को नकारना हरगिज़ नहीं है कि कलिसम्वत् वास्तव में एक बहुत पुरानी पंचांग प्रणाली है। यह भी स्पष्ट है कि ये पंचांग वेदों में वर्णित पुरातन परम्पराओं का प्रयोग कर विकसित किया गया था। किन्तु वेदों की वह पंचांग परम्परा तो बुद्ध और महावीर निर्वाण सम्वतों का भी आधार रही है। हमें यह नहीं भूलना चाहिए कि भारत की प्राचीन थाती पर तो यहाँ जन्मे फले-फूले सभी धर्मों का अधिकार है, केवल हिन्दू धर्म का नहीं। यह कहना कि इस्लाम के आने से पूर्व भारत एक 'हिन्दू देश' था तो पूर्णतः भ्रम आश्रित कथन होगा। पंचांग सम्वतों से जो चित्र उभरता है वह भी भारतीय इतिहास के अन्य पक्षों से मिली जानकारी के ही अनुरूप है।

भले ही भारतीयों का ईसाई वर्षों की द्वि-सहस्राब्दी के समापन के समय कलि सम्वत् की षष्ठम सहस्राब्दी का उत्सव मनाने का उत्साह कुछ कम हो जाए किन्तु यह बात तो सत्य ही है कि ईसाई मत के उदय से बहुत पहले से भारतीय उपमहाद्वीप में अनेक पंचांग और सम्वत् प्रचलन में थे। जिन्हें आज ईसाई पंचांग कहा जाता है उन्होंने भी अपना वर्तमान स्वरूप बहुत बाद में धारण किया है। ये किसी न किसी रूप में रोमन पंचांगों पर आधारित हैं और प्रथम सहस्राब्दी ईसा पूर्व में जब भारतीय पंचांगों में परिष्करण-परिवर्धन चल रहा था, उन्हीं दिनों रोमन पंचांग भी पुनर्वीक्षण की प्रक्रिया से गुजर रहे थे। उस अवधि में भी पुरातन सभ्यताओं के बीच परस्पर जानकारियों का आदान-प्रदान चल रहा था और यह कह पाना कठिन है कि उपमहाद्वीप या विश्व के किसी भी भाग में जो कुछ विकसित हुआ उसमें कितना अंश पूर्णतः स्वदेशी प्रयासों का परिणाम था और कितना कुछ किसी अन्य सभ्यता से सीख कर अपना लिया गया था।

इस बात के प्रमाणों को तो भारत के 'सिद्धान्त ग्रन्थ' में भी स्वीकार किया गया है कि ग्रीसवासियों से भी हमने बहुत कुछ ग्रहण किया है। इसी प्रकार रोमवासियों ने भी सीखा था। किन्तु ग्रीक विचारकों ने भी भारत से अनेक विचारग्रहण करने की बात कही है। 662 ईसवी में सीरीया के बिशप सेवरस सेवक्त ने कहा था, "अन्य लोगों को भी कुछ न कुछ ज्ञान अवश्य है।" यदि आलोचनात्मक समीक्षा में कलि सम्वत् की चमक-दमक कुछ फीकी पड़ती है तो उसके कारण भारत का संकीर्णता पूर्ण मान भंग भी हो जाता है। हिन्दुत्व की संकीर्णता को तो और अधिक दुर्दशा का सामना करना पड़ सकता है।

प्रकारान्तर और समेक्य

भारत में सुव्यवस्थित पंचांग प्रणालियों की बहुलता से देश के सांस्कृतिक और क्षेत्रीय प्रकारान्तरों का एक विशेष आयाम भी स्पष्ट होता है। किन्तु यह विविधता एक सम्पूर्ण कथा नहीं कहती, सारे ही इतिहास काल में भारत देश एक इकाई रूपी अवधारणा के रूप में विद्यमान रहा है। ये कहनेवाले कि भारत तो एक बड़ा-सा भू-क्षेत्र था जिसमें अनेक छोटे-बड़े टुकड़े बिखरे पड़े थे और उन्हें ब्रिटिश राज की ही शक्ति ने एक राष्ट्र का रूप दिया गया था, तो वास्तव में भारत की उस इतिहाससिद्ध अवधारणा को ही नकारने का प्रयास कर रहे होते हैं।

अंग्रेजों का अक्सर ये दावा रहा है कि उन्होंने भारत की रचना की थी। यह कल्पना चर्चिल के उस विश्वास में भी झलकती है कि भारत की 'एकता' उतनी ही वास्तविक है जितनी कि भू-मध्य रेखा का अस्तित्व। पर मजेदार बात तो यह है कि जिन्हें अंग्रेजी राज से पहले एक भारत नज़र ही नहीं आता उन्हें भी भारतीयों की किन्हीं विशेषताओं को सामान्यीकरण करने में कोई कठिनाई नहीं होती। यहाँ तक कि चर्चिल भी यह कहने के लोभ का संवरण नहीं कर पाया कि 'जर्मनों के बाद भारतीय ही विश्व के सबसे अधिक पाशविकतापूर्ण व्यक्ति हैं।' भारतीयों के बारे में सामान्यीकरण तो 'महान' अलक्षेन्द्र (सिकन्दर) तथा अतिपुरातन भारतविद् टायना के अपोलोनियस के समय से लेकर मध्ययुगीन अरब और फ़ारसी यात्रियों के माध्यम से आधुनिक युग के हर्डर, श्लेगल, और शॉपेनहावर तक चलते रहे हैं। यह भी ध्यान देने की बात है कि कोई भी महत्त्वाकांक्षी सम्राट, चाहे वह चन्द्रगुप्त था या अशोक या फिर अलाउद्दीन या अकबर, तब तक अपने साम्राज्य को सम्पूर्ण नहीं मान पाया जब तक कि प्राय सारे देश पर उसका शासन स्थापित नहीं हुआ था। यह सच है कि आधुनिक दृष्टि से कोई 'भारतराष्ट्र' विद्यमान नहीं था जो तुरन्त एक 'राष्ट्रराज्य' बनने को तैयार बैठा हो। किन्तु, उन सामाजिक सांस्कृतिक सम्बन्ध-सूत्रों तथा विशेषताओं को नकार पाना सम्भव नहीं है जो एक राष्ट्र के आधार की रचना कर सकती हैं।

इसी चर्चा में हम यह भी प्रश्न जोड़ सके हैं कि पंचांगों-सम्वतों के आयाम से हमें और क्या जानकारी मिलती है? धार्मिक क्षेत्रीय अन्तरों से जुड़े पंचांगों की विविधता एक भारत के विचार की कड़ी विरोधी जान पड़ती है। किन्तु यह भी नहीं भूलना चाहिए कि अधिकांश पंचांगों में महीनों और वर्षों के आरम्भ आदि को लेकर बहुत सशक्त समानताएँ भी विद्यमान है। उदाहरण के लिए कलि, विक्रमी, शक बंगाली सन् तथा और अनेक सम्वत् अप्रैल के मध्य में लगभग एक साथ अपने नववर्ष का आरम्भ करते हैं। यह भी प्रमाण हैं कि इनका आरम्भ किसी समय एक ही संक्रान्ति से निश्चित किया गया था किन्तु दो हजार वर्षों में गणना के सूक्ष्म अन्तरों के कारण ये एक दूसरे से कुछ दूर चले गए हैं। इसका कारण केवल वर्ष में दिनों की पूर्णांकता के लिए परिष्कार विधि के अन्तर रहे हैं।

सभी जानते हैं कि वर्ष में 365 दिन वास्तव में एक अनुमान ही है—वास्तविक अवधि का इससे कुछ अधिक होना भारत के पंचांगकार गणितज्ञों को भली-भाँति विदित था। इसी अन्तर के समंजन के लिए कई भारतीय सम्वत् 'अधिमास' या 'मलमास' को समय-समय पर जोड़ने की व्यवस्था करते हैं—ताकि व्यवहार और गणना की सूक्ष्मता में सामंजस्य बना रहे। किन्तु ऐसे किसी भी परिष्कार की पर्याप्तता तो वर्ष की अवधि के सही आकलन पर निर्भर है और जिस समय इन पंचांगों की रचना हुई उस समय उपलब्ध यन्त्रादि के माध्यम से उतना सटीक दूरवीक्षण कर पाना प्रायः कठिन ही था। वास्तव में छठी शती के भारतीय ज्योतिर्विद वाराहमिहिर ने वर्ष की सही अवधि 365.25875 दिन आकलित की थी। यह आकलन बहुत कुछ सही था, पर फिर भी आज आकलित 365.25636 दिन से कुछ अन्तर तो रह ही गया था। ये अनुमान नाक्षत्रिक वर्ष के हैं, कटिबन्धीय वर्ष का मान तो अब 365.24220 दिन आका जाता है। इन्हीं त्रुटियों के कारण उत्तर-भारत के सम्वत् महाविषुव (वसन्त विषुव) के नियतबिन्दु से कुछ आगे-पीछे हो गए हैं। किन्तु उनमें एक साथ बढ़ने, परिवर्तित होने तथा परस्पर सम्बद्धता की बहुत सशक्त प्रवृत्ति विद्यमान है।

इस सूक्ष्म त्रुटिपूर्ण सहगामिता के कुछ अपवाद भी हैं। दक्षिण-भारत का कोल्लम सम्वत् तथा केवल चान्द्रवर्ष अथवा फिर चान्द्र-सौर वर्ष की युतिवाले बुद्धनिर्वाण सम्वत् कुछ अलग नियमों का अनुसरण करते हैं। वास्तव में भारत के विभिन्न क्षेत्रों में व्याप्त सांस्कृतिक विविधताओं के चलते उनकी कालगणना में पूर्ण समता की अपेक्षा करनी भी नहीं चाहिए। विभिन्न पंचांग प्रयोग करनेवाले की रुचियों—हितों में अन्तरों के कारण भी उन पंचांगों की रचना में अन्तर आ गए हैं। किन्तु पंचांगकारों ने प्रत्येक समय पर अन्य सम्भावित प्रयोगकर्ताओं के पर्वउत्सव आदि के निर्णय को भी अपनी गणनाओं में समाहित करने के प्रयास किए हैं। भारत में इस्लाम के आने के बाद मुस्लिम पर्वों को भी पंचांग गणनाओं में शामिल करने के प्रयास इसी पारस्परिकता का प्रमाण है।

पंचांग परम्परा में समानता का एक प्रमाण मुख्य याम्योत्तर तथा निर्देशन बिन्दु के निर्धारण से मिल सकता है (जैसे कि इंग्लैण्ड में ग्रीनविच है)। यह बात बहुत ही महत्त्वपूर्ण है कि अनेक हिन्दू राजवंशों की राजधानी रहे पुरातन नगर उज्ज्यनि (आज उज्जैन) को कितने ही भारतीय पंचांगकारों ने केन्द्र बिन्दु मानकर अपनी गणनाएँ की हैं। यही नगर प्रथम सहस्राब्दी ईसवी में कितनी ही सांस्कृतिक और साहित्यिक गतिविधियों का केन्द्र भी रहा है। विक्रम सम्वत् (शून्य बिन्दु 57 ई.पू.) तो इसी पुरातन नगर से प्रारम्भ माना जाता है। किन्तु इसी नगर को 78 ईसवी में प्रारम्भ शक सम्वत् का भी केन्द्र माना गया है। यही बात भारत के अन्य अनेक पंचांगों सम्वतों पर भी लागू है। आज भी भारत की घड़ियों के वृतज-वलय (आधार बिन्दु) के रूप में उज्जैन की स्थिति का ही प्रयोग होता है। इस प्रकार यह भारत का ग्रीनविच बिन्दु है। भारतीय मानक समय आज भी उज्ज्यनि के स्थानीय समय (ग्रीनविच से लगभग 5 घण्टे 30 मिनट आगे) के समान है और यही भारतीयों की जीवन-यात्रा पर नियन्त्रण करता है।

आज इस छोटे से कस्बे में आनेवाले यात्री को यह बात शायद कुछ विचित्र लगे कि 'आर्यभट्टीय' से भी पहले लिखे गए ज्योतिष ग्रन्थ 'पौलिस सिद्धान्त' ने विश्व के तीन स्थानों के देशान्तरों पर ध्यान केन्द्रित रखा है। ये हैं उज्ज्यनि, बनारस और अलक्जेन्द्रिया। उज्जैन तो संस्कृति और सम्वतों के अन्तर्सम्बन्धों का पुनः स्मरण करा देता है, भारतीय साहित्य में उज्ज्यनि के विषय में बहुत ही शानदार वर्णन भरे हैं। पाँचवी शताब्दी के संस्कृत के महाकवि और सर्वोत्कृष्ट नाटककार कालिदास की रचनाएँ तो इस दृष्टि से विशेष रूप से उल्लेखनीय हैं।

कालिदास के उज्ज्यनि विषयक सौन्दर्य और शालीनता विवरणों से प्रभावित होकर ई.एम.फोर्स्टर ने भी 1914 में वहाँ की यात्रा की थी। फोर्स्टर अपने मन में कालिदास द्वारा चर्चित उज्ज्यनि की उस (पाँचवी शती की) छवि को पुनः निर्मित करना चाहता था। उसने कालिदास की रचनाओं के कुछ अंशों को याद किया, जिनमें उज्ज्यनि की उन संध्याओं का बहुत ही हृदयग्राही विवरण भरा है। जब प्रेमिकाएँ उस गहन अन्धकार से होकर धीमे-धीमे अपने प्रेमियों के पास पहुँच जाती थीं। वह अन्धकार इतना गहन होता था कि एक सुई से रेखा खींच उसे विभाजित किया जा सकता था। किन्तु उसे वहाँ बहुत कुछ बता पानेवाले पुराने भग्नावशेष नहीं मिल पाए! ऐसे स्थानीय व्यक्ति भी नहीं मिल पाए जो उसके साहित्यिक और ऐतिहासिक शोध में सहायक हो पाते। कालिदास द्वारा जिस शिप्रा के तट पर बसी उज्जयनि के शिल्प की अतिस्नेहपूर्ण व्याख्याएँ पढ़कर फोर्स्टर वहाँ तक पहुँचा था, उसी के छिछले जल में खड़े हो उसने अपने शोध को तिलांजलि दे दी और उस प्राचीन कहावत में भरे सार को स्वीकार कर लिया कि 'पुराने भवन भवन होते हैं और खण्डहर मात्र खण्डहर'। मैं ऐसे कोई अनुमान नहीं लगाना चाहता कि ऐतिहासिक सूक्ष्मता के इस

त्याग में भी कोई एकता सूत्र छिपा है या नहीं—जैसे कि कलिसम्वत् की गणितीय सूक्ष्मता में भी कुछ तथ्यात्मक अविश्वस्तता दिखाई दे गई थी। फिर भी उज्ज्यनि का भारतीय कालगणना में हजारों वर्ष तक केन्द्रस्थ बने रहना महत्त्वपूर्ण अवश्य है क्योंकि राजनीतिक सत्ता, साहित्य और संस्कृति के केन्द्र तो सदियों पूर्व उज्जैन से दूर कहीं दूर जा चुके हैं।

अन्तर्सम्बन्ध और एकीकरण

भारतीय सम्वतों का एक वैषम्यपूर्ण पक्ष उनके विभिन्न धर्मों से सम्बन्ध है। भारत के पहले बहुसंस्कृतिवादी, अकबर, को भी यह बात कुछ 'खास' लगी थी। उसे इस बात की अनुभूति थी कि वह मुस्लिम होकर भी एक बहुधर्मीय देश पर राज्य कर रहा था। अब मैं इसी पक्ष पर चर्चा करूँगा—पर अपने चिरन्तन आग्रह को एक बार फिर दोहरा रहा हूँ कि इस्लाम के आने से पहले भी भारत एक बहुसांस्कृतिक और बहुधार्मिक देश ही था। वास्तव में विश्व के सभी प्रमुख धर्म (हिन्दू, ईसाई, बौद्ध, जैन) मुसलमानों का अधिकार होने से पूर्व ही भारत में प्रचलित थे। भारतीय सभ्यता ने न केवल बौद्ध, जैन? और आगे चलकर सिख धर्म को जन्म दिया है बल्कि यूरोप से कहीं पहले यहूदी भारत आए थे और ब्रिटेन में कोई ईसाईमत को जाने उससे पहले ही ईसा के अनुयायी काफी बड़ी संख्या में भारत में निवास कर रहे थे। ईरान में जब मुसलमानों के हाथों धार्मिक उत्पीड़न प्रारम्भ हुआ तो पारसी समाज ने भी भारत में ही आश्रय की खोज की थी। वास्तव में यहूदी येरूशलम के पतन के तुरन्त वाद तो ईसाई चौथी शताब्दी से भारत में बसे थे। पारसी भी आठवीं शताब्दी में आना शुरू हो गए थे। इन धर्मों से जुड़े अलग-अलग पंचांग—संववत्सर मुस्लिम वर्चस्व के साथ आए हिजरी सम्वत् से बहुत पहले से ही हिन्दू पंचांगों-सम्वतों के साथ-साथ फल-फूल रहे थे और हिजरी सम्वत् ने भारत की इस पंचांगीय बहुलता को और बढ़ा दिया।

अकबर की बहुसांस्कृतिकता ने उसे प्रत्येक धार्मिक समुदाय और उसकी संस्कृति में रुचि लेने को प्रेरित किया। उसके इबादतख़ाने (पूजागृह) में सभी धर्मों के अनुयायियों को आमन्त्रित किया जाता था। अबुल फ़ज़ल ने लिखा है कि उनमें हिन्दू, मुसलमान, ईसाई, यहूदी, पारसी, जैन और यहाँ तक कि चार्वाक के अनास्थावादी अनुयायी भी शामिल होते थे।

अकबर का एक साँझा पंचांग बनाने का प्रयास भी 'साँझे धर्म' की रचना से ही प्रेरित था। भले ही उसने विभिन्न पंचांगों (हिन्दू, पारसी, जैन, ईसाई आदि) को देखने से ही शूरुआत की हो पर फिर हिजरी सहस्राब्दी से कुछ ही पहले (992 हिजरी, 1584 ईसवी) उसने 'तारीख़े-इलाही' नाम का एक नया पंचांग बना डाला था। इसका 'शून्यवर्ष' उसने अपनी 'तख़्तनशीनी' (राज्यावरोहण) से माना था—पर

उसका आरम्भ तो 1584 में, (पूरे 28 वर्ष बाद) किया गया था। इसे हिन्दू, पारसी, पंचांगों की तरह सौर वर्ष पर आधारित किया गया था, पर इसमें कुछ हिजरी सम्वत् की विशेषताएँ भी मिला दी गई थीं। साथ ही ईसाई और जैन परम्पराओं की छाप भी इस पर स्पष्ट दिखाई देती थी। अन्य स्थानीय रूप से प्रचलित पंचांग भी इससे बाहर नहीं रहे थे। इस 'तारीख़े-इलाही' को मुगल दरबार का शाही सम्वत् घोषित किया गया था और मुगल बादशाहों के शाही फरमानों पर इलाही और हिजरी, दोनों तिथियाँ अंकित होती थीं। कभी-कभी केवल इलाही तिथि ही लिखकर छोड़ दी जाती थी।

तारीख़े–इलाही को बहुत धूमधाम से प्रचलित करने का प्रयास हुआ था पर मुगल दरबार से बाहर का सारा देश अन्य भारतीय तथा हिजरी पंचांग ही प्रयोग करता रहा। अकबर का यह कृत्रिम सम्वत् भी उसके निधन के कुछ समय बाद ही भुला दिया गया पर उसके संश्लेपणकारी प्रयास की भारतीय इतिहास छाप अवश्य रही है। अभी 'सर्वसमाहन' की जिस संश्लेषणवादी प्रवृत्ति का परिचय अकबर ने दिया था वह विलुप्त नहीं हुई है।

आज भी चल रहे बंगाली सन् पर तारीख़े-इलाही के प्रभाव देखे जा सकते हैं। इसमें भारत की संस्कृति और सभ्यता में जिन समन्वय और एकताकारी प्रवृत्तियों के स्पष्ट दर्शन होते हैं वही इस सम्वत् में विद्यमान है। अब–(2000 ईसवी में) इसका 1407वाँ वर्ष चल रहा है। यह 1407 किसका परिचायक है? अकबर के तारीख़े-इलाही से प्रोत्साहित होकर 16वीं शती में बंगाली सन् के शून्य बिन्दु का भी पुनः निर्धारण किया गया था। वास्तव में तारीख के शून्य वर्ष, 1556 ईसवी (963 हिजरी) को प्रयोग कर शक सम्वत् की ही भाँति सौर गणनावाले बंगाली सन् ने चान्द्र पंचांग हिजरी का वर्षांक अपना लिया था–किन्तु उसकी चान्द्र गणना विधि नहीं अपनाई। अतः इस सौर वर्ष की घड़ी की सुइयों को शक 1478 से घुमाकर हिजरी 963 पर टिका दिया गया था। किन्तु चान्द्र गणनावाला हिजरी अब अंकों में बंगाली सन् से आगे निकल गया है (हिजरी का एक वर्ष 354 दिन 8 घण्टे 48 मिनट का ही होता है)।

विफल रहे तारीख़े-इलाही की भाँति ही उससे अधिक सफल रहा बंगाली सन् भी एकतावादी प्रयास का परिणाम है–इसका प्रेरणा स्रोत भी तारीख़े-इलाही ही रहा है। जब कोई बंगाली हिन्दू अपने धार्मिक कृत्य बंगाली सन् के अनुसार सम्पन्न करता है तो उसे शायद ही ये गुमान हो कि वह मुहम्मद के मक्का से मदीना को पलायन को अपने कृत्यों के साक्षी स्वरूप उद्धृत कर रहा है।

आज जब भारत में धर्मनिरपेक्षता को असहिष्णुता और राजनीतिक उग्रवाद की नई शक्तियों के वार झेलने पड़ रहें है तो भारत की ही प्राचीन बहुसांस्कृतिक इतिहास परम्परा का स्मरण करना बहुत ही उपयोगी सिद्ध होगा। ये प्रहार केवल

यूरोपीय तमोहरण के बाद विकसित धर्मनिरपेक्षता की अवधारणा पर नहीं हैं, न ही अंग्रेजों की लाई हुई किसी मूलतः पश्चिमी विचारधारा पर आघात किए जा रहे हैं। ये प्रहार तो भारत की अपनी सुदीर्घ समाहन और सांस्कृतिक सम्मिलन की परम्पराओं पर आघात कर रहे हैं जो अनेक स्वरूपों में मुखरित होती रही है। पंचांग परम्पराएँ भी उन्हीं सम्मिलन-समन्वयन की परम्पराओं का प्रमाण हैं।

हम भारतीय समाज और संस्कृति की व्याख्या के जिन परस्पर विरोधी प्रयासों के दुरूह जंजाल में फँसे हैं उसमें, मुझे लगता है कि पंचांग रचना के ये आयाम कुछ राह दिखा सकते हैं। ये पंचांग सम्वत्सर वर्षों और महीना से कहीं अधिक जानकारी उजागर कर रहे हैं।

16

भारतीय की पहचान

उपनिवेशवाद और पहचान

दोरब टाटा स्मारक आख्यानों के लिए आमन्त्रण मेरे लिए एक सम्मान की बात है। अनेक कारणों से मैं इस सुअवसर को पाकर अनुगृहीत हुआ हूँ। सबसे प्रथम तो मुझे भी इनके बहाने एक उत्कृष्ट औद्योगिक नेता, प्रसिद्ध दानवीर और युगदृष्टा मानव की याद में मनाए जा रहे उत्सव में भागीदारी का अवसर मिला है। दूसरे, इस अवसर की प्रकृति है–या टाटा की उपलब्धियों का इतिहास, भारत के भविष्य की रचना में उनकी भागीदारी, और सारे ही विश्व में उनकी रुचि के माध्यम से मुझे भी भारत और शेष विश्व के बीच सम्बन्धों पर विचार करने का अवसर मिल रहा है। विश्व से सम्बन्धों की सूझ के साथ ही एक बहुत कठिन प्रश्न जुड़ा है–भारतीय पहचान का प्रश्न। तेज़ी से बदल रहे विश्व में तो यह प्रश्न और भी चुनौती भरा हो गया है। मेरी चर्चा का मुख्य केन्द्र यही प्रश्न रहेगा।

इस आमन्त्रण का स्वागत करने का मेरा तीसरा कारण कुछ व्यक्तिगत है। टाटा उद्योगों, विशेषकर लोहा और इस्पात तथा सूती वस्त्र उद्योगों का विकास आधुनिक भारत के इतिहास का एक अभिन्न अंग है और काफी समय से इस इतिहास के अध्ययन से मेरा बहुत लगाव रहा है। मुझे सबसे अधिक यह जानने की उत्सुकता रही है कि भारतीय उद्यम विशेषकर टाटा को लोहा और इस्पात तथा सूती कपड़ा उद्योग में जाना क्यों कर रुचा, जबकि ब्रिटिश पूँजीपति भारत में इनके विकास से कतरा रहे थे। मैं आर्थिक व्यावसायिक लाभप्रदता की गणना अनुशासन से कहीं अधिक जीवनमूल्यों तथा पहचान के आर्थिक व्यवहार पर प्रभावों का अध्ययन करने को अधिक उत्सुक था। मैं यह भी जानना चाहता था कि कहाँ तक देश की जरूरतों का पूर्वानुमान

और उसके प्रति लगाव भी औद्योगिक कल्पनाशीलता और नवप्रणवकारी कार्यों को प्रेरित करने में सहायक रहा है। साथ ही ब्रिटेन के सामाजिक वातावरण पर भारत में उनके व्यापारिक हितों पर प्रहार के इन प्रयासों से छाई बेचैनी को भी मैं जानना चाहता था।

मेरा विश्वास है कि एक अर्थशास्त्री होने के नाते किसी को मुझे लाभ और व्यावसायिक अर्थ क्षमता का महत्त्व समझाने की आवश्यकता नहीं है (वैसे अनेक मित्र और हितैषी मुझे इन बारे में जब तब समझाने से चूकते नहीं हैं, उन्हें लगता है कि मैं विश्व की वस्तुस्थितियों के बारे में शायद अधिक ध्यान नहीं देता हूँ)। किन्तु अर्थक्षमता और उपयुक्त लाभ की दर की सीमाओं में रहते हुए भी मेरी धारणा है कि कुछ ऐसे चयन अवश्य किए जाते हैं जो चयनकर्ता की जीवनदृष्टि और उसकी पहचान को प्रतिबिम्बित करते हैं। आखिर प्रश्न उठ सकता है कि ब्रिटिश पूँजी चाय, काफी, रेलवे, खनन व्यापारिक फर्मों तथा नवोदित पटसन उद्योग में तो बड़ी प्रचुरता से आ रही थी, किन्तु, ब्रिटेन की अपनी औद्योगिक व्यवस्था के आधार-स्तम्भ रहे सूती वस्त्र तथा लोहा और इस्पात उद्योगों से क्यों कतरा रही थी? यहाँ एक और कठिनाई भरा प्रश्न उठ खड़ा होता है—क्या ब्रिटिश उद्यमी इन दो उद्योगों को ब्रिटेन में स्थापित पुराने उद्योगों का प्रतिद्वन्द्वी मानते थे—इनसे मानचेस्टर आदि के हितों को हानि पहुँचने की आशंका से ग्रस्त थे? ऐसे अनेक प्रमाण मिल रहे हैं कि वास्तव में ब्रिटेन में अनेक जिम्मेदार लोगों के मन में ऐसे सवाल अवश्य उठे थे। फिर भी मैं ये अवश्य जानना चाहता हूँ कि क्या ऐसी अनुभूतियाँ वहाँ ऐसे किसी सामाजिक आर्थिक भावना को जन्म दे गई थीं कि उनसे भारत में ब्रिटिश-निवेश का स्वरूप ही प्रभावित हो गया?

यहाँ प्रश्न यह नहीं है कि ब्रिटिश निवेशक या प्रशासक पर ब्रिटेन में हो रहे प्रतिवादों का स्पष्ट प्रभाव रहा या नहीं। इस सन्दर्भ में एक बात बहुत महत्त्वपूर्ण है—1871 में मनचेस्टर चेम्बर ऑफ कॉमर्स ने भारत सचिव को एक प्रतिवेदन देकर बड़े आग्रह के साथ भारत से निर्यातित सूती कपड़े पर कर लगाने की पुरजोर माँग की थी। इसी तरह अनेक ब्रिटिश निहित स्वार्थों ने कई अध्ययन कराए थे और उनके आधार पर बड़ी चिन्ताजनक रिपोर्ट सरकार को भिजवाई थीं। इनमें 1870 के दशक में एक कताई विशेषज्ञ जोन रॉबर्टसन की रिपोर्ट भी शामिल है जिसमें भारत में सूती वस्त्र उद्योग के पनपने से अंग्रेजी अर्थव्यवस्था को होनेवाली भारी हानि का डरावना चित्र खींचने का प्रयास किया गया था।

सवाल तो यह है कि उन सामाजिक पहचान और वरीयताओं (जिनकी आर्थिक निर्णयों में प्रायः महत्त्वपूर्ण भूमिका रहती है) ने भारत में अंग्रेजी निवेश के स्वरूप को प्रभावित किया था, और क्या ये प्रभाव सार्वजनिक नीति और निजी चयन के माध्यम से लागू हुए थे। 25 मार्च 1877 के अपने बजट भाषण में राज के व्यापक

अनुभव से सम्पन्न कुशल अंग्रेज प्रशासक सर जोन स्ट्रेकी ने इस बात को बड़े स्पष्ट शब्दों में अभिव्यक्त किया था :

मैंने अपने जीवन का एक बड़ा भाग भारत में बिताया है और मैं भारत की सरकार से जुड़ा रहा हूँ। पर इन कारणों से मेरी अंग्रेजियत खत्म नहीं हो गई है। मानचेस्टर के जिन हितों का कुछ मूर्ख उपहास कर रहे हैं वे केवल उस महान एवं समझदार जन-समुदाय के हित नहीं हैं जो प्रत्यक्षतः कपास के व्यापार में लगे हैं। वे तो लाखों अंग्रेजों के साँझे हित हैं।

पहचान, राष्ट्रवाद और निवेश

इन अंग्रेजी सरोकारों के विपरीत पक्ष से देखें तो इन निवेश के अवसरों का सामाजिक आयाम बहुत ही लुभावना था। फ्रैंक हैरिस द्वारा जमशेदजी टाटा की जीवनी के प्रकाशन में जे.आर.डी. टाटा ने ठीक ही लिखा है : जमशेदजी ने न केवल पश्चिम की औद्योगिक क्रान्ति और इसके अपने देश के लिए महत्त्व को ठीक से भाँप लिया था बल्कि उन्होंने एक समृद्ध औद्योगिक भारत का सपना भी संजोया था। इस राष्ट्रवादिता की अभिव्यक्ति कदाचित जमशेदजी द्वारा अपनी मिलों के नामकरण से भी झलकती है। भले ही उनकी पहली सूती मिल (स्थापना 1877) का नाम 'एम्प्रेसमिल' रखा गया हो (उसी वर्ष विक्टोरिया को भारत साम्राज्ञी घोषित किया गया था) किन्तु 1886 में लगाई गई नई मिल का नाम तो स्वदेशी मिल रखा गया था। यही नहीं, इससे पूर्ववर्ती 1885 में जमशेदजी भारतीय राष्ट्रीय कांग्रेस की स्थापना के अवसर पर बम्बई सम्मेलन में भी शामिल हो उसमें भागीदार बने थे। टाटा परिवार के अनेक आर्थिक निर्णयों में कहीं न कहीं राष्ट्रवादी भावनाएँ किसी न किसी रूप में अवश्य विद्यमान रही है। एक दृष्टान्त स्वरूप मुम्बई में एक विश्वस्तरीय होटल की स्थापना में जो प्रतिबद्धता उन्होंने दिखाई थी, वह तो इस राष्ट्रीय भावना की सर्वोत्कृष्ट मिसाल कही जा सकती है। कहानी कुछ इस प्रकार है—टाटा अपने एक विदेशी मित्र को लेकर पायर्कस अपोलो होटल गए थे—पर वहाँ उन्हें कहा गया कि होटल सिर्फ यूरोपियों के लिए है, उनका मित्र तो वहाँ भोजन कर सकता था पर टाटा का प्रवेश निषिद्ध था। इसी घटना से आहत जमशेदजी ने 1903 में ही एक शानदार होटल, 'ताजमहल' की स्थापना का निर्णय ले लिया था—यह महत्त्वाकांक्षी स्तर का होटल मुम्बई का पहला ऐसा भवन होने जा रहा था जहाँ बिजली द्वारा रोशनी की व्यवस्था भी होनी थी। ये तो सभी जानते हैं कि शीघ्र ही ये विदेशी पर्यटकों का सबसे मनपसन्द होटल बन गया। इसके मेहमानों में समरसेट मॉगम से ग्रेगरी पैक तक अनेक जाने-माने विदेशियों की सूची बहुत ही लम्बी रही है। ये कहानी जमशेदजी की पहचान और वरीयताओं को बूझने में बहुत सहायक है—उनके अन्य अनेक फैसलों में भी उनकी अन्तर्प्रेरणाओं और प्रतिबद्धताओं के दर्शन होते हैं।

जमशेदजी की यही प्रतिबद्धता भारत में एक समृद्ध लोहा-इस्पात उद्योग की स्थापना में भी झलकती है। कभी 1830 में अंग्रेज व्यापारी जोसिहा मार्शल हीथ ने भी भारत में इस उद्योग की नींव डालने का असफल प्रयास किया था (उसकी विफलताओं की कहानी चार्ल्स डिकन्स की 1853 में छपी पुस्तक 'हाउसहोल्ड वर्ड्स' में भरी है) एक छोटी-सी लोहा बनाने की फैक्टरी 1875 में बाराकर में लगी भी थी और यह 1889 में बनी बंगाल आयरन एण्ड स्टील कम्पनी में मिला ली गई थी। पर इस फैक्टरी का इतिहास प्रारम्भ से ही संकटमय रहा था। मुख्य बात तो यही है कि हमें अंग्रेज व्यापारियों में भारत में इस्पात उद्योग की स्थापना के प्रति कोई विशेष उत्साह नहीं दिखा। जमशेदजी का बड़े पैमाने पर लोहा-इस्पात उत्पादन का 1850 के दशक का प्रयास तो सफल नहीं हो पाया था। इसमें विफलता में अंग्रेजी राज का भी अपना 'योगदान' था—अंग्रेजों ने जमशेदजी के उद्योग के लिए परिवहन व्यवस्था के विकास में सहयोग से इनकार कर दिया था और बिना परिवहन के इस उद्योग का चल पाना सम्भव नहीं होता।

शताब्दी के अन्त तक भारत में नवनियुक्त वायसराय लॉर्ड कर्जन से जमशेद जी को समर्थन प्राप्त हो गया और परिवहन व्यवस्था तथा औद्योगिक उत्पादन में तालमेल स्थापित करना आसान हो गया। कर्जन ने तो लोहा अयस्क की पहाड़ी से फैक्टरी तक 45 मील लम्बी विशेष रेल लाईन बिछाने का भी प्रस्ताव किया था। सरकार की नीति में इस बदलाव में निश्चय ही कर्जन के व्यक्तित्व का बड़ा महत्त्व था पर साथ ही उस समय भारत और इंग्लैण्ड के व्यापारिक सम्बन्धों में आ रहे बदलाव भी कम महत्त्वपूर्ण नहीं थे। इंग्लैण्ड पहले ही भारत के इस्पात के एक मात्र आयात स्रोत का दर्जा खो चुका था, वह सारे ही विश्व बाजार में इस्पात निर्यात में पिछड़ता जा रहा था। 1880 के दशक तक तो भारत में आयातित इस्पात का 90 प्रतिशत इंग्लैण्ड से ही आ रहा था—वहीं प्रमुख स्रोत था। किन्तु 1899 में कर्जन के आने तक बेलजियम इंग्लैण्ड को पीछे धकेल पहले नम्बर का इस्पात स्रोत बन गया था—जर्मनी भी बड़ी मात्रा में भारत को इस्पात बेच रहा था।

पर इस सारे घटनाक्रम के दौरान एक बात नहीं बदली थी—जमशेदजी टाटा का भारत में समृद्ध लोहा-इस्पात उद्योगों की स्थापना का दृढ़ निश्चय। सरकारी अफसर-शाही और वित्तीय प्रबन्धन की कठिनाइयाँ अभी बाकी थीं और उस प्रकल्प का स्वरूप उभरने से पहले ही 1904 में जमशेदजी का निधन हो गया। वर्ष 1906 आते-आते इतनी प्रगति हो चुकी थी कि दोरबजी लन्दन के वित्त बाजार से धन उठाने पहुँच गए—पर वे धनपति इस काम में पैसा लगाने को बिल्कुल तैयार नहीं थे। लम्बी बातचीत और सौदेबाजी के बाद भी वहाँ से कुछ हाथ नहीं लगा।

और ''निराशा' की उस घड़ी में टाटा की भारतीयता और राष्ट्रवादी धारा के साथ घनिष्ठता ही आड़े आई। अगस्त 1907 में टाटा आयरन एण्ड स्टील कम्पनी

के प्रकाशित दस्तावेजों में स्वदेशी भावना को उत्प्रेरित करने का प्रयास बहुत स्पष्ट रूप से किया गया था। और उसके प्रति देश की जनता ने उत्साह भी तुरन्त दिखा दिया। इंग्लैण्ड में इस सारे घटनाक्रम पर पैनी नजर रखे एक अंग्रेज एक्सल सैहलिन ने एक भाषण में कहा था :

सुबह मुँह अँधेरे से लेकर देर रात तक मुम्बई में टाटा के दफ्तरों में स्वदेशी निवेशकों की भीड़ जुटी थी। बूढ़े और जवान, अमीर और गरीब, स्त्री-पुरुष, सब आ रहे थे और अपनी-अपनी क्षमता के अनुसार योगदान दे रहे थे। बस केवल तीन सप्ताह में ही फैक्टरी के निर्माण के लिए आवश्यक पूँजी की पूरी व्यवस्था हो गई—इसकी पाई-पाई भारत के अपने वासियों ने जुटाई थी।

प्रकल्प का निर्माण 1908 में आरम्भ हुआ और बहुमूल्यवान उत्पादन दिसम्बर, 1911 से बाजार में आने लगा।

राष्ट्रवाद और विश्व से सम्बन्ध

मैंने उपर्युक्त पृष्ठों में जिस ऐतिहासिक वृतान्त को उद्धृत किया है, उसका महत्त्व केवल उसके अग्रणी महापुरुषों को श्रद्धासुमन अर्पित करने तक सीमित नहीं है। यहाँ मेरी दृष्टि का अधिक महत्त्व तो इस बात का है कि व्यक्ति की अपनी पहचान और सामाजिक प्रेरणाएँ किस प्रकार आर्थिक निर्णयों सहित उसके समग्र व्यवहार को प्रभावित कर जाती हैं। इन सम्बन्धों के साक्ष्य हमें अनेक पक्षों से मिल जाते हैं। चाहे जमशेदजी और दोरबजी आदि का औद्योगिक भारत का सपना साकार करने का संकल्प हो या अंग्रेजी निवेशकों की उदासीनता का प्रत्युत्तर देते हुए भारत की आम जनता द्वारा सोत्साह प्रचण्ड समर्थन या फिर भारत की अंग्रेज सरकार की बदलती हुई नीतियाँ। इन सम्बन्ध-सूत्रों पर मैं इस चर्चा को यहाँ अधिक विस्तार नहीं दूँगा—पर यह तो स्पष्ट हो ही गया है कि व्यक्ति की पहचान और उसके जीवनमूल्यों का उसके आर्थिक व्यवहार पर भी गहन प्रभाव रहता है। आर्थिक विश्लेषण की मुख्यधारा अभी तक इस पक्ष पर उतना ध्यान नहीं दे पा रही है जितना कि इसे मिलना चाहिए।

इस ऐतिहासिक अनुभव से जुड़े कुछ सामान्य मुद्दे भी हैं जिनका भारत के अन्य देशों से सम्बन्धों में बहुत महत्त्व होगा। यहाँ 'पहचान' की समाहनकारी तथा अलगाववाद की बहिष्कारी शक्तियों में भेद करना भी आवश्यक है। देश के लिए कुछ करने का अर्थ यह नहीं हो सकता कि देश को शेष विश्व से अलग-थलग कर दिया जाए। यह 'पहचान' की भावना विभिन्न कार्यों तथा नीतियों की उपयुक्तता को समीक्षा की परिधि से बाहर नहीं ले जा पाती। ये बात विज्ञान प्रोद्योगिकी से लेकर आर्थिक, सामाजिक और सांस्कृतिक सम्बन्धों तक सभी पर लागू होती है। शेष विश्व से सम्बन्धों में भारतीयता पर गर्व की भावना की तो आवश्यकता होगी ही, पर साथ ही विशिष्ट ध्येयों, तथा उन सम्बन्धों के संवर्धन के विशेष उपायों आदि

की भी आलोचनात्मक समीक्षा की आवश्यकता होगी। आमतौर पर यह 'पहचान' और सामुदायिक लगाव अलगाववाद को भी प्रोत्साहन देने लगता है—अतः इनके बीच का भेद समझ लेना बहुत आवश्यक हो जाता है।

जिस औद्योगिक प्रयास की कथा मैंने कहीं है, वह इस भेद को भी स्पष्ट करती है। भारत में लौह उद्योग का बहुत लम्बा इतिहास रहा है। लौह उद्योग के इतिहासकार लोवट फ्रेज़र ने दिल्ली की कुतुबमीनार के बाहर खड़े, ज़ंग और किसी भी प्रकार के क्षय के चिन्हों से रहित 2000 वर्षों से भी पुराने लौह स्तम्भ के निर्माण को पिरामिडों के निर्माण से भी अधिक 'रहस्यपूर्ण' बताया है। पर टाटा तो विदेशी सहयोग के बिना आधुनिक लौह-इस्पात उद्योग स्थापित नहीं कर पाते। उन्हें विदेशी तकनीकी ज्ञान की आवश्यकता थी और ये उन्होंने प्राप्त भी किया। चार्ल्स पेजपेरिन के साथ पिट्र्सबर्ग से आई विशेषज्ञता का टाटा के इस्पात संयन्त्र की रचना में निर्णायक योगदान रहा है। पश्चिमी विज्ञान और प्रोद्योगिकी कहे जानेवाले ज्ञान की सम्प्राप्ति का भारत के औद्योगिक आर्थिक विकास में बहुत बड़ा योगदान रहा है। टाटा आधुनिक विज्ञान शिक्षा को बहुत महत्त्व देते थे। इसी की झलक उनकी शिक्षा और शोध प्रतिबद्धता के प्रति समर्पित भारतीय विज्ञान संस्थान की स्थापना के लिए की गई पहल से मिलती है। यह संस्थान 1911 में स्थापित हुआ था, इसने देश में अनेक विज्ञान संस्थानों की स्थापना तथा विकास की प्रेरणा प्रदान की है।

व्यापार और विनियम की पारस्परिकता का लाभ उठाने की आवश्यकता के विषय में भी यही बात दोहराई जा सकती है। राष्ट्रीय पहचान का तकाज़ा होगा कि आर्थिक फैसलों में, राष्ट्र के बृहत्तर हितों का भी ध्यान रखा जाए—यह बात हमें तात्कालिक व्यापारिक लाभ से कहीं आगे ले जाती है। पर यह तो हमें देखना ही होगा कि इन राष्ट्रीय हितों का सर्वोत्तम हितसाधन किस प्रकार होगा। वास्तव में अनेक दृष्टियों से अलगाव की अपेक्षा विश्व से बेहतर लगाव या लेन-देन से राष्ट्र का कहीं बेहतर हितसाधन होगा। यह आर्थिक आकलन का प्रश्न है—किसी नारे को अपना भर लेने से काम नहीं चलेगा। बाजारों की पूजा या भरसक विरोध कुछ भी व्यापार और वैश्वीकरण की प्रक्रियाओं की समीक्षा का स्थान नहीं ले सकता।

इस विषय में भी कुछ स्पष्टीकरण की आवश्यकता हो सकती है। जब तक देश में किसी वस्तु का उत्पादन नहीं होता, उसका आयात होता रहता है। अतः नए उद्यमों की स्थापना से वर्तमान आयातों का प्रतिस्थापन भी हो जाता है। इसमें कुछ भी रहस्य की बात नहीं है। आर्थिक दृष्टि से एकीकृत विश्व में औद्योगिक प्रसार का प्रारम्भिक स्वरूप तो आयात प्रतिस्थापक ही होता है। यह महत्त्वपूर्ण तथ्य है पर आश्चर्यजनक नहीं है। पर यह तथ्य आयात प्रतिस्थापन और निर्यात संवर्धन के विषय में भी हमें कुछ नहीं बताता। उनके नीतियों लिए आर्थिक आधार की रचना तो सम्बद्ध उद्यमों (उनके कर्मियों सहित) तथा जन-सामान्य के आर्थिक लाभों के

आकलन के आधार पर ही होगी। जापान से लेकर दक्षिण कोरिया और ताईवान आदि अनेक देशों के अनुभव हमें बताते हैं कि आर्थिक नीतियों को आयात प्रतिस्थापना से प्रारम्भ कर शीघ्र ही निर्यात प्रोत्साहन की दिशा को अपना लेना अधिक श्रेयस्कर रहता है। इसका 'राष्ट्रीय पहचान' का आग्रहपूर्वक संवर्धन-प्रोत्साहन भी दुष्प्रभावित नहीं होता। इस नीति की उपयुक्तता का निर्णय वास्तविक परिस्थितियों की समीक्षा पर निर्भर करेगा किसी बने बनाए फार्मूले के आधार पर नहीं–चाहे ये फार्मूला अपूर्णतः प्रतिबन्ध व्यापार का पक्षधर हो या व्यापार पर पूर्ण-प्रतिबन्ध की सिफारिश करता हो?

विश्व स्तर पर उपलब्ध अवसरों का लाभ उठाना

आइए अब वैश्वीकरण के हानि-लाभों की भी कुछ चर्चा कर लें। वैश्वीकरण के लाभों और हानियों पर काफी समय से जोरदार बहस चल रही है। यह बहस केवल भारत में नहीं छिड़ी है–सीटल, प्रॉग और वाशिंगटन डी.सी. आदि के विश्वस्तरीय विरोध आन्दोलनों में भाग लेने के लिए तो सारी दुनिया से अनेक कार्यकर्ता जमा हो गए थे। इस दृष्टि से वैश्वीकरण का विरोध भी वैश्वीकृत स्तर पर हो रहा है। विश्वस्तरीय राजनीतिक प्रतिरोध और वैश्वीकृत आर्थिक सम्बन्धों का स्वरूप आज आमने-सामने, विरोधी बन कर खड़े दिखाई दे रहे हैं।

मैंने किसी अन्य आख्यान/लेख में इन विरोध आन्दोलनों की रचनात्मक भूमिका की ओर भी ध्यान दिलाया है। यह रचनात्मकता विश्व में व्याप्त विषमताओं की ओर बहुत सशक्त रूप से ध्यान आकर्षित करा देती है। वास्तव में वैश्वीकरण की बहस का सही मुद्दा न बाजार की कुशलता का है और न ही आधुनिक प्रोद्योगिकी के महत्त्व का। विवाद तो विश्व की शक्ति संरचना की विषमताओं का है। द्वितीय महायुद्ध के तुरन्त बाद गढ़ी गई उस वैषम्यपूर्ण संरचना को सहन कर पाने की विश्व समाज की क्षमता अब बहुत कम रह गई है। आज आर्थिक विषमताएँ कम हैं या अधिक (दोनों ही विचारों के पक्ष-विपक्ष में बहुत आग्रह से दावे किए जा रहे हैं) पर एक बात स्पष्ट है–आज जनता में बहुत भारी विषमताओं को बर्दाश्त करने के लिए उतनी तैयारी नहीं है जितनी कि 1944 में ब्रेटनवुड समझौते द्वारा अन्तर्राष्ट्रीय मुद्राकोष और विश्व बैंक आदि की स्थापना के समय थी। इन्हीं ने वर्तमान अन्तर्राष्ट्रीय वित्त और व्यवसाय व्यवस्था के नियामक संरचनात्मक संस्थानों की रचना की है। विश्व स्तर पर विरोध और शंकाएँ इसी नई मानसिकता को दर्शा रहे हैं। देश में आन्तरिक विषमताओं की असहायता की ही विश्वस्तरीय अभिव्यक्ति है।

विश्व विरोध आन्दोलन की पट्टियों पर लिखे नारों और उनके इश्तिहारों का प्रतिवाद करनेवाले तर्कों की रचना अधिक कठिन नहीं है, पर मुख्य सवाल तो यही है कि वैश्वीकरण विश्व अर्थव्यवस्था को अधिक समृद्ध तो करेगा किन्तु क्या यह

अन्तर्राष्ट्रीय स्तर पर व्याप्त विषमताओं और अन्यायों के दूरगामी प्रभावों का भी निवारण करने में सहायक होगा? वास्तव में विश्वव्यापी अन्याय और विषमता के निवारण के लिए कटिबद्धता और वैश्वीकृत आर्थिक, सामाजिक, सांस्कृतिक सम्बन्धों के रचनात्मक योगदान को ठीक से समझने के बीच कोई टकराव नहीं है।

वास्तव में विश्वव्यापी विषमताओं के निवारण के लिए स्थानीय के साथ-साथ विश्वस्तरीय प्रयासों की जरूरत होगी। ब्रेटनवुड समझौते के समय 1944 में तो आधा विश्व साम्राज्यवादी चंगुल में फँसा था, लोकतन्त्र और मानव अधिकारों के तकाज़ों के प्रति अधिक जागरूकता नहीं थी, विश्व स्तर पर आर्थिक सम्वृद्धि की विशाल सम्भावनाओं को भी हम समझ नहीं पा रहे थे और अन्तर्राष्ट्रीय विषमताओं के प्रति हम अधिक सहनशील भी थे। अतः उस समय इन प्रश्नों की ओर अथक ध्यान नहीं दिया गया था। आज अधिक संवेदनशील विश्व संरचनाओं के निर्माण के लिए विश्वस्तरीय प्रयास आवश्यक हो गए हैं (इनमें संयुक्त राष्ट्र संघ की अर्थक्षमता तथा आर्थिक शक्तियों का संवर्धन भी सम्मिलित है)। इसके अन्य पक्ष होंगे–विभिन्न उत्पादों, रोगनिवारक औषधियों के प्रयोक्ताओं पर प्रभावों के प्रति संवेदनशील अधिक प्रभावी पेटेंट नियमों की रचना, अमीर देशों पर भी व्यापार बाधाओं को हटाने के लिए दबाव (अभी तक केवल गरीब देशों पर दबाव डाला जा रहा है), मानवीय सुरक्षा तथा मानव अधिकारों की रक्षा की अधिक प्रभावशील विश्वव्यवस्था की रचना आदि। केवल अन्तर्राष्ट्रीय व्यापार का संवर्धन पर्याप्त नहीं होगा। कहीं अधिक विस्तृत विश्वव्यापी कार्यसूची की रचना और उस के अनुसार व्यवहार की आज बड़ी तीव्र आवश्यकता है।

विश्वस्तरीय शक्ति की प्राप्ति के लिए आन्तरिक नीतियाँ

अच्छे विश्वस्तरीय आर्थिक सम्बन्धों के लिए देश की आन्तरिक नीतियाँ भी उपयुक्त होनी चाहिए। प्रभावी विश्व भागीदारी के लिए मानव संसाधनों का और क्षमताओं का विकास अनिवार्य होता है। यह कार्य शिक्षा व्यवस्था के विकास और व्यापक प्रयास द्वारा सम्भव है। साथ ही संरचनागत सुविधाओं का विकास भी करना होगा। टाटा परिवार का इतिहास इन दोनों ही आयामों को महत्त्व दिए जाने का गवाह है। मैंने अभी कुछ पहले बताया है कि जमशेदजी का बड़े पैमाने पर इस्पात निर्माण का प्रकल्प उपयुक्त परिवहन व्यवस्था के अभाव के कारण ही अटक गया था–वह एक बहुत ही निर्णायक संरचनागत बाधा थी। आज भी भारत में संरचना के अल्प विकास के कारण अनेक बाधाएँ उत्पन्न हो रही हैं। इनके उदाहरण स्वरूप जन-संचार तथा विद्युत ऊर्जा की सुविधाओं के समुचित विकास के अभाव की बात ले सकते हैं। खराब पड़े टेलीफोन और बार-बार बिजली की कटौतियाँ औद्योगिक कार्य को बाधित ही नहीं करती वरन् सबको पागल बना डालती हैं। कई प्रकार की संरचनागत सुविधाओं

की समस्याएँ आज भी भारत के त्वरित विकास के लिए उतनी ही महत्त्वपूर्ण बाधाएँ बनी है जितनी की जमशेदजी के जमाने में—एक शताब्दी पूर्व-थीं।

जमशेदजी ने शिक्षा के महत्त्व को बहुत अच्छी तरह समझा था। इसी कारण उन्होंने इन्स्टीट्यूट ऑफ साईंस की स्थापना की थी। उन्होंने ये समझ लिया था कि औद्योगिक स्पर्धा में कोई देश तभी भाग ले सकेगा जब वह शैक्षणिक स्पर्धा में भी भाग लेने को तैयार हो। उस संस्थान के अध्येताओं की प्रशंसा करते हुए उन्होंने बड़े गर्व की भावना के साथ कहा था कि 'भारतीय अध्येता न केवल पश्चिम के प्रतिद्वन्द्वियों का उनकी भूमि पर सामना कर सकते हैं बल्कि उन्हें पूरी तरह पराजित भी कर सकते हैं' ये केवल राष्ट्रीय अभिमान की बात नहीं थी, ये तो अन्तर्राष्ट्रीय धरातल पर सशक्त रूप से सार्थक भागीदारी कर पाने की भारत की क्षमता में उनके विश्वास की अभिव्यक्ति थी। ये बात आज भी उतनी ही प्रासांगिक है।

शिक्षा की भूमिका के इसी सन्दर्भ में भारत में स्कूली शिक्षा की अनदेखी किन्तु यहाँ निरन्तर चल रहे उच्च शिक्षा के भारी विस्तार-प्रसार का वैषम्य बहुत खटकता है। टाटा ने तो देश में उच्च और तकनीकी शिक्षा का सूत्रपात ही किया था—नेहरू ने भी उसी फ़न को अपना लिया और भारतीय प्रोद्योगिकी संस्थानों जैसी संस्थाओं के विकास का कार्यक्रम बना लिया। ये संस्थान नेहरू की ही प्रेरणा पर स्थापित किए गए थे और आज भारत की सूचना प्रोद्योगिकीय तथा सम्बद्ध क्षमताओं के प्रस्फुटन और विकास का आधार बने हुए हैं। इन्हीं के साथ प्रबन्ध संस्थानों द्वारा किए जा रहे शानदार कार्यों ने अनेक समृद्ध भारतीयों के लिए और समृद्धि के सशक्त संयोगों की रचना की है। जनवरी 2001 में मैं केलीफोर्निया के स्टेनफोर्ड विश्वविद्यालय में कुछ आख्यान देने गया था। वहाँ मुझे 800 'सिलिकॉन भारतीयों' को सम्बोधित करने को कहा गया। यह भाषण 'द इण्डस एन्टरप्रिन्योर्स' द्वारा आयोजित किया गया था। इससे एक बात बहुत ही स्पष्ट हो रही थी कि भारतीय समाज किसी बहुत ही अलग समाज और परिवेश में जाकर भी विकास और प्रगति के सुअवसरों का लाभ उठाने में सफल रहा है। भारत वर्ष में भी प्रोद्योगिकी से जुड़े उत्पादनों के प्रसार की दर और उसके आकार विस्तार बहुत विलक्षणता पूर्ण रहे हैं।

किन्तु देश की स्कूली शिक्षा व्यवस्था की हालत तो खस्ता ही है। देश के सामाजिक दृष्टि से पिछड़े क्षेत्रों तथा अभावग्रस्त वर्गों के लिए शिक्षा का अभाव भी उतना ही विलक्षण प्रतीत होता है। ये बहुत ही कुशलताहीन और अन्यायपूर्ण व्यवस्था है। एक होनहार बालक या बालिका जिसे शिक्षा का सुयोग ही नहीं मिलता था जिसे सुविधाविहीन स्कूल में जाना पड़ता हो, जहाँ से शिक्षक ही गायब रहते हों तो न केवल उसे शिक्षा के अवसरों से वंचित रहना पड़ता है वरन् सारे ही देश को उसकी प्रतिभाओं के विकास से सम्भावित लाभों से हाथ धो लेने को बाध्य होना पड़ता है। यही हमारे देश के सामाजिक जीवन की वास्तविकता है। यदि छोटी-छोटी चीजों

उपकरणों के निर्माण में निहित आर्थिक सुअवसरों का जापान, कोरिया, चीन तथा अन्य दक्षिण पूर्वी एशियाई देशों की भाँति लाभ नहीं उठा पा रहे हैं तो उसकी एक ही व्याख्या सम्भव है—बुनियादी शिक्षा की अनदेखी अब हमारी प्रगति के मार्ग में एक बहुत बड़ी बाधा बन गई है।

विश्व आर्थिक सम्बन्धों के अनेक आयाम होते हैं और उनके लिए अनेक प्रकार की नीतियों की जरूरत होती है। किन्तु अधिक प्रतिस्पर्धापूर्ण विश्व अर्थव्यवस्था से जुड़ी अनेक समस्याएँ और कठिनाइयाँ अन्ततः हमारी अपनी आन्तरिक नीतियों की त्रुटियों पर आधारित होकर रह जाती हैं। ये त्रुटियाँ शिक्षा, स्वास्थ्य, लघु स्तर पर साख और संरचनागत आयोजन आदि की नीतियों में होती है। भारत के स्थान का निर्धारण जितना विश्व में होता है, उतना ही भारत के आन्तरिक क्षेत्र में भी होता है।

विश्व सम्बन्ध और इतिहास

अब मैं विश्वस्तरीय अन्तर्सम्बन्धों और मानवीय प्रगति के बारे में बातचीत करूँगा। वैश्वीकरण एक जटिलताभरी प्रक्रिया है। इसके बारे में व्यक्त कुछ आशंकाएँ तो इसे 'जॉज' फिल्म में दिखाई शार्क जैसा स्वरूप प्रदान कर रही है (जो बड़े रहस्यमय ढंग से सभी मासूमों को निगल जाता था)। आइए इस तथाकथित पशु को अच्छी तरह देख तो लें, केवल इससे दूर भागने का प्रशिक्षण काफी नहीं होगा।

वैश्वीकरण आखिर है क्या? इस शीर्षक के अन्तर्गत विश्वव्यापी अन्तर्सम्बन्धों के बड़े समुच्य को रखा जा रहा है। इसमें सांस्कृतिक सम्बन्धों के सीमा पार प्रसार से आर्थिक-व्यावसायिक लेन-देन को विश्व स्तर तक ले जाना सम्मिलित है। कई बार कहा जाता है कि यह वैश्वीकरण तो मानव जाति की नई 'मूर्खता' है। क्या यह निदान उचित होगा? मेरा आग्रह तो होगा कि अपने मूल स्वरूप में वैश्वीकरण न तो नया है और न ही मूर्खता है। विश्व स्तर पर विचारों, व्यक्तियों, वस्तुओं और प्रोद्योगिकीय आवागमन से ही विश्व के सभी क्षेत्रों के लोग किसी अन्य क्षेत्र में हो रहे विकास कार्यों से लाभान्वित हो पाते हैं। वैचारिक प्रवाह की दिशा में इतिहास काल में अनेक प्रकार के परिवर्तन हुए हैं, इन परिवर्तनों को समझना बहुत उपयोगी होगा, क्योंकि कई बार इस वैचारिक प्रवाह पर 'पश्चिम के वैचारिक साम्राज्यवाद' होने का आरोप भी मढ़ दिया जाता है। दूसरे शब्दों में, इसे शक्ति विषमता पर आधारित एकपक्षीय प्रवाह मान लिया हाता है और इसका विरोध आवश्यक बताया जाता है।

अभी अभी समाप्त हुई सहस्राब्दी के प्रारम्भ में विश्व की क्या स्थिति थी? 1000 ईसवी के आसपास भी विज्ञान, प्रोद्योगिकी और गणित के विश्वव्यापी प्रवाह पुरातन विश्व को बदल रहे थे पर उस समय इन प्रवाहों की दिशा आज के विपरीत थी।

उदाहरण के लिए 1000 ईसवी की उच्च प्रोद्योगिकी में कागज और छपाई, तिरछे आकार का धनुष और बारूद, पहिएवाली रेहड़ी और घूमनेवाला पंखा, घड़ी तथा लोहे की जंजीर से झूलते हुए पुल, पतंग तथा चुम्बकीय दिशादर्शक शामिल थे। एक हजार वर्ष पूर्व विश्व के ये सभी उच्च प्रोद्योगिकीय उत्पाद चीन के सामान्य जन-जीवन में रचे बसे थे, किन्तु अन्य स्थानों पर इन्हें कोई नहीं जानता था। यह तो वैश्वीकरण की ही प्रक्रिया थी जिसने इन्हें यूरोप सहित सारे विश्व तक फैला दिया।

इसी प्रकार पाश्चात्य गणित पर प्राच्य प्रभावों पर भी विचार किया जा सकता है। दशमलव प्रणाली का भारत में दूसरी से छठी शताब्दियों में उदय और विकास हुआ। उसके बाद अरब गणितज्ञों ने उसका व्यापक प्रयोग आरम्भ किया। यूरोप तक तो ये प्रक्रियाएँ मुख्यतः दसवीं शताब्दी के अन्तिम चतुर्थांश में ही पहुँच पाई और इनके विराट प्रभावों की अनुभूति तो कही बीसवीं शताब्दी के अन्तिम वर्षों में जाकर हुई थी। गणित, विज्ञान, प्रोद्योगिकी के वैश्वीकरण ने उन विचारों और सामाजिक व्यवस्थाओं के निर्माण में बहुत बड़ा योगदान दिया है जिन्होंने यूरोप का कायाकल्प कर उसे आधुनिक स्वरूप प्रदान किया है। यदि यूरोप ने उस समय चल रहे गणित, विज्ञान और तकनीकी वैश्वीकरण का प्रतिरोध किया होता तो यह निश्चय ही बहुत गरीब रह गया होता। यही बात आज पूर्व के देशों पर भी लागू होती है। विचारों के विश्वव्यापी प्रसार को 'वैचारिक साम्राज्यवाद' का नाम देना एक गम्भीर भूल होगी। उसकी गम्भीरता उतनी ही होगी जितनी यूरोप द्वारा एक हजार वर्ष पूर्व प्राच्य विचारों को अस्वीकार करने में होती।

विश्वस्तर पर वैचारिक आदान-प्रदान में भारत अनेक देशों की भाँति आयातक और निर्यातक रहा है। इस द्विपक्षीयता को न समझ पाने के कारण ही लोग निरर्थक टकराव और विवाद खड़े कर देते हैं। गणित में आज अत्यन्त महत्त्वपूर्ण अवधारणा 'शून्य' के उद्भव के विषय में बहुत कुछ लिखा-कहा जा चुका है। कई रचनाएँ इसके भारतीय उद्गम के विचार को चुनौती देकर बेबीलोन में विकास की बात को वरीयता दे रही हैं। इस बात की बहुत सम्भावना है कि शून्य की अवधारणा अनेक सभ्यताओं में अलग-अलग स्वरूप में विकसित हुई हो और उनमें पारस्परिक सम्पर्क नहीं हों। किन्तु यह प्रमाण भी मिलते हैं कि शून्य के लिए विश्वस्तर पर प्रयुक्त चिन्ह बेबीलोन से ग्रीस होते हुए भारत आया हो—जबकि भारत की शून्य की अवधारणा इस चिन्ह के भारत आगमन से पहले ही विकसित हो चुकी हो। यह भी बहुत स्पष्ट है कि शून्य और दशमलव की युति तो एक बहुत ही फलीभूत होनेवाली युति रही है। इसी वैचारिक संगठन और इसके प्रभावों के आकलन में प्रथम सहस्राब्दी के आरम्भ और मध्य के भारतीय गणितज्ञों ने बहुत निर्णायक योगदान दिया था। हम ऐसे अनेक उदाहरण दे सकते हैं जिससे विश्वस्तर पर वैचारिक प्रवाहों से बौद्धिक ज्ञान के समृद्ध

होने के प्रमाण मिलते हैं।

किन्तु इस स्वीकारोक्ति से पिछड़े, दीनदुर्बल और अभावों को झेल रहे मानव जाति के अंगों की समस्यायों पर विशेष रूप से ध्यान देने की आवश्यकता कम नहीं हो जाती। आज के विश्व की आर्थिक नीतियों के अच्छे होने की यही कसौटी होनी चाहिए। विश्वस्तरीय आर्थिक लेनदेन से सामान्य रूप से समृद्धि का प्रसार होता है—पर अनेक समुदायों के लिए विश्वव्यवस्था की अपर्याप्तता और कतिपय आन्तरिक नीतियों की त्रुटियों के कारण गम्भीर समस्याएँ भी पैदा हो जाती हैं। इन बातों पर ध्यान दिया ही जाना चाहिए। किन्तु साथ ही यह भी ध्यान रहे कि हजारों वर्षों से विश्व को समृद्धिवान बना रही वैश्वीकरण की प्रक्रियाओं के लिए हम अपने दरवाजे बन्द नहीं कर बैठें।

बहुलता और आशुग्राह्यता

भारतीयता की पहचान की बात बाह्य और आन्तरिक सम्बन्धों के प्रश्नों से जुड़ी है। अभी तक मैं केवल बाह्य विश्व से अलग-थलग रहने की लालसा से बचने का आग्रह करता रहा हूँ। किन्तु पिछले कुछ समय से देश में विभिन्न समुदायों के बीच एक विचित्र-सा अलगाव पनपने लगा है और यही भारतीय की एकात्मकतापूर्ण पहचान के लिए सबसे बड़ी चुनौती बन गया है। पिछले दो-एक दशकों के राजनीतिक घटना क्रम ने देश के स्वाधीनता आन्दोलन के दौरान भारतीय की जो साँझी पहचान बनी थी, जिसने राष्ट्र के रूप में भारत की रचना की थी, भारतीयता के उसी उदार और व्यापक विचार को बड़े सशक्त रूप से चुनौती देना आरम्भ कर दिया है। यदि हमें लगता है कि हमारी उस विरासत में कुछ -'मूल्यवान' भी है तो हमें ये जानना पड़ेगा कि वह किस प्रकार से मूल्यवान है और यह सोचना होगा कि उस मूल्यबोध को हम किस प्रकार अभिव्यक्ति प्रदान करेंगे।

यह कहना तो कठिन होगा कि स्वतन्त्रता संग्राम के दौरान आम सहमति से भारतीय की किसी सर्वमान्य पहचान के सभी लक्षणों का निर्धारण हो गया था—या राष्ट्रीय आन्दोलन के बड़े स्तम्भ माने जा सकनेवाले टैगोर और गाँधी के भारतीयता की पहचान विषयक विचारों में कोई अन्तर नहीं था। यद्यपि दोनों भारतीयता की व्यापक और अन्यान्य विचारों को आत्मसात करने की प्रवृत्ति पर सहमत थे, पर उनका कतिपय पृथक-पृथक तत्त्वों पर आग्रह भी था। इसी तरह से राष्ट्रीय आन्दोलन से जुड़े अन्य सिद्धान्तकारों और चिन्तकों के विचारों में भी कुछ न कुछ अन्तर अवश्य मौजूद थे।

ये अन्तर आज भी कई प्रकार से महत्त्वपूर्ण हो जाते हैं भारत के अतीत और भविष्य में विज्ञान, नीतिशास्त्र और तर्काधारित विश्लेषण की भूमिकाओं की व्याख्या की ही बात करें तो उस पर भी प्रायः मत वैभिन्न्य ही प्रकट होता है। किन्तु इन

सभी व्याख्याओं में भारतीय सभ्यता की बाह्य विचारों के प्रति ग्राह्यता, उसकी सहिष्णुता, और विविधता के प्रति भी आदर के भाव आदि का समावेश अवश्य रहा है। इनमें अतीत के भारत के निर्माण में विभिन्न समुदायों के योगदान को भी सराहा गया है। गाँधी और टैगोर की व्यक्तिगत सांस्कृतिक रचनाएँ एक समान नहीं थी, उनकी धार्मिक आस्थाएं और व्यवहार भी नहीं मिलते थे। किन्तु, भारतीयता की अवधारणा की रचना में वे किसी संकुचित संकीर्ण आयाम को विशेषाधिकार या प्राथमिकता प्रदान करने के पक्ष में भी नहीं थे (जैसे कि किसी धर्म विशेष—हिन्दू धर्म पर आग्रह आदि)।

यह आन्तरिक बहुलता और बाह्य ग्राह्यता का संयोजन ही है जिसे कुछ समय से अलगाववादी दृष्टिकोण चुनौती दे रहे हैं। कहीं सामुदायिक बहिष्करण की बात तो कहीं उग्रपक्षपात से लेकर सांस्कृतिक विकारों और अलगाववादी राष्ट्रवाद के स्वर उठ रहे हैं। ये चुनौतियाँ और इनके व्यावहारिक स्वरूप भारतीयता की पहचान की एक पुनः समीक्षा करने की आवश्यकता पर आग्रह कर रहे हैं।

विभिन्न पहचान और निर्णय

टैगोर ने सी.एफ.एंड्रयुज़ को लिखे पत्र में 1921 में एक दावा किया था। वह आज भी याद करने योग्य है। वह दावा था कि भारत का विचार ही अपने और पराये लोगों के बीच भेदभाव करने का विरोधी है। इस दावे की दो स्पष्ट व्याख्याएँ हो सकती हैं। आन्तरिक रूप से यह दावा भारत को अलग-अलग टकरावपूर्ण समुदायों के समूह मानने से इनकार करता है। यह इस बात को भी खारिज करता है कि भारतीयों में धर्म, जाति, वर्ग, लिंग, भाषा या स्थान को लेकर कोई बहुत भारी विषमताएँ हैं। दूसरे बाह्य स्तर पर टैगोर का दावा भारतीयों की शेष विश्व के समुदाय से अलग-थलग रहने की मानसिकता की बात को भी अस्वीकार करता है। जैसाकि टैगोर की अन्य रचनाओं से भी स्पष्ट है, वे भारतीय संस्कृति को बहुत ही कमजोर और क्षण भंगुर मानने को तैयार नहीं थे। वे इसे इतनी नाजुक नहीं मानते थे कि किसी बाहरी सभ्यता के सम्पर्क में आते ही टूट-फूटकर बिखर जाएगी (और इसलिए इसे बाहरी प्रभावों से बचाकर रखने की आवश्कयता है)।

टैगोर का ये दावा आन्तरिक और बाह्य स्तरों पर भारतीय सभ्यता के एकीकरणवादी स्वरूप पर आग्रह करता है। आज इसी एकीकरणवादी स्वरूप को चुनौती दी जा रही है—इसके बाहरी-भीतरी, दोनों पक्षों पर प्रहार हो रहे हैं। भारत के भीतर अलगाववादी तत्त्व एक समुदाय या एक सांस्कृतिक परम्परा को अन्यों पर वरीयता देने की बात कर रहे हैं, तो दूसरी ओर शेष विश्व से भी सभी रचनात्मक नाते तोड़ देने की बातें उठ रही है। इन प्रहारों की समीक्षा करते समय हमें भारतीयता की पहचान की अवधारणा को भी ध्यान में रखना होगा।

राष्ट्रीय पहचान के अनुशासन पर तकाजों को स्पष्ट रूप से समझ लेना बहुत आवश्यक है। हमें दो आधारहीन बार-बार दोहराई जा रही मान्यताओं से तो विशेष रूप से सावधान रहना होगा। ये हैं—(1) हमारी एकमेव या मुख्यतः एक पहचान होनी चाहिए, दूसरे (2) मान्यता कि हमें अपनी पहचान का तो पता चल जाता है—इसमें चुनाव करने के अवसरों का प्रश्न ही कहाँ उठता है।

आइए पहली मान्यता से प्रारम्भ करें। यद्यपि प्रायः निहित रूप से पहचान की विलक्षणता को स्वीकार कर लिया जाता है पर यह विचार बहुत ही दुराग्रहपूर्ण है। हम अलग-अलग सन्दर्भों में अलग-अलग पहचान का प्रयोग करते हैं। एक व्यक्ति भारतीय मूलक, एक पारसी, एक फ्रांसीसी नागरिक, अमरीकी नागरिक, नारी, कवि, शाकाहारी, मानवशास्त्री, विश्वविद्यालयी प्राध्यापक, ईसाई, पक्षीशास्त्री, और दूसरे ग्रहों के उन वासियों के अस्तित्व में विश्वास करनेवाला भी हो सकता है जो सारे ब्रह्माण्ड में बहुरंगे अज्ञात विमानों में भ्रमण करते फिरते हैं। इनमें जिस भी समुदाय से कोई व्यक्ति जुड़ जाए उसे उसी समुदाय के सदस्यों की विशिष्ट पहचान भी मिल पाती है। सन्दर्भानुसार उन सभी पहचानों की उपादेयता भी रही है। इनमें प्रायः कोई टकराव नहीं होता है। सन्दर्भ के अनुसार इनकी वरीयताओं में अन्तर आ सकता है। शाकाहारी पहचान खाना खाने के समय अधिक महत्त्वपूर्ण होती है किसी दूतावास—पर खाना खाते समय ये नागरिकता की पहचान अधिक महत्त्वपूर्ण नहीं रहती।

दूसरी भ्रामक मान्यता, मेरे विचार में यही है कि हमें अपनी पहचान चुनने का अधिकार नहीं है, ये तो हमें जैसे मिल जाती है! उस पर समुदायवादी दर्शनशास्त्र में तो बहुत अधिक आग्रह किया जाता है। प्रो. माइकल सैंडल ने इस मान्यता की व्याख्या इस प्रकार की है—समुदाय यही नहीं बताता है कि सहनागरिक के रूप में उनके पास क्या है बल्कि यह भी बताता है कि वे क्या हैं। ये कोई चुना हुआ सम्बन्ध नहीं होता ये तो वह लगाव है जिसे वे अनुभव कर लेते हैं, ये कोई बाह्य लक्षण नहीं है—ये तो उनकी पहचान का एक अंग है। इस दृष्टिकोण में 'पहचान' का स्थान तर्क और चयन से पहले आता है।

किन्तु इस दावे को कायम रखना कठिन है। हमें अपनी अलग-अलग पहचानों को अपनी इच्छानुसार भारमान आबंटित करने का अधिकार तो रहता ही है। उदाहरण आस्ट्रेलिया का भारतमूलक नागरिक यह तो स्वयं ही तय करेगा कि क्रिकेट मैच में वो भारत की टीम का समर्थन करेगा या आस्ट्रेलियाई टीम का। अपने चयन के परिणाम की उसे कोई अनुभूति अपने आप नहीं हो सकती।

इस अनुभूतिवादी मत को बढ़ावा देने का विभ्रम लगता है इस तथ्य के कारण पैदा होता है कि अपने चयन करने में भी हमें किन्हीं संरोधों का सामना करना पड़ जाता है। और कई बार ये संरोध बहुत ही सशक्त भी होते हैं। हमारे चयनों की व्याहार्यता निश्चय ही परिस्थितियों पर निर्भर करेगी। यदि हम अन्य लोगों को उनकी

धारणा के विपरीत हमें किसी अन्य स्वरूप या छवि में देखने के लिए तैयार करने का प्रयास कर रहे हों तो ये संरोध कहीं अधिक कड़े हो जाते हैं। नाजीवादी जर्मनी में रहनेवाला कोई यहूदी चाह कर भी अपनी यहूदी होने की पहचान को बदल नहीं पाता। इसी प्रकार अफ्रीकी मूल के अमरीकी किसी हत्या पर उतारू श्वेत लोगों की भीड़ के सामने अपने शरीर द्वारा प्रकट पहचान को नहीं बदल पाएगा—या बिहार का कोई निम्न जातीय मजदूर उच्चवर्णीय समुदाय के भाड़े के बन्दूकचियों के सामने अपना वर्ण नहीं छिपा पाता। अतः हम चाहकर भी अन्य व्यक्तियों के मन में बसी हमारी जो पहचान है, उसे सहज ही नहीं बदल पाते।

वैसे भी, सामान्यतः चाहे ये हमारा अपना पहचान बोध हो या अन्य लोगों की हमारे बारे में धारणा, पर हमारा सारा सोच किन्हीं न किन्हीं संरोधों की परिधि में ही घिरा रहता है। किन्तु इसमें हैरानी की कोई बात नहीं है—यह तो बहुत ही सामान्य बात है। सभी चयन किसी न किसी संरोध व्यूह की परिधि में ही किए जाते हैं—यही सभी चयनों के विषय में सबसे बुनियादी तथ्य है (वास्तव में संरोधविहीनता की स्थिति में चयन' करने की विशेष आवश्यकता कहीं नहीं बचती)। उदाहरण के लिए निम्नतमस्तर पर भी अर्थशास्त्र का छात्र यह बात तो जान ही लेता है कि उपभोक्ता के चयन का सिद्धान्त उसके बजट संरोध के अस्तित्व को किसी भी प्रकार नकार नहीं पाता। किन्तु इस संरोध की उपस्थिति का यह भी अर्थ नहीं है कि उपभोक्ता के पास चुनने का कोई अवसर नहीं बचा। इसका अभिप्रायः तो इतना ही है कि सभी चयन इस बजट की सीमाओं के भीतर रहकर करने हैं। हमारा यह आशय कदापि नहीं है कि हम मनचाही पहचान धारण कर सकते हैं—यह तो बड़ा ही विद्रुप सा दावा होगा। मुख्य बात तो यह है कि क्या हमारे पास चयन करने योग्य कुछ विकल्प उपलब्ध होते हैं तथा क्या उनमें से चयन करने की कुछ स्वतन्त्रता भी हमें प्राप्त है—फिर तो हम यह बखूबी तय कर पाएँगे कि किस समय हमारी कौन-सी पहचान अधिक महत्त्वपूर्ण होगी। कहीं व्यक्ति की चयन सीमाएँ उसके यहूदी या मुस्लिम होने के कारण सीमित हो सकती हैं, किन्तु अन्य पहचानों के बारे में वरीयता क्रम का निर्णय (चयन) तो फिर भी उसके अपने हाथों ही रहता है (उनके राजनीतिक विचार, राष्ट्रीयता, मानवीय प्रतिबद्धताएँ या व्यावसायिक सम्बन्ध आदि इसी प्रकार की पहचानों से जुड़े प्रश्न हैं)।

अतः पहचान का प्रश्न मूलरूप से एक बहुलता प्रधान प्रश्न है—सन्दर्भानुसार विभिन्न पहचानों का वरीयता क्रम बदल सकता है। यही नहीं हमें अपनी विभिन्न पहचानों को अपनी इच्छानुसार महत्त्व या भारमान देने का अधिकार रहता है। पहचान का प्रश्न उठने का यह अर्थ नहीं है कि तर्कशीलता को तिलांजलि दे दी गई है। विभिन्न पहचानों के बीच चयन में हमें सम्बन्धों और संरोधों का सामना भी करना पड़ता है, पर जो चयन उपलब्ध होते हैं—जिन विकल्पों में से चयन करना होता है—वे

काल्पनिक नहीं वास्तविक होते हैं। विभिन्न पहचानों का वरीयताक्रम, उनके भारमानों की हमें अनायास ही अनुभूति नहीं हो जाती। ये तो निश्चय ही निर्णयाश्रित होते हैं और इनमें विचार तथा तर्क की आवश्यकता पड़ती है—जो कुछ दिख जाए उसे ही शिरोधार्य करना अनिवार्य नहीं होता।

धर्म, मत वैभिन्न्य और तर्कशीलता

बहुलता और चयन के मुद्दे भारतीय इतिहास को समझने में अत्यन्त ही महत्त्वपूर्ण सिद्ध होते हैं। भारत की सर्व समाहनकारी पहचान के पक्ष में अपने मत व्यक्त करते समय गाँधी और टैगोर ने अन्य पहचानों के विशाल समूह की उपस्थिति को नकारने का प्रयास नहीं किया था। वास्तव में राजनीतिक सामंजस्य, सामाजिक जीवन और सांस्कृतिक आदान-प्रदान का महत्त्व स्वीकारते हुए उन्होंने आग्रह किया था कि भारतीय की पहचान किसी एक समुदाय को अन्यों से ऊपर प्रतिष्ठित नहीं कर पाएगी।

टैगोर का मत परम्परागत हिन्दू पहचान की दृष्टि से गाँधी से काफी अलग था। वास्तव में उन्होंने अपनी रचना 'द रिलिजन ऑफ मैन' में स्पष्ट भी किया है कि उनका अपना परिवार हिन्दू, मुस्लिम और अंग्रेजी संस्कारों के संगम का परिणाम है। गाँधी की हिन्दू के रूप में पहचान अधिक आग्रह भरी थी। वे नियमित प्रार्थनाएँ करते थे—जिनमें अन्य धर्मों के तत्त्व भी होते थे—पर मुख्यतः वे हिन्दुत्त्व प्रधान ही होती थीं। टैगोर की भाँति गाँधी भी अपनी हिन्दू पहचान को राजनीतिक-सामाजिक मामलों में कभी भारतीय होने की व्यापक पहचान पर हावी नहीं होने देते थे। गाँधी जी ने तो धर्मनिरपेक्षता और न्यायपूर्ण व्यवहार की गुहार करते हुए ही अपने प्राण न्योछावर किए थे। उनके प्राण हरनेवाला व्यक्ति कहीं अधिक साधारण रूप में भारतीयता की पहचान को अपनी हिन्दू पहचान से अलग नहीं कर पाता था।

भारतीयता को किसी न किसी रूप में हिन्दुत्व से जोड़े रखने का आग्रह करने वाले बार-बार कहते हैं कि भारत न केवल हिन्दू बहुल राष्ट्र है वरन् इसका इतिहास भी बताता है कि भारतीय संस्कृति का मुख्य आधार हिन्दू धर्म ही रहा है। ये तथ्य काफी सीमा तक अकाट्य हैं। किन्तु इनका यह अर्थ कदापि नहीं हो जाता कि भारतीयता की पहचान हिन्दू पहचान पर ही आश्रित हो या हिन्दू पहचान को अन्य पहचानों से अधिक विशेषाधिकार सम्मान प्रदान किया जाना चाहिए।

शायद मुझे इस मत में निहित तीन मुद्दों की भूमिका का कुछ स्पष्टीकरण भी करना चाहिए। प्रथमतः तो पहचान का अनायास अनुभूति से कोई सम्बन्ध नहीं है, यह पुराने इतिहास से उतनी ही जुड़ी है जितनी कि वर्तमान से! इसका चयन सोच विचार कर किया जाता है। यदि भारत का इतिहास मुख्यताः हिन्दुओं का ही इतिहास हो तो भी हमें यह जानने का प्रयास अवश्य करना चाहिए कि एक ही धर्म को अपनाए बिना एक बहुधर्मीय समाज किस प्रकार से एक साँझी भारतीय पहचान

को अपना सकता है। यही भारत की धर्मनिरपेक्षता का आधार है। भारतीयता की पहचान सम्बन्धी विकल्पों के बीच वरीयता क्रम का निर्धारण केवल इतिहास पर निर्भर नहीं रहना चाहिए। संयुक्त राज्य अमरीका की ही तरह भारतीय संविधान के निर्माता भी इस बात की ओर सजग थे (अमरीका ने मुख्यतः ईसाई होते हुए भी धर्मनिरपेक्षता को चुना था)। केवल किसी ऐतिहासिक जानकारी या अवलोकन के कारण तर्कशीलता और चयन को त्यागा नहीं जा सकता। जैसे हम अपने इतिहास के बिना नहीं जी पाते उसी तरह से केवल इतिहास में ही जीवित रह पाना भी सम्भव नहीं होगा।

दूसरा मुद्दा इतिहास पर ही आधारित है। अपने 1-4 तक के लेखों में मैंने चर्चा की है कि भारत एक बहुत लम्बे समय से बहुधर्मीय देश रहा है। यहूदी, ईसाई, पारसी, मुस्लिम व्यापारी पहली सहस्राब्दी से ही भारत में आकर बसते रहे हैं। सिख मत का उदय भारत में ही बौद्ध और जैनमत की भाँति हुआ है। मुस्लिम पूर्व भारत भी मुख्यता हिन्दू राष्ट्र तो नहीं रहा—सदियों तक भारत में बौद्धमत का वर्चस्व रहा है, जैन मत का इतिहास भी कम दीर्घ नहीं है—वह आज भी भारत के प्रभावशाली धर्मों में एक है। आज हिन्दुओं के किसी अन्य धर्म में दीक्षित होने को लेकर राजनीतिक स्तर पर बहुत टकरावपूर्ण स्थिति पैदा हो जाती है किन्तु यह नहीं भूलना चाहिए कि अत्यन्त प्रभावशाली सम्राट अशोक तो उस समय के हिन्दूधर्म को छोड़कर बौद्ध हो गए थे। उन्होंने बौद्धमत के प्रसार के लिए अन्य देशों तक अपने दूत भी भेजे थे।

यदि वेदों और उपनिषदों की धरोहर की बात करें तो केवल वर्तमान हिन्दूधर्म ही नहीं— बौद्ध और जैनमत भी उसी के उत्तराधिकारी हैं। जब हिन्दुओं की गणना कर बहुत विशाल जनसमुदाय की बात होती है तो हम हिन्दू समाज की बात कर रहे होते हैं—उस समाज के सदस्यों की धार्मिक आस्थाओं की नहीं। किन्तु जब राम की 'दिव्यता' या रामायण की 'पवित्रता' की बात हो तो फिर धार्मिक आस्थाओं का प्रश्न खड़ा हो जाता है। किन्तु सभी हिन्दू इस पक्ष से अनिवार्यतः सहमत नहीं हो पाते। सभी का हिन्दू होना इस आस्था के अनुयायी होने से समीकृत नहीं हो पाता।

वास्तव में इस समीकृति पर आग्रह करनेवाले हिन्दू राजनीतिकार हिन्दू सभ्यता के इतिहास को सदैव से समृद्ध करनेवाली बहुविचार-बहुआस्थावादी परम्परा पर ही कुठाराघात कर रहे हैं। पहले भी हमने चर्चा की है कि संस्कृत (और पाली तथा प्राकृत) के ग्रन्थों में अनास्था और अनैश्वरवादी साहित्य विश्व की किसी भी प्राचीन भाषा परम्परा की तुलना से कहीं अधिक विशद् है। चौदहवीं शताब्दी के माधवाचार्य की बहुचर्चित पुस्तक 'सर्वदर्शन संग्रह' में हिन्दू आस्थाओं की प्रत्येक मुख्यधारा पर एक-एक अध्याय है। इसका प्रथम अध्याय तो पूर्णतः नास्तिक मत के पक्ष में तर्कों से भरा है। इस प्रकार की परम्परा तो भारत में कम-से-कम अढाई हजार वर्ष पुरानी

है। 600 ईसा पूर्व में ही चार्वाक और लोकायत के अनुयायी फल-फूल रहे थे—इसी धारा में जैन और बौद्ध मत भी उदित हुए थे।

हिन्दुओं की सांस्कृतिक मानसिकता के विषय में भी ऐसी ही बातें कहीं जा सकती हैं। मुझे कोई सन्देह नहीं है कि कुछ हिन्दुओं को 'वेलंटाइन डे' कार्ड अति कामरंजित लगे होंगे। इस बात पर राजनीतिक रूप से सक्रिय हिन्दुओं ने बहुत कुछ कहा है। किन्तु हिन्दुओं के विचारों में भारी अन्तर भी हैं—खजुराहों के मन्दिरों की मूर्तियाँ तो यही प्रमाणित कर रही हैं। मुझे तो लगता है कि महान संस्कृत कवि कालिदास द्वारा उज्ज्यनि की शिप्रा में स्नान कर रही नारियों की सौन्दर्य-गाथा का चित्रण 'वेलंटाइन डे' कार्डों को भी शर्मसार कर जाता। हिन्दू शब्द का प्रयोग, भले ढंग से दो वैकल्पिक रूपों में हो सकता है—ये एक समुदाय की सदस्यता का सूचक है या किन्हीं धार्मिक-सांस्कृतिक विचारों, आस्थाओं का सूचक है। किन्तु इन दो संरचनाओं को भ्रमित कर हिन्दू संख्याबल को अन्य विचारों को प्रताड़ित करने के लिए संगठित करने के प्रयास चल रहे हैं।

निष्कर्षात्मक टिप्पणी

भारतीयता की पहचान के सन्दर्भ में

धर्म और समुदाय की भूमिकाओं से जुड़ी एक अन्तिम बात मैं और कहना चाहता हूँ। क्या भारतीयता का निरूपण विभिन्न धार्मिक समुदायों की धार्मिक आस्थाओं और अन्य आस्थाओं पर आधारित किसी 'संघीय' अवधारणा के रूप में किया जाना चाहिए। ब्रिटेन में रन्नीमेड ट्रस्ट ने 'द रिपोर्ट ऑफ द कमीशन ऑन फ्यूचर ऑफ मल्टी एथिनिक ब्रिटेन' नामक दस्तावेज में इसी प्रकार के प्रश्न उठाए गए हैं। यह रिपोर्ट समकालिक ब्रिटेन के संघात्मक विचार का आंशिक रूप से समर्थन कर रही है और इसे विभिन्न संस्कृतियों के एक लचीले 'संघ' का नाम दे रही है जो किन्हीं साँझे हितों, स्नेह और साँझे अस्तित्वबोध के बन्धन में बँधी है।

यह एक बहुत ही स्पष्ट निरूपण है। यद्यपि अन्य व्याख्याएँ भी हो सकती हैं पर इस आयोग ने इस मत पक्ष में बहुत विश्वासयोग्य तर्क दिए हैं। फिर भी मेरा विचार है कि यह मत अपनाना ब्रिटेन के लिए एक भारी भूल होगी। भारत के लिए भी ऐसे किसी विचार का अनुसरण अन्ततः भूल ही सिद्ध होगा। बात मुख्यतः पहचान की बहुलता की है और उसमें से चयन की है। ब्रिटेन या भारत से किसी व्यक्ति का नाता उसके जन्म के परिवार से नहीं बँधना चाहिए। उस परिवार की संस्कृति या धर्म के माध्यम से नहीं बनना चाहिए। व्यक्ति को चाहे जिस पूर्व परिभाषित संस्कृति को अपनाने या सभी को ठुकराने का चयन करने का अधिकार होना चाहिए। उन्हें यह भी चयन की स्वतन्त्रता होनी चाहिए कि क्या उनकी सांस्कृतिक धार्मिक पहचान उनकी राजनीतिक मान्यताओं, साहित्यिक अभिरुचियों या फिर व्यावसायिक

प्रतिबद्धताओं से अधिक महत्त्वपूर्ण है या कम। उस 'संस्कृति महासंघ' में उनकी कोई भी स्थिति या स्थान हो, चयन का अधिकार उन्हीं को होना चाहिए।

निष्कर्ष स्वरूप भारत की जिस समाहनकारी बृहद पहचान पर मैंने इतना आग्रह किया है वह किसी भी रूप में केवल हिन्दू मत पर आधारित नहीं है—पर उसे भारत के विभिन्न धार्मिक समुदायों, हिन्दू, मुस्लिम, सिख, ईसाई, जैन, पारसी व अन्यों के महासंघ का रूप तो कदापि नहीं दिया जा सकता। भारतीयता का निर्धारण समुदायों की संघीयता के माध्यम से नहीं हो सकता। भारत को कोई भी समझदार व्यक्ति केवल इन समुदायों का संघ मानने की भूल नहीं कर सकता।

मैंने पहले जमशेदजी के राष्ट्रीयता से ओत-प्रोत उस वचन को उद्धृत किया है कि शिक्षा के माध्यम से युवा भारतीय किन बुलन्दियों को छू सकते हैं—उन्होंने कहा था कि भारतीय छात्र न केवल यूरोपीयों से उनके धरातल पर स्पर्धा कर सकते हैं बल्कि उन्हें भली-भाँति परास्त भी कर सकते हैं। यह गर्वभरा वचन किसी भारत में बसे पारसी का नहीं हो सकता। यह तो किसी भारतीय का उद्‌गार है जो पारसी भी था! यह एक सूक्ष्म अन्तर विद्यमान है। मेरा आग्रह है कि इस अन्तर और इसके महत्त्व को अवश्य समझा जाना चाहिए।

अनुक्रमणिका